Harold Willmington

A Bíblia em Esboços

O esboço mais abrangente da Bíblia já feito.
Capítulo por capítulo, versículo por versículo.

Título original: *The Outline Bible*
© 1999 por Haldod L. Willmington
Publicado pela Tyndale House Publishers, Inc.

1ª edição: novembro de 2001
13ª reimpressão: agosto de 2023

TRADUÇÃO
Eros Paquini Júnior

REVISÃO
Edna Guimarães

DIAGRAMAÇÃO
Daniel M. Dantas

CAPA
Next Noveau

EDITOR
Aldo Menezes

COORDENADOR DE PRODUÇÃO
Mauro Terrengui

IMPRESSÃO E ACABAMENTO
Imprensa da Fé

As opiniões, as interpretações e os conceitos emitidos nesta obra são de responsabilidade do autor e não refletem necessariamente o ponto de vista da Hagnos.

Todos os direitos desta edição reservados à
EDITORA HAGNOS LTDA.
Rua Geraldo Flausino Gomes, 42, conj. 41
CEP 04575-060 — São Paulo, SP
Tel.: (11) 5990-3308

E-mail: hagnos@hagnos.com.br
Home page: www.hagnos.com.br

Editora associada à:

Dados Internacionais de Catalogação na Publicação (CIP)
Câmara Brasileira do Livro, SP, Brasil

Willmington, Haldod L.

A Bíblia em esboços / Haldod L. Willmington. [Tradução: Eros Paquini Júnior] — São Paulo: Hagnos, 2001.

Título original: The Outline Bible
ISBN 85-88234-29-7
Bibliografia

1. Bíblia — Esboços
I. Título
II. Paquini Júnior, Eros

01-4738   CDD-220.7

Índices para catálogo sistemático:
1. Bíblia: Esboços: 220.7

Sumário

Introdução *vii*

PARTE UM
PENTATEUCO
Gênesis *3*
Êxodo,
Levítico,
Números,
Deuteronômio *25*

PARTE DOIS
HISTÓRIA
Josué *63*
Juízes *73*
Rute *89*
I Samuel *93*
II Samuel *111*
I Reis *125*
II Reis *143*
I Crônicas *161*
II Crônicas *169*
Esdras *189*
Neemias *195*
Ester *203*

PARTE TRÊS
POESIA
Jó *209*
Salmos *221*
Provérbios *299*
Eclesiastes *317*
Cântico dos Cânticos *325*

PARTE QUATRO
PROFETAS
Isaías *331*
Jeremias *363*
Lamentações *387*
Ezequiel *391*
Daniel *409*
Oséias *421*
Joel *425*
Amós *427*
Obadias *433*
Jonas *435*
Miquéias *437*
Naum *441*
Habacuque *443*
Sofonias *445*
Ageu *447*
Zacarias *449*
Malaquias *453*

PARTE CINCO
EVANGELHOS
Mateus *457*
Marcos *497*
Lucas *521*
João *561*

PARTE SEIS
ATOS
Atos *591*

PARTE SETE
CARTAS
Romanos *625*
I Coríntios *643*
II Coríntios *659*
Gálatas *669*
Efésios *675*
Filipenses *681*
Colossenses *685*
I Tessalonicenses *689*
II Tessalonicenses *693*
I Timóteo *697*
II Timóteo *703*
Tito *707*
Filemon *711*
Hebreus *713*
Tiago *725*
I Pedro *731*
II Pedro *735*
I João *739*
II João *743*
III João *745*
Judas *747*

APOCALIPSE
Apocalipse *751*

Introdução

A Bíblia em Esboços é uma ferramenta para tornar o conteúdo bíblico algo fácil e gostoso de se aprender – e lembrar! Este conveniente recurso ordena cada versículo da Bíblia em forma de esboço de fácil memorização. Cada nível principal de esboço utiliza-se de um dispositivo literário – tal como aliteração, rima, etc. – para auxiliar sua mente e coração a se lembrarem, e a formatação singular ajuda a identificá-lo facilmente na página.

Esta fonte inesgotável é perfeita para professores, pastores e outros que desejam apresentar as Escrituras de forma que as pessoas se lembrem e apreciem. É ótima também para o estudo pessoal, sendo valiosa para qualquer um que se interesse por um panorama organizado e memorável de qualquer passagem das Escrituras.

Os livros da Bíblia aparecem na ordem canônica, e cada um deles possui pelo menos um esboço (via de regra são vários). No início de cada esboço encontra-se um breve resumo da informação tratada. As referências são fornecidas em quase todos os níveis para que o leitor possa fácil e rapidamente reconhecer todos os versículos cobertos sob aquele ponto.

Que Deus o abençoe à medida que você lê a Sua Palavra, e que Ele possa valer-se deste recurso para ajudar você a lembrar tudo o que Ele lhe ensinar através de Sua Palavra.

Parte I

Pentateuco

Gênesis

PARTE UM: OS PRIMÓRDIOS (1-11)
Esta primeira parte de Gênesis descreve quatro grandes acontecimentos: a criação do universo, a queda da humanidade, o Dilúvio universal e a Torre de Babel.

ESBOÇO DA SEÇÃO UM (GÊNESIS 1-2)
Esta seção descreve a criação de todas as coisas.

I. O Plano de Trabalho de Deus (1.1-2.19)
    A. **Primeiro dia: criação da luz** (1.3-5): "Disse Deus: Haja luz. E houve luz". Então ele faz a separação entre a luz e as trevas.
    B. **Segundo dia: criação do firmamento e das águas** (1.6-8): Deus separa as águas sobre o firmamento, as águas da atmosfera, as águas terrenas e as que estão debaixo do firmamento.
    C. **Terceiro dia: criação da flora** (1.9-13): Primeiro, ele separa as águas da porção seca. A terra, então, produz a relva, as ervas, as árvores e a vegetação de toda a espécie.
    D. **Quarto dia: criação do sol, da lua e das estrelas** (1.14-19)
    E. **Quinto dia: criação dos peixes e da aves** (1.20-23)
    F. **Sexto dia: criação dos animais terrestres e das pessoas** (1.24-31; 2.7-20)
       1. *As criaturas brutas: animais domésticos e selvagens* (1.24-25)
       2. *A criatura abençoada, a quem foram dadas duas coisas:*
          a. A imagem de Deus (1.26-27)
          b. As instruções de Deus (1.26-31; 2.15-19)
             (1) As pessoas devem reinar sobre toda a natureza (1.26, 28),
             (2) encher a terra, conforme sua espécie (1.28),
             (3) cultivar e cuidar de seu lindo lar, o Jardim do Éden (2.15),
             (4) comer o fruto de qualquer árvore, exceto da árvore do conhecimento do bem e do mal (2.16-17)
             (5) e dar nomes a todas as demais criaturas (2.19-20).
    G. **Sétimo dia:** Deus descansa (2.1-6): Sua obra de criação está completa e é declarada boa. Deus abençoa e santifica o sétimo dia.

II. O Plano de Casamento Elaborado por Deus (2.20-25)
   A. **A criação de Eva (2.20-22):** Eva, a primeira mulher, é formada a partir da carne e da costela de Adão.
   B. **O casamento de Eva (2.23-25):** Eva é apresentada a Adão. "Portanto, deixará o homem a seu pai e a sua mãe, e unir-se-á à sua mulher, e serão uma só carne." Este evento marca o primeiro casamento da história.

ESBOÇO DA SEÇÃO DOIS (GÊNESIS 3-5)
Esta seção descreve a corrupção de todas as coisas.

I. A Transgressão de Adão (3.1-24)
   A. **A desobediência de Adão** (3.1-6)
      1. *A traição* (3.1-5)
         a. Satanás começa lançando dúvida sobre a Palavra de Deus (3.1-3): "É assim que Deus disse: Não comereis de toda árvore do jardim?".
         b. Satanás conclui rejeitando a Palavra de Deus (3.4-5): "Disse a serpente à mulher: Certamente não morrereis (...) sereis como Deus, conhecendo o bem e o mal".
      2. *A tragédia* (3.6): Tanto Eva quanto Adão desobedecem a Deus e comem da árvore proibida.
   B. **O engano de Adão** (3.7-8): Ele procura cobrir a sua nudez, fazendo cintas de folhas de figueira; esconde-se entre as árvores.
   C. **O desespero de Adão** (3.9-11): Ele reconhece seu medo e sua nudez diante de Deus.
   D. **A defesa de Adão** (3.12-19): Adão culpa Eva, mas ela coloca a culpa na serpente.
   E. **A disciplina imposta a Adão** (3.14-19): Deus monta seu tribunal divino no Éden e impõe as seguintes penas:
      1. *À serpente* (3.14-15): ser maldita entre os animais e rastejar sobre seu ventre, comendo pó. Sua cabeça também será ferida pelo descendente da mulher.
      2. *À mulher* (3.16): dar à luz em meio a dores e ser governada por seu marido.
      3. *Ao homem* (3.17-19): arcar com o trabalho árduo de cultivar alimento a partir de um solo improdutivo e finalmente morrer, no sentido físico.
      4. *À natureza* (3.18): ser tomada por cardos e abrolhos.
   F. **A libertação de Adão** (3.15, 20-21)
      1. *A promessa* (3.15): Algum dia, um Salvador derrotará Satanás, a serpente!
      2. *A provisão* (3.20-21): Depois que Adão dá nome à sua mulher, Deus os veste com peles de animais.

G. A expulsão de Adão (3.22-24)
   1. *A graça* (3.22-23): Deus os remove do jardim para que não comam da árvore da vida e vivam eternamente em seu pecado.
   2. *Os guardas* (3.24): Deus coloca seres angelicais com espadas refulgentes à entrada oriental do Éden para manter Adão e Eva fora dali.

II. O Testemunho de Abel (4.1-26)
   A. Abel, o filho piedoso (4.1-2, 4): Ele é um pastor que, de forma obediente, oferece um animal como sacrifício a Deus.
   B. Caim, o filho ímpio (4.3-26)
      1. *O apóstata* (4.3): Ele oferece a Deus um sacrifício desprovido de sangue.
      2. *O irado* (4.5-7): Deus recusa o sacrifício de Caim, mas insta com ele para que ofereça sacrifício aceitável.
      3. *O assassino* (4.8-16)
         a. O crime de Caim (4.8): Num repente de raiva e inveja, Caim mata Abel.
         b. A maldição de Caim (4.9-12): Ele se torna um fugitivo e errante pela terra.
         c. A reclamação de Caim (4.13-16): Ele teme que quem o encontre o mate! Para evitar isto, Deus coloca um sinal de advertência aos que poderiam tentar matá-lo. Aí, Caim casa-se com uma mulher que, provavelmente, é uma de suas irmãs.
      4. *O arquiteto* (4.17-24)
         a. A engenhosa sociedade fundada por Caim (4.17-22): Caim edifica a primeira cidade da história. Seus descendentes são os primeiros a habitar em tendas e a possuir gado. São também os primeiros músicos e artífices de metais.
         b. A traiçoeira sociedade fundada por Caim (4.23-24): Eles praticam a poligamia e se entregam à violência.
   C. Sete, o filho concedido (4.25-26): Eva dá à luz um terceiro filho, Sete, a quem Deus permite que ocupe o lugar de Abel, que fora assassinado.

III. A Trasladação de Enoque (5.1-32)
   A. Os primeiros patriarcas que viveram antes do Dilúvio (5.1-17): Há seis, de Adão a Jarede, cada um vivendo mais que 900 anos.
   B. Um patriarca privilegiado que viveu antes do Dilúvio (5.18-24): Enoque
      1. *O relacionamento de Enoque com Deus* (5.18-22): Ele anda com Deus.
      2. *A remoção de Enoque, efetuada por Deus* (5.23-24): Ele é levado para o céu sem passar pela morte.
   C. Os últimos patriarcas que viveram antes do Dilúvio (5.25-32): Há quatro deles, de Enoque a Noé. Um deles, Matusalém, vive 969 anos, tornando-se o recordista de idade de toda a raça humana. Outro, Noé, tem três filhos: Sem, Cão e Jafé.

A BÍBLIA EM ESBOÇOS

ESBOÇO DA SEÇÃO TRÊS (GÊNESIS 6-10)
Esta seção descreve a condenação de todas as coisas.

I. A Preparação para o Dilúvio (6.1-22)
   A. **O desgosto de Deus** (6.1-7): Ele não vê nada além de perversidade humana de todo o tipo, em todo o lugar, a toda hora.
   B. **A graça de Deus** (6.8-10): Noé, por causa do seu viver reto, encontra graça diante do Senhor.
   C. **A orientação de Deus** (6.11-22)
      1. *Destruição (o que Deus fará)* (6.11-13): Deus destruirá todo o tipo de vida na terra — exceto Noé e sua família — através do Dilúvio.
      2. *Construção (o que Noé fará)* (6.14-22): Noé deve construir um barco de madeira de 300 côvados de comprimento (135 m), 50 côvados de largura (22,5 m) e 30 côvados de altura (13,5 m). Quando terminar a construção, Noé deverá trazer sua família e, pelo menos, um macho e uma fêmea de cada animal para dentro da arca.

II. A Proteção durante o Dilúvio (7.1-24)
   A. **Os ocupantes da arca** (7.1-9, 13-16): Incluem Noé, sua esposa, seus três filhos e esposas, junto com um casal de cada animal e sete casais de animais limpos.
   B. **A provação dentro da arca** (7.10-12, 17-24): A água vinda de baixo sobe. A chuva torrencial cai dos céus por 40 dias, cobrindo as maiores montanhas e afogando toda a vida humana e animal.

III. As Particularidades após o Dilúvio (8.1-10.32)
   A. **A segurança de Noé** (8.1-5): "Lembrou-se Deus de Noé".
   B. **A busca de Noé** (8.6-12)
      1. *A tentativa malsucedida, através do corvo* (8.6-7): Ele não encontra terra seca.
      2. *A tentativa bem-sucedida, através da pomba* (8.8-12): Após uma tentativa anterior, a pomba encontra terra seca e retorna com uma folha nova de oliveira em seu bico.
   C. **A vistoria de Noé** (8.13-14): Noé remove a cobertura da arca e observa o novo mundo após o Dilúvio.
   D. **A convocação de Noé** (8.15-19): Deus dá ordens a Noé, a sua família e a todos os animais que saiam da arca.
   E. **O sacrifício de Noé** (8.20-22): Noé edifica um altar e sacrifica nele animais aprovados por Deus para aquela finalidade.
   F. **O sinal de Noé (vindo de Deus)** (9.1-17)
      1. *Com relação aos animais da terra* (9.1-10): Eles temerão as pessoas e proverão alimento para elas, mas o sangue dos animais não deverá ser consumido.
      2. *Com relação ao arco-íris no céu* (9.11-17): Servirá como sinal da promessa de que Deus jamais destruirá a terra novamente com água.

G. A vergonha de Noé (9.18-29)
  1. *A falha* (9.18-24): Noé fica bêbado com vinho e se expõe (fica nu).
  2. *A predição* (9.25-29): Noé amaldiçoa Canaã e seus descendentes, e abençoa Sem e Jafé e seus descendentes.

H. Os filhos de Noé (10.1-32)
  1. *Jafé* (10.2-5): Uma lista de seus descendentes, incluindo Gomer, Magogue, Tubal e Meseque.
  2. *Cão* (10.6-20): Uma lista de seus descendentes, incluindo Canaã e Ninrode.
  3. *Sem* (10.21-32): Uma lista de seus descendentes, incluindo Pelegue (que pode ter vivido durante a dispersão da Torre de Babel). Ele foi o ancestral de Terá (pai de Abrão) e de Abrão e Sarai.

ESBOÇO DA SEÇÃO QUATRO (GÊNESIS 11.1-32)
Esta seção descreve a confusão de todas as coisas.

I. O Pecado (11.1-4): Todos os seres humanos tentam unificar-se para a sua própria glória.

II. A Condenação (11.5-9): Deus os dispersa, confundindo suas línguas na Torre de Babel.

III. O Povoamento (11.10-32): Relato da história dos descendentes de Sem, que é o ancestral de Abraão.

PARTE DOIS: OS PATRIARCAS (12-50)
Esta segunda parte de Gênesis descreve quatro grandes heróis: Abraão, Isaque, Jacó e José.

ESBOÇO DA SEÇÃO CINCO (GÊNESIS 12.1-25.18)
Esta seção cobre a vida de Abraão.

I. A Conversão e o Chamado de Abrão (12.1-5)
  A. O lugar (12.1): Ur dos Caldeus (ver Gênesis 11.31).
  B. As promessas (12.2-3): A partir de Abrão, Deus fará uma grande nação; Deus o abençoará, engrandecerá seu nome e fará com que ele abençoe outros. Aqueles que abençoarem Abrão, serão abençoados; aquele que o amaldiçoar, será amaldiçoado. Toda a terra será abençoada nele. Isso ocorrerá através de Jesus Cristo, um descendente de Abrão.
  C. A peregrinação (12.4-5): Abrão viaja de Ur para Harã e de Harã para Canaã.

II. A CANAÃ DE ABRÃO (12.6-9)
   A. **Abrão em Siquém** (12.6-7): O Senhor promete dar Canaã a Abrão, e Abrão edifica um altar naquele local.
   B. **Abrão em Betel** (12.8-9): Abrão edifica outro altar.

III. A CARNALIDADE DE ABRÃO (PRIMEIRA OCORRÊNCIA) (12.10-20)
   A. **A fome** (12.10): Abrão vai de Canaã para o Egito para fugir da fome.
   B. **A falsidade** (12.11-13): Temendo por sua vida, Abrão pede que Sarai passe por sua irmã.
   C. **O favor** (12.14-16): Faraó recompensa Abrão com riquezas por causa de Sarai, provavelmente pretendendo casar-se com ela.
   D. **A frustração** (12.17): Deus envia pragas a Faraó e a toda a sua casa por causa do seu plano de casar-se com Sarai.
   E. **A fúria** (12.18-20): Faraó repreende Abrão por sua mentira e manda Abrão e Sarai embora.

IV. O RECOMEÇO DE ABRÃO (13.1-18)
   A. **A chegada** (13.1-4): Abrão chega a Betel e novamente adora a Deus.
   B. **A disputa** (13.5-7): Os pastores do gado de Abrão e Ló (seu sobrinho) disputam os pastos.
   C. **O acordo** (13.8-13)
      1. *Os termos* (13.8-9): Abrão permite que Ló escolha sua própria terra.
      2. *A tragédia* (13.10-13): Ló escolhe a terra próxima à cidade moralmente pervertida de Sodoma.
   D. **A promessa** (13.14-18): Após a saída de Ló, Deus novamente promete fazer de Abrão uma nação numerosa, como os grãos de areia da terra, e promete dar-lhe a terra de Canaã.

V. A CORAGEM DE ABRÃO (14.1-16)
   A. **Os vilões** (14.1-11)
      1. *A rebelião* (14.1-4): Cinco cidades-estados cananéias rebelam-se contra Quedorlaomer de Elão.
      2. *A represália* (14.5-11): Quedorlaomer e seus aliados derrotam os exércitos das cinco cidades-estados, saqueiam suas cidades e levam muitas pessoas como escravas.
   B. **A vítima** (14.12): Ló, agora vivendo em Sodoma, é levado como escravo.
   C. **A vitória** (14.13-16)
      1. *O exército de Abrão* (14.13-14): Sabendo da captura de Ló, Abrão e seus 318 servos treinados vão ao resgate de Ló.
      2. *O ataque de Abrão* (14.15): Abrão divide seus homens e inicia um ataque-surpresa à noite.
      3. *As conquistas de Abrão* (14.16): Quedorlaomer é derrotado, e Ló é resgatado.

VI. A Comunhão de Abrão (14.17-24)
   A. **O rei de Salém, piedoso e sacerdote** (14.17-20): Ao retornar à sua casa em Hebrom, Abrão encontra Melquisedeque, que o abençoa. Abrão oferece um décimo de todos os bens obtidos em Quedorlaomer.
   B. **O ímpio e pervertido rei de Sodoma** (14.21-24): Em forte contraste, Abrão recusa-se a ter qualquer comunhão com Bera, rei da ímpia Sodoma.

VII. A Aliança com Abrão (15.1-21)
   A. **A pressuposição errada de Abrão** (15.1-3): Abrão reclama que, após sua morte, todos os seus bens serão passados a Eliézer, um dos seus servos de Damasco. Eliézer, então, se tornará o herdeiro da aliança.
   B. **A promessa fidedigna de Deus** (15.4-21)
      1. *A revelação* (15.4-5): Deus diz a Abrão que o herdeiro prometido será o próprio filho de Abrão, e que seus descendentes serão numerosos como as estrelas do céu.
      2. *A reação* (15.6): "E creu Abrão no Senhor, e o Senhor imputou-lhe isto como justiça".
      3. *A ratificação* (15.7-17)
         a. Os detalhes (15.7-11): Deus ratifica sua promessa a Abrão com uma aliança selada com sangue.
         b. O sonho (15.12): Ao pôr-do-sol, Abrão cai em sono profundo e tem visões aterrorizantes.
         c. O destino (de Israel) (15.13-16): Deus fala a Abrão em sonho, dizendo que seus descendentes serão escravos por 400 anos. Também diz que os opressores serão punidos e que os descendentes de Abrão serão libertados e sairão com muitas riquezas.
         d. A descida (do próprio Deus) (15.17): Um fogareiro fumegante e uma tocha de fogo, provavelmente simbolizando o próprio Deus, passa por entre os animais mortos da aliança de sangue.
      4. *As terras* (15.18-21): Deus revela a Abrão as fronteiras da Terra Prometida, desde a divisa do Egito até o rio Eufrates.

VIII. O Comprometimento de Abrão (16.1-16)
   A. **O fundamento lógico para seu comprometimento** (16.1-3)
      1. *O problema* (16.1): Sarai ainda é incapaz de ter um filho.
      2. *O plano* (16.1-3): Sarai convence Abrão a casar-se com Agar, sua serva, para ter um filho por intermédio dela.
   B. **Os resultados do seu comprometimento** (16.4-16)
      1. *O casamento de Agar com Abrão* (16.4): Depois de Agar dar à luz, começa a desprezar Sarai.
      2. *Os maus-tratos de Agar por parte de Sarai* (16.5-6): Após sofrer maus-tratos da frustrada Sarai, Agar foge para o deserto.

3. *O encontro de Agar com o Senhor* (16.7-14)
   a. O Senhor a adverte (16.7-9): O anjo do Senhor a encontra num poço e diz: "Torna-te para a tua senhora e, humilha-te debaixo das suas mãos".
   b. O Senhor a tranqüiliza (16.10-14): O anjo do Senhor diz a Agar que ela terá descendentes incontáveis através de seu filho ainda por nascer, que será chamado Ismael ("o Senhor ouve").
4. *Nasce Ismael* (16.15-16): Agar dá à luz Ismael quando Abrão está com 86 anos de idade.

IX. A CIRCUNCISÃO DE ABRAÃO (17.1-27)
   A. Deus e Abrão (17.1-14)
   1. *O novo nome de Abrão* (17.1-8): Deus muda o nome de Abrão ("pai exaltado") para Abraão ("pai de uma multidão").
   2. *O novo encargo de Abraão* (17.9-14)
      a. As particularidades (17.9-13): Como sinal de aliança, ele deverá circuncidar-se, e fazer o mesmo com todos os homens de sua casa e todos os meninos que completarem oito dias de vida.
      b. A penalidade (17.14): Aqueles que se recusarem a fazer a circuncisão serão excluídos dentre os israelitas.
   B. Deus e Sarai (17.15-19)
   1. *A mudança de nome de Sarai* (17.15): Deus muda o nome de Sarai para Sara ("princesa").
   2. *A nova promessa a Sara* (17.16-19): Deus promete que esta mulher estéril irá, de fato, tornar-se mãe de nações.
   C. Deus e Ismael (17.20-27)
   1. *Revelando o futuro de Israel* (17.20-22): Deus diz a Abraão que Ismael se tornará o ancestral de 12 príncipes e de uma grande nação.
   2. *Removendo a carne de Ismael* (17.23-27): Aos 99 anos, Abraão circuncida-se, e faz o mesmo com o garoto Ismael, que está com 13 anos, e com todos os homens de sua casa.

X. A COMPAIXÃO DE ABRAÃO (18.1-19.38)
   A. As notícias maravilhosas (18.1-15)
   1. *A recepção por parte de Abraão* (18.1-8)
      a. Encontrando-se com seus visitantes celestiais (18.1-3): O próprio Deus e dois anjos visitam Abraão, perto de Hebrom.
      b. Servindo seus visitantes celestiais (18.4-8): Abraão prepara uma refeição com vitela, coalhada, leite e pão para seus visitantes.
   2. *A reação de Sara* (18.9-15)
      a. Os detalhes (18.9-10): Em sua tenda, Sara escuta a promessa de Deus com relação ao nascimento de Isaque.
      b. As dúvidas (18.11-12): Sara ri por não acreditar.
      c. A declaração (18.13-14): "Há, porventura, alguma coisa difícil ao Senhor? (...) e Sara terá um filho".
      d. A negação (18.15): Receosa, Sara nega que riu por incredulidade.

B. **As péssimas notícias** (18.16-19.38)
  1. *A acusação contra Sodoma* (18.16-22)
     a. A fidelidade de Abraão (18.16-19): Deus decide contar a Abraão seu plano para a cidade de Sodoma, uma vez que Abraão havia sido escolhido para ser o pai dos justos.
     b. A imoralidade de Sodoma (18.20-22): O Senhor fala a Abraão sobre a impiedade de Sodoma.
  2. *A intercessão por Sodoma* (18.23-33)
     a. Intercedendo por 50 (18.23-26): Abraão pede que o Senhor poupe a cidade por amor de 50 justos que lá existam. O Senhor responde que o fará.
     b. Intercedendo por 45 (18.27-28): Por 45? Sim.
     c. Intercedendo por 40 (18.29): Por 40? Sim.
     d. Intercedendo por 30 (18.30): Por 30? Sim.
     e. Intercedendo por 20 (18.31): Por 20? Sim.
     f. Intercedendo por dez (18.32-33): Por dez? Sim.
  3. *A destruição de Sodoma* (19.1-38)
     a. Eventos pré-destruição (19.1-14)
        (1) Ló e os anjos (19.1-3): Dois anjos visitam Ló, que os convida a passar a noite em sua casa.
        (2) Ló e os sodomitas (19.4-11): Os habitantes de Sodoma pedem que Ló lhes entregue os dois homens para que eles possam molestá-los sexualmente.
        (3) Ló e sua família (19.12-14): Em vão, Ló adverte os noivos de suas filhas para que fujam da cidade.
     b. Os eventos da destruição (19.15-29)
        (1) A firmeza (19.15-17): Relutantes em ir embora, Ló e sua família são conduzidos para fora da cidade pelos anjos.
        (2) O medo (19.18-22): Ló implora para que possa morar em Zoar, uma pequena vila perto de Sodoma.
        (3) A fúria (19.23-25): A fúria abrasadora de Deus é derramada sobre Sodoma e outras cidades ímpias da planície.
        (4) A fatalidade (19.26): Ao olhar para trás em direção à cidade Sodoma em chamas, a mulher de Ló torna-se uma estátua de sal.
        (5) A chuva de fogo (19.27-29): De uma distância superior a 30 km, Abraão enxerga a fumaça da destruição de Sodoma e Gomorra.
     c. Eventos pós-destruição (19.30-38)
        (1) A suposição das duas irmãs (19.30-31): As filhas de Ló temem nunca mais casar e ter filhos.
        (2) Os pecados das duas irmãs (19.32-36): Elas embebedam o pai, deitam-se com ele e ficam grávidas.
        (3) Os filhos das duas irmãs (19.37-38): Moabe, pai dos moabitas, nasce da filha mais velha de Ló; Ben-Ami, pai dos filhos de Amom, da filha mais nova de Ló.

XI. A CARNALIDADE DE ABRAÃO (SEGUNDA OCORRÊNCIA) (20.1-18)
   A. Abraão e Abimeleque: primeiro ciclo — engano (20.1-8)
      1. *A fraude* (20.1-2): Novamente, temendo por sua vida, Abraão apresenta Sara como sua irmã.
      2. *O sonho* (20.3-8)
         a. Deus informa Abimeleque (20.3-6): Em sonho, Deus adverte Abimeleque que Sara é casada.
         b. Deus instrui Abimeleque (20.7-8): Deus diz a Abimeleque que devolva Sara a Abraão e promete que o patriarca orará por ele.
   B. Abraão e Abimeleque: segundo ciclo — defesa (20.9-13)
      1. *A pergunta dolorosa (feita acerca de Abraão)* (20.9-10): "Que é que nos fizeste?"
      2. *A resposta lastimável (dada por Abraão)* (20.11-13): Abraão diz ter temido que Abimeleque o matasse para casar com Sara.
   C. Abraão e Abimeleque: terceiro ciclo — libertação (20.14-18): Abimeleque devolve Sara a Abraão e o recompensa pelo ocorrido. Abraão ora por Abimeleque e Deus retira a maldição que colocara sobre a casa de Abimeleque.

XII. A CELEBRAÇÃO DE ABRAÃO (21.1-21; 25.12-18)
   A. O cumprimento da promessa (21.1-7)
      1. *A natureza do cumprimento* (21.1-2): Sara dá à luz o herdeiro da aliança.
      2. *O nome para o cumprimento* (21.3-7): Ele é chamado Isaque, que significa "riso", pois todos os que ouvirem isto se rirão.
   B. A festa (21.8): O propósito é celebrar o desmame de Isaque.
   C. A zombaria (21.9): Sara vê Ismael zombando de Isaque.
   D. A fúria (21.10-11): Sara pede para Abraão ordenar que Agar e Ismael deixem o acampamento.
   E. A despedida (21.12-14): Depois de ser assegurado que Agar será sustentada pelo Senhor, Abraão a despede com água e comida.
   F. O medo (21.15-16): No deserto, Agar teme que ambos morram logo por causa da exposição ao sol.
   G. A fidelidade (21.17-21; 25.12-18)
      1. *A libertação e o crescimento de Ismael* (21.17-21): Deus provê água e comida para Ismael e posteriormente o conduz à maturidade.
      2. *Os descendentes de Ismael* (25.12-18): Assim como Deus havia predito, Ismael torna-se pai de 12 filhos.

XIII. A ALIANÇA DE ABRAÃO (21.22-34)
   A. As pessoas (21.22): Abimeleque e seu comandante, Ficol, fazem aliança com Abraão.
   B. O plano (21.23-24): Nem Abimeleque nem Abraão farão mal um ao outro.
   C. O problema (21.25-26): Abraão reclama que os servos de Abimeleque haviam tomado um de seus poços. Abimeleque diz que nada sabia.

D. O pacto (21.27-30): Uma aliança de paz especial entre os dois é ratificada quando Abraão dá a Abimeleque algumas ovelhas e gado.
E. O lugar (21.31-34): Isso acontece em Berseba ("fonte de juramento").

XIV. A Ordem a Abraão (22.1-24)
  A. A dor de Abraão (22.1-8)
    1. *A ordem* (22.1-2): Deus ordena que Abraão sacrifique seu filho Isaque como holocausto.
    2. *A obediência* (22.3): Junto com Isaque e dois servos, Abraão segue em direção à terra de Moriá.
    3. *A provação* (22.4-8)
      a. A pergunta de Isaque (22.7): "Meu pai! (...) onde está o cordeiro para o holocausto?"
      b. A resposta de Abraão (22.8): "Deus proverá para si o cordeiro para o holocausto, meu filho".
  B. A submissão de Isaque (22.9-10): Ele permite que Abraão o amarre sobre o altar.
  C. O substituto de Deus (22.11-24)
    1. *A natureza da oferta de Abraão* (22.11-13): É ordenado que ele ofereça um carneiro em lugar de Isaque.
    2. *O nome do Deus de Abraão* (22.14): Abraão chama aquele lugar Jeová-Jiré (Yahweh Yir'eh) ("o Senhor proverá").
    3. *O número dos descendentes de Abraão* (22.15-19): O anjo do Senhor novamente promete a Abraão que seus descendentes serão numerosos como as estrelas dos céus e os grãos de areia do mar.
    4. *As notícias sobre a família de Abraão* (22.20-24): Abraão fica sabendo que seu irmão Naor tem oito filhos. Um deles é Betuel, que se tornará pai de Rebeca (mulher de Isaque).

XV. A Caverna de Abraão (23.1-20)
  A. As lágrimas de Abraão (23.1-2): Abraão lamenta e chora por Sara, que morre aos 127 anos.
  B. O testemunho de Abraão (23.3-13): Ele se descreve como sendo um estrangeiro e pede a Efrom, o hitita, permissão para comprar a caverna de Macpela, onde deseja enterrar Sara.
  C. A transação de Abraão (23.14-20)
    1. *O preço* (23.14-16): 400 ciclos de prata.
    2. *O lugar* (23.17-20): a caverna de Macpela, localizada em Hebrom.

XVI. O Comissionamento de Abraão (24.1-67)
  A. O plano (24.1-4): Abraão instrui a seu servo (provavelmente Eliézer) a procurar uma esposa para Isaque em sua terra natal, a Mesopotâmia.
  B. O problema (24.5-6): Mesmo que o servo não encontre uma jovem disposta a se casar, ele não deve levar Isaque para viver lá.

C. **As promessas** (24.7-9)
  1. *A promessa de Deus a Abraão* (24.7-8): Abraão lembra-se da promessa de Deus com relação à terra de Canaã.
  2. *A promessa do servo a Abraão* (24.9): O servo fará exatamente conforme Abraão o instruiu.
D. **A preparação** (24.10): O servo carrega dez camelos com presentes e parte em busca de esposa para Isaque.
E. **A oração** (24.11-21)
  1. *O pedido* (24.11-14): O servo pede a Deus que faça com que a escolhida para ser a esposa de Isaque se ofereça para dar água a ele e a seus camelos.
  2. *O resultado* (24.15-21): Estando o servo ainda a orar, Rebeca aparece e cumpre o sinal.
F. **Os presentes** (24.22-33)
  1. *Rebeca e o servo* (24.22-28): O servo dá a Rebeca um pendente de ouro.
  2. *Labão e o servo* (24.29-33): O irmão de Rebeca convida o servo a entrar em sua casa.
G. **A proposta** (24.34-58)
  1. *O panorama relatado pelo servo* (24.34-48)
    a. A conversa do servo com Abraão (24.34-41): O servo revela a Labão a missão que Abraão lhe havia conferido.
    b. A conversa do servo com Deus (24.42-44): O servo conta como Deus respondeu à sua oração.
    c. A conversa do servo com Rebeca (24.45-48): O servo relata seu encontro inicial com Rebeca.
  2. *A oferta do servo* (24.49-56): Ele dá a Rebeca mais jóias e vestidos e a convida a acompanhá-lo de volta a Canaã a fim de casar-se com Isaque.
H. **A persuasão** (24.57-60): "Irás tu com este homem?" E Rebeca responde: "Irei".
I. **A peregrinação** (24.61): O servo de Abraão, Rebeca e seus servos deixam a Mesopotâmia rumo a Canaã.
J. **A apresentação** (24.62-67): Isaque está andando no campo quando encontra sua nova noiva. Eles se casam e dão amor e bem-estar um ao outro.

XVII. Os Anos Finais de Abraão (25.1-11)
  A. **A família de Abraão** (25.1-4)
    1. *A última esposa de Abraão* (25.1): Abraão casa-se com sua terceira esposa, Quetura.
    2. *Os últimos filhos de Abraão* (25.2-4): Quetura tem seis filhos, entre eles, Midiã.
  B. **A fortuna de Abraão** (25.5-6): Ele passa todas as suas riquezas para seus filhos, dando a maior parte a Isaque.
  C. **A despedida de Abraão** (25.7-11): Ele morre aos 175 anos.

ESBOÇO DA SEÇÃO SEIS (GÊNESIS 25.19-28.9; 36.1-43)
Esta seção cobre a vida de Isaque.

I. Isaque e Rebeca (25.19-26.16)
   A. A devoção de Isaque a Rebeca (25.20-34)
      1. *O pedido* (25.19-22): Ele ora para que Rebeca tenha um filho.
      2. *Os resultados* (25.23-34): Deus responde à oração de Isaque em dobro!
         a. O nascimento dos gêmeos (25.24-26): Esaú nasce primeiro, seguido imediatamente por Jacó.
         b. O direito de primogenitura e os gêmeos (25.27-34): Ao tornar-se adulto, Esaú vende seu direito de primogenitura por um prato de guisado.
   B. O engodo de Isaque com relação a Rebeca (26.1-16)
      1. *A direção de Deus* (26.1-5): Durante a fome, Deus proíbe Isaque de ir ao Egito, mas permite que vá à terra dos filisteus.
      2. *O engano de Isaque* (26.6-7): Assim como seu pai havia feito, Isaque mente a Abimeleque (o rei dos filisteus) acerca de sua esposa, afirmando ser ela sua irmã.
      3. *A percepção de Abimeleque* (26.8-16): Vendo Isaque acariciar Rebeca, Abimeleque reprova Isaque por enganá-lo. Ainda assim, Deus continua a abençoar Isaque.

II. Isaque e o Povo de Gerar (26.17-22): Surge uma discussão acerca da posse de alguns poços.

III. Isaque e Deus (26.23-25): Em sonho, o Senhor aparece a Isaque e confirma a aliança feita entre ele e Abraão, pai de Isaque.

IV. Isaque e Três Líderes Filisteus (26.26-33): Percebendo a bênção de Deus sobre Isaque, os filisteus propõem um tratado de paz com ele. Isaque aceita e celebra com grande festa.

V. Isaque e Seus Filhos (26.34-28.9; 36.1-43)
   A. A dor (26.34-35): Esaú casa-se com duas mulheres hititas, que tornam a vida de Isaque e Rebeca um tormento.
   B. Os preparativos (27.1-4): Crendo na proximidade de sua morte, Isaque instrui Esaú a caçar um animal selvagem e a preparar para ele uma refeição. Isaque promete abençoá-lo após a refeição.
   C. A conspiração (27.5-29)
      1. *Maquinada por Rebeca* (27.5-17): Escutando essa conversa, Rebeca prepara uma refeição parecida, disfarça Jacó para que se pareça com Esaú [Isaque estava praticamente cego] e o envia a Isaque.
      2. *Executada por Jacó* (27.18-29)
         a. A relutância de Isaque (27.18-23): De início, Isaque fica confuso,

dizendo: "A voz é a voz de Jacó, porém as mãos são as mãos de Esaú".
   b. A confirmação de Jacó (27.24-29): Jacó convence Isaque de que é realmente Esaú, e recebe a bênção do pai.
D. A perplexidade (27.30-33): Assim que Jacó sai, Esaú entra, pronto para ser abençoado.
E. A súplica (27.34-38): Lamentando em meio a intensa raiva e frustração, Esaú diz: "Abençoa-me também a mim, meu pai!"
F. A profecia (27.39-40): Isaque prediz que Esaú e seus descendentes viverão pela espada e servirão a seu irmão por um período de tempo.
G. O prejuízo (27.41): Esaú jura matar Jacó após a morte de seu pai.
H. A partida (27.42-28.5)
   1. As palavras de Rebeca a Jacó (27.42-46): Ela ordena que Jacó fuja da ira de Esaú, indo para sua cidade natal de Harã, na Mesopotâmia.
   2. As palavras de Isaque a Jacó (28.1-5): Isaque diz para Jacó ir a Harã escolher uma noiva dentre a parentela de sua mãe.
I. A percepção (de Esaú) (28.6-9): Percebendo que as esposas cananéias eram a fonte da dor de seus pais, Esaú se casa com Maalate, filha de Ismael (filho de Abraão com Agar).
J. O povo (de Esaú) (36.1-43): Este capítulo é uma lista dos descendentes de Esaú.

ESBOÇO DA SEÇÃO SETE (GÊNESIS 28.10-35, 37-38)
Esta seção cobre a vida de Jacó.

I. O Viajante (28.10-22)
   A. A visão de Jacó (28.10-15)
      1. Ele vê os anjos de Deus (28.10-12): Durante um sonho em Betel, Jacó vê anjos subindo e descendo uma escada que ia da terra até os céus.
      2. Ele vê o Deus dos anjos (28.13-15): O Senhor está no topo da escada e confirma a aliança feita entre ele e Abraão.
   B. O juramento (28.16-22): Já acordado, Jacó promete servir a Deus, mas somente se Deus o proteger e prover.

II. O Amante (29.1-30)
   A. O amor de Jacó por Raquel (29.1-17)
      1. O primeiro encontro com Raquel (29.1-12): Jacó encontra Raquel num poço e remove uma grande pedra para que ela possa dar de beber ao rebanho de seu pai, Labão, tio de Jacó.
      2. O primeiro encontro com Labão (29.13-17): Jacó e Labão encontram-se e resolvem que Jacó trabalhará para o tio.
   B. O trabalho de Jacó por Raquel (29.18-30)
      1. A diligência de Jacó (29.18-21): Jacó pede Raquel em casamento, em troca de sete anos de trabalho para Labão.

2. *A Fraude de Labão* (29.22-30): Na noite do casamento, Labão substitui Raquel secretamente por Lia, forçando Jacó a trabalhar outros sete anos.

III. O Homem de Família (29.28-30.24; 35.16-18, 23-26)
   A. **As quatro esposas de Jacó** (29.28-30; 30.1-4, 9)
      1. *Lia* (29.28): A primeira esposa de Jacó.
      2. *Raquel* (29.30): A segunda esposa de Jacó.
      3. *Bila* (29.29; 30.1-4): Serva de Raquel.
      4. *Zilpa* (30.9): Serva de Lia.
   B. **Os doze filhos de Jacó** (29.31-30.24; 35.16-18, 23-26)
      1. *Rúben* (29.31-32): O primeiro filho de Lia.
      2. *Simeão* (29.33): O segundo filho de Lia.
      3. *Levi* (29.34): O terceiro filho de Lia.
      4. *Judá* (29.35): O quarto filho de Lia.
      5. *Dã* (30.5-6): O primeiro filho de Bila.
      6. *Naftali* (30.7-8): O segundo filho de Bila.
      7. *Gade* (30.9-11): O primeiro filho de Zilpa.
      8. *Aser* (30.12-13): O segundo filho de Zilpa.
      9. *Issacar* (30.14-18): O quinto filho de Lia.
      10. *Zebulom* (30.19-20): O sexto filho de Lia.
      11. *José* (30.22-24): O primeiro filho de Raquel.
      12. *Benjamim* (35.16-18): O segundo filho de Raquel.
   C. **A única filha de Jacó, Diná (de Lia)** (30.21)

IV. O Empregado (30.25-31.55)
   A. **A especificação** (30.25-43): Jacó concorda em continuar trabalhando para Labão sob algumas condições
      1. *O pedido* (30.25-34): Jacó pede para ficar com todos os animais salpicados e malhados do rebanho.
      2. *O resultado* (30.35-43): Jacó torna-se um homem muito rico.
   B. **A separação** (31.1-55): Jacó finalmente decide deixar Labão
      1. *As razões para a separação* (31.1-3, 13-16)
         a. O ressentimento de Labão (31.1-2): Os filhos de Labão voltam o coração deste contra seu genro, de quem tinham inveja.
         b. A revelação de Deus (31.3, 13): O Senhor diz a Jacó: "Volta para terra de teus pais e para a tua parentela". Então Jacó volta a Betel.
         c. A confirmação de Lia e Raquel (31.14-16): As esposas de Jacó o encorajam a fazer o que Deus lhe ordenara.
      2. *A lembrança motivadora da separação* (31.4-13): Jacó sente que Labão o enganou, mudando seu salário em dez ocasiões (ver 31.7, 41).
      3. *A reunião após a separação* (31.17-55)
         a. Frustração (31.17-23): Labão descobre que Jacó e todo o seu acampamento haviam ido embora sem dizer nada e que haviam roubado os ídolos do clã.

b. Revelação (31.24-25): Durante sua viagem ao encalço de Jacó, Labão é alertado por Deus a não lhe causar dano.
  c. Confrontação (31.26-30): Labão pergunta: "Por que fugiste ocultamente? (...) Por que me furtaste os meus deuses?"
  d. Explicação (31.31-42): Jacó responde que a desonestidade de Labão o fez fugir. Ele explica ter fugido secretamente movido pelo medo, mas insiste em não ter furtado os deuses de Labão.
  e. Símbolo (31.43-55): Os dois concordam em uma trégua precária, construindo uma coluna de pedras para servir de lembrete visível.

V. O Lutador (32.1-33.16)
  A. A comunhão de Jacó com Deus (32.1-32)
    1. A presença (32.1-2): À medida que Jacó e sua família continuam em seu caminho, anjos vêm ao seu encontro.
    2. O plano (32.3-5): Sabendo que Esaú está próximo, Jacó envia mensageiros a seu irmão, prometendo-lhe muitas riquezas.
    3. O pânico (32.6-8): Os mensageiros retornam com notícias amedrontadoras: Esaú está vindo com 400 homens para encontrar-se com Jacó.
    4. A oração (32.9-12): Jacó "relembra" a Deus a aliança que o Senhor fez com Abraão e clama por ajuda.
    5. O pagamento (32.13-21): Jacó tenta subornar Esaú, mandando grandes riquezas e rebanhos de cabras, carneiros, camelos, gado e mulas.
    6. A luta pelo poder (32.22-32)
      a. A lida (32.22-26): Enquanto Jacó espera sozinho, no rio Jaboque, durante a noite, um homem vem e luta com ele até o amanhecer.
      b. O triunfo (32.27-29): Jacó não se entrega, e Deus muda o nome dele de Jacó ("o enganador") para Israel ("o homem que luta com Deus").
      c. O testemunho (32.30-32): Jacó chama o lugar de Peniel, que significa "a face de Deus". A partir daí, ele (literalmente) jamais andaria da mesma forma!
  B. O encontro de Jacó com Esaú (33.1-16)
    1. Jacó apresenta-se a Esaú (33.1-4): Jacó curva-se sete vezes à medida que se aproxima de Esaú. Para grande alívio de Jacó, Esaú o abraça e beija! Logo, os dois estão chorando de alegria.
    2. Jacó apresenta sua família a Esaú (33.5-7)
    3. Jacó apresenta seu rebanho a Esaú (33.8-16)

VI. O Patriarca Obediente (33.17-20; 35.1-7, 9-15)
  A. Os retornos (conforme ordenados por Deus) (33.17-20, 35.1)
    1. A Siquém (33.17-20): Aqui, Jacó compra uma porção de terra e edifica um altar, que é chamado El-Eloé-Israel, que significa "Deus, o Deus de Israel".
    2. A Betel (35.1): Por ordem de Deus, Jacó retorna a Betel, onde teve o sonho da escada que chegava aos céus.

B. O reavivamento (35.2-7): Jacó recolhe e enterra todos os ídolos em seu acampamento, ordenando a cada pessoa: "Purificai-vos e mudai as vossas vestes". A seguir, Jacó edifica um altar e o chama El-Betel, que significa "o Deus da casa de Deus".

C. A revelação (35.9-15): Deus novamente confirma a Jacó a aliança firmada com Abraão.

VII. O CORAÇÃO PARTIDO (34.1-31; 35.8, 16-29; 37.1-36; 38.1-30)

A. Os funerais (35.8, 16-20, 27-29)

1. *A morte de Débora* (35.8): Ela havia sido a ama de Rebeca.
2. *A morte de Raquel* (35.16-20): Raquel morre ao dar à luz Benjamim, e é enterrada a caminho de Belém.
3. *A morte de Isaque* (35.27-29): Tanto Jacó como Esaú retornam a Hebrom para enterrar seu pai, morto aos 180 anos de idade.

B. As falhas (os pecados dos filhos de Jacó) (34.1-31; 35.21-26; 37.1-36; 38.1-30)

1. *Assassinato, da parte de Simeão e Levi* (34.1-31): Após Diná ser estuprada por Siquém, um príncipe cananeu local, várias coisas acontecem.
   a. A sugestão (34.3-12): Hamor, pai de Siquém, encontra-se com Jacó, propondo um relacionamento próximo entre os dois povos, começando com o casamento de Diná e Siquém.
   b. A sutileza (34.13-24): Fingindo concordar com essa sugestão (mas, por dentro, a repudiando), os irmãos insistem em que Hamor e seus homens devem primeiro ser circuncidados.
   c. O massacre (34.25-29): Ao terceiro dia, quando os homens da cidade estavam indefesos por causa dos ferimentos da circuncisão, Simeão e Levi vão ao acampamento deles e os chacinam!
   d. O escândalo (34.30-31): Jacó reprova seus filhos por fazerem com que seu nome seja manchado diante dos outros cananeus na terra, temendo que alguns deles procurem vingança.
2. *Adultério, da parte de Rúben* (35.21-22): Rúben deita-se com Bila, concubina de Jacó e ex-serva de Raquel.
3. *Imoralidade sexual e hipocrisia, da parte de Judá* (38.1-30)
   a. A esposa cananéia de Judá (38.1-5): Judá torna-se pai de três filhos através dela: Er, Onã e Selá.
   b. A escolha de Judá (38.6-10): Judá escolhe uma mulher chamada Tamar para ser esposa de Er. Mas Er morre antes de ter filhos, deixando a Onã a incumbência de suscitar descendência dele através de Tamar. Mas Onã também morre sem ter filhos.
   c. O acordo de Judá (38.11-13): Judá promete a Tamar que Selá, seu filho mais novo, um dia a tomará por esposa.
   d. A carnalidade de Judá (38.14-23): Mais tarde, percebendo que a promessa não poderia ser mantida, Tamar disfarça-se de prostituta e seduz Judá a se deitar com ela.

e. A condenação de Judá (a Tamar) (38.24-25): Três meses mais tarde, Judá descobre a gravidez de Tamar e ordena que ela seja queimada. Tamar, entretanto, rapidamente providencia provas irrefutáveis de que o pai da criança é ninguém menos que o próprio Judá!
f. A confissão de Judá (38.26-30): Um Judá rubro de vergonha reconhece: "Ela é mais justa do que eu".
4. *Engano e traição, da parte dos dez filhos de Jacó* (37.1-36): Esses irmãos, invejosos do carinho especial de Jacó para com José, vendem o irmão mais novo, que se torna escravo no Egito.

ESBOÇO DA SEÇÃO OITO (GÊNESIS 37, 39-50)
Esta seção cobre a vida de José.

I. José, o Filho Favorito (37.1-35)
   A. **Amado por seu pai** (37.3)
   B. **Detestado por seus irmãos** (37.1-35)
      1. *As razões quanto a ser odiado* (37.1-11)
         a. A devoção de que ele é alvo (37.1-4): "Israel amava mais a José do que a todos os seus filhos, porque era filho da sua velhice; e fez-lhe uma túnica de várias cores".
         b. Seus sonhos (37.5-11): José tem dois sonhos que simbolicamente retratam seus irmãos curvando-se diante dele.
      2. *O resultado do ódio deles* (37.12-35)
         a. A viagem (37.12-17): Jacó envia José para checar como estão seus irmãos. José os alcança em Dotã.
         b. A deslealdade (37.18-27): Os irmãos, ainda zangados com os sonhos de José e o *status* de favorito do pai, planejam matar José. Mas Rúben os convence a jogá-lo vivo numa cisterna.
         c. A transação (37.28-30): Os irmãos decidem vender José a um grupo de comerciantes ismaelitas por 20 peças de prata.
         d. A fraude (37.31-35): Os irmãos enganam Jacó, fazendo com que ele creia que José foi devorado por um animal selvagem.

II. José, o Servo Fiel (37.36; 39.1-20)
   A. **O serviço de José** (37.36; 39.1-6): José torna-se um ótimo e fiel empregado na casa de Potifar, capitão da guarda do Faraó.
   B. **O autocontrole de José** (39.7-20)
      1. *O pedido* (39.7): A esposa de Potifar tenta seduzir José.
      2. *A recusa* (39.8-12): Ele rechaça as investidas dela rapidamente, até o ponto de fugir da casa, certa vez, deixando suas roupas nas mãos dela.
      3. *A vingança* (39.13-20): José é falsamente acusado por tentativa de estupro e jogado na prisão!

III. José, o Escravo Esquecido (39.21-40.23)
   A. José e o carcereiro (39.21-23): José alcança o favor do carcereiro, que o coloca como encarregado de todos os prisioneiros.
   B. José e os prisioneiros (40.1-23)
      1. *As personagens* (40.1-4): O chefe dos copeiros e o chefe dos padeiros do Faraó o irritam, e ele os atira na prisão. José é designado para cuidar deles.
      2. *A confusão* (40.5-8): Tanto o copeiro quanto o padeiro têm sonhos que não conseguem entender.
      3. *O esclarecimento* (40.9-19): José interpreta os dois sonhos
         a. O sonho do copeiro (40.9-15): Faraó irá libertá-lo e restituir seu cargo em três dias.
         b. O sonho do padeiro (40.16-19): Ele será executado em três dias.
      4. *A conclusão* (40.20-23): As duas profecias cumprem-se ao fim de três dias. O copeiro, entretanto, esquece-se de José.

IV. José, o Estadista Renomado (41.1-57)
   A. Os sonhos do Faraó (41.1-36)
      1. *A revelação* (41.1-8): Faraó tem dois sonhos.
         a. Primeiro sonho (41.1-4): Ele vê sete vacas magras devorar sete vacas gordas.
         b. Segundo sonho (41.5-8): Ele vê sete espigas mirradas devorar as sete espigas boas.
      2. *A lembrança* (41.9-13): Quando ninguém se mostra capaz de interpretar o sonho do Faraó, o copeiro de repente lembra que José foi capaz de interpretar seu sonho.
      3. *A revisão* (41.14-24): José é trazido da prisão para que o rei relate seus dois sonhos misteriosos.
      4. *A interpretação* (41.25-32): Deus revela que os sonhos do Faraó estão predizendo os próximos 14 anos. Os primeiros sete trarão colheitas abundantes, enquanto os seguintes trarão apenas grande fome.
      5. *O conselho* (41.33-36): José aconselha que se designe alguém para estocar alimentos durante os anos favoráveis, em preparação para os anos maus.
   B. Os decretos do Faraó (41.37-57)
      1. *A promoção de José* (41.37-46): Faraó designa José para supervisionar a estocagem de grãos, colocando-o como encarregado de todo o governo do Egito.
      2. *O programa de José* (41.47-57): José estoca grandes quantidades de grãos nas cidades próximas. Então, ao chegar a fome, "de todas as terras vinham ao Egito, para comprarem de José".

V. José, o Santo Perdoado (42.1-48.22)
   A. **José e seus irmãos** (42.1-45.28)
      1. *O irmão não reconhecido* (42.1-44.34)
         a. A primeira viagem dos filhos de Jacó ao Egito (42.1-38)
            (*1*) O motivo (42.1-6): Jacó diz a seus dez filhos mais velhos: "Tenho ouvido que há trigo no Egito; descei até lá, e de lá comprai-o para nós, a fim de que vivamos e não morramos".
            (*2*) O reconhecimento (42.7-8): José reconhece seus irmãos, mas eles não o reconhecem.
            (*3*) A repreensão (42.9-14): Para quebrantá-los, José os acusa de ser espiões, o que eles negam.
            (*4*) A exigência (42.15-20): José ordena que seus irmãos retornem para casa e tragam Benjamim, o irmão mais novo. Simeão é mantido como garantia de que eles retornarão.
            (*5*) O remorso (42.21-23): Os irmãos, carregados de culpa, concluem que Deus os está punindo por terem vendido José como escravo.
            (*6*) O constrangimento (42.24): Ouvindo isso, José retira-se do aposento para não revelar sua identidade ao chorar.
            (*7*) O retorno (42.25-28): Os nove irmãos chegam a Canaã com o alimento. À medida que esvaziam a bagagem, percebem que o dinheiro usado para comprar os grãos está lá.
            (*8*) O resumo (42.29-38): Os filhos de Jacó contam sobre a primeira viagem, enfatizando que "o homem" (José) pediu que Benjamim os acompanhasse na próxima viagem. Jacó não permite.
         b. A segunda viagem dos filhos de Jacó ao Egito (43.1-44.34)
            (*1*) A promessa (43.1-14): Após Judá garantir a segurança de Benjamim, um Jacó relutante finalmente concorda em deixar Benjamim ir.
            (*2*) A preparação (43.15-17): Assim que chegam, José envia seus irmãos para a sua casa, onde uma refeição está sendo preparada para eles.
            (*3*) O pânico (43.18-25): O supervisor da casa de José reassegura aos irmãos apavorados que José não intenta o mal contra eles. Simeão é então libertado e se junta a eles.
            (*4*) A apresentação (43.26-30): José entra e é "apresentado" a Benjamim.
            (*5*) Os lugares (43.31-34): Para o espanto dos irmãos, José os senta à mesa por ordem de idade.
            (*6*) A trama (44.1-17): José ordena que sua própria taça de prata seja colocada na bagagem de Benjamim. Logo após saírem da cidade, os irmãos são detidos e revistados. Para desespero geral, a taça é encontrada na bagagem de Benjamim, e ele é preso.

(7) A súplica (44.18-34): Judá implora para que José liberte Benjamim e se oferece para ser preso em seu lugar.
2. *O irmão revelado* (45.1-28)
   a. O clímax (45.1-4): Incapaz de se conter por mais tempo, o choroso José revela sua verdadeira identidade para assombro de seus irmãos!
   b. O consolo (45.5-8): José diz a seus irmãos que Deus permitiu que tudo aquilo acontecesse para que ele pudesse salvar o povo da fome.
   c. O conselho (45.9-15): José diz a seus irmãos que voltem para casa e digam a seu pai para fazer as malas e se mudar para o Egito.
   d. A ordem (45.16-24): Faraó diz o mesmo aos irmãos.
   e. A confirmação (45.25-28): Vendo a riqueza trazida de volta por seus filhos, Jacó crê no relato deles acerca de José.
B. José e seu pai (46.1-47.31)
   1. *A viagem de Jacó ao Egito* (46.1-27)
      a. A promessa de Deus (46.1-7): Deus direciona Jacó para o Egito, prometendo cuidar dele.
      b. O povo de Deus (46.8-27): Jacó e toda a sua família, 70 ao todo, transferem-se para o Egito.
   2. *O tempo de Jacó no Egito* (46.28-47.31)
      a. Os encontros (46.28-47.10)
         (*1*) Entre Jacó e José (46.28-30): Pai e filho se encontram e se abraçam em Gósen.
         (*2*) Entre Jacó e o Faraó (46.31-47.10): Faraó dá o melhor da terra para Jacó e sua família.
      b. O ministério (47.11-31): José cuida em detalhes das necessidades do pai.
         (*1*) A provisão (47.11-12): José cuida pessoalmente para que sua família tenha todo o alimento de que precisa.
         (*2*) A promessa (47.27-31): José promete a seu pai, Jacó, que o enterrará ao lado de seus ancestrais na Terra Prometida, e não no Egito.
C. José e os egípcios (47.13-26): A fome contínua acaba por forçar todos os egípcios (com exceção dos sacerdotes) a vender suas terras a Faraó, em troca de comida. José então redistribui as terras e estabelece uma lei que requer que um quinto de toda a colheita seja entregue a Faraó.
D. José e seus filhos (48.1-22)
   1. *Jacó adota os filhos de José* (48.1-7): Manassés e Efraim agora desfrutam do mesmo *status* dos outros 12 filhos de Jacó.
   2. *Jacó unge os filhos de José* (48.8-22): Ignorando as objeções iniciais de José, Jacó confere a maior bênção a Efraim, o mais novo, em vez de a Manassés, o primogênito.

VI. José, a Árvore Frutífera (49.1-50.26)
  A. **A bênção de Jacó** (49.1-27): Cada um dos filhos de Jacó recebe dele uma predição
    1. *Rúben* (49.3-4): É tão teimoso quanto o mar agitado e é rebaixado por sua imoralidade.
    2. *Simeão e Levi* (49.5-7): São homens violentos, entregues à ira e à crueldade, por isso seus descendentes serão dispersos por todo o Israel.
    3. *Judá* (49.8-12): Será louvado por seus irmãos e derrotará seus inimigos. O cetro (linhagem real) não se apartará dele até que venha aquele a quem ele pertence.
    4. *Zebulom* (49.13): Habitará no litoral e se tornará um porto para navios.
    5. *Issacar* (49.14-15): Trabalhará com animais e cultivará a terra.
    6. *Dã* (49.16-18): Será como uma serpente junto ao caminho.
    7. *Gade* (49.19): Irá defender-se de todos os seus inimigos.
    8. *Aser* (49.20): Produzirá comida própria de reis.
    9. *Naftali* (49.21): Será livre como uma gazela.
    10. *José* (49.22-26): Será um ramo frutífero junto à fonte, abençoando outros. Embora perseguido, o Senhor o fortalece. Será abençoado por Deus e será um príncipe entre seus irmãos.
    11. *Benjamim* (49.27): Devorará seus inimigos como um lobo faminto.
  B. **O corpo de Jacó** (49.28-50.26)
    1. *O pedido* (49.28-33): Novamente Jacó pede para ser enterrado com seus ancestrais na caverna de Macpela, em Hebrom. a seguir, morre.
    2. *O retorno* (50.1-14): Após um período de 70 dias de luto, os 12 irmãos levam o corpo embalsamado de seu pai para Hebrom.
    3. *A confirmação* (50.15-21): Em seguida, os irmãos retornam ao Egito; José tenta tranqüilizá-los, pois acham que ele procurará vingança. Ele lhes diz: "Intentastes o mal contra mim; Deus, porém, o intentou para o bem".
    4. *Os anos restantes* (50.22-26): José vive para ver a terceira geração dos filhos de Efraim e morre aos 110 anos de idade.

Êxodo, Levítico, Números, Deuteronômio

PARTE UM: A LIBERTAÇÃO DE DEUS PARA ISRAEL – PREÂMBULO (ÊXODO 1)
Esta primeira parte do livro de Êxodo prepara a cena para o livramento que Deus dá a seu povo escolhido, Israel, da escravidão do Egito.

ESBOÇO DA SEÇÃO UM (ÊXODO 1)
Israel é perseguido por um Faraó egípcio, provavelmente Tutmés I.

I. As Razões para a Perseguição (Êxodo 1.1-10)
   A. Produtividade (Êxodo 1.1-7): Começando com 70 pessoas, a nação de Israel se multiplica tão rapidamente que logo enche a terra.
   B. Medo (Êxodo 1.8-10): Tal crescimento causa grande preocupação a Faraó, uma vez que os israelitas poderiam se juntar a outros e atacar o Egito.

II. A Perseguição Resultante (Êxodo 1.11-22)
   A. O decreto de construção do Faraó (Êxodo 1.11-14): Para reduzir a ameaça da força crescente de Israel, o Faraó escraviza os israelitas, forçando-os a construir duas cidades de estocagem, Pitom e Ramessés. A despeito da perseguição, Israel continua a se multiplicar.
   B. O decreto sanguinário do Faraó (Êxodo 1.15-22)
      1. *Sua ordem às parteiras* (Êxodo 1.15-21): Em seu esforço contínuo para reprimir a força de Israel, o Faraó ordena às parteiras hebréias que matem os recém-nascidos (meninos) israelitas. "Como as parteiras temeram a Deus, ele lhes estabeleceu as casas."
      2. *Sua ordem às massas* (Êxodo 1.22): Por fim, Faraó ordena que seu povo lance os meninos nascidos no rio Nilo.

A BÍBLIA EM ESBOÇOS

PARTE DOIS: DEUS LIBERTA ISRAEL – O PANORAMA (ÊXODO 2 – NÚMEROS 36)
Esta extensa seção cobre a vida e a missão de Moisés. Ele é encontrado como príncipe do Egito, pastor de Midiã e legislador de Israel.

ESBOÇO DA SEÇÃO DOIS (ÊXODO 2.1-15)
Esta seção detalha os primeiros anos de Moisés e seu papel como príncipe do Egito.

I. O Bebê no Cesto (Êxodo 2.1-10)
   A. **Moisés e seus pais** (Êxodo 2.1-3): Moisés nasce de pais levitas, Amram e Joquebede (ver Êxodo 6.20). Após escondê-lo do Faraó durante três meses, eles colocam Moisés num pequeno cesto e o soltam no rio Nilo.
   B. **Moisés e a princesa** (Êxodo 2.4-10)
      1. *O resgate de Moisés* (Êxodo 2.4-6): A filha do Faraó descobre Moisés e tem compaixão dele.
      2. *A criação de Moisés* (Êxodo 2.7-10): A irmã de Moisés, Miriã, que está observando a princesa, sugere a esta que uma jovem mãe hebréia cuide da criança. A princesa concorda e Miriã consegue que sua mãe cuide do próprio bebê! Moisés recebe seu nome e é criado pela filha do Faraó.

II. O Homem no Meio (Êxodo 2.11-15)
   A. **Um escravo indefeso** (Êxodo 2.11-12): Moisés mata um egípcio que espancava brutalmente um escravo hebreu.
   B. **O escravo hostil** (Êxodo 2.13-15): No dia seguinte, Moisés repreende um escravo hebreu que está maltratando um colega hebreu. E o homem retruca, dizendo: "Pensas tu matar-me, como mataste o egípcio?" Percebendo que seu feito se tornara conhecido, Moisés foge para Midiã.

ESBOÇO DA SEÇÃO TRÊS (ÊXODO 2.16-4.31)
Esta porção relata os anos de Moisés como o pastor de ovelhas de Midiã.

I. O Casamento de Moisés (Êxodo 2.16-22)
   A. **Ele ajuda uma jovem midianita no poço** (Êxodo 2.16-20): Moisés expulsa pastores hostis, permitindo que algumas mulheres dêem de beber a seus rebanhos.
   B. **Ele recebe a jovem midianita por sua esposa** (Êxodo 2.21-22): Moisés casa-se com Zípora, uma das mulheres a quem ele ajudou no poço, e se torna pai de dois filhos, Gérson (Êxodo 2.22): e Eliézer (Êxodo 18.4).

II. A Missão de Moisés (Êxodo 2.23-3.10)
   A. **O tormento de Israel** (Êxodo 2.23-25): Aumenta a perseguição

egípcia aos israelitas. Deus ouve seu clamor e lembra de sua aliança com Abraão.
  B. **O mistério de Moisés** (Êxodo 3.1-3): Ele vê uma sarça ardente, mas ela não é consumida pelo fogo.
  C. **A mensagem de Deus** (Êxodo 3.4-10)
    1. *Tira os sapatos dos pés* (Êxodo 3.4-9)
      a. O motivo disso (Êxodo 3.5): "O lugar em que tu estás é terra santa".
      b. A questão (Êxodo 3.7-8): O Senhor declara ter ouvido o choro dos israelitas e irá libertá-los.
    2. *Eu te enviarei!* (Êxodo 3.10): O Senhor diz a Moisés que o escolheu para libertar seu povo.

III. Os Receios de Moisés (Êxodo 3.11–4.23)
  A. **Os protestos** (Êxodo 3.11-15; 4.10-17)
    1. *Primeira objeção* (Êxodo 3.11-12)
      a. Moisés diz não ser importante o suficiente para aparecer diante do Faraó.
      b. O Senhor diz a Moisés que estará com ele e o trará de volta ao monte Sinai.
    2. *Segunda objeção* (Êxodo 3.13-15)
      a. Moisés se queixa de não ter autoridade.
      b. O Senhor diz a Moisés que ele, o EU SOU O QUE SOU, é sua autoridade.
    3. *Terceira objeção* (Êxodo 4.1-5)
      a. Moisés insiste que o povo não acreditará nele.
      b. O Senhor transforma o cajado de Moisés em uma serpente e diz que o povo crerá nele quando vir isto.
    4. *Quarta objeção* (Êxodo 4.10-17)
      a. Moisés queixa-se de não ser eloqüente.
      b. O Senhor diz a Moisés que Arão, seu irmão, falará por ele.
  B. **As profecias** (Êxodo 3.16-22)
    1. *Israel sairá do Egito em direção a Canaã* (Êxodo 3.16-17).
    2. *Os líderes de Israel crerão em Moisés* (Êxodo 3.18).
    3. *O Faraó se oporá a Moisés* (Êxodo 3.19).
    4. *O Egito sofrerá o juízo de Deus* (Êxodo 3.20).
    5. *Israel receberá riquezas do Egito* (Êxodo 3.21-22).
  C. **As provas** (Êxodo 4.2-9)
    1. *Primeira prova* (Êxodo 4.2-5): O cajado de Moisés transforma-se numa serpente.
    2. *Segunda prova* (Êxodo 4.6-8): A mão de Moisés fica leprosa.
    3. *Terceira prova* (Êxodo 4.9): A água do rio Nilo mais tarde se transformará em sangue.
  D. **A permissão** (Êxodo 4.10-18): Deus permite que o irmão mais velho de Moisés, Arão, acompanhe Moisés, falando por ele. Moisés recebe autorização de seu sogro para partir.
  E. **A preparação** (Êxodo 4.19-20): Moisés despede-se de seu sogro.

F. **O plano** (Êxodo 4.21-23): Deus ajudará a mão de Moisés (na operação de milagres), mas endurecerá o coração do Faraó.

IV. O ENGANO DE MOISÉS (Êxodo 4.24-26): Por alguma razão, Moisés negligencia – ou talvez mesmo se recuse a fazer – a circuncisão de seu primogênito, Gérson.
  A. **A ira de Deus** (Êxodo 4.24): Essa falta de cuidado quase custa a vida de Moisés.
  B. **A ação de Zípora** (Êxodo 4.25-26): Percebendo o perigo, Zípora rapidamente circuncida o filho do casal.

V. OS ENCONTROS DE MOISÉS (Êxodo 4.27-31)
  A. **Moisés encontra seu irmão Arão** (Êxodo 4.27-28): Moisés agora conta a Arão os detalhes de sua missão.
  B. **Moisés encontra-se com os anciãos de Israel** (Êxodo 4.29-31): Ao ouvir a mensagem de Arão e ver os milagres operados por Moisés, os anciãos crêem neles e adoram a Deus.

ESBOÇO DA SEÇÃO QUATRO (ÊXODO 5-17)
Esta seção detalha o papel de Moisés e suas experiências como legislador de Israel.

I. LIBERTANDO O POVO DE DEUS (Êxodo 5.1-13.22)
  A. **O problema** (Êxodo 5.1-23)
    1. *Quanto a Faraó* (Êxodo 5.1-14)
      a. O Faraó insulta o Deus de Israel (Êxodo 5.1-3)
        (1) Moisés a Faraó: "Assim diz o Senhor, Deus de Israel: Deixa ir o meu povo".
        (2) Faraó a Moisés: "Não conheço o Senhor, nem tampouco deixarei ir a Israel".
      b. Faraó aflige os israelitas (Êxodo 5.4-14): Ele os obriga a recolher sua própria palha para fazer tijolos.
    2. *Quanto ao povo* (Êxodo 5.15-23): Descobrindo o motivo da sobrecarga no serviço, os anciãos dos judeus se zangam com Moisés e Arão. Moisés, por sua vez, reclama com Deus.
  B. **A promessa** (Êxodo 6.1-30)
    1. *A natureza (da promessa)* (Êxodo 6.1-13): Moisés é reanimado, no sentido de que o Deus de Abraão, Isaque e Jacó — o próprio Deus — irá, de fato, libertá-los do Egito e conduzi-los à Terra Prometida.
    2. *Os nomes* (Êxodo 6.14-30): Estes versículos registram as famílias de Rúben, Simeão e Levi (antepassado de Moisés e Arão).
  C. **O profeta** (Êxodo 7.1-2): Arão é designado para atuar como profeta e orador de Moisés.
  D. **O poder** (Êxodo 7.3-7): Deus logo derramará sua ira divina sobre a terra do Egito.

E. Os preliminares (Êxodo 7.8-13): Quando Moisés e Arão confrontam Faraó novamente, o soberano ordena que seja demonstrado o poder do Deus deles. Arão atira sua vara no chão e ela vira uma serpente. Os magos do Faraó fazem o mesmo, mas a serpente de Arão engole as deles.

F. As pragas (Êxodo 7.14-10.29; 11.1, 4-10): Já que Faraó se recusou a ouvir, o Senhor dá início a uma série de dez pragas no Egito. Após cada praga, Senhor concede a Faraó a oportunidade de mudar de idéia, mas ele se recusa continuamente a fazê-lo.

   1. *Sangue* (Êxodo 7.14-25): Moisés volta sua vara em direção ao Nilo e as águas se transformam em sangue. Logo, toda a água do Egito fica poluída de forma semelhante.
   2. *Rãs* (Êxodo 8.1-15): Uma praga de rãs cobre a terra. Faraó pede que Moisés as remova, e então ele permitirá a libertação do povo, mas quando as rãs são retiradas Faraó volta atrás.
   3. *Piolhos* (Êxodo 8.16-19): Arão fere o pó e, de repente, piolhos infestam toda a nação. Os magos do Faraó o aconselham a libertar Israel, mas ele se recusa.
   4. *Moscas* (Êxodo 8.20-32): O Egito é tomado por enxames de moscas, mas nenhuma aparece na terra de Gósen, onde vivem os israelitas. Novamente, Faraó promete libertá-los, mas, assim que as moscas vão embora, ele se recusa a fazê-lo.
   5. *Peste nos animais* (Êxodo 9.1-7): Todos os animais egípcios ficam doentes e começam a morrer, mas nenhum animal israelita é atingido.
   6. *Úlceras* (Êxodo 9.8-12): Depois que Moisés atira brasas de uma fornalha ao ar, úlceras infecciosas surgem nas pessoas e nos animais.
   7. *Chuva de pedras* (Êxodo 9.13-35): Antes da próxima praga, Deus revela a Moisés e a Faraó o propósito daquelas pragas: "Para que saibas que não há nenhum outro como eu em toda a terra". Alguns egípcios dão ouvido ao alerta de Deus e retiram seus animais do campo para protegê-los da chuva de pedras. Faraó diz que libertará o povo, mas muda de idéia assim que a praga cessa.
   8. *Gafanhotos* (Êxodo 10.1-20): Faraó permite apenas que os homens de Israel partam para adorar ao Senhor. Moisés rejeita sua oferta, e o Senhor envia um forte vento ocidental que sopra a pior praga de gafanhotos da história do Egito. Faraó arrepende-se, Deus remove os gafanhotos, porém Faraó muda de idéia mais uma vez.
   9. *Trevas* (Êxodo 10.21-29): Deus envia profundas e aterrorizantes trevas sobre todo o Egito durante três dias. Faraó concorda em libertar os israelitas, mas os rebanhos têm de ficar. Moisés recusa.
   10. *A morte dos primogênitos* (Êxodo 11.1, 4-10): O Senhor diz a Moisés que esta praga resultará na libertação de Israel.

G. A preparação (Êxodo 12.1-11, 14-28): Cada família israelita é instruída a matar um cordeiro no dia 14 do primeiro mês do calendário hebraico (na primavera). O sangue desse cordeiro deve ser aspergido nas ombreiras e na verga das portas.

H. **A proteção** (Êxodo 12.12-13): O Senhor avisa ao povo: "Ferirei todos os primogênitos na terra do Egito, tanto dos homens como dos animais". Mas ele assegura que, "vendo eu o sangue, passarei por cima de vós", poupando o primogênito da casa, para que não morra.
I. **O pânico** (Êxodo 12.29-33): Em seguida à morte de seu primogênito, no dia 14 do mês, Faraó intima Moisés e ordena que ele conduza Israel para fora do Egito.
J. **Os presentes** (Êxodo 11.2-3; 12.34-36): Os egípcios, apavorados, dão aos israelitas de partida roupas e presentes caros de prata e ouro.
K. **A partida** (Êxodo 12.37-39): Por volta de 600 mil homens (alguns deles não israelitas), junto com suas mulheres e seus filhos, deixam o Egito à noite.
L. **O período de tempo** (Êxodo 12.40-41): Israel permaneceu no Egito durante 430 anos.
M. **A festa da Páscoa** (Êxodo 12.41-51): Os estrangeiros são proibidos de comer o cordeiro pascal, a menos que sejam circuncidados. Nenhum osso do cordeiro deve ser quebrado.
N. **Os pais e os filhos** (Êxodo 13.1-16): Todos os primogênitos israelitas devem ser consagrados a Deus. Ao chegar à Terra Prometida, os israelitas devem observar a festa da Páscoa anualmente, e os pais devem contar aos filhos da fidelidade de Deus ao livrá-los do Egito.
O. **A nuvem e a coluna de fogo** (Êxodo 13.17-22): Deus guia seu povo à Terra Prometida num longo trajeto através do deserto e do mar Vermelho. Uma nuvem os guia durante o dia,e uma coluna de fogo, durante a noite.

II. LIDERANDO O POVO DE DEUS DO EGITO AO MONTE SINAI (Êxodo 14.1–17.16)
  A. **Fase um: Israel no mar Vermelho** (Êxodo 14.1-18)
    1. *A decisão do Faraó: Persigam-nos!* (Êxodo 14.1-9): Arrependendo-se de sua decisão de libertar Israel, Faraó ordena que o exército egípcio, incluindo 600 carros, capture os israelitas no mar Vermelho.
    2. *O desespero do povo: Desistamos!* (Êxodo 14.10-12): Em grande temor e raiva, os israelitas clamam a Moisés: "Melhor nos fora servir aos egípcios, do que morrermos no deserto!"
    3. *A declaração de Moisés: Ergam os olhos!* (Êxodo 14.13-14): Moisés os tranqüiliza: "Não temais; estai quietos, e vede o livramento do Senhor".
    4. *A ordem de Deus: Levantem-se!* (Êxodo 14.15-18): Moisés é instruído a erguer sua vara sobre o mar Vermelho, dividindo as águas e permitindo que Israel o atravesse a seco.
  B. **Fase dois: Israel atravessa o mar Vermelho** (Êxodo 14.19–15.21)
    1. *A proteção* (Êxodo 14.19-20): A coluna de nuvem fica entre os israelitas e os egípcios. À noite, ela se torna uma coluna de fogo,

resultando em trevas para os egípcios, mas em luz gloriosa para os israelitas.
2. *A divisão* (Êxodo 14.21-22): Um forte vento ocidental sopra e divide o mar Vermelho, formando muros de água em cada lado.
3. *A morte* (Êxodo 14.23-31): Tentando perseguir os israelitas pela trilha seca, os egípcios afogam-se quando Moisés ergue a mão, fazendo com que as águas se fechem novamente.
4. *O louvor* (Êxodo 15.1-21): Intensa celebração acontece no lado oriental do mar Vermelho. Moisés e sua irmã, Miriã, lideram a nação com canções, músicas e danças.

C. **Fase três: Israel em Mara** (Êxodo 15.22-26)
1. *O problema* (Êxodo 15.22-24): Após viajar três dias sem encontrar água, o povo descobre o oásis em Mara, que oferece água, mas amarga e não potável.
2. *A purificação* (Êxodo 15.25): O Senhor ordena que Moisés lance uma árvore na água, e esta se torna pura e doce.
3. *A promessa* (Êxodo 15.26): A obediência a Deus resulta numa proteção divina contra as doenças enviadas aos egípcios.

D. **Fase quatro: Israel em Elim** (Êxodo 15.27): Este oásis continha 12 fontes de água e 70 palmeiras.

E. **Fase cinco: Israel no deserto de Sim** (Êxodo 16.1-36)
1. *Uma dieta especial* (Êxodo 16.1-22, 31-36): A despeito da murmuração constante dos israelitas, Deus envia codornizes para servirem de alimento pela manhã e provê um suprimento diário de pão (maná) dos céus.
2. *Um dia especial* (Êxodo 16.23-30): Moisés instrui o povo a guardar o sábado, um dia semanal de descanso.

F. **Fase seis: Israel em Refidim** (Êxodo 17.1-16)
1. *A rocha ferida por Moisés* (Êxodo 17.1-7): Em um lugar chamado Refidim, os israelitas, sedentos e rebeldes, contendem com Moisés. Ao comando de Deus, Moisés fere a rocha que, de modo sobrenatural, jorra água limpa e potável.
2. *O inimigo ferido por Moisés* (Êxodo 17.8-16): Josué lidera o exército israelita à vitória sobre as forças amalequitas, enquanto Moisés ora por eles em um monte próximo. Arão e Hur o ajudam a manter a vara erguida durante a batalha.

ESBOÇO DA SEÇÃO CINCO (ÊXODO 18.1– NÚMEROS 10.10)
A nação viaja para o monte Sinai e permanece por lá durante onze meses e cinco dias. Três importantes eventos acontecem durante este período: a constituição de Israel, a prostituição de Israel e a restituição de Israel.

I. A Constituição de Israel (Moisés e a Lei de Deus): os requisitos para a comunhão (Êxodo 18.1–31.18)
A. **As circunstâncias que antecederam a constituição** (Êxodo 18.1–19.25)

1. *A recepção de Moisés* (Êxodo 18.1-12): Moisés encontra-se com sua mulher, Zípora, seus filhos, Gérson e Eliézer, e seu sogro, Jetro. Ele relata como Deus conduziu o povo para fora do Egito.
2. *A sabedoria de Jetro* (Êxodo 18.13-27): Jetro sugere que Moisés designe homens hábeis para atuarem como juízes, uma vez que surgem várias contendas entre o povo.
3. *As maravilhas de Deus* (Êxodo 19.1-25)
   a. As palavras de Deus no monte Sinai (Êxodo 19.1-15): Enquanto Israel está acampado aos pés do monte Sinai, Moisés sobe ao monte e é instruído a informar o povo de que o próprio Deus os visitará na forma de uma nuvem escura ao fim de três dias. Por isso, todo o povo deve purificar-se para este encontro.
   b. Os feitos de Deus no monte Sinai (Êxodo 19.16-25): O Senhor aparece, acompanhado de trovões, relâmpagos e forte clangor de trombetas. O monte Sinai é logo coberto por uma fumaça. Moisés e Arão sobem o monte para se encontrar com Deus.

B. **O conteúdo da constituição** (Êxodo 20.1– Levítico 20.27)
   1. *O código moral: Os Dez Mandamentos* (Êxodo 20.1-26; 24.1-18; 31.18)
      a. Os requisitos (Êxodo 20.1-17; 31.18)
         (1) "Não terás outros deuses diante de mim" (20.3).
         (2) "Não farás para ti imagem esculpida" (20.4).
         (3) "Não tomarás o nome do Senhor teu Deus em vão" (20.7).
         (4) "Lembra-te do dia de sábado, para o santificar" (20.8).
         (5) "Honra a teu pai e a tua mãe" (20.12).
         (6) "Não matarás" (20.13).
         (7) "Não adulterarás" (20.14).
         (8) "Não furtarás" (20.15).
         (9) "Não dirás falso testemunho" (20.16).
         (10) "Não cobiçarás" (20.17).
      b. A reação (Êxodo 20.18-23): Moisés confirma ao povo atemorizado que o propósito de Deus ao aparecer é mostrar a eles seu imenso poder.
      c. A ratificação (Êxodo 20.24-26; 24.1-8): Conforme instruído, Moisés edifica um altar com 12 pilares, representando as 12 tribos. Então ratifica a aliança de Deus com Israel, espalhando o sangue de animal pelo altar.
      d. O esplendor (Êxodo 24.9-18): Moisés, Arão, Nadabe e Abiú (filhos de Arão) e mais 70 anciãos de Israel têm a permissão para contemplar a Deus no monte Sinai. "E debaixo dos seus pés havia como que uma calçada de pedra de safira, que se parecia com o céu na sua pureza."Depois disto, Moisés sobe a montanha sozinho, onde passa os próximos 40 dias.

2. *O código social (leis comuns):* A seguir, uma lista dos tópicos a que essas leis se aplicam.
   a. Blasfêmia (Êxodo 22.8; Levítico 19.12; 20.9): A punição por falar contra Deus, contra os governantes e contra os pais é a morte.
   b. Bênção (condições para a) (Levítico 26.3-13): A obediência a Deus assegurará a Israel uma colheita próspera, vitórias sobre seus inimigos e a presença de Deus entre eles.
   c. Sangue (Êxodo 23.18; Levítico 17.10-16; 19.26): Nenhum sangue deve ser oferecido junto com elementos fermentados. É estritamente proibido comer e beber sangue, pois "a vida da carne está no sangue".
   d. Parto e cerimonial de purificação (Levítico 12.1-8): A mãe deve passar por uma cerimônia de purificação 41 dias após o parto, no caso de um menino, e 80 dias, no caso de uma menina. Pela oferta de um cordeiro e dois pombos, o período de imundície da mãe terá terminado.
   e. Dedicação de pessoas e coisas (Levítico 27.1-29): Essas "pessoas" subdividem-se em quatro categorias: dos 20 aos 60 anos, dos 5 aos 20 anos, de um mês a 5 anos e acima de 60 anos. As "coisas" incluíam animais, casas e campos.
   f. Alimentação (Levítico 11.1-47; 20.25): Estas criaturas são permitidas como fonte de alimentação: todos os animais que têm unhas fendidas, casco dividido em dois, peixes com escamas e barbatanas, insetos que saltam e pássaros limpos.
   g. A autodesfiguração (Levítico 19.27-28): Os israelitas não devem raspar certas partes da cabeça, não devem se cortar, não devem se tatuar, porque os pagãos fazem essas coisas.
   h. Desobediência (Levítico 26.14-46): Se os israelitas desobedecerem às leis de Deus, serão punidos com terror súbito, doenças terminais, derrotas impostas pelos inimigos, fome, ataques de animais, destruição de suas cidades e exílio. Mas o verdadeiro arrependimento produzirá restauração.
   i. Idosos (Levítico 19.32): Israel deve honrar e demonstrar grande respeito pelos idosos.
   j. Pais e filhas (Êxodo 21.7-11): Existem leis com relação a contratos de trabalho e casamentos.
   k. O anjo de Deus (Êxodo 23.20-23): Se os israelitas obedecerem a este anjo, Deus assegurará a vitória deles sobre os inimigos. Muitas pessoas crêem que este anjo era o próprio Cristo.
   l. Pessoas deficientes (Levítico 19.14): O surdo não deve ser amaldiçoado, nem se deve tirar proveito do cego.
   m. Ódio (Levítico 19.17-18): Os israelitas estão proibidos de odiar, invejar ou procurar vingança contra os outros. As pessoas devem amar ao próximo como a si mesmas.
   n. Ajuda aos inimigos (Êxodo 23.4-5): O boi ou a mula que tenha fugido do inimigo precisa ser devolvido. Deve prestar-se ajuda à mula do inimigo sobrecarregada por sua carga.

o. Santidade (Êxodo 22.31; Levítico 19.1-3; 20.7, 26): O princípio básico declara: "E sereis para mim santos, porque eu, o senhor, sou santo". Isto inclui muitas coisas, entre elas o respeito aos pais dos outros e a guarda do sábado.
p. Idolatria (Êxodo 22.20; 23.13, 24; Levítico 18.24-30; 19.4; 20.1-5; 26.1): Israel é proibido até de pronunciar o nome de deuses pagãos. A adoração destes deuses resultará em morte por apedrejamento.
q. Terra (Êxodo 23.10-11; Levítico 19.23-25): Existem várias leis sobre o plantio, a destruição e a dedicação das colheitas.
r. Lepra (Levítico 13.1-59; 14.1-57; Números 5.1-4): Há instruções com relação ao leproso, incluindo seu reconhecimento, seu efeito na purificação cerimonial e os sacrifícios a serem feitos pelo portador.
s. Mentira (Êxodo 23.1-3, 6-7; Levítico 9.11, 16): Os israelitas estão proibidos de difamar o próximo ou mentir, mesmo com o intuito de ajudar o pobre.
t. Casamento (Êxodo 22.16-17): Existem leis acerca do pagamento de dotes.
u. Patrões e escravos (Êxodo 21.1-6): Há leis acerca dos escravos e suas famílias. Algumas dessas leis dizem respeito à libertação de escravos ou às ações a serem tomadas se este escravo decide permanecer com seu senhor.
v. Obediência (Êxodo 23.25-33; Levítico 20.22-24): Deus recompensará a obediência dos israelitas, provendo alimento em abundância, vida longa e vitória sobre os inimigos. Eles também estarão livre de doenças, abortos e esterilidade.
w. Punição por fazer o mal a outros (Êxodo 21.12-36; 22.1-15, 21-24; Levítico 24.17-22): Devem ser mortos aqueles que cometem assassinato intencional entregam-se ao tráfico de escravos ou amaldiçoam os pais de alguém. Todas as vítimas devem receber do culpado pagamento, e existem punições severas para aqueles que exploram viúvas e órfãos. Na verdade, a punição deve ser compatível com o crime – olho por olho, dente por dente, mão por mão, pé por pé.
x. Pobre (Êxodo 22.25-27; Levítico 19.9-10): As roupas dos pobres não podem ser mantidas como penhor para reembolso. Os agricultores devem deixar alguns grãos pelo caminho e algumas uvas nas videiras para que os pobres possam colhê-las.
y. Redenção da terra (Levítico 25.24-55): Existem algumas leis com relação aos escravos israelitas. No ano do jubileu (que ocorre a cada 50 anos), a terra deve ser devolvida ao seu dono original, e os escravos israelitas devem ser libertados.
z. Ações corretas (Levítico 19.15, 35-37): Ordena-se que os juízes tomem decisões corretas. Todos devem usar medidas corretas.

aa. Separação de gado, sementes e tecidos (Levítico 19.19): Os israelitas não devem misturar dois tipos dessas coisas. Não devem arar a terra com dois tipos de animais, plantar duas sementes no mesmo campo ou usar dois tipos de pano entretecido em uma peça de roupa.
bb. Fluxo seminal e menstruação (Levítico 15.1-33): São dadas instruções com respeito ao fluxo seminal do homem e ao fluxo menstrual da mulher.
cc. Impurezas sexuais: São impostas punições por vários pecados sexuais.
   (1) Adultério (Levítico 18.20; 19.20-22; 20.10, 14)
   (2) Bestialidade (Êxodo 22.19; Levítico 18.23; 20.15-16)
   (3) Homossexualidade (Levítico 18.22; 20.13)
   (4) Incesto (Levítico 18.1-18; 20.11-12, 17, 19-21)
   (5) Prostituição (Levítico 19.29)
   (6) Relações durante a menstruação (Levítico 18.19; 20.18)
dd. Roubo (Êxodo 23.8; Levítico 19.13): Todos os tipos de roubo são proibidos, incluindo o furto, a aceitação de suborno e a trapaça no ganho do salário.
ee. Dízimo (Êxodo 22.29-30; 23.19; Levítico 27.30-34): Dez por cento da colheita de Israel e dos animais devem ser dedicados a Deus.
ff. Tratamento dos estrangeiros (Êxodo 23.9; 19.33-34): Os israelitas não devem oprimir nem tirar proveito dos estrangeiros. Devem amá-los como a si próprios.
gg. Bruxaria (Êxodo 22.18; Levítico 18.21; 19.31; 20.6, 27): Os feiticeiros devem ser mortos.
3. *O código espiritual (leis acerca da adoração, das festas, dos sacrifícios, do sacerdócio etc.)* Para uma discussão completa sobre o código espiritual, veja a seção no tópico C, "A Restituição de Israel (Moisés e o Tabernáculo)".

II. A Prostituição de Israel (Moisés e o Bezerro de Ouro): a destruição da comunhão (Êxodo 32.1-35; 33.1-23; 34.1-35)
 A. A dor (Êxodo 32.1-35; 33.1-6)
   1. *A perversão* — Israel (Êxodo 32.1-8): Enquanto Moisés estava no monte Sinai, o povo pressionou Arão a fazer a imagem de um bezerro de ouro. Então eles a adoraram e permitiram-se um culto pagão.
   2. *As orações* — Israel (Êxodo 32.9-14, 30-34): Moisés suplica pelo povo diante de Deus, fazendo-o lembrar sua aliança com Abraão. Assim Deus não destrói Israel.
   3. *A punição* — Israel (Êxodo 32.15-29, 35): Moisés desce do monte e vê a idolatria e a imoralidade entre os israelitas. Ele quebra as tábuas que continham os Dez Mandamentos, derrete o bezerro de ouro e o reduz a pó, mistura com água e força o povo a beber dele. Moisés repreende Arão e ordena que os levitas matem os 3 mil principais causadores do problema.

4. *A promessa* — Israel (Êxodo 33.1-6): Deus enviará um anjo para derrotar os inimigos de Israel, mas não irá com eles.
B. **A glória** (Êxodo 33.7-23; 34.1-35)
   1. *A graça de Deus* (Êxodo 33.7-17): O próprio Deus encontra-se com Moisés na entrada da Tenda da Congregação e fala a ele como a um amigo. Ao pedido de Moisés, Deus concorda em continuar com Israel em sua jornada.
   2. *A grandeza de Deus* (Êxodo 33.18-23; 34.5-9, 18.35): Moisés tem permissão de ver a glória de Deus enquanto está na fenda da penha, e isto faz com que o rosto de Moisés resplandeça.
   3. *A garantia de Deus* (Êxodo 34.1-4, 10-17): Deus escreve os Dez Mandamentos em duas tábuas e promete expulsar os inimigos de Israel da terra de Canaã.

III. A RESTITUIÇÃO DE ISRAEL (MOISÉS E O TABERNÁCULO): o restaurar da comunhão
   A. **As estatísticas acerca do Tabernáculo** (Êxodo 25.9; 26.30): Deus dá a Moisés os detalhes exatos para a construção do Tabernáculo
      1. *As dádivas* (Êxodo 25.1-8; 35.4-29; 36.5-7; Números 7.1-89): Deus dá a Moisés uma lista de dádivas aceitáveis para o Tabernáculo: ouro, prata, linho fino etc. Ele também descreve o perfil correto do contribuinte: "todo homem cujo coração se mover voluntariamente". Números 7 descreve as dádivas apresentadas pelos 12 líderes das tribos durante um período de 12 dias.
      2. *Os materiais* (Êxodo 26.1; 27.10; 30.18; 35.7): O Tabernáculo deve ser construído de prata, bronze, linho fino e peles de animais.
      3. *Os artesãos* (Êxodo 31.1-11; 35.30-35; 36.1-4): Bezaleel, da tribo de Judá, e Aoliabe, da tribo de Dã, são designados para supervisionar a construção do Tabernáculo.
      4. *O átrio* (Êxodo 27.9-15, 18; 38.9-17): A área do Tabernáculo deve ter aproximadamente 50 m de comprimento, 25 m de largura e 2,5 m de altura (muros).
      5. *A entrada* (Êxodo 27.16-19; 38.18-20): O Tabernáculo deve ser coberto por uma cortina de 10 m de largura.
      6. *As cortinas* (Êxodo 26.1-13; 36.8-18)
         a. Cortinas de linho (Êxodo 26.1-6; 36-8.13)
         b. Cortinas de pêlos de cabra (Êxodo 26.7-13; 36.14-18)
      7. *A coberta de pele de carneiro* (Êxodo 26.14; 36.19)
      8. *As tábuas e encaixes* (Êxodo 26.15-29; 36.20-34): Deve haver 48 tábuas para a própria tenda, cada uma com cerca de 5 m de altura por quase 80 cm de largura.
      9. *O incenso e os óleos perfumados* (Êxodo 30.22-29, 34-38; 37.29): Incenso e óleos perfumados para o Tabernáculo são feitos a partir de uma mistura de incenso puro, mirra líquida, canela e óleo de oliva.
      10. *O altar de bronze* (Êxodo 27.1-8; 38.1-7): O altar de bronze deve ser feito com madeira de acácia e coberto com bronze, tendo

aproximadamente 2,5 m de largura e 1,5 m de altura, com uma trombeta de cada lado.
11. *A bacia de bronze* (Êxodo 30.17-21; 38.8): A bacia deve estar com água para ser usada no cerimonial de purificação. Seu pedestal deve ser coberto com espelhos.
12. *A mesa* (Êxodo 25.23-30; 37.10-16; Levítico 24.5-9): A mesa deve ser feita de madeira de acácia coberta com ouro. Deve ter cerca de 1 m de comprimento, 50 cm de largura e quase 80 cm de altura. Doze pães da Proposição devem ser colocados na mesa aos sábados.
13. *O candelabro* (Êxodo 25.31-40; 27.20-21; 37.17-24; Levítico 24.1-4; Números 8.1-4): Deve ser feito de puro ouro batido, com seis ramos e uma haste central, e deve ser mantido permanentemente aceso.
14. *O altar do incenso* (Êxodo 30.1-10; 37.25-28): O altar deve ser feito de madeira de acácia, coberta com ouro. Deve ter aproximadamente 50 cm^2 e 1 m de altura, e deve ser colocado à frente da cortina do Santo dos Santos.
15. *A Arca da Aliança* (Êxodo 25.10-22; 26.34; 37.1-9): Esta arca deve ser feita de madeira de acácia e coberta com ouro. Deve ter cerca de 1,3 m de comprimento e quase 80 cm de largura e de altura. A tampa, chamada propiciatório, deve ser feita de ouro maciço. Dois querubins em ouro, com as asas abertas, devem ser colocados no topo da tampa.
16. *O véu interior* (Êxodo 26.31-33; 36.35-36): Deve ser feito de estofo azul, púrpura e linho escarlate retorcido, e deve separar o Lugar Santo do Santo dos Santos.
17. *O véu exterior* (Êxodo 26.36-37; 36.37-38): Semelhantemente ao véu interior, deve separar o átrio exterior do Lugar Santo.
18. *O imposto do santuário* (Êxodo 30.11-16): Metade de um ciclo (quase 6 g) de prata deve ser entregue por todos com 20 anos ou mais.
19. *O preço* (Êxodo 38.21-31): Mais de 900 kg de ouro, 3,4 mil kg de prata e 2,4 mil kg de bronze foram coletados do povo.
20. *O acabamento* (Êxodo 39.32–40.33): "Os filhos de Israel fizeram conforme tudo o que Senhor ordenara a Moisés... Viu, pois, Moisés toda a obra... então Moisés os abençoou". O Tabernáculo é erguido no primeiro dia do ano, um ano após os israelitas terem sido libertados do Egito.
21. *A glória* (Êxodo 40.34-38): "Então a nuvem cobriu a tenda da congregação, e a glória do Senhor encheu o tabernáculo, de maneira que Moisés não podia entrar na tenda da congregação".

B. Os sacerdotes supervisionam o Tabernáculo
1. *As roupas do sumo sacerdote* (Êxodo 28.1-5): Deus instrui Moisés a começar a confecção das roupas sacerdotais de Arão.
   a. A estola (Êxodo 28.6-14; 39.1-7): Deve ser feita de tiras de linho fino multicoloridas. Consiste em duas metades, frontal e

traseira, ligadas na altura do ombro. Os nomes das 12 tribos de Israel devem ser inscritos em duas pedras de ônix.
   b. O peitoral (Êxodo 28.15-30; 39.8-21): Deve ser feito de linho fino, com cerca de 23 cm de comprimento e largura, "quadrado e duplo". Doze pedras preciosas representando as doze tribos de Israel devem ser montadas em quatro colunas. O Urim e o Tumim devem ser colocados no bolso do peitoral, mas não se conhece exatamente a origem e a função dessas pedras. De alguma forma, elas são usadas para determinar o desejo de Deus em relação a algum assunto.
   c. A sobrepeliz da estola (Êxodo 28.31-35; 39.22-26): Deve ser feita de estofo azul, com campainhas de ouro presas a ela.
   d. O medalhão de ouro (Êxodo 28.36-38; 39.30-31): Este medalhão deve ser confeccionado de ouro puro e levar a inscrição: "SANTO AO SENHOR". Deve ficar na frente do turbante de Arão.
2. *A roupa dos outros sacerdotes* (Êxodo 28.39-43; 29.29-30; 39.27-29): Aos outros sacerdotes devem ser dadas túnicas, calções e tiaras.
3. *A alimentação dos sacerdotes* (Êxodo 29.31-34): Parte dos alimentos dos sacerdotes vem dos sacrifícios feitos no Tabernáculo.
4. *As ofertas para os sacerdotes* (Êxodo 29.35-46)
   a. Oferta pelo pecado (Êxodo 29.36-37): Um novilho deve ser sacrificado quando da ordenação dos sacerdotes ao seu ofício.
   b. Holocausto (Êxodo 29.38-46): Um cordeiro de um ano deve ser sacrificado a cada manhã, e outro todas as noites.
5. *A dedicação e a unção dos sacerdotes* (Êxodo 29.1-28; 30.30-33; Levítico 8.1-36)
   a. Conforme ordenado por Deus (Êxodo 29.1-28; 30.30-33): Um novilho e dois carneiros devem ser sacrificados, pão sem fermento deve ser oferecido. O sangue deve ser colocado na ponta da orelha direita, no polegar direito e no dedão do pé direito dos sacerdotes.
   b. Conforme obedecido por Moisés (Levítico 8.1-36): Moisés dedica Arão e seus filhos conforme Deus ordenou.
6. *As regras para os sacerdotes* (Levítico 21.1-24; 22.1-16)
   a. Com relação à contaminação (Levítico 21.1-4, 10-12; 22.1-16): São dadas instruções com relação à impureza cerimonial devido ao contato com um morto, um animal impuro, um fluxo corpóreo etc.
   b. Com relação à desfiguração (Levítico 21.5-6): Os sacerdotes estão proibidos de raspar a cabeça, aparar a barba e de se cortar.
   c. Com relação à vida doméstica (Levítico 21.7-9, 13-15): Um sacerdote não pode casar-se com uma prostituta ou uma mulher divorciada. A mulher do sumo sacerdote deve ser uma virgem da tribo de Levi.
   d. Com relação aos defeitos (Levítico 21.16-24): Uma pessoa não pode oferecer sacrifícios se for anã, cega, aleijada, corcunda ou se tiver qualquer parte do corpo lesionada.

7. *O início do ministério sacerdotal* (Levítico 9.1-24): Depois de oferecer os sacrifícios prescritos, "Arão, levantando as mãos para o povo, o abençoou... pois saiu fogo de diante do Senhor, e consumiu o holocausto e a gordura sobre o altar".

C. Os sacrifícios no Tabernáculo
1. *A forma correta de se sacrificar* (Levítico 17.1-9; 22.17-33)
2. *O holocausto* (Levítico 1.1-17; 6.8-13)
3. *Oferta de grãos* (Levítico 2.1-16; 6.14-23)
4. *Sacrifícios pacíficos* (Levítico 3.1-17; 7.11-38; 19.5-8)
5. *Oferta pelo pecado* (Levítico 4.1-35; 6.24-30)
6. *Oferta pela culpa* (Levítico 5.1-19; 6.1-7; 7.1-10)
7. *Oferta pelo primogênito* (Êxodo 34.19-20)

D. Os dias especiais do Tabernáculo (Êxodo 23.14-17; 31.12-17; 34.18, 21-26; 35.1-3; Levítico 16.1-34; 19.30; 23.1-44; 25.1-24; 26.2)
1. *O sábado* (Êxodo 31.12-17; 34.21; 35.1-3; Levítico 19.30; 23.1-3; 26.2): Israel é instruído a descansar no sétimo dia e a conservá-lo santo. Aqueles que não obedecerem devem ser mortos. O sábado visa relembrar Israel de duas coisas (Êxodo 31.17):
    a. Deus criou o mundo em seis dias e descansou.
    b. Deus tem um relacionamento especial com Israel.
2. *O ano sabático* (Levítico 25.1-7): Israel deve descansar a terra do plantio a cada sete anos.
3. *O ano do jubileu* (Levítico 25.8-24): A cada 50 anos, todas as dívidas públicas e privadas devem ser canceladas, e a terra deve ser devolvida aos proprietários originais.
4. *A Páscoa* (Levítico 23.4-5): Esta festa ocorre no dia 14 do primeiro mês. Celebra o livramento de Israel da escravidão de Egito após o anjo do Senhor passar por sobre as casas marcadas com sangue nos umbrais das portas.
5. *A festa dos pães ázimos* (Êxodo 34.18; Levítico 23.6-8): Esta festa começa no dia 15 do primeiro mês. Por sete dias, nenhum pão feito com fermento deve ser comido. Ordena-se que todos os homens israelitas estejam presentes no Tabernáculo durante essa festa.
6. *A festa das primícias* (Levítico 23.9-14): Durante esta festa, os israelitas devem oferecer uma porção das primícias de suas colheitas, bem como um cordeiro de um ano sem defeitos físicos. Ordena-se que todos os homens israelitas estejam presentes no Tabernáculo durante esta festa.
7. *A festa de pentecostes* (Levítico 23.15-22): Esta festa se segue à festa das primícias, durante sete semanas. É feita uma oferta de pão, e muitos animais são sacrificados.
8. *A festa das trombetas* (Levítico 23.23-25): Este dia de descanso acontece no primeiro dia do sétimo mês e é celebrado com o tocar de trombetas.

9. *O Dia da Expiação* (Levítico 16.1-34; 23.26-32): Toda a nação de Israel deve jejuar no décimo dia do sétimo mês, em contemplação e tristeza pelo pecado. Neste dia, a expiação será feita pelo sumo sacerdote pelo Santo dos Santos e pelo restante do Tabernáculo, assim como pelos pecados do povo.
10. *A festa dos tabernáculos* (Levítico 23.33-44): Começando no décimo quinto dia do sétimo mês, as famílias devem morar em tendas feitas de ramos de árvores para comemorar a peregrinação de Israel no deserto após seu livramento do Egito. Ordena-se que todos os homens israelitas estejam presentes no Tabernáculo durante esta festa.

E. O panorama do Tabernáculo
  1. *O censo das tribos* (Números 1.1-46; 2.1-34)
    a. Os números (Números 1.1-46)
      (1) Os nomes dos líderes das tribos (Números 1.1-16): Os líderes de cada tribo de Israel (exceção feita a Levi) são registrados.
      (2) O número dos leigos de cada tribo (Números 1.17-46): O total geral (menos os levitas) de todos os homens com, pelo menos, 20 anos de idade é de 603.550. A maior tribo é Judá (74.600), e a menor é Manassés (32.200).
    b. A ordem das tribos no acampamento (Números 2.1-34): Cada tribo tem um lugar designado no acampamento, em relação ao Tabernáculo.
      (1) A leste (Números 2.1-9): Judá (líder), Issacar e Zebulom
      (2) Ao sul (Números 2.10-17): Rúben (líder), Simeão e Gade
      (3) A oeste (Números 2.18-24): Efraim (líder), Manassés e Benjamim
      (4) Ao norte (Números 2.25-34): Dã (líder), Aser e Naftali
  2. *O censo da tribo religiosa* (Levi)
    a. Os fatos (Números 1.47-54; 3.1-17, 38-51; 8.5-26): Os levitas não devem ser incluídos no censo regular, pois Deus os adotou de maneira especial e os fez supervisores do Tabernáculo. Todos os homens levitas com um mês ou mais de idade devem ser contados. Eles devem começar a servir no Tabernáculo com 25 anos e aposentar-se aos 50 anos.
    b. As personagens (Números 3.18-24, 27-30, 33-35)
      (1) O clã de Gérson (Números 3.21-24): 7.500 homens
      (2) O clã de Coate (Números 3.27-30): 8.600 homens
      (3) O clã de Merari (Números 3.33-35): 6.200 homens
    c. As tarefas do acampamento (Números 3.25-26, 31-32, 36-37; 4.1-49)
      (1) Gersonitas (Números 3.25-26; 4.21-28, 38-41): Devem acampar no lado oeste do Tabernáculo e são responsáveis pelas cortinas e pela cobertura do Tabernáculo.

(2) **Coatitas** (Números 3.31-32; 4.1-20, 34-37): Devem acampar ao sul do Tabernáculo e são responsáveis por sua mobília (a Arca, o candelabro etc.)

(3) **Meraritas** (Números 3.36-37; 4.29-33, 42-49): Devem acampar ao norte do Tabernáculo e são responsáveis por suas travessas, colunas, bases etc.

F. Os procedimentos padronizados do Tabernáculo (Números 5.5-31; 9.1-14)

  1. *Com relação à infidelidade* (Números 5.5-31)

    a. Ciúmes removidos (Números 5.11-31): Se um marido suspeita que sua mulher está sendo infiel, um sacerdote pronuncia uma maldição contra uma jarra de água e faz com que a mulher beba dessa água. Se estiver sendo infiel, tornar-se-á estéril.

    b. Justiça restabelecida (Números 5.5-10): Aqueles que fizeram mal aos outros devem restituir a essas pessoas por esse mal praticado.

  2. *Com relação à impureza* (Números 9.1-14): Uma segunda Páscoa é criada para aqueles que não puderam participar da primeira cerimônia devido à impureza cerimonial. Instruções também são dadas com relação aos estrangeiros e àqueles que não observaram a Páscoa.

G. Os separados (nazireus) do Tabernáculo (Números 6.1-21): Os nazireus, aqueles que se dedicam totalmente a Deus, devem observar três votos:

  1. *Abster-se de qualquer coisa proveniente da videira* (Números 6.3-4).

  2. *Abster-se do corte de cabelo* (Números 6.5).

  3. *Evitar completamente aproximar-se de cadáveres* (Números 6.6-7).

H. A súplica (oração) a ser proferida a partir do Tabernáculo (Números 6.22-27): Arão e seus filhos, os sacerdotes, são instruídos a pronunciar esta bênção ao povo de Israel: "O Senhor te abençoe e te guarde; o Senhor faça resplandecer o seu rosto sobre ti, e tenha misericórdia de ti; o Senhor levante sobre ti o seu rosto, e te dê a paz".

I. O sustento para o Tabernáculo (Números 7.1-89): As dádivas apresentadas pelos líderes das 12 tribos de Israel são registradas.

  1. *Dia um* (Números 7.12-17): Oferta de Judá

  2. *Dia dois* (Números 7.18-23): Oferta de Issacar

  3. *Dia três* (Números 7.24-29): Oferta de Zebulom

  4. *Dia quatro* (Números 7.30-35): Oferta de Rúben

  5. *Dia cinco* (Números 7.36-41): Oferta de Simeão

  6. *Dia seis* (Números 7.42-47): Oferta de Gade

  7. *Dia sete* (Números 7.48-53): Oferta de Efraim

  8. *Dia oito* (Números 7.54-59): Oferta de Manassés

  9. *Dia nove* (Números 7.60-65): Oferta de Benjamim

10. *Dia dez* (Números 7.66-71): Oferta de Dã
11. *Dia onze* (Números 7.72-77): Oferta de Aser
12. *Dia doze* (Nm 7.78-83): Oferta de Naftali

J. **A nuvem sobre o Tabernáculo** (Números 9.15-23): Quando o Tabernáculo é erguido, a presença do Senhor (por vezes chamada "shekinah") paira sobre o Tabernáculo como uma nuvem durante o dia e como uma coluna de fogo durante a noite. Quando ela se move, o povo se move. Quando ela pára, o povo pára.

K. **As trombetas de prata do Tabernáculo** (Números 10.1-10): Duas trombetas de prata devem ser feitas para instruir o povo. Quando as duas forem tocadas, todo o povo deve reunir-se à entrada do Tabernáculo. Quando apenas uma delas for tocada, apenas os líderes devem atender.

L. **Os filhos de Arão no Tabernáculo** (Levítico 10.1-20)
   1. *Nadabe e Abiú: a conduta errada* (Levítico 10.1-11): Após oferecerem fogo não-santo sobre o altar (talvez por estarem bêbados), Nadabe e Abiú são consumidos pelo fogo enviado pelo Senhor.
   2. *Eleazar e Itamar: o mal-entendido* (Levítico 10.12-20): Eleazar e Itamar não seguiram as instruções dadas por Moisés com relação à oferta pelo pecado. Isto enraivece Moisés, mas a explicação de Arão para o evento o acalma.

M. **Blasfêmia contra Deus no Tabernáculo** (Levítico 24.10-16, 23): Um homem de mãe israelita e pai egípcio blasfema contra Deus. O Senhor instrui os israelitas a apedrejá-lo até a morte, embora seu pai não fosse um israelita.

ESBOÇO DA SEÇÃO SEIS (NÚMEROS 10.11–12.16)
Esta seção descreve as experiências dos israelitas à medida que eles viajam do monte Sinai para Cades-Barnéia.

I. O SINAL VINDO DO CÉU (Números 10.11-12): "Ora, aconteceu, no ano segundo, no segundo mês, aos vinte do mês, que a nuvem se alçou de sobre o tabernáculo da congregação", o que significava que os israelitas deveriam andar novamente.

II. O DESMONTE DAS TENDAS (Números 10.13-28): As doze tribos seguem a coluna de nuvem.

III. O PEDIDO DE MOISÉS (Números 10.29-32): Moisés tenta assegurar os serviços de seu cunhado como guia através do deserto.

IV. A SEGURANÇA NA NUVEM (Números 10.33-36): Cada vez que a Arca é erguida para seguir a nuvem, Moisés diz: "Levanta-te, Senhor, e dissipados sejam os teus inimigos, e fujam diante de ti os que te odeiam". E cada vez que a nuvem pára e a arca é baixada: "Volta, ó Senhor, para os muitos milhares de Israel".

V. As Canções durante o Caminho (Números 11-12)
   A. **A rebeldia e a punição de Israel** (Números 11.1-9, 31-35)
      1. *Primeira ocorrência* (Números 11.1-3): Fogo desce sobre alguns israelitas que se queixam de Deus sobre um lugar que mais tarde se chamará Tabera.
      2. *Segunda ocorrência* (Números 11.4-9, 31-35): Alguns dos estrangeiros que acompanham Israel começam a reclamar: "Lembramo-nos dos peixes que no Egito comíamos de graça, e dos pepinos, dos melões, das cebolas e dos alhos. Mas agora a nossa alma se seca; coisa nenhuma há senão este maná diante dos nossos olhos". Deus envia codornizes para alimentá-los, mas ele também os pune com uma praga.
   B. **O desânimo de Moisés** (Números 11.10-30)
      1. *A razão de sua reclamação* (Números 11.10-15): Moisés diz a Deus que o fardo de liderar um povo rebelde é muito pesado para ele carregar e que ele prefere a morte a liderá-los.
      2. *Os resultados de sua reclamação* (Números 11.16-30)
         a. Os 70 (Números 11.16-25): Deus instrui Moisés a convocar 70 líderes para o Tabernáculo. Aí Deus unge 70 anciãos israelitas com seu Espírito para ajudarem Moisés a liderar o povo. Os líderes profetizam neste momento, mas é a única vez que isto ocorre.
         b. Dois em particular (Números 11.26-30): Dois desses anciãos, Eldade e Medade, estão ausentes quando os outros se reúnem, mas eles começam a profetizar no acampamento. Moisés instrui Josué a não detê-los, dizendo: "Oxalá que do povo do Senhor todos fossem profetas, que o Senhor pusesse o seu espírito sobre eles!"
   C. **O desrespeito de Miriã e Arão** (Números 12.1-16)
      1. *Os motivos do desrespeito deles* (Números 12.1-3): Miriã e Arão (irmãos de Moisés) criticam Moisés por dois motivos:
         a. Ele se casou com uma mulher cusita.
         b. A ele foi dada mais autoridade sobre os israelitas.
      2. *O resultado do desrespeito deles* (Números 12.4-16): Deus repreende Miriã e Arão severamente. Miriã fica leprosa. Arão suplica que Moisés ore para que a lepra de Miriã seja curada.

ESBOÇO DA SEÇÃO SETE (NÚMEROS 13-14)
Os israelitas acampam em Cades-Barnéia e enviam espias para a Terra Prometida.

I. A INFILTRAÇÃO DOS ESPIAS (Números 13.1-25)
   A. **Os nomes dos homens** (Números 13.1-16): Doze homens são escolhidos para espiar a terra de Canaã, a Terra Prometida. Entre eles estavam Calebe, da tribo de Judá, e Josué, da tribo de Efraim.
   B. **A natureza da missão** (Números 13.17-25): Moisés os instrui a fazer duas coisas:
      1. *Descobrir como eram seus habitantes* (Números 13.17-19).
      2. *Trazer consigo amostras da colheita da terra* (Números 13.20-25).

II. A LAMENTAÇÃO DO POVO (Números 13.26-33–14.10)
   A. **O relato dos espias** (Números 13.26-33; 14.6-10)
      1. *O relato incrédulo de dez deles* (Números 13.26-33): "O povo que habita nessa terra é poderoso, e as cidades são fortificadas e mui grandes... também vimos ali os nefilins, isto é, os filhos de Anaque...; éramos aos nossos próprios olhos como gafanhotos; e assim também o éramos aos seus olhos".
      2. *O relato fiel de dois deles* (Números 14.6-10): "A terra, pela qual passamos para espiar, é terra muitíssimo boa. Se o Senhor se agradar de nós, então nos introduzirá nesta terra e no-la dará... Tão somente não sejais rebeldes contra o Senhor, e não temais o povo desta terra... Retirou-se deles a sua defesa, e o Senhor está conosco".
   B. **A reação da multidão** (Números 14.1-5): Ao ouvir o relato dos dez espias, o povo se atemoriza e faz planos de retornar ao Egito.

III. A SÚPLICA (ORAÇÃO) DO PROFETA (Números 14.11-21)
   A. **A proposta** (Números 14.11-12): O Senhor se ira com os israelitas e diz a Moisés: "Com pestilência o ferirei, e o rejeitarei; e farei de ti uma nação maior e mais forte do que ele".
   B. **A súplica** (Números 14.13-19): Moisés implora o perdão do Senhor para Israel, temendo que os pagãos dissessem: "Porquanto o Senhor não podia introduzir este povo na terra que com juramento lhe prometera, por isso os matou no deserto".
   C. **O perdão** (Números 14.20-21): O Senhor perdoa seu povo, embora ainda haja conseqüências.

IV. A CONDENAÇÃO DECRETADA PELO SENHOR (Números 14.22-45)
   A. **A punição** (Números 14.22-38): O Senhor poupa o povo de Israel de uma destruição completa como nação, mas eles ainda serão punidos: ninguém com 20 anos ou mais (exceção feita a Calebe e Josué) entrará na Terra Prometida. Eles vagarão pelo deserto pelos próximos

40 anos, até que todos morram e nasça uma nova geração. Os dez espias infiéis morrem imediatamente por causa de uma praga.
B. **A presunção** (Números 14.39-45): A volúvel multidão resolve, então, entrar na Terra Prometida, mas é completamente massacrada por seus inimigos.

ESBOÇO DA SEÇÃO OITO (NÚMEROS 15-36)
Os israelitas viajam de Cades-Barnéia para a margem oriental do rio Jordão.

I. O Testemunho (Números 15.37-41): O Senhor ordena que o povo de Israel faça borlas e as prendam às suas vestes com um cordão azul. As borlas os farão lembrar que eles devem ser santos assim como Deus é santo.

II. As Instruções do Tabernáculo
   A. **Acerca das ofertas** (Números 15.1-31; 28.1-31; 29.1-40)
      1. *Os sacrifícios* (Números 15.1-13, 17-21; 28.1-31; 29.1-40): Um panorama dos vários detalhes a serem observados com relação aos sacrifícios.
      2. *Os estrangeiros* (Números 15.14-16): Regras com relação aos estrangeiros e aos sacrifícios.
      3. *Os pecados* (Números 15.22-31)
         a. Pecados não-intencionais (Números 15.22-29): A medida a ser tomada quanto aos pecados não-intencionais.
         b. Pecados intencionais (Números 15.30-31): A medida a ser tomada quanto aos pecados intencionais.
   B. **Acerca dos levitas** (Números 18.1-32): Detalhes com relação aos seus deveres e privilégios.
   C. **Acerca dos votos** (Números 30.1-16): As regras que regem o estabelecimento, o cumprimento ou a anulação dos votos.

III. Os Causadores de Problemas
   A. **O profanador do sábado** (Números 15.32-36): Um homem é morto por apedrejamento por desobedecer à lei de Deus, ao apanhar lenha no dia de sábado.
   B. **O presunçoso Coré** (Números 16.1-50)
      1. *A acusação de Coré* (Números 16.1-3, 13-14): Coré e um grupo de israelitas rebeldes acusam Moisés de:
         a. ser um ditador;
         b. conduzir os israelitas ao deserto para matá-los;
         c. ser incapaz de levá-los à Terra Prometida.
      2. *A reação de Moisés* (Números 16.4-12, 15-30)
         a. Aos rebeldes (Números 16.4-12, 15-22): Moisés ordena que os

israelitas rebeldes estejam no dia seguinte na entrada do Tabernáculo com seus incensários. Então o Senhor mostrará quem é santo e separado para ele.
    b. Aos outros (Números 16.23-30): Moisés adverte o povo para se afastar dos homens perversos, se quiserem continuar vivendo.
  3. *A ira do Senhor* (Números 16.31-50)
    a. Sobre os líderes (Números 16.31-40): O chão onde pisam abre-se e os engole vivos! Fogo vem do Senhor e consome os seguidores de Coré que ofereciam incenso.
    b. Sobre os outros (Números 16.41-50)
      (1) A rebelião (Nm 16.41-42): Na manhã seguinte, o povo confronta Moisés e Arão, dizendo: "Vós matastes o povo do Senhor".
      (2) A reação (Números 16.43-46): O Senhor envia uma praga ao povo e o destrói.
      (3) O resgate (Números 16.47-50): Arão queima incenso e faz expiação pelo povo para que a praga cesse. Antes que a praga cesse, 14.700 israelitas morrem.
C. O povo de Edom (Números 20.14-22): Os israelitas pedem permissão para passar pela terra dos edomitas, de modo rápido e pacífico. Os edomitas recusam, apesar de serem descendentes do irmão gêmeo de Jacó, Esaú.
D. O profeta Balaão (Números 22.1–24.25): O rei Balaque de Moabe vê que os israelitas são numerosos e poderosos, então começa a temer por seu reino. Ele envia um profeta de nome Balaão para amaldiçoar os israelitas.
  1. *A tolice de Balaão* (Números 22.1-41)
    a. O aviso vindo de Deus (Números 22.1-21): Deus proíbe Balaão de aceitar o suborno do rei Balaque de Moabe para amaldiçoar Israel. Entretanto, Deus permite que o profeta acompanhe os mensageiros de Balaque até Moabe.
    b. A ira de Deus (Números 22.22-27): No caminho, a mula de Balaão se atemoriza com algo que Balaão não consegue enxergar: o anjo do Senhor parado no caminho com uma espada desembainhada na mão. Sem perceber isto, o profeta espanca seu animal aparentemente teimoso.
    c. As testemunhas de Deus (Números 22.28-34): Balaão é repreendido por sua mula, que reclama pelo espancamento desnecessário. Então Balaão enxerga o anjo que o repreende por ter vindo.
    d. As palavras de Deus (Números 22.35-41): Em suma, Balaão é alertado para dizer apenas o que Deus lhe ordena. Ao chegar a Moabe, o profeta relata tudo isso a Balaque.
  2. *A frustração de Balaão* (Números 23.1–24.25): Balaão fica diante do povo de Israel por cinco vezes e é incapaz de amaldiçoá-los.

a. Primeira ocorrência (Números 23.1-12): "Como amaldiçoarei a quem Deus não amaldiçoou?... Eis que é povo que habita só, e entre as nações não será contado. Quem poderá contar o pó de Jacó e o número da quarta parte de Israel?"
b. Segunda ocorrência (Números 23.13-24): "Deus não é homem, para que minta... Eis que recebi ordem de abençoar... Não se observa iniqüidade em Jacó... É Deus que os vem tirando do Egito... Contra Jacó, pois, não há encantamento... Eis que o povo se levanta como leoa".
c. Terceira ocorrência (Números 23.25–24.9): "Quão formosas são as tuas tendas, ó Jacó... são como jardins à beira dos rios... como cedro junto às águas... o seu rei se exalçará... Benditos os que te abençoarem".
d. Quarta ocorrência (Números 24.10-19): "Eu o vejo, mas não no presente; eu o contemplo, mas não de perto; de Jacó procederá uma estrela, de Israel se levantará um cetro que ferirá os termos de Moabe".
e. Quinta ocorrência (Números 24.20-25): Balaão prediz o juízo divino sobre Moabe e outras nações pagãs: "Ai, quem viverá, quando Deus fizer isto?"

IV. A TRAGÉDIA (Números 20.2-13)
   A. **A incredulidade de Israel** (Números 20.2-6): Quando os israelitas ficam sem água, culpam Moisés e lamentam o fato de não estarem mais no Egito.
   B. **A ordem de Deus** (Números 20.7-8): Deus manda Moisés reunir o povo e ordena que a rocha dê água a eles.
   C. **A desobediência de Moisés** (Números 20.9-13): Depois que o povo rebelde se ajunta, a raiva de Moisés o faz clamar: "Porventura, tiraremos água desta rocha para vós?" Ele desobedece a Deus e fere a rocha por duas vezes. A água sai, mas Moisés paga um preço alto por sua desobediência: não mais conduzirá o povo à Terra Prometida.

V. OS TRIUNFOS (Números 21.1-4, 21-35; 31.1-54): O Senhor concede a Israel várias vitórias em seu caminho rumo à Terra Prometida
   A. **Sobre o rei de Arade** (Números 21.1-4): O rei cananeu de Arade ataca os israelitas e leva alguns deles como prisioneiros. Mas os israelitas contra-atacam e Deus lhes concede uma vitória cabal.
   B. **Sobre o rei Seom** (Números 21.21-32): O rei Seom dos amorreus não aceita o pedido para que atravessem pacificamente seu território e os ataca, mas sofre destruição completa.
   C. **Sobre o rei Ogue** (Números 21.33-35): Este rei lutador gigante de Basã (Deuteronômio 3.11): é morto pelos israelitas, junto com seus filhos e todo o seu exército.
   D. **Sobre os cinco reis midianitas** (Números 31.1-54)
      1. *A batalha* (Números 31.1-12): Doze mil excelentes soldados israeli-

tas (mil de cada tribo) são escolhidos para guerrear contra os midianitas. Os cinco reis midianitas são mortos, junto com o profeta Balaão.
  2. *O serviço malfeito* (Números 31.13-24): Moisés se ira com os oficiais do exército por terem poupado algumas mulheres midianitas que haviam seduzido muitos homens israelitas.
  3. *Os despojos* (Números 31.25-54): Sob ordem divina, metade dos despojos de guerra fica com os soldados e a outra metade é dada ao povo. Isso inclui 675 mil ovelhas, 72 mil cabeças de gado, 61 mil mulas e 32 mil mulheres jovens.

VI. As Transições (Números 20.1, 23-29; 27.12-23)
  A. Duas mortes (Números 20.1, 23-25, 28-29)
    1. *Miriã, a irmã de Moisés* (Números 20.1): Miriã morre e é enterrada no deserto de Zim.
    2. *Arão, o irmão de Moisés* (Números 20.23-25, 28-29)
      a. A preparação para a sua morte (Números 20.23-25): É ordenado a Moisés que vá com Arão e Eleazar (filho de Arão) ao topo do monte Hor e lá transfira a roupa (e o ofício) de sumo sacerdote de Israel de pai para filho.
      b. O lugar de sua morte (Números 20.28-29): Arão morre e é enterrado no monte Hor. O povo pranteia por Arão durante 30 dias.
  B. Duas nomeações (Números 20.26-28; 27.12-23)
    1. *Eleazar sucede Arão* (Números 20.26-28): Eleazar torna-se o segundo sumo sacerdote de Israel.
    2. *Josué sucede Moisés* (Números 27.12-23)
      a. A ordem (Números 27.12-14): Moisés deve subir o monte e avistar a Terra Prometida, pois logo morrerá.
      b. A cerimônia (Números 27.15-23): Josué é escolhido como o novo líder de Israel. Em cerimônia pública, Moisés estende suas mãos sobre Josué e passa a vara de liderança para ele.

VII. As Transgressões (Números 25.1-18)
  A. O pecado da multidão (Números 25.1-5, 9)
    1. *Sua perversão* (Números 25.1-3): Pouco depois do incidente de Balaão, muitos homens israelitas cometem imoralidade sexual com mulheres moabitas, e também idolatria, ao se curvarem aos deuses pagãos dos moabitas.
    2. *Sua punição* (Números 25.4-5, 9): Todos os envolvidos são executados, resultando isto na morte de 24 mil pessoas.

  B. O pecado de um casal (Números 25.6-8, 10-18)
    1. *Sua perversão* (Números 25.6, 14-15): A despeito da punição que acabara de ocorrer, um homem israelita traz uma mulher midianita para dentro do acampamento diante dos olhos de Moisés.

2. *Sua punição* (Números 25.7-8, 10-13, 16-18): Em meio a justa indignação, Finéias, filho de Eleazar, entra na tenda onde está o casal e os mata, atravessando ambos com uma lança.

VIII. As TABULAÇÕES (SEGUNDO CENSO) (Números 26.1-65): "Tomai a soma de toda a congregação dos filhos de Israel, da idade de vinte anos para cima, segundo as casas de seus pais, todos os que em Israel podem sair à guerra".
  A. **O motivo do censo** (Números 26.52-56): A porção de terra distribuída é determinada pelo tamanho da tribo.
  B. **Os resultados do censo** (Números 26.5-51, 57-62)
    1. *Rúben* (Números 26.5-11): 43.730
    2. *Simeão* (Números 26.12-14): 22.200
    3. *Gade* (Números 26.15-18): 40.500
    4. *Judá* (Números 26.19-22): 76.500
    5. *Issacar* (Números 26.23-25): 64.300
    6. *Zebulom* (Números 26.26-27): 60.500
    7. *Manassés* (Números 26.28-34): 52.700
    8. *Efraim* (Números 26.35-37): 32.500
    9. *Benjamim* (Números 26.38-41): 45.600
    10. *Dã* (Números 26.42-43): 64.400
    11. *Aser* (Números 26.44-47): 53.400
    12. *Naftali* (Números 26.48-50): 45.400
    13. *Levi* (Números 26.57-62): 23.000
    14. *Total (não incluindo a tribo de Levi)* (Números 26.51): 601.730

IX. As VIAGENS (Números 21.10-20; 33.1-49)
  A. **Uma lista parcial das paradas de Israel** (Números 21.10-20): Nove paradas são registradas. Durante uma das paradas, Israel canta louvores a Deus por lhes prover água.
  B. **Uma lista completa das paradas de Israel** (Números 33.1-49): Muitos locais geográficos são relatados, começando com Ramessés, no Egito, até as planícies de Moabe ao leste do rio Jordão.

X. Os TIPOS (Números 17.1-13; 19.1-22; 21.4-9; 32.1-42; 35.6-34): Muitos estudiosos vêem representações simbólicas, ou tipos, em várias das imagens encontradas no livro de Números.
  A. **Tipos de Cristo** (Números 17.1-13; 19.1-22; 21.5-9; 35.6-34)
    1. *A morte de Cristo* (Números 19.1-22; 21.5-9)
      a. A novilha vermelha (Números 19.1-22): Uma novilha vermelha sem defeito é morta, e o sangue é aspergido sete vezes na frente do Tabernáculo. A carcaça é então queimada, misturada com pau de cedro, hissopo e estofo carmesim. As cinzas devem ser usadas para a purificação.
      b. A serpente de bronze (Números 21.5-9): Serpentes venenosas são enviadas para punir os israelitas rebeldes. Em resposta à oração do povo por perdão, Deus instrui Moisés: "Faze uma serpente de bronze, e põe-na sobre uma haste; e será que todo mordido que olhar para ela viverá".

2. *A ressurreição de Cristo* (Números 17.1-13): A vara de Arão também tem sido vista como um tipo da ressurreição de Cristo.
   a. A mensagem de Deus (Números 17.1-5): Respondendo a um desafio feito à liderança de Arão, Deus ordena que Arão e cada um dos líderes tribais de Israel coloquem suas varas no Tabernáculo.
   b. O milagre de Deus (Números 17.6-13): No dia seguinte, somente a vara de Arão germina, floresce e dá amêndoas.
3. *A segurança em Cristo* (Números 35.6-34): Seis cidades, três a oeste do rio Jordão e três a leste, são designadas como refúgio para quem quer que tenha assassinado alguém acidentalmente. Essas pessoas podem entrar com segurança e se proteger de qualquer parente da vítima que procure vingança.

B. **Um tipo do crente mundano** (Números 32.1-42): As três tribos a leste do rio Jordão têm sido comparadas aos crentes mundanos de hoje.
   1. *O pedido* (Números 32.1-5): As tribos de Rúben, Gade e metade da tribo de Manassés pedem permissão a Moisés para viver no lado oriental do rio Jordão.
   2. *A reprimenda* (Números 32.6-15): Moisés pergunta: "Irão vossos irmãos à peleja, e ficareis vós sentados aqui? Por que, pois, desanimais o coração dos filhos de Israel, para eles não passarem à terra que o Senhor lhes deu?"
   3. *A reafirmação* (Números 32.16-32): As duas tribos e meia prometem apoiar as outras nove tribos e meia na conquista de Canaã.
   4. *O resultado* (Números 32.33-42): Moisés atende ao pedido deles.

XI. O Território (Números 33.50–35.5)
   A. **Tomando posse da terra** (Números 33.50-56): Israel recebe ordem de invadir Canaã, expulsar seus habitantes, destruir seus ídolos e se estabelecer na terra.
   B. **Repartindo a terra** (Números 34.1–35.5)
      1. *Áreas designadas para as tribos convencionais* (Números 34.1-29): Os limites da Terra Prometida são Cades-Barnéia ao sul, o mar Mediterrâneo a oeste, o monte Hor ao norte e o rio Jordão a leste. As duas tribos e meia viverão a leste do rio Jordão.
      2. *Áreas designadas para as tribos religiosas* (Números 35.1-5): À tribo de Levi devem ser dadas 48 cidades espalhadas pela terra.

XII. A Tenacidade (Números 27.1-11; 36.1-13)
   A. **O pedido** (Números 27.1-11): Visto que seu pai morto não tinha filhos, as cinco filhas de Zelofeade pedem permissão para herdar sua terra. Deus instrui Moisés a atender ao pedido delas, mas com uma restrição.
   B. **A restrição** (Números 36.1-13): Para poder herdar a terra, as filhas devem casar-se com homens da tribo de Manassés, e assim elas o fazem.

PARTE TRÊS: DEUS LIBERTA ISRAEL — A REVISÃO (Deuteronômio 1-34)
Esta parte cobre a seção de Deuteronômio que consiste basicamente em quatro sermões, nos quais se revisa e se resume a história de Israel. Moisés prega esses sermões à medida que o povo se aproxima da entrada da Terra Prometida.

ESBOÇO DA SEÇÃO NOVE (DEUTERONÔMIO 1-4)
Moisés prega seu primeiro sermão aos israelitas.

I. PANORAMA DE ISRAEL NO MONTE SINAI (Deuteronômio 1.1-18)
   A. **A Terra Prometida pelo Senhor** (Deuteronômio 1.7-8): O Senhor dá aos israelitas toda a terra desde Nequebe até o rio Eufrates.
   B. **Os administradores escolhidos por Moisés** (Deuteronômio 1.9-18): Moisés relata minuciosamente a seleção dos 70 anciãos (ver Números 11.14-17).

II. PANORAMA DE ISRAEL EM CADES-BARNÉIA (Deuteronômio 1.19-46)
   A. **O percurso dos espias** (Deuteronômio 1.19-25): Ver Números 13.1-17.
   B. **A rebelião da multidão** (Deuteronômio 1.26-33): Ver Números 14.1-4.
   C. **A reação do Senhor** (Deuteronômio 1.34-46): Ver Números 14.26-38.

III. PANORAMA DE ISRAEL A CAMINHO DO RIO JORDÃO (Deuteronômio 2.1-3.29): Moisés relata como o Senhor finalmente disse: "Basta de rodeardes este monte; virai-vos para o norte".
   A. **Os três amigos (nações pacíficas)** (Deuteronômio 2.4-23): Moisés relembra como o Senhor ordenou aos israelitas que não se apoderassem da terra de três nações.
      1. *Seir* (Deuteronômio 2.4-8): "Não contendais com eles, porque não vos darei da sua terra... os filhos de Esaú habitam em Seir".
      2. *Moabe* (Deuteronômio 2.9-15): "Não molestes aos de Moabe, e não contendas com eles em peleja, porque nada te darei da sua terra por herança; porquanto dei Ar em herança aos filhos de Ló".
      3. *Amom* (2.16-23): "Não os molestes, e com eles não contendas, porque nada te darei da terra dos amonitas por herança".
   B. **Os dois inimigos (nações inimigas)** (Deuteronômio 2.24-3.11): Moisés recorda como o Senhor ordenou que os israelitas atacassem duas outras nações.
      1. *Rei Seom de Hesbom* (Deuteronômio 2.24-37): Moisés relata a vitória de Israel sobre este rei.
      2. *Rei Ogue de Basã* (Deuteronômio 3.1-11): Moisés recapitula a vitória de Israel sobre aquele temível gigante, cuja cama de bronze media 3,9 m de comprimento e 1,8 m de largura!
   C. **Os dois favores** (Deuteronômio 3.12-29)
      1. *O pedido de duas tribos e meia* (Deuteronômio 3.12-22): Moisés recorda como ele concedeu o pedido de Rúben, Gade e Manassés para se estabelecer no lado oriental do rio Jordão.

2. *O pedido de Moisés* (Deuteronômio 3.23-29): Moisés relembra como Deus nega seu pedido de permissão para entrar na Terra Prometida.

IV. Um Panorama do Relacionamento de Israel com o Senhor (Deuteronômio 4.1-49)
   A. **O Deus de Israel** (Deuteronômio 4.1-19, 24, 31-40): É ordenado que Israel adore a Deus e a ele somente, que guarde suas leis e cuide para não acrescentar nem retirar coisa alguma de suas leis.
   B. **O Israel de Deus** (Deuteronômio 4.20-23, 25-30): É ordenado que Israel se lembre de que pertence ao Senhor e de que será punido caso se desvie dele.
   C. **A lei de Moisés** (Deuteronômio 4.41-49): Algumas instruções finais são dadas por Moisés, e é apresentada a lei que se segue nos capítulos seguintes.

ESBOÇO DA SEÇÃO DEZ (DEUTERONÔMIO 5-26)
Moisés prega o segundo sermão aos israelitas.

I. Acerca da Lei Moral: Moisés recapitula e esclarece as leis que o Senhor havia dado aos israelitas com relação à moral.
   A. **A aliança** (Deuteronômio 5.1-5): Moisés relembra a aliança que Deus fez com Israel no monte Sinai (ver Êxodo 19.5).
   B. **Os mandamentos** (Deuteronômio 5.6-22; 6.1-9, 20-25)
      1. *O relato* (Deuteronômio 5.6-22; 6.1-5): Moisés recapitula os Dez Mandamentos originalmente dados em Êxodo 20, adicionando: "Ouve, Israel; o Senhor nosso Deus é o único Senhor. Amarás, pois, ao Senhor teu Deus de todo o teu coração, de toda a tua alma e de todas as tuas forças".
      2. *As responsabilidades* (Deuteronômio 6.6-9, 20-25): Moisés diz ao povo que deve ensinar os mandamentos a seus filhos e lembrá-los de sua libertação do Egito.
   C. **A (nação) escolhida** (Deuteronômio 7.6-11; 9.1-6; 10.12-22): Moisés relembra os israelitas que o amor de Deus por eles é baseado em sua graça, não na bondade deles. Como Israel reagiu? "Que é que o Senhor teu Deus requer de ti, senão que temas o Senhor teu Deus, que andes em todos os seus caminhos, e o ames, e sirvas ao Senhor teu Deus de todo o teu coração e de toda a tua alma, que guardes os mandamentos do Senhor, e os seus estatutos que eu hoje te ordeno para o teu bem?"
   D. **As circunstâncias** (Deuteronômio 5.23-33; 9.7-10.5)
      1. *A recepção da lei* (Deuteronômio 5.23-33): Moisés relata como o povo reagiu à poderosa presença de Deus no monte Sinai (ver Êxodo 19.9-25).

2. *A rejeição da lei* (Deuteronômio 9.7-29): Moisés relembra diversas ocasiões em que o povo se rebelou contra as ordens do Senhor.
   a. No monte Sinai (Deuteronômio 9.7-21): Ali Israel adorou um bezerro de ouro, o que fez com que Moisés quebrasse as duas tábuas que continham os Dez Mandamentos (ver Êxodo 32).
   b. No deserto (Deuteronômio 9.22-29): Em Tabera, Massá e Quibrote-Hataavá, Israel recusou-se a entrar na Terra Prometida (ver Números 13–14).
3. *A substituição da lei* (Deuteronômio 10.1-5): Moisés relata como duas tábuas novas, contendo os Dez Mandamentos, foram feitas para substituir as que foram quebradas ao chão.
E. **As escolhas** (Deuteronômio 10.6-9): Moisés relata a escolha de Eleazar (filho de Arão) como sumo sacerdote (ver Números 20.23-29): e dos membros da tribo de Levi como ministros diante do Senhor (ver Êxodo 32.25-29).
F. **A confiança** (Deuteronômio 7.12-24; 11.22-32): Moisés garante ao povo que a obediência a Deus trará bênçãos, riquezas, saúde e vitória sobre os inimigos.
G. **O cuidado** (Deuteronômio 6.10-19; 7.1-5, 25-26; 8.11-20; 11.16-17): Moisés instrui os israelitas a temer, adorar e servir ao Senhor e somente a ele, e a lembrar a fidelidade de Deus. Também ordena que eles destruam os inimigos e os ídolos pagãos da terra.
H. **A terra** (Deuteronômio 8.7-10; 11.8-15): Moisés diz ao povo que Canaã é uma terra de água abundante, terra de trigo, cevada, vides, figueiras, romeiras, oliveiras, azeite e mel. A terra também possui uma reserva rica em ferro e cobre.
I. **A compaixão** (Deuteronômio 8.1-6; 10.10-11; 11.1-7): Moisés relembra a grande fidelidade e a compaixão de Deus para com os israelitas durante seu vagar pelo deserto.

II. Acerca da Lei Social — Moisés revisa e esclarece as leis que o Senhor havia dado aos israelitas com relação à sociedade. A seguir, uma lista dessas leis.
A. **Animais** (Deuteronômio 22.6-7; 25.4): Não retirar a ave-mãe de seu ninho. Não atar a boca ao boi quando debulha.
B. **Construção** (Deuteronômio 22.8): Toda casa nova deve ter um parapeito no telhado para evitar que alguém caia.
C. **Vestimentas** (Deuteronômio 22.5, 11-12): As roupas devem ser feitas de lã ou linho, não dos dois. As mulheres estão proibidas de vestir roupas masculinas, e os homens, proibidos de vestir roupas femininas. Os israelitas devem vestir mantos com borlas nos quatro cantos.
D. **Alimentação** (Deuteronômio 14.3-21; 15.19-20, 22-23): Os israelitas devem considerar certos animais limpos e outros, imundos. Eles não devem comer animais imundos.

E. Divórcio (Deuteronômio 24.1-4): Existem regras com relação tanto ao divórcio quanto ao casamento com o ex-cônjuge.
F. Situações domésticas (Deuteronômio 21.10-17; 22.13-30; 24.5; 25.5-12)
  1. *Mulher cativa* (Deuteronômio 21.10-14): Existem regras com relação ao tratamento e aos direitos de uma mulher prisioneira que é tomada por esposa.
  2. *Várias mulheres* (Deuteronômio 21.15-17): Existem regras com relação a como deve ser dividida a herança entre os filhos de várias mulheres.
  3. *Mulher infiel* (Deuteronômio 22.13-30): Existem regras para vários assuntos relacionados à pureza e à fidelidade sexual.
  4. *Mulher recém-casada* (Deuteronômio 24.5): Um homem não deve ser recrutado para a guerra em seu primeiro ano de casamento, para que ele possa ficar em casa com sua mulher.
  5. *Mulher viúva* (Deuteronômio 25.5-10): O irmão de um morto deve concordar em cuidar da viúva de seu irmão ou será difamado pela sociedade.
  6. *Mulher de conduta imprópria* (Deuteronômio 25.11-12): Ela será punida por tentar, de forma errada, ajudar seu marido durante uma briga com outro homem.
G. Culpa (Deuteronômio 24.16): Os pais não devem ser mortos pelos pecados de seus filhos, ou os filhos pelos pecados dos pais.
H. Honestidade (Deuteronômio 25.13-16): Sempre usar medidas justas.
I. Limpeza (Deuteronômio 23.9-14): Existem regras com relação à higiene pessoal.
J. Idolatria (Deuteronômio 13.1–14.2; 16.21-22; 17.2-7; 18.9-14, 20-22): A prática da idolatria é rigorosamente proibida.
  1. *Os profetas* (Deuteronômio 13.1-18; 18.20-22): Os profetas que encorajarem as pessoas a adorar deuses pagãos devem ser mortos por apedrejamento.
  2. *As perversões* (Deuteronômio 14.1-2; 16.21-22; 17.2-7; 18.9-14): Os israelitas são proibidos de se engajar em qualquer prática pagã ou idólatra.
K. Investigações (Deuteronômio 21.1-9): Se a vítima de um assassinato for encontrada e o crime não puder ser solucionado, os líderes da cidade mais próxima devem sacrificar um novilho e orar: "As nossas mãos não derramaram este sangue, nem os nossos olhos o não viram. Perdoa, ó Senhor, ao teu povo Israel, que tu resgataste, e não ponhas a culpa do sangue inocente no meio do teu povo Israel".
L. Juízes (Deuteronômio 16.18-20; 17.8-13; 19.15-21; 25.1-3): São dadas várias leis para assegurar veredictos e punições justas.
M. Delinqüência juvenil (Deuteronômio 21.18-23): Um filho teimoso e desobediente que se recusa constantemente a obedecer a seus pais deve ser morto por apedrejamento.
N. Reis (Deuteronômio 17.14-20): São dadas cinco regras com relação aos futuros reis de Israel:

1. Ele tem de ser israelita, e não estrangeiro (Deuteronômio 17.15).
2. Ele não deve possuir um grande número de cavalos (Deuteronômio 17.16).
3. Ele não deve ter muitas mulheres (Deuteronômio 17.17).
4. Ele não deve acumular grandes quantidades de ouro e prata (Deuteronômio 17.17).
5. Ele deve ler e obedecer à lei de Deus diariamente (Deuteronômio 17.19-20).

O. **Trabalhadores** (Deuteronômio 24.14-15): Nunca tirar proveito de trabalhadores pobres. Deve-se pagar a eles seus salários, diariamente, antes que o sol se ponha.

P. **Limites** (Deuteronômio 19.14): Não alterar os limites das terras do próximo.

Q. **Lepra** (Deuteronômio 24.8-9): Israel deve observar com atenção as instruções com relação à lepra (ver Levítico 13-14). Eles também devem lembrar como Deus tornou Miriã leprosa (ver Números 12.1-15).

R. **Vizinhos** (Deuteronômio 22.1-4; 23.24-25): Se alguém encontrar um boi ou uma ovelha, deve devolver o animal ao dono. Pode-se comer dos frutos da vinha ou da seara do próximo, mas sem abusar desse privilégio.

S. **Plantio** (Deuteronômio 22.9-10): Não plantar dois tipos de semente em sua vinha. Não arar com um boi e uma mula sob um mesmo jugo.

T. **Penhor** (Deuteronômio 24.6, 10-13, 17-18): Há regras acerca do que pode ser recebido como garantia de empréstimos.

U. **Prostituição** (Deuteronômio 23.17-18): Tanto a prostituição masculina como a feminina são proibidas.

V. **Retribuição** (Deuteronômio 25.17-19): É ordenado aos israelitas que eliminem os amalequitas que intentaram mal contra eles.

W. **Servos** (Deuteronômio 15.12-18; 23.15-16; 24.7): Várias regras acerca do tratamento de servos.

X. **Dízimo** (Deuteronômio 14.22-29; 26.12-15): Todos os israelitas devem dar o dízimo da colheita anual, trazendo a renda ao Tabernáculo. Espera-se que eles sustentem os levitas, os estrangeiros, as viúvas e os órfãos que vivem em suas cidades.

Y. **Usura** (Deuteronômio 23.19-20): Uma pessoa pode emprestar com juros a um estrangeiro, mas não a um israelita.

Z. **Votos** (Deuteronômio 23.21-23): Os votos ao Senhor devem ser imediatamente cumpridos, embora não seja pecado abster-se de fazer voto.

AA. **Batalha** (Deuteronômio 20.1-20): São dadas instruções acerca da preparação e a prática da guerra. Quatro tipos de pessoas estão isentas de ir à batalha:
1. *aquele que acaba de construir uma casa* (Deuteronômio 20.5);
2. *aquele que acaba de plantar uma vinha* (Deuteronômio 20.6);
3. *aquele que acaba de ficar noivo* (Deuteronômio 20.7);
4. *aquele que está atemorizado* (Deuteronômio 20.8).

BB. Prosperidade (Deuteronômio 24.19-22): Deixar uma parte da colheita para os estrangeiros, para as viúvas e para os órfãos.

III. ACERCA DA LEI RELIGIOSA — Moisés recapitula e esclarece as leis que o Senhor deu aos israelitas acerca das práticas cerimoniais e religiosas. A seguir, uma lista dessas leis.
   A. Santuário central (Deuteronômio 12.1-32; 23.1-8): São dadas leis com relação ao Tabernáculo.
      1. *O lugar* (Deuteronômio 12.1-32): "Recorrereis ao lugar que o Senhor vosso Deus escolher de todas as vossas tribos para ali pôr o seu nome, para sua habitação, e ali vireis. A esse lugar trareis os vossos holocaustos e sacrifícios, e os vossos dízimos e a oferta alçada da vossa mão, e os vossos votos e ofertas voluntárias; e os primogênitos das vossas vacas e das vossas ovelhas". O local fixo do Tabernáculo é mais tarde revelado como sendo Jerusalém.
      2. *As proibições* (Deuteronômio 23.1-8): Quatro tipos de indivíduos são proibidos de entrar no Tabernáculo:
         a. Um homem castrado (Deuteronômio 23.1)
         b. Uma pessoa bastarda (Deuteronômio 23.2)
         c. Um amonita (Deuteronômio 23.3)
         d. Um moabita (Deuteronômio 23.3)
   B. As cidades de refúgio (Deuteronômio 19.1-13): Moisés recapitula o propósito dessas cidades (ver Números 35.9-34).
   C. Festas (Deuteronômio 16.1-17; 26.1-11)
      1. *Panorama* (Deuteronômio 16.1-15; 26.1-11): São dadas várias instruções acerca das seguintes festas:
         a. Páscoa/festa dos pães ázimos (Deuteronômio 16.1-8): (ver também Levítico 23.5-8)
         b. Festa das semanas (Deuteronômio 16.9-12) (ver também Levítico 23.15-22)
         c. Festa dos tabernáculos (Deuteronômio 16.13-15) (ver também Levítico 23.33-43)
         d. Festa das primícias (Deuteronômio 26.1-11) (ver também Levítico 23.9-14)
      2. *As obrigações* (Deuteronômio 16.16-17): Todos os homens israelitas são obrigados a participar das seguintes festas, anualmente:
         a. Páscoa/festa dos pães ázimos
         b. Festa das semanas
         c. Festa dos tabernáculos
   D. O profeta (Deuteronômio 18.15-19): Moisés diz ao povo que o Senhor enviará um profeta que falará por ele e a quem todos devem obedecer. O Novo Testamento deixa claro que Jesus foi o cumprimento desta promessa (ver João 6.14).
   E. Israel (Deuteronômio 26.16-19): Moisés rememora as responsabilidades de Israel perante o Senhor. Eles devem obedecer aos seus mandamentos e ser santos. Em retribuição, o Senhor os elevará acima de todas as nações.

F. Levitas (Deuteronômio 18.1-8): Moisés recapitula os privilégios e as responsabilidades dos levitas.
G. Ofertas (Deuteronômio 15.21; 17.1): Nenhum animal coxo, cego, doente ou com defeito será aceito por Deus como sacrifício.
H. O ano sabático (Deuteronômio 15.1-15): Todas as dívidas devem ser canceladas ao fim do sétimo ano. Todos os escravos israelitas também devem ser libertados a cada sete anos.

ESBOÇO DA SEÇÃO ONZE (DEUTERONÔMIO 27-28)
Moisés prega seu terceiro sermão aos israelitas.

I. A Ordem para Edificar (Deuteronômio 27.1-8): Israel deve construir um altar no monte Ebal e escrever nele as leis de Deus.

II. A Ordem para Proclamar (Deuteronômio 27.9-28.68): Seis tribos (Simeão, Levi, Judá, Issacar, José e Benjamim) devem ficar no monte Gerizim e proclamar uma bênção sobre os israelitas (pela obediência à lei). Então as outras seis tribos (Rúben, Gade, Aser, Zebulom, Dã e Naftali) devem ficar no monte Ebal e proclamar a maldição (pela desobediência à lei).
  A. As maldições pela desobediência (Deuteronômio 27.14-26; 28.15-68)
   1. *Os motivos* (Deuteronômio 27.14-26): Os levitas devem proclamar as maldições às seguintes pessoas:
     a. as que fazem ídolos (Deuteronômio 27.15)
     b. as que menosprezam seus pais (Deuteronômio 27.16)
     c. as que mudam os marcos dos próximos (Deuteronômio 27.17)
     d. as que fazem o cego errar o caminho (Deuteronômio 27.18)
     e. as que são injustas com os estrangeiros, os órfãos, as viúvas (Deuteronômio 27.19)
     f. as que cometem incesto em suas várias formas possíveis (Deuteronômio 27.20, 22-23)
     g. as que praticam bestialidade (relações com animais) (Deuteronômio 27.21)
     h. as que cometem assassinato ou são pagas para fazê-lo (Deuteronômio 27.24-25)
     i. as que não obedecem à lei (Deuteronômio 27.26)
   2. *Os resultados* (Deuteronômio 28.15-68): Se o povo não obedecer às leis que o Senhor deu, sofrerá maldições.
     a. Destruição na terra (Deuteronômio 28.15-24, 26-31, 33-35, 38-48): A desobediência resultará em doenças, pragas, fome, seca, tempestades de areia, derrota nas batalhas, infertilidade, medo e frustração constantes e a escravidão de seus filhos.
     b. Dispersão da terra (Deuteronômio 28.25, 32, 36-37, 48-68): A desobediência fará com que os israelitas sejam rodeados de inimigos, passem a praticar o canibalismo, sejam retirados de sua

terra, escravizados e dispersos entre as nações. Eles se tornarão objeto de horror e escárnio entre as nações, e não encontrarão descanso. Deus fará com que tremam e se desesperem. Viverão com medo constante, sem motivo para crer que sobreviverão.

B. **As bênçãos pela obediência** (Deuteronômio 28.1-14): Se os israelitas atentarem para as leis de Deus, usufruirão bênçãos nas cidades e nos campos. Terão muitos filhos, grandes colheitas e rebanhos. Terão vitórias nas guerras e emprestarão a muitas nações, sem pegar nada emprestado. Serão a cabeça, não a cauda.

ESBOÇO DA SEÇÃO DOZE (DEUTERONÔMIO 29-30)
Moisés prega seu quarto e último sermão aos israelitas quando eles estão prestes a entrar na Terra Prometida.

I. A ALIANÇA (Deuteronômio 29.1-29): Moisés relembra os israelitas sobre a aliança do Senhor com eles e os incentiva a obedecer às suas leis para que eles não experimentem maldições.

II. A MUDANÇA (Deuteronômio 30.1-10): Moisés diz ao povo que o Senhor mudará seus corações enquanto eles estiverem cativos, e eles amarão ao Senhor de todo o coração. O Senhor os ajuntará mais uma vez e os fará retornar à sua terra. Ele os abençoará e os fará mais prósperos que nunca.

III. A ESCOLHA (Deuteronômio 30.11-20): "Vê que hoje te pus diante de ti a vida e o bem, a morte e o mal... O céu e a terra tomo hoje por testemunhas contra ti de que te pus diante de ti a vida e a morte, a bênção e a maldição; escolhe, pois, a vida, para que vivas, tu e a tua descendência, amando ao Senhor teu Deus, obedecendo à sua voz, e te apegando a ele; pois ele é a tua vida".

ESBOÇO DA SEÇÃO TREZE (DEUTERONÔMIO 31-34)
Moisés dá suas instruções de despedida e se prepara para passar as responsabilidades de liderança a Josué. Moisés morre no monte Nebo.

I. A SEPARAÇÃO (Deuteronômio 31.1-8, 14-15, 23): Diante do povo, Moisés nomeia Josué como seu novo líder, ordenando que ele seja forte, pois "tu introduzirás o povo de Israel na terra que, com juramento, lhes prometi".

II. AS ESCRITURAS (Deuteronômio 31.9-13, 24-27): Moisés termina de escrever as leis e instrui Israel a fazer uma leitura delas a cada sete anos, na festa dos tabernáculos. Isto é para que o povo sempre conheça a lei, e ela permaneça como firme testemunho contra seus pecados.

III. O Cântico (Deuteronômio 31.16-22, 28-30; 32.1-47)
   A. **A crise** (Deuteronômio 31.16-22, 28-30)
      1. *O Senhor instrui Moisés* (Deuteronômio 31.16-22): O Senhor revela que seu povo se rebelará contra ele após a morte de Moisés e que os punirá severamente por seu pecado.
      2. *Moisés instrui o povo* (Deuteronômio 31.28-30): "Porque eu sei que depois da minha morte certamente vos corrompereis, e vos desviareis do caminho que vos ordenei; então este mal vos sobrevirá nos últimos dias, quando fizerdes o que é mau aos olhos do Senhor, para o provocar à ira com a obra das vossas mãos".
   B. **Os itens** (Deuteronômio 32.1-43)
      1. *A grandeza de Deus* (Deuteronômio 32.1-4, 39-42): O Senhor é a Rocha perfeita, justa e fiel de Israel. Ele é o Deus único, capaz de matar e de dar vida, capaz de ferir e de curar.
      2. *A graça de Deus* (Deuteronômio 32.5-14, 43): "Jacó é a parte da sua herança. Achou-o numa terra deserta, e num ermo de solidão e horrendos uivos; cercou-o de proteção; cuidou dele guardando-o como a menina do olho".
      3. *A dor de Deus* (Deuteronômio 32.15-38)
         a. O que Israel faz (Deuteronômio 32.15-18, 28-29): Rejeita e abandona Deus pelos deuses das nações pagãs.
         b. O que o Senhor fará (Deuteronômio 32.19-27, 30-38): O Senhor esconderá sua face, trará calamidades sobre eles e os dispersará entre as nações. Ele abençoará os gentios.
   C. **O desafio** (Deuteronômio 32.44-47): Moisés ordena aos israelitas: "Aplicai o coração a todas as palavras que eu hoje vos testifico, as quais haveis de recomendar a vossos filhos, para que tenham cuidado de cumprir todas as palavras desta lei. Porque esta palavra não nos é vã, mas é a vossa vida, e por esta mesma palavra prolongareis os dias na terra à qual ides, passando o Jordão, para a possuir".

IV. As Convocações (Deuteronômio 32.48-52): Deus instrui Moisés a subir ao monte Nebo e contemplar, ao ocidente, a Terra Prometida, antes de morrer na montanha.

V. O Sumário (Deuteronômio 33.1-29): Moisés abençoa cada uma das tribos antes de morrer, resumindo o que acontecerá a cada uma delas no futuro.
   A. **Rúben** (Deuteronômio 33.6): "Viva Rúben, e não morra; e não sejam poucos os seus homens".
   B. **Judá** (Deuteronômio 33.7): "Com as suas mãos pelejou por si; sê tu o auxílio contra os seus inimigos".
   C. **Levi** (Deuteronômio 33.8-11): "Ensinarão os teus preceitos a Jacó... Chegarão incenso ao teu nariz, e porão holocausto sobre o teu altar".
   D. **Benjamim** (Deuteronômio 33.12): "O amado do Senhor habitará junto a ele".

E. José (Efraim e Manassés) (Deuteronômio 33.13-17): "Abençoada pelo Senhor seja a tua terra, com os mais excelentes dons do céu, com o orvalho e com as águas do abismo que jaz abaixo".
   F. Zebulom (Deuteronômio 33.18-19): "Zebulom, alegra-te nas tuas saídas".
   G. Issacar (Deuteronômio 33.18-19): "E tu, Issacar, nas tuas tendas".
   H. Gade (Deuteronômio 33.20-21): "Bendito aquele que faz dilatar Gade".
   I. Dã (Deuteronômio 33.22): "Dã é cachorro de leão, que salta de Basã".
   J. Naftali (Deuteronômio 33.23): "Ó Naftali, saciado de favores, e farto da bênção do Senhor, possui o lago e o sul".
   K. Aser (Deuteronômio 33.24-25): "Bendito seja Aser dentre os filhos de Israel seja o favorecido de seus irmãos; e mergulhe em azeite o seu pé; de ferro e de bronze sejam os teus ferrolhos; e como os teus dias, assim seja a tua força".

VI. A VISTA (Deuteronômio 34.1-4): No monte Nebo, o Senhor mostra toda a Terra Prometida a Moisés.

VII. A SEPARAÇÃO (Deuteronômio 34.5-9): Moisés morre no monte Nebo
   A. O local de seu túmulo (Deuteronômio 34.5-6): "...o sepultou no vale, na terra de Moabe, defronte de Bete-Peor; e ninguém soube até hoje o lugar de sua sepultura".
   B. A duração de sua vida (Deuteronômio 34.7): "Tinha Moisés cento e vinte anos quando morreu; não se lhe escurecera a vista, nem se lhe fugira o vigor".
   C. O lamento por sua morte (Deuteronômio 34.8): "Os filhos de Israel prantearam a Moisés por trinta dias nas planícies de Moabe; e os dias do pranto no luto por Moisés se cumpriram".
   D. O líder que ficou em seu lugar (Deuteronômio 34.9): Josué, filho de Num, assume oficialmente o papel de liderança que havia pertencido a Moisés.

VIII. O SANTO (Deuteronômio 34.10-12): "E nunca mais se levantou profeta como Moisés, a quem o Senhor conhecesse face a face".

Parte II
História

Josué

ESBOÇO DA SEÇÃO UM (JOSUÉ 1–2)
Josué assume a liderança de Israel e envia dois espias à Terra Prometida.

I. O Mensageiro (1.1-18)
  A. A mensagem de Deus a Josué (1.1-9): Após a morte de Moisés, o Senhor incentiva Josué em seu novo papel.
   1. *As palavras do Senhor acerca dos limites de Israel* (1.1-6): Ele estabelece as fronteiras da Terra Prometida.
   2. *As palavras do Senhor acerca do Livro de Israel* (1.7-9): Israel deve ler e guardar os mandamentos do Livro da Lei.
  B. A mensagem de Josué ao povo (1.10-18)
   1. *A mensagem de Josué aos líderes* (1.10-11): Josué diz aos líderes que se preparem, pois em três dias eles levantarão acampamento.
   2. *A mensagem de Josué às duas tribos e meia* (1.12-18): Estas são as tribos de Rúben, Gade e metade da tribo de Manassés.
      a. O lembrete de Josué (1.12-15): Josué relembra essas tribos de sua promessa de prestar ajuda às outras nove tribos e meia na conquista de Canaã antes de se estabelecerem no lado oriental do rio Jordão.
      b. A confirmação das tribos (1.16-18): Elas reafirmam sua promessa de ajudar as demais tribos.

II. A Missão (2.1-24): Josué escolhe dois espias para uma tarefa especial
  A. A viagem dos espias (2.1-22): Eles entram em Jericó para espionar a cidade.
   1. *A ajuda de Raabe aos espias de Israel* (2.1-7): Os dois homens se refugiam na casa de uma prostituta que aprendeu a temer ao Senhor.
      a. O perigo dos espias (2.2-3): O rei de Jericó envia homens à casa de Raabe para prender os espias.
      b. O livramento dos espias (2.4-7): Raabe engana os homens do rei, dizendo que os espias já partiram.
   2. *A confirmação de Raabe aos espias de Israel* (2.8-21)
      a. O pedido de Raabe (2.8-13): Ela implora para ser poupada, juntamente com sua família, quando os israelitas invadirem Jericó.

b. **A promessa dos espias** (2.14-21): Eles concordam em poupar a família de Raabe.
B. **O relato dos espias** (2.22-24): Ao retornar ao acampamento, os espias confirmam ao povo que Deus realmente entregará Jericó nas mãos deles.

ESBOÇO DA SEÇÃO DOIS (JOSUÉ 3-5)
Josué lidera Israel em meio ao Jordão após Deus tê-lo secado. Pedras memoriais são erigidas ali, todos os homens israelitas são circuncidados e o povo observa a primeira Páscoa na Terra Prometida.

I. A Preparação para a Travessia (3.1-6, 8-13)
   A. **A ordem de Josué ao povo** (3.1-5, 12)
      1. *Seguir a Arca da Aliança rumo ao rio Jordão* (3.3-4).
      2. *Purificar-se* (3.5).
      3. *Escolher 12 homens (um de cada tribo) para uma tarefa especial* (3.12).
   B. **A ordem de Josué aos sacerdotes** (3.6, 8-11, 13)
      1. *Carregar a Arca até o rio* (3.6).
      2. *Parar na borda do rio* (3.8).
      3. *Esperar que as águas sejam cortadas* (3.13).

II. A Promessa de Vitória (3.7): Deus assegura Josué de sua presença e seu poder.

III. A Passagem de Israel (3.14-17; 4.12-19)
   A. **Como eles atravessam** (3.15-17)
      1. *Os sacerdotes ficam na água* (3.15).
      2. *A água se divide, permitindo que o povo atravesse* (3.16).
   B. **Onde eles atravessam** (3.16): Eles atravessam defronte a Jericó.
   C. **Quem atravessa primeiro** (4.12-13): As duas tribos e meia (Rúben, Gade e Manassés) lideram as demais tribos na travessia.
   D. **Quando eles atravessam** (4.15-19): No décimo dia do primeiro mês (mais ou menos ao fim de março) do calendário hebraico.

IV. As Pilhas de Pedras (4.1-11, 20-24): Josué edifica dois memoriais de pedra, comemorando a travessia dos israelitas pelo rio Jordão.
   A. **A primeira pilha** (4.1-8, 20-24)
      1. *A ordem de Deus* (4.1-5): É escolhido um homem de cada tribo para pegar uma pedra do leito do rio. No lado oeste do rio, eles empilham as 12 pedras.
      2. *A intenção de Deus* (4.6-8, 20-24): As pedras devem servir como memorial às gerações futuras de que o Senhor dividiu as águas do rio Jordão para que os israelitas o atravessassem.
   B. **A segunda pilha** (4.9-11): Josué edifica este monumento, também com 12 pedras, no meio do leito do rio, onde os sacerdotes ficam.

V. O Local do Primeiro Acampamento (4.19): O primeiro acampamento dos israelitas em Canaã é Gilgal, próximo a Jericó.

VI. A Promoção de Josué (4.14): Deus exalta Josué na frente dos israelitas, como havia prometido.

VII. O Medo dos Pagãos (5.1): Os amorreus e os cananeus ficam paralisados de medo ao saber da travessia do Jordão!

VIII. A Purificação do Povo (5.2-9): Deus instrui a circuncisão de todos os homens da população.

IX. A Páscoa do Cordeiro (5.10): Israel observa a Páscoa pela primeira vez na Terra Prometida.

X. As Provisões da Terra (5.11-12): O maná parece cessar, mas Israel é capaz de viver das abundantes colheitas de Canaã.

XI. A Presença do Senhor (5.13-15): Josué é confrontado pelo comandante do exército do Senhor. Muitos estudiosos crêem tratar-se do Cristo pré-encarnado.

ESBOÇO DA SEÇÃO TRÊS (JOSUÉ 6-8)
Nesta campanha central, Josué lidera o povo à vitória sobre Jericó, mas ele é derrotado em Ai antes de o pecado de Acã ser descoberto e removido. Após serem lidas as bênçãos e as maldições da lei, conforme ordenou Moisés (Deuteronômio 27.2-8), a parte central da terra é assegurada.

I. As Duas Cidades (6.1–8.29): Os israelitas atacam duas cidades, Jericó e Ai, durante a campanha central.
   A. **Jericó** (6.1-27): Esta cidade fortemente protegida é o primeiro confronto militar dos israelitas em Canaã.
      1. *As ordens* (6.1-11). Aos israelitas são dadas diretrizes específicas para conquistar Jericó.
         a. Ação durante os seis primeiros dias (6.1-4): Por seis dias, os israelitas devem andar ao redor da cidade uma vez por dia, liderados por sete sacerdotes que tocam trombetas de chifre de carneiro.
         b. Ação durante o último dia (6.4-11): No sétimo dia, os israelitas devem circundar a cidade sete vezes; ao sinal, devem soltar um forte grito. Os muros então cairão.
      2. *A conquista* (6.12-21): Os israelitas seguem as orientações de Deus, e os muros desabam, o que lhes permite tomar a cidade.
      3. *A clemência* (6.22-25): Conforme estabelecido previamente, Raabe e toda a sua família são poupadas.

4. *A maldição* (6.26-27): Josué coloca uma maldição em qualquer um que tentar reconstruir Jericó. Morrerão tanto o filho mais velho do construtor, quando a fundação for erguida, quanto o filho mais novo, quando os portões forem colocados.

B. Ai (7.1-8.29)
1. *Ai derrota Israel* (7.1-26): O segundo confronto militar dos israelitas em Canaã é com o povo de Ai.
   a. O pecado (7.1): Acã desobedece à ordem de Deus e toma para si alguns dos despojos de Jericó.
   b. O revés (7.2-5): Israel é totalmente massacrada em sua tentativa de capturar Ai.
   c. A súplica (7.6-9): Em meio a grande angústia, Josué reclama ao Senhor pela derrota de Israel.
   d. A solução (7.10-15): O Senhor responde a Josué dizendo duas coisas acerca da derrota.
      (1) O motivo (7.10-12): Alguém no acampamento roubou e mentiu.
      (2) A solução (7.13-15): O Senhor instrui Josué a encontrar o pecador e a destruí-lo.
   e. A procura (7.16-23): O Senhor dá a Josué instruções específicas para determinar quem é o culpado.
      (1) O método (7.16-17): O Senhor aponta a tribo à qual essa pessoa pertence; depois aponta o clã, a família e, finalmente, a própria pessoa.
      (2) O homem (7.18-23): Acã é apontado como o responsável.
   f. O apedrejamento (7.24-26): Acã e os membros de sua família culpados são apedrejados e seus corpos são queimados.
2. *Israel derrota Ai* (8.1-29)
   a. O incentivo (8.1-2): O Senhor, a esta altura, dá a Josué um novo plano para derrotar Ai. Ele o instrui a montar uma emboscada por trás da cidade.
   b. A execução (8.3-29): Josué obedece às ordens do Senhor e toma Ai.
      (1) monta uma emboscada (8.3-9, 12);
      (2) simula um ataque (8.10-11, 13-14);
      (3) finge bater em retirada (8.15-17);
      (4) sinaliza para os homens da emboscada (8.18-20);
      (5) captura a cidade (8.21-29).

II. As Duas Montanhas (8.30-35): Após conquistar Jericó e Ai, Josué obedece às instruções finais de Moisés.
   A. O altar (8.30-32): Josué edifica um altar no monte Ebal e copia a lei de Deus nas pedras.
   B. O anúncio (8.33-35): Ao pé do monte Ebal, metade dos israelitas lê as bênçãos decorrentes da obediência à lei, e ao pé do monte Gerizim a outra metade lê as maldições decorrentes da desobediência à lei. Depois Josué lê todo o Livro da Lei ao povo.

JOSUÉ

> **ESBOÇO DA SEÇÃO QUATRO** (JOSUÉ 9–12)
> Israel é enganado pelos gibeonitas. Israel derrota cinco reis logo depois que o Senhor, de forma miraculosa, prolonga a duração do dia da batalha. Então eles derrotam o resto das cidades do sul e se dirigem ao norte para derrotar as cidades de lá e assegurar as duas regiões.

I. A Campanha do Sul (9.1–10.43)
   A. **O engodo** (9.1-27): Israel é enganado ao fazer uma aliança com os gibeonitas.
      1. *As personagens* (9.1-13): Enquanto os israelitas acampam em Gilgal, alguns embaixadores gibeonitas vizinhos chegam, usando roupas esfarrapadas e alegando pertencerem a uma cidade distante.
      2. *O motivo* (9.14-15): Por não consultarem ao Senhor e não perceberem que essas pessoas moravam perto dali, os israelitas são enganados e assinam um tratado de paz com os gibeonitas.
      3. *As conseqüências* (9.16-27): Ao saber da verdade, os israelitas forçam os gibeonitas a trabalhar cortando lenha e carregando água, em vez de libertá-los, conforme ordenado por Deus.
   B. **A destruição** (10.1-39): Deus capacita Israel para sete batalhas bem-sucedidas, e o controle do sul de Canaã é reassumido.
      1. *As batalhas contra os inimigos de Gibeão* (10.1-14)
         a. Os pagãos (10.1-5): Adoni-Zedeque, rei de Jerusalém, e outros quatro reis resolvem atacar os gibeonitas por assinar um tratado de paz com Israel.
         b. A súplica (10.6-7): Os gibeonitas apelam a Josué por ajuda militar.
         c. A promessa (10.8): O Senhor garante a vitória a Josué.
         d. A provisão (10.9-14): O Senhor dá a vitória aos israelitas ao enviar uma chuva de pedras sobre seus inimigos. Ele também aumenta a extensão do dia para garantir uma vitória cabal.
      2. *A batalha contra Maqueda* (10.15-28).
      3. *A batalha contra Libna* (10.29-30).
      4. *A batalha contra Laquis* (10.31-33).
      5. *A batalha contra Eglom* (10.34-35).
      6. *A batalha contra Hebrom* (10.36-37).
      7. *A batalha contra Debir* (10.38-39).
   C. **As dimensões** (10.40-43): O tamanho total das vitórias de Josué na região sul é relatado em minúcias.

II. A Campanha do Norte (11.1-15)
   A. **Os cabeças do movimento de oposição** (11.1-5): O rei Jabim, de Hazor, soma forças com outros reis do norte de Canaã para lutar contra os israelitas.
   B. **A confirmação** (11.6): O Senhor volta a garantir a Josué que ele não precisa preocupar-se, pois no dia seguinte todos os inimigos estarão mortos.
   C. **A expulsão** (11.7-8): Josué devasta completamente todos aqueles reis.
   D. **A devastação** (11.9-15): Josué arrasa as cidades inimigas, matando as pessoas e levando seus bens.

III. Panorama de Todas as Campanhas (11.16-12.24)
   A. **A terra inimiga ocupada** (11.16-23).
   B. **Os líderes inimigos derrotados** (12.1-24).

ESBOÇO DA SEÇÃO CINCO (JOSUÉ 13-17)
A terra é dividida entre as tribos. A terra a leste é dada a Rúben, a Gade e à meia tribo de Manassés. A terra a oeste é dividida entre as nove tribos e meia restantes.

I. A Promessa (13.1-7): O Senhor promete expulsar os povos que ainda ficaram em Canaã. Ele diz para Josué dividir a terra entre as tribos.

II. As Decisões Anteriores (13.8-33): Algumas tribos já tinham sua herança definida sob a liderança de Moisés e agora retornam à sua terra.
   A. **Rúben** (13.15-23): Possui a terra a leste do Jordão e ao norte de Moabe.
   B. **Gade** (13.24-28): Possui a terra a leste do Jordão e ao norte de Rúben.
   C. **Manassés oriental** (13.29-31): Esta metade da tribo possui a terra a leste do Jordão e ao norte de Gade.
   D. **Levi** (13.14, 32-33): Nenhuma terra é dada à tribo de Levi, pois o próprio Deus é sua herança.

III. A Partilha (14.1-17.18): Josué divide a terra ocidental entre as nove tribos e meia remanescentes
   A. **A distribuição** (14.1-5): As áreas da terra são distribuídas por sorteio, supervisionado por Josué e pelo sumo sacerdote Eleazar.
   B. **O pedido** (14.6-12): Calebe pede que parte da terra seja concedida à sua família.
      1. *O lembrete de Calebe* (14.6-11)
         a. Sua fidelidade ao Senhor (14.6-9): Calebe recapitula o que aconteceu com os espias em Cades-Barnéia.
         b. A fidelidade de Deus para com ele (14.10-11): Aos 85 anos, Calebe está mais cheio de vigor do que nunca.
      2. *O pedido de Calebe* (14.12-15): Calebe pede a Josué que lhe conceda a porção dos vales onde os gigantes estão, para que ele possa expulsá-los. Josué assim o faz.
   C. **A área** (15.1-17.13): Os limites das áreas que pertencem a Judá, Efraim e Manassés oriental são descritos.
      1. *Judá* (15.1-63)
         a. Terra dada ao povo (15.1-12, 20-63)
            (1) Seu território (15.1-12)
            (2) Suas cidades (15.20-63)
         b. Terra dada à pessoa (Calebe) (15.13-19): Conforme prometido, Josué dá a Calebe a parte montanhosa de Hebrom.

(1) Calebe, o lutador (15.13-15): Ele tem sucesso ao expulsar os gigantes de sua terra.
(2) Calebe, o pai (15.16-19): Como recompensa por capturar Debir (ou Quiriate-Sefer), Calebe dá sua filha Acsa por esposa ao primo dela, Otniel, e entrega a ela algumas fontes de água.
 2. *Efraim* (16.5-10)
  a. Seu território (16.5-8)
  b. Suas cidades (16.9-10)
 3. *Manassés oriental* (16.1-4; 17.1-13)
  a. Seus dez lotes (17.1-6): A filha de Zelofeade lembra Josué da promessa do Senhor de dar uma porção da terra a seu pai. Como resultado, meia tribo de Manassés recebe dez lotes da terra (uma para cada filho de Manassés e uma para cada filha de Zelofeade), além das regiões de Gileade e Basã.
  b. Seu território (17.7-10)
  c. Suas cidades (17.11-13)
D. O apelo (17.14-18)
 1. *O protesto* (17.7-14): A meia tribo de José (Efraim e Manassés) reclama precisar de mais terra devido à sua população.
 2. *A proposta* (17.15-18): Josué aumenta suas fronteiras e lhes diz que expulsem os cananeus próximos para ocupar sua terra.

ESBOÇO DA SEÇÃO SEIS (JOSUÉ 18–19)
Quando o Tabernáculo é movido de Gilgal a Siló, Josué percebe que sete tribos ainda não tomaram posse de sua terra demarcada. Então envia agentes para mapear a terra.

I. O Atraso (18.1-3): Depois que os israelitas erguem o Tabernáculo em Siló, Josué pergunta por que as sete tribos de Israel parecem relutantes em possuir a terra.

II. O Envio (18.4-10): Josué envia agentes para mapear as terras, de modo que possam ser possuídas pelas tribos remanescentes.

III. A Nova Partilha (18.10–19.51): As sortes são novamente lançadas para que se determine qual tribo tomará posse de qual porção de terra.
 A. Benjamim (18.11-28)
  1. *Seu território* (18.11-20)
  2. *Suas cidades* (18.21-28)
 B. Simeão (19.1-9)
  1. *Seu território* (19.1, 9)
  2. *Suas cidades* (19.2-8)
 C. Zebulom (19.10-16)
  1. *Seu território* (19.10-14)
  2. *Suas cidades* (19.15-16)

D. Issacar (19.17-23)
   1. *Seu território* (19.17)
   2. *Suas cidades* (19.18-23)
   E. Aser (19.24-31)
   1. *Seu território* (19.24)
   2. *Suas cidades* (19.25-31)
   F. Naftali (19.32-39)
   1. *Seu território* (19.32-34)
   2. *Suas cidades* (19.35-39)
   G. Dã (19.40-48)
   1. *Seu território* (19.40, 47-48)
   2. *Suas cidades* (19.41-46)
   H. Josué (19.49-50): Os israelitas dão a Josué um pedaço de terra especial: a cidade que ele quiser. Ele escolhe Timnate-Sera, de Efraim.

ESBOÇO DA SEÇÃO SETE (JOSUÉ 20–22)
As seis cidades de refúgio são designadas, e os levitas escolhem suas cidades. Josué emite um chamado de fé para as cidades orientais. O conflito sobre o altar erigido pelas cidades orientais é resolvido.

I. As Cidades Designadas (20.1–21.45)
   A. As seis cidades de refúgio (20.1-9)
   1. *Por que elas existem* (20.1-6): Para proteger qualquer um que matar alguém não intencionalmente.
   2. *Onde elas se localizam* (20.7-9): Há três cidades a leste do Jordão e três a oeste do rio.
   B. As 48 cidades levíticas (21.1-45)
   1. *Onde elas se localizam* (21.1-8): As cidades levitas estão distribuídas entre as tribos de Israel, por sorteio.
      a. Treze cidades estão localizadas nas tribos de Judá, Simeão e Benjamim (21.4).
      b. Dez cidades estão localizadas nas tribos de Efraim, Dã e meia tribo oriental de Manassés (21.5).
      c. Treze cidades estão localizadas nas tribos de Issacar, Aser, Naftali e meia tribo ocidental de Manassés (21.6).
      d. Doze cidades estão localizadas nas tribos de Rúben, Gade e Zebulom (21.7).
   2. *Quais são elas* (21.9-45): Uma lista de todas as cidades levitas é fornecida pelo texto.

II. O Altar Divisivo (22.1-34): Agora que a Terra Prometida havia sido dividida entre as tribos, Josué envia duas tribos e meia de volta à sua terra, com um desafio.

A. O conteúdo do desafio de Josué (22.1-8)
 1. *Sua recomendação* (22.1-3): Josué louva as duas tribos e meia por sua obediência a Deus em ajudar os irmãos israelitas no lado ocidental do Jordão.
 2. *Seu cuidado* (22.4-8): Josué exorta as tribos a continuar sua obediência após retornarem ao lado ocidental do Jordão.

B. A confusão que se segue ao desafio de Josué (22.9-34)
 1. *O altar das duas tribos e meia* (22.9-10): As tribos ocidentais edificam um grande altar pouco antes de atravessar o rio Jordão.
 2. *A acusação das nove tribos e meia* (22.11-20)
   a. Mobilização contra os próprios irmãos (22.11-12): As nove tribos e meia concluem, de forma errada, que o altar é um santuário pagão; elas juntam um exército em Siló e se preparam para guerrear contra as tribos ocidentais.
   b. Encontro com os próprios irmãos (22.13-20): Antes de começar a guerra, uma delegação liderada por Finéias, o filho do sumo sacerdote, encontra-se com as duas tribos e meia. Eles exigem explicações quanto ao motivo para o ato pagão das tribos ocidentais e os alertam da punição rápida e terrível de Deus.
 3. *A resposta das duas tribos e meia* (22.21-29): As tribos orientais explicam a Finéias que o altar serve como memorial, a fim de lembrar a eles e seus descendentes da fé comum e da afinidade compartilhadas com as outras tribos.
 4. *A aceitação das nove tribos e meia* (22.30-34): A explicação do propósito do altar satisfaz as nove tribos e meia, evitando, assim, a guerra civil.

ESBOÇO DA SEÇÃO OITO (JOSUÉ 23-24)
Josué faz um chamado de fé: primeiro, aos líderes; depois, a todo o povo. A morte de Josué e Eleazar, bem como o sepultamento de Josué, são registrados.

I. A Despedida de Josué dos Líderes de Israel (23.1-16)
  A. O que o Senhor fez (23.1-5, 9-10): Josué lembra aos líderes de Israel que o Senhor deu a eles vitórias contra seus inimigos.
  B. O que Israel deve fazer (23.6-8, 11-16)
    1. *As palavras de sabedoria de Josué* (23.6-8, 11):
      a. obedecer ao Senhor (23.6);
      b. não se associar aos pagãos (23.7);
      c. ser fiel ao Senhor (23.8).
    2. *As palavras de alerta de Josué* (23.12-16): Josué alerta os líderes no sentido de que a desobediência acarretará desastres.

II. A despedida de Josué de Todo o Israel (24.1-33)
  A. Os detalhes (24.1-28)

1. *O resumo* (24.1-24): Josué novamente recapitula a fidelidade e a bondade de Deus para com Israel.
   a. O que o Senhor fez (24.1-13)
      (1) Nos dias de Abraão (24.1-4)
      (2) Nos dias de Moisés (24.5-10)
      (3) Nos dias de Josué (24.11-13)
   b. O que Israel deve fazer (24.14-24): Josué diz a Israel que eles devem obedecer e servir ao Senhor, assim como ele e sua família farão.
2. *O símbolo* (24.25-28): Josué erige uma grande pedra em frente ao Tabernáculo para lembrar aos israelitas sua promessa.

B. As mortes (24.29-31, 33)
   1. *Josué* (24.29-31)
   2. *Eleazar* (24.33)

C. A remoção (24.32): Os ossos de José, que haviam sido carregados de Egito para Canaã, são enterrados em Siquém.

Juízes

ESBOÇO DA SEÇÃO UM (JUÍZES 1–2)
A conquista de Canaã continua, embora os israelitas sejam incapazes de expulsar por completo os habitantes dali. É prevista a apostasia de Israel e os conseqüentes juízos.

I. AS CAMPANHAS DE ISRAEL (1.1-36)
   A. **A campanha militar de Judá** (1.1-20)
      1. *A união de Simeão* (1.1-3): Os homens de Simeão concordam em juntar forças com os homens de Judá para conquistar a terra dada a eles.
      2. *Os homens de Judá* (1.4-9, 16-19): Os homens de Judá derrotam o rei cananeu, Adoni-Bezeque, matando 10 mil de seus homens. Eles capturam Jerusalém, junto com três importantes cidades filistéias: Gaza, Asquelom e Ecrom. Não conseguem derrotar os inimigos que têm carros de ferro.
      3. *Os homens de Judá (Calebe)* (1.10-15, 20): Calebe lidera Judá na captura das cidades de Hebrom e Debir.
         a. O desafio (1.11-15): Calebe oferece sua filha Acsa por esposa àquele que conquistar a cidade. Otniel lidera o ataque e recebe Acsa.
         b. A conquista (1.10, 20): Calebe conquista Hebrom, expulsando seus habitantes (descendentes do gigante Enaque).
   B. **A campanha militar de Benjamim** (1.21): Embora Judá tivesse anteriormente queimado a cidade de Jerusalém, Benjamim não é capaz de expulsar os jebuseus que lá vivem.
   C. **A campanha militar de Manassés e Efraim** (1.22-29): Eles derrotam alguns de seus inimigos, mas permitem a permanência deles como escravos.
   D. **A campanha militar de Zebulom** (1.30): Eles escravizam seus inimigos, pois não conseguem expulsá-los da terra.
   E. **A campanha militar de Aser** (1.31-32): Eles também são incapazes de expulsar seus inimigos.
   F. **A campanha militar de Naftali** (1.33): Eles são incapazes de expulsar seus inimigos, mas os escravizam.

G. A campanha militar de Dã (1.34-36): Os amorreus confinam esta tribo à parte montanhosa, embora as tribos de Manassés e Efraim escravizem os amorreus mais tarde.

II. O CASTIGO DE ISRAEL (2.1-5): Em um lugar chamado Boquim, o anjo do Senhor repreende severamente a Israel por fazer alianças com os povos que vivem em Canaã e por deixar de expulsá-los.

III. A CORRUPÇÃO DE ISRAEL (2.6-23)
  A. A raiz do problema (2.6-10): Israel serve ao Senhor enquanto Josué vive, mas, após a morte de seu líder, esquece o que o Senhor fez.
  B. O fruto do problema (2.11-23): Por não lembrar os feitos do Senhor, Israel experimenta uma série de ciclos, com cinco etapas.
  1. *Primeira etapa: pecado* (Israel vira as costas para o Senhor).
  2. *Segunda etapa: servidão* (o Senhor permite que os inimigos de Israel a oprimam).
  3. *Terceira etapa: súplica* (Israel ora, rogando perdão).
  4. *Quarta etapa: salvação* (o Senhor levanta um juiz, ou libertador, para resgatá-los).
  5. *Quinta etapa: pecado* (o ciclo inicia-se novamente).

ESBOÇO DA SEÇÃO DOIS (JUÍZES 3-5)
Israel se mistura com cananeus e adora seus deuses. Os juízes Otniel, Eúde, Sangar e Débora são retratados. Débora canta seu cântico de livramento.

I. O TESTE (3.1-6)
  A. Os fatos (3.1-4): O Senhor permite que alguns povos pagãos permaneçam em Canaã para que sejam postas à prova a fé e a habilidade nas guerras das gerações futuras de Israel.
  B. O fracasso (3.5-6): Os israelitas fracassam no teste do Senhor ao casar com mulheres pagãs e adorar os seus deuses.

II. OS PROBLEMAS (3.7-31): O pecado dos israelitas traz a punição do Senhor, mas, por meio da graça, ele rapidamente envia líderes para resgatá-los.
  A. Otniel, o primeiro libertador (3.7-11)
  1. *O pecado de Israel* (3.7): Os israelitas esquecem o Senhor e adoram Baal e postes-ídolos.
  2. *A servidão de Israel* (3.8): Durante oito anos, os israelitas são governados pelo rei Cusã-Risataim, da Mesopotâmia.
  3. *A súplica de Israel* (3.9): Em resposta ao clamor por socorro dos israelitas, o Senhor levanta Otniel, sobrinho de Calebe, para resgatá-los.
  4. *A salvação de Israel* (3.10-11): Otniel derrota o rei Cusã-Risataim e a terra fica em paz durante 40 anos.

JUÍZES

B. Eúde, o segundo libertador (3.12-30)
1. *O pecado de Israel* (3.12): Os israelitas fazem o que é mau perante os olhos do Senhor.
2. *A servidão de Israel* (3.13-14): Os israelitas ficam sujeitos ao governo do rei Eglom, de Moabe, por 18 anos.
3. *A súplica de Israel* (3.15): Os israelitas clamam novamente pela ajuda do Senhor, e ele levanta um libertador.
4. *A salvação de Israel* (3.15-30): Eúde, um canhoto da tribo de Benjamim, é enviado para levar o tributo de Israel ao rei Eglom.
   a. A trama de Eúde (3.16-25): Após entregar o tributo ao rei Eglom, Eúde pede um tempo em particular com o rei para dar-lhe uma mensagem secreta. O rei retira seus servos do aposento, e Eúde aproxima-se de Eglom como se fosse dar ao rei uma mensagem. Enterrando seu punhal com a mão esquerda, ele mata o rei. Eúde tranca as portas e escapa.
   b. A trombeta de Eúde (3.26-27): Após escapar, Eúde ecoa um toque de guerra e reúne um exército.
   c. O triunfo de Eúde (3.28-30): Eúde e seus homens atacam e conquistam os moabitas, matando 10 mil guerreiros. A terra fica em paz por 80 anos.

C. Sangar, o terceiro libertador (3.31): Ele mata 600 filisteus com uma aguilhada de boi.

D. Débora (e Baraque), a quarta libertadora (4.1–5.31)
1. *A ordem de Baraque* (4.1-7): Através de Débora, o Senhor escolhe Baraque para resgatar os israelitas oprimidos.
   a. O problema (4.1-3): Por causa de seu pecado, Israel é oprimida por 20 anos pelo rei Jabim de Hazor, um cananeu.
   b. O profeta (4.4-5): O Senhor fala a uma mulher chamada Débora, que se torna juíza em Israel.
   c. A profecia (4.6-7): Débora informa Baraque que ele foi escolhido para levantar um exército de 10 mil homens para lutar contra o inimigo. Débora diz a ele que o Senhor lhe dará vitória sobre Sísera, o comandante do exército do rei Jabim.
2. *As condições de Baraque* (4.8-9)
   a. A ajuda que ele pede (4.8): Baraque concorda em ir, mas somente se Débora for com ele.
   b. A honra de que ele abre mão (4.9): Débora concorda em ir com Baraque, mas o alerta de que, por pedir que o acompanhe, o crédito da vitória será dado a uma mulher.
3. *A aliança de Baraque* (4.10-11): Guerreiros das tribos de Zebulom, Naftali, Efraim, Benjamim e Issacar rapidamente formam o exército de Baraque (ver também 5.14-15).
4. *O encargo de Baraque* (4.12-24): Baraque e suas forças atacam Sísera e seu exército numa guerra.
   a. A derrota de Sísera (4.12-16)
      (1) Os lugares (4.12-13): A batalha acontece perto do monte Tabor e do ribeiro de Quisom.

  (2) A promessa (4.14): Débora diz a Baraque: "Levanta-te, porque este é o dia em que o Senhor entregou Sísera na tua mão; porventura o Senhor não saiu adiante de ti?"
  (3) O pânico (4.15-16): Quando Baraque ataca, o Senhor faz com que Sísera e seu exército entrem em pânico e fujam; Sísera escapa.
 b. A morte de Sísera (4.17-24)
  (1) A mulher (4.17-20): Jael, a esposa de um homem amigo do rei Jabim, convida Sísera para entrar em sua tenda a fim de ajudá-lo a se esconder.
  (2) A arma (4.21-24): Depois de Sísera adormecer, Jael enfia uma estaca da tenda na têmpora dele e o mata.
5. *A celebração de Baraque* (5.1-31): Após a batalha, tanto Débora quanto Baraque cantam um cântico de vitória.
 a. Antes da batalha (5.1-18, 23)
  (1) A vinda do Senhor (5.1-5): Baraque e Débora falam da grandeza do Senhor quando ele vem para resgatar Israel.
  (2) O clamor de Israel (5.6-8): Baraque e Débora descrevem como as coisas estavam ruins para Israel antes da vitória.
  (3) A cooperação de Israel (5.9-18, 23): Baraque e Débora falam sobre aqueles que se uniram a eles pela mesma causa.
   (a) As tribos que reagiram (5.9-15, 18): As forças de Baraque incluíram Zebulom, Naftali, Efraim, Benjamim e Issacar.
   (b) As tribos que se recusaram (5.16-17, 23): Os povos de Rúben, Dã e Aser recusaram-se a participar da guerra.
 b. Durante a batalha (5.19-22): Baraque e Débora relatam como as forças de Sísera lutaram contra eles, mas as estrelas do céu lutaram por Israel e o ribeiro de Quisom varreu o inimigo.
 c. Após a batalha (5.24-31)
  (1) A mulher abençoada (2.24-27): Baraque e Débora cantam os louvores de Jael.
  (2) A mulher perplexa (5.28-31): Baraque e Débora descrevem a mãe de Sísera, à medida que ela tenta entender por que seu filho demora a retornar da guerra.

ESBOÇO DA SEÇÃO TRÊS (JUÍZES 6)
Midiã oprime Israel. O Senhor levanta Gideão, o quinto libertador. Gideão derruba o altar de Baal e conclama a todos que lutarão por Israel. Depois usa uma lã para verificar se Deus realmente o chamou para resgatar Israel.

I. O SOFRIMENTO (6.1-10)
 A. A rebelião de Israel (6.1): Novamente, os israelitas se voltam para a idolatria e deixam Deus irado.

B. A retribuição do Senhor (6.2-6): O Senhor permite que os cruéis midianitas oprimam Israel durante sete anos.
C. A repreensão do profeta (6.7-10): Um profeta traz à memória do povo o pecado que lhes causou sofrimento.

II. O Anjo (6.11-23): O anjo do Senhor aparece a um homem chamado Gideão e diz que ele livrará Israel dos midianitas.
   A. O local (6.11): O anjo aparece a Gideão em um carvalho em Ofra, onde Gideão estava secretamente malhando o trigo no lagar.
   B. O protesto (6.12-13)
      1. *O cumprimento* (6.12): "O Senhor é contigo, ó homem valoroso".
      2. *A murmuração* (6.13): Gideão responde: "Por que tudo nos sobreveio? e onde estão todas as suas maravilhas que nossos pais nos contaram?"
   C. A promessa (6.14-16)
      1. *A ordem* (6.14): O anjo diz a Gideão: "Vai nesta tua força e livra a Israel da mão de Midiã".
      2. *A desculpa* (6.15): Gideão responde: "Eis que a minha família é a mais pobre em Manassés, e eu o menor na casa de meu pai".
      3. *O consolo* (6.16): O anjo do Senhor tranqüiliza Gideão: "Porquanto eu hei de ser contigo, tu ferirás aos midianitas como a um só homem".
   D. A prova (6.17-23): Gideão pede por um sinal para ter certeza de que deve resgatar Israel.
      1. *A refeição* (6.17-19): Gideão vai para sua casa preparar uma refeição para o anjo.
      2. *O milagre* (6.20-23): Quando o anjo toca a comida com o seu cajado, sobe fogo da penha e consome a comida, convencendo Gideão de que o anjo havia sido enviado pelo Senhor.

III. Os Altares (6.24-32): Gideão edifica dois altares ao Senhor.
   A. O primeiro altar (6.24): Gideão edifica o primeiro altar depois que o anjo do Senhor faz a comida consumir-se. Ele chama este altar "Jeová-Salom".
   B. O segundo altar (6.25-32)
      1. *A diretiva para Gideão* (6.25-27): O Senhor diz para Gideão destruir o altar de seu pai a Baal e edificar um altar do Senhor no lugar. Gideão assim faz, à noite.
      2. *A revolta contra Gideão* (6.28-30): Na manhã seguinte, após Gideão haver derrubado o altar, o povo de Ofra ameaça matá-lo.
      3. *A defesa de Gideão* (6.31-32): O pai de Gideão o defende, dizendo: "Se ele [Baal] é deus, por si mesmo contenda".

IV. A Unção (6.33-35): Logo após esses três eventos, o Espírito do Senhor vem sobre Gideão e o capacita a guerrear contra os midianitas.
   A. A ameaça (6.33): Um grande exército de midianitas e amalequitas se une para atacar Israel.
   B. A trombeta (6.34-35): O Espírito do Senhor desce sobre Gideão e ele toca o chifre de carneiro para ajuntar o exército.

V. A Confirmação (6.36-40): Gideão pede dois sinais de Deus para que confirme seu chamado de libertação de Israel. Deus responde a Gideão.
   A. O primeiro sinal (6.36-38): Uma porção de lã fica molhada, e o chão ao redor fica seco.
   B. O segundo sinal (6.39-40): Uma porção de lã fica seca, e o chão ao redor fica molhado.

ESBOÇO DA SEÇÃO QUATRO (JUÍZES 7-8)
O Senhor reduz o exército de Gideão de 32 mil para 300 homens, mas faz com que eles derrotem os midianitas em meio ao pânico. Os israelitas perseguem os midianitas, os quais fogem, e punem duas cidades que se recusaram a ajudá-los. Gideão recusa a oferta de uma coroa, mas toma as argolas de ouro dos midianitas.

I. O Exército (7.1-8)
   A. A redução (7.1-6): O Senhor diz a Gideão que seu exército de 32 mil é muito grande, e o reduz a duas cidades.
      1. *Por causa do pânico* (7.1-3): Gideão envia 22 mil homens de volta para casa por estarem com medo.
      2. *Por causa da postura* (7.4-6): Gideão envia 9.700 homens para casa devido à forma que bebiam água.
   B. O número correto (7.7-8): O exército agora está reduzido a 300 soldados — tudo aquilo de que Deus precisa para vencer.

II. O Ataque (7.9-8.21)
   A. Antes da batalha (7.9-18)
      1. *O sinal* (7.9-15)
         a. Os detalhes (7.9-12): Como Gideão ainda temia atacar os midianitas, o Senhor o envia ao acampamento inimigo para lhe assegurar da vitória.
         b. O sonho (7.13-15): No acampamento inimigo, Gideão escuta um soldado contando a outro sobre um sonho que teve. O sonho mostra que o Senhor dá a vitória a Gideão sobre os midianitas.
      2. *A estratégia* (7.16-18): Ao comando de Gideão, os homens devem tocar as trombetas e gritar: "Pelo Senhor e por Gideão!"

B. Durante a batalha (7.19-25)
1. *O som da vitória* (7.19-22): Os soldados sopram suas trombetas; os inimigos entram em pânico e lutam entre si.
2. *A convocação à vitória* (7.23-25): Gideão chama outras tribos para perseguir os midianitas que fogem.

C. Após a batalha (8.1-21)
1. *A crítica a Gideão* (8.1-4): Os homens invejosos de Efraim reclamam não terem sido chamados para lutar antes.
2. *O desprezo por Gideão* (8.5-9): As cidades de Sucote e Peniel recusam-se a prover alimento para as tropas famintas de Gideão.
3. *A captura feita por Gideão* (8.10-12, 18-21): Gideão captura dois líderes inimigos, Zebá e Zalmuna.
   a. Sua derrota (8.10-12)
   b. Suas mortes (8.18-21)
4. *O castigo da parte de Gideão* (8.13-17): As cidades de Sucote e Peniel são severamente punidas por recusarem ajuda às tropas de Gideão.

III. A APOSTASIA (8.22-33): Novamente Israel desvia-se de seguir o Senhor.
A. A recusa da majestade (8.22-23): Os israelitas, agradecidos, pedem que Gideão seja seu rei, mas ele não aceita.
B. O retorno à idolatria (8.24-27, 33-35): Os israelitas pegam algumas das argolas de ouro dos midianitas e fazem uma estola sagrada, que se torna um ídolo para Gideão e para o resto dos israelitas.
C. O restante da vida de Gideão (8.28-32): A terra fica em paz pelo restante da vida de Gideão (cerca de 40 anos). Gideão tem várias esposas e uma concubina. Ele se torna pai de vários filhos antes de morrer e ser enterrado em Ofra.

ESBOÇO DA SEÇÃO CINCO (JUÍZES 9–12)
Esta parte cobre o reino sanguinário e a morte de Abimeleque, filho de Gideão. Tola e Jair governam Israel como juízes. Israel peca novamente e o Senhor recusa-se a levantar novo juiz. Os eventos da vida e o juízo de Jefté são relatados, bem como os juízos de Ibzã, Elom e Abdom.

I. O SUCESSOR APÓSTATA DE GIDEÃO (9.1-57): Logo após a morte de Gideão, seu filho Abimeleque tenta tornar-se rei de Siquém.
A. A destruição de Abimeleque (9.1-6): Para assegurar seu reino, Abimeleque assassina todos (menos um) de seus meios-irmãos.
B. A denúncia de Abimeleque (9.7-21)
1. *O escárnio* (9.7-15): Jotão, único sobrevivente dos meios-irmãos, ridiculariza Abimeleque, contando a parábola das árvores que queriam um rei. Nesta história, Abimeleque é retratado como um espinheiro sem valor.

2. *A repreensão* (9.16-21): Jotão denuncia os israelitas que escolheram Abimeleque para governá-los.
C. **As dificuldades de Abimeleque** (9.22-41)
  1. *Causadas por Deus* (9.22-25): Após três anos, Deus provoca problemas entre Abimeleque e o povo de Siquém, que, sem sucesso, tenta emboscá-lo.
  2. *Causadas por Gaal* (9.26-41): Gaal, cidadão líder em Siquém, organiza uma revolta contra Abimeleque.
D. **A depravação de Abimeleque** (9.42-49): Abimeleque e seus homens matam implacavelmente o povo de Siquém por se rebelar contra ele.
E. **A morte de Abimeleque** (9.50-57): Abimeleque e seus homens atacam Tebez e prendem algumas pessoas em uma torre. Mas uma mulher solta uma pedra de moinho sobre a cabeça de Abimeleque e quebra seu crânio. Ele pede a seu escudeiro que o mate para que não seja destruído por uma mulher.

II. Os Sucessores Ungidos de Gideão (10–12): Após a morte de Abimeleque, o Senhor levanta vários juízes para liderar Israel.
A. **Tola, o sexto libertador** (10.1-2): Durante 23 anos, Tola, um homem da tribo de Issacar, reina como juiz de Israel.
B. **Jair, o sétimo libertador** (10.3-5): Tola morre e um homem da tribo de Gileade torna-se juiz de Israel durante 22 anos. Seus 30 filhos andam em 30 mulas e possuem 30 cidades em Gileade.
C. **Jefté, o oitavo libertador** (10.6–12.7)
  1. *O estabelecimento das tarefas de Jefté* (10.6-18)
    a. O pecado de Israel (10.6): Mais uma vez, a nação volta-se contra Deus, para a idolatria.
    b. A servidão de Israel (10.7-9): Por causa do pecado de Israel, o Senhor permite que os filisteus e os filhos de Amom os oprimam por 18 anos.
    c. A súplica de Israel (10.10-18)
      (1) A repreensão (10.10-14): O Senhor diz ao povo: "Vós me deixastes a mim e servistes a outros deuses, pelo que não vos livrarei mais. Ide e clamai aos deuses que escolhestes; eles que vos livrem no tempo da vossa angústia".
      (2) O reavivamento (10.15-16): Os israelitas arrependem-se de seu pecado e prometem servir somente ao Senhor.
      (3) A decisão (10.17-18): O povo determina coroar como rei qualquer um que os salve do exército amonita que se prepara para atacar.
  2. *A história dos feitos de Jefté* (11.1–12.7)
    a. Seu desagravo (11.1-29)
      (1) Jefté, o desprezado (11.1-3): Nascido de uma prostituta, Jefté é menosprezado e expulso de sua cidade em Gileade por seus meios-irmãos. Ele forma um grande grupo de rebeldes.

(2) Jefté, o almejado (11.4-11): Quando Gileade é ameaçada pelos filhos de Amom, o povo pede a Jefté que seja seu comandante e governador, e ele aceita.
(3) Jefté, o estadista (11.12-28)
   (a) O problema (11.12-13): Jefté descobre que os filhos de Amom estão zangados porque acham que Israel tomou terras deles.
   (b) A tentativa de paz (11.14-28): Para evitar a guerra, Jefté tenta explicar como os israelitas conseguiram a terra. Os filhos de Amom, entretanto, não ficam satisfeitos.
(4) Jefté, o soldado (11.29): O Espírito do Senhor vem sobre Jefté, e guia um exército contra os Amonitas.
b. Seu voto (11.30-31): Jefté faz um voto de que, se o Senhor lhe der vitória sobre os filhos de Amom, no retorno, ele sacrificará como holocausto a primeira coisa que vier saldá-lo, vinda de sua casa.
c. Sua vitória (11.32-33): Jefté e seus homens destroem completamente os filhos de Amom.
d. Seu aborrecimento (11.34-40)
   (1) A angústia do pai (11.34-35): A única filha de Jefté é a primeira a vir saudá-lo. Jefté rasga suas vestes em angústia.
   (2) A filha concorda (11.36-38): A filha de Jefté diz ao pai que ele deve manter seu voto, mas pede dois meses para ela lamentar o fato de que jamais se casará.
   (3) O evento anual de Israel (11.39-40): Jefté mantém seu voto. Esta tragédia torna-se uma lembrança anual entre as jovens israelitas.
e. Sua vingança (12.1-7)
   (1) A repreensão contra Jefté (12.1-4): O povo de Efraim ameaça Jefté por não permitir que eles comemorem sua vitória contra os filhos de Amom. Embora Jefté explique que os havia convidado, eles começam a insultar o povo de Gileade.
   (2) A retaliação de Jefté (12.4-7): Jefté está zangado pelos insultos do povo de Efraim e os ataca.
      (a) Seu triunfo (12.4): Jefté derrota o povo de Efraim.
      (b) Seu teste (12.5-7): Para identificar os fugitivos de Efraim, Jefté toma os vaus do Jordão e força todos que passam a dizer: "Chibolete". Se a pessoa não conseguir pronunciar a palavra de forma correta, os homens de Jefté saberão que é efraimita e a matarão.
D. Ibzã, o nono libertador (12.8-10): Jefté morre e Ibzã torna-se líder de Israel durante sete anos. Ele tem 30 filhos e 30 filhas.
E. Elom, o décimo libertador (12.11-12): Após a morte de Ibzã, Elom, um homem de Zebulom, torna-se juiz de Israel durante 10 anos.
F. Abdom, o décimo primeiro libertador (12.13-15): Elom morre e Abdom torna-se libertador de Israel durante oito anos. Ele tem 40 filhos e 30 netos.

ESBOÇO DA SEÇÃO SEIS (JUÍZES 13-16)
Deus levanta Sansão para resgatar Israel do domínio filisteu. Os feitos de Sansão incluem matar 30 filisteus para pagar uma aposta feita com relação a um enigma, matar mil filisteus com uma queixada de jumento, arrancar os portões da cidade de Gaza, ser capturado e enganado por uma mulher chamada Dalila e matar milhares de filisteus ao derrubar o templo deles de Dagom.

I. A MISSÃO DE SANSÃO (13.1-25): Após os israelitas pecarem novamente e serem oprimidos pelos filisteus, o anjo do Senhor promete um filho a Manoá e sua esposa. Ele logo livrará Israel da mão dos filisteus.
  A. Primeira visita do anjo do Senhor (13.1-8)
    1. *A revelação* (13.1-5): O anjo do Senhor aparece à esposa de Manoá, que é estéril, com essa mensagem.
       a. Seu primogênito (13.1-3): A esposa de Manoá recebe a notícia que dará à luz um filho.
       b. Seu futuro (13.4-5): A criança será criada como um nazireu: deve ser dedicada ao Senhor e abster-se de álcool e qualquer comida proibida. Ela libertará Israel dos filisteus, que vem oprimindo Israel durante 40 anos.
    2. *A conversa* (13.6-7): A esposa de Manoá lhe conta sobre a visita do anjo.
    3. *A súplica* (13.8): Manoá ora para que o anjo retorne e lhe dê mais instruções acerca da criança.
  B. A segunda visita do anjo do Senhor (13.9-25)
    1. *A repetição* (13.9-14): O anjo aparece novamente à esposa de Manoá, que corre e pede a presença de seu marido ali. O anjo repete suas instruções de criar a criança como um nazireu.
    2. *A realização* (13.15-25): Manoá e sua esposa desejam honrar o anjo após sua segunda vinda.
       a. O sacrifício ao Senhor (13.15-16): Manoá oferece um jovem cabrito ao anjo, que o instrui a oferecê-lo ao Senhor.
       b. O segredo do Senhor (13.17-18): O anjo se recusa a dizer a Manoá seu nome.
       c. O sinal do Senhor (13.19-23): Enquanto Manoá sacrifica, o anjo ascende no fogo que sobe do altar. Manoá se dá conta de que era o anjo do Senhor.
       d. O filho dado pelo Senhor (13.24-25): Sansão nasce. Logo ele experimenta as bênçãos e a unção do Espírito do Senhor.

II. O CASAMENTO DE SANSÃO (14.1-4)
  A. O pedido de Sansão (14.1-2): Sansão observa uma mulher filistéia em Timnate e pede que seus pais façam os arranjos para seu casamento com ela.

B. A objeção dos pais (14.3): Os pais de Sansão tentam convencê-lo a casar com uma mulher de Israel. Sansão não aceita.
C. A ordem do Senhor (14.4): Este casamento é parte do plano do Senhor para livrar Israel da opressão dos filisteus.

III. Os Grandes Feitos de Sansão (14.5-16.3)
   A. A destruição do leão (14.5-19): Quando Sansão viaja para Timnate, um leão o ataca, mas ele o mata com suas próprias mãos. Mais tarde, Sansão passa pela carcaça do leão e repara que abelhas fizeram mel nela.
   B. O enigma do mel (14.10-20)
      1. *O propósito* (14.10-14): Sansão usa sua experiência com o leão para propor um enigma antes do dia de seu casamento.
         a. As companhias (14.10-11): Antes do casamento, Sansão dá um banquete para 30 homens de Timnate.
         b. O desafio (14.14): Durante a festa, Sansão propõe aos homens um enigma: "Do que come saiu comida, e do forte saiu doçura".
         c. As conseqüências (14.12-13): Sansão promete dar camisas e roupas de festa se eles conseguirem decifrar o enigma dentro de sete dias. Caso contrário, eles devem dar o mesmo a ele.
      2. *A pressão* (14.15-18)
         a. Sobre a esposa de Sansão (14.15): Um homem de Timnate ameaça matar a esposa de Sansão e seu pai caso ela não lhe revele a resposta do enigma.
         b. Sobre Sansão (14.16-18): A esposa de Sansão pede que ele lhe dê a resposta. Ao fim, Sansão a dá, e sua esposa a revela aos homens de Timnate.
      3. *O pagamento* (14.19): Para pagar sua aposta, Sansão mata 30 homens de Asquelom, toma suas vestes e as dá aos homens de Timnate.
      4. *A separação* (14.20): Sansão fica furioso com sua esposa por ela tê-lo feito perder a aposta, e volta para casa para viver com seus pais. O pai da noiva a entrega ao homem que havia sido padrinho de Sansão.
   C. A destruição da seara (15.1-8)
      1. *As raposas* (15.1-4): Descobrindo que sua esposa havia sido entregue a outro homem, Sansão pega 300 raposas, amarra suas caudas em pares e coloca fogo nelas.
      2. *O campo em brasas* (15.5): As raposas correm pelos campos dos filisteus, queimando grão por grão.
      3. *A fúria* (15.6): Os filisteus reagem, matando a mulher dada em casamento e a seu pai.
   D. A ira de Sansão (15.7-8): Em represália à morte de sua esposa e de seu sogro, Sansão mata muitos filisteus.

E. **O ataque repentino dos filisteus** (15.9-20): Continuando o ciclo de retribuições, os filisteus atacam repentinamente a cidade de Leí, em Judá.
   1. *Sansão é amarrado* (15.9-13): Três mil homens de Judá chegam para amarrar Sansão e entregá-lo aos filisteus, e ele lhes permite agir dessa forma.
   2. *A carnificina de Sansão* (15.14-20)
      a. Seu poder vindo de Deus (15.14-17): Quando os filisteus chegam para levar Sansão, o Espírito do Senhor desce sobre ele, fazendo com que facilmente arrebente as amarras. Usando uma queixada de jumento, ele mata mil filisteus.
      b. Sua oração a Deus (15.18-20): Com terrível sede, Sansão clama ao Senhor por água, que Deus faz brotar do solo.
F. **A remoção dos portões** (16.1-3)
   1. *A prostituta* (16.1): Sansão visita uma prostituta na cidade de Gaza.
   2. *A trama* (16.2): Quando ficam sabendo que Sansão está ali, os homens de Gaza planejam matá-lo assim que ele atravessar os portões, ao amanhecer.
   3. *As ombreiras* (16.3): Entretanto, Sansão sai à meia-noite, levantando as folhas da porta da cidade, junto com suas ombreiras, e carregando-as ao cume de um monte, quilômetros à frente.

IV. O AMOR DE SANSÃO (16.4-19): Mais tarde, Sansão apaixona-se por uma mulher chamada Dalila.
   A. **O suborno** (16.4-5): Os filisteus oferecem a Dalila grande quantidade de prata para que ela descubra o segredo da força de Sansão.
   B. **A traição** (16.6-19)
      1. *A ficção sobre sua grande força* (16.6-15): Em três ocasiões, Sansão mente a Dalila acerca da fonte de sua força.
      2. *Os fatos sobre sua força* (16.16-19): Finalmente, após várias tentativas de Dalila, Sansão confessa ser um nazireu e que, se o seu cabelo for cortado, ele perderá sua força. Então Dalila o faz dormir em seu colo e chama alguém para raspar seu cabelo.

V. A DECADÊNCIA DE SANSÃO (16.20-22): Os filisteus capturam Sansão, vazam seus olhos, amarram-no com correntes e forçam-no a fazer girar o moinho do cárcere. Mas logo seu cabelo começa a crescer.

VI. O (AUTO-IMPOSTO) MARTÍRIO DE SANSÃO (16.23-31)
   A. **O escárnio dos filisteus** (16.23-28)
      1. *A zombaria quanto a Sansão* (16.23-25): Sansão é trazido durante uma celebração pública à deusa Dagom, dos filisteus.
      2. *O pedido de Sansão* (16.26-28): Sansão pede ao Senhor força para poder punir os filisteus pela última vez por tê-lo cegado.
   B. **A destruição dos filisteus** (16.29-31): Sansão empurra as duas colunas centrais do templo, fazendo com que a construção desmorone. Sansão mata mais filisteus nesta proeza do que em todas as anteriores juntas, mas também morre.

> **ESBOÇO DA SEÇÃO SETE** (JUÍZES 17-21)
> A idolatria começa em Dã por meio de um levita que se torna um sacerdote para um homem chamado Mica. Outro levita começa uma guerra entre Benjamim e outras tribos para se vingar do estupro de sua concubina. Os resultados e as conseqüências dessa guerra são registrados.

I. IDOLATRIA EM DÃ (17.1-18.31)
   A. **A prática familiar da idolatria** (17.1-13): A família de Mica ajuda a iniciar a idolatria em Dã.
      1. *A desonestidade de Mica* (17.1-4): Mica confessa ter roubado grande quantidade de prata de sua mãe e a devolve. Ela usa a prata para fazer um ídolo.
      2. *A profanação de Mica* (17.5-13): Mica faz um santuário para o ídolo e emprega um viajante levita de Belém para ser seu sacerdote pessoal.
   B. **A prática formal da idolatria** (18.1-31)
      1. *A mudança de Dã* (18.1-26): Incapaz de expulsar os filisteus na parte sul da Terra Prometida, a tribo de Dã procura uma nova terra ao norte.
         a. A primeira visita (18.1-10): Dã envia cinco guerreiros para espiar a nova terra, e por uma noite eles ficam na casa de Mica. Eles perguntam ao sacerdote levita se terão uma viagem bem-sucedida.
         b. A segunda visita (18.11-26): Depois da vitória sobre seus inimigos — como o sacerdote levita havia predito —, a tribo decide fazer os ídolos de Mica. Eles também convencem o sacerdote a se tornar sacerdote da tribo, a despeito das objeções de Mica.
      2. *O erro de Dã* (18.27-31): A tribo de Dã destrói e reconstrói a cidade de Laís, dando-lhe o novo nome de Dã. Eles adoram ídolos na cidade e designam Jônatas, um descendente de Moisés, como seu sacerdote.

II. A IMORALIDADE EM BENJAMIM (19.1-30): A concubina de um levita morador de Efraim é vítima de perversões sexuais.
   A. **O levita e sua concubina** (19.1-2): A concubina do levita torna-se infiel e volta a morar com seu pai em Belém.
   B. **O levita e o pai da concubina** (19.3-10): O levita viaja para Belém e convence sua concubina a retornar, após uma agradável visita de 40 dias a seu pai.
   C. **O levita e o senhor** (19.11-21): Ao chegar, já ao anoitecer, à cidade benjamita de Gibeá, o casal aceita o convite de um senhor para passar a noite em sua casa.
   D. **O levita e os pervertidos** (19.22-28): Durante a estada, muitos homens ímpios da cidade cercam a casa do senhor e seus convidados.

1. *Seu pedido* (19.22-24): Os pervertidos pedem que o levita seja trazido para fora para que eles possam abusar dele sexualmente. O senhor se recusa, oferecendo sua própria filha virgem e a concubina. Eles recusam sua oferta.
2. *Sua depravação* (19.25-28): Assim mesmo, o levita entrega sua concubina, e os homens a estupram durante toda a noite. Finalmente eles a deixam e ela se arrasta até a casa, morrendo na porta.

E. **O levita e as tribos de Israel** (19.29-30): O levita carrega o corpo de sua concubina de volta a Efraim e o corta em 12 pedaços. Envia um pedaço a cada tribo de Israel, incitando a nação a punir tais pervertidos na terra de Benjamim.

III. A Indignação de Israel (20.1-21.25): As tribos de Israel respondem com grande furor ao tratamento dado à concubina do levita.

A. **A origem da guerra** (20.1-17): Os líderes de dez tribos reúnem-se em Mispa e decidem o que fazer.
1. *O relato do levita* (20.1-7): O levita relata como os pervertidos mataram sua concubina na cidade benjamita de Gibeá.
2. *A decisão das dez tribos* (20.8-11): Os líderes resolvem atacar Gibeá e executar os criminosos o mais rapidamente possível.
3. *A recusa de Benjamim* (20.12-17): O povo de Benjamim recusa-se a permitir que as tribos ataquem Gibeá. Ao contrário, eles saem para guerrear com as outras tribos.

B. **O panorama da guerra** (20.18-48)
1. *A chacina* (20.18-46)
   a. Primeira batalha (20.18-21): O Senhor instrui a tribo de Judá a liderar a guerra, mas os benjamitas matam 22 mil homens das outras tribos.
   b. Segunda guerra (20.22-25): O Senhor instrui as outras tribos a continuar lutando, mas os benjamitas matam 18 mil guerreiros experientes das outras tribos.
   c. Terceira batalha (20.26-45): Após buscar novamente a direção do Senhor, as outras tribos montam uma emboscada e derrotam os guerreiros de Benjamim.
2. *Os sobreviventes* (20.46-48): A tribo de Benjamim perde 25 mil homens, restando apenas 600 após a terceira batalha.

C. **O resultado da guerra** (21.1-25)
1. *A dor* (21.1-7): As outras tribos experimentam o remorso e a dor da perda de uma tribo inteira. O problema intensifica-se por terem eles jurado não permitir que suas filhas se casassem com benjamitas.
2. *A solução* (21.8-25)
   a. Poupando as mulheres para os homens (21.8-15): Para encontrar esposas para a tribo severamente castigada, os líderes de Israel concordam em ceder todas as virgens capturadas em Jabes-Gileade. Esta cidade recusou-se a aparecer em Mispa quan-

do a questão da guerra foi discutida. Após atacar a cidade, eles encontram apenas 400 virgens.
b. Capturando esposas para os homens (21.16-25): Os outros 200 homens de Benjamim têm permissão de raptar todas as virgens que participam de um festival em Silo.

Rute

ESBOÇO DA SEÇÃO UM (RUTE 1-4)
Este esboço cobre a vida de Rute, moabita viúva que confia no Deus de Israel e é recompensada com um novo marido e um filho. Rute torna-se ancestral do rei Davi e, por fim, do Messias.

I. A RENÚNCIA DE RUTE (1.1-22)
   A. **A fome** (1.1-2): Uma família israelita (Elimeleque; sua esposa, Noemi; e seus dois filhos) deixam sua casa em Belém para escapar da fome e se mudam para Moabe.
   B. **Os funerais** (1.3-5): Elimeleque morre, e seus filhos casam-se com moabitas. Dez anos mais tarde, os filhos morrem, e agora Noemi e suas noras estão viúvas.
   C. **As despedidas** (1.6-15)
      1. *A decisão de Noemi* (1.6-7): Ouvindo que há alimento abundante em Belém, Noemi decide voltar à sua terra natal. Suas duas noras começam a viagem com ela.
      2. *O desespero de Noemi* (1.8-15): Uma triste e quebrantada Noemi gentilmente insta com suas noras, Orfa e Rute, a retornar a Moabe e começar vida nova. Orfa assim faz, mas Rute permanece com Noemi.
   D. **A fé** (1.16-18): Rute promete acompanhar sua sogra e fazer do Deus de Noemi o seu Deus.
   E. **A frustração** (1.19-22): Chegando a Belém, Noemi diz a seus velhos amigos que não a chamem de Noemi, que significa "alegre", mas de Mara, que significa "amarga".

II. A COLHEITA DE RUTE (2.1-23)
   A. **A missão de Rute** (2.1-2): Rute oferece-se para colher a sobra dos grãos dos campos de algum fazendeiro gentil, para que ela e Noemi tenham algo que comer.
   B. **O encontro com Boaz** (2.3-17)
      1. *Seu encontro com Rute* (2.3-13)
         a. As circunstâncias (2.3-7): Quando Rute se prepara para colher grãos, ela escolhe um campo que pertence a um homem rico chamado Boaz. Ele chega e pergunta sobre Rute.

b. A conversa (3.8-13): Boaz diz a ela para ficar em seu campo e louva Rute por sua bondade para com Noemi.
 2. *Seu incentivo a Rute* (2.14-17)
  a. O convite (2.14): Boaz convida Rute a comer da comida que ele dá a seus ceifeiros.
  b. As instruções (2.15-17): Boaz instrui seus trabalhadores a deixar bastante espigas e cevada no campo de Rute.
 C. O espanto de Noemi (2.18-23): Ao retornar para casa, Rute conta a Noemi sobre a bondade de Boaz. Noemi bendiz Boaz e diz a Rute que ele é um parente próximo (que pode casar-se com ela).

III. O Descanso de Rute (3.1-18)
 A. O plano (3.1-5): Desejando prover um lar para Rute, Noemi dá a Rute instruções para se apresentar como possível esposa diante de Boaz. Ela envia Rute para encontrar Boaz na eira. Rute deve esperar até que Boaz termine sua refeição e se deite, e então ela se deitará a seus pés.
 B. O propósito (3.6-9): No meio da noite, um Boaz assustado acorda e encontra Rute deitada a seus pés. Rute então pede que ele "estenda sua capa" como remidor de sua família.
 C. O problema (3.10-13): Boaz explica a Rute que existe um parente mais próximo do que ele. Se esse homem não quiser casar com ela, ele casará.
 D. A precaução (3.14): Boaz pede que Rute fique até o amanhecer e saia escondida, para que sua missão não seja mal interpretada por testemunhas.
 E. A provisão (3.15-17): Boaz envia Rute para casa com seis medidas de cevada.
 F. A persistência (3.18): Noemi assegura Rute que Boaz não descansará até levar a termo o pedido dela.

IV. A Negociação sobre Rute (4.1-22)
 A. Os convocados (4.1-6): À porta da cidade, Boaz encontra-se com outro remidor da família e dez líderes da cidade.
  1. *Os direitos do remidor da família* (4.1-5): Boaz lembra ao outro remidor da família que ele tem prioridade de comprar as terras de Elimeleque. O homem está interessado, mas Boaz acrescenta que o comprador também deve casar com Rute.
  2. *A recusa do remidor da família* (4.6): O outro remidor recusa-se a comprar a terra, uma vez que isto colocaria sua própria terra em risco.
 B. O símbolo (4.7-12): O remidor da família oferece a Boaz a terra e valida a transação, dando seu calçado.
 C. O filho (4.13-17)
  1. *A fertilidade de Rute* (4.13): Rute torna-se esposa de Boaz e dá à luz um filho.

2. *A fidelidade de Deus* (4.14-17): As mulheres de Belém lembram Noemi da bondade de Deus!
D. O resumo (4.18-22): No plano maravilhoso de Deus, Boaz e Rute se tornam bisavós do rei Davi!

I Samuel

ESBOÇO DA SEÇÃO UM (I SAMUEL 1-2)
Uma mulher estéril chamada Ana ora por um filho e promete dá-lo ao Senhor, se ele responder à sua oração. Nasce Samuel. Ela o deixa no Tabernáculo ao atingir a idade suficiente, onde ele ajuda Eli, o sacerdote. Ana louva o Senhor. Eli tem dois filhos ímpios que são julgados por seus atos pecaminosos.

I. A Família de Ana (1.1-2.11, 18-21, 26)
  A. **Seu marido** (1.1-2): Ana é casada com Elcana.
  B. **Sua dor** (1.3-8): Ana está arrasada por não ter filhos.
    1. *O consolo de Elcana* (1.4-5, 8): Elcana tenta consolar Ana, lembrando-lhe seu amor e devoção por ela.
    2. *A zombaria de Penina* (1.6-7): A outra esposa de Elcana, Penina, zomba de Ana porque ela não tem filhos.
  C. **Sua súplica** (1.9-18)
    1. *A promessa* (1.9-11): Ana visita o Tabernáculo e ora, dizendo que, se o Senhor lhe der um filho, ela o devolverá ao Senhor.
    2. *O protesto* (1.12-16)
      a. A condenação de Eli (1.12-14): Quando o sacerdote Eli vê Ana orando, erroneamente conclui que ela está bêbada.
      b. O esclarecimento de Ana (1.15-16): Ana logo explica que está orando a Deus em meio a grande angústia e dor.
    3. *A oração* (1.17-18): Eli pede a Deus que atenda ao pedido de Ana. Ana regozija-se com a oração de Eli.
  D. **Seu filho** (1.19-28; 2.11, 18-20, 26): O Senhor honra o pedido de Ana, e ela dá à luz Samuel. Ana decide dedicar Samuel ao Senhor e o deixa no Tabernáculo, depois que ele desmama. Ela visita Samuel anualmente, fazendo-lhe uma túnica todos os anos e observando seu crescimento.
  E. **Seu cântico** (2.1-11): Nesta marcante oração, Ana louva ao Senhor por sua santidade, onisciência, soberania, compaixão e justiça.

F. Seus filhos e filhas (2.21): O Senhor abençoa Ana com mais três filhos e duas filhas.

II. A Família de Eli (2.12-17, 22-25, 27-36): Eli, o sacerdote, tem dois filhos ímpios, Hofni e Finéias.
  A. A impiedade deles (2.12-17, 22)
    1. *Eles são culpados de impiedade* (2.12, 17).
    2. *Eles são culpados de intimidação* (2.13-16).
    3. *Eles são culpados de imoralidade* (2.22).
  B. Alertas a eles (2.23-25, 27-36)
    1. *Do pai* (2.23-25): Eli tenta corrigir seus filhos rebeldes, mas já é tarde.
    2. *Do profeta* (2.27-36): Finalmente, o profeta alerta Eli para as conseqüências da conduta de sua família: eles não servirão mais como sacerdotes, e os dois filhos de Eli morrerão no mesmo dia.

ESBOÇO DA SEÇÃO DOIS (I SAMUEL 3-5)
Deus chama Samuel para proferir uma mensagem de juízo contra a família de Eli. Israel luta contra os filisteus, a Arca da Aliança é capturada durante a batalha, e Hofni e Finéias são mortos. Eli morre após ouvir sobre o confisco da Arca. A Arca é transportada pela Filístia e traz perturbação e destruição à terra.

I. O Ungido (3.1-21): Samuel já havia sido escolhido por Deus para substituir Eli como líder espiritual de Israel.
  A. A mensagem de Samuel, vinda do Senhor (3.1-18): Enquanto Samuel é ainda jovem, o Senhor fala a ele sobre Eli.
    1. *Samuel recebe a mensagem* (3.1-14)
      a. Onde ele está (3.1-9): O Senhor chama Samuel uma noite enquanto ele dorme. Inicialmente, Samuel pensa que é Eli quem o está chamando. Eli percebe que é o Senhor e instrui Samuel a ouvir.
      b. O que ele ouve (3.10-14): O Senhor diz a Samuel que logo punirá Eli e seus dois filhos ímpios de forma severa.
    2. *Samuel repete a mensagem* (3.15-18): Na manhã seguinte, Samuel conta a Eli tudo o que o Senhor lhe disse.
  B. O ministério de Samuel para o Senhor (3.19-21): Logo toda a Israel reconhece Samuel como um grande profeta do Senhor.

II. Os Ataques (4.1-22): Os israelitas entram em conflito com os filisteus.
  A. As derrotas (4.1-11): Os israelitas sofrem duas derrotas para os filisteus.
    1. *Primeira derrota* (4.1-9)
      a. A derrota (4.1-2): Os filisteus matam 4 mil israelitas em seu primeiro confronto.
      b. A reação (4.3-9): A Arca da Aliança é levada ao campo de batalha para encorajar os israelitas e amedrontar os filisteus. Mas os filisteus reagem.

2. *Segunda derrota* (4.10-11): Os filisteus matam 30 mil israelitas, incluindo os filhos de Eli (Hofni e Finéias), e confiscam a Arca da Aliança.
 B. **O desespero** (4.12-22)
  1. *De Eli* (4.12-18)
   a. Sua ansiedade (4.12-16): Eli se assenta perto do portão de Silo, temeroso, esperando notícias da batalha e da Arca.
   b. Seu acidente (4.17-18): Ouvindo sobre a derrota de Israel, a morte de seus filhos e o confisco da Arca, Eli cai da cadeira, quebra o pescoço e morre.
  2. *Da nora de Eli* (4.19-22)
   a. As notícias trágicas (4.19-20): Quando a esposa grávida de Finéias ouve que seu marido e seu sogro morreram e que a Arca foi confiscada, ela entra em trabalho de parto, dá à luz e morre.
   b. O nome trágico (4.21-22): Pouco antes de sua morte, a esposa de Finéias dá a seu filho o nome de Icabô, que significa "De Israel se foi a glória".

III. A ARCA (5.1-12)
 A. **Em Asdode** (5.1-8)
  1. *O templo* (5.1-5): O Senhor faz com que o ídolo filisteu Dagom caia diante da Arca.
  2. *Os tumores* (5.6-8): O povo de Asdode é afligido com tumores por causa da presença da Arca. Aí eles enviam a Arca para a cidade de Gate.
 B. **Em Gate** (5.9): Os cidadãos de lá também sofrem de uma eclosão de tumores.
 C. **Em Ecrom** (5.10-12): Quando o povo de Gate tenta enviar a Arca a Ecrom, tumores e grande temor varrem toda Ecrom.

ESBOÇO DA SEÇÃO TRÊS (I SAMUEL 6-7)
Os filisteus devolvem a Arca a Israel com presentes. Samuel conclama Israel ao arrependimento e Israel derrota os filisteus. Samuel continua a exercer seu papel de juiz sobre Israel.

I. O RETORNO DA ARCA (6.1-21)
 A. **O tesouro** (6.1-6): Após sete meses de problemas com a Arca, os filisteus, desesperados, são intimados por seus próprios sacerdotes a enviar a Arca de volta a Israel com uma oferta pela culpa: cinco tumores de ouro e cinco ratos de ouro.
 B. **A prova** (6.7-12): Para saber se seus problemas foram causados pela presença da Arca, os filisteus planejam um teste. Duas vacas que acabaram de dar à luz dois novilhos são atadas ao carro que levava a Arca. Se as vacas não cruzarem a fronteira, há uma chance de a Arca ter causado os tumores. Se elas chegarem a Israel, o Senhor terá

causado as pragas. As vacas levam a Arca até a cidade israelita de Bete-Semes.
- **C. A ação de graças** (6.13-18): O povo de Bete-Semes regozija-se com o retorno da Arca.
- **D. A tragédia** (6.19-21): O Senhor mata 70 homens por terem olhado dentro da Arca. O povo de Bete-Semes pede ao povo de Quiriate-Jearim que venha retirá-la dali.

II. O REAVIVAMENTO TRAZIDO PELA ARCA (7.1-17)
- **A. O arrependimento** (7.1-6): Após 20 anos de declínio espiritual, Samuel leva o povo ao arrependimento. Os israelitas destroem seus ídolos e adoram somente ao Senhor. Samuel torna-se juiz de Israel.
- **B. A derrota** (7.7-11): Os filisteus atacam os israelitas, mas a poderosa voz do Senhor cai como um trovão dos céus, confundindo os filisteus e permitindo que os israelitas os derrotem.
- **C. A pedra** (7.12): Samuel coloca uma grande pedra para relembrar o povo da Ajuda de Deus e a chama Ebenézer, que significa: "Até aqui nos ajudou o Senhor".
- **D. A trégua** (7.13-14): Os filisteus são forçados a devolver muitas terras que tomaram de Israel e não invadem Israel durante um largo período de tempo.
- **E. A rotina** (7.15-17): Samuel viaja por todo o Israel durante muitos anos, servindo como juiz sobre o povo.

ESBOÇO DA SEÇÃO QUATRO (I SAMUEL 8-11)
Os filhos de Samuel são juízes corruptos, então Israel clama por um rei. Samuel alerta o povo sobre os problemas que um rei trará, mas eles insistem. O Senhor mostra a Samuel que Saul deve ser o primeiro rei de Israel. Samuel unge Saul como rei e o apresenta a Israel. Saul lidera Israel à vitória sobre os filhos de Amom e é coroado rei.

I. O PEDIDO (8.1-22): Israel pede a Samuel um rei.
- **A. A lógica** (8.1-5): O povo pede um rei porque Samuel está velho, seus filhos são corruptos e as nações vizinhas têm reis.
- **B. O lamento** (8.6-9): Este pedido entristece Samuel, mas o Senhor garante que é o próprio Deus quem está sendo rejeitado, e não Samuel.
- **C. Os riscos** (8.10-22): Samuel explica as conseqüências de ter um rei no governo.
  1. *O alerta* (8.10-18): Um rei forçará o serviço militar e o trabalho escravo sobre seus filhos e filhas, e lhes imporá altos impostos.
  2. *A recusa* (8.19-22): A despeito do alerta de Samuel, o povo ainda exige um rei.

II. A AQUISIÇÃO (9.1-27): Samuel obtém um rei para Israel, um homem chamado Saul.

A. **A pessoa** (9.1-2): O Senhor escolhe Saul para tornar-se o primeiro rei de Israel. Saul é um homem alto e bem apessoado, da tribo de Benjamim.
B. **As particularidades** (9.3-27)
  1. *A missão de Saul* (9.3-13)
     a. A procura (9.3-5): Saul é enviado por seu pai para procurar algumas jumentas que se perderam; ele não as encontra.
     b. A sugestão (9.6-13): Um dos servos de Saul o aconselha a consultar um vidente acerca do paradeiro das jumentas perdidas.
  2. *A mensagem de Samuel* (9.14-16): Enquanto isso, o Senhor diz a Samuel que ele está enviando um homem da tribo de Benjamim para tornar-se o primeiro rei de Israel.
  3. *O encontro dos dois* (9.17-27): À medida que Saul se aproxima de Samuel para perguntar onde mora o vidente, o Senhor diz a Samuel que aquele é o homem que será o rei.
     a. A segurança de Samuel (9.17-20): Samuel diz a Saul que suas jumentas foram encontradas e que ele é o centro das esperanças de Israel.
     b. A surpresa de Saul (9.21): Saul mal consegue acreditar, dizendo que ele vem de uma família não importante de Benjamim, a menor tribo de Israel.
     c. As ações de Saul (9.22-27): Samuel prepara uma refeição para Saul e seus servos e o honra de forma especial. Mais tarde, Samuel faz acomodações para Saul e o envia em seu trajeto.

III. A Unção (10.1-27): Pouco antes de Saul partir, Samuel o unge como o próximo rei de Israel.
  A. **A prova** (10.1-9): Samuel unge Saul e lhe diz que vários sinais mostrarão que ele é realmente o escolhido como rei de Israel. Estes sinais acontecem quando Saul deixa Samuel.
     1. *A mensagem de dois homens* (10.2): Dois homens dirão a Saul que suas jumentas foram encontradas e que seu pai está preocupado com ele.
     2. *A refeição dos três homens* (10.3-4): Três homens oferecerão dois pães a Saul.
     3. *A música de alguns profetas* (10.5): Saul encontrará alguns profetas descendo de um monte e tocando música.
     4. *O ministério do Espírito* (10.6): O Espírito do Senhor descerá sobre Saul e fará com que ele profetize junto com os profetas.
  B. **O provérbio** (10.10-12): A experiência profética de Saul surpreende tanto seus amigos que eles criam um provérbio: "Está também Saul entre os profetas?".
  C. **O abrandamento** (10.13-16): Quando Saul retorna de sua viagem, seu tio pergunta onde ele esteve. Saul diz que foi ver Samuel e que as jumentas haviam sido encontradas, mas não menciona ter sido ungido rei de Israel.

D. A apresentação (10.17-24): Em Mispa, Samuel apresenta Saul ao povo como seu rei, embora Saul tenha de ser trazido de seu esconderijo entre as bagagens.
E. O pergaminho (10.25): Saul escreve as responsabilidades de um rei em um livro e o deposita no Tabernáculo.
F. As posições (10.26-27): Alguns apóiam Saul e se tornam companheiros constantes; outros se opõem a ele e se negam a trazer presentes.

IV. A APROVAÇÃO (11.1-15): Através de uma vitória militar e uma segunda coroação, o reinado de Saul é aprovado.
   A. A crise (11.1-11)
   1. *A condição* (11.1-2): Um cruel rei amonita, de nome Naás, cerca a cidade israelita de Jabes-Gileade. Quando o povo pede um tratado de paz, ele impõe uma condição: vazar o olho direito de todos os cidadãos.
   2. *O desespero* (11.3): Os anciãos pedem sete dias para encontrar alguém que os liberte.
   3. *O decreto* (11.4-10): Ao saber disso, um Saul furioso e cheio do Espírito faz uma convocação para a guerra e reúne um exército para lutar contra Naás.
   4. *O livramento* (11.11): Saul e seu exército destroem as forças de Naás e salvam Jabes-Gileade.
   B. A confirmação (11.12-15): A esta altura, Saul já provou sua habilidade para reinar e é confirmado como rei por Samuel e pelo povo em Gilgal.

ESBOÇO DA SEÇÃO CINCO (I SAMUEL 12-13)
Samuel faz seu discurso de despedida. Israel continua a guerrear com os filisteus. Quando Saul usurpa a posição de Samuel como sacerdote e, de forma desobediente, oferece um holocausto, o Senhor pune Saul, terminando sua dinastia.

I. O DISCURSO DE DESPEDIDA DE SAMUEL (12.1-25)
   A. Os temas (12.1-13): Samuel recapitula a fidelidade que foi mostrada a Israel, da parte dele e pelo Senhor.
   1. *A fidelidade de Samuel* (12.1-5)
   2. *A fidelidade do Senhor* (12.6-13)
   B. A escolha (12.14-15)
   1. *Obedecer ao Senhor trará bênçãos.*
   2. *Abandonar a Deus trará castigo.*
   C. A confirmação (12.16-25): O Senhor mostra desaprovação ao desejo de Israel por um rei, enviando trovões e chuva pesada. Samuel insta com o povo para que cultue sinceramente ao Senhor somente.

II. O Tolo Pecado de Saul (13.1-23)
   A. A perversidade de Saul (13.1-14)
      1. *O pânico* (13.1-7): O filho de Saul, Jônatas, e seu exército destroem a guarnição dos filisteus em Geba; o inimigo mobiliza todo o seu exército de carros, cavaleiros e soldados contra Israel. Saul e seus homens tremem de medo diante do que vêem.
      2. *A presunção* (13.8-9): A fim de reunir seu exército medroso, Saul assume ilegalmente o papel de sacerdote e oferece um holocausto.
      3. *A punição* (13.10-14): Samuel se aproxima de Saul e repreende suas ações. Ele declara que o Senhor punirá Saul, pondo fim à sua dinastia.
   B. A fraqueza de Israel (13.15-23)
      1. *Falta de guerreiros* (13.15): O exército de Saul míngua e chega apenas a 600 homens.
      2. *Falta de armas* (13.16-23): Não existem ferreiros em toda a Israel, de forma que os únicos soldados que têm uma espada ou lança são Saul e Jônatas.

> **ESBOÇO DA SEÇÃO SEIS (I SAMUEL 14–15)**
> Jônatas demonstra grande coragem diante dos filisteus. Mais tarde, sem saber, ele desobedece a uma ordem de Saul. Quando Saul planeja executá-lo, o povo intercede e salva sua vida. Saul desobedece à ordem de Samuel para matar todos os amalequitas, por isso o Senhor o rejeita como rei. Saul implora o perdão de Samuel, porém é tarde demais.

I. Os Inimigos de Saul (14.1-23): Saul acampa fora de Gibeá, mas Jônatas e seu escudeiro atacam o inimigo por conta própria e dão início a uma grande vitória
   A. A estratégia (14.1-8): Jônatas e seu escudeiro tentam, em um ataque homem a homem, derrotar uma guarnição inteira de filisteus.
   B. O sucesso (14.11-23)
      1. *A coragem* (14.11-14): Jônatas e seu escudeiro matam 20 filisteus enquanto escalam um penhasco.
      2. *A confusão* (14.15-23): O Senhor envia um terremoto, aterrorizando os filisteus.

II. O Jejum de Saul (14.24-46): Para assegurar a vingança completa sobre seus inimigos, Saul força seus soldados a prometer não comer nada naquele dia, de forma que eles ficam esgotados.
   A. O efeito nos soldados (14.24-26, 31-35)
      1. *Fraqueza* (14.24-26): Os homens de Saul são forçados a lutar de estômago vazio, de forma que ficam fracos e com fome.
      2. *Maldade* (14.31-35): Após a vitória, os soldados vencedores, porém famintos, abatem os animais capturados, comendo a carne crua, com sangue e tudo, o que é proibido pela lei de Moisés. En-

tão Saul providencia para que o sangue seja totalmente escorrido de forma que os homens possam comer a carne.
  B. **O efeito em seu filho** (14.27-46)
    1. *O sustento* (14.27-30): Sem saber da ordem de seu pai, Jônatas come um pouco de mel.
    2. *A procura* (14.31-43): Pelo fato de Deus não responder à oração de Saul, o rei percebe que um pecado foi cometido. Jônatas é achado culpado e confessa que comeu mel.
    3. *A salvação* (14.44-46): Saul tenciona matar Jônatas pelo seu feito, mas os soldados interferem e salvam a vida de Jônatas.

III. O FERVOR DE SAUL (14.47-52): Agora que Saul está seguro no controle do trono, ataca vigorosamente seus inimigos em todas as direções.

IV. O FRACASSO DE SAUL (15.1-35)
  A. **A rebelião** (15.1-9): O Senhor ordena a Saul que ataque e destrua completamente os amalequitas e todos os seus animais. Saul os ataca e os captura, mas poupa o rei Agague e alguns animais.
  B. **A revelação** (15.10-11): O Senhor diz a Samuel que se arrepende de ter constituído Saul rei.
  C. **O encontro** (15.12-13): Saul e Samuel encontram-se na manhã seguinte à batalha com o rei Agague.
  D. **A repreensão** (15.14-23): Samuel condena a desobediência de Saul, recusando-se a aceitar sua desculpa de ter salvo os animais para poder sacrificá-los a Deus. Samuel declara a Saul que o Senhor o rejeitou como rei.
  E. **O remorso** (15.24-25): Saul admite seu pecado e implora a Samuel por perdão e uma nova oportunidade.
  F. **A substituição** (15.26-31): Samuel diz a Saul que seu reino será dado a alguém melhor do que ele.
  G. **A retribuição** (15.32-35): Samuel faz aquilo que deveria ser de responsabilidade de Saul e mata Agague em retribuição por toda a violência que este cometeu contra Israel.

ESBOÇO DA SEÇÃO SETE (I SAMUEL 16-17)
Samuel unge Davi para que seja o rei de Israel. Davi trabalha na corte de Saul para acalmá-lo com música. Golias intimida Israel e é morto por Davi.

I. DAVI, O ESCOLHIDO (16.1-13)
  A. **A rejeição dos filhos mais velhos de Jessé** (16.1-10)
    1. *A missão de Samuel* (16.1-5): O Senhor diz a Samuel que ele deve escolher alguém para substituir Saul como rei. Ele direciona Samuel rumo a Belém para ungir um dos filhos de Jessé como o próximo rei de Israel.
    2. *O encontro de Samuel* (16.6-10): Jessé apresenta cada um dos sete filhos mais velhos a Samuel, mas nenhum deles é aprovado por Deus.

B. **A escolha do filho mais novo de Jessé** (16.11-13): O Senhor diz a Samuel para ungir Davi, o caçula de Jessé. Quando o profeta o faz, o Espírito do Senhor vem sobre Davi.

II. Davi, o Músico da Corte (16.14-23)
   A. **O tormento do rei Saul** (16.14-20)
      1. *Um espírito maligno* (16.14): Um espírito atormentador faz com que Saul fique temeroso e deprimido.
      2. *Uma sugestão sábia* (16.15-20): Os servos de Saul o incentivam a trazer um bom músico que o acalme com música de harpa. Saul concorda e Davi lhe é enviado.
   B. **A ministração ao rei Saul** (16.21-23): A música de Davi logo alivia o rei atribulado.

III. Davi, o Corajoso (17.1-58): Davi mata o gigante filisteu Golias e incentiva os israelitas à vitória.
   A. **A provocação** (17.1-11, 16)
      1. *A briga* (17.1-3): Os israelitas e os filisteus encaram-se numa batalha no vale de Elá.
      2. *O campeão* (17.4-7): Entre os filisteus há um guerreiro temível chamado Golias, que tem quase 3 m de altura.
      3. *O desafio* (17.8-11): Golias desafia Israel, exigindo que envie um soldado para lutar com ele.
      4. *A cronologia* (17.16): Golias faz o desafio duas vezes por dia durante 40 dias.
   B. **A ação** (17.12-15, 17-54)
      1. *A comida vinda de casa* (17.12-15, 17-19): O pai de Davi o instrui a levar comida a seus três irmãos no exército de Saul.
      2. *A crítica* (17.20-30): Quando Davi chega ao campo de batalha iminente, é repreendido por seu irmão mais velho ao perguntar por que permitem que Golias insulte o exército de Israel.
      3. *A preocupação* (17.31-40)
         a. O medo de Saul (17.31-33): Davi oferece-se para lutar contra Golias, mas Saul teme que ele não seja páreo para o gigante filisteu.
         b. A segurança de Davi (17.34-37): Davi conta a Saul que, como pastor, ele matou leões e ursos que ameaçaram seu rebanho. Promete fazer o mesmo com Golias. Saul concorda e o envia para a guerra.
         c. A recusa de Davi (17.38-40): Saul oferece a Davi sua armadura real, mas Davi a rejeita, escolhendo usar sua funda e algumas pedras.
      4. *O menosprezo* (17.41-47): Golias zomba dos israelitas e amaldiçoa Davi em nome dos seus deuses.
         a. O insulto de Golias (17.41-44): "Vem a mim, e eu darei a tua carne às aves do céu e às bestas do campo".

b. A resposta de Davi (17.45-47): "Hoje mesmo o Senhor te entregará na minha mão; ferir-te-ei, e tirar-te-ei a cabeça".
5. *O conflito* (17.48-51): Davi atira uma pedra em Golias e o acerta na testa, fazendo com que ele caia ao chão. Davi pega a espada de Golias e corta fora a cabeça do gigante.
6. *A conquista* (17.51-54): Quando o exército filisteu vê que Golias está morto, bate em retirada. Os israelitas o perseguem e matam a todos.

C. **A pergunta** (17.55-58): Saul deseja saber mais acerca de Davi, perguntando ao jovem pastor sobre sua história e sua família.

ESBOÇO DA SEÇÃO OITO (I SAMUEL 18-19)
À medida que Davi ganha popularidade, Saul fica com ciúmes e faz algumas tentativas de matar Davi. Saul entrega a Davi sua filha Mical, por ele ter matado 200 filisteus. Jônatas alerta Davi sobre o complô de seu pai para matá-lo. Mical salva a vida de Davi. Saul profetiza novamente.

I. A FÚRIA DE SAUL (18.1-19.17): Saul fica enciumado por causa do sucesso de Davi e tenta matá-lo.
   A. **A ascensão de Davi** (18.1-7): Após a vitória de Davi sobre Golias, ele conquista a admiração do povo.
      1. *Com o príncipe* (18.1-4): Jônatas, filho de Saul, torna-se o melhor e mais amado amigo de Davi.
      2. *Com o povo* (18.5-7): Após a vitória de Davi, o povo canta: "Saul feriu os seus milhares, porém Davi os seus dez milhares".
   B. **A raiva de Saul** (18.8-19.17): A popularidade de Davi enraivece Saul e o deixa enciumado. Ele tenta matar Davi cinco vezes, todas sem sucesso.
      1. *A primeira e a segunda tentativa* (18.10-16): Por duas vezes, Saul atira sua lança contra Davi enquanto ele toca harpa.
      2. *Terceira tentativa* (18.17-30): Por duas vezes, Saul oferece uma de suas filhas em casamento a Davi se ele se mostrar valoroso, lutando contra os filisteus. Em vez de ser morto, Davi mata 200 filisteus e recebe Mical como noiva.
      3. *Quarta tentativa* (19.1-10)
         a. A trégua (19.1-8): Como resultado dos pedidos de Jônatas, Saul promete não procurar mais matar Davi.
         b. A traição (19.9-10): Logo um espírito atormentador apodera-se de Saul; ele tenta novamente matar Davi com uma lança.
      4. *Quinta tentativa* (19.11-17)
         a. A intenção de Saul (19.11): Saul envia homens para matar Davi quando ele sai de sua casa, certa manhã.
         b. A intervenção de Mical (19.11-17): A esposa de Davi, Mical, conta a Davi sobre o complô e o ajuda a escapar pela janela. Ela

coloca um ídolo na cama de Davi para enganar os homens e ganhar tempo para a fuga do marido.

II. A Fuga das Mãos de Saul (19.18-24)
  A. **A mensagem de Davi** (19.18): Davi vai a Ramá e conta a Samuel como Saul está procurando matá-lo.
  B. **Os homens de Saul** (19.19-24): Por três vezes, Saul envia homens para prender Davi, mas em todas elas os homens são tomados pelo Espírito de Deus e começam a profetizar. Por fim, Saul tenta matar a Davi pessoalmente e o mesmo acontece com ele.

> **ESBOÇO DA SEÇÃO NOVE** (I SAMUEL 20-21)
> Davi e Jônatas fazem uma aliança de lealdade antes de serem forçados a uma triste separação por causa da ira de Saul. Davi foge para a cidade de Nobe, onde é alimentado com pães sagrados pelo sacerdote Aimeleque. Depois, foge para Gate, na Filístia, onde finge estar louco para não ser ferido pelo rei da cidade.

I. Davi e o Príncipe (20.1-42): Davi encontra Jônatas e conta a ele da determinação de Saul em matá-lo. Jônatas concebe um plano para descobrir se isto é verdade e para alertar Davi.
  A. **A causa dos temores de Davi** (20.1-23)
    1. *O problema* (20.1-11): A despeito das tentativas de Jônatas de tranqüilizá-lo, Davi está convencido de que Saul ainda quer matá-lo.
    2. *A promessa* (20.12-17): Jônatas promete alertar Davi sobre os planos de seu pai, e os dois fazem uma aliança sagrada de serem leais um ao outro, não importa o preço.
    3. *O plano* (20.18-23): No festival da lua nova, Davi se esconderá num campo. No dia seguinte, Jônatas o alertará com um sinal predeterminado. Ele atirará flechas e dirá a um de seus servos para pegá-las. Se Jônatas disser para que o servo vá além das flechas, Davi saberá que Saul está planejando matá-lo.
  B. **A confirmação dos temores de Davi** (20.24-42)
    1. *A ausência de Davi* (20.24-29): No festival da lua nova, Saul repara que Davi não está presente à refeição. Jônatas inventa a desculpa de que Davi foi a Belém para participar de um sacrifício familiar.
    2. *A raiva de Saul* (20.30-34): O furioso Saul não só deixa clara sua intenção de matar Davi, mas chega a tentar matar Jônatas por ser amigo de Davi.
    3. *As flechas de Jônatas* (20.35-42): De acordo com o plano, Jônatas atira algumas flechas para alertar Davi. Então Davi encontra-se com Jônatas uma última vez para afirmar sua lealdade e dizer adeus antes que este parta.

II. Davi e o Sacerdote (21.1-9): Davi vai à cidade de Nobe para ver Aimeleque, o sacerdote.
   A. A falsidade (21.1-2): Davi diz ao sacerdote que Saul o enviou numa missão secreta.
   B. A ajuda (21.3-9): O sacerdote provê Davi com os pães sagrados e oferece a ele a espada de Golias.

III. Davi e o Pagão (21.10-15): Davi busca refúgio de Saul na cidade filistéia de Gate. Davi teme o que o rei de Gate possa fazer a ele e finge estar louco.

ESBOÇO DA SEÇÃO DEZ (I SAMUEL 22-23)
Davi arrebanha seu próprio exército de 400 homens. Saul ordena a execução de 85 sacerdotes que ele suspeita estarem ajudando Davi. Saul tenta capturar Davi em Queila e no deserto.

I. Davi na Caverna de Adulão (22.1-5): Davi parte de Gate e se esconde na caverna de Adulão.
   A. Os homens de Davi (22.1-2): Na caverna de Adulão, Davi reúne um exército pessoal de 400 homens. O grupo é formado por parentes, aqueles que estão em perigo, endividados ou simplesmente descontentes.
   B. O deslocamento de Davi (22.3-5): Davi deixa a caverna e vai para Mispa, em Moabe, mas o profeta Gade lhe diz que retorne à terra de Judá.

II. Davi no Bosque de Herete (22.5-23): Enquanto Davi se esconde no bosque de Herete, Saul aumenta o cerco para encontrá-lo.
   A. A matança de Saul (22.5-19): Por suspeitar que Aimeleque e outros sacerdotes estão ajudando Davi, Saul ordena a sua execução.
      1. *O pano de fundo da chacina* (22.5-17): O rei Saul aumenta a pressão sobre seus oficiais para que encontrem Davi. Doegue, o edomita, conta a Saul sobre o encontro de Aimeleque com Davi. Saul ordena a execução do sacerdote e de sua família.
      2. *O açougueiro da chacina* (22.17-19): Depois que os homens de Saul se recusam a obedecer-lhe, Doegue, o edomita, mata 85 sacerdotes e suas famílias.
   B. A dor de Davi (22.20-23): Abiatar, um dos filhos de Aimeleque, escapa e foge para estar com Davi, que lamenta ter causado a morte de seus familiares.

III. Davi na Cidade de Queila (23.1-12)
   A. A colaboração de Davi (23.1-5): Diante da ordem do Senhor, Davi ataca e derrota os filisteus, que estão roubando grãos do povo de Queila.
   B. As respostas do Senhor (23.6-12): Abiatar traz a estola sacerdotal a Davi, e ele descobre que o povo de Queila planeja levá-lo a Saul.

IV. Davi na Região Montanhosa de Zife (23.13-23): Antes que o povo de Queila possa entregá-lo ao rei Saul, Davi e seus homens partem para a região montanhosa de Zife
   A. **A perseguição** (23.13-15): Saul continua sua perseguição de morte a Davi.
   B. **A aliança** (23.16-18): Jônatas encontra Davi perto de Hores e reafirma sua aliança de amizade. Ele reconhece Davi como o próximo rei de Israel.
   C. **A conspiração** (23.19-23): Os homens de Zife oferecem-se para capturar Davi e levá-lo a Saul.

V. Davi no Deserto de Maom (23.24-29): Davi foge para ainda mais longe, até a penha do deserto de Maom, mas Saul continua a fechar o cerco contra ele. Saul recebe a notícia de que os filisteus estão atacando Israel novamente, então põe fim à perseguição.

ESBOÇO DA SEÇÃO ONZE (I SAMUEL 24-25)
Davi poupa a vida de Saul em En-Gedi, então ambos fazem um acordo de não-agressão. Samuel morre. Davi enfurece-se com um homem chamado Nabal, mas a esposa de Nabal, Abigail, intercede por seu marido. Notícias disto fazem com que Nabal passe mal e morra. Davi casa-se com Abigail.

I. A Misericórdia de Davi para com Saul (24.1-22): Esta é a primeira de duas ocasiões em que Davi pode facilmente matar Saul, mas não o faz.
   A. **O reinício** (24.1-2): Após derrotar os filisteus, Saul continua sua caçada implacável a Davi.
   B. **A percepção** (24.3-4): Os homens de Davi, se escondendo numa caverna, percebem que há uma oportunidade de matar Saul, que entrou na caverna para se aliviar.
   C. **A restrição** (24.4-7): Davi não mata Saul, mas corta um pedaço de seu manto sem que ele perceba.
   D. **A repreensão** (24.8-15): Após Saul deixar a caverna, Davi brada a distância e atira uma flecha diante de Saul, mostrando a ele o pedaço de seu manto que cortara. Davi usa isso como prova de que ele não quer fazer mal a Saul, pois poderia tê-lo matado, se quisesse. Davi pergunta a Saul por que ele continua a persegui-lo.
   E. **O remorso** (24.16-19): Saul fica envergonhado e reconhece que Davi é um homem melhor do que ele.
   F. **A percepção** (24.20-22): Saul também reconhece que realmente Deus escolheu Davi para ser rei sobre Israel.

II. O Casamento de Davi com Abigail (25.1-44): Samuel logo morre e Davi muda-se para o deserto de Maom.

A. **Davi e Nabal** (25.1-13)
   1. *O pedido* (25.1-9): Davi pede que um homem rico chamado Nabal retribua sua bondade externada no passado, dando-lhe, assim como a seus homens, algumas provisões.
   2. *A recusa* (25.10-12): Nabal imediatamente rejeita o pedido.
   3. *A retaliação* (25.13): Davi fica irado e planeja punir Nabal.
B. **Davi e Abigail** (25.14-44)
   1. *O homem sábio* (25.14-35): Os servos de Nabal contam a sua esposa, Abigail, sobre o incidente e a alertam que Davi está chegando.
      a. O apelo dela a Davi (25.14-31): Abigail prepara um grande suprimento de comida e leva ao encontro de Davi, pedindo-lhe que não mate o marido dela.
      b. Sua aceitação por parte de Davi (25.32-35): Davi agradece a Deus por ter enviado Abigail e concorda em não ferir Nabal.
   2. *A mulher viúva* (25.36-38): Após uma noite bebendo muito, Nabal recebe de Abigail a notícia do perigo pelo qual passou. Dez dias depois, o Senhor o fere e ele morre.
   3. *A mulher casada* (25.39-44): Após a morte de Nabal, Davi pede a Abigail que se torne sua esposa e ela aceita.

ESBOÇO DA SEÇÃO DOZE (I SAMUEL 26-27)
Davi poupa novamente a vida de Saul, pegando apenas sua lança e sua bilha, e foge para a cidade filistéia de Gate. Davi e seus homens residem em Ziclague por um ano e quatro meses.

I. DAVI SE ADIANTA (26.1-25): Davi escolhe não tirar proveito da segunda oportunidade de matar Saul.
   A. **O constrangimento** (26.1-11): Davi e Abisai descem ao acampamento de Saul tarde da noite.
      1. *O pedido* (26.7-8): Abisai pede permissão de Davi para matar Saul com sua própria lança.
      2. *A recusa* (26.9-11): Davi não permite, dizendo que Saul ainda é o ungido do Senhor.
   B. **O chamado** (26.12-16): Davi e Abisai partem, levando a lança e a bilha de Saul. A uma distância segura, Davi acorda seus inimigos com gritos de insulto a Abner (general de Saul) por dormir em serviço.
   C. **A crítica** (26.17-20): Davi pergunta a Saul por que continua a persegui-lo, se ele não o feriu.
   D. **A confissão** (26.21-25): Saul confessa que ele fez mal a Davi e diz a ele que não tentará mais feri-lo.

II. Davi Finge (27.1-12)
   A. **A dúvida de Davi** (27.1-4): Temendo que Saul ainda tente matá-lo, Davi muda-se de Judá para a terra dos filisteus.
   B. **A mentira de Davi** (27.5-12)
      1. *Os fatos* (27.5-9): Davi e seus homens atacam regularmente as vilas de pessoas pagãs ao longo da estrada do Egito.
      2. *A ficção* (27.10-12): Davi leva o rei Áquis, dos filisteus, a crer que ele está atacando vilas israelitas.

ESBOÇO DA SEÇÃO TREZE (I SAMUEL 28-29)
Atemorizado quanto ao exército filisteu, Saul pede a uma médium de En-Dor que convoque o espírito de Samuel dentre os mortos. Ela assim o faz, mas as palavras do espírito que se diz ser Samuel incomodam Saul. Os filisteus rejeitam a ajuda de Davi na guerra, por isso ele e seus homens retornam à terra dos filisteus.

I. A Médium (28.1-25): Saul visita uma médium na cidade de En-Dor.
   A. **O motivo** (28.1-8)
      1. *O desespero de Saul* (28.1-6): Os filisteus ameaçam atacar os israelitas. Samuel já morreu, então Saul não tem ninguém para aconselhá-lo. Quando ele pede respostas ao Senhor, Deus não responde.
      2. *A decisão de Saul* (28.7): Para aliviar seus temores, Saul busca a ajuda de uma médium.
      3. *O disfarce de Saul* (28.8): Antes de visitar a médium, Saul veste roupas comuns para não ser reconhecido, pois ele mesmo havia banido todos os médiuns em Israel.
   B. **Os resultados** (28.9-25)
      1. *A convocação a Samuel* (28.9-14): Quando a médium pergunta a Saul com quem ele deseja falar, Saul pede que ela convoque o espírito de Samuel.
         a. O temor da médium (28.12-13): A mulher fica temerosa ao reconhecer Saul e ver uma figura como a de Samuel subir da terra.
         b. A descrição da médium (28.14): Ela descreve a figura que aparece como "um ancião envolto numa capa".
      2. *A condenação* (28.15-19)
         a. O espírito que se apresenta como Samuel recapitula o terrível passado de Saul (28.15-18): Ele diz ao rei que este perdeu seu reino para Davi porque deixou de cumprir a ordem de destruir completamente os amalequitas.
         b. Ele fala de um futuro trágico para Saul (28.19): Samuel diz a Saul que seu exército será derrotado pelos filisteus e que seus filhos serão mortos.

3. *Saul se acovarda* (28.20-25): Ao ouvir as palavras da figura que se apresenta como Samuel, Saul cai ao chão, paralisado de medo. Por fim, a médium convence Saul a comer algo antes de ir embora.

II. A Desconfiança (29.1-11)
   A. **O desejo** (29.1-3): Davi oferece-se para unir-se ao exército filisteu e lutar contra o exército de Saul.
   B. **A recusa** (29.4-11): Alguns líderes filisteus desconfiam, temendo que Davi se volte contra eles durante a batalha. Então o rei Áquis envia Davi de volta à terra dos filisteus.

ESBOÇO DA SEÇÃO QUATORZE (I SAMUEL 30-31)
Davi descobre que Ziclague foi destruída pelos amalequitas. Ele os persegue e os derrota, recuperando tudo o que havia sido capturado por eles. Os filisteus derrotam os israelitas na guerra, matando Saul e seus filhos, inclusive Jônatas.

I. A Vingança de Davi (30.1-31)
   A. **A dor** (30.1-8)
      1. *A destruição* (30.1-5): Enquanto Davi e seus homens estão fora, os amalequitas destroem Ziclague e levam seus cidadãos, incluindo as duas esposas de Davi.
      2. *A angústia* (30.6): Os homens de Davi ameaçam matá-lo por ter deixado isto acontecer.
      3. *O direcionamento* (30.7-8): O Senhor ordena que Davi ataque o inimigo, assegurando-lhe a vitória.
   B. **O sucesso** (30.9-20): Davi mobiliza seus homens e ataca os amalequitas.
      1. *Duzentos homens exaustos* (30.9-10): Quando Davi e seus homens atravessam o ribeiro de Besor, 200 deles estão muito cansados para continuar; somente 400 avançam para lutar contra os amalequitas.
      2. *Um homem egípcio* (30.11-16): Os homens de Davi encontram um escravo egípcio que havia sido abandonado pelos amalequitas. O homem concorda em levar Davi ao acampamento dos amalequitas.
      3. *Quatrocentos homens revigorados* (30.17-20): Os homens de Davi atacam o acampamento e destroem os amalequitas, recuperando todos os cativos e todos os bens que haviam sido capturados.
   C. **A partilha** (30.21-31): Davi divide os bens tomados em dois grupos:
      1. *Os soldados de Israel* (30.21-25)
         a. A objeção (30.21-22): Os 400 soldados rejeitaram dividir os bens com os outros 200 que ficaram para trás.
         b. A ordem (30.23-25): Davi insiste que os bens sejam repartidos entre os que guardaram o equipamento e os que lutaram.

2. *Os líderes de Judá* (30.26-31): Os líderes de várias tribos de Judá também recebem parte dos despojos.

II. A Vitória dos Filisteus (31.1-13): Quando os filisteus atacam os israelitas, Saul e seus filhos são mortos no campo de batalha.
   A. **O método** (31.1-6): No monte Gilboa, os filhos de Saul são mortos e Saul é seriamente ferido pelos filisteus. Ele se lança sobre a própria espada para evitar a captura e o abuso do inimigo.
   B. **A mutilação** (31.7-10): Os filisteus cortam a cabeça de Saul e afixam seu corpo no muro de Bete-Seã.
   C. **A missão** (31.11-13): Alguns homens de Jabes-Gileade recuperam os corpos de Saul e de seus filhos e os enterram de forma digna.

II Samuel

ESBOÇO DA SEÇÃO UM (II SAMUEL 1–2)
Davi mata o jovem amalequita que disse ter dado fim à vida de Saul. Davi compõe um cântico em honra a Saul e a Jônatas. Davi é coroado rei sobre Judá, e o filho de Saul, Isbosete, é proclamado rei sobre as outras tribos. Irrompe a guerra entre Davi e Isbosete.

I. AS LÁGRIMAS DE DAVI (1.1-27)
  A. **O estrangeiro** (1.1-16): Um amalequita vem a Davi, dizendo ter sido ele quem matou Saul, a pedido deste. Davi o mata, uma vez que este admitiu ter acabado com a vida de Saul, o ungido do Senhor.
  B. **O cântico fúnebre** (1.17-27): Davi compõe um cântico fúnebre para Saul e Jônatas.
     1. *O desgosto de Davi e de Israel* (1.17-21, 24-27): No cântico de Davi, ele expressa sua profunda dor pela morte de Saul e de Jônatas e convoca Israel a lamentar.
     2. *A glória de Saul e de Jônatas* (1.22-23): Davi exalta Saul e Jônatas, descrevendo-os como "mais ligeiros que águias, mais fortes do que os leões".

II. O TRIUNFO DE DAVI (2.1-32): Davi é proclamado rei sobre Judá.
  A. **A cerimônia** (2.1-7)
     1. *Sua coroação* (2.1-4): Davi é coroado rei na cidade de Hebrom.
     2. *Seu elogio* (2.5-7): Davi louva os homens de Jabes-Gileade que recuperaram o corpo de Saul.
  B. **A competição** (2.8-11): Abner, o comandante militar de Saul, agora coroa Isbosete, o filho de Saul, com 40 anos de idade, rei das outras tribos.
  C. **A disputa** (2.12-17): Joabe lidera as forças de Davi contra as forças de Abner. Quando os dois exércitos se enfrentam em lados opostos de um açude, Abner desafia Joabe a uma luta de espada com 12 homens de cada lado. Isto resulta numa intensa batalha entre os dois exércitos.
  D. **A perseguição** (2.18-23): O irmão de Joabe, Asael, persegue Abner, que o alerta a desistir da perseguição. Asael recusa-se e Abner o mata.

E. O compromisso (2.24-32): Um Joabe irado continua a perseguição, buscando vingar a morte de seu irmão. Entretanto, ao pôr-do-sol, os dois lados concordam em cessar as hostilidades por algum tempo.

> **ESBOÇO DA SEÇÃO DOIS** (II SAMUEL 3-4)
> A guerra entre Davi e Isbosete continua. Abner se alia a Davi e é morto por Joabe. Davi transforma o funeral de Abner em uma humilhação pública para Joabe. Isbosete é morto por colegas benjamitas que, por sua vez, são mortos por Davi.

I. A TRAIÇÃO A ABNER (3.1-39): À medida que o poder de Davi aumenta, Abner muda de lado, mas é traído quando Joabe o mata para vingar a morte de Asael.
   A. Os detalhes (3.1-27)
      1. *A fortuna de Davi* (3.1-5)
         a. A força de sua casa (3.1): Com o passar do tempo, o poder de Davi aumenta cada vez mais.
         b. Os filhos nascidos em sua casa (3.2-5): Davi torna-se pai de seis filhos durante este período.
      2. *A queda de Isbosete* (3.6-27)
         a. A discussão (3.6-11): Isbosete e Abner têm uma discussão em relação a uma concubina chamada Rizpa.
         b. O acordo (3.12-21): Abner passa para o lado de Davi e faz com ele um acordo de entregar-lhe todas as outras tribos.
         c. O assassinato (3.22-27): Ao saber que Abner propôs um acordo, Joabe diz a Davi que Abner está agindo apenas como espião. Então Joabe mata Abner para vingar a morte de seu irmão Asael.
   B. A denúncia (3.28-30): Irado e magoado, Davi condena o ato brutal de traição de Joabe para com Abner.
   C. O desânimo (3.31-39): Davi lamenta por Abner e jejua no dia de seu funeral. Ele condena publicamente Joabe e Abisai.

II. A TRAIÇÃO A ISBOSETE (4.1-12)
   A. O acidente (4.4): No meio do relato acerca do assassinato de Isbosete, há um pequeno desvio na narrativa, acerca de Mefibosete, filho de Jônatas, que ficou manco quando sua ama o deixou cair, ao fugir dos filisteus.
   B. O assassinato (4.1-3, 5-7): Isbosete é assassinado por dois irmãos, Baaná e Recabe, dois dos líderes militares do rei.
   C. A vingança (4.8-12): Os dois irmãos trazem a cabeça de Isbosete a Davi, esperando ser recompensados. Entretanto, Davi ordena a morte deles por matarem seu próprio rei.

ESBOÇO DA SEÇÃO TRÊS (II SAMUEL 5-6)
Davi é ungido rei sobre todo o Israel. Ele conquista Jerusalém, derrota os filisteus e traz a Arca para Jerusalém. Mical despreza Davi por dançar em adoração perante o Senhor quando a Arca é trazida para a cidade.

I. O UNGIDO DO SENHOR (5.1-25)
   A. **A coroação de Davi** (5.1-5): As 12 tribos agora chegam para Hebrom e coroam Davi rei de todo o Israel.
   B. **A cidade de Davi** (5.6-12): Davi conquista Jerusalém e a estabelece como nova capital de Israel.
      1. *O escárnio* (5.6): Os defensores pagãos de Jerusalém vangloriam-se de que sua cidade jamais fora tomada.
      2. *Os triunfos* (5.7-12): Após conquistar a cidade, Davi começa a expandi-la, aumentando assim o poder de seu reino.
   C. **Os filhos de Davi** (5.13-16): Onze dos filhos de Davi, incluindo Salomão e Natã, nascem em Jerusalém.
   D. **As conquistas de Davi** (5.17-25): Davi derrota completamente os filisteus por duas vezes.
      1. *A primeira vez* (5.17-21)
      2. *A segunda vez* (5.22-25)

II. A ARCA DE DEUS (6.1-23): Davi transfere a Arca de Deus para Jerusalém.
   A. **A missão** (6.1-2): Davi vai a Baal-Judá com 30 mil homens especialmente escolhidos para trazer a Arca de Deus a Jerusalém.
   B. **O método** (6.3-4): Eles colocam a Arca num carro novo, guiado por Uzá e Aiô.
   C. **A música** (6.5): Isto é acompanhado por cânticos e execução de instrumentos.
   D. **O erro** (6.6-8): O Senhor fere mortalmente a Uzá quando este estende sua mão à Arca.
   E. **Os meses** (6.9-11): Pelos 90 dias seguintes, a Arca fica na casa de Obede-Edom, que recebe grande bênção por se dispor a acolhê-la.
   F. **A esposa furiosa** (6.12-23): Mical fica irada com Davi por dançar diante da Arca, vestindo apenas uma túnica sacerdotal.
      1. *A celebração de Davi* (6.12-19): Quando a Arca é trazida da casa de Obede-Edom para Jerusalém, Davi junta-se à celebração, dançando diante do Senhor vestido apenas de uma túnica sacerdotal.
      2. *A condenação de Mical* (6.20-23): A esposa de Davi repreende firmemente seu marido por sua conduta. Davi diz a ela que ele está disposto a parecer tolo para demonstrar sua alegria ao Senhor. Mical permanece sem filhos até o fim de sua vida.

ESBOÇO DA SEÇÃO QUATRO (II SAMUEL 7-8)
O Senhor concede uma aliança incondicional a Davi, prometendo estabelecer sua dinastia para sempre. Em resposta, Davi louva a Deus. Os feitos militares de Davi são relatados.

I. A ALIANÇA (7.1-29)
  A. **A promessa** (7.1-17)
    1. *O pedido de Davi* (7.1-7): Construir uma casa para Deus.
       a. O propósito (7.1-3): Davi deseja construir uma habitação própria para a Arca de Deus, principalmente porque vive em um palácio de cedro, enquanto a Arca de Deus vive em uma tenda. Natã encoraja Davi em seu plano.
       b. A proibição (7.4-7): O Senhor diz a Natã que Davi não é o escolhido para construir a casa para o Senhor.
    2. *A resposta do Senhor* (7.8-17): Construir uma casa para Davi.
       a. A promessa de Davi (7.8-11): O Senhor declara que o reino de Davi prosperará e seu nome será conhecido pelo mundo todo.
       b. A promessa ao descendente de Davi (7.12-15): O Senhor promete abençoar Salomão mesmo após a morte de Davi.
       c. A promessa aos descendentes de Davi (7.16-17): O Senhor promete que a dinastia de Davi jamais terá fim.
  B. **A oração** (7.18-29): Com seu coração transbordando de admiração e gratidão, Davi louva o Senhor por sua promessa.

II. AS CONQUISTAS (8.1-18): Davi continua a expandir seu reino e a conduzir os israelitas à vitória.
  A. **As campanhas de Davi** (8.1-14)
    1. *Contra os filisteus* (8.1): Davi conquista a maior cidade filistéia.
    2. *Contra os moabitas* (8.2): Davi executa dois terços dos moabitas, e o resto é forçado a pagar tributos a ele.
    3. *Contra Hadadézer e os sírios* (8.3-12): Davi os derrota e os força a pagar impostos. Ele também se apodera de muito ouro, prata e bronze.
    4. *Contra os edomitas* (8.13-14): Davi derrota os edomitas e coloca guarnições militares por toda a Edom.
  B. **A corte de Davi** (8.15-18): Davi julga com retidão. Seus líderes militares, políticos e religiosos são descritos.

ESBOÇO DA SEÇÃO CINCO (II SAMUEL 9-10)
Davi demonstra bondade a Mefibosete e derrota os filhos de Amom e os sírios.

I. A COMPAIXÃO DE DAVI (9.1-13): Davi demonstra bondade para com a família de Saul.

A. **O homem** (9.1-4): Buscando fazer o bem em manter sua promessa de cuidar da família de Jônatas, Davi pergunta a Ziba, um servo de Saul, se alguém da família de Saul ainda está vivo. Ziba diz a ele que Mefibosete, filho de Jônatas, vive em Lo-Debar.
B. **O encontro** (9.5-6): Davi chama Mefibosete, que, temeroso e humilde, apresenta-se a ele.
C. **A misericórdia** (9.7-13): Davi diz para Mefibosete não ter medo e promete a ele vários presentes generosos. Davi estende esta bondade por causa do amor que teve pelo pai de Mefibosete, Jônatas.
  1. *Davi promete restituir todas as terras de Saul a Mefibosete* (9.7-8).
  2. *Davi dá a ele muitos servos* (9.9-10, 12).
  3. *Davi concede a ele um lugar especial no palácio real* (9.10-11, 13).

II. O PUNHO CERRADO DE DAVI (10.1-19)
  A. **O respeito** (10.1-2): Davi envia embaixadores para expressar suas condolências a Hanum, rei dos filhos de Amom, cujo pai morrera recentemente. O pai de Hanum havia sido leal a Davi.
  B. **O ridículo** (10.3-5): Os conselheiros de Hanum concluem erroneamente que os embaixadores são, na verdade, espias. Assim, Hanum os humilha publicamente, cortando metade de suas vestes até as nádegas e cortando metade de suas barbas.
  C. **A retaliação** (10.6-19)
    1. *O temor de Hanum* (10.6-8): Percebendo que cometera um erro, o rei amonita, atemorizado, contrata 33 mil soldados estrangeiros para ajudá-lo a contra-atacar o esperado ataque de Israel.
    2. *A fúria de Davi* (10.9-19): Em uma batalha furiosa ao longo do rio Eufrates, Davi derrota seus inimigos, matando 700 de seus homens de bigas e 40 mil cavaleiros.

ESBOÇO DA SEÇÃO SEIS (II SAMUEL 11-12)
Davi comete adultério com Bate-Seba, tenta enganar Urias e encomenda a morte de Urias. Quando Davi é repreendido por Natã, arrepende-se, mas seu filho ilegítimo morre. Davi se casa com Bate-Seba e ela fica grávida de Salomão. Davi assume o controle de todas as cidades dos filhos de Amom.

I. DAVI, O PECADOR (11.1-27)
  A. **Seu pecado de adultério** (11.1-5): Dois fatores o levaram a este pecado trágico.
    1. *A preguiça de Davi* (11.1): Davi fica no palácio real e envia Joabe para liderar os israelitas na guerra contra os filhos de Amom.
    2. *A cobiça de Davi* (11.2-5): Davi assiste ao banho de uma linda mulher chamada Bate-Seba. Depois de saber que ela é a mulher de um de seus soldados, ele a chama e se deita com ela. Mais tarde, recebe a notícia de que ela está grávida.

B. Seu pecado de engodo (11.6-13): Davi tenta acobertar seu pecado de adultério.
1. *O plano inescrupuloso* (11.6-8): Davi chama Urias (marido de Bate-Seba) do campo de batalha e o incentiva a passar algum tempo com a esposa. Davi espera que Urias se deite com sua mulher Bate-Seba e pense que o filho de Davi é seu.
2. *O plano fracassado* (11.9-13): Por duas vezes, Urias recusa-se a ir para casa ver sua esposa.

C. Seu pecado de assassinato (11.14-27): Sem conseguir fazer com que Urias se deite com a esposa, Davi concebe uma forma de Urias morrer no campo de batalha para que o rei possa tornar Bate-Seba uma de suas esposas.
1. *Os detalhes* (11.14-21)
   a. A traição (11.14-15): Davi envia uma carta selada para Joabe, por intermédio de Urias, ordenando que Joabe providencie uma morte honrosa para Urias.
   b. A tragédia (11.16-21): Joabe coloca Urias na linha frontal de batalha e ele é morto, exatamente como Davi havia planejado.
2. *A rejeição* (11.22-27): As notícias chegam a Davi de que Urias morreu, então ele se casa com a viúva Bate-Seba, após seu período de lamento. Logo depois, nasce a criança. O Senhor, entretanto, está extremamente desgostoso com o que Davi fez.

II. Davi, o Pesaroso (12.1-13)

A. A confrontação (12.1-12): O Senhor envia o profeta Natã para confrontar Davi acerca de seu pecado.
1. *A ilustração* (12.1-4): Natã relata a história de como um fazendeiro rico, com muitos cordeiros, toma a única ovelha de um fazendeiro pobre.
2. *A indignação* (12.5-6): Davi se enfurece e promete matar esse sujeito e fazer com que ele pague quatro vezes o valor que roubou.
3. *A identificação* (12.7-9): Natã diz a Davi que ele é o fazendeiro rico na história.
4. *A maldição* (12.10-12): Como punição pelo pecado de Davi, o Senhor condena a família de Davi a um tremendo conflito.

B. A confissão (12.13): Quando Davi confessa seu pecado, Natã diz a ele que o Senhor o perdoou e não permitirá que ele morra por causa desse pecado.

III. Davi, o Submisso (12.14-25)

A. O evento amargo: a morte do primeiro filho de Bate-Seba (12.15-23)
1. *A tentativa de Davi* (12.15-19): Por sete dias, Davi jejua e ora, pedindo a Deus que poupe seu filho. Mas a criança morre.
2. *O testemunho de Davi* (12.20-23): Após a morte do bebê, Davi cessa seu jejum e seu lamento e adora a Deus. Ele testemunha que um dia ele se juntará ao bebê, na morte, mas o bebê jamais retornará.

B. **O evento abençoado: o nascimento do primeiro filho de Bate-Seba** (12.24-25): Mais tarde, Bate-Seba dá à luz Salomão, cujo nome significa "paz". O Senhor, entretanto, diz a Davi que seu nome deveria ser Jedidias, que significa "amado do Senhor".

IV. Davi, o Soldado (12.26-31): Davi conquista a cidade amonita de Rabá, escravizando o povo e tomando grande quantidade de ouro, incluindo uma coroa especial de ouro com pedras preciosas.

ESBOÇO DA SEÇÃO SETE (II SAMUEL 13-14)
Amnom estupra Tamar. Absalão vinga Tamar e foge para a casa de seu avô materno. Davi permite que Absalão retorne a Jerusalém, mas o impede de entrar no palácio. Davi encontra Absalão e se reconcilia com ele por algum tempo.

I. O Estupro (13.1-19)
  A. **Amnom deseja Tamar** (13.1-10): O filho de Davi, Amnom, apaixona-se de forma doentia por sua meio-irmã Tamar.
    1. *A sugestão de Jonadabe* (13.1-5): O primo de Amnom, Jonadabe, sugere que ele finja estar doente e peça que Tamar cuide dele.
    2. *A sutileza de Amnom* (13.6-10): Amnom aceita o conselho de Jonadabe e prepara tudo para que Tamar esteja sozinha com ele em seu quarto.
  B. **Amnom desonra Tamar** (13.11-19)
    1. *O ato pecaminoso* (13.11-14): Ignorando os protestos de Tamar, Amnom estupra sua meio-irmã.
    2. *A atitude pecaminosa* (13.15-19): De repente, a cobiça de Amnom torna-se aversão, e Amnom expulsa sua irmã de seu quarto.

II. A Vingança (13.20-39)
  A. **Absalão e Tamar** (13.20-22): Absalão, meio-irmão de Amnom, tenta consolar Tamar, sua irmã. Por causa desse terrível feito, Absalão odeia Amnom, embora nunca fale a respeito.
  B. **Absalão e Amnom** (13.23-33): Absalão conspira para matar Amnom em vingança ao estupro de Tamar. Assim ele faz dois anos mais tarde, quando Amnom celebrava o tosquiar de suas ovelhas.
  C. **Absalão e Davi** (13.34-39): Absalão foge da terra de Israel para escapar de seu pai, Davi. Mas Davi deseja voltar a ver Absalão.

III. O Retorno (14.1-33): Joabe concebe um plano para trazer Absalão de volta a Israel.
  A. **A estratégia de Joabe** (14.1-20)
    1. *A pessoa* (14.1-3): Joabe utiliza a ajuda de uma mulher sábia de Tecoa para propiciar o retorno de Absalão.

2. *As particularidades* (14.4-20)
   a. Preparando a armadilha (14.4-11): Essa mulher se aproxima de Davi, fingindo que um de seus filhos matou o outro. Ela pede misericórdia para o sobrevivente. Davi garante que o filho dela retornará em perfeita segurança.
   b. O resultado da armadilha (14.12-20): A mulher, então, insta com Davi a que faça a mesma coisa a favor de seu filho Absalão.
B. **A intimação de Davi** (14.21-33)
   1. *Davi manda buscar Absalão* (14.21-32): Davi instrui Joabe a trazer Absalão de volta do exílio.
      a. A chegada de Absalão (14.21-27): Absalão retorna a Jerusalém, mas Davi recusa-se a ver o filho. Absalão é um homem muito bem apessoado, com cabelos bem compridos.
      b. A ira de Absalão (14.28-32): Após esperar dois anos completos para poder ver seu pai, Absalão coloca fogo num campo de cevada para chamar a atenção dele.
   2. *Davi encontra-se com Absalão* (14.33): Por fim, Davi concorda em ver seu filho, e os dois se reconciliam.

ESBOÇO DA SEÇÃO OITO (II SAMUEL 15-16)
Absalão rouba o coração do povo e se revolta contra seu pai. Davi foge para o exílio, devolve a Arca da Aliança para Jerusalém e infiltra um homem chamado Husai na corte de Absalão. Davi recusa-se a fazer retaliações contra Simei. Aitofel dá a Absalão um conselho ímpio.

I. A TRAMA EXECUTADA (15.1-12): O próprio filho de Davi, Absalão, organiza uma rebelião contra seu pai.
   A. **A política da trama** (15.1-6): Absalão conquista o coração do povo, assegurando que seu reino trará uma sociedade muito mais justa que o reino de seu pai.
   B. **O lugar da trama** (15.7-12): A rebelião começa na cidade de Hebrom. Ele também envia mensageiros a outras partes de Israel para incitar rebeliões.

II. AS PESSOAS CONVOCADAS (15.13-29): Davi fica sabendo da rebelião. Quando foge de Jerusalém para escapar de Absalão, Davi dá ordem a três homens que fogem com ele.
   A. **Itai** (15.17-22)
      1. *O líder* (15.17-20): Itai é o capitão dos 600 soldados giteus que se juntaram a Davi. Davi o apressa a retornar a Jerusalém, uma vez que ele e seus homens haviam acabado de chegar a Israel.
      2. *O leal* (15.21-22): Itai promete ajudar Davi a qualquer custo, então Davi o acolhe.
   B. **Zadoque e Abiatar** (15.23-29): Davi instrui um sacerdote chamado Zadoque a trazer de volta a Jerusalém a Arca da Aliança e a dar notícias antes de desaparecer no deserto.

III. As Pessoas Encontradas (15.30-16.19): Davi também encontra algumas pessoas enquanto foge de Absalão.
   A. **Husai** (15.30-37; 16.15-19)
      1. *Husai e Davi* (15.30-37): Um amigo fiel chamado Husai está à espera de Davi no monte das Oliveiras. Davi o instrui a retornar a Jerusalém e a se oferecer a Absalão como conselheiro, fingindo ter-se voltado contra Davi, para que possa dar a Absalão conselhos enganosos acerca de como conduzir a rebelião.
      2. *Husai e Absalão* (16.15-19): Husai e Aitofel, o conselheiro anterior de Davi que se voltou contra ele, finalmente encontram Absalão. Após Husai explicar que se voltou contra Davi, Absalão aparentemente o aceita como seu conselheiro.
   B. **Ziba** (16.1-4): Davi encontra-se com Ziba, servo de Mefibosete, que relata que seu mestre também se voltou contra Davi. Aí Davi concede a Ziba tudo o que concedera anteriormente a Mefibosete.
   C. **Simei** (16.5-14): Davi encontra-se com Simei, membro da família de Saul.
      1. *O insulto* (16.5-8): Simei amaldiçoa Davi e joga pedras nele, chamando-o de assassino e dizendo que o Senhor lhe está dando a paga por haver roubado o trono de Saul.
      2. *O controle* (16.9-14): Davi proíbe os soldados de machucar Simei, dizendo que suas atitudes são compreensíveis, uma vez que ele é parente de Saul.
IV. A Profanação Adotada (16.20-23): Aconselhado por Aitofel, Absalão arma uma tenda no telhado do palácio e se deita com as concubinas de Davi, insultando-o publicamente.

ESBOÇO DA SEÇÃO NOVE (II SAMUEL 17-18)
Husai dá maus conselhos militares a Absalão e alerta Davi a fugir. Absalão persegue Davi no lado oriental do Jordão, mas os homens de Davi derrotam os de Absalão. Vinte mil homens morrem nesta batalha, incluindo Absalão. Davi lamenta a morte de Absalão.

I. O Ardil (17.1-14, 23): Aitofel e Husai oferecem conselhos conflitantes a Absalão.
   A. **O conselho correto de Aitofel** (17.1-4): Aitofel instiga Absalão a atacar as tropas de Davi imediatamente, enquanto Davi ainda está cansado e fraco.
   B. **O conselho matreiro de Husai** (17.5-14, 23): Husai aconselha um atraso no ataque para que um grande número de homens por toda a terra possa ser reunido. Então, o próprio Absalão deve liderá-los na guerra. O plano de Husai é aceito, o que leva Aitofel a voltar para casa e enfocar-se.

II. O Recado (17.15-23): Husai envia notícias sobre o plano de Absalão a Davi, que agora tem tempo para mobilizar seu exército.

III. A Substituição (17.24-26): Absalão designa Amasa para comandar o exército israelita, no lugar de Joabe.

IV. O Encontro (17.27-29): Três amigos de Davi — Sobi, Maquir e Barzilai — trazem comida a ele e a seus soldados no deserto.

V. A Recusa (18.1-4): A tropa de Davi insta com ele a não liderá-los na batalha, dizendo que sua vida vale 10 mil das deles.

VI. O Pedido (18.5): Pouco antes da batalha, Davi instrui Joabe, Abisai e Itai a serem gentis com Absalão.

VII. A Derrota (18.6-8): As tropas de Davi derrotam o exército de Absalão no bosque de Efraim.

VIII. A Retaliação (18.9-18)
    A. **O indefeso Absalão** (18.9-10): Quando Absalão foge da batalha em seu jumento, seus cabelos se prendem aos espessos ramos de um carvalho. Absalão fica pendurado, indefeso.
    B. **O impiedoso Joabe** (18.11-18): Desprezando as ordens de Davi, Joabe traspassa o coração de Absalão com três dardos.

IX. O Relato (18.19-32): Davi espera ansiosamente por notícias da batalha e do destino de Absalão. Finalmente, um mensageiro traz a notícia de que o inimigo foi derrotado e que Absalão está morto.

X. O Remorso (18.33): Chorando, Davi diz que preferia ter morrido no lugar de seu filho.

ESBOÇO DA SEÇÃO DEZ (II SAMUEL 19)
O reinado de Davi é restabelecido em Jerusalém. Davi recusa-se a vingar-se de Simei, cuida de Mefibosete e tenta recompensar Barzilai por sua bondade para com ele. A tribo de Judá escolta Davi de volta a Jerusalém, gerando inveja nas outras tribos.

I. As Lágrimas de Davi (19.1-7)
    A. **A angústia de Davi** (19.1-4): O rei continua a prantear a morte de Absalão.
    B. **A ira de Joabe** (19.5-7): Joabe repreende severamente Davi, alegando que Davi ama os que o odeiam e odeia aqueles que o amam. Ele alerta Davi que suas tropas o deixarão se ele não as parabenizar por sua vitória.

II. As Viagens de Davi (19.8-43): Davi começa sua longa viagem de volta a Jerusalém.
  A. **A decisão** (19.8-15)
    1. *A discussão* (19.8-10): O povo de Israel debate se Davi deve retornar ou não.
    2. *O apelo* (19.11-12): Davi apela pessoalmente aos líderes de Judá, pedindo-lhes ajuda em seu retorno.
    3. *A indicação* (19.13): O rei promete indicar Amasa para substituir Joabe.
    4. *O acordo* (19.14): Todos de Judá concordam em apoiar o retorno de Davi.
  B. **O retorno** (19.15-43)
    1. *Davi e Simei* (19.16-23)
      a. O temor de Simei (19.16-20): Simei, que anteriormente havia amaldiçoado Davi, o encontra no Jordão e implora por misericórdia.
      b. O perdão de Davi (19.21-23): O rei concede a ele misericórdia e assegura que sua vida será poupada.
    2. *Davi e Mefibosete* (19.24-30): Mefibosete também vai ao encontro de Davi, que pergunta o motivo de ele ter ficado em Jerusalém durante a revolta. Mefibosete alega que Ziba se recusou a ajudá-lo a ir embora e mentiu acerca de sua lealdade. Então Davi divide as terras de Saul igualmente entre Ziba e Mefibosete.
    3. *Davi e Barzilai* (19.31-39): Davi convida Barzilai, de 80 anos, para acompanhá-lo de volta a Jerusalém e viver no palácio, mas ele não aceita a proposta.
    4. *Davi e os homens de Judá* (19.40-43): O exército de Judá escolta Davi pelo Jordão até Jerusalém. As outras tribos reclamam da deferência demonstrada a Judá.

ESBOÇO DA SEÇÃO ONZE (II SAMUEL 20-21)
Sebá se rebela contra Davi. Joabe mata Amasa e ataca a cidade de Abel, mas recua, pois o povo corta a cabeça de Sebá e a atira para ele. Davi faz reparação ao ataque de Saul aos gibeonitas. Registros de alguns feitos militares de Davi e seus soldados.

I. A Confusão de Sebá (20.1-22)
  A. **A revolta de Sebá** (20.1-13)
    1. *A conspiração de Sebá* (20.1-2): Sebá, um benjamita, lidera uma rebelião contra Davi, apoiado por todas as tribos de Israel, menos Judá.
    2. *A preocupação de Davi* (20.3-7): Davi percebe que a ameaça de Sebá é mais perigosa que a de Absalão, então ordena a Amasa que mobilize o exército inteiro para lutar contra o benjamita.

3. *A crueldade de Joabe* (20.8-13): Joabe assassina Amasa para reconquistar sua posição anterior como comandante militar de Davi.
   B. **A desgraça de Sebá** (20.14-22)
      1. *A batalha contra Abel* (20.14-15): Sebá se refugia na cidade de Abel, então Joabe ataca a cidade.
      2. *A mulher sábia de Abel* (20.16-22): Uma mulher de Abel fecha acordo com Joabe para poupar a cidade. Ela oferece lançar a cabeça de Sebá sobre o muro da cidade. A mulher cumpre sua promessa e Joabe cancela o ataque à cidade.

II. A CONTAGEM DOS LÍDERES (20.23-26): Os líderes de Davi são alistados, incluindo seus comandantes militares, o líder dos trabalhadores forçados, seu escrivão e seus sacerdotes.

III. A TRANSGRESSÃO DE SAUL (21.1-14)
   A. **O problema** (21.1-2): Davi pergunta a Deus por que Israel está sendo punida com a fome. O Senhor responde que é porque Saul tentou eliminar os gibeonitas.
   B. **O plano** (21.3-9)
      1. *O encontro de Davi* (21.3-6): O rei encontra-se com os gibeonitas, que exigem que sete descendentes de Saul sejam entregues a eles para serem executados.
      2. *A misericórdia de Davi* (21.7-9): Davi concede seu pedido, mas não permite que o filho de Jônatas, Mefibosete, seja capturado. Então os gibeonitas executam sete descendentes de Saul em uma montanha próxima.
   C. **A mãe protetora** (21.10-14): Rizpa, cujos dois filhos estavam entre os executados, fica fielmente ao lado dos corpos por semanas, protegendo-os de serem comidos por animais selvagens e urubus.

IV. OS TRIUNFOS DOS QUATRO (21.15-22): Os feitos militares de quatro dos soldados de Davi são relatados.

ESBOÇO DA SEÇÃO DOZE (II SAMUEL 22)
Davi compõe um cântico de louvor ao Senhor e comemora suas vitórias sobre Saul e todos os seus inimigos.

I. AÇÃO DE GRAÇAS POR TER SIDO SALVO DE SEUS INIMIGOS (22.1-32)
   A. **A proteção de Deus** (22.2-7)
   B. **O poder de Deus** (22.8-16)
   C. **A provisão de Deus** (22.17-25)
   D. **A perfeita justiça de Deus** (22.26-28)
   E. **A evidente dependência de Deus** (22.29-32)

II. Ação de Graças por Ter Sido Colocado Acima de Seus Inimigos (22.33-51)
   A. **O guerreiro de Deus** (22.33-46): Davi louva a Deus por dar a ele aquilo de que necessitava para derrotar seus inimigos.
      1. *A habilidade para derrotá-los* (22.33-37)
      2. *A força para derrotá-los* (22.38-46)
   B. **O adorador de Deus** (22.47-51): Davi louva a Deus por todas as vitórias que o Senhor lhe deu.

> **ESBOÇO DA SEÇÃO TREZE** (II SAMUEL 23-24)
> As últimas palavras de Davi são registradas, junto com os feitos de seus homens extraordinários. Davi levanta o censo do povo e tem de escolher um castigo. Depois que a praga mata 70 mil israelitas, Davi edifica um altar e a praga cessa.

I. O Cântico de Davi (23.1-7)
   A. **Deus e o piedoso** (23.1-5)
      1. *A unção sobre Davi* (23.1-4)
      2. *Seu acordo com Davi* (23.5)
   B. **Deus e os ímpios** (23.6-7): Os ímpios serão lançados fora e queimados como espinhos desprezíveis e nocivos.

II. Os Soldados de Davi (23.8-39): Esta passagem alista as façanhas dos valentes de Davi.
   A. **O primeiro grupo** (23.8-17): O primeiro grupo, chamado "os três", consiste em três grandes guerreiros entre os homens de Davi.
      1. *Josebe-Bassebete, o comandante dos três, matou 800 homens em uma só batalha.*
      2. *Eleazar matou os filisteus até que sua mão ficasse sem força para carregar a espada.*
      3. *Samá, com uma só mão, abateu um grande número de guerreiros filisteus.*
      4. *Estes homens uma vez romperam a linha de frente dos filisteus apenas para trazer a água de Belém para Davi.*
   B. **O segundo grupo** (23.18-23): O segundo grupo dos famosos guerreiros de Davi são os dois líderes dos 30.
      1. *Abisai, o líder dos 30 que uma vez matou 300 soldados em uma única batalha. Tornou-se tão famoso quanto os três.*
      2. *Benaías, o comandante da escolta de Davi, matou dois dos mais poderosos guerreiros moabitas e um leão em uma ponte. Também matou um egípcio com a própria lança do inimigo.*

C. **O grupo final** (23.24-39): O resto dos guerreiros, dentre os 30 listados.

III. O PECADO DE DAVI (24.1-25)
   A. **O projeto** (24.1-2): Davi ordena que seja levantado um censo de todas as tribos de Israel.
   B. **O protesto** (24.3-4): Joabe tenta, sem sucesso, fazer Davi mudar de idéia acerca do levantamento do censo.
   C. **As particularidades** (24.5-9)
      1. *O território do censo* (24.5-7): É fornecido o itinerário do censo.
      2. *A duração do censo* (24.8): São necessários 9 meses e 20 dias para que o censo seja levantado.
      3. *O total do censo* (24.9): Existem 500 mil homens na idade de guerra em Judá e 800 mil no resto de Israel.
   D. **A oração** (24.10): Após o censo ser feito, Davi percebe que pecou e pede perdão ao Senhor.
   E. **A punição** (24.11-15)
      1. *A natureza* (24.11-13): Deus permite que Davi escolha um entre três castigos, por ter levado o censo a efeito.
         a. três anos de fome
         b. três meses de derrotas militares
         c. três dias de praga
      2. *O número* (24.14-15): Davi escolhe a praga que, como resultado, traz 70 mil mortes a Israel.
   F. **O perdão** (24.16-17): Deus detém a mão do anjo quando ele está prestes a destruir Jerusalém.
   G. **A compra** (24.18-25): Davi é instruído a comprar uma eira, edificar um altar ali e fazer um sacrifício ao Senhor. Ele obedece e a praga cessa.

I Reis

ESBOÇO DA SEÇÃO UM (I REIS 1)
A morte de Davi aproxima-se. Adonias, filho de Davi, conspira para se tornar rei, mas, ao ficar sabendo disso, Davi confirma Salomão como seu sucessor. Adonias implora misericórdia a Salomão, que a concede.

I. A Frialdade de Davi (1.1-4): Conforme envelhece, Davi não consegue mais se aquecer, então seus conselheiros encontram uma jovem formosa para aquecê-lo.

II. A Conspiração de Adonias (1.5-10): Adonias, meio-irmão de Salomão, tenta ser coroado rei no lugar de seu pai. É ajudado por Joabe e Abiatar, o sacerdote, e convida a maioria dos oficiais reais para comparecer a um sacrifício em En-Rogel.

III. O Contra-ataque de Natã (1.11-27): Natã ouve o plano de Adonias e trabalha para assegurar que Salomão se torne o próximo rei.
   A. Natã encontra-se com Bate-Seba (1.11-21): Natã instrui a mãe de Salomão, Bate-Seba, a relatar a conduta de Adonias a Davi, lembrando Davi que ele já prometera o trono a Salomão.
   B. Natã encontra-se com Davi (11.22-27): Conforme planejado, Natã chega exatamente quando Bate-Seba está terminando sua conversa com Davi e diz a mesma coisa, da mesma forma.

IV. A Ordem de Davi (1.28-37)
   A. Suas intenções (1.28-31): Davi assegura a Natã e Bate-Seba que Salomão será realmente o próximo rei de Israel.
   B. Suas instruções (1.32-37): Zadoque, o sacerdote, e Natã, o profeta, devem ungir Salomão, colocá-lo na mula de Davi, tocar a trombeta e dizer: "Viva o rei Salomão!"

V. A Coroação por Zadoque (1.38-40): O sumo sacerdote faz exatamente conforme ordenado por Davi, resultando em grande celebração entre o povo de Jerusalém.

VI. A Compaixão de Salomão (1.41-53): Quando Adonias descobre que Salomão é o novo rei, busca refúgio no altar do Tabernáculo. Ele pede a misericórdia de Salomão, que a concede enquanto Adonias permanecer fiel a ele.

ESBOÇO DA SEÇÃO DOIS (I REIS 2)
Davi incumbe Salomão de uma tarefa e morre. Salomão executa Adonias após ele fazer um pedido. Por apoiar Adonias como rei, Abiatar é deposto como sacerdote, mas não é morto. Joabe busca o exílio, mas é morto. Simei morre por desobedecer às ordens de Salomão para permanecer em Jerusalém.

I. SALOMÃO E SEU PAI (2.1-11): Davi, cuja morte está próxima, diz suas palavras finais a Salomão, o novo rei.
   A. **O lembrete de Davi** (2.1-4): Davi ordena a Salomão que obedeça aos mandamentos do Senhor escritos na lei de Moisés.
   B. **Os pedidos de Davi** (2.5-9): Davi deixa instruções para Salomão seguir após sua morte.
      1. *Executar Joabe e Simei por seus crimes passados.*
      2. *Mostrar bondade para com os filhos de Barzilai por sua fidelidade passada.*
   C. **O lugar de descanso de Davi** (2.10-12): Davi morre após governar Israel durante 40 anos. Ele é enterrado na Cidade de Davi. Salomão torna-se rei.

II. SALOMÃO E SEUS INIMIGOS (2.13-46)
   A. **Adonias** (2.13-25)
      1. *A petição* (2.13-18): Adonias deseja casar-se com Abisague, a ex-serva de Davi. Assim, convence Bate-Seba a pedir este favor a Salomão.
      2. *A provocação* (2.19-25): Salomão fica tão contrariado com tal pedido que ordena a morte de Adonias.
   B. **Abiatar** (2.26-27): Salomão depõe Abiatar do sacerdócio por este apoiar Adonias como rei, mas não o mata.
   C. **Joabe** (2.28-35): Salomão ordena que Joabe seja morto por ter assassinado Abner e Amasa.
   D. **Simei** (2.36-46)
      1. *Sua desobediência* (2.36-40): Salomão permite que Simei viva em paz em Jerusalém, mas o alerta de que ele será executado se deixar a cidade. Simei concorda, mas três anos depois deixa a cidade para recuperar dois escravos.
      2. *Sua morte* (2.41-46): No retorno de Simei, Salomão manda executá-lo.

> **ESBOÇO DA SEÇÃO TRÊS (I REIS 3-4)**
> Salomão casa-se com uma das filhas do Faraó. Quando o Senhor oferece tudo o que Salomão desejar, ele opta por sabedoria e a manifesta em uma disputa entre duas prostitutas. Os oficiais do governo de Salomão são mencionados. A nação desfruta paz e a fama de Salomão espalha-se pelas nações vizinhas.

I. A Ascensão de Salomão (3.1): Conforme o poder de Salomão aumenta e seus projetos de construção tomam forma, ele faz uma aliança com Faraó e se casa com uma de suas filhas.

II. A Revelação a Salomão (3.2-28): Após Salomão oferecer mil holocaustos, o Senhor aparece a ele num sonho.
   A. Os detalhes (3.5-15)
   1. *A garantia* (3.5): O Senhor promete dar a Salomão qualquer coisa que ele pedir.
   2. *A resposta* (3.6-9): Salomão pede sabedoria para que possa governar sabiamente.
   3. *A aprovação* (3.10-15): Deus se agrada da escolha de Salomão e promete dar, além da sabedoria, riquezas e honra.
   B. A demonstração (3.16-28): Logo após ser concedida sabedoria a Salomão, ele demonstra sua habilidade de julgar sabiamente resolvendo uma disputa difícil.
   1. *O problema* (3.16-22): Duas prostitutas dão à luz filhos, mas um dos bebês morre. Uma das mães alega que a outra trocou os bebês e lhe deu uma criança morta.
   2. *A proposta* (3.23-25): Salomão propõe que a criança seja cortada ao meio, para que cada metade fique com cada mãe.
   3. *O protesto* (3.26): Uma das mães concorda, mas a outra chora em protesto, e se dispõe a abrir mão da criança para que ela viva.
   4. *A declaração* (3.27-28): Salomão entrega o bebê à mulher que protestou, concluindo que ela era a verdadeira mãe da criança. Notícias acerca da sabedoria de Salomão espalham-se por todo o Israel.

III. O Reino de Salomão (4.1-34)
   A. Seu povo (4.1-19)
   1. *Os oficiais de Salomão* (4.1-6)
   2. *Os intendentes de Salomão* (4.7-19)
   B. Sua prosperidade (4.20): O reino de Israel cresce e prospera grandemente sob o governo de Salomão.
   C. Seus domínios (4.21, 24): Salomão governa sobre toda a terra, desde o rio Eufrates até a terra dos filisteus, às margens do Egito.
   D. Suas provisões (4.22-23, 27-28): Cada intendente é responsável por prover alimento ao palácio de Salomão um mês por ano.

E. **Sua paz** (4.25): Durante o reinado de Salomão, a terra de Israel goza de paz e prosperidade.
F. **Seu poder** (4.26): Salomão tem milhares de cavalos e carros.
G. **Sua percepção** (4.29-34)
   1. *A comparação da sabedoria de Salomão* (4.29-31): Salomão é mais sábio que todos os sábios do Oriente, incluindo os do Egito e das nações vizinhas.
   2. *O conteúdo da sabedoria de Salomão* (4.32-34)
      a. Ele escreve 3 mil provérbios.
      b. Ele compõe 1.005 cânticos.
      c. Ele possui amplo conhecimento da vida vegetal e animal.
      d. Seus conselhos são procurados por reis de todas as nações.

ESBOÇO DA SEÇÃO QUATRO (I REIS 5-7)
Salomão junta suprimentos para construir o Templo para o Senhor. Também constrói um palácio para si e provê a mobília para o Templo.

I. UMA CASA PARA O REI DOS REIS (5.1-18; 6.1-38; 7.13-51)
   A. **As preparações** (5.1-18)
      1. *O supridor* (5.1-12)
         a. O pedido de Salomão (5.1-6): Ele pede para Hirão, rei de Tiro, fornecer toras de cedro para o Templo.
         b. A confirmação de Hirão (5.7-12): Hirão concorda; em retribuição, recebe trigo e óleo de oliva de Israel.
      2. *Os hábeis construtores* (5.13-18): Salomão recruta milhares de lavradores de pedras e carpinteiros para viajarem do Líbano e prepararem o material para o Templo.
   B. **As particularidades** (6.1-38; 7.13-51)
      1. *O cronograma do Templo* (6.1, 37-38)
         a. Seu início (6.1): A construção começa durante o quarto ano do reinado de Salomão, 480 anos depois do êxodo de Israel do Egito.
         b. Seu término (6.37-38): O Templo é terminado sete anos mais tarde.
      2. *O tamanho do Templo* (6.2): 27 m de comprimento, 9 m de largura e 13,5 m de altura.
      3. *A estrutura do Templo* (6.3-10, 14-36)
         a. O exterior (6.3-10): Uma descrição dos vários cômodos e das escadarias do Templo.
         b. O interior (6.14-36): Uma descrição das decorações e dos painéis elaborados do interior do Templo.
      4. *A promessa do Templo* (6.11-13): O Senhor assegura a Salomão que ele continuará a viver entre seu povo se eles obedecerem aos seus mandamentos.

5. *Os acessórios do Templo* (7.13-51): Um artífice habilidoso da tribo de Naftali faz a mobília de ouro e bronze.
   a. Os dois pilares de bronze (7.15-22)
   b. O mar de bronze (7.23-26)
   c. Os dez suportes de bronze (7.27-37)
   d. O altar de ouro, a mesa de ouro para o pão da proposição, os candelabros de ouro etc. (7.48-51)

II. UMA CASA PARA O REI DE ISRAEL (7.1-12): Salomão também constrói um palácio para si.
   A. O período (7.1): O palácio demorou 13 anos para ser construído.
   B. As dimensões (7.2-12): O magnífico palácio de Salomão tinha grandes cômodos. Uma das construções, a Casa do Bosque do Líbano, media mais de 45 m de comprimento, 22,5 m de largura, cerca de 13,5 m de altura e foi construída quase inteiramente de cedro. Outro cômodo, o Salão das Colunas, media aproximadamente 22,5 m de comprimento por 13,5 m de largura.

ESBOÇO DA SEÇÃO CINCO (I REIS 8)
Depois que a Arca é transferida para o Templo, Salomão abençoa o povo e dedica o Templo.

I. AS CONVOCAÇÕES (8.1-11)
   A. A Arca da Aliança (8.1-9): Salomão reúne todos os líderes de Israel para testemunhar a instalação da Arca da Aliança.
   B. A glória de Deus (8.10-11): Quando os sacerdotes se retiram do santuário, a gloriosa presença de Deus enche o Templo.

II. O SERMÃO (8.12-21): Salomão abençoa o povo e profere uma mensagem.
   A. Acerca do povo que construiu o Templo (8.12-19): Davi quis construir um templo para o Senhor, mas Salomão foi escolhido para fazê-lo.
   B. Acerca do propósito da construção do Templo (8.20-21)
      1. *Honrar o nome de Deus* (8.20)
      2. *Abrigar a Arca de Deus* (8.21)

III. A SÚPLICA (8.22-53): Salomão ora, pedindo várias coisas ao Senhor.
   A. Bênção contínua sobre a dinastia de Davi (8.25-26)
   B. Atenção às suas orações (8.27-30)
   C. Justiça para o inocente (8.31-32)
   D. Perdão para o penitente (8.33-40)
   E. Atenção às orações dos estrangeiros que visitam o Templo (8.41-43)
   F. Vitória em tempo de guerra (8.44-45)
   G. Restauração após o cativeiro (8.46-53)

IV. O Som do Louvor (8.54-61): Com os braços estendidos, Salomão louva o Senhor e abençoa o povo, pedindo a Deus para ajudá-los a obedecer às suas leis.

V. Os Sacrifícios (8.62-66): Salomão e o povo completam a dedicação do Templo, sacrificando 22 mil bois e 120 mil ovelhas. Depois, celebraram a Festa dos Tabernáculos.

ESBOÇO DA SEÇÃO SEIS (I REIS 9-10)
O Senhor responde à oração de Salomão. Hirão não está contente com as cidades que Salomão deu a ele em pagamento pelo material do Templo. Os triunfos e o tesouro de Salomão são descritos. A rainha de Sabá admira-se com a riqueza, a sabedoria e a fama de Salomão.

I. O Alerta a Salomão (9.1-9)
  A. **A glória da obediência** (9.1-5): Se Salomão continuar a obedecer ao Senhor, ele firmará sua dinastia, assim como foi prometido a Davi.
  B. **O desgosto da desobediência** (9.6-9): Se o povo desobedecer e abandonar ao Senhor, ele enviará duas punições:
    1. *A dispersão do povo*
    2. *A destruição do Templo*

II. Os Projetos de Construção de Salomão (9.10-19)
  A. **A reclamação** (9.10-14): O rei Hirão está descontente com as 20 cidades da Galiléia que Salomão deu a ele em pagamento por cedro, cipreste e ouro.
  B. **A construção** (9.15-19): Os vários projetos de construção de Salomão incluem o Templo, o palácio real, o Milo, o muro de Jerusalém, as cidades de Hazor, Megido e Gezer e várias cidades para estocar grão e equipamentos militares.

III. A Força de Trabalho de Salomão (9.20-24): Salomão recruta forças de trabalho dos sobreviventes das nações conquistadas por ele.

IV. A Adoração de Salomão (9.25): Três vezes ao ano, Salomão oferecia holocaustos e ofertas pacíficas no Templo.

V. A Sabedoria de Salomão (10.1-9): A maravilhosa dádiva divina de sabedoria a Salomão é testemunhada pela rainha de Sabá durante sua visita a Jerusalém.
  A. **Salomão responde à rainha** (10.1-3): A rainha está determinada a testar a famosa sabedoria de Salomão, fazendo-lhe várias perguntas difíceis. Salomão responde sabiamente a todas as perguntas.
  B. **Salomão impressiona a rainha** (10.4-9): A rainha fica deslumbrada com a incrível sabedoria de Salomão e a glória de seu reino.

VI. A Riqueza de Salomão (9.26-28; 10.10-29)
   A. **As fontes** (9.26-28; 10.10-12, 14-15, 22-25): A vasta riqueza de Salomão vem de várias fontes, incluindo:
      1. *A rainha de Sabá* (10.10)
      2. *Estrangeiros visitantes* (10.23-25)
      3. *Impostos* (10.14-15)
      4. *Navios mercantes* (9.26-28; 10.11-12, 22)
   B. **O esplendor** (10.13, 16-21, 26-29): À medida que os tesouros chegam aos cofres reais, o reino de Salomão reflete sua grande riqueza.
      1. *O presente à rainha de Sabá* (10.13)
      2. *Os 300 escudos de ouro* (10.16-17)
      3. *O trono de marfim coberto com ouro puro* (10.18-20)
      4. *As taças de ouro e os outros utensílios* (10.21)
      5. *Os milhares de carros e cavalos* (10.26-29)

> **ESBOÇO DA SEÇÃO SETE (I REIS 11)**
> Salomão permite que suas muitas esposas e concubinas o conduzam à idolatria. O Senhor levanta inimigos contra Salomão. Um profeta diz a Jeroboão, um dos filhos de Salomão, que dez tribos do norte serão tomadas de Salomão e dadas a ele. Salomão morre e é enterrado.

I. A Desobediência de Salomão (11.1-40)
   A. **As causas** (11.1-8)
      1. *Poligamia* (11.1-3): Contrariando o que afirmam os mandamentos de Deus (Deuteronômio 17.17), Salomão tem 700 esposas e 300 concubinas.
      2. *Paganismo* (11.3-8): As esposas pagãs de Salomão o levam a desviar-se do Senhor, e ele adora os ídolos delas.
   B. **As conseqüências** (11.9-40)
      1. *Guerra civil vindoura* (11.9-13, 26-40): O Senhor se ira e promete tirar o reino de Salomão e dar a um de seus servos. Mas, por causa de Davi, o Senhor guarda a punição para depois da morte de Salomão. Ainda assim, seu filho reinará sobre uma tribo.
         a. Jeroboão e Salomão (11.26-28): Antes de sua rebelião, Jeroboão é um efraimita capaz, atuando como um dos líderes da força de trabalho de Salomão.
         b. Jeroboão e Aías (11.29-40): Um profeta chamado Aías diz a Jeroboão que o reino será tirado de Salomão e dado a ele.
            (1) A ilustração de Aías (11.29-30): Um dia, quando Jeroboão deixa Jerusalém, Aías pega uma capa nova e a rasga em 12 pedaços, dando dez a Jeroboão.
            (2) A interpretação de Aías (11.31-40): O profeta diz a Jeroboão que o Senhor logo o fará governante sobre dez das tribos de Israel por causa dos muitos pecados de Salomão. Jeroboão foge para o Egito para escapar da ira de Salomão.

2. *Inimigos estrangeiros* (11.14-25): O Senhor também permite que inimigos estrangeiros atormentem o reino de Salomão.
   a. Hadade (11.14-22): Este edomita busca asilo no Egito depois que os homens de Davi matam a maioria dos homens de Edom. Durante o reinado de Salomão, ele retorna do Egito e se torna uma ameaça.
   b. Rezom (11.23-25): Como Hadade, Rezom foge de Davi e se torna inimigo ferrenho de Israel. Durante o reinado de Salomão, Rezom governa em Damasco e causa problemas a Salomão.

II. A MORTE DE SALOMÃO (11.41-43): Depois de reinar durante 40 anos, Salomão morre e é sucedido por seu filho Roboão.

ESBOÇO DA SEÇÃO OITO (I REIS 12-13)
Roboão sucede seu pai, Salomão, como rei. Depois de Roboão tomar uma decisão ruim de governar com aspereza, Jeroboão rebela-se contra Roboão e governa as dez tribos do norte. Uma guerra imediata entre os dois reinos é evitada. Jeroboão institui a adoração a ídolos em Dã e Betel.

I. ROBOÃO (12.1-24): Após a morte de Salomão, Roboão é o novo rei de Israel.
   A. A arrogância (12.1-20)
      1. *O pedido dos líderes de Israel* (12.1-11)
         a. As condições (12.1-5): Antes de sua coroação, Roboão é incitado pelos líderes das dez tribos de Israel a reduzir o sofrimento causado a eles pelo rei Salomão.
         b. O conselho (12.6-11)
            (1) As palavras sábias dos idosos (12.6-7): Os conselheiros mais velhos de Roboão, que haviam aconselhado Salomão, recomendam que ele assegure às tribos que haverá uma mudança para melhor.
            (2) Os conselhos ímpios dos jovens (12.8-11): Os jovens e inexperientes amigos de infância de Roboão o incitam a ameaçar as tribos com um governo ainda mais áspero.
      2. *A rejeição* (12.12-15): Roboão rejeita o conselho dos homens idosos e segue o conselho de seus amigos.
      3. *A reação* (12.16-20): As dez tribos rejeitam Roboão e formam sua própria nação, tendo Jeroboão como seu rei.
   B. O ataque abortado (12.21-24): Roboão reúne um exército de 180 mil soldados para esmagar a rebelião, mas um profeta de nome Semaías o alerta a não guerrear contra o reino do norte.

II. Jeroboão (12.25-13.34): Depois que as dez tribos do norte se rebelam, fazem de Jeroboão o seu líder.
  A. Sua apostasia (12.25-33; 13.33-34)
    1. *O que ele faz* (12.28-33; 13.33-34)
      a. Jeroboão constrói dois bezerros de ouro e os coloca em Dã e Betel, duas cidades do reino do norte.
      b. Ele designa não-levitas para atuar como sacerdotes.
      c. Ele institui sua própria festa religiosa.
    2. *Por que ele faz isso* (12.25-27): Para evitar que as pessoas retornem a Jerusalém e sacrifiquem no Templo.
  B. Seu altar (13.1-32)
    1. *A profecia* (13.1-2): Quando Jeroboão oferece um sacrifício pagão em seu altar em Betel, um homem de Deus profetiza que, um dia, um rei futuro profanará esse altar, queimando nele os ossos dos próprios sacerdotes que ali sacrificam.
    2. *A prova* (13.3-5)
      a. A fenda no altar (13.3, 5): Como prova de que o evento profetizado acontecerá, o homem de Deus declara que o altar falso rachará e suas cinzas serão derramadas no chão. Isto acontece, conforme o homem de Deus havia predito.
      b. A mão paralisada (13.4): Quando Jeroboão ouve isso, ele estende sua mão e ordena que o homem seja preso, mas a mão de Jeroboão seca e fica paralisada.
    3. *As súplicas* (13.6-10)
      a. A restauração (13.6): A pedido do rei, o homem de Deus ora ao Senhor para que restaure a mão do rei.
      b. A recusa (13.7-10): Jeroboão oferece recompensa ao homem de Deus e o convida para entrar no palácio. O homem não aceita, pois havia sido proibido de comer ou beber qualquer coisa em Betel.
    4. *O profeta* (13.11-32)
      a. O pecado (13.11-19): No caminho de volta para casa, o homem de Deus é encontrado por um velho profeta, que lhe diz que um anjo quer que ele vá para casa com ele e compartilhe uma refeição. O velho profeta está mentindo, mas o homem do Senhor vai para casa e come com ele.
      b. A sentença (13.20-22): Quando o homem de Deus come com o profeta, o Senhor lhe envia uma mensagem através do profeta. O Senhor o repreende por sua desobediência e diz que seu corpo não será enterrado no túmulo de seus ancestrais.
      c. A morte (13.23-25): O homem de Deus come e então parte em sua mula, mas, no caminho, é morto por um leão.
      d. A dor (13.26-32): Quando o profeta mais velho ouve sobre a morte do homem de Deus, recupera o corpo e lamenta por ele. Instrui seus filhos a enterrá-lo ao lado do homem de Deus, pois sua mensagem é certamente verdadeira.

ESBOÇO DA SEÇÃO NOVE (I REIS 14-15)
Aías pronuncia condenação sobre a família de Jeroboão. Jeroboão morre e Nadabe torna-se rei de Israel. Depois de conduzir Israel à idolatria, o rei Roboão morre e Abias se torna rei. Asa sucede a Abias e inicia várias reformas. Baasa assassina Nadabe e se torna rei de Israel. Acontecem repetidas guerras entre Israel e Judá.

I. Jeroboão, o Primeiro Governante de Israel (14.1-20): Os dias finais do reinado de Jeroboão são registrados.
   A. **Sua fraude** (14.1-18)
      1. *A trama* (14.1-3): Jeroboão instrui sua esposa a se disfarçar e a se encontrar com Aías para saber se seu filho irá melhorar.
      2. *A percepção* (14.4-5): Antes de a rainha chegar, o Senhor informa a Aías, que está velho e quase cego, quem é sua visitante.
      3. *A profecia* (14.6-18): Aías fala à esposa de Jeroboão sobre um juízo vindouro por causa do mal cometido por Jeroboão.
         a. Com relação à casa de Jeroboão (14.7-14, 17-18): Por Jeroboão promover a idolatria em Israel, seu filho doente morrerá junto com todos os seus outros filhos.
         b. Com relação à casa de Israel (14.15-16): O Senhor fará com que o reino do norte seja feito cativo.
   B. **Sua morte** (14.19-20): Jeroboão morre depois de reinar 22 anos. Seu filho Nadabe torna-se rei.

II. Roboão, o Primeiro Governante de Judá (14.21-31): Os dias finais do reinado de Roboão são registrados.
   A. **Suas práticas detestáveis** (14.21-24): Roboão permite que a idolatria cresça em Judá.
   B. **Sua derrota** (14.25-31): O rei Sisaque do Egito conquista Jerusalém e rouba os tesouros do Templo e do palácio real.

III. Abião, o Segundo Governante de Judá (15.1-8)
   A. **Sua impiedade** (15.1-5): Abias comete os mesmos pecados que seu pai, Roboão, cometeu.
   B. **Sua batalha** (15.6-8): Durante o reinado de Abias, há uma constante batalha entre Israel e Judá.

IV. Asa, o Terceiro Governante de Judá (15.9-24)
   A. **Sua batalha espiritual** (15.9-15): Asa inicia uma grande reforma em Judá, removendo os ídolos e até mesmo depondo sua própria avó por causa de práticas pagãs.
   B. **Sua batalha militar** (15.16-24): Asa mantém constante guerra contra Baasa de Israel e restabelece um tratado com o rei da Síria para derrotar Israel.

V. Nadabe, o Segundo Governante de Israel (15.25-28): O rei Nadabe comete os mesmos pecados de idolatria que Jeroboão cometeu. Depois de dois anos, Nadabe é assassinado por Baasa, um de seus comandantes militares.

VI. Baasa, o Terceiro Governante de Israel (15.29-34): Baasa mata Nadabe e todos os descendentes de Jeroboão, cumprindo a profecia de Aías. Ele vive em guerra constante com o rei Asa, de Judá.

ESBOÇO DA SEÇÃO DEZ (I REIS 16-17)
Os reinados dos reis do norte Baasa, Elá, Zinri, Onri e Acabe são registrados. Elias fala a Acabe de uma seca futura. Elias foge para o Oriente e é sustentado por corvos; depois, por uma viúva em Sarepta. Ele ressuscita o filho da viúva.

I. Cinco Potentados Ímpios (16.1-34)
   A. **Baasa, o terceiro governante de Israel** (16.1-7)
      1. *O mensageiro fiel* (16.1): O Senhor entrega uma mensagem a Baasa através do profeta Jeú.
      2. *A mensagem temível* (16.2-7): Jeú diz a Baasa que ele e todos os seus descendentes serão destruídos por causa da sua impiedade.
   B. **Elá, o quarto governante de Israel** (16.8-10): Após a morte de Baasa, seu filho Elá reina, mas é morto no segundo ano de reinado.
   C. **Zinri, o quinto governante de Israel** (16.10-20)
      1. *Zinri mata seu rei* (16.10-14): Zinri, um dos comandantes dos carros, mata Elá e todos os descendentes de Baasa, cumprindo a profecia de Jeú.
      2. *Zinri se suicida* (16.15-20): Após reinar por apenas sete dias, Zinri é derrotado por outro líder militar e se suicida.
   D. **Onri, o sexto governante de Israel** (16.21-28)
      1. *A batalha* (16.21-22): Após a morte de Zinri, Tíbni e Onri brigam pelo poder. Onri vence e se torna rei.
      2. *A estrutura* (16.23-24): Onri constrói a cidade de Samaria, que se torna a capital do reino do norte.
      3. *Os pecados* (16.25-28): Onri é mais ímpio que qualquer outro de sua época. Ele continua a promover a idolatria em Israel.
   E. **Acabe, o sétimo governante de Israel** (16.29-34)
      1. *O modelo de Jeroboão* (16.29-30): Acabe segue o exemplo de Jeroboão e se torna o pior rei de Israel em sua época.
      2. *O casamento com Jezabel* (16.31-32): Acabe casa-se com Jezabel, a filha do rei dos sidônios. Ela leva Acabe a adorar Baal. Acabe constrói um templo para Baal em Samaria.
      3. *A mensagem de Josué* (16.34): Hiel reconstrói Jericó, mas, conforme Josué havia predito, o primogênito de Hiel morre quando as

fundações são colocadas e ele perde seu filho mais novo quando os portões são colocados.

II. Um Profeta Justo (17.1-24): O Senhor levanta um profeta de Gileade chamado Elias.
   A. **A palavra do Senhor** (17.1): Elias alerta Acabe de que não haverá chuva em Israel a menos que ele ordene.
   B. **A espera no ribeiro de Querite** (17.2-7)
      1. *O lugar* (17.2-3): O Senhor instrui Elias a esconder-se no ribeiro de Querite, a leste de seu desaguar no rio Jordão.
      2. *As provisões* (17.4-6): Elias bebe do ribeiro e é alimentado por corvos enviados pelo Senhor.
      3. *O problema* (17.7): Depois de um tempo, o ribeiro seca, já que não há chuva.
   C. **A viúva de Sarepta** (17.8-24): O Senhor instrui a Elias a ir até a vila de Sarepta. Lá, ele será alimentado por uma viúva.
      1. *O reabastecimento de comida* (17.8-16)
         a. O pedido de Elias (17.8-12): Elias encontra a viúva e pede a ela pão e água. Ela diz que não tem mais comida, exceto um punhado de farinha e um pouco de azeite.
         b. O consolo de Elias (17.13-16)
            (1) A predição (17.13-14): Elias diz a ela que sempre haverá farinha e óleo suficiente em sua botija, até que a fome cesse.
            (2) A provisão (17.15-16): A viúva prepara a refeição de Elias e tudo acontece exatamente conforme o profeta disse.
      2. *A ressurreição de um garoto* (17.17-24)
         a. A tragédia (17.17-21)
            (1) A doença do garoto (17.17): O filho da viúva fica doente e morre.
            (2) A dor da mãe (17.18): Em grande angústia, a viúva pergunta a Elias se ele veio para puni-la por algum pecado passado.
            (3) A súplica do profeta (17.19-21): Elias estende-se por sobre o menino e pede ao Senhor que o ressuscite.
         b. O triunfo (17.22-23): O Senhor concede o pedido de Elias e o garoto ressurge da morte.
         c. O testemunho (17.24): A grata viúva dá testemunho de que Elias é realmente um homem de Deus.

I REIS

> **ESBOÇO DA SEÇÃO ONZE** (I REIS 18–19)
> Elias desafia Acabe para uma competição no monte Carmelo. O Senhor honra a oração de Elias, enviando fogo dos céus. A chuva cai novamente em Israel, e Elias foge para o monte Sinai. O Senhor o instrui a ungir Eliseu como seu profeta e Jeú como rei. Elias encontra Eliseu e faz dele seu assistente.

I. Elias Pega a Estrada (18.1-16): Elias encontra um seguidor do Senhor chamado Obadias e conversa com ele.
   A. **Obadias, o mordomo fiel** (18.1-6): Obadias é encarregado do palácio de Acabe.
      1. *Seu ministério* (18.1-4): Uma vez, Obadias escondeu e alimentou 100 dos profetas do Senhor para evitar que eles fossem mortos por Jezabel.
      2. *Sua missão* (18.5-6): Acabe instrui Obadias a ir à terra seca e procurar por ervas para alimentar os cavalos e as mulas.
   B. **Obadias, o mordomo temeroso** (18.7-16)
      1. *A ordem* (18.7-8): Quando Obadias está cumprindo sua tarefa, encontra Elias. O profeta pede a ele que agende um encontro de Elias com o rei Acabe.
      2. *A objeção* (18.9-14): Obadias teme que Elias não apareça no encontro, o que resultaria na morte do mordomo.
      3. *A obediência* (18.15-16): Após ser tranquilizado por Elias, Obadias marca o encontro.

II. Elias no Topo de um Monte (18.17-46)
   A. **Elias e Acabe** (18.17-19): Elias desafia Acabe e seus 850 profetas pagãos a se encontrar com ele no monte Carmelo.
   B. **Elias e o povo** (18.20-24)
      1. *O castigo* (18.20-21): Elias repreende o povo de Israel por ficar indeciso entre adorar ao Senhor ou a Baal.
      2. *A competição* (18.22-24): Elias propõe uma competição entre ele e os profetas de Baal.
         a. A preparação: Cada lado deve preparar um novilho como sacrifício e colocá-lo no altar.
         b. A prova: Elias diz aos profetas que clamem pelo seu deus para enviar fogo que consuma o sacrifício, e Elias clamará a Deus que faça o mesmo.
   C. **Elias e os profetas** (18.25-29)
      1. *A gritaria* (18.25-26): Durante toda a manhã, os falsos profetas clamam a Baal sem obter resposta.
      2. *O sarcasmo* (18.27): À tarde, Elias faz zombaria, sugerindo que o deus deles talvez esteja viajando ou dormindo.
      3. *O sacrifício* (18.28): Desesperados, os profetas cortam-se com facas e espadas.
      4. *O silêncio* (18.29): A despeito de suas tentativas frenéticas de invocar Baal, a única resposta é o silêncio.

D. Elias e o Senhor (18.30-46)
1. *O fogo dos céus* (18.30-40)
   a. A oração (18.30-39): Após a oração de Elias, fogo desce dos céus, consumindo o sacrifício. O povo clama: "O Senhor é Deus!"
   b. A purificação (18.40): Elias ordena ao povo que mate todos os profetas de Baal, e eles assim o fazem.
2. *A inundação dos céus* (18.41-46): Elias anuncia o fim da seca de três anos, e uma grande tempestade cai sobre a terra.

III. ELIAS SOB A ÁRVORE (19.1-7)
   A. As maldições (19.1-4): Jezabel promete matar Elias para vingar a morte dos profetas. Elias foge rapidamente para o deserto.
   B. O consolo (19.4-7): No deserto, Elias assenta-se debaixo de um zimbro e pede a Deus para morrer. Mas um anjo do Senhor o consola e o alimenta.

IV. ELIAS EM UMA CAVERNA (19.8-18): Depois de ser fortalecido pelo anjo, Elias viaja durante 40 dias e noites ao monte Sinai, onde passa a noite.
   A. O confronto com o Senhor (19.9-14): Após Elias reclamar de sua situação, o Senhor diz a ele que saia da caverna. O Senhor passa por ali, mas ele não está no forte vento, no terremoto ou no fogo. Em vez disso, o Senhor vem a Elias em meio a um cicio tranqüilo, perguntando o que ele fazia ali.
   B. O comissionamento do Senhor (19.15-17): O Senhor instrui Elias a fazer três coisas:
   1. *Ungir Hazael rei da Síria* (19.15)
   2. *Ungir Jeú rei de Israel* (19.16)
   3. *Ungir Eliseu para sucedê-lo como profeta* (19.16-17)
   C. A correção do Senhor (19.18): O Senhor diz a Elias que ele não está sozinho, pois existem outros 7 mil em Israel que não se curvaram diante de Baal nem o beijaram.

V. ELIAS AO LADO DE UM CAMPO (19.19-21): Elias retorna e encontra Eliseu arando um campo.
   A. A escolha (19.19-20): Elias lança seu manto sobre o ombro de Eliseu, indicando que ele o está chamando para segui-lo. Elias dá permissão a Eliseu para se despedir de seus pais.
   B. O sacrifício (19.21): Eliseu sacrifica seus bois e partilha a carne com outros lavradores, encerrando desta forma sua antiga ocupação e começando uma vida nova como assistente de Elias.

> **ESBOÇO DA SEÇÃO DOZE** (I REIS 20–21)
> As forças de Ben-Hadade sitiam Samária. O rei Acabe as derrota duas vezes. Acabe faz um novo trato, mas é condenado por poupar a vida de Ben-Hadade. Jezabel planeja a morte de Nadabe para que Acabe fique com sua vinha. Elias condena Acabe e Jezabel, mas o Senhor mostra misericórdia quando Acabe se arrepende.

I. A Conquista de Acabe (20.1-43): O Senhor permite que Acabe derrote os sírios por duas vezes para que ele saiba que o Senhor é Deus.
   A. **Primeira vez** (20.1-21): Ben-Hadade e suas forças sírias sitiam Samaria e enviam exigências a Acabe.
      1. *A resposta de Acabe* (20.1-4)
         a. Ben-Hadade a Acabe (20.2-3): "A tua prata e o teu ouro são meus; e também, das tuas mulheres e dos teus filhos, os melhores são meus".
         b. Acabe a Ben-Hadade (20.4): "Sou teu, com tudo quanto tenho".
      2. *A rebelião de Acabe* (20.5-12)
         a. As exigências futuras (20.5-6): Ben-Hadade exige que seus oficiais tenham permissão de procurar e pegar no palácio qualquer coisa valiosa.
         b. A fúria de Acabe (20.7-9): Acabe fica enfurecido com a última exigência e se recusa a concedê-la.
         c. As palavras finais (20.10-12): Os dois trocam mensagens hostis e Ben-Hadade prepara-se para destruir a cidade.
      3. *A confirmação a Acabe* (20.13-14): Um profeta diz a Acabe que ele sairá vitorioso.
      4. *A expulsão promovida por Acabe* (20.15-21): Acabe derrota as forças de Ben-Hadade, destruindo seus cavalos e carros e infligindo grandes baixas.
   B. **Segunda vez** (20.22-43)
      1. *O conselho* (20.22-28)
         a. A preparação (20.22): O profeta exorta Acabe a preparar-se para mais um ataque de Ben-Hadade na primavera.
         b. A pressuposição (20.23-27): Os oficiais de Ben-Hadade pressupõem erroneamente que os israelitas adoram deuses nos altos. Eles asseguram Ben-Hadade da vitória se ele atacar os israelitas nas planícies.
         c. A profecia (20.28): O profeta tranqüiliza Acabe, dizendo que o Senhor derrotará as forças de Ben-Hadade, já que eles difamaram seu nome.
      2. *O conflito* (20.29-30): Israel derrota completamente os sírios, matando 127 mil deles. Ben-Hadade foge e se esconde.
      3. *A conclusão* (20.31-43): Os oficiais de Ben-Hadade imploram por misericórdia ao rei Acabe.
         a. O acordo (20.31-34): Desobedecendo à ordem de Deus, Acabe firma um tratado com os sírios e poupa Ben-Hadade.
         b. A acusação (20.35-43)

(1) O exemplo (20.35-40): Para transmitir uma mensagem ao rei Acabe, um profeta finge ser um soldado que irresponsavelmente permitiu a fuga de um prisioneiro.
(2) A explicação (20.40-43): O rei Acabe condena o profeta, mas, então este diz que o mesmo é verdadeiro acerca de Acabe, já que ele permitiu que Ben-Hadade vivesse.

II. A Conspiração de Acabe (21.1-16)
  A. **O pedido de Acabe** (21.1-2): Acabe deseja adquirir uma vinha próxima a seu palácio em Jezreel. Faz uma oferta para comprá-la de seu dono, Nabote, ou trocá-la por uma melhor.
  B. **A recusa de Nabote** (21.3-4): Nabote recusa, uma vez que a vinha pertence à sua família por gerações. Acabe se enfurece.
  C. **A represália de Jezabel** (21.5-16)
    1. *Nabote é difamado* (21.5-10): Jezabel escreve uma carta em nome de Acabe, instruindo os líderes de Jezreel a conseguir que Nabote seja falsamente acusado de blasfêmia e acabe morto por apedrejamento.
    2. *Nabote é morto* (21.11-16): O plano de Jezabel é cumprido. Depois de Nabote ser morto por apedrejamento, Acabe apossa-se da vinha.

III. A Condenação de Acabe (21.17-24): Eliseu confronta Acabe na vinha de Nabote e diz que ele e toda a sua família serão um dia destruídos por toda a sua iniqüidade.

IV. A Contrição de Acabe (21.25-29): Ao ouvir as terríveis palavras de Eliseu, o rei arrepende-se. O Senhor opta por cumprir sua promessa somente após a morte de Acabe.

ESBOÇO DA SEÇÃO TREZE (I REIS 22)
O rei Josafá de Judá junta forças com o rei Acabe de Israel para lutar contra os sírios. Eles ignoram o alerta do profeta Micaías e vão à guerra. Acabe é morto por uma flecha. Os reinados de Josafá e Acazias são resumidos no texto.

I. O Fim do Reinado de Acabe (22.1-40)
  A. **Acabe e Josafá** (22.1-4): O rei Josafá de Judá e Acabe concordam em fazer uma aliança para lutar contra os sírios.
  B. **Acabe e os profetas** (22.5-28): A pedido de Josafá, Acabe pergunta a vários profetas se ele deve ir à guerra contra Ramote-Gileade.
    1. *Os profetas de Acabe* (22.5-6, 10-12): Os profetas de Acabe, por volta de 400 ao todo, asseguram-lhe vitória.
    2. *O profeta do Senhor* (22.7-9, 13-28): Um profeta do Senhor chamado Micaías é trazido perante o rei Acabe, que pergunta se Israel sairá vitorioso da guerra.

a. O que ele diz (22.13-16): No início, Micaías concorda com os outros profetas, mas Acabe ordena que ele diga a verdade.
b. O que ele viu (22.17-23): Numa visão, Micaías viu os israelitas sendo massacrados como ovelhas porque seu pastor (Acabe) havia sido morto. Ele também teve uma visão de que o Senhor permitia que um espírito inspirasse os profetas de Acabe a mentir.
c. O que ele sugere (22.24-28): Depois do protesto dos profetas de Acabe, Micaías o instrui a esperar e ver se suas profecias estão corretas.

C. Acabe e os sírios (22.29-40): Os dois reis decidem ir à guerra.
1. *A vestimenta real* (22.29-33): O rei Acabe disfarça-se para não parecer rei, enquanto Josafá veste-se com roupas reais. Os sírios vêem Josafá e o perseguem, mas desistem quando percebem não se tratar do rei Acabe.
2. *A flecha perdida* (22.34-40): Uma flecha inimiga, atirada ao acaso, acerta e fere mortalmente o rei Acabe. Mais tarde, os cães lambem seu sangue, conforme profetizado por Eliseu e Micaías.

II. Os Eventos do Reinado de Josafá (22.41-50): O quarto governante de Judá, Josafá, é considerado bom de forma geral, embora o relato a seu respeito tenha coisas boas e ruins, incluindo a permissão para que santuários pagãos permanecessem, a paz com Israel, a remoção de todos os santuários de prostituição e a construção de uma frota de navios mercantes que são afundados antes mesmo de navegar.

III. A Maldade do Reinado de Acazias (22.51-53): O oitavo governante de Israel, Acazias, é declarado ímpio por continuar o pecado de Jeroboão de idolatria em Israel.

II Reis

ESBOÇO DA SEÇÃO UM (II REIS 1-2)
Acazias consulta os sacerdotes de Baal-Zebube para saber se vai recuperar-se de uma queda, mas Elias profetiza que ele morrerá. Eliseu sucede Elias como profeta. Elias é levado aos céus em uma carruagem de fogo. Eliseu é confirmado sucessor de Elias pelos milagres que opera.

I. OS ÚLTIMOS DIAS DO MINISTÉRIO DE ELIAS (1.1-2.11)
   A. **Elias e Acazias** (1.1-18)
      1. *A queda* (1.1-2): Acazias sofre uma queda severa e envia mensageiros ao templo de Baal-Zebube para saber se terá recuperação.
      2. *A profecia* (1.3-4): Elias profetiza que Acazias morrerá de seus ferimentos por consultar a Baal.
      3. *A fúria* (1.5-9, 11): Acazias, furioso, envia soldados para prender Elias.
      4. *O fogo* (1.10, 12): Elias clama por fogo dos céus, que consome as duas primeiras companhias de soldados.
      5. *A misericórdia* (1.13-15): O capitão da terceira companhia implora por misericórdia. Depois disso, o anjo do Senhor diz a Elias que acompanhe o capitão, e ele assim o faz.
      6. *O cumprimento* (1.16-18): Elias repete sua profecia ao rei Acazias. A profecia cumpre-se.
   B. **Elias e Eliseu** (2.1-11): Elias e Eliseu fazem uma viagem final juntos. Elias é arrebatado aos céus.
      1. *O caminho* (2.1-6): Fazendo o percurso Gilgal-Betel-Jericó-Jordão, Eliseu é lembrado várias vezes de que seu mestre será levado embora. Eliseu afirma repetidas vezes sua lealdade a Elias.
      2. *O rio* (2.7-8): No rio Jordão, Elias opera seu último milagre, dividindo as águas.
      3. *O pedido* (2.9): Eliseu pede a Elias para se tornar seu herdeiro legítimo.
      4. *O requisito* (2.10): Elias diz a Eliseu que seu pedido será concedido se ele testemunhar sua partida.
      5. *O afastamento* (2.11): Eliseu assiste a uma carruagem de fogo aparecer e levar Elias aos céus num redemoinho!

II. Os Primeiros Dias do Ministério de Eliseu (2.12-25)
   A. **Ele divide as águas** (2.12-14): Eliseu pega o manto de Elias e divide o
      Jordão, ferindo a água com o manto.
   B. **Ele apazigua alguns profetas** (2.15-18): De forma relutante, Eliseu permite que 50 profetas procurem Elias, sem sucesso.
   C. **Ele purifica a água** (2.19-22): Eliseu joga sal em uma fonte poluída em Jericó e a torna potável.
   D. **Ele pune alguns garotos zombadores** (2.23-25)
      1. *A zombaria* (2.23): Quando Eliseu ruma para Betel, alguns garotos zombam de sua calvície.
      2. *O despedaçamento* (2.24-25): Eliseu amaldiçoa os garotos e duas ursas saem do bosque, despedaçando 42 deles.

ESBOÇO DA SEÇÃO DOIS (II REIS 3-4)
Jorão sucede Acazias e vai à guerra contra Moabe. O Senhor provê água a Israel e Judá, e usa isto para atrair os moabitas à sua destruição. Eliseu provê azeite para uma viúva, ressuscita uma criança, purifica uma panela de comida e alimenta 100 homens com apenas um bocado de comida.

I. Eliseu e o Rei Jorão (3.1-14)
   A. **O rei incompetente** (3.1-9)
      1. *A idolatria de Jorão* (3.1-3): O filho de Acabe, Jorão (algumas vezes chamado Jeorão), torna-se o nono governante de Israel. Ele pratica a idolatria, embora remova uma coluna sagrada de Baal.
      2. *A intenção de Jorão* (3.4-8): O rei Jorão induz o rei Jeosafá de Judá a ajudá-lo a combater os moabitas, que se rebelaram contra ele.
      3. *A inépcia de Jorão* (3.9): Após sete dias de marcha, o exército de Jorão fica sem água no deserto.
   B. **O profeta indignado** (3.10-27)
      1. *O pedido* (3.10-12): O rei Jeosafá pede ao rei Jorão que busque instruções com um profeta do Senhor.
      2. *A repreensão* (3.13-14): Os dois reis perguntam a Eliseu o que ele faria, mas ele diz ao rei de Israel que nada tem com isso. Depois que o rei Jorão implora juntamente com Jeosafá, Eliseu concorda em ajudá-lo por causa do rei Jeosafá.
      3. *A resposta* (3.15-19): Enquanto a harpa é tocada, Eliseu recebe uma mensagem do Senhor que o vale seco adiante deles se encherá de água e que eles derrotarão os moabitas.
      4. *A água vermelha* (3.20-23): A água aparece, conforme o Senhor havia prometido. O sol da manhã faz com que ela pareça sangue para os moabitas, e eles pensam que os exércitos destruíram a si mesmos.
      5. *A expulsão* (3.24-27)

a. A derrota de Moabe (3.24-25): Quando os moabitas chegam para saqueá-los, os soldados de Israel os destroem.
   b. O desespero de Moabe (3.26-27): O rei de Moabe percebe que suas forças estão sendo vencidas. Oferece seu primogênito em holocausto e o exército israelita retorna para casa.

II. Eliseu e a Viúva Pobre (4.1-7)
   A. **O problema da viúva** (4.1-2): Uma viúva de um dos colegas profetas de Eliseu é ameaçada de ter seus dois filhos tomados como escravos por causa de dívidas não pagas. Tudo o que ela tem é um pote de azeite.
   B. **A ordem de Eliseu** (4.3-7): Eliseu instrui a viúva a tomar emprestadas todas as vasilhas que conseguir. O azeite enche todas as vasilhas. Eliseu a orienta a vender o azeite, pagar suas dívidas e sustentar sua família com o restante do dinheiro.

III. Eliseu e a Mulher Sunamita (4.8-37)
   A. **A hospitalidade** (4.8-17)
      1. *O quarto* (4.8-10): Uma mulher rica de Suném prepara um quarto especial para Eliseu, sempre que ele estiver por perto.
      2. *A recompensa* (4.11-17): Eliseu deseja recompensá-la por sua hospitalidade, então promete que ela terá um filho dentro de um ano.
   B. **A dor do coração** (4.18-28)
      1. *A razão de seu pranto* (4.18-21): Anos mais tarde, seu filho adoece e morre.
      2. *A solução para seu pranto* (4.22-31): A mulher encontra Eliseu e conta sobre seu filho. Eliseu envia Geazi adiante para colocar seu bordão sobre o rosto do menino, mas nada acontece.
   C. **A felicidade** (4.32-37): Eliseu recupera a vida do garoto e o leva à sua mãe, que é tomada de felicidade.

IV. Eliseu e os Profetas (4.38-44): Eliseu retorna a Gilgal e a fome instala-se na terra.
   A. **A comida envenenada** (4.38-41): Um dos profetas de Eliseu cozinha para os outros, mas, sem saber, usa ingredientes venenosos. Eliseu purifica a comida, jogando um pouco de farinha na panela.
   B. **A comida abundante** (4.42-44): Eliseu orienta um homem a dar um saco de grãos e 20 pães para 100 profetas. O homem assim faz, e há comida mais do que suficiente para todos.

ESBOÇO DA SEÇÃO TRÊS (II REIS 5)
Naamã, o comandante do exército sírio, procura Eliseu para ser curado de lepra. Naamã é curado quando obedece às instruções do profeta, mas o servo de Eliseu, Geazi, é atacado de lepra por sua cobiça.

I. A Purificação da Lepra (5.1-19)
   A. **A doença de Naamã** (5.1): Naamã é um comandante bem-sucedido do exército sírio, mas tem lepra.
   B. **A determinação de Naamã** (5.2-5)
      1. *A garotinha* (5.2-3): A serva da esposa de Naamã, uma jovem cativa de Israel, comenta sobre a habilidade de Eliseu para curar a lepra do comandante.
      2. *O grande presente* (5.4-5): Crendo na jovem, Naamã viaja para se encontrar com Eliseu, levando consigo grandes quantidades de ouro e prata.
   C. **A detenção de Naamã** (5.6-8)
      1. *O pedido do rei da Síria* (5.6): O rei da Síria endereça uma carta ao rei de Israel, pedindo que Naamã seja curado.
      2. *A resposta do rei de Israel* (5.7): O rei de Israel rasga suas vestes em frustração, concluindo que se trata de uma desculpa da Síria para atacar israelitas se o pedido não for atendido.
      3. *O conforto por parte do homem de Deus* (5.8): Eliseu pede ao rei que envie Naamã a ele; Naamã aprenderá que há um verdadeiro profeta em Israel.
   D. **O descontentamento de Naamã** (5.9-13)
      1. *O anúncio* (5.9-10): Naamã chega à casa de Eliseu, mas o profeta simplesmente lhe envia uma mensagem, dizendo que se lave sete vezes no rio Jordão.
      2. *A raiva* (5.11-12): Naamã fica furioso, pois supunha que Eliseu viesse curá-lo pessoalmente.
      3. *O conselho* (5.13): Os oficiais de Naamã aconselham-no a atentar ao que disse o profeta.
   E. **O livramento de Naamã** (5.14): Naamã lava-se no Jordão. Ele é curado de sua lepra, conforme Eliseu havia dito.
   F. **A dedicação de Naamã** (5.15-19)
      1. *Seus presentes* (5.15-16): Naamã tenta dar presentes a Eliseu, mas o profeta os recusa.
      2. *Suas promessas* (5.17-19): Naamã promete adorar ao Senhor, daquele momento em diante.

II. A Maldição da Lepra (5.20-27)
   A. **A cobiça de Geazi** (5.20): O servo de Eliseu, Geazi, decide receber um presente de Naamã, embora Eliseu o houvesse recusado.
   B. **A mentira de Geazi** (5.21-24): Geazi diz a Naamã que Eliseu mudou de idéia e gostaria de alguns presentes. Geazi retorna e esconde os presentes.

C. **A lepra de Geazi** (2.25-27): Eliseu diz a Geazi que sabe o que aconteceu e amaldiçoa Geazi e sua família com lepra.

ESBOÇO DA SEÇÃO QUATRO (II REIS 6-7)
Eliseu faz um machado flutuar. Cega o exército sírio e o conduz a Samaria. Mais tarde, Ben-Hadade sitia Samaria e corta seu suprimento de alimentos. O Senhor faz com que o exército sírio fuja e quatro leprosos informam o resto do povo acerca do local onde os alimentos estão.

I. O Machado Emprestado (6.1-7): Os profetas de Eliseu começam a construir um novo local de encontro perto do rio Jordão.
   A. **O machado cai** (6.4-5): Enquanto um dos profetas está derrubando árvores com um machado emprestado, o machado cai no rio Jordão.
   B. **O machado flutua** (6.6-7): Eliseu joga um pedaço de pau no rio no lugar que o machado caiu e o machado flutua na superfície para que o profeta o recupere.

II. O Exército Cego (6.8-23)
   A. **O contexto** (6.8-17)
      1. *As revelações de Eliseu* (6.8-10): Por muitas vezes, Eliseu pode prever o plano do rei da Síria de atacar Israel. O profeta alerta o rei de Israel sobre cada ameaça.
      2. *A represália contra Eliseu* (6.11-14): O rei da Síria descobre que Eliseu está alertando previamente o rei de Israel, então envia seu exército para prender o profeta.
      3. *A confirmação de Eliseu* (6.15-17)
         a. O pânico (6.15): Quando os servos de Eliseu vêem o exército sírio os cercando, ficam temerosos.
         b. A promessa (6.16): Eliseu assegura seus servos de que seu exército é maior do que o deles.
         c. A oração (6.17): Eliseu pede que o Senhor abra os olhos de seus servos.
         d. A proteção (6.17): Os servos vêem um grande exército de cavalos e carros de fogo ao redor deles.
   B. **A cegueira** (6.18-23)
      1. *O milagre* (6.18): Conforme os soldados sírios se aproximam, Eliseu ora ao Senhor e pede que os cegue, e Deus assim faz.
      2. *A marcha* (6.19-20): Eliseu guia os sírios à cidade de Samaria.
      3. *A misericórdia* (6.21-23): Quando o rei de Israel pergunta se pode matar os sírios, Eliseu responde que não. Ele diz ao rei que os alimente e os envie de volta para casa, e ele assim faz.

III. A Cidade Sitiada (6.24-7.20): Mais tarde, os sírios sitiam Samaria.
   A. O apuro do povo (6.24-29): As condições dentro de Samaria ficam difíceis, a ponto de o povo recorrer ao canibalismo.
   B. O preconceito do rei (6.30-33): O rei de Israel culpa Eliseu e o Senhor pela terrível situação.
   C. A profecia de Eliseu (7.1-2): Eliseu faz uma profecia dupla.
      1. Haverá comida suficiente para a cidade atingida pela fome dentro de 24 horas (7.1).
      2. O oficial do rei que duvidou da primeira profecia de Eliseu nada comerá (7.2).
   D. O pânico dos sírios (7.3-11): Quatro homens israelitas com lepra entram no acampamento abandonado dos sírios.
      1. O desespero (7.3-4): Já que estão mortos de fome, os quatro israelitas leprosos decidem apelar para a misericórdia síria fora de Samaria.
      2. A descoberta (7.5-8): Quando os homens vão ter com os sírios, encontram um acampamento abandonado, com muita comida, pois o Senhor fez com que os sírios fugissem ao som de um grande exército que se aproximava.
      3. A tarefa (7.9-11): Os leprosos concluem que é seu dever moral partilhar a notícia com os samaritanos famintos. Retornam à cidade e informam os porteiros da cidade.
   E. O saque pelo povo (7.12-16): Depois de o rei de Israel enviar espias e confirmar a descoberta, o povo corre e pega grande quantidade de comida e prata. Isto cumpre a primeira profecia de Eliseu.
   F. A passagem do oficial (7.17-20): O rei designa o oficial que zombou das palavras de Eliseu a controlar o tráfego no portão, mas ele é pisoteado e morre por causa da pressa do povo, cumprindo a segunda profecia de Eliseu.

ESBOÇO DA SEÇÃO CINCO (II REIS 8)
A mulher de Suném conta ao rei de Israel os feitos de Eliseu. O profeta diz a Hazael que ele será o próximo rei da Síria. Hazael mata Ben-Hadade e se torna rei. Jeorão sucede Jeosafá como rei de Judá e Acazias sucede Jeorão.

I. Lembrando Eliseu (8.1-6): Geazi e a mulher de Suném relatam os feitos de Eliseu ao rei de Israel.
   A. O deslocamento (8.1-2): Eliseu alerta a mulher de Suném acerca dos sete anos de fome, então ela e sua família mudam-se para a Filístia.
   B. O retorno (8.3): Ao terminar a fome, a mulher retorna a Israel e procura o rei para obter a casa e as terras de volta.
   C. A restauração (8.4-6): A mulher entra no palácio no momento em que Geazi está contando ao rei sobre a ocasião em que Eliseu ressus-

citou o filho morto da mulher. Quando Geazi aponta para a mulher, o rei ordena a seus oficiais a devolução de tudo o que ela havia perdido.

II. O REGICÍDIO DE BEN-HADADE (8.7-15): Ben-Hadade, rei da Síria, está doente e envia seu oficial Hazael para perguntar a Eliseu se ele se recuperará.
   A. **A doença mortal de Ben-Hadade** (8.7-10): Eliseu diz a Hazael que seu mestre morrerá.
   B. **O reinado tímido de Hazael** (8.11-15): Eliseu também diz a Hazael que ele se tornará rei e cometerá atos terríveis contra o povo de Israel. No dia seguinte, Hazael mata Ben-Hadade e se torna rei da Síria.

III. OS GOVERNANTES DE JUDÁ (8.16-29)
   A. **Jeorão, o quinto governante de Judá** (8.16-24)
      1. *O aumento do poder* (8.16-17): Jeorão sucede Jeosafá como rei de Judá.
      2. *A esposa má* (8.18): Jeorão é tão mau quanto o rei Acabe porque se casa com Atalia, uma das filhas de Acabe.
      3. *A aliança eterna* (8.19): Apesar da impiedade de Jeorão, o Senhor continua a honrar sua aliança com relação à dinastia de Davi.
      4. *A guerra edomita* (8.20-22): Jeorão é incapaz de derrotar a revolta edomita contra seu reino.
      5. *O fim de Jeorão* (8.23-24): Relato da morte de Jeorão.
   B. **Acazias, o sexto governante de Judá** (8.25-29): Acazias sucede seu pai Jeorão como rei de Judá.
      1. *A mãe ímpia* (8.26-27): A mãe de Acazias é a cruel e corrupta Atalia, uma neta do rei Onri.
      2. *O monarca ferido* (8.28-29): O rei Acazias junta-se com o rei Jorão para lutar contra o rei Hazael da Síria. Quando Jorão é ferido em guerra, Acazias o visita.

ESBOÇO DA SEÇÃO SEIS (II REIS 9-10)
Jeú é ungido rei de Israel e mata o rei Jorão e o rei Acazias. Jezabel é atirada de uma janela, morre e é comida por cães. Jeú mata todos os parentes de Acabe e muita gente da família de Acazias. Jeú mata muitos sacerdotes de Baal e morre, após um reinado de 28 anos.

I. A UNÇÃO DE JEÚ (9.1-13)
   A. **O profeta** (9.1-6): Eliseu instrui um de seus jovens profetas a ir a Ramote-Gileade e ungir Jeú como o décimo governante de Israel.
   B. **As profecias** (9.7-10): Depois de ungir Jeú, o jovem profeta profetiza a destruição da família de Acabe.
   C. **A proclamação** (9.11-13): Quando Jeú diz a seus colegas oficiais o que aconteceu, eles soam uma trombeta e aclamam Jeú como rei.

II. Os Ataques de Jeú (9.14-10.29): Jeú mata Jorão, Acazias e suas famílias, fazendo dele um dos homens mais sanguinários da Bíblia.
   A. **Ele mata o rei Jorão de Israel** (9.14-26)
      1. *Onde Jorão é morto* (9.14-20): O rei Jorão está em Jezreel, recuperando-se de ferimentos de guerra.
      2. *Como Jorão é morto* (9.21-26): Jeú dispara uma flecha contra o rei Jorão entre os ombros e a flecha atinge o coração. O rei Jorão morre em seu carro.
   B. **Ele mata o rei Acazias de Judá** (9.27-29): Quando o rei Acazias vê o que aconteceu com o rei Jorão, foge em seu carro. Mas também é mortalmente atingido.
   C. **Ele mata Jezabel** (9.30-37)
      1. *Seu sarcasmo* (9.30-33): Quando Jeú entra no portão do palácio de Jezreel, Jezabel o chama de assassino. Jeú ordena que seus eunucos a joguem da janela, o que é feito.
      2. *Seu crânio* (9.34-37): Cães selvagens comem o corpo de Jezabel, deixando apenas seu crânio, suas mãos e seus pés.
   D. **Ele mata a família de Acabe** (10.1-11, 15-17)
      1. *O desafio feito por Jeú* (10.1-3): Jeú alerta previamente o povo de Samaria de que ele atacará qualquer filho de Acabe que seja declarado rei.
      2. *A decapitação promovida pelo povo* (10.4-8): O povo apavorado pergunta o que Jeú quer que eles façam. Jeú os instrui a trazer as cabeças dos 70 filhos de Acabe, o que eles fazem.
      3. *A destruição dos demais* (10.9-11, 15-17): Jeú destrói o resto da família de Acabe e os a ele chegados.
   E. **Ele mata a família de Acazias** (10.12-14): Quando Jeú viaja a Samaria para terminar de matar os parentes de Acabe, encontra os parentes do rei Acazias e mata todos eles.
   F. **Ele mata os sacerdotes de Baal** (10.18-28)
      1. *A fraude* (10.18-24): Jeú finge querer adorar Baal e reúne todos os sacerdotes no próprio templo deles.
      2. *A destruição* (10.25-28): Jeú ordena que todos os sacerdotes sejam mortos e destrói o templo de Baal.

III. A Confirmação de Jeú (10.29-30): Apesar de seu fracasso em tentar retirar os bezerros de ouro em Betel e Dã, Jeú é elogiado pelo Senhor por destruir a família de Acabe. O Senhor promete que os descendentes de Jeú reinarão até a quarta geração.

IV. A Apostasia de Jeú (10.31-36)
   A. **Seu paganismo** (10.31): Jeú continua a praticar a idolatria e desobedece à lei do Senhor.
   B. **Sua punição** (10.32-33): O Senhor permite que o rei Hazael conquiste a terra a leste do rio Jordão, que pertenceu às duas tribos e meia de Israel.
   C. **Sua morte** (10.34-36): Jeú morre depois de reinar durante 28 anos.

ESBOÇO DA SEÇÃO SETE (II REIS 11-12)
Atalia se torna rainha de Judá e destrói toda a família real, exceto Joás, que é escondido no Templo. Um sacerdote trama a morte de Atalia, e Joás é declarado rei. Joás recupera o Templo, mas usa seus tesouros e os dá em paga ao rei Hazael para que ele não ataque Jerusalém. Seus próprios oficiais o matam.

I. ATALIA, A SÉTIMA GOVERNANTE DE JUDÁ (11.1-18)
   A. **A rainha perversa** (11.1-3)
      1. *Aqueles que ela matou* (11.1): Atalia tenta matar toda a família real para assegurar seu reinado sobre Judá.
      2. *Aquele que escapou* (11.2-3): Joás, neto ainda criança de Atalia, é escondido no Templo e lá é criado.
   B. **A rainha executada** (11.4-18)
      1. *O sacerdote* (11.4): Depois de seis anos, Joiada, o sacerdote, prepara-se para tirar Atalia do trono.
      2. *O plano* (11.5-16)
         a. Com relação a Joás (11.5-12): Joiada o apresenta ao povo e o proclama rei de Judá.
         b. Com relação a Atalia (11.13-16): Trazida para fora do Templo, ela é morta.
      3. *O pacto* (11.17-18): Após a morte da rainha, Joiada faz alianças com o Senhor, o rei e o povo, e destrói os ídolos de Baal.
II. JOÁS, O OITAVO GOVERNANTE DE JUDÁ (11.19-12.21)
   A. **A ascensão de Joás** (11.19-21): Um garoto de sete anos, Joás, é levado ao trono e toma seu lugar como novo rei de Judá.
   B. **As atividades de Joás** (12.1-18)
      1. *Joás e o dinheiro do Templo* (12.1-16)
         a. A ordem (12.1-5): Joás instrui os sacerdotes a começar os reparos necessários no Templo.
         b. A preocupação (12.6-8): Anos mais tarde, o rei se entristece ao saber que os sacerdotes ainda não repararam o Templo.
         c. A caixa (12.9-16): Para financiar os reparos do Templo, Joiada abre um buraco na tampa de uma grande caixa e a coloca ao lado da entrada do Templo para receber dinheiro para os reparos.
      2. *Joás e os impostos* (12.17-18): Quando o rei Hazael da Síria ataca Jerusalém, o rei Joás o paga com dinheiro e com utensílios valiosos tomados do Templo e do palácio.
   C. **O assassinato de Joás** (12.19-21): O rei Joás é assassinado por seus próprios oficiais.

A BÍBLIA EM ESBOÇOS

ESBOÇO DA SEÇÃO OITO (II REIS 13-14)
Relatos dos reinados de Jeoacaz e Jeoás. Eliseu faz uma profecia final a respeito da vitória sobre a Síria. O profeta morre e um homem revive no momento em que seu corpo encosta nos ossos de Eliseu. Jeoás derrota a Síria por três vezes. Relato dos reinados de Amazias e Jeroboão II.

I. Os Reinados dos Quatro Monarcas (13.1-19, 22-25; 14.1-29)
   A. **Jeoacaz, o décimo primeiro governante de Israel** (13.1-9)
      1. *A rebelião* (13.1-2, 6): Jeoacaz segue o exemplo ímpio de Jeroboão, primeiro rei de Judá.
      2. *A retribuição* (13.3-9): Por causa dos pecados de Israel, o Senhor permite que os sírios os derrotem. Jeoacaz ora pela ajuda do Senhor, para que envie um libertador. Mas o povo continua a pecar, e os sírios reduzem as forças de Jeoacaz a uma fração do seu tamanho original.
   B. **Jeoás, o décimo segundo governante de Israel** (13.10-19, 22-25)
      1. *As iniqüidades contra o Senhor* (13.10-13): Como muitos antes dele, Jeoás adora ídolos. Então ele morre e Jeroboão II torna-se rei.
      2. *As instruções do profeta* (13.14-25)
         a. A ocasião do evento (13.14-15): O rei visita Eliseu quando o profeta está muito doente.
         b. A ordem do rei (13.16-18): Eliseu profetiza a vitória de Israel enquanto o rei atira uma flecha pela janela. Eliseu ordena que o rei atire várias outras flechas contra a terra.
         c. A objeção de Eliseu (13.19): Eliseu se zanga, pois Jeoás atira contra a terra apenas três vezes, e não cinco ou seis vezes. Agora, o rei só terá três vitórias sobre a Síria, em vez de uma vitória completa.
         d. A propriedade das cidades (13.22-25): Por causa de sua misericórdia e de sua aliança com Abraão, o Senhor preserva Israel de ser completamente destruído e capacita Jeoás a recuperar algumas cidades da Síria.
   C. **Amazias, o nono governante de Judá** (14.1-22)
      1. *Seus feitos* (14.1-14)
         a. Na frente doméstica (14.1-6)
            (1) Ele agrada ao Senhor (14.1-4).
            (2) Ele pune os culpados (14.5): Amazias executa aqueles que assassinaram seu pai, Joás.
            (3) Ele protege os inocentes (14.6): Obedecendo à lei de Moisés, ele não mata os filhos dos assassinos de seu pai.
         b. Na frente de batalha (14.7-14)
            (1) A batalha que ele vence (14.7): Amazias derrota completamente os edomitas.
            (2) A batalha que ele perde (14.8-14): Amazias provoca,

tolamente, uma guerra com Israel. Ele é capturado e forçado a pagar caros impostos aos vencedores.
2. *Seu assassinato* (14.15-22): Como seu pai, Joás, Amazias é assassinado por seu próprio povo. É sucedido por seu filho Azarias (também conhecido como Uzias).
D. **Jeroboão II, o décimo terceiro governante de Israel** (14.23-29)
1. *A pecaminosidade de Jeroboão* (14.23-24): Jeroboão II segue o ímpio exemplo de seu predecessor, Jeroboão I.
2. *A soberania do Senhor* (14.25-29): O Senhor é movido de compaixão e usa esse governante ímpio para cumprir seus propósitos. Jeroboão II recupera muitas das terras de Israel que haviam sido ocupadas por seus inimigos, conforme o profeta Jonas havia predito.

II. A Ressurreição de um Homem (13.20-21): Algum tempo depois da morte de Eliseu, um cadáver volta a viver quando seu corpo é jogado sobre os ossos de Eliseu.

ESBOÇO DA SEÇÃO NOVE (II REIS 15–16)
Relato dos reinados de Azarias (Urias), Zacarias, Salum, Menaém, Pecaías, Peca, Jotão e Acaz.

I. Os Reis Justos (15.1-7; 32-38)
A. **Azarias, o décimo governante de Judá** (15.1-7)
1. *Sua longevidade* (15.1-3): Na maior parte de seus atos, Azarias faz o que é agradável ao Senhor e governa Judá durante 52 anos.
2. *Sua lepra* (15.4-7): Azarias permite que a idolatria continue em Judá e o Senhor o fere com lepra. O filho de Azarias governa Judá até a morte de seu pai.
B. **Jotão, o décimo primeiro governante de Judá** (15.32-38)
1. *Sua conduta* (15.32-35): Jotão segue o exemplo de seu pai, agradando ao Senhor enquanto ainda permite a idolatria em Judá.
2. *Seu projeto de construção* (15.35-38): Jotão reconstrói a Porta Superior do Templo.

II. Os Reis Ímpios (15.8-31; 16.1-20)
A. **Zacarias, o décimo quarto governante de Israel** (15.8-12)
1. *A abominação de Zacarias* (15.8-9): Como seu pai, Zacarias adora ídolos.
2. *O assassinato de Zacarias* (15.10-12): Após um reinado de seis meses, Zacarias é assassinado.
   a. Quem (15.10-11): Salum o assassina e se torna rei.
   b. Por que (15.12): O Senhor permite que isto aconteça para que se cumpram as palavras do profeta Jeú (ver II Reis 10.30).

B. **Salum, o décimo quinto governante de Israel** (15.13-15): Após um reinado de apenas um mês, ele é assassinado por Menaém.
C. **Menaém, o décimo sexto governante de Israel** (15.16-22)
   1. *Sua brutalidade* (15.16): Quando os cidadãos da cidade recusam render-se a ele, Menaém mata todo o povo e rasga o ventre das mulheres grávidas.
   2. *Sua blasfêmia* (15.17-18): Menaém faz o que é mau diante do Senhor, praticando a idolatria tal como fez Jeroboão.
   3. *Seu suborno* (15.19-22): Quando os assírios invadem Israel, Menaém paga-lhes grande suborno para assegurar seu reinado sobre Israel.
D. **Pecaías, o décimo sétimo governante de Israel** (15.23-26)
   1. *A idolatria* (15.23-24): Pecaías faz o que é mau aos olhos do Senhor, praticando a idolatria, como seus antecessores.
   2. *A insurreição* (15.25-26): Depois de reinar por dois anos, Pecaías é assassinado por seu general, Peca.
E. **Peca, o décimo oitavo governante de Israel** (15.27-31)
   1. *A corrupção* (15.27-28): Peca adora ídolos, tal como fez Jeroboão.
   2. *O cativeiro* (15.29): Os assírios conquistam várias regiões de Israel e levam o povo cativo para a Assíria.
   3. *A conspiração* (15.30-31): Oséias trama contra o rei e o mata.
F. **Acaz, o décimo segundo governante de Judá** (16.1-20)
   1. *Sua impiedade* (16.1-4, 10-20): Acaz sacrifica sobre vários altares pagãos e ainda oferece o próprio filho como sacrifício. Substitui o antigo altar de bronze, construído por Salomão, por um moldado a partir de um altar pagão em Damasco. Acaz redecora parte da mobília do Templo.
   2. *Sua guerra* (16.5-9): Acaz faz uma aliança com o rei da Assíria para impedir um ataque por parte de Israel e da Síria.

ESBOÇO DA SEÇÃO DEZ (II REIS 17)
Relato do reinado de Oséias e da queda de Samaria. Razões para a invasão assíria. Estrangeiros instalam-se novamente em Israel e mesclam o culto pagão com o culto ao Senhor.

I. A REVOLTA DE OSÉIAS (17.1-6): Oséias torna-se o décimo nono governante de Israel.
   A. **A abominação de Oséias** (17.1-2): Oséias faz o que é mau aos olhos do Senhor.
   B. **O tributo anual à Assíria** (17.3): O rei Salmanasar da Assíria derrota Oséias e força Israel a pagar pesados tributos anuais.
   C. **A tentativa da liberdade** (17.4): Oséias conspira com o rei do Egito para se livrar do poder dos assírios.

D. **A aniquilação de Samaria** (17.4-6): Sabendo do plano de Oséias, o rei da Assíria o prende e destrói Samaria, levando o povo exilado para a Assíria.

II. O MOTIVO PARA O CATIVEIRO ASSÍRIO (17.7-23): Apesar dos vários alertas dados por muitos dos profetas do Senhor, Israel escolhe seguir o exemplo de Jeroboão, o primeiro rei, praticando a idolatria.

III. A REOCUPAÇÃO APÓS O CATIVEIRO ASSÍRIO (17.24-41)
  A. **O povo** (17.24): Povos de outras nações conquistadas estabelecem-se em Samaria e nas cidades vizinhas.
  B. **O problema** (17.25-26): Por não saberem adorar ao Senhor de maneira correta, os estrangeiros são atacados por leões que matam alguns deles.
  C. **Os sacerdotes** (17.27-28): Um dos sacerdotes judeus deportados é enviado para Israel a fim de ensinar o povo a adorar ao Senhor.
  D. **O paganismo** (17.29-41): O povo mescla o culto ao Senhor ao culto de seus falsos deuses. (Esta é, provavelmente, a religião da mulher samaritana com quem Jesus conversou — ver João 4.1-42.)

> **ESBOÇO DA SEÇÃO ONZE** (II REIS 18–19)
> Ezequias torna-se rei. A Assíria invade Judá e Senaqueribe ordena que o povo de Jerusalém se entregue. Ezequias busca a ajuda do Senhor, e o profeta Isaías envia uma mensagem a ele vinda de Deus. O anjo do Senhor mata 185 mil soldados assírios, e Senaqueribe é morto por seus próprios homens.

I. OS FEITOS AGRADÁVEIS DE EZEQUIAS (18.1-8): Ezequias torna-se o décimo terceiro governante de Judá.
  A. **A destruição da idolatria** (18.1-4): Ezequias lança uma campanha contra a idolatria em Israel, destruindo os ídolos e os santuários pagãos.
  B. **A dependência do Senhor** (18.5-8): Ezequias confia no Senhor e lhe obedece. Como resultado, Deus lhe concede sucesso militar. Ezequias revolta-se contra o rei da Assíria por recusar pagar-lhe tributos.

II. A PROVOCAÇÃO DOS ASSÍRIOS (18.9-18)
  A. **A recapitulação** (18.9-12): Recapitula-se a conquista de Samaria pelos assírios.
  B. **A represália** (18.13): Os assírios invadem Judá para punir Ezequias por sua revolta.
  C. **O arrependimento** (18.14-18): Ezequias pede ao rei assírio que o perdoe com relação à sua revolta. Ezequias saqueia o ouro e a prata do Templo para pagar os assírios.

III. A PROPAGANDA DE SENAQUERIBE (18.19–19.4, 8-13)
  A. **A advertência** (18.19-35): Os assírios sitiam Jerusalém e zombam de

seus cidadãos, prometendo-lhes punição rápida e severa, caso não se entreguem.
   B. **O temor** (18.36-19.4): Os oficiais de Ezequias relatam isso ao rei e ele fica temeroso. Ele se veste com pano de saco e ora no Templo. Também pede que Isaías ore por Judá.
   C. **O aviso final** (19.8-13): Senaqueribe recebe a notícia de que deve acalmar uma rebelião na Etiópia. Antes de ir, ele alerta Ezequias sobre o destino de todas as nações que se opuseram a ele e diz que a mesma coisa acontecerá com Judá.

IV. A Oração do Rei (19.14-19): Em desespero, Ezequias expõe a carta de Senaqueribe ao Senhor e implora que salve Jerusalém.

V. As Promessas do Senhor (19.5-7, 20-34)
   A. **A primeira confirmação** (19.5-7): O Senhor informa Ezequias, através do profeta Isaías, que Jerusalém será salva e que o rei assírio voltará para casa e será morto.
   B. **A segunda confirmação** (19.20-34): Isaías envia uma mensagem a Ezequias, da parte do Senhor, acerca do juízo da Assíria.
      1. *O orgulho de Senaqueribe* (19.20-27): O Senhor repreende Senaqueribe por sua arrogância e por se recusar a reconhecer que foi o Senhor que lhe concedeu seus méritos.
      2. *A punição de Senaqueribe* (19.28): O Senhor promete amarrar Senaqueribe e expulsá-lo de Israel.
      3. *A proteção de Israel* (19.29-34): O Senhor promete proteger Israel, de forma que, em três anos, eles estarão aptos a plantar e colher.

VI. Os Eventos Seguintes (19.35-37)
   A. **O exército** (19.35): Certa noite, o anjo do Senhor mata 185 mil soldados da tropa assíria.
   B. **O assassinato** (19.36-37): Ao retornar a Nínive, Senaqueribe é assassinado por seus próprios filhos.

ESBOÇO DA SEÇÃO DOZE (II REIS 20-21)
O Senhor prolonga a vida de Ezequias por mais 15 anos. Ezequias mostra as riquezas do Templo aos mensageiros babilônicos. Os reinados de Manassés e Amom são relatados.

I. O Fim do Reinado de Ezequias (20.1-21): Este capítulo descreve os anos finais da vida de Ezequias.
   A. **A doença** (20.1): Ezequias fica muito doente; Isaías conta que o Senhor disse que ele morrerá.
   B. **A súplica** (20.2-3): Ezequias pede ajuda ao Senhor.
   C. **A salvação** (20.4-7)

1. *A mensagem do Senhor* (20.4-6): Isaías diz a Ezequias que o Senhor irá curá-lo e ele viverá mais 15 anos.
   2. *O remédio do Senhor* (20.7): Isaías instrui os servos de Ezequias a fazer um emplastro de figos e espalhar sobre sua úlcera. Eles assim fazem e Ezequias recupera-se.
 D. **O sinal** (20.8-11): Como sinal de que Ezequias se recuperará, Isaías diz ao rei que a sombra do relógio se adiantará ou retrocederá, conforme Ezequias pedir. Ele pede que ela retroceda, e acontece.
 E. **A estupidez** (20.12-21)
   1. *A exibição de Ezequias* (20.12-13): Quando o rei da Babilônia envia seus mensageiros para visitar Ezequias durante sua recuperação, Ezequias os saúda e lhes mostra toda a riqueza do reino.
   2. *O defeitos de Ezequias* (20.14-21): Isaías repreende Ezequias por fazer isso e diz que algum dia a Babilônia atacará Jerusalém para roubar seus grandes tesouros.

II. Os Reinados Perversos de Manassés e Amom (21.1-26)
 A. **Manassés, o décimo quarto governante de Judá** (21.1-17)
   1. *Suas perversões contra Deus* (21.1-9, 16)
      a. Manassés, o blasfemador (21.1-5, 7-9): Manassés pratica a idolatria e imita as práticas pagãs do povo que o Senhor expulsou da Terra Prometida. Ele edifica altares pagãos e ídolos no Templo.
      b. Manassés, o assassino (21.6, 16): Manassés até sacrifica o próprio filho e trucida gente inocente.
   2. *Sua punição* (21.10-15, 17): O Senhor promete trazer males a Jerusalém, assim como fez sobre Samaria.
 B. **Amom, o décimo quinto governante de Judá** (21.18-26)
   1. *A apostasia de Amom* (21.18-22): Amom pratica a mesma idolatria que seu pai, Manassés, havia praticado.
   2. *O assassinato de Amom* (21.23-26): Amom é morto por seus próprios servos, os quais, por sua vez, são mortos pelo povo.

ESBOÇO DA SEÇÃO TREZE (II REIS 22-24)
Josias torna-se rei e ordena os reparos no Templo. O Livro da Lei é descoberto. Josias institui uma reforma religiosa, a derrubada de santuários pagãos e o restabelecimento da celebração da Páscoa. Josias é morto em combate. Relato dos reinador de Jeoacaz, Jeoaquim, Joaquim e Zedequias.

I. O Rei Justo (22.1-23.30): Josias torna-se o décimo sexto governante de Judá
 A. **Fazendo a obra de Deus** (22.1-7): Josias começa seu reinado ordenando reparos no Templo.

B. Descobrindo a Palavra de Deus (22.8-20; 23.1-30): O Livro da Lei (ou Livro da Aliança) é encontrado, e um reavivamento religioso é deflagrado em todo o Israel.
 1. *O sacerdote* (22.8-13): Hilquias, o sumo sacerdote, encontra o Livro da Lei no Templo durante os trabalhos de reparo. Josias instrui os sacerdotes a descobrir o que acontecerá por causa da desobediência do povo à lei.
 2. *A profecia* (22.14-20): Os sacerdotes consultam a profetisa Hulda, e ela fala acerca da punição que o Senhor trará.
    a. Com relação a Judá (22.15-17): A cidade e suas pessoas serão destruídas por causa de seu pecado.
    b. Com relação a Josias (22.18-20): Por causa do arrependimento de Josias, o Senhor promete deter a destruição até a morte de Josias.
 3. *A garantia* (23.1-3): Josias reúne todos os líderes de Judá no Templo e lê o Livro da Aliança. O rei renova a aliança. Ele e o povo comprometem-se a obedecer aos termos da aliança.
 4. *A purificação* (23.4-20, 24-25): Josias lança uma campanha para erradicar a idolatria de Judá.
    a. Remove os objetos pagãos do Templo (23.4, 6-7).
    b. Retira os sacerdotes pagãos e reempossa os sacerdotes do Senhor (23.5, 8-9).
    c. Destrói os santuários e altares pagãos (23.10-15, 19-20, 24).
    d. Queima ossos de alguns profetas pagãos mortos, cumprindo uma profecia feita durante o reinado de Jeroboão (23.16-18; ver I Reis 13.1-2).
 5. *A Páscoa* (23.21-23): Josias convoca todo o povo para celebrar a Páscoa mais uma vez.
 6. *A punição* (23.25-30): Apesar das reformas de Josias, o Senhor cumpre sua sentença de destruição sobre o povo de Judá, embora isso aconteça alguns anos após a morte de Josias (ver II Reis 25.1-21). Josias é morto em combate, pelo Faraó Neco do Egito.

II. Os Reis Ímpios (23.31-24.20)
 A. Jeoacaz, o décimo sétimo governante de Judá (23.31-34)
  1. *Sua perversão* (23.31-32): Jeoacaz faz o que é mau perante os olhos do Senhor.
  2. *Sua sentença de prisão* (23.33-34): Faraó Neco aprisiona Jeoacaz, força Judá a pagar altos impostos e coloca Eliaquim (cujo nome é mudado para Jeoaquim) para reinar em seu lugar.
 B. Jeoaquim, o décimo oitavo governante de Judá (23.35-24.7)
  1. *O levantamento do tributo a Neco* (23.35-37): Jeoaquim recolhe impostos para pagar o tributo que Neco impôs.

2. *O reinado de Nabucodonosor* 24.1, 7): O rei Nabucodonosor da Babilônia ataca Judá e impõe outro tributo ao povo durante três anos.
3. *Os bandidos das terras próximas* (24.2-4): O Senhor continua a punir Judá, permitindo que bandidos babilônios, sírios, moabitas e os filhos de Amom hostilizem o povo.
4. *O resto do reinado de Jeoaquim* (24.5-6): Jeoaquim morre e seu filho Joaquim torna-se rei.

C. **Joaquim, o décimo nono governante de Judá** (24.8-17): Durante o reinado de Joaquim, Nabucodonosor sitia Jerusalém e toma cativos todos os que possuem alguma habilidade ou possuem *status* — cerca de 10 mil. Joaquim também é levado cativo e seu tio é constituído rei.

D. **Zedequias, o vigésimo governante de Judá** (24.18-20): Zedequias faz o que é mau perante os olhos de Deus, então o Senhor exila o povo de Jerusalém e Judá. Zedequias rebela-se contra Nabucodonosor.

ESBOÇO DA SEÇÃO QUATORZE (II REIS 25)
Nabucodonosor toma Jerusalém uma última vez, e o Templo é destruído. Gedalias é designado governante de Judá, mas é assassinado. Um novo rei ascende ao trono babilônico e mostra favor a Joaquim, libertando-o da prisão e concedendo a ele uma mesada de subsistência.

I. A QUEDA DE JERUSALÉM (25.1-21): Quando Zedequias se rebela contra Nabucodonosor, os babilônios sitiam novamente Jerusalém.
   A. **A derrota** (25.1-7): Depois de dois anos de cerco, Jerusalém sofre uma fome severa. Zedequias e seus homens fogem da cidade à noite, mas são capturados pelos babilônios. Zedequias é forçado a presenciar o assassinato de seus dois filhos. Então seus olhos são vazados e ele é levado para a Babilônia.
   B. **A destruição** (25.8-10, 13-17): Os muros da cidade são derrubados, o Templo e todos os edifícios importantes são destruídos. A mobília valiosa do Templo é levada para a Babilônia.
   C. **A deportação** (25.11-12, 18-21): Os principais cidadãos são exilados para a Babilônia, e os surpreendidos escondidos na cidade são mortos.

II. O DESTINO DE GEDALIAS (25.22-26)
   A. **A indicação de Gedalias** (25.22-24): Nabucodonosor constitui Gedalias para governar sobre Judá. Ele promete paz se os habitantes se submeterem ao rei da Babilônia.
   B. **O assassinato de Gedalias** (25.25-26): Gedalias é assassinado por um membro da família real. Muitas pessoas fogem para o Egito, temendo a reação do rei da Babilônia.

III. O Favorecimento de Joaquim (25.27-30): Depois de alguns anos, Evil-Merodaque sobe ao trono babilônico e mostra favor para com Joaquim. Ele o solta da prisão, supre-lhe alimento e vestimenta e lhe dá uma pensão de subsistência.

I Crônicas

ESBOÇO DA SEÇÃO UM (I CRÔNICAS 1-9)
A genealogia desde Adão até Jacó, junto com uma lista de descendentes dos 12 patriarcas e outras personagens importantes. Os exilados que retornaram são alistados, incluindo os sacerdotes e os levitas.

I. DE ADÃO AOS FILHOS DE ISAQUE (1.1-54)
  A. **De Adão aos filhos de Noé** (1.1-4)
  B. **Os descendentes de Jafé** (1.5-7)
  C. **Os descendentes de Cão** (1.8-16)
  D. **Os descendentes de Sem** (1.17-27)
  E. **De Abraão aos filhos de Isaque** (1.28-34)
  F. **Os descendentes de Esaú** (1.35-37)
  G. **Outros de Edom** (1.38-54)

II. OS DOZE PATRIARCAS E SEUS DESCENDENTES (2.1-9.44)
  A. **Os descendentes de Judá** (2.3-4.23)
    1. *Os filhos de Davi* (3.1-9)
    2. *Os descendentes de Salomão* (3.10-24)
  B. **Os descendentes de Simeão** (4.24-43)
  C. **Os descendentes de Rúben** (5.1-10)
  D. **Os descendentes de Gade** (5.11-17)
  E. **Os feitos das tribos orientais** (5.18-26)
  F. **Os descendentes de Levi** (6.1-81)
    1. *Os músicos do Templo* (6.31-48)
    2. *Os descendentes de Arão* (6.49-53)
    3. *Território para os levitas* (6.54-81)
  G. **Os descendentes de Issacar** (7.1-5)
  H. **Os descendentes de Benjamim** (7.6-12)
  I. **Os descendentes de Naftali** (7.13)
  J. **Os descendentes de Manassés** (7.14-19)
  L. **Os descendentes de Efraim** (7.20-29)
  M. **Os descendentes de Aser** (7.30-40)
  N. **Os descendentes de Benjamim** (8.1-40; 9.35-44)
    1. *Vários líderes* (8.1-32)
    2. *A família do rei Saul* (8.33-40; 9.35-44)

III. Os Exilados que Retornam (9.1-34)
   A. **Os que retornam, das várias tribos** (9.1-9)
   B. **Os sacerdotes** (9.10-13)
   C. **Outros levitas e suas tarefas** (9.14-34)

ESBOÇO DA SEÇÃO DOIS (I CRÔNICAS 10-13)
Saul é morto e Davi reina sobre Israel. Davi conquista Jerusalém e faz dela sua capital. Relato dos feitos dos poderosos homens de Davi. Os guerreiros de Saul transferem sua lealdade a Davi, que tenta trazer a Arca de Deus para Jerusalém.

I. A Tragédia de Saul (10.1-14): O primeiro rei de Israel é morto em um combate com os filisteus.
   A. **O relato da morte de Saul** (10.1-12)
      1. *As ações da batalha* (10.1-6)
         a. A chacina (10.1-3): Os filisteus atacam Israel; três dos filhos de Saul são mortos no monte Gilboa.
         b. A morte (10.4-6): Após ser gravemente ferido pelos arqueiros inimigos, Saul atira-se sobre a própria espada para evitar a captura e a tortura.
      2. *Os resultados da batalha* (10.7-12)
         a. A derrota (10.7): Quando os israelitas vêem que Saul está morto, fogem para suas cidades. Os filisteus, então, ocupam essas cidades.
         b. O escárnio (10.8-10): Os filisteus cortam a cabeça de Saul e a penduram no muro do templo de Dagom.
         c. A recuperação (10.11-12): Alguns guerreiros de Jabes-Gileade recuperam os corpos de Saul e de seus filhos e os enterram de forma digna.
   B. **Os motivos da morte de Saul** (10.13-14): Saul morre porque desobedeceu ao Senhor e ainda consultou uma médium.

II. Os Triunfos de Davi (11.1-13.14)
   A. **Sua coroação** (11.1-13; 12.38-40): Todos os líderes de Israel vão a Hebrom para ungir Davi rei. A celebração dura três dias.
   B. **Sua cidade** (11.4-9): Davi conquista Jerusalém e faz dela sua capital.
   C. **Seus campeões** (11.10-47; 12.1.37): Os guerreiros de Davi são listados:
      1. *Os mais poderosos* (11.10-19): Lista dos líderes dos homens de Davi.
      2. *Os poderosos* (11.20-47): Trinta dos melhores guerreiros de Davi são listados.
      3. *As massas* (12.1-22): Aqueles que defenderam Davi das forças de Saul.
      4. *A convocação* (12.23-37): Mais de 300 mil soldados assistem à coroação de Davi em Hebrom.

D. **Seu desafio** (13.1-14): Davi convoca os israelitas a levar a Arca de Deus para Jerusalém.
      1. *A permissão* (13.1-6): Os líderes de Israel concordam em se juntar a Davi e levar a Arca para Jerusalém.
      2. *A celebração* (13.7-8): Há grande alegria entre aqueles que vêem a Arca.
      3. *O momento crítico* (13.9-11): Quando Uzá estende seu braço por sobre a Arca, o Senhor o fere mortalmente.
      4. *A preocupação* (13.12-14): Este incidente atemoriza Davi quanto a levar a Arca a Jerusalém, então ele a deixa em Obede-Edom por três meses.

ESBOÇO DA SEÇÃO TRÊS (I CRÔNICAS 14-15)
O poder de Davi aumenta e ele derrota os filisteus. Ele traz a Arca a Jerusalém da forma correta. Há grande alegria e regozijo quando a Arca entra em Jerusalém, mas a esposa de Davi, Mical, despreza Davi por dançar jubilosamente diante da Arca.

I. O UNGIDO DO SENHOR (14.1-17)
   A. **A fama de Davi** (14.1-2, 17): O Senhor continua a exaltar Davi por amor de seu povo Israel.
   B. **A família de Davi** (14.3-7): Treze dos filhos de Davi são listados, incluindo Natã e Salomão.
   C. **Os inimigos de Davi** (14.8-16): Davi derrota os filisteus duas vezes perto do vale de Refaim.
      1. *Primeira vez* (14.8-12)
         a. A segurança (14.8-10): O Senhor promete a vitória a Davi.
         b. A ação (14.11-12): Os homens de Davi destroem a fileira inimiga como se rompessem água, então Davi chama o lugar de Baal-Perazim (que significa "o Senhor que passa impetuosamente").
      2. *Segunda vez* (14.13-16)
         a. A segurança (14.13-15): Novamente o Senhor promete a vitória a Davi. Ele o manda rodear por trás e esperar pelo estrondo de marcha nas amoreiras.
         b. A ação (14.16): Desta vez, a vitória de Davi é ainda maior e mais extensa que a primeira.

II. A ARCA DE DEUS (15.1-29): Davi prepara-se para levar a Arca de Deus da casa de Obede-Edom a Jerusalém.
   A. **A qualificação** (15.1-10): Somente os levitas têm permissão de carregar a Arca.
   B. **A santificação** (15.11-14): Davi instrui os levitas a se purificar na preparação para carregar a Arca.
   C. **O transporte** (15.15): Os levitas carregam a Arca em seus ombros pelas varas.

D. **A celebração** (15.16-28): A Arca chega a Jerusalém acompanhada de
música, cantoria, dança e sacrifícios.
E. **A condenação** (15.29): A esposa de Davi, Mical, o despreza por ele dançar e pular de alegria diante da Arca.

ESBOÇO DA SEÇÃO QUATRO (I CRÔNICAS 16-17)
Davi designa diversos levitas para orientar o povo na adoração e dá a eles um cântico de gratidão. Davi confere outras tarefas com relação à adoração. O Senhor faz uma aliança com Davi, prometendo estabelecer a dinastia de Davi para sempre. Davi faz uma oração em agradecimento pela aliança.

I. O Prefácio (16.1-6, 37-43)
  A. **Davi abençoa o povo** (16.1-3): Depois de a Arca ser trazida a uma tenda especial, Davi abençoa o povo e dá a eles um presente em forma de alimento.
  B. **Davi confere responsabilidades** (16.4-6, 37-43): Davi confere aos levitas várias responsabilidades para liderar a adoração.

II. O Salmo de Louvor (16.7-36): Davi dá a Asafe e a outros levitas um cântico de ação de graças
  A. **A explicação** (16.7-22): O Senhor é fiel à promessa que fez a Abraão de dar a ele e seus descendentes a terra de Canaã para sempre.
  B. **A exortação** (16.23-36): Davi conclama toda a terra a reconhecer a glória do Senhor.

III. A Profecia de Natã (17.1-15): Quando Davi se estabelece em seu novo palácio, conversa com o profeta Natã.
  A. **Davi planeja construir uma casa para Deus** (17.1-6)
    1. *O motivo* (17.1-2): Davi diz a Natã que não se sente à vontade vivendo num palácio, enquanto a Arca está numa tenda.
    2. *A rejeição* (17.3-6): O Senhor manda Natã informar Davi que ele não é o escolhido para construir um templo para Deus.
  B. **O Senhor promete construir uma casa para Davi** (17.7-15)
    1. *As bênçãos passadas de Davi* (17.7-8): O Senhor escolheu Davi para liderar Israel e protegê-lo nas batalhas.
    2. *As bênçãos atuais de Davi* (17.9): O Senhor colocou seu povo em um local seguro.
    3. *As bênçãos futuras de Davi* (17.10-15): O Senhor promete estabelecer o trono do filho de Davi, Salomão. Também promete que a dinastia de Davi jamais terminará. Esta promessa cumpre-se em Jesus Cristo (ver Lucas 1.30-33).

IV. A Oração de Davi (17.16-27): Davi faz uma oração de ação de graças pela graciosa aliança do Senhor com ele. Reconhece humildemente sua total indignidade e adora o Senhor por todas as suas bênçãos.

> **ESBOÇO DA SEÇÃO CINCO** (I CRÔNICAS 18-21)
> Relato das muitas vitórias militares de Davi, incluindo a derrota imposta aos filhos de Amom e aos filisteus. Davi faz o censo dos israelitas, desagradando a Deus; o rei escolhe três dias de praga por toda a terra como sua punição. Quando o Senhor cessa a praga, Davi edifica um altar na eira de Ornã.

I. As Campanhas Davi (18.1-20.8)
   A. **Contra os moabitas** (18.2): Davi conquista os moabitas e os força a pagar tributos.
   B. **Contra o rei de Zobá** (18.3-4): Davi conquista o rei Hadadezer de Zobá e mutila muitos cavalos dos carros.
   C. **Contra os sírios** (18.5-11): Davi conquista os sírios quando eles tentam ajudar o rei Hadadezer. Ele os força a pagar tributos e recebe grandes quantias de ouro, prata e bronze.
   D. **Contra os edomitas** (18.12-13): Davi destrói 18 mil soldados no vale do Sal e coloca guarnições por toda a Edom.
   E. **Contra os filhos de Amom** (19.1-20.3)
      1. *Davi, o diplomata* (19.1-5)
         a. A simpatia (19.1-2): Davi envia uma delegação para expressar solidariedade com relação à morte do pai do rei Hanum, que havia sido leal a Davi.
         b. O vexame (19.3-5): Hanum pensa erroneamente que os embaixadores são espias e os humilha publicamente.
      2. *Davi, o destruidor* (19.6-20.3)
         a. A raiva de Davi (19.6-17): Um Davi irado mobiliza rapidamente seu exército.
         b. O ataque de Davi (19.17-20.3): As forças de Davi atacam e destroem completamente os exércitos de Hanum e de seus aliados, os sírios. Na primavera seguinte, Davi conquista a principal cidade síria, Rabá.
   F. **Contra os filisteus** (18.1; 20.4-8)
      1. *Primeira batalha* (18.1): Davi conquista Gate, uma das principais cidades dos filisteus.
      2. *Outras batalhas* (20.4-8): Durante esses confrontos, Davi e seus guerreiros matam vários dos notáveis gigantes filisteus.

II. A Corte de Davi (18.14-17): Lista dos oficiais de Davi.

III. O censo de Davi (21.1-30)
   A. **A indução** (21.1-2): Satanás induz Davi a levantar o censo dos israelitas.
   B. **O protesto** (21.3-6): Joabe faz objeção, mas Davi insiste, portanto Joabe completa o censo e relata os números a Davi.
   C. **O problema** (21.7): O Senhor se decepciona com as ações de Davi.
   D. **A súplica** (21.8-13): Percebendo seu pecado, Davi implora ao Senhor

que o perdoe. O Senhor oferece a Davi uma escolha entre três punições.
  E. **A punição** (21.14): O Senhor envia uma praga que mata 70 mil pessoas em todo o Israel.
  F. **O perdão** (21.15-17): O Senhor perdoa Davi e, na eira de Ornã, impede que o anjo da morte destrua Jerusalém.
  G. **A compra** (21.18-30): Sob ordens do Senhor, Davi compra a eira de Ornã e edifica um altar ali. Depois disso, a praga cessa.

ESBOÇO DA SEÇÃO SEIS (I CRÔNICAS 22-27)
Davi reúne material para construir o Templo e encarrega Salomão de terminar a obra, uma vez que ele não é o escolhido para a construção. Davi organiza de forma eficaz a vida religiosa, militar e política da nação, designando diversas tarefas individuais e familiares.

I. OS PREPAROS DE DAVI (22.1-19): Davi faz os preparos para a construção do Templo.
  A. **A coleta** (22.1-5): Davi começa a estocar material para que seu filho Salomão construa um templo magnífico para o Senhor.
  B. **As incumbências** (22.6-19): Davi dá tarefas a todos os que farão parte da construção do Templo, incentivando-os a ser diligentes.
    1. *A Salomão* (22.6-16)
      a. A explicação (22.6-10): Davi explica por que ele mesmo não pode construir o Templo. Ele derramou muito sangue, então o encargo será passado a seu filho, um homem de paz.
      b. A exortação (22.11-16): Davi incentiva Salomão a obedecer ao Senhor e construir um templo magnífico.
    2. *Aos líderes de Israel* (22.17-19): Davi ordena que busquem ao Senhor de todo o coração.

II. OS EMPREGADOS DE DAVI (23.1-27.34): Davi designa as várias tarefas do reino a vários indivíduos e famílias.
  A. **Os levitas** (23.1-32; 24.20-31; 25.1-26.32)
    1. *A contagem* (23.1-3): Um censo revela 38 mil levitas que têm acima de 30 anos.
    2. *A classificação* (23.6-23; 24.20-31): Davi divide os levitas em três grupos, separando-os de acordo com seus ancestrais e instituindo líderes sobre eles.
      a. Os filhos de Gérson (23.7-11)
      b. Os filhos de Coate (23.12-20)
      c. Os filhos de Merari (23.21-23)
    3. *A incumbência* (23.4-5, 24-32; 25.1-26.32): Davi designa aos levitas várias tarefas.

a. Os músicos (25.1-31): Asafe, Hemã e Jedutum são designados como líderes dos músicos que são seus descendentes.
   b. Os porteiros (26.1-19): Os filhos de Coré, Obede-Edom, Hosa e Supim são designados como porteiros da casa do Senhor.
   c. Os guardas do tesouro (26.20-32): Davi designa vários levitas e suas famílias para atuar como tesoureiros e administradores públicos.
 B. **Os sacerdotes** (24.1-19): Aos descendentes de Arão, que também são levitas, são atribuídas várias responsabilidades por sorte.
 C. **Os militares** (27.1-15): Davi separa o exército em 12 divisões, cada uma com 24 mil homens, e escolhe comandantes para elas. Cada divisão é chamada à ativa uma vez por ano.
 D. **Os oficiais** (27.16-34): Outros líderes são listados, incluindo os líderes de cada tribo, os superintendentes das propriedades de Davi e os conselheiros de Davi.

ESBOÇO DA SEÇÃO SETE (I CRÔNICAS 28-29)
Davi faz seu discurso de despedida, instruindo tanto o povo quanto Salomão. Davi dá a Salomão os planos para o Templo, incluindo uma lista de todo o material que ele coletou. Davi louva o Senhor diante do povo. O povo coroa Salomão como rei e Davi morre.

I. OS ÚLTIMOS DIAS DE DAVI (28.1-29.20, 26-30): Davi faz um discurso final com relação à construção do Templo.
 A. **O esclarecimento** (28.1-7): Davi explica por que não é o escolhido para construir o Templo e por que Salomão é.
 B. **O desafio** (28.8-10): Davi desafia o povo e Salomão a obedecer ao Senhor e ordena que Salomão inicie a construção do Templo.
 C. **As contribuições** (28.11-29.9): Davi dá a Salomão os planos para o Templo, incluindo uma lista com os materiais coletados.
   1. *Os detalhes* (28.11-21): Davi dá a Salomão detalhes específicos que recebeu do Senhor com relação ao Templo.
   2. *As doações* (29.1-9)
     a. De Davi (29.1-5): Davi coleta mais de 100 toneladas de ouro, cerca de 240 toneladas de prata, além de bronze, ferro, madeira, ônix, jóias e mármore para o Templo.
     b. Do povo (29.6-9): O povo de Israel oferta mais de 170 toneladas de ouro, cerca de 340 toneladas de prata, aproximadamente 615 toneladas de bronze, quase 3,5 mil toneladas de ferro e jóias para o Templo.

D. A consagração (29.10-20): Davi coloca-se diante do povo e faz uma oração dedicatória pelos materiais.
1. *Davi louva ao Senhor* (29.10-18)
   a. Ele dá testemunho da glória do Senhor (29.10-13).
   b. Ele dá testemunho da graça do Senhor (29.14-18).
2. *Os pedidos de Davi ao Senhor* (29.19-20): Davi pede ao Senhor que dê a Salomão um coração completamente dedicado a ele.

E. A conclusão (29.26-30): Depois de um reinado bem-sucedido de 40 anos (sete em Hebrom e 33 em Jerusalém), Davi morre.

II. Os Primeiros Dias de Salomão (29.21-25): Pouco depois da oração dedicatória de Davi, Salomão é ungido rei de Israel, e Zadoque é ungido sacerdote de Israel.

II Crônicas

ESBOÇO DA SEÇÃO UM (II CRÔNICAS 1-5)
Quando Salomão pede sabedoria, o Senhor a concede, juntamente com riqueza e honra. Ele adquire construtores e materiais para o Templo, e a presença do Senhor enche o Templo.

I. A Grande Sabedoria de Salomão, Vinda de Deus (1.1-17)
   A. O contexto (1.1-5): Salomão chama os líderes de Israel a Gibeão, onde o Tabernáculo se localiza.
   B. Os holocaustos (1.6): Salomão sacrifica mil holocaustos no altar de bronze.
   C. A bênção (1.7-17)
      1. *O enunciado* (1.7): Em um sonho, Deus promete dar a Salomão o que ele quiser.
      2. *A resposta* (1.8-10): Salomão pede por sabedoria para que ele possa liderar e governar Israel corretamente.
      3. *A aprovação* (1.11-12): Deus agrada-se do pedido de Salomão e o concede, junto com riquezas e honra.
      4. *A aquisição* (1.13-17): Conforme Deus prometeu, Salomão adquire grande prestígio e riqueza (ver também 8.1-10, 17-18; 9.10-11, 13-28).

II. A Grande Obra de Salomão para Deus (2.1–5.14): Salomão constrói o Templo e traz a Arca para dentro dele.
   A. Os preparativos para a obra (2.1-18)
      1. *Os recursos* (2.1-2, 17-18): Salomão alista uma força de trabalho de 70 mil trabalhadores comuns, 80 mil talhadores de pedra e 3.600 orientadores.
      2. *O pedido* (2.3-10): Salomão pede ao rei Hurão de Tiro para prover o material necessário à construção do Templo.
         a. De que ele precisa (2.3, 7-10): Salomão pede ao rei um artífice, um tintureiro experiente e um entalhador habilidoso. Salomão também requer cedro, cipreste e sândalo do Líbano. Salomão oferece pagamento em grãos, vinho e azeite.

b. Por que ele precisa (2.4-6): O Templo servirá como um centro de adoração, permitindo que Israel honre o Senhor pela queima de incenso e pelo sacrifício de animais.
3. *A resposta* (2.11-16): O rei Hirão louva Salomão e concorda em atender a seu pedido.
   a. O louvor (2.11-12): Hirão elogia Salomão por sua sabedoria e sua habilidade.
   b. A promessa (2.13-16): Hirão promete enviar Hirão-Abi, artífice, tintureiro e entalhador habilidoso, para trabalhar com Salomão. Hirão também promete enviar a madeira pedida por Salomão

B. A montagem do Templo (3.1-4.22)
1. *Os fatos* (3.1-2): O Templo é construído no monte Moriá, onde se encontra a eira de Ornã. Salomão começa a construção na primavera, no quarto ano de seu reinado.
2. *A mobília* (3.3-4.22)
   a. A fundação e a entrada (3.3-4)
   b. O salão principal (3.5-7)
   c. O Santo dos Santos (3.8-13)
   d. A cortina (3.14)
   e. As duas colunas (3.15-17)
   f. O altar de bronze (4.1)
   g. O mar de bronze (4.2-5, 10)
   h. As dez pias (4.6)
   i. Os dez candelabros (4.7)
   j. As dez mesas e as cem bacias de ouro (4.8)
   k. O pátio dos sacerdotes (4.9)
   l. Os artigos em bronze (4.11-18)
   m. Os artigos em ouro (4.19-22)

C. Trazendo a Arca (5.1-14)
1. *Os acessórios* (5.1): Depois de terminado o Templo, Salomão traz os presentes dedicados por seu pai, Davi, e os coloca nos tesouros do Templo.
2. *A Arca* (5.2-14): Finalmente, a Arca de Deus é levada ao Templo.
   a. Os carregadores (5.2-10): Os levitas e sacerdotes carregam a Arca ao Santo dos Santos.
   b. A celebração (5.11-13): Os levitas tocam músicas e cantam ao Senhor.
   c. A nuvem (5.13-14): A presença do Senhor enche o Templo.

> **ESBOÇO DA SEÇÃO DOIS** (II CRÔNICAS 6-7)
> Salomão fala ao povo reunido. Ora ao Senhor de uma plataforma especial. Fogo desce dos céus e consome os sacrifícios. Os israelitas celebram a Festa dos Tabernáculos durante sete dias. O Senhor responde à oração de Salomão.

I. A Dedicação de Salomão (6.1-7.10): Salomão fala ao povo que se reuniu para ver a Arca colocada no Templo.
  A. **O sermão de Salomão** (6.1-11): Salomão menciona três pontos, todos relacionados ao Templo.
   1. *Onde o Templo é construído* (6.1-6): O Senhor havia dito a Davi que o Templo deveria ser construído em Jerusalém.
   2. *Quem foi escolhido para construir* (6.7-10): Davi quis construir o Templo, mas o Senhor escolheu Salomão para fazê-lo.
   3. *Por que o Templo foi construído* (6.11): O Templo foi construído para honrar ao Senhor e abrigar a Arca de Deus.
  B. **A súplica de Salomão** (6.12-42)
   1. *Sua posição* (6.12): Salomão levanta as mãos para os céus.
   2. *Sua plataforma* (6.13): Salomão fica numa plataforma de bronze de cerca de 2,3 m^2 e 1,4 m de altura.
   3. *Seu louvor* (6.14-15): Salomão adora o Senhor, o único e fiel Deus de Israel.
   4. *Seus pedidos* (6.16-39)
      a. Ele ora por si (6.16-21): Salomão clama ao Senhor que ouça suas orações no Templo.
      b. Ele ora por assuntos relacionados (6.22-39)
         (1) Ao inocente (6.22-23)
         (2) À derrota proveniente de pecado (6.24-25)
         (3) À fome proveniente de pecado (6.26-31)
         (4) Aos estrangeiros (6.32-33)
         (5) Às batalhas de Israel (6.34-35)
         (6) Ao cativeiro de Israel (6.36-39)
   5. *Sua súplica* (6.40-42): Salomão pede ao Senhor que habite no Templo, onde a Arca fica, para que revista os sacerdotes com salvação e faça com que o povo se regozije em sua bondade e seja fiel ao rei.
  C. **O sinal de Salomão** (7.1-3): Quando Salomão termina sua oração, fogo desce dos céus e consome os sacrifícios, e a glória do Senhor enche o Templo.
  D. **Os sacrifícios de Salomão** (7.4-10): Salomão e seu povo oferecem 22 mil bois e 120 mil ovelhas. Depois, celebram a Festa dos Tabernáculos durante sete dias.

II. A Revelação a Salomão (7.11-22): O Senhor aparece a Salomão, garantindo-lhe que sua oração foi ouvida. Ele diz a Salomão que punirá

o povo por pecar, mas também o perdoará se ele se arrepender e se voltar para ele.
A. **Pecado + arrependimento = restauração** (7.11-18).
B. **Pecado – arrependimento = rejeição** (7.19-22).

ESBOÇO DA SEÇÃO TRÊS (II CRÔNICAS 8–9)
Revisão dos feitos de Salomão. A rainha de Sabá visita Salomão e o elogia por sua sabedoria. Resumo da riqueza e do esplendor de Salomão. Ele reina por 40 anos antes de morrer.

I. A Prosperidade de Salomão (8.1-18): Salomão alcança grandes feitos durante seu reinado.
   A. **Salomão, o construtor** (8.1-10): Salomão constrói e fortifica dezenas de cidades e centros de suprimentos por todo o reino.
   B. **Salomão, o marido** (8.11): Salomão muda sua esposa, a filha do Faraó, da cidade de Davi para um novo palácio, construído para ela.
   C. **Salomão, o líder religioso** (8.12-16): Salomão observa cuidadosamente as festas religiosas e designa tarefas aos sacerdotes.
   D. **Salomão, o comerciante** (8.17-18): Salomão tem uma frota de navios no mar Vermelho. Estes navios trazem de volta quase 17 toneladas de ouro da terra de Ofir.

II. A Reputação de Salomão (9.1-9, 12, 23-24): A reputação de Salomão como homem e governante sábio espalha-se por todas as nações.
   A. **A rainha de Sabá** (9.1-9, 12): A rainha de Sabá ouve sobre a sabedoria de Salomão e viaja a Jerusalém para se encontrar com ele.
      1. *O propósito* (9.1-8): A rainha testa Salomão para ver se ele é realmente sábio como ela ouviu dizer.
         a. Salomão responde (9.1-2): Salomão dá respostas sábias às perguntas da rainha.
         b. Salomão impressiona (9.3-8): A rainha fica completamente maravilhada com a sabedoria e o reinado ordeiro de Salomão.
      2. *Os presentes* (9.9, 12): Salomão e a rainha trocam presentes.
         a. Da rainha para Salomão (9.9): A rainha dá a Salomão grande quantidade de ouro, especiarias e pedras preciosas.
         b. De Salomão para a rainha (9.12): Salomão dá à rainha presentes ainda mais valiosos do que os que recebeu dela.
   B. **Os reis da terra** (9.23-24): Os reis de muitas nações visitam Salomão e trazem a ele presentes valiosos.

III. As Riquezas de Salomão (9.10-11, 13.22, 25, 27-28)
   A. **Seu ouro** (9.13-20): Salomão recebe mais de 20 toneladas de ouro por ano. Ele faz 500 escudos de ouro batido e cobre seu trono de marfim com ouro. Toda a mobília da casa é feita de ouro.
   B. **Seus cavalos** (9.25, 28): Salomão é dono de 4 mil estábulos para seus muitos cavalos.

C. **Suas outras riquezas** (9.10-11, 21-22, 27): Salomão também importa prata, marfim, bugios, pavões e madeira de cedro.

IV. O Reinado de Salomão (9.26): O reino de Salomão estende-se do rio Eufrates até a terra dos filisteus e os limites do Egito.

V. O Descanso de Salomão (9.29-31): Salomão morre após reinar por 40 anos.

ESBOÇO DA SEÇÃO QUATRO (II CRÔNICAS 10-12)
Roboão torna-se rei e ameaça governar severamente. Depois de as tribos do norte se revoltarem, um profeta alerta Roboão a não lutar contra elas. Muitos levitas das tribos do norte fogem para Judá. Quando Judá é invadida pelo Egito, os líderes arrependem-se. Roboão morre após um reinado de crueldade.

I. A Divisão do Reino (10.1-19)
  A. **O pedido a Roboão, o primeiro governante de Judá** (10.1-11): Roboão sucede seu pai, Salomão, como rei de todo o Israel.
   1. *O protesto de Jeroboão* (10.1-5): Jeroboão, que havia fugido para o Egito para escapar de Salomão depois que um profeta predisse que ele reinaria sobre as dez tribos do norte, retorna como porta-voz das tribos. Ele e os líderes querem que Roboão os trate melhor do que Salomão.
   2. *A reunião de Roboão* (10.6-11): Roboão pergunta a dois grupos de conselheiros o que ele deve fazer.
      a. O conselho sábio dos anciãos (10.6-7): Os anciãos haviam sido conselheiros de Salomão e dizem a Roboão que trate o povo com bondade.
      b. O conselho ímpio dos moços (10.8-11): Os amigos de infância de Roboão dizem a ele para lidar com o povo de forma ainda mais dura que seu pai.
  B. **A recusa de Roboão** (10.12-15): Roboão ouve os moços e avisa o povo que ele será ainda mais severo que seu pai.
  C. **A revolta contra Roboão** (10.16-19): Ao ouvir isso, as tribos do norte revoltam-se e estabelecem seu próprio reino (Israel) com Jeroboão como seu novo governante.

II. Os Detalhes do Reinado de Roboão (11.1-23)
  A. **A restrição** (11.1-4): Dando atenção à mensagem do Senhor através do profeta Semaías, Roboão cancela seu plano de ataque contra as tribos do norte.
  B. **O reforço** (11.5-12): Roboão reconstrói e fortifica as principais cidades por toda a Judá, incluindo Belém e Hebrom.
  C. **Os refugiados** (11.13-17): Por causa da idolatria e da impiedade de Jeroboão, muitos levitas fogem do governo do norte e se refugiam em Jerusalém.

D. Os relacionamentos (11.18-23): Roboão casa-se com 18 mulheres e tem 60 concubinas, com as quais tem 28 filhos e 60 filhas.

III. O SAQUE DO EGITO (12.1-12)
   A. A rebelião (12.1): Uma vez que Roboão se torna forte, ele abandona a Lei do Senhor e todo o povo o segue.
   B. A retribuição (12.2-5): Por causa da rebelião do povo, o Senhor permite que o rei Sisaque do Egito conquiste as cidades fortificadas de Judá e ataque Jerusalém.
   C. O arrependimento (12.6): Roboão e o povo humilham-se e confessam seu pecado.
   D. O resultado (12.7-12): O Senhor poupa Jerusalém, mas permite que Sisaque leve todos os tesouros do palácio.

IV. OS FEITOS DE ROBOÃO (12.13-16): O reinado de Roboão é analisado e declarado mau. Roboão morre.

ESBOÇO DA SEÇÃO CINCO (II CRÔNICAS 13-16)
Abias sucede Roboão e derrota as forças de Jeroboão. Asa sucede Abias e remove os santuários pagãos de Judá. Ele derrota os etíopes e conduz o povo a consagrar novamente ao Senhor. Asa suborna o rei sírio para agir como seu aliado, mas o profeta repreende Asa por isso. Asa morre.

I. ABIAS, O SEGUNDO GOVERNANTE DE JUDÁ (13.1-22)
   A. O guerreiro (13.1-20): Abias envolve-se em guerra com Jeroboão de Israel.
      1. *Os exércitos* (13.1-3): O exército de Abias é excedido em dobro (800 mil soldados contra 400 mil).
      2. *O discurso* (13.4-12): Antes da guerra, Abias faz um discurso apaixonado.
         a. Ele condena Jeroboão (13.4-9): Abias relata minuciosamente como Jeroboão conduziu as tribos do norte a se rebelar contra a casa de Davi.
         b. Ele previne as tropas de Jeroboão (13.10-12): Abias observa que seu povo não abandonou o Senhor e alerta as tribos do norte para não lutar contra o Senhor, e sim contra o povo de Judá.
      3. *A emboscada* (13.13): Durante o discurso de Abias, as tropas de Jeroboão cercam o exército de Abias.
      4. *O alarme* (13.14): Os soldados de Judá clamam pela ajuda do Senhor.
      5. *O ataque* (13.15-20): O Senhor responde e capacita as forças de Judá a destruir completamente as forças de Israel.
   B. O pai (13.21-22): Abias casa-se com 14 mulheres e se torna pai de 22 filhos e 16 filhas.

II. Asa, o Terceiro Governante de Judá (14.1-16.14)
   A. A obra de Asa (14.1-8; 15.1-19)
      1. *As reformas* (14.1-5; 15.1-19): Asa destrói os altares e santuários pagãos. Ouvindo a mensagem do Senhor através do profeta Azarias, Asa continua suas reformas, até mesmo depondo sua avó por suas práticas idólatras. Ele conduz o povo a se comprometer a seguir ao Senhor.
      2. *A reconstrução* (14.6-8): Asa reconstrói e fortifica algumas das cidades de Judá e reúne um exército de 580 mil homens.
   B. A salvação de Asa (14.9-15): O Senhor salva Asa e seu exército do extermínio total.
      1. *O perigo* (14.9-10): Os etíopes atacam Judá com um exército gigantesco.
      2. *A dependência* (14.11): Asa clama ao Senhor por ajuda.
      3. *O livramento* (14.12-15): O Senhor capacita o exército de Judá a triunfar sobre seus inimigos.
   C. Os pecados de Asa (16.1-14)
      1. *A infidelidade* (16.1-10)
         a. A parceria (16.1-6): Quando o rei Baasa, de Israel, invade Judá, Asa suborna o rei da Síria para quebrar seu vínculo com Baasa e atacá-lo.
         b. O profeta (16.7-10): Um profeta chamado Hanani repreende Asa por depender do rei da Síria, em vez de depender do Senhor. Asa fica furioso com Hanani e o aprisiona.
      2. *A tragédia* (16.11-14): Asa desenvolve uma séria doença nos pés, mas se recusa a se voltar para o Senhor em busca de ajuda, então morre.

ESBOÇO DA SEÇÃO SEIS (II CRÔNICAS 17-18)
Jeosafá sucede Asa e fortalece Judá. Ele envia oficiais para ensinar o Livro da Lei. Mais tarde, Josafá faz uma aliança com o rei Acabe de Israel e ataca Ramote-Gileade, a despeito dos alertas do profeta Micaías. Acabe disfarça-se na batalha, mas ainda assim é morto.

I. Os Bons Feitos de Josafá, o Quarto Governante de Judá (17.1-19)
   A. Seus reforços (17.1-2): Josafá coloca tropas nas terras que controla.
   B. Suas reformas (17.3-4, 6-9): Josafá segue ao Senhor e envia os levitas para ensinar o Livro da Lei ao povo.
   C. Sua recompensa (17.5, 10-19): O Senhor honra Josafá por todos os feitos e fortalece Judá.

II. Os Tristes Feitos de Josafá (18.1-34)
   A. Seu compromisso matrimonial (18.1): Josafá arranja para que seu filho case com a filha do ímpio rei Acabe de Israel.

B. Seu compromisso militar (18.2-34): Josafá, de forma imprudente, junta forças com o rei Acabe para lutar contra Ramote-Gileade.
1. *A decisão fatal* (18.2-27)
   a. A conferência (18.2-3): Em um grande banquete, Acabe convence Josafá a juntar-se a ele no ataque a Ramote-Gileade.
   b. A preocupação (18.4): Antes da batalha, Jeosafá procura buscar a vontade de Deus.
   c. A consulta (18.5-22): Acabe concorda, de forma relutante, em buscar conselho de duas fontes.
      (1) De seus 400 profetas (18.5, 9-11): Quando o rei Acabe pergunta a seus 400 profetas se deve atacar Ramote-Gileade, eles dizem o que ele quer ouvir: que sairá vitorioso.
      (2) De um profeta fiel (18.6-8, 12-22): Josafá pede um conselho vindo de um profeta do Senhor. Micaías intencionalmente diz ao rei exatamente o que os outros 400 disseram, mas, quando Acabe ordena que diga a verdade, Micaías relata duas visões:
         (a) A ovelha perdida (18.16): Micaías enxerga o povo de Israel espalhado nas montanhas, como ovelhas cujo pastor havia morrido.
         (b) Um espírito mentiroso (18.18-22): Micaías também vê um acontecimento nos céus — o Senhor permite que um espírito induza os 400 profetas de Acabe a mentir para que ele vá à guerra e seja morto.
   d. A condenação (18.23-27): Depois de ser pregada a mensagem verdadeira de Micaías de ser ele preso, o profeta diz a Acabe que, se sua mensagem não for verdadeira, ele retornará para casa com segurança.
2. *O disfarce vão* (18.28-34): Acabe tenta evitar o destino que Micaías havia profetizado para ele.
   a. A roupa real (18.28-32)
      (1) A estratégia de Acabe (18.28-29): Acabe sugere que Josafá vista suas roupas reais enquanto ele se disfarça de soldado normal.
      (2) A imbecilidade de Josafá (18.30-32): O rei de Judá concorda tolamente com o plano de Acabe e é quase morto pelos sírios, que o confundem com Acabe.
   b. A flecha perdida (18.33-34): Acabe é mortalmente ferido por uma flecha atirada ao acaso.

> **ESBOÇO DA SEÇÃO SETE** (II CRÔNICAS 19-20)
> Josafá constitui juízes por todo Judá. Um grande exército ameaça atacar, e Josafá ora ao Senhor, que faz com que as forças inimigas sejam derrotadas lutando entre si. Resumo do reinado de Josafá: ele é condenado e punido por se tornar um aliado ao rei Acazias de Israel.

I. JOSAFÁ, O REI EM FALTA (19.1-3; 20.35-37): Josafá desagrada ao Senhor com algumas de suas ações.
   A. **A aliança militar** (19.1-3): Quando Josafá retorna de Ramote-Gileade, o profeta Jeú o repreende por ajudar "aqueles que odeiam ao Senhor" (isto é, o rei Acabe de Israel).
   B. **Os navios mercantes** (20.35-37): Perto do fim de sua vida, Josafá faz uma aliança com o ímpio rei Acazias de Israel. Eles constroem uma frota de navios mercantes, mas os navios são destruídos antes mesmo de navegar.

II. JOSAFÁ, O REI PRODUTIVO (19.4-11; 20.31-34): Josafá agrada ao Senhor com muitas de suas ações.
   A. **Suas designações** (19.4-11): Josafá constitui juízes justos por toda a terra, advertindo-os a lidar de forma justa com o povo.
   B. **Suas ações** (20.31-34): Josafá faz o que é certo aos olhos do Senhor.

III. JOSAFÁ, O REI MEDROSO (20.1-12)
   A. **A origem de seu medo** (20.1-2): Josafá descobre que um grande exército aproxima-se além do mar Morto.
   B. **A solução para o seu temor** (20.3-12)
      1. *O rei decreta um jejum público* (20.3).
      2. *O rei faz uma oração pública* (20.4-12).
         a. O local da oração (20.4-5): Josafá reúne o povo em frente ao novo pátio do Templo em Jerusalém.
         b. A linguagem da oração (20.6-12)
            (1) A revisão (20.6-9): Josafá recapitula como o Senhor protegeu fielmente seu povo no passado.
            (2) O pedido (20.10-12): Josafá pede ao Senhor que proteja seu povo novamente.

IV. JOSAFÁ, O REI PROTEGIDO (20.13-30): O Senhor ouve a oração de Josafá e prepara seu povo para a vitória.
   A. **A profecia** (20.13-17): O Espírito do Senhor desce sobre um levita chamado Jaaziel e ele profetiza que o Senhor dará grande vitória a Judá.
   B. **O louvor** (20.18-19): Josafá lidera o povo na adoração.
   C. **O poder do Senhor** (20.20-30)

1. *O coral* (20.20-22): Josafá escolhe cantores para liderar o ataque ao cantar louvores a Deus.
2. *A conquista* (20.23-25): O inimigo é derrotado, provendo muito despojo para o povo de Judá.
3. *A conclusão* (20.26-30): Depois de três dias coletando despojos, o povo reúne-se no vale de Beraca e dá graças ao Senhor. Depois, marcha para Jerusalém para cantar e tocar instrumentos.

ESBOÇO DA SEÇÃO OITO (II CRÔNICAS 21-23)
Josafá é sucedido por Jeorão. Os edomitas revoltam-se e os filisteus e os árabes atacam Jerusalém. Jeorão morre e Acazias o sucede, mas logo é morto. A mãe de Acazias, Atalia, mata toda a família real, exceto Joás, e assume o trono. Depois de muitos anos, Joás é trazido diante do povo, é coroado rei, e Atalia é morta.

I. Jeorão, o Quinto Governante de Judá (21.1-20): Jeorão faz o que é mau aos olhos do Senhor.
  A. **As perversões de Jeorão** (21.1-7, 11)
    1. *Seu massacre* (21.1-4): Jeorão torna-se rei e mata todos os seus irmãos.
    2. *Sua esposa* (21.5-7): Jeorão é influenciado a praticar o mal por sua esposa, que é uma das filhas de Acabe.
    3. *Seus santuários* (21.11): Jeorão conduz o povo de Judá a adorar ídolos.
  B. **A punição de Jeorão** (21.8-10, 12-20)
    1. *Guerras com outros povos* (21.8-10, 16-17)
      a. *As insurreições* (21.8-10): Os edomitas e a cidade de Libna rebelam-se contra Jeorão.
      b. *As invasões* (21.16-17): Os filisteus e os árabes atacam Judá e saqueiam o palácio real.
    2. *Palavras de um profeta* (21.12-15, 18-20): Elias escreve uma carta a Jeorão, profetizando a destruição do rei.
      a. *Conforme predito* (21.12-15): Elias envia uma mensagem do Senhor a Jeorão, denunciando-o por sua iniqüidade e profetizando sua morte.
      b. *Assim foi cumprido* (21.18-20): Conforme Elias havia profetizado, Jeorão é ferido com uma severa doença intestinal e morre em meio a dores.

II. Acazias, o Sexto Governante de Judá (22.1-9): Acazias sucede Jeorão como rei de Judá.
  A. **A apostasia de Acazias** (22.1-6)
    1. *O conselho cruel* (22.1-3): A mãe de Acazias, Atalia, uma filha de Acabe, encoraja Acazias a fazer o que é mau.

2. *A má aliança* (22.4-6): Os conselheiros de Acazias, que são membros da família de Acabe, o conduzem a uma aliança com Jeorão, o nono governante de Israel.
  B. O assassinato de Acazias (22.7-9): Acazias é capturado e executado em Samaria por Jeú, que se torna o décimo governante de Israel.

III. Atalia, a Sétima Governante de Judá (22.10-23.21)
  A. A eliminação dos rivais (22.10): Quando Atalia descobre que seu filho está morto, decide matar todos os rivais ao trono para que possa tornar-se rainha.
  B. A fuga de Joás (22.11-12): Um filho ainda criança de Acazias, Joás, escapa de ser morto por Atalia porque é escondido no Templo pela irmã de Acazias.
  C. A execução de Atalia (23.1-21): Depois de governar por sete anos, Atalia é deposta e morta.
    1. *As pessoas* (23.1): Joiada, o sumo sacerdote, e cinco líderes militares preparam-se para depor Atalia.
    2. *O plano* (23.2-10): Joiada encontra-se secretamente com os levitas e líderes de toda a Judá e designa a eles vários postos ao redor do Templo.
    3. *A proclamação* (23.11): Quando tudo está pronto, o garoto de sete anos, Joás, é trazido para fora e proclamado, em alta voz, o novo rei de Judá.
    4. *A purificação* (23.12-15): Atalia, trazida para fora dos portões, é morta.
    5. *O pacto* (23.16): Joiada faz com o rei e o povo uma aliança de que eles servirão ao Senhor.
    6. *A purificação* (23.17-21): O povo derruba o templo de Baal. Joiada coloca sacerdotes levitas encarregados do Templo. O rei é escoltado ao seu trono e o povo se regozija.

ESBOÇO DA SEÇÃO NOVE (II CRÔNICAS 24-25)
Joás ordena a reforma do Templo, mas permite que Judá retorne à idolatria. Joás ordena que o filho de Joiada seja morto. Quando os sírios atacam Judá, os servos de Joás o matam. Amazias sucede Joás e derrota os edomitas, mas é derrotado pelo rei Jeoás de Israel. Mais tarde, Amazias é assassinado por adorar os deuses dos edomitas.

I. Joás, o Oitavo Governante de Judá (24.1-27)
  A. Os melhores anos do reinado de Joás (24.1-14): Nos primeiros anos de seu reinado, Joás agrada o Senhor.
    1. *A ordem* (24.1-5): Joás ordena que os sacerdotes e os levitas coletem dinheiro para reformar o Templo.
    2. *A preocupação* (24.6-7): Depois de longo tempo, Joás exige saber por que sua ordem ainda não foi obedecida.
    3. *A caixa* (24.8-14): Joás ordena que uma caixa seja posta no lado de fora do portão do Templo para receber dinheiro do povo.

Dinheiro suficiente é coletado e a reforma no Templo é completada.
B. **Os anos ruins do reinado de Joás** (24.15-27): Em seus últimos anos, Joás desobedece ao Senhor.
   1. *O motivo* (24.15-17): Joiada, o sacerdote, que criou o jovem Joás, morre.
   2. *Os resultados* (24.18-27): Joás é influenciado por alguns líderes perversos de Judá.
      a. O paganismo (24.18-19): O povo começa a adorar ídolos novamente.
      b. O profeta (24.20-22): O filho de Joiada, Zacarias, prega contra o povo de Judá por abandonar o Senhor. Joás ordena que Zacarias seja morto por apedrejamento.
      c. A trama (24.23-27): Como o povo de Judá abandonou o Senhor, ele permite que os sírios ataquem Judá, e Joás é ferido. Dois dos oficiais de Joás o matam em sua própria cama.
II. Amazias, o Nono Governante de Judá (25.1-28): Amazias sucede Joás como rei de Judá.
   A. **A avaliação da conduta de Amazias** (25.1-2): Amazias faz o que é correto, mas não com inteireza de coração.
   B. **A execução dos assassinos de Joás** (25.3-4): Amazias executa os oficiais que mataram seu pai, mas obedece à lei de Moisés e não mata seus filhos.
   C. **O encontro com o exército edomita** (25.5-13): Amazias vai à guerra contra Edom.
      1. *Os guerreiros* (25.5-6): Amazias organiza e conta suas tropas.
         a. De duas tribos (25.5): Amazias reúne um exército de 300 mil homens de Judá e Benjamim.
         b. Das dez tribos (25.6): Amazias contrata 10 mil mercenários de Israel.
      2. *O aviso* (25.7-10): Um homem de Deus repreende Amazias por contratar mercenários, em vez de confiar em Deus, e então o rei os dispensa.
      3. *A guerra* (25.11-12): Amazias é vitorioso, matando 20 mil homens das tropas inimigas.
      4. *A ira* (25.13): No caminho de volta para casa, os irados mercenários de Israel saqueiam algumas cidades de Judá.
   D. **Os erros do reinado de Amazias** (25.14-24)
      1. *Seu paganismo* (25.14-16): Amazias aborrece o Senhor por adorar os deuses de Edom, embora tenha derrotado esta nação em guerra.
      2. *Seu orgulho* (25.17-20): Amazias desafia o rei Jeoás de Israel a guerrear. Apesar dos alertas de Jeoás, Amazias prepara-se para atacar.
      3. *Sua punição* (25.21-24): O rei judeu é capturado, e Jerusalém é saqueada por Jeoás.

E. **O fim da vida de Amazias** (25.25-28): Amazias é assassinado por abandonar o Senhor.

> **ESBOÇO DA SEÇÃO DEZ** (II CRÔNICAS 26-28)
> Relato dos reinados de Uzias, Jotão e Acaz. Uzias agrada o Senhor durante quase todo o seu reinado, mas, perto do fim, lhe desobedece. Jotão é um bom rei de uma nação corrupta. Acaz é mau. É atacado pela Síria, por Israel e pela Assíria. Ele também fecha o Templo e oferece sacrifícios a deuses estrangeiros.

I. Uzias, o Décimo Governante de Judá (26.1-23): Uzias, o filho de Amazias, sucede seu pai como rei de Judá.
   A. **Seus feitos** (26.1-15)
      1. *Uzias, o fiel* (26.1, 3-5): Uzias começa seu reinado como seguidor fiel do Senhor.
      2. *Uzias, o fortificador* (26.2, 9): Ele reconstrói a cidade de Elote e constrói torres em Jerusalém.
      3. *Uzias, o agricultor* (26.10): Uzias possuía muito gado, fazendas e vinhas.
      4. *Uzias, o guerreiro* (26.6-8, 11-15)
         a. Suas guerras (26.6-8): Uzias é bem-sucedido em batalhas contra os filisteus, os árabes e os meunitas.
         b. Seus guerreiros (26.11-13): O exército de Uzias tem 307.500 soldados de elite.
         c. Suas armas (26.14-15): Uzias provê seus homens com armaduras e constrói armas que lançam flechas e pedras gigantes.
   B. **Sua arrogância** (26.16-23): Depois de tornar-se poderoso, Uzias fica orgulhoso.
      1. *O desregramento de Uzias* (26.16-18)
         a. A ação tola de Uzias (26.16): Uzias queima incenso no Templo, o que apenas os sacerdotes podem fazer.
         b. A ação destemida de Azarias (26.17-18): O sumo sacerdote, Azarias, confronta e condena o rei por sua atitude pecaminosa.
      2. *A lepra de Uzias* (26.19-20): Um Uzias furioso e impenitente é acometido de lepra pelo Senhor.
      3. *A solidão de Uzias* (26.21-23): Uzias é forçado a viver em isolamento até sua morte.

II. Jotão, o Décimo Primeiro Governante de Judá (27.1-9): O filho de Uzias, Jotão, o sucede como rei de Judá.
   A. **Sua adoração** (27.1-2): Jotão anda nos caminhos do Senhor.
   B. **Suas obras** (27.3-4)
      1. *Em Jerusalém* (27.3): Jotão reconstrói a porta de cima e o muro no outeiro de Ofel.
      2. *Em Judá* (27.4): Jotão constrói cidades e fortes por todo o Judá.

C. Sua guerra (27.5-9)
  1. *O registro de sua vitória* (27.5): Jotão derrota os filhos de Amom e recebe um grande tributo anual deles.
  2. *O motivo de sua vitória* (27.6-9): Jotão torna-se poderoso porque o Senhor o abençoa por sua obediência.

III. ACAZ, O DÉCIMO SEGUNDO GOVERNANTE DE JUDÁ (28.1-27): O filho de Jotão, Acaz, o sucede como rei de Judá.
  A. A apostasia irredutível (28.1-4): Acaz torna-se um adorador fanático de Baal, chegando a sacrificar-lhe os próprios filhos.
  B. Os exércitos ofensivos (28.5-15): Judá é punido pela idolatria de Acaz.
   1. *A derrota para a Síria* (28.5): A Síria derrota Acaz e deporta grande número de pessoas para Damasco.
   2. *A derrota para Israel* (28.5-15): Israel também derrota Acaz, matando 120 mil de seus soldados e capturando 200 mil mulheres e crianças de Judá. O profeta Obede alerta Israel para que faça retornar os cativos a Judá, de modo que a ira divina não caia sobre eles. Os líderes de Israel alimentam e vestem os cativos e os enviam de volta para Judá.
  C. A tentativa de aliança (28.16-21): Acaz pede ajuda ao rei da Assíria para enfrentar seus inimigos. O rei assírio toma o dinheiro de Acaz, mas o oprime, em vez de ajudá-lo.
  D. As ações agravantes (28.22-27): Em desespero, Acaz sacrifica aos deuses da Síria e fecha o Templo, o que leva à ruína tanto o rei como todo o Israel.

ESBOÇO DA SEÇÃO ONZE (II CRÔNICAS 29–31)
Ezequias sucede Acaz e reabre o Templo. Os sacerdotes e os levitas purificam a si mesmos e ao Templo, e a Páscoa é celebrada. Ezequias reorganiza o sacerdócio e exige que o povo obedeça à lei do Senhor, ajudando o sacerdócio.

I. ARRUMANDO O TEMPLO (29.1-36): Ezequias, o décimo terceiro governante de Judá, sucede Acaz como rei. Ele reabre o Templo no primeiro mês de seu reinado.
  A. Os supervisores do Templo (29.4-19)
   1. *O desafio aos levitas* (29.4-11): O rei exorta os sacerdotes e os levitas a se purificar e ao Templo, preparando-se para a adoração pública.
   2. *A limpeza dos levitas* (29.12-19): Os sacerdotes e os levitas terminam o processo de purificação em 16 dias.
  B. As ofertas do Templo (29.20-36): Ezequias dedica o Templo novamente, oferecendo sacrifícios.
   1. *Os sacrifícios* (29.20-24): Ezequias ordena aos sacerdotes que sacrifiquem sete novilhos, sete carneiros, sete cordeiros e sete bodes como oferta pelo pecado.

2. *A cantoria* (29.25-30): Sob a instrução de Ezequias, o sacrifício deve ser acompanhado por cânticos de adoração.
3. *A soma total* (29.31-36): O povo reunido ofereceu 670 novilhos, 100 carneiros e mais de 3 mil ovelhas e cordeiros.

II. Restituindo a Páscoa (30.1-27)
   A. **O pedido** (30.1-5)
      1. *O que* (30.1): Ezequias convida o povo para celebrar a Páscoa em Jerusalém.
      2. *Quando* (30.2): A celebração da Páscoa será no meio da primavera, um mês mais tarde do que o normal.
      3. *Por que* (30.3-4): Este atraso é causado pela falta de purificação dos sacerdotes na data anterior.
      4. *Quem* (30.5): O convite é feito a todo Israel, de Dã a Berseba.
   B. **O lembrete** (30.6-9): Ezequias promete que, se Israel se voltar ao Senhor, Deus se voltará para Israel.
   C. **A reação** (30.10-12)
      1. *Muitos zombam e rejeitam o convite* (30.10).
      2. *Alguns humildemente aceitam o convite* (30.11-12).
   D. **O reavivamento** (30.13-14): O povo reúne-se em Jerusalém para a Páscoa e destrói os altares pagãos.
   E. **A regularização** (30.15-20): Muitas pessoas estão cerimonialmente imundas e inelegíveis para a Páscoa. Ezequias ora pelo perdão deles para que possam participar da Páscoa.
   F. **O regozijo** (30.21-27): O povo celebra alegremente a Páscoa por mais sete dias, fazendo a maior celebração desde os tempos de Salomão.

III. Reorganizando os Sacerdotes e os Levitas (31.1-3): Ezequias organiza os sacerdotes e oferece sacrifícios diários novamente.

IV. Requerendo o Dízimo do Povo (31.4-21): Ezequias requer que o povo cumpra sua obrigação da lei do Senhor com relação aos dízimos ao sacerdócio.
   A. **O motivo** (31.4): Ezequias requer o dízimo ao sacerdócio para que os sacerdotes e os levitas possam dedicar-se completamente ao Senhor.
   B. **A reação** (31.5-10): O povo responde generosamente, trazendo a porção de sua colheita e de seu rebanho.
   C. **A reorganização** (31.11-21): Ezequias constitui oficiais para vigiar a distribuição justa dos dízimos aos sacerdotes e levitas.

A BÍBLIA EM ESBOÇOS

ESBOÇO DA SEÇÃO DOZE (II CRÔNICAS 32)
O rei Senaqueribe da Assíria invade Judá e Ezequias fortalece as defesas de Jerusalém. Senaqueribe alerta o povo de Jerusalém a se render. Ezequias ora e o Senhor envia um anjo que destrói o exército assírio. Ezequias recupera-se de uma doença séria e suas riquezas aumentam.

I. O INDEFESO EZEQUIAS (32.1-22): O rei Senaqueribe da Assíria invade Judá.
   A. **A situação** (32.1-8)
      1. *O plano* (32.1-2): Ezequias percebe que Senaqueribe pretende atacar Jerusalém.
      2. *As preparações* (32.3-8)
         a. Os reforços (32.3-5): Ezequias fortifica Jerusalém e tapa as fontes de água fora da cidade.
         b. A confirmação (32.6-8): Ezequias incentiva o povo, lembrando que o Senhor está do seu lado.
   B. **O desprezo** (32.9-19): Os embaixadores de Senaqueribe ridicularizam as tentativas de Ezequias de defender Jerusalém. Eles comentam que os deuses das outras cidades não tiveram poder para protegê-las, e pressupõem que o Deus dos hebreus não terá poder para defender Jerusalém.
   C. **A súplica** (32.20): Ezequias e o profeta Isaías clamam ao Senhor por livramento.
   D. **A salvação** (32.21-22): O Senhor envia um anjo que destrói o exército assírio. Senaqueribe é morto pelos próprios filhos.

II. A CURA DE EZEQUIAS (32.24-26): Ezequias fica mortalmente doente e clama ao Senhor. Quando o Senhor o cura, Ezequias torna-se extremamente orgulhoso, mas se arrepende de seu orgulho.

III. A HONRA DE EZEQUIAS (32.23, 27-33): Ezequias recebe grande respeito e riquezas durante seu reinado. O povo o honra quando ele morre.

ESBOÇO DA SEÇÃO TREZE (II CRÔNICAS 33)
Manassés torna-se rei e pratica o mal, inclusive colocando ídolos no Templo. Depois que é levado cativo, Manassés se arrepende e é libertado. Ele se opõe à idolatria e promete adorar o Senhor. Amom sucede Manassés como rei e pratica o mal. É assassinado por seus próprios oficiais.

I. MANASSÉS, O DÉCIMO QUARTO GOVERNANTE DE JUDÁ (33.1-20): Manassés, filho de Ezequias, sucede-o como rei de Judá.
   A. **O rei rebelde** (33.1-11)
      1. *As perversões de Manassés* (33.1-9): Manassés comete a idolatria e todo o tipo de mal. Até sacrifica o próprio filho a outros deuses e coloca um ídolo no Templo do Senhor.

2. *A punição de Manassés* (33.10-11): O Senhor permite que os assírios capturem Manassés e o levem cativo.
   B. **O rei arrependido** (33.12-20)
      1. *A confissão de Manassés* (33.12-13): Manassés arrepende-se de sua impiedade e clama ao Senhor. O Senhor ouve a oração de Manassés e permite que retorne ao seu reino.
      2. *A mudança na conduta de Manassés* (33.14-20): Manassés retorna a Judá, remove os ídolos, derruba os altares pagãos que construiu e promove a adoração do Senhor pelo resto de seu reinado.

II. Amom, o Décimo Quinto Governante de Judá (33.21-25): O filho de Manassés, Amom, sucede-o como rei de Judá.
   A. **Sua apostasia** (33.21-23): Amom faz o que é mau aos olhos do Senhor e adora ídolos.
   B. **Seu assassinato** (33.24-25): Os oficiais de Amom o matam em seu palácio.

ESBOÇO DA SEÇÃO QUATORZE (II CRÔNICAS 34-35)
Josias torna-se rei e remove a idolatria de Judá. Ele ordena que os reparos sejam feitos no Templo e o Livro da Lei é descoberto. Josias lê os rolos a todos os líderes e eles se comprometem com o Senhor. A Páscoa é celebrada. Josias é morto em combate contra o rei Neco.

I. Josias, o Décimo Sexto Governante de Judá (34.1–35.27): Josias sucede seu pai, Amom, como rei de Judá. Ele é o último rei bom que Judá tem.
   A. **A campanha lançada** (34.1-7): Josias inicia uma campanha em massa contra a adoração a ídolos. Destrói altares pagãos em Jerusalém, Judá, Manassés, Efraim, Simeão e Naftali.
   B. **A construção é iniciada** (34.8-13): Josias ordena que sejam feitos os reparos no Templo e designa um líder para a tarefa.
   C. **A aliança renovada** (34.14-33): Enquanto o Templo está sendo reformado, o sumo sacerdote, Hilquias, descobre o Livro da Lei (Livro da Aliança).
      1. *O pronunciamento* (34.14-18): Depois que Hilquias descobre o Livro da Aliança, ele o dá a Safã, o escrivão. Safã leva o Livro ao rei e o lê para ele.
      2. *A perplexidade* (34.19-21): Depois de ouvir o que está escrito no livro, Josias desanima e instrui os líderes a perguntar ao Senhor o que fazer com relação à situação.
      3. *O profeta* (34.22): Os líderes consultam o profeta Hilquias.
      4. *A profecia* (34.23-28): Hilquias faz uma profecia dupla.
         a. Com relação a Judá (34.23-25): O Senhor logo punirá o povo por seus pecados.
         b. Com relação a Josias (34.26-28): Porque Josias se humilha diante de Deus, o Senhor não enviará a punição até que Josias morra.

5. *A proclamação* (34.29-33): Josias lê aos líderes e ao povo o Livro da Aliança e renova a aliança entre o Senhor e seu povo.
D. **A conclamação** (35.1-6): Josias convoca o povo para celebrar a Páscoa em Jerusalém.
E. **As contribuições** (35.7-9): Josias e seus oficiais provêem milhares de animais para o sacrifício. Josias dá 30 mil cordeiros e bodes e 3 mil novilhos. Os oficiais de Josias doam 7.600 cordeiros e bodes e 800 novilhos.
F. **A cerimônia conduzida** (35.10-15): Os sacerdotes fazem os sacrifícios, que são comidos pelo povo.
G. **A celebração completada** (35.16-19): A Páscoa é completada. Nunca, desde os tempos de Samuel, havia existido uma celebração da Páscoa como esta.
H. **A casualidade** (35.20-27)
  1. *A guerra tola de Josias* (35.20-22): Josias provoca desnecessariamente o rei Neco a uma guerra.
  2. *O ferimento mortal de Josias* (35.22-27): Josias é ferido mortalmente por arqueiros inimigos.
    a. O local de sua morte (35.22-23): A batalha acontece no vale de Megido.
    b. O lamento sobre sua morte (35.24-27): Todo o Judá lamenta por Josias, e o profeta Jeremias compõe um cântico fúnebre para ele.

ESBOÇO DA SEÇÃO QUINZE (II CRÔNICAS 36)
Relatos dos reinados de Jeoacaz, Jeoaquim, Joaquim e Zedequias. Jerusalém é tomada pelos babilônios, que conduzem o povo ao exílio. Mais tarde, Ciro permite que os exilados retornem.

I. JEOACAZ, O DÉCIMO SÉTIMO GOVERNANTE DE JUDÁ (36.1-4): Jeoacaz, filho de Josias, sucede-o como rei de Judá.
  A. **A duração** (36.1-2): Jeoacaz governa por apenas três meses.
  B. **O destronamento** (36.3-4): Jeoacaz é destronado e aprisionado no Egito pelo rei Neco, que constitui o irmão de Jeoacaz como rei de Judá.

II. JEOAQUIM, O DÉCIMO OITAVO GOVERNANTE DE JUDÁ (36.5-8)
  A. **O mal de seu reinado** (36.5): Jeoaquim faz o que é mau aos olhos do Senhor.
  B. **Os eventos de seu reinado** (36.6-8): Jerusalém é conquistada por Nabucodonosor, o Templo é saqueado e Jeoaquim é levado cativo.

III. JOAQUIM, O DÉCIMO NOVO GOVERNANTE DE JUDÁ (36.9-10): Joaquim, filho de Jeoaquim, sucede-o como rei de Judá.

A. **Seu reinado** (36.9): Joaquim reina por três meses e dez dias.
   B. **Sua remoção** (36.10): Nabucodonosor o intima a ir para a Babilônia e muitos dos tesouros do Templo também são levados. Zedequias é designado rei.

IV. ZEDEQUIAS, O VIGÉSIMO GOVERNANTE DE JUDÁ (36.11-23)
   A. **A desobediência** (36.11-14): Zedequias rebela-se contra o Senhor e contra Nabucodonosor. Os sacerdotes e o povo praticam a idolatria.
   B. **A destruição** (36.15-20): Como o povo se recusa a prestar atenção aos profetas e a se arrepender, o Senhor permite que o rei da Babilônia ataque Jerusalém. Os muros são derrubados, o Templo é destruído, e muitas pessoas são mortas ou levadas cativas.
   C. **O decreto** (36.21-23): Depois de 70 anos, o rei Ciro da Pérsia decreta que o povo do Senhor pode retornar e reconstruir seu Templo.

Esdras

ESBOÇO DA SEÇÃO UM (ESDRAS 1–3)
O rei Ciro, da Pérsia, decreta que os judeus podem retornar e reconstruir o Templo. Registro do retorno do primeiro grupo de exilados. Reinicia-se a oferta de sacrifícios e a construção do Templo.

I. O Decreto (1.1-4)
   A. **A profecia** (1.1): O rei Ciro da Pérsia emite um decreto que cumpre a profecia feita por Jeremias muitos anos antes.
   B. **A proclamação** (1.2-4): O decreto de Ciro permite que todos os judeus do Império Persa retornem a Jerusalém para reconstruir seu Templo.

II. As Doações (1.6-11; 2.68-70)
   A. **Presentes dos vizinhos** (1.6): Muitas pessoas, provavelmente judeus que resolveram ficar, dão jóias de ouro e prata e suprimentos para a viagem.
   B. **Presentes do rei Ciro** (1.7-11): O rei Ciro doa valiosos itens que Nabucodonosor tomou do Templo.
   C. **Presentes das famílias dos líderes** (2.68-70): Quando os judeus chegam a Jerusalém, alguns líderes de família que lá habitam, doam ouro, prata e vestes para o Templo e para os sacerdotes.

III. Os Devotados (1.5; 2.1-67): Aproximadamente 50 mil peregrinos devotos retornam, incluindo sacerdotes, levitas, descendentes dos oficiais de Salomão e outros israelitas. Eles trazem consigo 736 cavalos, 245 mulas, 435 camelos e 6.720 burros.

IV. A Determinação (3.1-9): Em seu retorno, os judeus cumprem três de seus alvos:
   A. **O altar é reconstruído** (3.1-3): Os sacrifícios são imediatamente retomados.
   B. **A Festa dos Tabernáculos é observada** (3.4-6).
   C. **A construção do Templo é iniciada** (3.7-9): No segundo ano do retorno dos judeus, eles começam a reconstruir o Templo, tendo os levitas como responsáveis.

V. A Dedicação (3.10-13): Quando a fundação do Templo é concluída, há grande celebração.
   A. **A cantoria** (3.10-11): Os sacerdotes e os levitas tocam trombetas e címbalos e cantam louvores ao Senhor.
   B. **A dor** (3.12-13): Alguns judeus anciãos se lembram do glorioso Templo de Salomão e lamentam quanto ao fato de o novo ser uma pálida comparação.

ESBOÇO DA SEÇÃO DOIS (ESDRAS 4-6)
Inimigos resistem à reconstrução do Templo. Artaxerxes pára a obra. Ageu e Zacarias incentivam o povo a continuar a construção do Templo. O Templo é completado e dedicado, e a Páscoa é celebrada.

I. Obstáculos para o Projeto (4.1-24): Conforme os judeus reconstroem o Templo, seus inimigos tentam atrapalhá-los de várias formas.
   A. **Comprometimento** (4.1-3): Alguns dos inimigos dos judeus tentam fazer com que eles comprometam seus padrões.
      1. *O pedido* (4.1-2): Alguns pagãos na terra oferecem-se para ajudar na construção do Templo.
      2. *A recusa* (4.3): Os líderes judeus recusam sua oferta.
   B. **Coerção** (4.4-5): Moradores locais tentam desanimar e amedrontar os judeus durante a reconstrução. Eles até mesmo subornam conselheiros para trabalhar contra os judeus.
   C. **Condenação** (4.6-24): Os inimigos escrevem uma carta ao rei Artaxerxes acusando os judeus de rebeldia.
      1. *A mensagem ao rei* (4.6-16)
         a. A calúnia (4.6-13): Os inimigos alertam o rei Artaxerxes de que os judeus se revoltarão quando a reconstrução for concluída.
         b. A sugestão (4.14-16): Os inimigos sugerem que o próprio rei Artaxerxes verifique os relatos antigos para saber da história rebelde de Jerusalém.
      2. *A mensagem do rei* (4.17-24)
         a. O que ele descobre (4.17-20): A busca de Artaxerxes confirma a história rebelde de Jerusalém.
         b. O que ele exige (4.21-24): Ele ordena que todo o trabalho no Templo e na cidade seja suspenso imediatamente.

II. O Progresso no Projeto (5.1-6.22): Finalmente, o Templo é reconstruído, apesar dos vários obstáculos no caminho.
   A. **Os profetas de Judá** (5.1-2): Os profetas Ageu e Zacarias incentivam os judeus a recomeçar a reconstrução do Templo.
   B. **O potentado na Pérsia** (5.3-6.22)
      1. *A reprovação* (5.3-5): Novamente os inimigos dos judeus criam dificuldades para eles. O governante da província exige saber quem deu permissão para a reconstrução do Templo.

2. *O relato* (5.6-16): O governador envia uma carta a Dario, o novo rei da Pérsia, reportando as atividades dos judeus.
3. *O pedido* (5.17): Em sua carta, o governador lembra que os judeus alegam que Ciro lhes concedeu permissão para reconstruir, e pede a Dario para verificar se isso é verdade.
4. *A resposta* (6.1-12): Os relatos persas revelam que Ciro havia realmente concedido permissão aos judeus para a reconstrução do Templo. Então Dario dá as seguintes instruções:
  a. Permitir que os judeus reconstruam o Templo (6.6-7).
  b. Auxiliar os judeus na reconstrução do Templo (6.8-12): Dario instrui o governador a usar os tributos para financiar o projeto.
5. *Os resultados* (6.13-22)
  a. A conclusão do Templo (6.13-18)
    (1) O trabalho termina (6.13-15): O Templo é terminado durante o sexto ano do reinado de Dario.
    (2) A alegria começa (6.16-18): O Templo é dedicado com louvor e ação de graças.
  b. A celebração da Páscoa (6.19-22): Todos os exilados que retornaram celebram a Páscoa um mês e nove dias após o Templo ser concluído.

ESBOÇO DA SEÇÃO TRÊS (ESDRAS 7-8)
Artaxerxes autoriza Esdras a retornar a Jerusalém com mais exilados. Registro dos líderes das famílias que retornam. Após se juntar em Aava, o povo parte para Jerusalém e chega com segurança, depositando muitos itens valiosos no Templo e sacrificando holocaustos a Deus.

I. A PREPARAÇÃO (7.1-10): Muitos anos depois de o primeiro grupo de exilados voltar a Jerusalém, um homem chamado Esdras entra em cena.
  A. Esdras e a linhagem de Arão (7.1-5): Esdras pertence à sétima geração da linhagem sacerdotal de Arão.
  B. Esdras e a lei do Senhor (7.6-10): Esdras é um escriba versado na lei de Moisés. Por causa de seu compromisso de estudar e obedecer à lei, o Senhor o abençoa.

II. A COOPERAÇÃO (7.11-28)
  A. O édito do rei com relação a Esdras (7.11-24)
    1. *O que o governante fará* (7.11-20): O rei Artaxerxes da Pérsia permite que Esdras retorne a Jerusalém e promete-lhe que:
      a. Qualquer judeu que quiser poderá ir com ele (7.13).
      b. Quaisquer necessidades que ele tiver serão providas (7.14-20).
    2. *O que o restante fará* (7.21-24): O rei ordena a seus oficiais a leste do Eufrates que ajudem Esdras em tudo aquilo de que ele necessitar.

B. A exortação do rei a Esdras (7.25-28)
   1. *A tarefa de Esdras* (7.25-26): Artaxerxes escolhe Esdras para governar e conduzir as pessoas, não importa quem sejam, na lei de Deus.
   2. *O agradecimento de Esdras* (7.27-28): Grato, Esdras louva a Deus por conceder a ele favor diante do rei.

III. A Participação (8.1-20): Esdras e aqueles que vão com ele a Jerusalém acampam em Aava antes de partir.
   A. Os exilados (8.1-14): Esdras lista as famílias que estão retornando a Jerusalém.
   B. Os extras (8.15-20)
      1. *A falta dos levitas* (8.15-17): Esdras repara que nenhum levita se ofereceu para acompanhá-lo. Então envia 11 homens de confiança de volta para chamar os levitas.
      2. *A chegada dos levitas* (8.18-20): Mais de 40 levitas e 220 servos do templo respondem e chegam ao acampamento.

IV. A Súplica (8.21-23): Esdras os convoca a um período de oração e jejum antes do início da viagem.

V. A Autorização (8.24-30): Esdras constitui 24 dos líderes principais para carregar os itens de ouro, prata e bronze para o Templo.

VI. O Destino (8.31-32): Depois de uma jornada de cerca de quatro meses (ver Esdras 7.8-9), Esdras e o povo chegam com segurança a Jerusalém.

VII. A Apresentação (8.33-36): Quando o grupo de Esdras chega a Jerusalém, eles apresentam várias coisas:
   A. Ouro e prata para o Templo (8.33-34): Todos os itens valiosos são depositados no Templo e cuidadosamente registrados.
   B. Sacrifício ao Senhor (8.35)
   C. Decretos aos oficiais (8.36): Os decretos do rei são dados a seus oficiais, que cooperam incondicionalmente.

ESBOÇO DA SEÇÃO QUATRO (ESDRAS 9-10)
Esdras ouve que os judeus estão imitando os pagãos locais e casando com eles. Quando Esdras confessa seu pecado ao Senhor, muitas pessoas se entristecem. Esdras chama o povo a Jerusalém e os confronta com seu pecado. Os homens concordam em se divorciar de suas esposas pagãs. Os culpados são listados.

I. A Transgressão do Povo (9.1-15)
   A. A dor de Esdras (9.1-4)
      1. *O relato* (9.1-2): Esdras ouve que muitos judeus — incluindo alguns sacerdotes e levitas — estão imitando os pagãos locais. Os homens de Israel estão até mesmo casando com mulheres pagãs.

2. *A reação* (9.3-4): Esdras rasga suas vestes, arranca os cabelos da cabeça e da barba e se assenta, atônito.
  B. **A oração de Esdras** (9.5-15): Esdras ora ao Senhor, confessando a infidelidade de Judá e a fidelidade do Senhor.
    1. *A infidelidade do povo de Judá* (9.6-7, 10-15)
      a. Seus pecados passados (9.6-7)
      b. Os pecados atuais (9.10-15)
    2. *A fidelidade do Senhor* (9.8-9)

II. A Confissão do Povo (10.1-44)
  A. **O arrependimento** (10.1-2): Convicto de seu pecado após ouvir a oração de Esdras, o povo clama a Deus por perdão.
  B. **A solução** (10.3-12): O povo promete separar-se dos pagãos (em termos territoriais), e os homens prometem separar-se de suas mulheres pagãs.
  C. **O relato** (10.13-44): É criado um processo para tratar de casamentos mistos. Os nomes de todos os líderes culpados são listados.

Neemias

ESBOÇO DA SEÇÃO UM (NEEMIAS 1–3)
Depois de ouvir sobre a situação de Jerusalém, Neemias confessa o pecado de seu povo a Deus. Ele recebe a permissão do rei Artaxerxes para ir a Jerusalém e reparar o muro. Depois que Neemias chega e avalia o muro, inicia o reparo. Os que trabalharam nas várias partes do muro e dos portões, reparando-os, são listados.

I. O Relato (1.1-11)
  A. **Descobrindo a respeito do muro** (1.1-3): Neemias fica sabendo da triste situação em que se encontra Jerusalém. O muro da cidade foi derrubado e os portões, queimados.
  B. **Lamentando quanto ao muro** (1.4-11): Neemias fica muito triste, por isso lamenta e jejua. Ora ao Senhor sobre:
    1. *A situação de Israel* (1.4-7): O povo de Deus desobedeceu às suas leis e deve ser punido por isso.
    2. *A promessa de Deus* (1.8-10): Se o povo se arrepender, o Senhor promete restaurá-los.
    3. *O pedido de Neemias* (1.11): Neemias pede ao Senhor que o permita que o rei conceda ao profeta retornar a Jerusalém.

II. O Pedido (2.1-10)
  A. **O pedido ao rei** (2.1-5): Neemias pede ao rei Artaxerxes para retornar a Jerusalém e reconstruir seus muros e portões.
  B. **A permissão do rei** (2.6-10): Artaxerxes não só permite que Neemias vá, mas concorda em financiar o projeto. Neemias viaja a Jerusalém, apesar dos protestos de dois não-judeus, Sambalá e Tobias.

III. A Vistoria (2.11-20): Neemias inspeciona o muro e faz uma recomendação aos líderes.
  A. **A inspeção de Neemias** (2.11-16): Neemias lidera uma vistoria noturna no muro de Jerusalém.
  B. **A exortação de Neemias** (2.17-20)
    1. *O relato* (2.17): Neemias convoca uma reunião dos líderes de Israel e informa sobre as péssimas condições do muro da cidade.

2. *A recomendação* (2.17-18): Neemias insta os líderes a começar a reconstrução do muro.
3. *A reação* (2.18): Os líderes proclamam: "Levantemo-nos, e edifiquemos".
4. *A zombaria* (2.19): Sambalá, Tobias e um árabe chamado Gesem zombam do plano de Neemias, enxergando essa iniciativa como rebelião contra o rei.
5. *A reprovação* (2.20): Neemias assegura aos três que o muro será reconstruído, de fato, sem a ajuda deles.

IV. Os Reparos (3.1-32): O trabalho é dividido em dez portas, cada uma designada a líderes específicos.
   A. **A porta das ovelhas** (3.1-2)
   B. **A porta dos peixes** (3.3-5)
   C. **A porta velha** (3.6-12)
   D. **A porta do vale** (3.13)
   E. **A porta do monturo** (3.14)
   F. **A porta da fonte** (3.15-25)
   G. **A porta das águas** (3.25-27)
   H. **A porta dos cavalos** (3.28)
   I. **A porta oriental** (3.29-30)
   J. **A porta da guarda** (3.31-32)

ESBOÇO DA SEÇÃO DOIS (NEEMIAS 4–6)
Os inimigos ridicularizam e ameaçam os construtores do muro, mas Neemias coloca guardas, protegendo-os. Ele também ameniza o fardo financeiro do povo, convencendo os credores a não requerer suas propriedades. Os inimigos voltam à sua posição, mas o muro é concluído.

I. Os Problemas (4.1–6.14): À medida que os judeus reconstroem o muro de Jerusalém, enfrentam várias dificuldades.
   A. **Escárnio** (4.1-6)
      1. *O desprezo dos pagãos* (4.1-3): Sambalá e Tobias, inimigos dos judeus, ridicularizaram o esforço dos judeus em reconstruir o muro.
      2. *A súplica do profeta* (4.4-5): Neemias ora ao Senhor, pedindo que ele castigue os inimigos.
      3. *O esforço do povo* (4.6): Depois de intenso esforço, os trabalhadores reconstroem o muro até a metade de sua altura original.
   B. **Conspiração** (4.7-9)
      1. *A trama* (4.7-8): Sambalá e Tobias tentam interromper o trabalho, planejando liderar o ataque de um exército inimigo contra Jerusalém.
      2. *As orações* (4.9): Os judeus oram e montam guarda 24 horas por dia.
   C. **Desânimo** (4.10): Alguns judeus desanimam com a quantidade de escombros que deve ser retirada.

D. Intimidação (4.11-23)
   1. *A astúcia do inimigo* (4.11-12): Os inimigos dos judeus fazem planos para penetrar sorrateiramente entre eles e matá-los.
   2. *O desafio do profeta* (4.13-14): Neemias coloca guardas armados em áreas expostas e incentiva os judeus a confiar no Senhor.
   3. *O compromisso dos trabalhadores* (4.15-23): Neemias divide os trabalhadores em duas forças-tarefas. Uma monta guarda enquanto a outra trabalha. Eles trabalham do nascer até o pôr-do-sol, sempre vigilantes.

E. Conflito interno (5.1-19)
   1. *A crueldade* (5.1-5): Durante as épocas difíceis, os judeus mais ricos emprestam dinheiro aos mais pobres e cobram juros. Quando estes não pagam o empréstimo, a propriedade é reavida e eles se tornam escravos dos judeus mais ricos.
   2. *A repreensão* (5.6-11): Em audiência pública, Neemias ordena que os judeus mais ricos reponham o que tomaram dos mais pobres.
   3. *O arrependimento* (5.12-13): Os judeus mais ricos concordam e fazem o que Neemias exige.
   4. *O modelo* (5.14-19): Neemias é um excelente exemplo para os que estão em posição de autoridade e influência.
      a. O que ele não faz (5.14-16): Neemias recusa-se a aceitar qualquer salário durante seus 12 anos à frente do governo de Judá.
      b. O que ele faz (5.17-19): Neemias supre, de seu próprio bolso, uma pensão alimentícia regular a 150 oficiais judeus.

F. Ardil (6.1-4): Por quatro vezes, Sambalá e Gesem tentam encontrar-se com Neemias para feri-lo. Ciente do plano maligno deles, Neemias recusa os encontros, dizendo que seu trabalho é muito importante para ser interrompido.

G. Calúnia (6.5-9): Sambalá e Gesem mostram a Neemias uma carta ao rei Artaxerxes que alega que Neemias e os judeus planejam uma rebelião.

H. Traição (6.10-14): Os inimigos usam um profeta chamado Semaías para tentar persuadir Neemias a refugiar-se no Templo. Neemias percebe que o plano visa a intimidá-lo e desmerecê-lo, por isso se recusa a executá-lo.

II. O Triunfo (6.15-19): Apesar dos muitos obstáculos, os judeus completam o muro em 52 dias. Seus inimigos ficam temerosos ao perceber que o projeto foi realmente feito com a ajuda de Deus.

> **ESBOÇO DA SEÇÃO TRÊS** (NEEMIAS 7-10)
> Neemias realiza um censo dos exilados que retornaram. Esdras lê o Livro da Lei ao povo, que celebra a Festa dos Tabernáculos. O Livro da Lei é lido em voz alta novamente, e alguns levitas conduzem o povo em oração de confissão, revendo os tratos de Deus com seu povo. O povo faz um juramento escrito de obediência ao Senhor.

I. A Cidade de Deus (7.1-3): Neemias designa seu irmão Hanani para governar Jerusalém e um homem fiel chamado Hananias por maioral do castelo.

II. O Povo de Deus (7.4-73): Neemias realiza um censo de todos os exilados que retornaram a Jerusalém e a Judá.
   A. **Os nomes** (7.4-65)
      1. *Os 12 líderes-chave* (7.5-7)
      2. *Os líderes dos clãs* (7.8-38)
      3. *Os sacerdotes* (7.39-42, 63-65)
         a. Aqueles com registros genealógicos (7.39-42)
         b. Aqueles sem registros genealógicos (7.63-65)
      4. *Os levitas* (7.43)
      5. *Os cantores* (7.44)
      6. *Os porteiros* (7.45)
      7. *Os servidores do Templo* (7.46-56)
      8. *Os filhos dos servos de Salomão* (7.57-60)
      9. *Famílias sem registros genealógicos* (7.61-62)
   B. **Os números** (7.66-73)
      1. *A contagem* (7.66-69): Um total de 49.942 pessoas retorna. Elas trazem consigo 8.136 animais.
      2. *As contribuições* (7.70-73): Alguns dos líderes oferecem presentes caros para ajudar a financiar o projeto.

III. A Palavra de Deus (8.1-12)
   A. **A comunicação** (8.1-6): Esdras sobe em uma plataforma de madeira diante da porta das águas e lê o Livro da Lei ao povo.
   B. **O esclarecimento** (8.7-8): À medida que Esdras lê, os levitas explicam o significado da passagem lida.
   C. **A celebração** (8.9-12): O povo chora ao ouvir a lei, mas Esdras, Neemias e os levitas dizem para eles se regozijarem, pois é um dia sagrado. Eles instruem o povo a celebrar e festejar juntos.

IV. A Festa de Deus (8.13-18): Esdras, os sacerdotes e os levitas estudam a lei e percebem que o Senhor conclamou o povo a celebrar a Festa dos Tabernáculos. Por isso, o povo constrói abrigos temporários com galhos e habita neles durante a festa.

V. A Confissão a Deus (9.1-38): O Livro da Lei é lido diante do povo novamente. O povo confessa seus pecados e presta culto a Deus.
  A. Os leigos (9.1-3): O povo se veste em pano de saco e coloca pó sobre a cabeça à medida que confessa seus pecados.
  B. Os levitas (9.4-38): Os líderes dos levitas conduzem o povo à oração e voltam a relatar a fidelidade de Deus e a infidelidade de Israel ao longo da história.
    1. *De Abraão a Moisés* (9.7-8): O Senhor chama Abrão de Ur dos caldeus e faz com ele uma aliança, prometendo dar a ele e aos seus descendentes a terra de Canaã.
    2. *De Moisés a Josué* (9.9-23)
      a. A fidelidade de Deus (9.9-15, 19-23)
        (1) Livrou-os do Egito (9.9-11).
        (2) Guiou-os dia e noite pelo deserto (9.12, 19).
        (3) Ensinou-lhes suas leis no monte Sinai (9.13-14).
        (4) Proveu-lhes alimento e água (9.15, 20).
        (5) Satisfez-lhes todas as necessidades (9.21).
        (6) Concedeu-lhes vitória sobre seus inimigos (9.22-23).
      b. A infidelidade de Israel (9.16-18)
        (1) Recusou-se a obedecer a Deus, portanto ele não permitiria que entrassem na Terra Prometida (9.16-17).
        (2) Adoraram um bezerro de ouro (9.18).
    3. *De Josué aos juízes* (9.24-26)
      a. A fidelidade de Deus (9.24-25): O Senhor abateu os inimigos dos israelitas.
      b. A infidelidade de Israel (9.26): Os israelitas desobedeceram a Deus, matando os profetas e cometendo terríveis blasfêmias.
    4. *Dos juízes a Esdras e Neemias* (9.27-31): Deus permitiu que os inimigos dos israelitas os conquistassem por causa de seu pecado contínuo.
    5. *Na época de Esdras e Neemias* (9.32-38)
      a. A súplica dos levitas (9.32-37): Os levitas imploram a Deus que derrame sua misericórdia sobre o povo pecador.
      b. A promessa dos levitas (9.38): Os levitas atestam que os líderes do povo de Deus estão fazendo uma promessa escrita solene de obediência.

VI. A Promessa a Deus (10.1-39): Um documento especial é redigido e assinado pelos líderes do povo.
  A. Os participantes (10.1-28): O documento é assinado por Neemias, os sacerdotes, os levitas, os líderes políticos, os porteiros, os cantores, os servidores do Templo e outros.
  B. As promessas (10.29-39): O documento relata seis promessas que o povo faz a Deus.
    1. *Que eles não se casarão com não-judeus* (10.30).
    2. *Que eles obedecerão às leis sabáticas* (10.31).

3. *Que eles cuidarão do Templo* (10.32, 34, 39).
4. *Que eles observarão as festas sagradas* (10.33).
5. *Que eles dedicarão ao Senhor os primogênitos dos filhos e animais* (10.36).
6. *Que eles darão seus dízimos* (10.35, 37-38).

ESBOÇO DA SEÇÃO QUATRO (NEEMIAS 11-13)
Um décimo do povo de Judá e Benjamim instala-se em Jerusalém. Muitos dos moradores de Jerusalém são listados. Os sacerdotes e os levitas que retornaram com Zorobabel são listados. O muro de Jerusalém é dedicado, em meio a uma grande cerimônia. Relato das várias reformas de Neemias.

I. A REOCUPAÇÃO DAS CIDADES (11.1-36)
   A. **Aqueles que vivem em Jerusalém** (11.1-24): Muitos mudam-se para Jerusalém para povoar a cidade junto com os líderes.
      1. *Como eles são selecionados* (11.1-2)
         a. Alguns são selecionados por sorteio (11.1).
         b. Alguns se oferecem para mudar (11.2).
      2. *Quem é selecionado* (11.3-24): É dada uma lista dos líderes que se mudam para Jerusalém.
         a. Os chefes da província (11.3-9)
         b. Os sacerdotes e os outros (11.10-24)
   B. **Aqueles que vivem em Judá e em Benjamim** (11.25-36): Várias cidades nas quais o povo de Judá e Benjamim moram.

II. O RETORNO DOS SACERDOTES E LEVITAS (12.1-26): Sacerdotes e levitas que retornaram do exílio com Zorobabel e Jesuá, o sumo sacerdote, são listados.

III. O Regozijo do Povo (12:27-47): O muro recém-concluído é dedicado com uma celebração gloriosa!
   A. **A música** (12.27-30): Todos os músicos levitas da terra reúnem-se no muro de Jerusalém.
   B. **A marcha** (12.31-43): Neemias divide os músicos e os outros líderes em dois corais. Eles devem marchar no muro em direções opostas, louvando a Deus.
   C. **Os ministros** (12.44-47): Neemias seleciona certos homens para ficar encarregados das câmaras dos tesouros.

IV. AS REFORMAS DE NEEMIAS (13.1-31): Neemias registra várias reformas que ele instituiu à medida que confrontou vários problemas.
   A. **A separação** (13.1-3): Quando o povo descobre que a lei de Moisés proíbe os amorreus e os moabitas de entrar na congregação de Deus, todas as pessoas com ascendência mista são expulsas imediatamente.

B. A confrontação (13.4-31): Em pelo menos cinco ocasiões, Neemias repreende seriamente alguns indivíduos.
  1. *Eliasibe* (13.4-9): Eliasibe, o sacerdote, é encarregado das câmaras do tesouro. É também parente de Tobias, um dos adversários de Neemias. Eliasibe faz uma câmara para Tobias no pátio do Templo. Quando Neemias descobre, atira todos os móveis para fora e ordena que a câmara seja purificada.
  2. *Os levitas* (13.10-14): Por não receber os dízimos devidos, os levitas abandonam as tarefas do Templo e trabalham visando ganhar dinheiro. Neemias os convoca a reassumir suas tarefas e o povo de Judá os apóia mais uma vez.
  3. *Aqueles que profanam o sábado* (13.15-22)
      a. O pecado (13.15-18): Os mercadores entram e saem pelos portões de Jerusalém para realizar seus negócios no sábado, como um outro dia qualquer.
      b. A solução (13.19-22): Neemias ordena que os portões sejam fechados durante o sábado.
  4. *Aqueles que casaram com mulheres pagãs* (13.23-27): Neemias encontra homens que haviam casado com mulheres pagãs. Depois de Neemias amaldiçoá-los e de surrar alguns deles, os homens concordam em jamais permitir que seus filhos casem com mulheres pagãs.
  5. *O cunhado de Sambalate* (13.28-31): Quando Neemias descobre que um dos sacerdotes casou com a filha de Sambalá, ele o expulsa do Templo.

Ester

ESBOÇO DA SEÇÃO UM (ESTER 1-2)
O rei Assuero depõe a rainha Vasti por se recusar a comparecer diante dele em um banquete. Faz-se uma busca, visando escolher uma nova rainha, e Ester é escolhida. Seu pai adotivo, Mordecai, torna-se oficial do palácio. Ele escuta falar de uma conspiração para assassinar o rei e a relata a Ester, salvando a vida do rei.

I. A Rejeição de Vasti (1.1-22): O rei Assuero, da Pérsia, é repelido por sua rainha durante um de seus banquetes, e por isso a depõe.
   A. Um banquete para seus príncipes (1.1-4): O rei Assuero dá um banquete para todos os príncipes e oficiais das 127 províncias, da Índia até a Etiópia. A celebração dura seis meses.
   B. Um banquete para os oficiais de seu palácio (1.5-22): Aparentemente como um agradecimento por ajudarem no banquete anterior, o rei Assuero dá outro banquete para seus oficiais do palácio.
      1. *Os detalhes* (1.5-9): O palácio é ricamente decorado; todos têm permissão para se embebedar durante sete dias.
      2. *A embriaguez* (1.10): Ao fim do banquete, o rei fica bastante embriagado.
      3. *A ordem* (1.11): O rei Assuero ordena que a rainha Vasti desfile sua beleza diante de seus oficiais bêbados.
      4. *A rebeldia* (1.12): A rainha recusa-se a obedecer ao rei.
      5. *O dilema* (1.13-18): O rei consulta seus conselheiros acerca da rebeldia de Vasti e eles o convencem de que todas as demais mulheres também poderão rebelar-se contra seus maridos, assim como fez Vasti.
      6. *A decisão* (1.19-20): Os conselheiros recomendam que o rei expulse a rainha.
      7. *O decreto* (1.21-22): O rei Assuero segue esse conselho e decreta que todo o homem deve governar sua própria casa.

II. A Escolha de Ester (2.1-20): Uma jovem judia chamada Ester é, por fim, escolhida para substituir Vasti como rainha.
   A. A procura (2.1-4): Um concurso é realizado; a vencedora será a nova rainha de Assuero.

B. **A saída de casa** (2.5-8): Uma jovem judia chamada Ester está entre as enviadas para aparecer diante do rei. Ela havia sido criada por seu primo, Mordecai, que a adotou quando seus pais morreram.
C. **O favor especial** (2.9): Hegai, o eunuco encarregado do harém real, agrada-se muito de Ester e mostra a ela favor especial.
D. **As intimações** (2.12-19)
  1. *O processo* (2.12-14): Cada uma das jovens no harém faz um ano de tratamento de beleza antes de ver o rei. Depois de passar a noite com o rei, a mulher vive em um harém secundário e nunca mais o vê, a não ser por um pedido específico deste.
  2. *O agrado* (2.15-19): Com a ajuda de Hegai, Ester agrada o rei e se torna a nova rainha. Ele dá um banquete em homenagem a Ester.
E. **O segredo** (2.10-11,20): Atendendo ao conselho de Mordecai, Ester não revela sua nacionalidade judia a ninguém.

III. MORDECAI PERCEBE O PERIGO (2.21-23): Mordecai torna-se oficial do palácio e salva a vida do rei.
  A. **Uma conspiração revelada** (2.21-22): Mordecai escuta uma conspiração de alguns guardas do palácio para assassinar o rei. Ele relata a informação a Ester, que a relata ao rei.
  B. **Uma conspiração relatada** (2.23): Por causa do relato de Mordecai, os guardas são enforcados e todo o episódio é devidamente relatado no arquivos do rei.

ESBOÇO DA SEÇÃO DOIS (ESTER 3-5)
Por Mordecai recusar curvar-se perante ele, Hamã pede a permissão do rei para exterminar todos os judeus. Quando a permissão é concedida, Mordecai insta para que Ester intervenha pela causa de seu povo. Ester faz planos de pedir ao rei Assuero para poupar os judeus. Hamã constrói uma forca para matar Mordecai.

I. O PROBLEMA (3.1-15): Logo após Ester tornar-se rainha, um homem ímpio chamado Hamã trama eliminar todos os judeus de todo o Império Persa.
  A. **Hamã, o arrogante** (3.1-2): O rei Assuero promove Hamã a primeiro-ministro; todos os oficiais do palácio curvam-se quando Hamã passa.
  B. **Hamã, o odioso** (3.3-5): Hamã fica furioso quando Mordecai recusa curvar-se diante dele.
  C. **Hamã, o desumano** (3.6-15)
    1. *A trama* (3.6-9): Em seu surto de raiva, Hamã pede permissão do rei para exterminar todos os judeus no império. Ele promete ao rei 375 toneladas de prata, se este concordar com o plano.

2. *A permissão* (3.10-11): O rei Assuero concorda com o plano cruel, mesmo sem aceitar o pagamento.
3. *A proclamação* (3.12-15): Hamã ordena que sejam enviadas cartas por todo o império, anunciando que todos os judeus serão mortos em uma data predeterminada.

II. O Plano (4.1–5.14): Ester e Mordecai põem um plano em ação para impedir as intenções ímpias de Hamã.
   A. **O pedido de Mordecai** (4.1-14)
      1. *A angústia de Mordecai* (4.1-4): Ao saber do decreto cruel de Hamã, Mordecai lamenta profundamente e se recusa a ser consolado.
      2. *O conselho de Mordecai* (4.5-14): Mordecai informa Ester acerca da trama e insta para que ela use seu poder de rainha para ajudar a libertar os judeus.
   B. **A reação de Ester** (4.15–5.14)
      1. *A fé* (4.15-17): Ester planeja visitar o rei, após três dias de jejum, mesmo sendo esta uma iniciativa contrária à lei.
      2. *A audácia* (5.1): Arriscando sua vida, Ester entra no pátio interior da casa do rei e se coloca diante dele.
      3. *O favor* (5.2-3): Para grande alívio de Ester, o rei Assuero a recebe e promete conceder quaisquer pedidos que ela possa fazer.
      4. *As festas* (5.4-8)
         a. O primeiro pedido de Ester (5.4-5): Ester pede que o rei e Hamã compareçam a um banquete que ela preparou, e eles atendem.
         b. O segundo pedido de Ester (5.6-8): No banquete, Ester pede ao rei e a Hamã que compareçam a outro banquete, no dia seguinte.
      5. *A fúria* (5.9-13): Voltando para casa, Hamã vê Mordecai e fica furioso, pois ele recusa curvar-se diante dele. Ele se vangloria com a esposa e os amigos acerca de suas honrarias com o rei, mas também fala de sua ira em relação a Mordecai.
      6. *O conselho fatal* (5.14): A esposa de Hamã e seus amigos o aconselham a enforcar Mordecai ao amanhecer.

ESBOÇO DA SEÇÃO TRÊS (ESTER 6–10)
Mordecai é honrado por sua lealdade, e Hamã é enforcado. Os judeus têm permissão de defender-se de seus inimigos e Mordecai é promovido. Os judeus defendem-se com sucesso e a Festa do Purim é criada para comemorar o evento. Mordecai torna-se primeiro-ministro.

I. Honra a Mordecai (6.1-14)
   A. **A descoberta** (6.1-3): Certa noite, o rei Assuero ouve um servo ler os relatos históricos para ajudá-lo a dormir. Ele toma consciência do papel de Mordecai ao salvar sua vida e de que Mordecai nunca fora recompensado por seu feito.

B. **A discussão** (6.4-9): O rei nota Hamã chegando para visitá-lo.
  1. *As aspirações de Hamã* (6.4-5): Hamã pede a permissão do rei para enforcar Mordecai.
  2. *A arrogância de Hamã* (6.6): O rei pergunta a Hamã o que se deve fazer a alguém que lhe agrade. Hamã pressupõe erroneamente ser ele a pessoa quem o rei quer recompensar.
  3. *A resposta de Hamã* (6.7-9): Hamã diz para o rei vestir tal pessoa com trajes reais e honrá-la publicamente.
C. **A decisão** (6.10-14)
  1. *A tarefa de Hamã* (6.10-11): O rei ordena que Hamã organize tal evento para Mordecai.
  2. *A apreensão de Hamã* (6.12-14): Um Hamã humilhado é alertado por sua esposa e seus amigos que seria fatal continuar a trama contra Mordecai.

II. FORCA PARA HAMÃ (7.1-10)
  A. **A traição descoberta** (7.1-6): Durante o segundo banquete, Ester conta ao rei sobre a trama de Hamã para matar a ela e ao seu povo.
  B. **A virada de mesa** (7.7-10): O rei furioso ordena que Hamã seja morto na própria forca construída para Mordecai.

III. AJUDA PARA OS JUDEUS (8.1-9.16): Ester ainda precisa esforçar-se para salvar o seu povo de ser aniquilado no dia marcado.
  A. **A angústia de Ester** (8.1-6): Ester implora para o rei inverter a ordem de Hamã quanto a matar os judeus.
  B. **As ações do rei** (8.7-17)
    1. *A proclamação* (8.7-14): O rei emite um novo decreto, permitindo que os judeus se defendam contra aqueles que tentarem matá-los.
    2. *A celebração* (8.15-17): Por causa do decreto real, os judeus de todo o império regozijam-se.
  C. **A vingança dos judeus** (9.1-16): Os judeus matam muitas centenas de pessoas no dia marcado e o rei concede o pedido de Ester de permitir que eles se defendam por mais um dia. Mais de 75 mil agressores são mortos, inclusive os dez filhos de Hamã.

IV. A CONSAGRAÇÃO DO DIA (9.17-10.3)
  A. **O anúncio do Purim** (9.17-32): Uma festa especial de dois dias é decretada, a ser celebrada anualmente como lembrança do livramento dos judeus das mãos de seus inimigos.
  B. **O progresso de Mordecai** (10.1-3): Mordecai torna-se primeiro-ministro de toda a Pérsia, apenas abaixo do rei em poder.

# Parte III

Poesia

Jó

ESBOÇO DA SEÇÃO UM (JÓ 1-2)
Jó é apresentado. Deus permite que Satanás teste a fidelidade de Jó, tirando tudo o que ele tem. Jó reage com grande dor, mas adora a Deus. Satanás acusa Jó novamente e o ataca com tumores. A esposa de Jó sugere que ele amaldiçoe a Deus e morra, mas Jó permanece fiel. Três dos amigos de Jó chegam e se lamentam com ele.

I. O Prestígio de Jó (1.1-5)
   A. Sua fé (1.1): "Havia um homem na terra de Uz, cujo nome era Jó. Era homem íntegro e reto, que temia a Deus e se desviava do mal".
   B. Sua fortuna (1.3): "Possuía ele sete mil ovelhas, três mil camelos, quinhentas juntas de bois e quinhentas jumentas, tendo também muitíssima gente ao seu serviço; de modo que este homem era o maior de todos os do Oriente".
   C. Sua família (1.2, 4-5): "Nasceram-lhe sete filhos e três filhas".

II. A Dor de Jó (1.6-22; 2.1-10): Por razões desconhecidas a Jó, ele sofre duas seqüências de tragédias.
   A. O relato de suas provações (1.13-19; 2.7-8)
     1. *Primeira seqüência* (1.13-19): Certo dia, Jó experimenta quatro terríveis tragédias: os sabeus roubam todo o seu gado e suas jumentas e matam seus servos. Fogo desce dos céus e queima suas ovelhas e seus pastores. Os caldeus levam todos os seus camelos e matam seus servos. Por fim, um forte vento derruba a casa onde seus filhos e suas filhas se encontravam, matando a todos.
     2. *Segunda seqüência* (2.7-8): Jó é atacado de tumores doloridos, dos pés à cabeça.
   B. O motivo de suas provações (1.6-12; 2.1-6): Todas as provações de Jó resultam de dois confrontos entre Deus e Satanás.
     1. *O primeiro confronto* (1.6-12): O primeiro confronto dá origem à primeira seqüência de tragédias de Jó.
        a. A reunião (1.6-7): "Ora, chegado o dia em que os filhos de Deus vieram apresentar-se perante o Senhor, veio também Satanás entre eles".

A BÍBLIA EM ESBOÇOS   210

   b. A avaliação (1.8): "Disse o Senhor a Satanás: Notaste porventura o meu servo Jó, que ninguém há na terra semelhante a ele, homem íntegro e reto, que teme a Deus e se desvia do mal?"
   c. A acusação (1.9-11): Satanás escarnece, dizendo que Jó só serve a Deus porque é abençoado. Satanás diz que, se todas as bênçãos de Jó forem retiradas, ele amaldiçoará o Senhor.
   d. O acordo (1.12): Deus dá a Satanás permissão para fazer qualquer coisa a tudo o que Jó possui, mas nenhum dano físico.
  2. *O segundo confronto* (2.1-6): O segundo confronto dá início à segunda seqüência de tragédias de Jó.
   a. A recapitulação (2.1-3): Deus lembra a Satanás que Jó tem permanecido fiel, apesar das provações.
   b. A reprovação (2.4-5): Satanás responde: "Estende agora a mão, e toca-lhe nos ossos e na carne, e ele blasfemará de ti na tua face!"
   c. A restrição (2.6): Deus permite que Satanás tire a saúde de Jó, mas não a sua vida.
 C. **A reação às suas provações** (1.20-22; 2.9-10)
  1. *Após a primeira seqüência de tragédias* (1.20-22): Jó está profundamente afligido, mas reconhece que veio ao mundo sem nada e sem nada retornará. Cônscio disso, ele escolhe louvar ao Senhor, em vez de amaldiçoá-lo.
  2. *Após a segunda seqüência de tragédias* (2.9-10): Apesar das incitações de sua esposa, que diz "Blasfema de Deus, e morre", Jó não peca nas coisas que diz.

III. A Misericórdia por Jó (2.11-13): Três dos amigos de Jó chegam para confortá-lo em sua tristeza.
 A. **Quem são eles** (2.11): Seus nomes são Elifaz, Bildade e Zofar.
 B. **O que eles fazem** (2.12-13): Vendo Jó, eles se afligem, lamentam em alta voz e lançam pó ao ar. Sentam-se com ele no chão por uma semana, sem proferir uma só palavra.

ESBOÇO DA SEÇÃO DOIS (JÓ 3-7)
Jó quebra seu silêncio e deseja jamais ter nascido. Elifaz reage e questiona a inocência de Jó. Ele insta para que Jó aceite a disciplina de Deus. Jó defende sua inocência e seu direito de reclamar. Jó, então, pergunta a Deus o que fez para se tornar seu alvo.

I. O Desespero de Jó (3.1-26)
 A. **Desejaria nunca ter nascido** (3.1-10): Jó amaldiçoa o dia do seu nascimento, desejando que ele fosse retirado da história.
 B. **Desejaria morrer no ventre** (3.11-19): Para Jó, a segunda melhor opção depois de nunca ter nascido seria morrer ao nascer. Ele lamenta que sua mãe o tenha deixado viver.

C. **Por que a vida é dada àqueles que sofrem** (3.20-26): Jó questiona por que a vida é dada para os atormentados. Ele não tem paz ou descanso, só problemas.

II. As Denúncias de Elifaz (4.1-5.27): Elifaz reage aos gemidos de Jó
   A. **Pratique o que você prega** (4.1-6): No passado, Jó incentivou os fracos, e Elifaz o repreende por não dar atenção ao seu próprio conselho.
   B. **A pessoa inocente perece?** (4.7-11): Elifaz declara que o Senhor não permite que aconteçam problemas ao inocente, querendo dizer que Jó deveria estar em pecado.
   C. **Veio de uma visão à noite** (4.12-17): Elifaz alega ter recebido seu conhecimento de um espírito, no meio da madrugada.
   D. **Vivo pela manhã, morto à tarde** (4.18-21): Elifaz alega que os humanos não são confiáveis. Eles são frágeis e morrem em meio à ignorância.
   E. **Os ímpios nascem para reclamar** (5.1-7): Novamente ele diz que Jó está sofrendo por seu pecado.
   F. **Apresente seu problema a Deus** (5.8-16): Elifaz insta para que Jó apresente seu problema a Deus, o qual é capaz de fazer qualquer coisa.
   G. **Não despreze a disciplina de Deus** (5.17-27): Elifaz exorta Jó a confiar que Deus o curará e o protegerá, após tê-lo punido.

III. A Defesa de Jó (6.1-7.21): Jó reage à repreensão inadequada de Elifaz.
   A. **Não tenho o direito de reclamar?** (6.1-7): Jó argumenta que a intensidade de sua dor lhe dá o direito de reclamar.
   B. **Gostaria que Deus me matasse** (6.8-13): Embora Jó se console em jamais ter negado a Palavra de Deus, ainda deseja morrer.
   C. **Você não é digno de confiança** (6.14-21): Jó acusa o amigo de ser tão pouco confiável quanto um ribeiro que transborda na primavera e seca no calor.
   D. **Mostre-me no que eu errei** (6.22-24): Jó desafia o crítico Elifaz a lhe mostrar em que ele está errado.
   E. **Pare de achar que é minha culpa** (6.25-30): Jó defende sua inocência e repreende os amigos por supor que ele seja culpado.
   F. **A vida é longa e difícil** (7.1-5): Jó está levando sua vida difícil tal qual um trabalhador que anseia pelo fim do dia.
   G. **A vida não passa de um sopro** (7.6-10): Jó descreve a vida como um sopro, pois todas as pessoas morrem e jamais retornam.
   H. **Por que me fizeste teu alvo?** (7.11-21): Jó reclama que Deus o tem atormentado com pesadelos e feito dele seu alvo. Pergunta por que Deus precisaria permitir tudo isso sem motivo aparente e para uma pessoa insignificante.

ESBOÇO DA SEÇÃO TRÊS (JÓ 8-14)
Bildade repreende a Jó e afirma que o pecado redunda em castigo. Jó anela por um mediador para aproximar-se de Deus com suas reclamações. Zofar repreende Jó e o faz lembrar que Deus está além da compreensão humana. Ele insiste em que Jó confesse seus pecados, mas Jó reafirma sua inocência. Jó deseja argumentar sua causa diante do próprio Deus.

I. As Denúncias de Bildade (8.1-22)
   A. **Suas palavras são um vento impetuoso** (8.1-7): Bildade diz a Jó que ele perdeu a cabeça — se ele confessar seu pecado, será restaurado.
   B. **O ímpio morrerá** (8.8-19): Bildade aconselha Jó a olhar para as gerações passadas e aprender que os que não têm Deus murcham e morrem, tal como uma planta sem água.
   C. **Deus recompensa o justo** (8.20-22): Bildade aconselha Jó a arrepender-se para ser restaurado.

II. A Defesa de Jó (9.1-10.22): Jó defende-se de Bildade.
   A. **Como um mortal pode argumentar com Deus?** (9.1-14): Jó está frustrado porque, apesar de sentir-se inocente, não pode desafiar um Deus tão poderoso.
   B. **Deus destrói tanto o íntegro quanto o ímpio** (9.15-31): Jó argumenta que não importa se ele é inocente, porque Deus o ataca sem motivo.
   C. **Se ao menos houvesse um mediador** (9.32-35): Jó anela por um mediador para reuni-lo com Deus e resolver a questão.
   D. **Por que estás me tratando dessa forma?** (10.1-7): Jó começa a formular sua reclamação contra Deus.
   E. **O Senhor me criou para me condenar?** (10.8-17): Jó pergunta se o plano de Deus foi destruí-lo, mesmo enquanto seu corpo estava em formação no ventre materno.
   F. **Melhor seria nunca ter nascido** (10.18-22): Se Jó foi criado apenas para ser condenado, seria melhor ter morrido ao nascer.

III. As Denúncias de Zofar (11.1-20): Zofar começa sua repreensão.
   A. **Deus o está punindo menos do que você merece** (11.1-6): Zofar gostaria que Jó pudesse enxergar-se como Deus o vê.
   B. **Você não consegue entender os caminhos de Deus** (11.7-12): Os caminhos de Deus estão além da compreensão humana.
   C. **Confesse seu pecado e encontre esperança** (11.13-20): Zofar, como os outros amigos, afirma que Jó está sofrendo por causa de seu pecado.

IV. A Defesa de Jó (12.1-14.22): Agora Jó precisa defender-se diante de Zofar.
   A. **Sabe-tudo!** (12.1-2): Jó diz, sarcasticamente, que Zofar sabe tudo.
   B. **Até os animais sabem** (12.3-12): Jó afirma que até mesmo os animais sabem que Deus, por vezes, permite que o mal escarneça do bem.
   C. **Deus é onisciente e onipotente** (12.13-25): Jó sabe que Deus tudo sabe e está no controle de tudo o que acontece.

D. **Ouça em vez de acusar** (13.1-6): Jó desafia Zofar a ouvir sua defesa.
 E. **Não coloque as palavras na boca de Deus!** (13.7-12): Jó acusa Zofar de lançar mão de mentiras para justificar as ações de Deus.
 F. **Correrei risco de morte para declarar minha inocência** (13.13-19): Jó está disposto a correr risco de morte para expor seu pensamento a Deus e provar sua inocência.
 G. **Te peço duas coisas** (13.20-25): Jó pede para que Deus pare de afligi-lo e atemorizá-lo com sua grandiosa presença.
 H. **As ásperas acusações de Deus** (13.26-28): Jó acha que Deus vem armazenando acusações contra ele.
 I. **A vida é curta e cheia de problemas** (14.1-6): Jó pede um pouco de misericórdia de Deus, uma vez que os humanos são tão frágeis.
 J. **A morte é eterna** (14.7-12): Jó declara que as pessoas, ao contrário das árvores que crescem novamente após serem cortadas, jamais ressurgem após a morte.
 K. **Ah! Voltar a viver após a morte!** (14.13-22): Jó gostaria que Deus pensasse nele após sua morte. Isto lhe daria esperança. Mas ele não parece crer que Deus o fará.

ESBOÇO DA SEÇÃO QUATRO (JÓ 15-19)
Elifaz afirma que os homens sábios sempre acreditaram que o pecado traz sofrimento. Jó está frustrado com seus amigos e com Deus. Ele anela por um mediador entre ele e o Senhor. Bildade diz que o terror aguarda o ímpio. Jó acusa aos seus amigos e a Deus de injustiça. Ele se sente desamparado, embora expresse esperança que seu Redentor viva.

I. AS DENÚNCIAS DE ELIFAZ (15.1-35): Elifaz começa a segunda rodada de repreensões dos amigos de Jó.
  A. **Nada além de um fanfarrão** (15.1-16): Elifaz diz a Jó que ele está agindo como se fosse um homem sábio, mas, na verdade, é um tolo.
  B. **Os pecadores sofrem** (15.17-35): Elifaz afirma novamente que Jó está sofrendo por causa do pecado em sua vida, então ele diz que o ímpio sofre muito.

II. A DEFESA DE JÓ (16.1-17.16): Jó responde a Elifaz em meio a crescente frustração.
  A. **Que consoladores desagradáveis!** (16.1-4): Jó acusa seus amigos de proferir palavras tolas e críticas.
  B. **Eu os ajudaria** (16.5): Jó diz que ajudaria seus amigos se eles estivessem sofrendo.
  C. **Traído por Deus e pelas pessoas** (16.6-18): Jó diz que tanto Deus quanto os outros se voltaram contra ele.
  D. **Um advogado nos céus** (16.19-22): Jó crê que alguém está apresentando seu caso a Deus.

E. **Defenda minha inocência** (17.1-9): Jó clama a Deus para que o defenda porque se tornou motivo de zombaria.
F. **Minhas esperanças desapareceram** (17.10-16): Jó se desespera e pede a morte ao contemplar sua situação aparentemente sem esperança.

III. As Denúncias de Bildade (18.1-21): Bildade inicia sua segunda rodada de repreensões.
   A. **Seja razoável** (18.1-4): Bildade repreende Jó por reagir meramente à sua dor e não falar de forma razoável com seus amigos.
   B. **O terror cerca o ímpio** (18.5-21): Pressupondo que Jó está sofrendo por causa de seu pecado, Bildade descreve as terríveis aflições do ímpio.

IV. A Defesa de Jó (19.1-29): Jó continua a sentir-se perseguido.
   A. **Insultado dez vezes** (19.1-5): Jó reclama que seus três amigos o repreenderam dez vezes.
   B. **Deus deve odiar-me** (19.6-12): Por causa de seu sofrimento, Jó conclui que Deus deve ter alguma coisa contra ele.
   C. **Abandonado pela família e pelos amigos** (19.13-22): Jó diz que toda a sua família e seus amigos se voltaram contra ele.
   D. **Que minhas palavras sejam esculpidas na rocha** (19.23-24): Jó deseja que suas palavras sejam eternamente gravadas numa rocha.
   E. **Meu Redentor vive** (19.25-29): Embora Jó esteja aflito porque, no momento, ninguém crê nele, acredita que algum dia será justificado e verá a Deus.

ESBOÇO DA SEÇÃO CINCO (JÓ 20-24)
Zofar diz a Jó que o ímpio será destruído. Jó insiste que os ímpios prosperam. Elifaz lista os pecados que Jó pode ter cometido e sugere que ele se arrependa. Jó deseja encontrar Deus e apresentar sua causa diante dele. Jó pergunta por que o ímpio continua a prosperar.

I. As Denúncias de Zofar (20.1-29)
   A. **Não gosto de sua repreensão** (20.1-3): Zofar sente-se insultado pela repreensão de Jó.
   B. **Os caminhos do ímpio** (20.4-29): Zofar retoma a descrição do triste destino do ímpio.

II. A Defesa de Jó (21.1-34): Jó ataca a falsa afirmação de Zofar, de que o ímpio é sempre punido por seus pecados nesta vida.
   A. **O ímpio prospera** (21.1-18): A Jó parece que, quanto mais ímpias as pessoas são, mais elas prosperam.
   B. **Não há punição a seus filhos** (21.19-21): Jó rejeita a teoria de que a justiça se cumpre quando os filhos do ímpio são punidos.

JÓ

  C. **A morte vem para o ímpio e para o justo de forma semelhante** (21.22-26): O mesmo destino aguarda todas as pessoas: boas ou más, ricas ou pobres.
  D. **Nenhuma garantia de justiça nesta vida** (21.27-34): É freqüente o ímpio prosperar até a morte e ser enterrado com grande honra.

III. AS DENÚNCIAS DE ELIFAZ (22.1-30): Elifaz começa a terceira rodada de repreensões a Jó.
  A. **Sua culpa não tem limite** (22.1-5): Elifaz acusa Jó de pecado interminável.
  B. **Uma lista de possíveis pecados** (22.6-11): Elifaz lista exemplos de pecados que Jó pode ter cometido para incitar Deus a puni-lo.
  C. **Você acha que Deus não o vê** (22.12-20): Elifaz diz que Jó deve pensar que Deus não o enxerga ou não se preocupa com o que ele faz.
  D. **Arrependa-se e seja restaurado** (22.21-30): Elifaz aconselha Jó a se arrepender para que Deus possa voltar a abençoá-lo.

IV. A DEFESA DE JÓ (23.1-24.25): Jó começa a rechaçar menos a Elifaz e mais ao próprio Deus.
  A. **Onde posso encontrar Deus?** (23.1-9): Jó anela por encontrar Deus e pleitear sua causa diante dele.
  B. **Testado como ouro** (23.10-12): Jó tem certeza de que será achado inocente após resistir às provações, como o ouro ao fogo.
  C. **Deus fará como lhe convier** (23.13-17): Jó reconhece que o decreto de Deus com relação à sua vida, não obstante, será cumprido.
  D. **Por que os ímpios não são julgados?** (24.1-17): Jó não consegue entender por que Deus permite que os ímpios fiquem impunes.
  E. **Levados rapidamente e esquecidos** (24.18-25): Jó admite que os ímpios não duram muito.

ESBOÇO DA SEÇÃO SEIS (JÓ 25-31)
Bildade argumenta que ninguém pode permanecer diante de Deus. Jó mantém sua inocência e explica como Deus é possuidor de sabedoria. Jó anela por retornar aos seus dias passados de bênçãos e os contrasta com a difícil situação atual. Jó lista muitos pecados e desafia seus amigos a tê-lo por culpado de qualquer um deles.

I. AS DENÚNCIAS DE BILDADE (25.1-6): Bildade faz a repreensão final dos três amigos de Jó.
  A. **Deus é poderoso** (25.1-3): Bildade começa afirmando que Deus é poderoso.
  B. **Ninguém é justo** (25.4-6): Bildade diz a Jó que ninguém pode permanecer diante de Deus, alegando ser justo.

II. A DEFESA DE JÓ (26.1-31.40): Jó começa sua defesa final diante dos amigos.
  A. **Vocês já ajudaram alguém?** (26.1-4): Jó repreende as críticas deles, perguntando a quem ajudaram com seus comentários.

B. **A criação não é nada senão um trabalho mínimo de Deus** (26.5-14): Jó lembra seus amigos de que o universo inteiro é um pequeno exemplo do grande poder de Deus.
C. **Uma promessa dupla** (27.1-6): Jó faz um voto de não proferir o mal e manter sua inocência até que morra.
D. **O ímpio não tem esperança** (27.7-23): Jó repara que os ímpios estão destinados, em última análise, à destruição.
E. **Encontrando coisas valiosas** (28.1-11): Jó repara como os humanos têm maneiras incríveis de encontrar ou extrair coisas valiosas da terra.
F. **A sabedoria não pode ser encontrada ou comprada** (28.12-21): A sabedoria é bem mais valiosa que pedras e metais preciosos. Ela não pode, simplesmente, ser descoberta pelas pessoas ou comprada por algum preço.
G. **Deus sabe onde a sabedoria está escondida** (28.22-28): Deus sabe onde encontrar sabedoria: "Eis que o temor do Senhor é a sabedoria, e o apartar-se do mal é o entendimento".
H. **Antes, respeitado por quem eu era** (29.1-11): Jó anela pelos dias em que era possuidor de grande honra diante de todos os que o conheciam.
I. **Antes, respeitado pelo que fiz** (29.12-25): Antes de seu sofrimento começar, Jó ajudava o pobre e punia o ímpio.
J. **Agora, desprezado pelo desprezível** (30.1-14): Agora Jó é motivo de deboche até dos mais humildes.
K. **Dor interminável e orações não-respondidas** (30.15-31): Jó vive uma situação terrível, em constante tormento.
L. **Eu cobicei?** (31.1-12): Se pensamentos sexuais ilícitos são o motivo de seu sofrimento, Jó está disposto a entregar sua esposa a outro homem.
M. **Eu maltratei os outros?** (31.13-23): Jó está disposto a ser punido se fez mal a alguém.
N. **Eu adorei ídolos ou dinheiro?** (31.24-28): Jó reconhece que a idolatria também justifica a punição.
O. **Tenho eu algum pecado encoberto?** (31.29-40): Jó encararia de frente qualquer acusação contra ele, se ao menos soubesse o que fez. Com estas palavras repletas de angústia, Jó conclui sua defesa.

ESBOÇO DA SEÇÃO SETE (JÓ 32-37)
Eliú denuncia Jó por alegar ser inocente, e seus amigos, por falhar em ajudá-lo. Eliú argumenta que Deus não condena injustamente, e acusa Jó de arrogância por achar que é justo. Eliú diz que Deus é sensível a nós em sua sabedoria, e condena Jó por questionar o Criador.

I. O Monólogo de Eliú: Por que Eliú fala (32.1–33.7): Outro homem chamado Eliú repreende Jó e seus três amigos.
  A. **Um jovem irado** (32.1-15): Eliú, mais novo que Jó e seus amigos, fica irado com Jó por ele se recusar a reconhecer seu pecado. Ele repreende os outros por não dar respostas adequadas às perguntas de Jó.

B. **Aquietem-se e ouçam-me** (32.16-22): Agora que ouviu Jó e seus amigos, Eliú exige que ouçam suas palavras há muito guardadas.
   C. **Você pode confiar em mim** (33.1-7): Eliú assegura a Jó que falará a verdade sinceramente, e que não deve ser temido.

II. O Monólogo de Eliú: Onde Jó Está Errado (33.8–34.37): Eliú corrige o que ele acredita serem as hipóteses erradas de Jó.
   A. **Deus fala a nós de várias formas** (33.8-22): Jó acusou Deus de não responder às reclamações das pessoas. Eliú argumenta que Deus fala através de sonhos, através de visões e até mesmo através de dor e doença, mas as pessoas não reconhecem isso.
   B. **Deus nos ouve** (33.23-30): Eliú afirma que Deus ouve e responde às orações daqueles que possuem um mediador que mostra que eles são justos.
   C. **Cale-se e ouça** (33.31-33): Eliú diz a Jó que fale, se tiver algo a dizer. Caso contrário, deve ficar quieto e refletir com relação à sabedoria que Eliú lhe ensinará.
   D. **Ouçam-me, vós, homens sábios** (34.1-4): Eliú convida todos os que são sábios para discernir se Jó está correto.
   E. **Jó está amargurado e é arrogante** (34.5-9): Eliú acusa Jó de estar sendo arrogante ao alegar inocência. Ele crê que Jó busca o companheirismo das pessoas ímpias.
   F. **Deus recompensa seu povo de acordo com seus feitos** (34.10-32): É por isso que Eliú crê que Jó seja arrogante. Ele argumenta que Jó não pode ser justo porque ele está sofrendo, e Deus não pune injustamente o justo nem permite que o ímpio fique impune.
   G. **Deus não responde a você** (34.33-37): Eliú acusa Jó de blasfêmia e rebeldia porque acusou Deus de permitir que ele sofresse injustamente.

III. O Monólogo de Eliú: o que Jó Precisa Perceber (35.1–36.21): Eliú continua a corrigir a forma de Jó pensar.
   A. **Você não pode mover a mão de Deus** (35.1-8): Eliú diz a Jó que ele não deveria esperar que Deus atendesse a ele simplesmente porque Jó é justo. Nossas ações não podem forçar Deus a fazer coisa alguma.
   B. **No tempo certo de Deus** (35.9-16): O Todo-poderoso realmente provê consolo ao oprimido, mas tudo a seu tempo.
   C. **Deus usa o sofrimento para o bem** (36.1-15): Eliú afirma que Deus usa o sofrimento para corrigir e instruir as pessoas.
   D. **Mude sua atitude** (36.16-21): Eliú diz a Jó que seja paciente em seus problemas e os encare como uma forma de Deus ajudá-lo.

IV. O Monólogo de Eliú: o que Deus Fez (36.22–37.24)
   A. **Quem entende os meios de Deus?** (36.22–37.13): Eliú enumera uma série de maravilhas na natureza que demonstram a grandeza de Deus. À luz de tal grandeza, como é que Jó pode dizer a Deus o que fazer?
   B. **Você não sabe nada** (37.14-24): Eliú instrui Jó a deslumbrar-se com Deus e demonstrar reverência.

> **ESBOÇO DA SEÇÃO OITO** (JÓ 38-42)
> O Senhor humilha Jó, fazendo-lhe uma série de perguntas sobre a natureza. Jó reconhece sua insignificância, mas o Senhor prossegue com as perguntas acerca de duas criaturas imponentes, o hipopótamo e o crocodilo. Jó humildemente arrepende-se de suas reclamações contra Deus. O Senhor repreende os três amigos de Jó e restitui sua fortuna.

I. A Resposta do Senhor (38.1-39.30): O Senhor finalmente fala e humilha Jó com uma série de perguntas sobre a natureza.
   A. **A primeira série de perguntas, sobre a criação de Deus** (38.1-38):
      1. *A terra* (38.1-7, 17-18)
      2. *Os oceanos* (38.8-11, 16)
      3. *A luz* (38.12-15, 19-21)
      4. *A neve e a chuva* (38.22-30, 34-38)
      5. *As estrelas* (38.31-33)
   B. **A segunda série de perguntas, sobre as criaturas de Deus** (38.39-39.30):
      1. *Os leões* (38.39-40)
      2. *Os corvos* (38.41)
      3. *As cabras monteses* (39.1-4)
      4. *O jumento selvagem* (39.5-8)
      5. *O boi selvagem* (39.9-12)
      6. *O avestruz* (39.13-18)
      7. *O cavalo* (39.19-25)
      8. *O falcão* (39.26-30)

II. A Reação de Jó (40.1-42.17)
   A. **Seu arrependimento** (40.1-42.6)
      1. *Primeira ocasião* (40.1-5): Jó é humilhado, no que diz respeito à sua sabedoria.
         a. A confrontação (40.1-2): O Senhor pede a Jó que responda a todas aquelas perguntas.
         b. A confissão (40.3-5): "Eis que sou vil; que te responderia eu? Antes ponho a minha mão sobre a boca".
      2. *Segunda ocasião* (40.6-42.6): Jó é humilhado quanto a seu poder.
         a. A confrontação (40.6-41.34): O Senhor pergunta a Jó se ele é capaz de capturar duas criaturas perigosas.
            (1) O hipopótamo (40.15-24): É difícil saber ao certo que criatura era essa. Alguns estudiosos crêem ser um dinossauro terrestre; outros, um hipopótamo enorme. O que quer que fosse, era bem grande.
            (2) O crocodilo (41.1-34): Alguns estudiosos crêem que esta criatura misteriosa pode ter sido um dinossauro aquático; outros, um crocodilo de proporções hoje desconhecidas.
         b. A confissão (42.1-6): Jó admite sua insignificância em comparação ao poder do Senhor.

B. Suas recompensas (42.7-17): Depois que Jó reconhece sua posição correta diante do Senhor, Deus restaura seus bens.
 1. *A repreensão* (42.7-9): O Senhor repreende os três amigos pelas falsas acusações a Jó. Ele os instrui a fazer um sacrifício e diz que Jó orará por eles.
 2. *A restauração* (42.10-17): Depois que Jó ora pelos amigos, o Senhor restaura sua fortuna, dando a ele o dobro do que possuía. Ele abençoa Jó com mais sete filhos e três filhas. Jó vive mais 140 anos.

Salmos

ESBOÇO DA SEÇÃO UM (SALMO 1)
O salmista compara e contrasta o justo e o ímpio, destacando o fim de cada um.

I. O Justo (1.1-3)
   A. **O contraste** (1.1-2)
      1. *O que ele não faz* (1.1)
         a. Não anda no conselho do ímpio.
         b. Não se detém no caminho dos pecadores.
         c. Não se assenta na roda dos escarnecedores.
      2. *O que ele faz* (1.2): Deleita-se na lei do Senhor.
   B. **A comparação** (1.3): Ele é como a árvore frutífera.

II. Os Ímpios (1.4-6): O Senhor protege o justo, mas os ímpios são como palha sem valor que algum dia será condenada e destruída.

ESBOÇO DA SEÇÃO DOIS (SALMO 2)
O salmo messiânico descreve a rebelião das nações contra os reis escolhidos por Deus e alerta contra este tipo de pensamento insensato.

I. Os Apóstatas (2.1-3): O plano dos governadores da terra de rebelar-se contra o Ungido do Senhor.

II. O Todo-poderoso (2.4-6)
   A. **A reação do Senhor** (2.4): Ele se ri da tentativa lastimável dos ímpios de rebelar-se contra seu Rei Ungido.
   B. **A repreensão do Senhor** (2.5-6): "Eu tenho estabelecido o meu Rei sobre Sião, meu santo monte".

III. O Ungido (2.7-9): O Rei escolhido repete as promessas de Deus, afirmando que o Senhor o ajudará a derrotar seus inimigos.

IV. O Conselho (2.10-12): "Servi ao Senhor com temor".

ESBOÇO DA SEÇÃO TRÊS (SALMO 3)
Davi pede para o Senhor protegê-lo de seus inimigos e encontra descanso e segurança no cuidado do Senhor.

I. O Desprezo (3.1-2): Davi está cercado de muitos inimigos; muitos dizem que Deus não o salvará.

II. A Súplica (3.4, 7): Davi ora a Deus e é ouvido.

III. O Sono (3.3, 5-6, 8): Mesmo cercado por milhares de inimigos, Davi pode dormir em paz, pois Deus cuida dele.

ESBOÇO DA SEÇÃO QUATRO (SALMO 4)
Davi pede a Deus que o justifique diante de seus acusadores e encontra descanso em saber que Deus o manterá a salvo.

I. A Súplica (4.1, 6): Davi clama a Deus por alívio durante seu momento de angústia.

II. A Vergonha (4.2): Os inimigos de Davi tentam arruinar sua reputação com acusações infundadas.

III. A Santificação (4.3): O Senhor separa para si o piedoso.

IV. A Pesquisa (4.4-5): Davi conclama o povo a consultar seu coração em silêncio e confiar no Senhor.

V. A Segurança (4.7-8): Sabendo que Deus o manterá seguro, Davi pode dormir em paz.

ESBOÇO DA SEÇÃO CINCO (SALMO 5)
Davi pede a Deus que o guie e o proteja. Também pede a Deus que destrua seus inimigos ímpios.

I. O Livramento do Justo (5.1-3, 7-8, 10-12)
  A. A petição (5.1-3, 7-8, 10)
    1. *Para quem ele ora* (5.1-2): Davi clama somente a Deus para ajudá-lo.
    2. *Quando ele ora* (5.3): Davi ora ao Senhor todas as manhãs.
    3. *Onde ele ora* (5.7): Davi ora e adora no Templo.
    4. *Sobre o que ele ora* (5.8, 10)
      a. Davi pede ao Senhor que o guie pelo caminho reto (5.8).
      b. Davi pede ao Senhor que declare seus inimigos culpados (5.10).
  B. Os louvores (5.11-12): Davi chama todos os que encontram refúgio no Senhor para se regozijarem e louvarem a Deus.

II. A Destruição do Ímpio (5.4-6, 9): Davi declara que o Senhor abomina o ímpio e não permitirá que ele permaneça na sua presença.
   A. **Por que** (5.4-5): O Senhor abomina o mal.
   B. **Quem** (5.6, 9): Isto inclui os mentirosos, os assassinos e os enganadores.

ESBOÇO DA SEÇÃO SEIS (SALMO 6)
Neste salmo de penitência, Davi diz estar cansado de tanto lamentar e ora para que o Senhor tenha misericórdia dele. Davi confia que Deus ouve sua oração.

I. O Pedido de Davi (6.1-7)
   A. **O que ele deseja** (6.1-2, 4-5): Davi clama para que o Senhor tenha misericórdia dele.
      1. *Não me repreendas* (6.1-2).
      2. *Livra-me* (6.4-5).
   B. **Por que ele deseja isso** (6.3, 6-7)
      1. *Sua alma está perturbada* (6.3).
      2. *Ele está cansado de tanto chorar* (6.6-7).

II. A Tranquilidade de Davi (6.8-10): Davi está seguro de que o Senhor ouve sua oração e de que os seus inimigos serão destruídos.

ESBOÇO DA SEÇÃO SETE (SALMO 7)
Davi pede para Deus sondar seu coração e ver se ele pecou, pois sabe que Deus protege o inocente e frustra os planos do ímpio. Davi crê ser inocente, por isso clama ao Senhor para que o salve.

I. A Súplica de Davi (7.1-9)
   A. **Salva-me!** (7.1-2, 6-9): Davi pede para o Senhor salvá-lo de seus inimigos.
   B. **Sonda-me!** (7.3-5): Davi clama ao Senhor para puni-lo se ele for culpado de injustiça.

II. O Escudo de Davi (7.10-16)
   A. **Deus protege o justo** (7.10).
   B. **Deus pune o ímpio** (7.11-16).

III. O Cântico de Davi (7.17): Davi louva o Senhor porque ele é justo.

ESBOÇO DA SEÇÃO OITO (SALMO 8)
Davi reflete na majestade do Senhor e em sua criação, e maravilha-se porque o Senhor se preocupa com o ser humano e o coroa de honra.

I. A GRANDEZA DO SENHOR (8.1-3, 9): Davi maravilha-se na glória do Senhor.
   A. **Conforme vista na criação** (8.1, 3, 9): A majestade do Senhor enche os céus e a terra.
   B. **Conforme cantada por uma criança** (8.2): Criancinhas louvam ao Senhor.

II. A BONDADE DO SENHOR (8.3-8)
   A. **O assombro** (8.3-5): Considerando a grandeza do Senhor, Davi admira-se por Deus demonstrar tanta preocupação pelos humanos e coroá-los de honra.
   B. **A tarefa** (8.6-8): O Senhor colocou os humanos à frente de tudo o que criou.

ESBOÇO DA SEÇÃO NOVE (SALMO 9)
Davi agradece ao Senhor por resgatá-lo e se vangloria com o fato de Deus ajudar o indefeso e punir o ímpio.

I. A JUSTA REDENÇÃO DOS ELEITOS DE DEUS (9.1-3, 9-14, 18)
   A. **O que o Senhor tem feito** (9.1-3, 9-10, 18)
      1. *Ele os protege* (9.1-3, 9-10).
      2. *Ele os sustenta* (9.18).
   B. **O que o salmista se dispõe a fazer** (9.11-14): Ele se dispõe a proclamar os louvores de Deus à porta de Jerusalém.

II. A JUSTA RESISTÊNCIA DE DEUS AO MAL (9.5-6, 15-17, 19-20)
   A. **A insensatez dos ímpios** (9.15-16): Eles normalmente caem em suas próprias covas e são presos por seus próprios laços.
   B. **A fúria sobre o ímpio** (9.5-6, 15-17, 19-20)
      1. *O Senhor os encherá de medo* (9.19-20).
      2. *O Senhor apagará seus nomes da memória* (9.5-6).
      3. *O Senhor os lançará no inferno* (9.17).

III. O JUSTO GOVERNO DE DEUS SOBRE A TERRA (9.4, 7-8)
   A. **Ele governa de forma justa.**
   B. **Ele governa eternamente.**

IV. O GOVERNO DO SENHOR (9.7-10, 12, 17-18): O Senhor reina sobre todo o mundo com justiça e ajuda o oprimido.

V. A SALVAÇÃO DO SENHOR (9.1-6, 9-16, 18-20)
   A. **O que o Senhor faz** (9.3-6, 15-16): Ele permite que o ímpio caia em sua própria cova e seja preso por seus próprios laços.

B. O que Davi faz (9.1-2, 11-14): Davi canta louvores ao Senhor e desafia outros a fazer o mesmo.
C. O que Davi quer que o Senhor faça (9.13-14, 19-20): Davi pede misericórdia ao Senhor e que ele o salve de seus inimigos.

ESBOÇO DA SEÇÃO DEZ (SALMO 10)
O salmista pergunta ao Senhor por que ele permite que o ímpio continue a oprimir o pobre e o indefeso. Ele clama para que Deus puna o ímpio.

I. A Arrogância e o Desprezo do Ímpio (10.2-11)
   A. Suas ações verticais (10.3-4, 11): O salmista descreve como os ímpios se referem ao Senhor.
   1. *Eles amaldiçoam o Senhor* (10.3).
   2. *Eles ignoram o Senhor* (10.4, 11).
   B. Suas ações horizontais (10.2, 5-10): O salmista descreve como os ímpios consideram os outros.
   1. *Eles oprimem o pobre* (10.2).
   2. *Eles desprezam seus inimigos* (10.5).
   3. *Eles se vangloriam de não poderem ser abalados* (10.6).
   4. *Eles amaldiçoam, ameaçam e mentem* (10.7).
   5. *Eles armam emboscadas e matam o inocente* (10.8-10).

II. A Angústia e o Clamor do Justo (10.1, 12-18)
   A. Sua reação (10.1, 13): O salmista pergunta por que aos ímpios é permitido prosperar em seus feitos.
   B. Seu pedido (10.12, 15-18)
   1. *Punição para os ímpios* (10.12).
   2. *Quebra de seus braços* (10.15-16): O salmista pede que o Senhor torne o ímpio incapaz de realizar seus feitos.
   3. *Justiça ao oprimido* (10.17-18).

ESBOÇO DA SEÇÃO ONZE (SALMO 11)
Davi responde aos que o aconselham a fugir por medo dos ímpios, assegurando que o Senhor está no controle.

I. A Segurança do Crente (11.1-3): O incrédulo aconselha Davi erroneamente a fugir para as montanhas, pois os ímpios estão atacando os justos.

II. A Soberania do Senhor (11.4-7): Davi encontra segurança em três atributos do Senhor.
   A. Sua soberania (11.4): O Senhor governa dos céus e controla tudo.
   B. Sua onisciência (11.5): O Senhor conhece os feitos de todos.
   C. Sua justiça/retidão (11.6-7): O Senhor pune o ímpio e revela-se ao justo.

ESBOÇO DA SEÇÃO DOZE (SALMO 12)
Davi clama ao Senhor porque o ímpio parece sobrepujar o justo, mas reconhece que Deus sabe da difícil situação e vigiará.

I. O Problema (12.1-4): Davi clama a Deus em meio à sua preocupação.
   A. **Os justos parecem estar desaparecendo** (12.1).
   B. **Todos mentem uns para os outros** (12.2-4).

II. A Pureza (12.6): Davi reconhece que as promessas do Senhor são justas e confiáveis.

III. A Proteção (12.5, 7-8): Davi confia que o Senhor está ciente da situação e defenderá o justo.

ESBOÇO DA SEÇÃO TREZE (SALMO 13)
Davi sente-se isolado de Deus e clama por ser ouvido. Mais uma vez, encontra descanso no amor infalível do Senhor.

I. A Perplexidade de Davi (13.1-2): Quatro vezes Davi clamou ao Senhor, "Até quando?"
   A. **"Até quando... te esquecerás de mim?"** (13.1).
   B. **"Até quando esconderás de mim o teu rosto?"** (13.1).
   C. **"Até quando encherei de cuidados a minha alma"?** (13.2).
   D. **"Até quando o meu inimigo se exaltará sobre mim?"** (13.2).

II. A Petição de Davi (13.3-4): Davi faz dois pedidos ao Senhor:
   A. **"Considera e responde-me"** (13.3).
   B. **"E os meus adversários não se alegrem"** (13.4).

III. O Louvor de Davi (13.5-6): Davi confia no amor infalível do Senhor e se regozija porque ele é bom.

ESBOÇO DA SEÇÃO QUATORZE (SALMO 14)
Davi lamenta como todos se esqueceram de Deus. Ele afirma que Deus se opõe ao ímpio e clama para que o Senhor resgate seu povo.

I. Deus e o Insensato (14.1)
   A. **A arrogância dos insensatos** (14.1-5). Eles dizem: "Não há Deus".
   B. **As ações dos insensatos** (14.1, 4)
      1. *Eles são corruptos e maus* (14.1).
      2. *Eles devoram os justos* (14.4).
      3. *Eles não oram ao Senhor* (14.4).
   C. **O desprezo dos insensatos** (14.2-3): Ninguém busca a Deus.
   D. **A angústia dos insensatos** (14.5): O juízo de Deus algum dia os subjugará.

II. Deus e o Favorecido (14.6-7)
   A. **O Senhor vigia** (14.6): O Senhor guarda seu povo.
   B. **Davi anseia** (14.7): Davi clama para que o Senhor resgate seu povo.

ESBOÇO DA SEÇÃO QUINZE (SALMO 15)
Davi descreve a conduta dos que verdadeiramente adoram o Senhor.

I. A Pergunta (15.1): Davi pergunta: "Quem, Senhor, habitará na tua tenda?"

II. As Qualificações (15.2-5): Davi descreve a conduta daqueles que adoram o Senhor.
   A. **Aspectos positivos** (15.2, 4): Aquele que adora o Senhor:
      1. *vive com integridade* (15.2);
      2. *faz o que é certo* (15.2);
      3. *fala a verdade* (15.2).
      4. *despreza o réprobo* (15.4);
      5. *honra os seguidores fiéis do Senhor* (15.4); e
      6. *mantém sua palavra, mesmo quando não convém* (15.4).
   B. **Aspectos negativos** (15.3, 5): Aqueles que adoram o Senhor recusam-se a:
      1. *difamar os outros* (15.3);
      2. *fazer mal ao próximo* (15.3);
      3. *lançar injúria contra seu vizinho* (15.3);
      4. *cobrar juros no empréstimo* (15.5);
      5. *aceitar suborno para testemunhar contra o inocente* (15.5).

ESBOÇO DA SEÇÃO DEZESSEIS (SALMO 16)
Davi regozija-se no Senhor e relembra as bênçãos sobre os que o seguem. Este salmo também profetiza o relacionamento entre o Messias e Deus, o Pai.

I. A Segurança de Davi (16.1-7)
   A. **A confiança de Davi** (16.1-2, 5-7): Davi encontra segurança no Senhor.
      1. *O Senhor o protege* (16.1).
      2. *O Senhor o sustenta* (16.2, 5-7).
   B. **Os companheiros de Davi** (16.3): Davi admira os santos da terra.
   C. **O compromisso de Davi** (16.4): Davi promete nunca oferecer sacrifícios a ídolos.

II. O Filho de Davi (16.8-11): Estes versículos, embora escritos por Davi, predizem a obra vindoura de Cristo.
   A. **A confiança de Jesus no Pai** (16.8)

B. A ressurreição de Jesus, pelo Pai (16.9-10)
C. O reinado de Jesus com o Pai (16.11)

ESBOÇO DA SEÇÃO DEZESSETE (SALMO 17)
Davi fala de sua tentativa sincera de viver uma vida justa e pede a Deus que ouça sua oração e o proteja de seus inimigos.

I. Ouve-me! (17.1-2, 6): Ele pede ao Senhor que ouça sua súplica.

II. Justifica-me! (17.3-5): Davi está seguro de que não desobedeceu a Deus.

III. Mostra-me! (17.7): Davi anela pelo amor infalível de Deus.

IV. Guarda-me! (17.8-13)
   A. **Onde ele quer ser escondido** (17.8): "À sombra das tuas asas".
   B. **Por que ele quer ser escondido** (17.9-12): Davi é atacado por muitos inimigos cruéis.

V. Livra-me! (17.13-14): Davi pede que Deus derrote seus inimigos.

VI. Satisfaze-me! (17.15): Davi anela por ver a Deus face a face.

ESBOÇO DA SEÇÃO DEZOITO (SALMO 18)
Neste salmo de adoração pública, o salmista louva a Deus por livrá-lo de todos os seus inimigos, incluindo Saul. Ele considera sua vitória uma recompensa de Deus ao seu modo justo de viver.

I. O Deleite de Davi (18.1-3): Davi expressa seu profundo amor pelo Senhor.

II. A Angústia de Davi (18.4-6): Davi é ameaçado de morte e clama ao Senhor por ajuda.

III. O Livramento de Davi (18.7-49)
   A. **O Senhor chega** (18.7-15): Através de metáforas poéticas e majestosas, Davi descreve a vinda do Senhor para resgatá-lo.
      1. *Sua aparência* (18.8-11)
         a. Fumaça e fogo saem de sua boca (18.8).
         b. Densa escuridão o envolve (18.9, 11).
         c. Seres angelicais o acompanham (18.10).
      2. *Suas ações* (18.7, 12-15)
         a. Ele abala a terra e estremece as montanhas (18.7).
         b. Ele se move em granizo e brasas chamejantes (18.12, 14).
         c. Ele troveja dos céus (18.13).

        d. Ele atira suas setas e espalha seus inimigos (18.14).
        e. Ele revela a terra e o mar (18.15).
    B. **O Senhor socorre** (18.16-49): O Senhor age para salvar Davi.
        1. *Ele o salva* (18.16-19, 43-49)
            a. O Senhor o tira das águas profundas (18.16).
            b. Ele o leva a um lugar seguro (18.17-19).
            c. Ele o faz governador de todas as nações (18.43-49).
        2. *Ele o recompensa* (18.20-28): Davi considera essas boas coisas como recompensas por sua fidelidade ao Senhor.
        3. *Ele o reaviva* (18.29-42): Davi é capaz, pela força de Deus, de derrotar todos os seus inimigos.

IV. Os Descendentes de Davi (18.50): Deus mostra seu amor infalível a Davi e aos seus descendentes.

ESBOÇO DA SEÇÃO DEZENOVE (SALMO 19)
Davi mostra que o Criador do universo é o outorgador da lei e digno de louvor, adoração e obediência.

I. Revelação Natural (19.1-6)
    A. **Onde está esta revelação?** (19.1-2, 4-6): Os céus, incluindo o sol, falam da glória de Deus.
    B. **Quem vê esta revelação?** (19.3-4): As pessoas de todo o mundo podem perceber esta proclamação silenciosa.

II. Revelação Sobrenatural (19.7-14)
    A. **Davi descreve a Palavra de Deus** (19.7-9)
        1. *O que ela é* (19.7-9): É perfeita, confiável, justa, clara e verdadeira.
        2. *O que ela faz* (19.7-9): Restaura a alma, faz do simples sábio, traz alegria ao coração e confere perspectiva à vida.
    B. **Davi deseja a Palavra de Deus** (19.10-14)
        1. *Como ele a vê* (19.10): Davi considera a Palavra de Deus mais preciosa que o ouro e mais doce que o mel.
        2. *Por que ele a estima* (19.11-14): Davi sabe que a Palavra de Deus pode mantê-lo afastado do pecado.

ESBOÇO DA SEÇÃO VINTE (SALMO 20)
Davi expressa a esperança de que Deus guiará o rei e atenderá aos seus pedidos.

I. Os Pedidos (20.1-5, 9): Davi pede várias coisas para o rei:
    A. **Que o Senhor responda seu clamor** (20.1, 9).
    B. **Que o Senhor o mantenha seguro** (20.1).
    C. **Que o Senhor envie ajuda e o fortaleça** (20.2).
    D. **Que o Senhor aceite suas ofertas** (20.3).

E. Que o Senhor conceda os desejos do seu coração (20.4).
F. Que a vitória do Senhor seja celebrada com alegria (20.5).
G. Que o Senhor responda a todas as suas orações (20.5).

II. A Tranquilidade (20.6-8): O salmista está confiante no Senhor.

ESBOÇO DA SEÇÃO VINTE E UM (SALMO 21)
Davi agradece a Deus por responder à sua oração, dando vitória sobre seus inimigos.

I. O Senhor Concede os Desejos do Coração de Davi (21.2-12)
  A. Com relação a Davi (21.2-6)
    1. *Prosperidade, sucesso e uma coroa de ouro* (21.3).
    2. *Vida longa* (21.4).
    3. *Honra, esplendor e majestade* (21.5).
    4. *Alegria na presença do Senhor* (21.6).
  B. Com relação aos inimigos de Davi (21.7-12): Os inimigos de Davi serão capturados e destruídos.

II. Davi Concede ao Senhor a Devoção de seu Coração (21.1, 13): Davi louva o Senhor por sua força e por seus atos poderosos.

ESBOÇO DA SEÇÃO VINTE E DOIS (SALMO 22)
O salmo retrata simultaneamente as experiências de Davi e de Jesus. Eles se sentem abandonados por Deus. Seus inimigos os têm atacado implacavelmente, e eles clamam por livramento. Depois, regozijam-se, sabendo que o Senhor defende o oprimido.

I. A Angustiante Crucificação de Jesus (22.1-21): À medida que Davi fala de seu sofrimento, também prediz o sofrimento de Jesus na cruz.
  A. O testemunho (22.9-11, 19-21): Jesus e Davi possuem duas coisas em comum:
    1. *Eles foram criados para amar a Deus* (22.9-10).
    2. *Eles clamam ao Senhor por livramento* (22.11, 19-21).
  B. A agonia (22.1-8, 12-18): A experiência de Davi prediz a experiência de Jesus sozinho na cruz.
    1. *Abandonado por Deus* (22.1-5): "Deus meu, Deus meu, porque me desamparaste?"
    2. *Humilhado por seus inimigos* (22.6-8, 12-18): Seus inimigos fizeram várias coisas a ele.
      a. Ele é zombado e desprezado (22.6).
      b. Ele é ridicularizado e insultado (22.7-8).
      c. Ele é atacado implacavelmente por seus inimigos (22.12-13, 16).
      d. Sua vida é derramada como água (22.14).

e. Seus ossos se desconjuntam (22.14, 17).
f. Seu coração se derrete como cera (22.14).
g. Seu vigor seca completamente (22.15).
h. Suas mãos e seus pés são traspassados (22.16).
i. Suas vestes são repartidas e sorteadas (22.18).

II. A Gloriosa Coroação de Jesus (22.22-31)
   A. **Ele louva ao Senhor por defender o oprimido** (22.22-25): Alguns vêem isto como uma referência à ressurreição de Cristo (ver Hebreus 2.12).
   B. **Todas as nações adorarão ao Senhor** (22.26-31): Alguns vêem isto como uma referência ao reinado futuro de Jesus.

ESBOÇO DA SEÇÃO VINTE E TRÊS (SALMO 23)
Davi usa metáforas de um pastor e suas ovelhas e de um anfitrião e seus convidados para descrever o cuidado de Deus para com seu povo.

I. O Pastor e Suas Ovelhas (23.1-4): O Senhor cuida de seu povo como um pastor cuida de suas ovelhas.
   A. **Ele o sustenta** (23.1).
   B. **Ele renova sua força** (23.3).

II. O Guia e o Viajante (23.3-4): O Senhor guia seu povo.
   A. **Ele o guia no caminho certo** (23.3).
   B. **Ele o protege e o conforta** (23.4).

III. O Anfitrião e Seus Convidados (23.5): O Senhor cuida de seu povo como um anfitrião cuida de seus convidados.

IV. O Médico e o Paciente (23.5): Ele unge sua cabeça com óleo.

V. O Profeta e o Prometido (23.6): Ele demonstra bondade e um amor infalível a eles.

ESBOÇO DA SEÇÃO VINTE E QUATRO (SALMO 24)
Davi descreve o Senhor como o Rei glorioso que habita em seu Templo. Muitos acham que este salmo refere-se a Jesus, o Messias.

I. O Reino Glorioso (24.1-6)
   A. **O que isto abrange** (24.1-2): Este reino inclui a terra e tudo o que nela há.
   B. **Quem isto abrange** (24.3-6): O Senhor permite aos puros nas atitudes e no coração estar em sua presença.

II. O Rei Glorioso (24.7-10): Davi ordena que as portas se abram para que o Senhor, o invencível Rei da Glória, possa entrar.

ESBOÇO DA SEÇÃO VINTE E CINCO (SALMO 25)
Davi escreveu este salmo como um acróstico: cada verso começa com uma letra do alfabeto hebraico. Crendo que Deus recompensa o justo, Davi combina uma oração por livramento de seus inimigos com uma oração por perdão e orientação.

I. PROTEGE-ME! (25.1-3, 15-22): Davi pede que seus inimigos não tenham permissão para derrotá-lo.

II. GUIA-ME! (25.4-5, 8-10): Davi pede a Deus que o guie no caminho correto.

III. PERDOA-ME! (25.6-7, 11)
   A. **O que** (25.6-7): Davi pede a Deus que perdoe os pecados da sua mocidade.
   B. **Por que** (25.11): Davi implora o perdão, pela honra do nome de Deus.

IV. FAZE-ME PROSPERAR! (25.12-14): Davi afirma que Deus abençoa aqueles que o temem.

ESBOÇO DA SEÇÃO VINTE E SEIS (SALMO 26)
Davi declara sua inocência e pede a Deus que o examine e justifique.

I. A SEPARAÇÃO DE DAVI DO PECADO (26.1-5, 9-11)
   A. **Seu pedido** (26.1): "Julga-me, ó Senhor".
   B. **Seus motivos** (26.1-5, 9-11)
      1. *Ele tem confiado no Senhor* (26.1).
      2. *Ele tem vivido de acordo com a verdade de Deus* (26.2-3, 11).
      3. *Ele tem se recusado a manter comunhão com os ímpios* (26.4-5, 9-10).

II. A CONSAGRAÇÃO DE DAVI A DEUS (26.6-8, 12): Davi vai ao altar de Deus e rende graças.

ESBOÇO DA SEÇÃO VINTE E SETE (SALMO 27)
Davi expressa sua confiança na proteção de Deus, embora esteja cercado por seus inimigos.

I. O LOUVOR DE DAVI (27.1-3): Davi confia no Senhor para salvá-lo, fortalecê-lo e sustentá-lo.

II. AS PETIÇÕES DE DAVI (27.4-14): Davi pede a Deus que lhe conceda três pedidos:
   A. **A casa do Senhor** (27.4-6): Davi deseja estar no Templo, onde pode adorar ao Senhor com segurança.
   B. **O refúgio no Senhor** (27.7-10): Davi implora ao Senhor que o mantenha perto dele.

C. **A ajuda do Senhor** (27.11-14): Davi pede ao Senhor que lhe mostre como viver para que não caia nas mãos dos inimigos.

ESBOÇO DA SEÇÃO VINTE E OITO (SALMO 28)
Davi pede para o Senhor salvá-lo de seus inimigos e o louva por ouvir sua oração.

I. A Dependência de Davi (28.1-5): Davi pede duas coisas ao Senhor:
   A. **Protege-me!** (28.1-2): Davi clama ao Senhor que tenha misericórdia dele e o ajude.
   B. **Castiga-os!** (28.4-5): Davi pede que o Senhor castigue o ímpio, porque ele não se importa com o que o Senhor tem feito.

II. O Deleite de Davi (28.6-9): Davi louva ao Senhor por ouvir sua oração e clama para que ele abençoe seu povo.

ESBOÇO DA SEÇÃO VINTE E NOVE (SALMO 29)
Davi conclama os anjos a adorar ao Senhor em resposta às maravilhas da criação e ao poder das tempestades. Davi atesta o grande poder da voz do Senhor.

I. A Veneração do Senhor (29.1-2): Davi conclama os anjos a adorar e a louvar ao Senhor por sua grandeza.

II. A Voz do Senhor (29.3-9): Davi fala do poder da voz do Senhor.
   A. **O som de sua voz** (29.3): Ela troveja sobre o mar.
   B. **A força de sua voz** (29.4-9)
     1. *Ela quebra os cedros* (29.4-5).
     2. *Ela estremece as montanhas e o deserto* (29.6-8).
     3. *Ela desnuda os bosques* (29.9).

III. A Vitória do Senhor (29.10-11)
   A. **O Senhor reina sobre os dilúvios** (29.10).
   B. **O Senhor dá a seu povo força e paz** (29.11).

ESBOÇO DA SEÇÃO TRINTA (SALMO 30)
Davi compôs este salmo para a dedicação do Templo. Ele louva ao Senhor por responder à sua oração e por salvá-lo.

I. Os Triunfos de Davi (30.1-3): Davi louva a Deus por vitória sobre três coisas:
   A. **Perigo** (30.1): Os inimigos de Davi não triunfaram sobre ele.
   B. **Enfermidade** (30.2): Deus recuperou a saúde de Davi.
   C. **Morte** (30.3): O Senhor poupou Davi de ser morto.

II. Os Problemas de Davi (30.6-10): Davi relata quando foi vencido e clamou ao Senhor.

III. O Testemunho de Davi (30.4-5, 11-12): Davi louva a Deus por resgatá-lo mais uma vez, convertendo seu lamento em gozo.

ESBOÇO DA SEÇÃO TRINTA E UM (SALMO 31)
Davi expressa sua confiança em Deus em meio a profunda angústia.

I. O Livramento Buscado por Davi (31.1-5): Davi pede ao Senhor que ouça seu clamor e o salve de seus inimigos.

II. O Desespero de Davi (31.9-13)
  A. **Sua angústia** (31.9-10): Davi está fisicamente enfraquecido por sua angústia.
  B. **Sua alienação** (31.11-13)
    1. *Ele é ridicularizado* (31.11-12).
    2. *Ele é difamado* (31.13).

III. A Dedicação Demonstrada por Davi (31.6-8, 14-24): Apesar de seus problemas, Davi expressa grande confiança no Senhor.
  A. **Ele confia em Deus** (31.6-8, 14-18): Ele sabe que o Senhor o salvará de seus inimigos.
  B. **Ele agradece a Deus** (31.19-24)
    1. *Por sua grande bondade* (31.19-20).
    2. *Por seu amor infalível* (31.21-24).

ESBOÇO DA SEÇÃO TRINTA E DOIS (SALMO 32)
Davi dá testemunho das bênçãos decorrentes da confissão do pecado e do perdão de Deus.

I. A Confissão (32.1-5): Davi relembra quando precisou confessar seus pecados.
  A. **A amargura** (32.3-4): Davi descreve sua agonia antes de confessar seus pecados.
    1. *Ele estava fraco e atormentado* (32.3).
    2. *Sua força desapareceu* (32.4).
  B. **A felicidade** (32.1-2, 5): Davi descreve sua alegria após ter confessado seus pecados e ter recebido perdão.

II. O Conselho (32.6-7): Davi aconselha o justo a arrepender-se de seus pecados.

III. O Compromisso (32.8-11)
  A. **O que o Senhor fará** (32.8, 10)
    1. *Ele promete guiar o Rei!*
    2. *Ele promete amar o Rei!*

B. O que o Rei deverá fazer (32.9-10): Ele deverá seguir a Deus de forma obediente, sem necessitar de freio ou cabresto.

ESBOÇO DA SEÇÃO TRINTA E TRÊS (SALMO 33)
O salmista louva ao Senhor por seus atributos e suas obras.

I. Os Métodos de Louvor (33.1-3)
  A. **Com alegria de coração** (33.1)
  B. **Com canções de harpas** (33.2-3)

II. As Mensagens de Louvor (33.4-22)
  A. **Louve a Deus por sua bondade** (33.4-5).
  B. **Louve a Deus por seu poder sobre a criação** (33.6-9): Ele simplesmente falou, e tudo veio a existir.
  C. **Louve a Deus por sua soberania** (33.10-12): Em última análise, ele está no controle do que acontece na terra.
  D. **Louve a Deus por sua onisciência** (33.13-15): Ele conhece o coração de todos.
  E. **Louve a Deus por sua onipotência** (33.16-17): A segurança é encontrada em Deus, não nos reis, nem nos exércitos.
  F. **Louve a Deus por sua proteção** (33.18-22): Deus cuida daqueles que o temem.

ESBOÇO DA SEÇÃO TRINTA E QUATRO (SALMO 34)
O salmo é um acróstico. Davi inicia cada verso com uma letra do alfabeto hebraico. Louva ao Senhor por livrá-lo de seus temores e afirma que Deus sempre cuida dos justos.

I. Davi, o Aluno (34.1-7): Davi proclama o que Deus fez por ele.
  A. **Ele salvou Davi** (34.4-6)
     1. *De seus temores* (34.4)
     2. *De seus inimigos* (34.5-6)
  B. **Ele envolveu Davi** (34.7): A própria presença de Deus acampou ao seu redor.

II. Davi, o Pregador (34.8-22): Davi proclama o que Deus fará pelos outros.
  A. **O que ele diz aos justos** (34.8-15, 17-20, 22)
     1. *Ele lhes dará o que necessitam* (34.8-10).
     2. *Ele lhes concederá vida longa e boa* (34.11-15).
     3. *Ele os guardará de seus inimigos* (34.17-20, 22).
  B. **O que ele diz aos ímpios** (34.16, 21)
     1. *O rosto de Deus está contra eles!*
     2. *A fúria do Senhor está sobre eles!*

ESBOÇO DA SEÇÃO TRINTA E CINCO (SALMO 35)
Davi clama a Deus para salvá-lo de seus inimigos.

I. A Perseguição a Davi (35.11-16): Os inimigos de Davi o perseguem de várias formas:
   A. **Eles o acusam falsamente** (35.11, 15).
   B. **Eles retribuem seu bem com o mal** (35.12-13).
   C. **Eles se alegram com seus infortúnios** (35.14-15).
   D. **Eles debocham dele e o amaldiçoam** (35.16).

II. A Petição de Davi (35.1-8, 17-26): Davi pede a Deus que faça várias coisas com seus inimigos:
   A. **Declare guerra contra eles** (35.1-3).
   B. **Reprima-os** (35.17-25).
   C. **Envergonhe-os** (35.4, 26).
   D. **Escureça seus caminhos** (35.6-7).
   E. **Destrua-os** (35.5, 8).

III. O Louvor de Davi (35.9-10, 27-28): Davi promete louvar a Deus se ele o resgatar de seus inimigos.

ESBOÇO DA SEÇÃO TRINTA E SEIS (SALMO 36)
Davi contrasta a pecaminosidade do ímpio com a bondade do Senhor e roga a Deus que abençoe o justo e humilhe o ímpio.

I. A Crueldade do Ímpio (36.1-4)
   A. **Não tem o temor do Senhor** (36.1)
   B. **É orgulhoso** (36.2): Ele não enxerga o quão ímpio é.
   C. **É desonesto e fraudulento** (36.3).
   D. **Trama conspirações pecaminosas** (36.4).

II. As Características de Deus (36.5-12): Em contraste com o ímpio, o Senhor possui os seguintes atributos:
   A. **Amor infalível** (36.5, 7)
   B. **Fidelidade** (36.5)
   C. **Retidão** (36.6)
   D. **Justiça** (36.6)
   E. **Providência e proteção** (36.6-8, 10-12)
   F. **Bondade** (36.9): Deus provê vida e luz ao justo

ESBOÇO DA SEÇÃO TRINTA E SETE (SALMO 37)
Davi encoraja os justos a confiar que o Senhor os resgatará do mal. Embora o ímpio pareça prosperar, ao final será destruído.

I. Os Justos (37.3-9, 11, 16-19, 21-31, 34, 37, 39-40)
   A. **O que eles semeiam** (37.3-5, 7-8, 16, 21, 30-31, 37)
      1. *Confiam em Deus* (37.3).
      2. *Fazem o bem* (37.3).
      3. *Agradam-se do Senhor* (37.4).
      4. *Entregam seu caminho ao Senhor* (37.5).
      5. *Descansam no Senhor* (37.7): Os justos esperam pacientemente pela ação do Senhor.
      6. *Refreiam a ira* (37.8).
      7. *Satisfazem-se com pouco* (37.16).
      8. *Dão generosamente* (37.21).
      9. *Falam sabiamente* (37.30): Sabem discernir o certo e o errado.
      10. *Preenchem seu coração com as leis do Senhor* (37.31).
      11. *São honestos e amam a paz* (37.37).
   B. **O que eles colhem** (37.3-5, 6, 9, 11, 17-19, 22-29, 34, 37, 39-40)
      1. *Habitam seguros na terra* (37.3, 11, 27).
      2. *Prosperam* (37.3, 11).
      3. *Recebem os desejos de seu coração* (37.4).
      4. *São tidos por inocentes e justos* (37.6).
      5. *Herdarão a terra* (37.9, 11, 22, 29).
      6. *São sustentados pelo Senhor* (37.17, 24).
      7. *O Senhor cuida deles* (37.17-19).
      8. *Receberão recompensa eterna* (37.18).
      9. *São norteados pelo Senhor* (37.23).
      10. *Jamais se acharão desamparados* (37.25-28).
      11. *Seus filhos são bênçãos* (37.26).
      12. *São protegidos* (37.28, 39-40).
      13. *Serão honrados* (37.34).
      14. *Têm um futuro maravilhoso* (37.37).

II. Os Ímpios (37.1-2, 9-10, 12-15, 17, 20-22, 28, 32-33, 35-36, 38)
   A. **O que eles semeiam** (37.12, 14, 21, 32)
      1. *Conspiram contra o justo* (37.12, 14, 32).
      2. *Pedem emprestado e não pagam* (37.21).
   B. **O que eles colhem** (37.1-2, 9-10, 13, 15, 17, 20, 22, 28, 33, 35-36, 38)
      1. *Desaparecerão* (37.1-2, 10, 35-36).
      2. *Serão destruídos* (37.9, 20, 22, 28).
      3. *O Senhor se ri deles* (37.13): O Senhor ri porque sabe que o juízo virá.
      4. *Destruirão a si mesmos* (37.15).
      5. *A força deles será estilhaçada* (37.17).
      6. *Não terão êxito* (37.33).
      7. *Não têm futuro* (37.38).

ESBOÇO DA SEÇÃO TRINTA E OITO (SALMO 38)
Davi confessa seus pecados, que lhe causaram sofrimento, e clama para que o Senhor se lembre dele e o salve.

I. A Penalidade (38.1-14): Davi está sofrendo por causa de seus pecados.
   A. **Ele está sendo castigado por Deus** (38.1-10)
      1. *Está doente e sua saúde está debilitada* (38.1-3).
      2. *Sua culpa o atordoa* (38.4).
      3. *Seus ferimentos estão infeccionando* (38.5).
      4. *Sente-se encurvado e abatido* (38.6).
      5. *Arde em febre* (38.7).
      6. *Está ficando cego* (38.10).
   B. **Ele é abandonado por seus amigos** (38.11).
   C. **Seus amigos conspiram contra ele** (38.12-14).

II. O Perdão (38.15-22)
   A. **Seu pecado é confessado** (38.15-22)
      1. *Ouve-me, Senhor!* (38.15-16)
      2. *Cura-me, Senhor!* (38.17)
      3. *Ajuda-me, Senhor!* (38.18-22)
   B. **Seu pecado é limpo** (subentendido).

ESBOÇO DA SEÇÃO TRINTA E NOVE (SALMO 39)
Davi confessa que falhou em cumprir o voto que fez e ora a Deus por compaixão.

I. A Promessa (39.1-3): Davi faz uma promessa a si mesmo.
   A. **O que ele resolve** (39.1): Ele promete não pecar em seu falar e agir quando na presença do ímpio.
   B. **O que ele faz** (39.2-3): Ele não se mantém em silêncio quanto ao pecado deles.

II. A Petição de Davi (39.4-13): Davi faz um pedido quádruplo ao Senhor.
   A. **Mostra-me!** (39.4-6)
      1. *A fragilidade da vida* (39.4-5): Davi sabe que seu tempo na terra é curto e pede para ser lembrado disto.
      2. *A futilidade da vida* (39.6): Davi pede para Deus lhe revelar a inutilidade de buscar coisas que não duram.
   B. **Salva-me!** (39.7-9): Ele sabe que sua única esperança é Deus. Ele se mantém em silêncio perante Deus porque sabe que sua punição virá dele.
   C. **Poupa-me!** (39.10-11): Ele pede que Deus pare de puni-lo por seu pecado e ouça seu clamor por ajuda.
   D. **Satisfaz-me!** (39.12-13): Ele quer experimentar a alegria do Senhor.

> **ESBOÇO DA SEÇÃO QUARENTA** (SALMO 40)
> Davi reconhece a bondade do Senhor para com ele no passado e clama para que Deus mais uma vez o salve de suas dificuldades.

I. O Louvor de Davi (40.1-10)
   A. O que Deus tem feito (40.1-5)
      1. *Tirou-o do desespero* (40.1-2).
      2. *Colocou seu pé em solo firme* (40.2).
      3. *Deu a ele uma nova canção* (40.3-5).
   B. O que Deus deseja (40.6-10)
      1. *Negativo* (40.6): O Senhor não se agrada de sacrifícios e ofertas.
      2. *Positivo* (40.7-10): O Senhor quer que Davi obedeça à sua lei e conte aos outros sobre sua bondade.

II. A Petição de Davi (40.11-17): Davi pede ao Senhor que o salve de duas coisas:
   A. Dos males que o cercam (40.11-12): Davi confessa que eles são mais numerosos que os cabelos de sua cabeça.
   B. De seus inimigos (40.13-17): Davi pede ao Senhor que o salve rapidamente.

> **ESBOÇO DA SEÇÃO QUARENTA E UM** (SALMO 41)
> Davi conta como o Senhor abençoa aquele que ajuda o pobre. Ele clama para que o Senhor o cure e frustre os planos daqueles que esperam por sua morte.

I. O Favor de Deus (41.1-3): Bênçãos especiais são conferidas àqueles que honram o pobre.
   A. Proteção (41.1-2)
   B. Prosperidade (41.2)
   C. Auxílio na enfermidade (41.3)

II. O Perdão de Deus (41.4): Davi pede ao Senhor perdão e cura.

III. A fidelidade de Deus (41.5-13): Davi clama para que o Senhor o livre de seus inimigos, que aguardam ansiosamente sua morte.

ESBOÇO DA SEÇÃO QUARENTA E DOIS (SALMO 42)
O salmista anela por estar na presença de Deus. Sente-se abandonado por Deus e espera que o Senhor se volte para ele algum dia.

I. O Desejo de Davi (42.1-2): Ele tem sede de Deus, assim como a corça sedenta anseia por encontrar água.

II. O Desespero de Davi (42.3, 9-10)
   A. **Sente-se abandonado por Deus** (42.9).
   B. **Sente-se atacado por seus inimigos** (42.3, 9-10).

III. A Determinação de Davi (42.4-8, 11)
   A. **Lembra-se da bondade de Deus** (42.4-8).
   B. **Descansa na bondade de Deus** (42.11): Por causa da bondade de Deus no passado, Davi coloca sua esperança em Deus para salvá-lo novamente.

ESBOÇO DA SEÇÃO QUARENTA E TRÊS (SALMO 43)
Neste salmo que complementa o Salmo 42, o salmista clama ao Senhor por livramento de seus inimigos. Ele quer que a luz e a verdade de Deus o levem a adorá-lo.

I. Defende-me! (43.1-2): O salmista clama para Deus defendê-lo contra os ímpios.

II. Guia-me! (43.3-5): O salmista pede a Deus que envie sua luz e sua verdade para conduzi-lo em sua presença.

ESBOÇO DA SEÇÃO QUARENTA E QUATRO (SALMO 44)
O salmista relata os grandes feitos do Senhor por seu povo no passado, e pergunta a Deus por que ele permite que seu povo seja humilhado.

I. A Glória Passada de Israel (44.1-8)
   A. **O poder de Deus** (44.1-3)
      1. *O Senhor guiou seu povo* (44.1-3)
         a. Ele expulsou os cananeus da terra (44.1-2).
         b. Ele conduziu os israelitas para a terra (44.2-3).
      2. *O Senhor amou seu povo* (44.3): Deus costumava sorrir para seu povo e favorecê-lo.
   B. **O louvor a Deus** (44.4-8): O salmista reconhece que as vitórias passadas de Israel vieram diretamente do Senhor e por isso o louva.

II. O Desgosto Presente de Israel (44.9-26)
   A. Sua dor (44.9-22)
      1. O sofrimento físico de Israel (44.10-12, 22)
         a. Eles são derrotados e massacrados por seus inimigos (44.10).
         b. Eles são abatidos como ovelhas (44.11, 22).
         c. Eles são vendidos e espalhados pelas nações (44.11-12): Sentem-se sem valor diante de Deus.
      2. O sofrimento psicológico de Israel (44.9, 13-16)
         a. Sentem-se rejeitados por Deus (44.9): Deus não mais os guia nas batalhas.
         b. São ridicularizados por povos vizinhos (44.13-16).
   B. Sua perplexidade (44.17-22): O salmista sente que eles são inocentes, apesar de seu sofrimento.
   C. Sua petição (44.23-26): O salmista pede a Deus que redima seu povo.

ESBOÇO DA SEÇÃO QUARENTA E CINCO (SALMO 45)
Este salmo louva o rei no dia de seu casamento.

I. O Rei (45.1-8): O salmista compõe um cântico para exaltar o rei no dia de seu casamento.
   A. Seu charme (45.2): O rei é vistoso e imponente.
   B. Suas conquistas (45.3-5): O rei deve empunhar sua poderosa espada e defender a verdade, a humildade e a justiça.
   C. Sua coroa (45.6-7): Deus deu o trono ao rei porque ama o que é reto e justo.
   D. Suas vestes (45.8): Suas vestes são perfumadas com mirra, aloés e cássia.
   E. Sua corte (45.8): Seu palácio está adornado com marfim e repleto de música agradável.

II. A Noiva (45.9-17): O salmista fala com a noiva, que vem de muito longe.
   A. Suas vestes (45.9, 13-15)
      1. Ela usa jóias feitas a partir do mais fino ouro (45.9).
      2. Ela usa uma vestidura recamada de ouro (45.13-15): Em suas lindas vestes, ela é conduzida até o rei.
   B. Seu compromisso (45.10-11): O salmista instrui a noiva a aceitar duas coisas:
      1. Sua separação (45.10): Ela deixou seus pais para casar com o rei de Israel.
      2. Sua submissão (45.11): Ela agora deve honrar o marido como seu senhor.
   C. Sua glória vindoura (45.16-17)
      1. Seus filhos serão reis (45.16): Eles governarão muitas terras.
      2. Ela receberá honra (45.17): Todas as gerações honrarão o seu nome.

ESBOÇO DA SEÇÃO QUARENTA E SEIS (SALMO 46)
O salmista descansa, certo de que o povo de Deus está seguro sob a poderosa proteção do Senhor.

I. A PROTEÇÃO DE DEUS (46.1-3): O salmista encontra segurança e paz, sabendo que Deus cuida de seu povo
   A. **Sua disponibilidade** (46.1): Deus está sempre preparado para ser nosso refúgio.
   B. **Sua confiabilidade** (46.2-3): Não devemos temer, já que Deus está conosco em todas as circunstâncias.
      1. *Ainda que a terra se transtorne* (46.2).
      2. *Ainda que as águas se tumultuem* (46.2-3).

II. O PARAÍSO DE DEUS (46.4-5): O salmista descreve a perfeita tranqüilidade da cidade de Deus.
   A. **Seu rio traz alegria** (46.4).
   B. **É o lar de Deus** (46.4-5).
   C. **Ela é eterna** (46.5): A cidade não pode ser destruída.

III. O PODER DE DEUS (46.6-8): Deus traz destruição ao mundo.

IV. A PAZ DE DEUS (46.9): Um dia, ele acabará com todas as guerras da terra.

V. O LOUVOR DE DEUS (46.10-11): Devemos silenciar e honrar o Senhor Todo-poderoso.

ESBOÇO DA SEÇÃO QUARENTA E SETE (SALMO 47)
O salmista descreve um reino glorioso!

I. O GOVERNADOR DESSE REINO (47.2-3, 7-8)
   A. **Sobre o que Deus reina** (47.2, 7): Sobre toda a terra.
   B. **Sobre quem Deus reina** (47.3, 8): Sobre as nações da terra.

II. OS REDIMIDOS DESSE REINO (47.1, 4-6, 9)
   A. **Sua identidade** (47.4, 9)
      1. *Judeus crentes, salvos* (47.4).
      2. *Gentios crentes, salvos* (47.9).
   B. **Sua instrução** (47.1, 5-6): Eles devem exclamar e cantar louvores ao seu grande rei!

ESBOÇO DA SEÇÃO QUARENTA E OITO (SALMO 48)
O salmista louva ao Senhor, que cuida da cidade de Jerusalém.

I. O DEUS DE JERUSALÉM (48.1, 3-8, 10-11, 14)
   A. **Ele é grande** (48.1): O Senhor deve ser adorado na cidade.
   B. **Ele defende a cidade** (48.3-7): Reis que a atacam fogem da cidade em meio ao pavor.

C. **Ele torna a cidade segura** (48.8).
   D. **Ele executa a justiça** (48.10-11): Deus é louvado porque seus juízos são justos.
   E. **Ele guia o povo** (48.14).

II. A JERUSALÉM DE DEUS (48.1-2, 9, 12-13): A cidade reflete a glória de seu Deus.
   A. **Ela possui uma elevação magnífica** (48.1-2): A terra regozija-se em ver a cidade repousando sobre o monte Sião.
   B. **Ela possui o Templo** (48.9): Eles meditam no amor infalível de Deus, em seu Templo.
   C. **Ela possui torres** (48.12).
   D. **Ela possui cidadelas e muros fortificados** (48.13).

ESBOÇO DA SEÇÃO QUARENTA E NOVE (SALMO 49)
O salmista incentiva o justo a não temer ou invejar o ímpio próspero que, ao fim, morrerá.

I. A INTIMAÇÃO DO SALMISTA (49.1-4)
   A. **A multidão** (49.1-2): O salmista convida o mundo inteiro a ouvir.
   B. **A competência** (49.3-4): O salmista garante que falará sabiamente, pois pondera em muitos provérbios e parábolas.

II. O SERMÃO DO SALMISTA (49.6-14, 17-20): Ele relembra seus ouvintes da futilidade da riqueza. Ela não pode ajudar uma pessoa a evitar a morte. O túmulo reclama o sábio e o tolo, o rico e o pobre.

III. O SALVADOR DO SALMISTA (49.5, 15-16): O salmista não teme quando está rodeado por inimigos ricos, pois sabe que Deus o livrará do poder da morte.

ESBOÇO DA SEÇÃO CINQÜENTA (SALMO 50)
O salmista profere uma acusação extremamente severa contra aqueles que entregam ofertas e recitam as leis de Deus, mas não lhes obedecem com sinceridade.

I. O JUIZ (50.1-3, 6): O salmista declara que Deus fará uma acusação contra seu povo.
   A. **Sua intimação** (50.1, 6): Deus intima toda a humanidade para o julgamento.
   B. **Seu esplendor** (50.2-3): Deus brilha com esplendor glorioso e se aproxima com trovões.

II. O RÉU (50.4-5, 7): O povo de Israel é intimado a comparecer diante dele.

III. O Julgamento (50.8-23)
   A. **O que Deus deseja** (50.8-15, 23)
      1. *Nada de touros ou cabritos* (50.8-13): Deus não está interessado em receber essas ofertas porque ele é dono de tudo na terra.
      2. *Compromisso genuíno para com ele* (50.14-15, 23): Deus quer que seu povo seja grato, que cumpra seus votos e confie nele.
   B. **O que Deus despreza** (50.16-21)
      1. *Religiosidade vazia* (50.16-17).
      2. *Participação no pecado* (50.18): Eles ajudam os ladrões e investem tempo com adúlteros.
      3. *Fala tola* (50.19-21): Eles mentem e difamam os outros.
   C. **O que Deus declara** (50.22): "Considerai... para que eu não vos despedace".

ESBOÇO DA SEÇÃO CINQÜENTA E UM (SALMO 51)
Davi confessa seu pecado a Deus e pede perdão e misericórdia.

I. A Confissão de Davi (51.1-6)
   A. **Davi apela a Deus** (51.1-2): "Lava-me completamente da minha iniqüidade".
   B. **Davi reconhece seu pecado** (51.3-6): "Eu conheço as minhas transgressões".

II. A Purificação de Davi (51.7-10): Davi pede a Deus que faça três coisas:
   A. **Remova seu pecado** (51.7).
   B. **Restaure sua alegria** (51.8-9).
   C. **Renove seu espírito** (51.10): Davi quer um coração limpo e um espírito reto.

III. A Preocupação de Davi (51.11-12): Ele implora que o Espírito Santo não seja retirado dele e que Deus o torne disposto a obedecer-lhe.

IV. Os Compromissos de Davi (51.13-15): Se Deus responder, Davi promete fazer três coisas:
   A. **Ensinar os caminhos de Deus aos pecadores** (51.13).
   B. **Cantar acerca do perdão de Deus** (51.14).
   C. **Louvar a Deus** (51.15).

V. A Confiança de Davi (51.16-19)
   A. **Ele sabe que Deus pode perdoar pecados** (51.16-17): Davi reconhece que Deus quer espírito quebrantado e coração penitente.
   B. **Ele sabe que Deus pode fortificar a cidade** (51.18-19): Davi clama para que o Senhor reconstrua os muros da cidade, de modo que sacrifícios aceitáveis possam ser oferecidos.

ESBOÇO DA SEÇÃO CINQÜENTA E DOIS (SALMO 52)
Davi repreende seu inimigo e prediz sua queda. Ele está confiante de que prosperará enquanto confiar em Deus.

I. A VANGLÓRIA DO ÍMPIO (52.1-5)
   A. **Sua perversão** (52.1-4)
      1. *Seus pensamentos são maus.*
      2. *Sua língua é má.*
   B. **Sua punição** (52.5)
      1. *Deus o destruirá.*
      2. *Deus o extirpará.*

II. A VANGLÓRIA DO JUSTO (52.6-9)
   A. **O contraste** (52.6-8)
      1. *O homem injusto cairá* (52.7): O justo testemunhará isso e se rirá.
      2. *O homem justo florescerá* (52.6, 8): Ele será como a oliveira.
   B. **A dedicação** (52.9)
      1. *Davi oferecerá ações de graça a Deus.*
      2. *Davi dará testemunho de Deus.*

ESBOÇO DA SEÇÃO CINQÜENTA E TRÊS (SALMO 53)
Davi observa a corrupção universal da humanidade e antevê seu juízo. Davi também anela pela salvação de Israel.

I. DEUS E SEUS INIMIGOS TOLOS (53.1-5): Davi lamenta o estado pecaminoso da humanidade.
   A. **Seu ateísmo** (53.1): Os tolos negam a existência de Deus.
   B. **Sua apostasia** (53.1-3): Eles são completamente corruptos e voltam as costas a Deus.
   C. **Seus ataques** (53.4): Eles devoram o povo de Deus como se fosse pão.
   D. **Sua aniquilação** (53.5): Deus os destruirá.

II. DEUS E SEUS AMIGOS FIÉIS (53.6)
   A. **O desejo** (53.6): Davi anela que Deus salve seu povo.
   B. **O deleite** (53.6): Quando é restaurado por Deus, o povo regozija-se.

ESBOÇO DA SEÇÃO CINQÜENTA E QUATRO (SALMO 54)
Davi clama para que o Senhor o salve, e oferece um sacrifício.

I. A Dor de Davi (54.1-3): Davi clama a Deus, pois violentos inimigos o atacam.

II. A Confiança de Davi (54.4-5)
   A. **O Senhor protege Davi** (54.4): Davi sabe que Deus o preserva.
   B. **O Senhor pune os inimigos** (54.5): Davi pede a Deus que use o plano de seus inimigos contra eles próprios.

III. O Triunfo de Davi (54.6-7): Davi fará uma oferta voluntária a Deus por salvá-lo.

ESBOÇO DA SEÇÃO CINQÜENTA E CINCO (SALMO 55)
Davi reclama de seus inimigos em geral e de um específico, que ele pensou ser seu amigo; expressa certeza de estar sendo livrado de seus inimigos e da destruição e resolve colocar sua confiança em Deus.

I. As Provações de Davi (55.2-15, 20-21)
   A. **Cercado por seus inimigos** (55.2-8, 10-11)
      1. *A injustiça que Davi sofre* (55.2-8, 10-11)
         a. Seus inimigos o ameaçam (55.2-8): Davi está atemorizado porque seus inimigos estão à sua caça.
         b. A cidade está cheia de perversidade (55.10-11): Assassinato, roubo, ameaça e trapaça estão em toda a parte.
      2. *A justiça que Davi busca* (55.9, 15)
         a. Confunde meus inimigos! (55.9).
         b. Consome meus inimigos! (55.15): Davi deseja que a morte pegue seus inimigos de surpresa.
   B. **Traído por seu amigo** (55.12-14, 20-21)
      1. *A proximidade do amigo* (55.12-14): Ele era um dos mais confiáveis companheiros de Davi.
      2. *A corrupção do amigo* (55.20-21): Falava gentilmente com Davi, mas tramou contra ele em segredo.

II. O Testemunho de Davi (55.1, 16-19, 22-23): Durante suas provações, Davi constantemente confia no Senhor e em que ele o salvará.

SALMOS

ESBOÇO DA SEÇÃO CINQÜENTA E SEIS (SALMO 56)
Davi clama para Deus salvá-lo de seus inimigos. Davi sente-se consolado, pois sabe que Deus está ciente de todos os seus problemas, e promete oferecer sacrifícios ao Senhor.

I. Os Deploráveis Inimigos de Davi (56.1-2, 5-6)
   A. **Perseguem seus passos** (56.1-2): Seus inimigos o atacam o dia inteiro.
   B. **Distorcem suas palavras** (56.5).
   C. **Tramam sua morte** (56.6).

II. Os Gloriosos Amigos de Davi (56.3-4, 7-13): Davi clama para que Deus o salve.
   A. **Deus alivia seus temores** (56.3-4, 9): "Que me pode fazer a carne?"
   B. **Deus registra suas dores** (56.7-8): "Põe as minhas lágrimas no teu odre".
   C. **Deus recebe seu louvor** (56.10-12): "Eu te oferecei ações de graças".
   D. **Deus redime sua vida** (56.13): "Tu livraste a minha alma da morte".

ESBOÇO DA SEÇÃO CINQÜENTA E SETE (SALMO 57)
Davi clama para Deus salvá-lo de seus inimigos. Confiante de que Deus o fará, Davi louva e agradece.

I. Os Perseguidores de Davi (57.4, 6): Inimigos brutais armaram uma armadilha.

II. A Petição de Davi (57.1-2): Ele clama pela misericórdia do Senhor.

III. A Proteção de Davi (57.1, 3): Ele se refugia na sombra das asas de Deus.

IV. O Louvor de Davi (57.5, 7-11)
   A. **Sua exaltação** (57.5, 11): "Sê exaltado, ó Deus, acima dos céus".
   B. **Sua exuberância** (57.7-8): Davi canta louvores a Deus com lira e harpa.
   C. **Sua expressão** (57.9-10): Davi promete contar a todos sobre o amor e a fidelidade de Deus.

ESBOÇO DA SEÇÃO CINQÜENTA E OITO (SALMO 58)
Davi repreende os governadores ímpios e clama a Deus para destruí-los e vingar os justos.

I. Deus e o Ímpio (58.1-9): Davi clama contra governadores ímpios.
   A. **A perversão** (58.1-5)
      1. *A justiça pervertida* (58.1-2): Todos os seus juízos são desonestos.
      2. *Eles mentem* (58.3).
      3. *Eles se recusam a ouvir* (58.4-5).

B. A punição (58.6-9): Davi pede para Deus fazer duas coisas com esses governadores:
1. *Quebrar seus dentes* (58.6).
2. *Fazê-los desaparecer* (58.7-9).

II. Deus e o Justo (58.10-11): O justo se regozijará quando vir a justiça, e verá que Deus recompensa aqueles que o seguem.

ESBOÇO DA SEÇÃO CINQÜENTA E NOVE (SALMO 59)
Davi busca a proteção de Deus quanto a seus inimigos e confia que Deus os derrotará. Ele pede que seus inimigos vivam em derrota, para que isso se torne uma lição para seu povo.

I. Os Inimigos Ímpios de Davi (59.1-7, 11-15): Os vários inimigos de Davi aproximam-se sorrateiramente dele, procurando emboscá-lo.
   A. Protege-me! (59.1-2): Davi clama para que Deus o salve.
   B. Castiga-os! (59.3-7, 11-15)
      1. *Os motivos* (59.3-4, 6-7, 14-15)
         a. Eles têm sede de sangue (59.3-4, 6, 14-15): Eles querem matá-lo.
         b. Eles são orgulhosos (59.7): Eles falam obscenidades e pensam que ninguém pode machucá-los.
      2. *Os pedidos* (59.5, 11-12)
         a. Não tenhas misericórdia (59.5): Ele quer que Deus os castigue.
         b. Abate-os (59.11): Deus pode destruí-los com seu poder.
         c. Deixa-os ser aprisionados por suas palavras perversas (59.12).
         d. Destrói-os (59.13).
      3. *Os resultados* (59.13): Quando isso tiver sido feito, o mundo saberá que Deus reina em Israel.

II. O Maravilhoso Amigo de Davi (59.8-10, 16-17)
   A. Deus se ri dos inimigos de Davi (59.8).
   B. Deus é sua força (59.9-10, 17): Deus o ajudará em seu triunfo sobre seus inimigos.

III. O Testemunho de Davi (59.16): Davi promete cantar sobre o poder de Deus.

ESBOÇO DA SEÇÃO SESSENTA (SALMO 60)
Davi pergunta por que Deus rejeitou seu povo. Ele clama para que Deus o ajude a vencer as nações com quem está guerreando.

I. A Rejeição (60.1-5, 10-12): Davi pergunta a Deus por que ele rejeitou seu povo.
  A. **A dor** (60.1-3): Davi expressa a dor de seu povo.
    1. *O Senhor dispersou nossa terra* (60.1-2, 10-12).
    2. *O Senhor foi muito duro conosco* (60.3).
    3. *O Senhor nos rejeitou* (60.11-12).
  B. **A esperança** (60.4): Davi percebe que Deus ainda supriu um ponto de reagrupamento diante do ataque iminente do inimigo.

II. O Pedido (60.5-12)
  A. **A súplica** (60.5, 11-12): Davi pede a Deus que ajude seu povo a lutar contra seus inimigos.
  B. **A promessa** (60.6-8): Davi recorda a promessa de Deus de dar a Terra Prometida e derrotar seus inimigos.
  C. **A perplexidade** (60.9-10): Davi pede a Deus que lhes dê a vitória.

ESBOÇO DA SEÇÃO SESSENTA E UM (SALMO 61)
Davi ora por proteção e vida longa, e louva a Deus por ouvi-lo.

I. Deus Guia (61.1-5): Davi pede a Deus para guiá-lo.
  A. **A rocha de Deus** (61.1-2): Deus é sua rocha de refúgio.
  B. **A fortaleza de Deus** (61.3): Deus é seu refúgio e fortaleza.
  C. **As asas de Deus** (61.4-5): Davi quer habitar na sombra das asas de Deus.

II. Deus prolonga a vida (61.6-8): Davi pede que Deus cuide dele e acrescente-lhe muitos anos de vida.

III. Deus Ouve (61.8): Davi promete louvar a Deus e cumprir seus votos, se Deus responder à sua oração.

ESBOÇO DA SEÇÃO SESSENTA E DOIS (SALMO 62)
Davi confia na proteção de Deus, apesar de seus inimigos estarem à sua volta.

I. A Traição (62.3-4)
  A. **O louvor** (62.4): Os inimigos de Davi são amigáveis quando ele está por perto.
  B. **A trama** (62.3-4): Os inimigos de Davi fazem planos para destruí-lo.

II. A Confiança (62.1-2, 5-10)
   A. **O conselho de Davi a si mesmo** (62.1-2, 5-7): Davi não se abalará porque Deus é sua fortaleza e sua esperança.
   B. **O conselho de Davi ao seu povo** (62.8-10)
      1. *O que fazer* (62.8)
         a. Colocar a confiança em Deus (62.8).
         b. Derramar o coração diante de Deus (62.8).
      2. *O que não fazer* (62.9-10)
         a. Não se tornar altivo (62.9): Todos são insignificantes aos olhos de Deus.
         b. Não praticar a extorsão (62.10): Não estimar tanto as riquezas a ponto de extorquir ou roubar o povo.
III. As Verdades (62.11-12): Davi testemunha com relação a duas verdades acerca de Deus.
   A. **Deus estende sua mão a nós** (62.11-12): Deus falou claramente sobre seu amor infalível por nós.
   B. **Deus nos recompensa** (62.12): Deus julga todos de acordo com o que têm feito.

ESBOÇO DA SEÇÃO SESSENTA E TRÊS (SALMO 63)
Davi expressa seu anelo por Deus e sua confiança na provisão divina.

I. A Sede de Davi por Deus (63.1-2): Ele anela por Deus em uma terra seca e exausta.

II. As Ações de Graça de Davi a Deus (63.3-5): Ele promete honrar e louvar a Deus.

III. Os Pensamentos de Davi sobre Deus (63.6-7)
   A. **A lembrança** (63.6): Davi declara: "Quando me lembro de ti no meu leito...".
   B. **O regozijo** (63.7): Davi adora a Deus em cântico.

IV. O Triunfo de Davi em Deus (63.8-11)
   A. **O livramento** (63.8, 11): A destra de Deus protege Davi com segurança.
   B. **A destruição** (63.9-10): Aqueles que tramam contra Davi serão destruídos.

ESBOÇO DA SEÇÃO SESSENTA E QUATRO (SALMO 64)
Davi pede a Deus que o livre das palavras difamadoras de seus inimigos e expressa confiança de que o Senhor assim fará.

I. Protege-me! (64.1-6): Davi clama para que Deus o proteja de seus inimigos.
   A. **A difamação** (64.1-4): Seus inimigos o atacam com palavras.
   B. **A cilada** (64.5-6): Seus inimigos armam ciladas contra ele.

II. Castiga-os! (64.7-8): Davi pede a Deus que puna seus inimigos
   A. Fere-os (64.7).
   B. Volta as palavras deles contra si próprios (64.8).

   III. Louvado Seja Deus! (64.9-10): Davi diz que todos ficarão deslumbrados e louvarão a Deus por seus feitos.

ESBOÇO DA SEÇÃO SESSENTA E CINCO (SALMO 65)
Davi retrata as alegrias de seguir a Deus e o louva por sustentar sua criação e gerar colheitas generosas.

   I. Davi Agradece a Deus por Seus Feitos Redentores (65.1-5)
   A. Por responder às orações (65.1-2, 5): Deus responde às orações com feitos maravilhosos.
   B. Por perdoar pecados (65.3).
   C. Por conceder alegria (65.4): A alegria encontra-se no Templo Santo de Deus.

   II. Davi Agradece a Deus por Seus Feitos Criativos (65.6-13)
   A. Por formar as montanhas (65.6): Isto demonstra o poder de Deus.
   B. Por silenciar os oceanos (65.7).
   C. Por regar a terra (65.8-10): Deus torna o solo rico e fértil.
   D. Por fazer crescer as plantas (65.11-13): Deus gera colheitas generosas e pastos verdejantes.

ESBOÇO DA SEÇÃO SESSENTA E SEIS (SALMO 66)
O salmista reflete sobre um momento de livramento para ele e para o povo de Deus. Ele intima o povo a adorar ao Senhor.

   I. Os Feitos do Senhor (66.1-12): O salmista fala de tudo que o Senhor tem feito.
   A. A preeminência de Deus (66.1-2): O nome do Senhor é glorioso.
   B. O poder de Deus (66.3-7)
      1. *Ele faz com que tanto o bom quanto o mau o adorem* (66.3-5, 7).
      2. *Ele abre caminho no mar Vermelho* (66.6).
   C. A proteção de Deus (66.8-9): O salmista louva a Deus porque a vida de seu povo está nas mãos do Senhor.
   D. A purificação de Deus (66.10-12)
      1. *A dor* (66.10-12): Deus tem provado e refinado seu povo como a prata derretida no crisol.
      2. *A glória* (66.12): Ao final, Deus guiou seu povo rumo a uma grande abundância.

II. A DEDICAÇÃO AO SENHOR (66.13-20): O salmista promete cumprir seus votos e fazer sacrifícios, e conclama outros a louvar a Deus.
  A. **O ritual de sacrifícios do salmista** (66.13-15): Ele traz carneiros, novilhos e cabritos ao altar.
  B. **Os sacrifícios pessoais do salmista** (66.16-20): O salmista fala sobre os feitos de Deus e conclama outros a adorá-lo.

ESBOÇO DA SEÇÃO SESSENTA E SETE (SALMO 67)
O salmista deseja que todas as nações louvem a Deus por seu poder.

I. OS ASPECTOS DA ORAÇÃO DO SALMISTA (67.1-5)
  A. **Que a glória de Deus esteja sobre seu povo** (67.1).
  B. **Que a graça de Deus esteja sobre os gentios** (67.2-5).

II. OS FRUTOS DA ORAÇÃO DO SALMISTA (67.6-7): O salmista antevê dois acontecimentos se sua oração for respondida:
  A. **Bênção material** (67.6): "A terra tem produzido o seu fruto".
  B. **Bênção espiritual** (67.7): Deus abençoará seu povo e todas as nações da terra o temerão.

ESBOÇO DA SEÇÃO SESSENTA E OITO (SALMO 68)
Em seu salmo messiânico, Davi louva a Deus pela poderosa vitória sobre seus inimigos e convoca outros a louvá-lo.

I. AS OBRAS DO SENHOR (68.1-2, 4-17, 21-23): Davi relata os maravilhosos feitos do Senhor.
  A. **A punição do Senhor** (68.1-2, 21-23)
    1. *Ele dispersa seus inimigos* (68.1-2): Aqueles que odeiam a Deus fogem para tentar preservar a vida.
    2. *Ele mata seus inimigos* (68.21-23): Deus parte a cabeça de seus inimigos.
  B. **O poder do Senhor** (68.4-14)
    1. *Sobre o mundo* (68.4, 7-9)
      a. Ele cavalga sobre as nuvens (68.4).
      b. Ele estremece a terra (68.7-8): A terra treme e os céus gotejam.
      c. Ele irriga a terra (68.9).
    2. *Sobre seus inimigos* (68.11-14): Guerreiros inimigos fogem apavorados quando ele fala.
    3. *Sobre seu povo* (68.5-6, 10)
      a. Ele defende os órfãos e as viúvas (68.5).
      b. Ele coloca o solitário em família e liberta o cativo (68.6).
      c. Ele provê para seu povo (68.10): O povo tem uma colheita generosa na Terra Prometida.

C. **O lugar do Senhor** (68.15-17): Deus reina do monte Sião.

II. A ADORAÇÃO AO SENHOR (68.3, 18-20, 24-35)
  A. **O louvor ao Senhor** (68.3, 19-20, 32-35): O salmista convoca o povo para louvar a Deus por seu poder e sua salvação.
  B. **O cortejo do Senhor** (68.24-28): Esta passagem descreve um cortejo marchando na direção do santuário.
  C. **O presente para o Senhor** (68.18, 29-31): Muitas pessoas dão presentes a Deus.

ESBOÇO DA SEÇÃO SESSENTA E NOVE (SALMO 69)
Um salmo messiânico, no qual Davi pede para Deus salvá-lo de seus inimigos, que constantemente o insultam. Davi clama a Deus para que puna severamente estes inimigos e o inocente.

I. O SOFRIMENTO DE DAVI (69.1-12, 19-28): A dor de Davi vem de quatro fontes.
  A. **De seus inimigos** (69.1-4, 10-12, 19-21)
    1. *Muitos o odeiam sem motivo* (69.1-4).
    2. *Eles o ridicularizam e zombam dele* (69.10-12, 19-20): Ele suporta os insultos de seus inimigos.
    3. *Eles lhe dão fel por alimento e vinagre para beber* (69.21).
  B. **De sua carne** (69.5-6): Algumas das dores de Davi vêm de seu próprio pecado.
  C. **De sua família** (69.8): Seus próprios irmãos voltam-se contra ele.
  D. **De sua fé** (69.7, 9): Davi é ridicularizado por sua fé e sente-se insultado quando as pessoas insultam a Deus.

II. A SÚPLICA DE DAVI (69.13-18, 22-29, 19): Davi faz pedidos a Deus.
  A. **Com relação a seus inimigos** (69.22-28)
    1. *Retira deles tua segurança* (69.22).
    2. *Cega-os, tornando-os fracos* (69.23).
    3. *Derrama tua fúria sobre eles* (69.24).
    4. *Desola suas casas* (69.25).
    5. *Não os deixes escapar* (69.26-27).
    6. *Apaga seus nomes do Livro da Vida* (69.28).
  B. **Com relação a si mesmo** (69.13-18, 29): Davi pede que Deus o resgate.

III. O CÂNTICO DE DAVI (69.30-36): Davi louva a Deus por ouvir sua oração e ajudar seu povo.

ESBOÇO DA SEÇÃO SETENTA (SALMO 70)
Davi pede para Deus inocentá-lo e humilhar seus inimigos.

I. A PREOCUPAÇÃO DE DAVI (70.1-3): "Apressa-te, ó Deus, em me livrar...".
   A. **Eles o têm difamado.**
   B. **Deus deve dispersá-los.**

II. A CONFIANÇA DE DAVI (70.4-5): "Folguem e alegrem-se em ti todos os que te buscam".
   A. **Ele será salvo pelo Senhor.**
   B. **Então se regozijará em Deus.**

ESBOÇO DA SEÇÃO SETENTA E UM (SALMO 71)
O salmista, aparentemente idoso e em perigo, clama pelo livramento de Deus e tem certeza de que Deus lhe responderá.

I. O PROBLEMA DO SALMISTA (71.10-11): O salmista clama para que Deus o salve de seus inimigos, que tramam destruí-lo.

II. O TRIUNFO DO SALMISTA (71.1-7, 9, 12-14, 17-18): A confiança do salmista está depositada em duas verdades:
   A. **Deus é sua ajuda** (71.1-4, 7, 12-13): Sabendo que Deus o ajudará, o salmista faz dois pedidos:
      1. *Seja minha defesa* (71.1-4, 7).
      2. *Traga a desgraça sobre meus inimigos* (71.12-13).
   B. **Deus é sua esperança** (71.5-6, 9, 14, 17-18): Deus tem sido a esperança do salmista durante sua vida.
      1. *Desde que era um bebê* (71.6).
      2. *Durante a sua infância* (71.5, 17).
      3. *Agora que ele está velho* (71.9, 14, 18).

III. O TESTEMUNHO DO SALMISTA (71.8, 15-16, 19-24): O salmista louva a Deus.
   A. **Pelo que o salmista louva a Deus** (71.8, 16, 19, 22-24)
      1. *Por seus atos justos* (71.16, 19, 24)
      2. *Por sua fidelidade* (71.22)
   B. **Quando o salmista louva a Deus** (71.8, 15): Ele louva a Deus durante o dia todo.
   C. **Como o salmista louva a Deus** (71.22-23): Ele o louva com sua voz, com a harpa e a lira.

> **ESBOÇO DA SEÇÃO SETENTA E DOIS** (SALMO 72)
> O salmista ora por bênçãos e prosperidade para o rei. Muitos acham que este salmo descreve o mundo sob o reinado de Jesus Cristo.

I. A Preocupação com o Rei (72.1): Aqui Davi pede para Deus:
   A. **Dotar Salomão com justiça divina.**
   B. **Dotar Salomão com retidão divina.**

II. As Características do Rei (72.2-17): Como já mencionado, estas características reais têm seu cumprimento parcial em Salomão, mas seu cumprimento final aguarda o reino de Cristo.
   A. **A eqüidade moral do reinado** (72.2).
   B. **A prosperidade do reinado** (72.3, 6-7, 16): Toda a terra florescerá, produzindo vastas colheitas de frutos e grãos.
   C. **A segurança do reinado** (72.4): O pobre, o necessitado e os órfãos serão libertos de seus opressores.
   D. **A duração do reinado** (72.5, 15, 17): Ele durará mais do que o sol e a lua.
   E. **A extensão do reinado** (72.8)
      1. "De mar a mar."
      2. "Até as extremidades da terra."
   F. **A glória do reinado** (72.9-11, 15)
      1. *Os nômades do deserto e os reis lhe pagarão tributos.*
      2. *Todas as nações se curvarão e servirão a ele.*
   G. **A compaixão do reinado** (72.12-14): Em grande misericórdia, ele resgatará o fraco e o necessitado, pois vê suas vidas como preciosas.

III. A Confiança no Rei (72.18-19): O salmista oferece louvor ao Deus glorioso de Israel e Rei vindouro, Jesus Cristo.

> **ESBOÇO DA SEÇÃO SETENTA E TRÊS** (SALMO 73)
> Asafe, chefe de música designado por Davi e autor de vários salmos, questiona: Por que o ímpio prospera e o justo não é recompensado?

I. Asafe e os Maus (73.1-20)
   A. **A consternação** (73.1-20): O salmista Asafe está profundamente perturbado com duas coisas:
      1. *A prosperidade do ímpio* (73.3-12)
         a. Desfruta riquezas e saúde (73.3-4).
         b. Não tem temores ou problemas (73.5).
         c. É orgulhoso e cruel (73.6).
         d. Possui tudo (73.7).
         e. É arrogante diante de Deus e do povo (73.8-12).

2. *A dor do justo* (73.1-2, 13-16).
   a. Ele se sente prestes a cair num precipício (73.1-2).
   b. Sua vida de pureza parece não ter recompensa (73.13).
   c. Ele é constantemente importunado com problemas (73.14-16).
B. **O esclarecimento** (73.17-20): Asafe percebe o destino do ímpio.
   1. *O lugar da revelação* (73.17): Asafe percebe isto enquanto está no santuário.
   2. *Os pormenores da revelação* (73.18-20)
      a. Os ímpios seguem em um caminho escorregadio rumo à destruição (73.18-19).
      b. A vida atual do ímpio não é nada além de um sonho (73.20): Eles desaparecerão da terra quando o Senhor chegar.

II. Asafe e o Exaltado (73.21-28): Asafe reconhece duas grandes verdades sobre Deus:
   A. **Deus está guiando seus passos** (73.21-24).
   B. **Deus está cuidando dele** (73.25-28).

ESBOÇO DA SEÇÃO SETENTA E QUATRO (SALMO 74)
Asafe sente-se abandonado e lamenta a atual situação de Jerusalém e do Templo. Ele relata os grandes feitos de Deus no passado e clama para que ele salve seu povo dos inimigos.

I. A Frustração de Asafe (74.1-11): O salmista está atribulado com várias coisas:
   A. **O Senhor parece ter rejeitado, em meio à ira, seu próprio povo** (74.1-2).
   B. **Deus permitiu que Jerusalém e o Templo fossem destruídos** (74.3-8).
   C. **Deus não enviou mais profetas ao povo** (74.9).
   D. **Deus não destruiu seus inimigos** (74.10-11).

II. A Fé de Asafe (74.12-23): Asafe reflete sobre a proteção de Deus e clama para que ele salve seu povo.
   A. **O que ele reconhece** (74.12-17)
      1. *Deus é seu Rei eterno* (74.12).
      2. *Deus reina sobre a natureza* (74.13-17).
   B. **O que ele pede** (74.18-23): Asafe pede duas coisas a Deus:
      1. *Salva teu povo* (74.18-19, 21-23): Ele ora para que Deus não permita que seu povo seja destruído.
      2. *Lembra-te de tua promessa* (74.20): Asafe pede a Deus que lembre as promessas de sua aliança nesses dias de violência e trevas.

ESBOÇO DA SEÇÃO SETENTA E CINCO (SALMO 75)
Asafe confia na soberania de Deus e em que o Senhor, algum dia, destruirá o ímpio.

I. O LOUVOR DE ASAFE (75.1, 9): Asafe louva a Deus por seus atos poderosos.
   A. **A gratidão de Asafe** (75.1): Ele louva a Deus por seus poderosos feitos.
   B. **O testemunho de Asafe** (75.9): Ele está determinado a proclamar isto para sempre.

II. A PROMESSA DE ASAFE (75.2-8, 10)
   A. **Deus pune o ímpio** (75.2-5, 8, 10).
   B. **Deus protegerá e exaltará o justo** (75.6-7): Deus decide quem ascenderá e quem descerá.

ESBOÇO DA SEÇÃO SETENTA E SEIS (SALMO 76)
Asafe celebra a grandeza e a soberania de Deus sobre seus inimigos.

I. A EXCELÊNCIA DE DEUS (76.1-10, 12)
   A. **Seu trono** (76.1-2): Deus vive em Jerusalém.
   B. **Seu esplendor** (76.4): Deus é mais glorioso e majestoso que as montanhas.
   C. **Sua força** (76.3, 5-10, 12)
      1. *O poder de Deus* (76.3, 5-9, 12)
         a. O inimigo é dispersado (76.3, 5-6, 12): Deus extingue a força do inimigo.
         b. A terra treme (76.7-8): O juízo de Deus sobre seus inimigos faz com que a terra trema e silencie.
      2. *O propósito de Deus* (76.9-10): Deus usa a oposição humana para aumentar sua glória e condenar os outros.

II. A EXORTAÇÃO DE ASAFE (76.11): O salmista exorta todos a fazer votos ao Senhor e cumpri-los.

ESBOÇO DA SEÇÃO SETENTA E SETE (SALMO 77)
Asafe sente-se abandonado por Deus e começa a se desesperar. Então recorda os poderosos feitos de Deus.

I. A TRISTEZA DE ASAFE (77.1-10)
   A. **A dor atual** (77.1-4, 7-10)
      1. *Ele clama ao Senhor* (77.1-3): Asafe sente grande pesar e busca ao Senhor.
      2. *Ele está angustiado demais até para orar* (77.4): Asafe não consegue orar ou dormir.
      3. *Ele pergunta se Deus o abandonou* (77.7-10).
   B. **A glória passada** (77.5-6): Asafe relembra, com pesar, os bons dias do passado.

II. O Cântico de Asafe (77.11-20): Ele é encorajado ao lembrar como Deus ajudou seu povo no passado.
   A. **Deus operou milagres** (77.11-18): Redimiu seu povo através da sua força.
   B. **Deus guiou seu povo** (77.20): Usou Moisés e Arão como seus pastores.

ESBOÇO DA SEÇÃO SETENTA E OITO (SALMO 78)
Asafe relata os poderosos feitos de Deus, assim como a rebelião de seu povo durante a história. Asafe faz isto para que as gerações seguintes possam aprender com eles e encontrar esperança em Deus.

I. A Ordem (78.1-7): Asafe lembra seu povo das lições do passado e o instrui a aprender a obedecer a Deus e encontrar no Senhor a esperança.
   A. **Eu ensinarei** (78.1-3): Asafe orienta o povo a escutar as lições do povo de Deus no passado.
   B. **Você ensinará** (78.4-7): O povo deve contar a seus filhos as verdades e maravilhas de Deus.

II. As Conseqüências (78.8-72): Asafe relata a história do povo de Deus.
   A. **A rebelião deles contra Deus** (78.8-12, 17-20, 22, 34-37, 40-41, 43, 56-58): Os israelitas rebelaram-se contra Deus de várias formas.
      1. *Desprezaram seus milagres* (78.11-12, 32, 43).
      2. *Recusaram obedecer a Deus* (78.8, 10, 17).
      3. *Reclamaram de Deus* (78.18-20): Duvidaram de que Deus pudesse suprir suas necessidades.
      4. *Mentiram para Deus* (78.34-36): Não foram sinceros em seu compromisso para com Deus.
      5. *Foram infiéis* (78.9, 22, 37, 40-41, 56-57).
      6. *Adoraram outros deuses* (78.58).
   B. **A retribuição** (78.21, 30-31, 33-35, 59-64, 67)
      1. *Deus irou-se com eles* (78.21).
      2. *Deus fez com que fracassassem e se atemorizassem* (78.33).
      3. *Deus matou muitos deles* (78.30-31).
      4. *Deus permitiu que muitos fossem mortos* (78.62-64).
      5. *Deus abandonou seu povo* (78.59-60): Deus não habitou entre o povo.
      6. *Deus permitiu que a Arca fosse levada* (78.61).
      7. *Deus rejeitou a tribo do norte: Efraim* (78.67).
   C. **A redenção providenciada por Deus** (78.13-16, 23-29, 38-55, 65-66, 68-72): Apesar da constante rebelião de Israel, Deus continua a ajudar seu povo.
      1. *Livrou seu povo do Egito de forma miraculosa* (78.42-51).
      2. *Dividiu o mar Vermelho* (78.13).

3. *Guiou o povo por meio de uma coluna de nuvem e de fogo* (78.14, 52-54).
4. *Proveu água tirada de uma rocha* (78.15-16).
5. *Alimentou o povo com maná e codornizes* (78.23-29).
6. *Perdoou seus pecados* (78.38-39).
7. *Assentou o povo na Terra Prometida* (78.55): As nações que foram expulsas da terra, conforme Deus prometera.
8. *Salvou o povo de seus inimigos* (78.65-66).
9. *Elegeu Jerusalém lugar de seu Templo* (78.68-69).
10. *Escolheu Davi para governar sobre eles* (78.70-72).

ESBOÇO DA SEÇÃO SETENTA E NOVE (SALMO 79)
Asafe clama a Deus porque os pagãos invadiram Jerusalém e o Templo e chacinaram o povo. Ele clama para que Deus vingue seu povo.

I. A Dor de Israel (79.1-4): Asafe clama a Deus com relação aos seguintes problemas:
   A. A terra, a cidade de Jerusalém e o Templo são invadidos por pagãos (79.1).
   B. O povo é chacinado (79.2-3): Os corpos dos servos de Deus permanecem insepultos.
   C. O povo é escarnecido por seus vizinhos (79.4).

II. A Oração por Israel (79.5-13): Asafe faz vários pedidos a Deus.
   A. Com relação aos inimigos de Israel (79.6-7, 12): "Derrama o teu furor sobre as nações que te não conhecem".
   B. Com relação ao povo de Deus (79.5, 8-10)
      1. *Perdoa-nos!* (79.5, 8): Asafe pede que Deus seja misericordioso e não tome seu povo por culpado de seus pecados.
      2. *Ajuda-nos!* (79.9): Asafe pede a Deus que salve seu povo.
      3. *Vinga-nos!* (79.10-12): Asafe pede a Deus que demonstre seu grande poder, vingando seu povo.
      4. *O louvor de Israel* (79.13): O povo de Deus lhe agradecerá e o louvará para sempre.

ESBOÇO DA SEÇÃO OITENTA (SALMO 80)
Asafe clama a Deus porque seu povo é desprezado pelos inimigos. Ele se recorda da bondade passada do Senhor para com eles e pede pelo favor de Deus mais uma vez. Asafe utiliza-se de três figuras para descrever o povo de Deus e seu relacionamento com o Senhor.

I. A Ovelha e o Pastor (80.1-7): Asafe chama Deus de "pastor de Israel".
   A. Ouve-nos (80.1-2): Asafe quer que Deus, "entronizado sobre os querubins", responda ao clamor do povo e o salve.

B. Não te ires conosco (80.4-6): Deus os rejeitou e os tornou escárnio das nações.
   C. Redime teu povo (80.3, 7): Asafe pede a Deus que seu povo se volte novamente para ele, para que possa ser salvo.

II. A VINHA E O VINICULTOR (80.8-16)
   A. A vinha antiga (80.8-11)
      1. *O povo é trazido do Egito como vinha suave* (80.8).
      2. *O povo é conduzido a Canaã, onde floresce* (80.8-11).
   B. A vinha atual (80.12-13, 16): O povo é punido por ser infrutífero.
   C. A vinha vindoura (80.14-15): O salmista implora para que Deus se volte e salve seu povo.

III. OS PECADORES E O SALVADOR (80.17-19)
   A. A pessoa (80.17): "Seja a tua mão... sobre o filho do homem que fortificaste para ti" é provavelmente uma referência ao Messias.
   B. A súplica (80.18-19): "Faze resplandecer o teu rosto" é uma súplica para Deus se voltar a eles e salvá-los.

ESBOÇO DA SEÇÃO OITENTA E UM (SALMO 81)
Asafe exorta Israel a louvar ao Senhor por livrá-los do Egito, reclama da ingratidão de Israel e retrata as bênçãos retidas de Israel.

I. O SALMISTA EXORTA ISRAEL A REGOZIJAR-SE (81.1-4)
   A. Como? (81.1-2): Todos devem louvar a Deus por sua força, cantando, acompanhando com o tamboril, a lira e o saltério.
   B. Quando? (81.3-4): A Lei de Deus requer louvor durante as festas programadas para Israel.

II. O SALMISTA EXORTA ISRAEL A RELEMBRAR (81.5-16)
   A. O que Deus já fez (81.5-7)
      1. *Tirou-os do Egito* (81.5-6): Livrou da escravidão e aliviou seu fardo.
      2. *Tirou-os do deserto* (81.7): Ele respondeu através de um trovão quando eles reclamaram de falta d'água.
   B. O que Deus deseja fazer (81.8-16)
      1. *Se eles ouvirem e obedecerem* (81.8-10, 16)
         a. Encher a vida deles de bênçãos (81.10, 16): Ele encherá a boca deles de coisas boas.
         b. Abaterá seus inimigos (81.13-15): Os inimigos do povo de Deus se encolherão diante do Senhor.
      2. *Se eles não ouvirem* (81.11-12): Por causa da rebelião de Israel, Deus o entregará a seus próprios caminhos ímpios.

> **ESBOÇO DA SEÇÃO OITENTA E DOIS** (SALMO 82)
> Asafe denuncia os juízes corruptos de Israel que oprimem o povo. Lembra-lhes do papel dado por Deus, e de que o Senhor os julgará.

I. O Juízo de Deus sobre os Juízes da Terra (82.1-7)
   A. **A acusação de Deus** (82.1-2, 5-7)
      1. *Tomam decisões injustas e favorecem o ímpio* (82.2).
      2. *São ignorantes e estão nas trevas* (82.5).
      3. *São responsáveis por fazer vacilar os fundamentos da terra* (82.5).
      4. *São meros mortais* (82.6-7).
   B. **A instrução de Deus** (82.3-4)
      1. *"Fazei justiça ao pobre e ao órfão; procedei retamente com o aflito e o desamparado"* (82.3).
      2. *"Livrai o pobre e o necessitado, livrai-os das mãos dos ímpios"* (82.4).

II. O Juízo de Deus sobre as Nações (82.8): A súplica para que Deus se levante e julgue, pois todas as nações a ele pertencem.

> **ESBOÇO DA SEÇÃO OITENTA E TRÊS** (SALMO 83)
> Asafe clama por ajuda divina, descreve a violência dos inimigos de Israel e ora por livramento como no passado, de forma que Deus possa mostrar-se supremo.

I. A Trama contra Israel (83.1-8)
   A. **A iniqüidade** (83.1-4)
      1. *A dor imposta pelos inimigos de Israel* (83.1-3): Inimigos cruéis e astutos sempre conspiram contra Israel.
      2. *O objetivo dos inimigos de Israel* (83.4): Eles planejam aniquilar Israel.
   B. **O conluio** (83.5-8): Dez nações juntam-se contra Israel, incluindo Edom, Moabe, Filístia, Tiro e Assíria.

II. A Petição de Israel (83.9-18)
   A. **Com relação àquelas nações** (83.13-17)
      1. *Assoprá-las como pó* (83.13): "Faze-os um turbilhão de pó".
      2. *Consumi-las com fogo* (83.14): "Como a chama incendeia as montanhas".
      3. *Aterrorizá-las* (83.15): "Persegue-os com a tua tempestade".
      4. *Envergonhá-las e desgraçá-las* (83.16-18): "Sejam envergonhados e conturbados, perpetuamente".
   B. **Com relação ao seu nome** (83.18): "Saibam que só tu, cujo nome é o Senhor, és o Altíssimo sobre toda a terra".

ESBOÇO DA SEÇÃO OITENTA E QUATRO (SALMO 84)
O salmista expressa a alegria de uma comunhão íntima com Deus.

I. O QUE O TEMPLO DO SENHOR SIGNIFICA PARA O SALMISTA (84.1-10)
   A. **O desejo** (84.1-3): Ele anseia habitar perto do altar, junto com os pardais e as andorinhas que ali constroem seus ninhos.
   B. **Os deleites** (84.4-10)
      1. *Os benefícios* (84.4-9)
         a. Felicidade (84.4-5): As pessoas que vivem na casa de Deus cantam louvores constantemente.
         b. Força (84.5, 7): O justo peregrina a Jerusalém.
         c. Conforto (84.6): O vale árido torna-se um manancial.
         d. Proteção (84.9): Deus tem misericórdia de seu ungido.
      2. *O princípio básico* (84.10)
         a. Um dia que vale mais que mil (84.10).
         b. Viver numa posição simples na casa de Deus é melhor do que viver uma vida boa junto ao ímpio (84.10).

II. O QUE O SENHOR DO TEMPLO SIGNIFICA PARA O SALMISTA (84.11-12)
   A. **Deus é sua luz e sua proteção** (84.11): Ele dá graça e glória.
   B. **Deus é o doador de todas as coisas boas** (84.11-12): "Bem-aventurado o homem que em ti põe a sua confiança".

ESBOÇO DA SEÇÃO OITENTA E CINCO (SALMO 85)
O salmista busca a Deus em sua necessidade, com base na fidelidade do Senhor no passado. Ele expressa confiança em Deus para derramar bênçãos.

I. RECONHECENDO O PASSADO (85.1-3)
   A. **Deus restaura seu povo** (85.1): Ele os abençoa.
   B. **Deus perdoa seu povo** (85.2-3): Ele encobre seus pecados e retira sua ira.

II. QUESTIONANDO O PRESENTE (85.4-7)
   A. **"Estarás para sempre irado contra nós?"** (85.4-6): Eles pedem a Deus que deixe de lado sua ira contra eles e as gerações futuras.
   B. **"Mostra-nos, Senhor, a tua benignidade"** (85.7): Eles pedem a Deus que lhes conceda salvação.

III. ANTECIPANDO O FUTURO (85.8-13)
   A. **A mensagem gloriosa** (85.8-9): Deus promete paz e salvação àqueles que o honram.
   B. **Os encontros gloriosos** (85.10-13)
      1. *A graça e a verdade encontram-se* (85.10).
      2. *Justiça e paz beijam-se* (85.10-13).

ESBOÇO DA SEÇÃO OITENTA E SEIS (SALMO 86)
Davi reconhece a misericórdia, a bondade e a singularidade de Deus. Pede a direção do Senhor, força sobrenatural e um sinal para tranqüilizá-lo em meio a todos os seus inimigos.

I. Os problemas de Davi: O que Ele Busca em Deus (86.1-4, 6, 11, 14, 16-17)
   A. **Seus perseguidores** (86.14): Os insolentes, os violentos e as pessoas rejeitadas por Deus procuram matá-lo.
   B. **Suas petições** (86.1-4, 6, 11, 16-17)
      1. *Ouve-me!* (86.1, 6): Ele precisa que Deus ouça sua oração por ajuda.
      2. *Protege-me!* (86.2): Porque ele serve e confia em Deus.
      3. *Tem misericórdia de mim!* (86.3, 6, 16): Porque ele clama a Deus constantemente.
      4. *Dá-me felicidade!* (86.4): Porque sua vida depende de Deus.
      5. *Ensina-me!* (86.11): Porque ele deseja viver na verdade de Deus.
      6. *Dá-me um sinal!* (86.17): Porque, se ele tem o favor de Deus, aqueles que o odeiam serão envergonhados.

II. O Testemunho de Davi: o que Ele Diz sobre Deus (86.5, 7-10, 12-13, 15)
   A. **É bom e compassivo** (86.5): Deus é cheio de misericórdia com aqueles que invocam seu nome.
   B. **Responde a oração** (86.7): Quando o problema aparece, Deus está à disposição.
   C. **Merece ser adorado por todas as nações** (86.9): Elas se prostrarão diante dele e o adorarão.
   D. **Merece ser adorado por mim** (86.12): O autor dá glória a Deus para sempre.
   E. **É único** (86.8): Não há Deus como o Senhor ou milagres como os seus.
   F. **É operador de milagres** (86.10): Somente o Senhor é Deus.
   G. **Ama-me profundamente** (86.13): Deus o salva da morte.
   H. **É misericordioso e gracioso** (86.15): Deus é tardio para se irar e cheio de misericórdia e verdade.

ESBOÇO DA SEÇÃO OITENTA E SETE (SALMO 87)
Este salmo não é somente um poema religioso, mas um canto de louvor ou triunfo. O escritor celebra o livramento, proclama as glórias de Jerusalém e louva a universalidade do reino do Messias.

I. A Grande Honra Concedida a Jerusalém (87.1-3)
   A. **Por causa de seu presente glorioso** (87.1-2)
      1. *Deus a fundou* (87.1).
      2. *Deus a ama mais do que qualquer outra cidade* (87.2).
   B. **Por causa de seu passado glorioso** (87.3): Coisas maravilhosas são ditas a seu respeito.

II. A Grande Honra de Ser um Cidadão de Jerusalém (87.4-7)
   A. **Ser conhecido em muitos lugares, incluindo o Egito, a Babilônia, a Filístia, Tiro e a Etiópia** (87.4-5).
   B. **Ser ouvido pelo próprio Deus** (87.6-7).

ESBOÇO DA SEÇÃO OITENTA E OITO (SALMO 88)
Neste salmo de lamentação (profundo desespero), as dores do salmista não são aliviadas por expectativa alegre ou expressões de grande confiança. Só as trevas permanecem.

I. Sofrendo por Orações Não-respondidas (88.1-2, 13)
   A. **Ele clama a Deus dia e noite** (88.1-2).
   B. **Ele clama diariamente** (88.13).

II. Sofrendo com Dores Intermináveis (88.3-5, 9, 15)
   A. **Os detalhes** (88.3-5, 9)
      1. *Sua vida está cheia de problemas* (88.3).
      2. *Ele está a ponto de morrer* (88.3-5).
      3. *Seus olhos estão cegos por lágrimas* (88.9): Ele clama a Deus em busca de misericórdia e ajuda.
   B. **A duração** (88.15): Ele tem sofrido isso tudo desde sua juventude.

III. Sofrendo por Perseguição Imerecida (88.6-8, 10-12, 14, 16-18)
   A. **Perseguido por seu Criador** (88.6-7, 10-12, 14, 16-17): O salmista acha que Deus o está punindo injustamente.
      1. *Ele está nas trevas mais profundas* (88.6-7, 16): A ira de Deus o arrasa, e o terror de Deus passa sobre ele.
      2. *Ele se sente completamente rejeitado* (88.14): Deus virou sua face contra ele.
      3. *Ele está próximo de afogar-se* (88.17).
      4. *Ele pergunta a Deus como poderá glorificá-lo, se for morto* (88.10-12).
   B. **Perseguição de seus companheiros** (88.8, 18)
      1. *Seus amigos o detestam* (88.8).
      2. *Seus companheiros e entes queridos afastam-se dele* (88.18).

ESBOÇO DA SEÇÃO OITENTA E NOVE (SALMO 89)
Em meio a seus problemas, o salmista celebra a aliança eterna e incondicional de Deus com Davi e seus descendentes, incluindo a aliança especial com Davi (ver II Samuel 7) em relação ao trono real.

I. O Louvor (89.1-37): O autor oferece louvor por quatro coisas:
   A. **A pessoa de Deus** (89.1-2, 5-8, 14)
      1. *Por sua misericórdia, seu amor, sua fidelidade e seus milagres* (89.1-2, 5).
      2. *Por sua singularidade* (89.6-8): Ninguém se compara a ele.

3. *Por sua justiça e sua retidão* (89.14): Seu trono está fundado nelas.
   B. **O poder de Deus** (89.9-13)
   1. *Ele cria todas as coisas* (89.11-13): Ele é forte e poderoso.
   2. *Ele governa sobre os mares* (89.9): Ondas e tempestades estão sujeitas a ele.
   3. *Ele destrói seus inimigos* (89.10): Ele também os dispersa.
   C. **As provisões de Deus** (89.15-18): Ele fortalece e alegra seu povo.
   D. **A promessa de Deus** (89.3-4, 19-37): Esta promessa diz respeito à aliança davídica.
   1. *A pessoa* (89.3, 19-20): O próprio Deus fez esta aliança com o rei Davi.
   2. *A duração* (89.4, 28-29, 35-37): A aliança é incondicional e eterna.
   3. *O método* (89.19-20): A promessa é dada por meio de visão a um profeta, provavelmente Natã, que a comunica a Davi.
   4. *Os aspectos* (89.21-27, 30-34)
      a. O próprio Deus firmará Davi (89.21): Deus o fará forte.
      b. Davi será vitorioso sobre seus inimigos (89.22-23): Deus destruirá aqueles que o odeiam.
      c. Ele terá a fidelidade e a misericórdia de Deus (89.24): Ele crescerá em poder.
      d. Ele governará dos rios Tigre e Eufrates até o mar Mediterrâneo (89.25).
      e. Ele desfrutará um relacionamento com Deus (89.26): Deus será seu Pai, seu Deus e a Rocha de sua salvação.
      f. Ele se tornará o primogênito de Deus (89.27): Ele se tornará o rei mais poderoso da terra.
      g. A aliança prevalecerá, a despeito de quaisquer pecados cometidos pelos descendentes reais de Davi (89.30-34): A aliança é eterna, mas os pecados cometidos pelos descendentes de Davi serão punidos.

II. O Problema (89.38-45): Como a rejeição presente de Deus a Israel pode ser conciliada com a aliança davídica?
   A. **A época** (89.38-39): O salmista parece estar descrevendo o cativeiro babilônico.
   B. **A tragédia** (89.40-45)
   1. *O Templo foi profanado* (89.40): Foi-se sua proteção.
   2. *A cidade de Deus foi destruída* (89.40-45): Os inimigos de Davi zombam dele por causa da perda de seu poder.

III. A Súplica (89.46-52): O salmista clama para Deus lembrar-se de duas coisas e demonstrar sua força.
   A. **Nossa vida é curta, vazia e fútil** (89.46-48): Todos morrerão.
   B. **O amor de Deus não falha** (89.49-52).

ESBOÇO DA SEÇÃO NOVENTA (SALMO 90)
Este antigo salmo, escrito por Moisés, trata da fragilidade e da brevidade da vida humana como conseqüência do pecado e motivação para arrependimento e obediência.

I. A ETERNIDADE DO CRIADOR (90.1-4)
  A. **Sua identidade** (90.1-3): Do início ao fim, Deus será sempre Deus.
  B. **Sua imortalidade** (90.4): Para Deus, mil anos são como:
    1. *Ontem* (90.4).
    2. *Algumas horas* (90.4).

II. A MORTALIDADE DE SUA CRIAÇÃO (90.5-17)
  A. **Os problemas** (90.5-11)
    1. *A brevidade* (90.5-6, 10)
      a. A comparação (90.5-6): Nossa vida é como a grama, floresce ao amanhecer e murcha à tarde.
      b. O cálculo (90.10): É-nos concedida uma média de 70 anos.
    2. *A pecaminosidade* (90.7-8): Deus vê todas as nossas iniqüidades, tanto as secretas quanto as abertas.
    3. *O pesar* (90.9-11): Nossos dias são cheios de dor e problemas.
  B. **O pedido quádruplo** (90.12-17)
    1. *Ensina-nos* (90.12): Que possamos aproveitar ao máximo nosso tempo e crescer em sabedoria.
    2. *Satisfaze-nos* (90.13-16): Que possamos experimentar o amor de Deus, cantar de regozijo e ver os milagres do Senhor novamente.
    3. *Santifica nossos filhos* (90.16): Que eles possam ver a glória de Deus no trabalho.
    4. *Faze-nos bem-sucedidos* (90.17): Que Deus nos aprove.

ESBOÇO DA SEÇÃO NOVENTA E UM (SALMO 91)
Este salmo é sobre a fé e descreve a segurança perfeita daquele que confia no Senhor.

I. O FUNDAMENTO DA FÉ (91.1-2)
  A. **Crendo na pessoa de Deus** (91.1-2): O salmista emprega quatro nomes para Deus:
    1. *Elyon* (91.1): "Altíssimo"
    2. *Shaddai* (91.1): ""Todo-Poderoso"
    3. *Yahweh* (91.2): "Senhor"
    4. *Elohim* (91.2): "Meu Deus"
  B. **Crendo nas promessas de Deus** (91.2): O salmista confia em Deus como seu refúgio e lugar seguro.

II. Os Inimigos da Fé (91.3)
    A. A armadilha (91.3): Deus nos salva.
    B. A praga fatal (91.3): Deus nos protege.

III. Os Frutos da Fé (91.4-10, 13)
    A. Encontrar refúgio sob as asas de Deus (91.4).
    B. Ser protegido pela armadura da fidelidade de Deus (91.4)
    C. Ser tranqüilizado em momentos de terror, perigo e mal (91.5-7, 10)
    D. Ver a punição do ímpio (91.8-9)
    E. Pisar o leão e a serpente (91.13)

IV. Os Amigos da Fé (91.11-12)
    A. Quem são eles (91.11): Anjos que cumprem as ordens de Deus.
    B. O que eles fazem (91.11-12)
       1. *Guardam os crentes* (91.11-12): Eles nos protegem onde quer que formos.
       2. *Guiam os crentes* (91.12): Eles nos seguram com suas mãos.

V. A Comunhão da Fé (91.14-16): A fé cria intimidade entre o crente e o Senhor.
    A. Um amor recíproco (91.14): Deus salva e protege aqueles que o amam.
    B. Comunicação através da oração (91.15): Deus responde àqueles que o buscam.
    C. Uma longa vida de honra (91.15-16): Deus está com eles nos problemas e os satisfaz com vida longa e salvação.

ESBOÇO DA SEÇÃO NOVENTA E DOIS (SALMO 92)
Este salmo é composto como canção sabática para louvar a Deus por seu poder e por sua sabedoria em seu modo providencial de lidar com o ímpio e o justo.

I. Deus e os Redimidos (92.1-5, 8, 10-15)
    A. O que eles devem fazer (92.1, 8): Agradecer e louvar o Senhor Deus Altíssimo.
    B. Quando eles devem fazer isto (92.2): Pela manhã (sua misericórdia) e à tarde (sua fidelidade).
    C. Como eles devem fazer isto (92.3): Cantando, acompanhados por harpa, flauta e lira.
    D. Por que eles devem fazer isto (92.4-5, 10-15)
       1. *Por causa da pessoa de Deus* (92.4-5)
          a. Suas ações (92.4)
          b. Seus pensamentos (92.5)
       2. *Por causa da provisão de Deus* (92.10-15)
          a. Pela força (92.10): O poder de Deus revigora.

b. Pela vitória (92.11): Ele vê a queda de seus inimigos e ouve as derrotas de seus oponentes.
c. Pelo crescimento (92.12-15): O justo floresce na casa de Deus.

II. Deus e os Rebeldes (92.6-7, 9)
A. **Eles não compreendem Deus** (92.6-7): Os tolos não compreendem a destruição que os aguarda.
B. **Eles serão dispersados por Deus** (92.9): Os inimigos de Deus perecerão.

ESBOÇO DA SEÇÃO NOVENTA E TRÊS (SALMO 93)
Em perigo, o salmista exalta a supremacia de Deus sobre todas as coisas e a segurança daqueles que pertencem ao seu povo.

I. As Vestes do Senhor (93.1)
A. **Ele está coberto de majestade** (93.1).
B. **Ele está revestido de poder** (93.1).

II. O Reino do Senhor (93.2-4)
A. **Seu trono sempre existiu** (93.2-3): Deus existe desde a eternidade.
B. **Seu trono sempre existirá** (93.4): O Senhor é mais poderoso que tudo.

III. A Retidão do Senhor (93.5)
A. **Seus preceitos** (93.5): "Mui fiéis são os teus testemunhos".
B. **Sua pureza** (93.5): Seu reino é "santidade... para sempre".

ESBOÇO DA SEÇÃO NOVENTA E QUATRO (SALMO 94)
O salmista reclama da aparente deserção do Senhor, porém expressa confiança no retorno de Deus e na destruição de seus inimigos.

I. O Senhor Deus e Seus Inimigos (94.1-10, 20-21, 23)
A. **O salmista pede a punição deles** (94.1-3)
1. *Sua impaciência* (94.1, 3): "Até quando os ímpios exultarão?"
2. *Sua insistência* (94.2): "Exalta-te, ó juiz da terra! dá aos soberbos o que merecem".
B. **O salmista recapitula as perversões deles** (94.4-10, 20-21, 23)
1. *Sua ações ímpias* (94.4-6, 20-21)
a. Eles proferem impiedades (94.4).
b. Eles oprimem e machucam os amados de Deus (94.5).
c. Eles matam viúvas, estrangeiros e órfãos (94.6).
d. Eles toleram a injustiça (94.20-21): "Acorrem em tropel contra a vida do justo, e condenam o sangue inocente".
2. *Suas atitudes ímpias* (94.7-10, 23): Eles pensam tolamente que Deus não vê, não ouve e não pune o mal.

II. O Senhor Deus e Seus Amigos (94.11-19, 22)
   A. **Ele os disciplina em amor** (94.11-13): Ele concede alívio em momentos de problemas e conhece todos os seus pensamentos.
   B. **Ele nunca os abandona** (94.14-15): O Senhor não rejeita seu povo, e o justo será recompensado.
   C. **Ele os impede de falhar** (94.16-18, 22): O Senhor os sustenta e provê uma fortaleza onde eles podem se esconder.
   D. **Ele faz com que exultem** (94.19): O consolo de Deus concede a eles esperança e coragem.

ESBOÇO DA SEÇÃO NOVENTA E CINCO (SALMO 95)
Este salmo, contendo elementos negativos e positivos, convida os judeus não só a louvar ao Senhor, mas também a obedecer-lhe.

I. Os Aspectos Positivos: O Crente Deve Sempre Louvar a Deus (95.1-7)
   A. **Por suas obras criativas** (95.4-5): Ele criou e controla:
      1. *A terra seca* (95.5): Suas mãos a formaram.
      2. *O mar* (95.5): Pertence a ele.
      3. *Os montes e as profundezas* (95.4): Tudo pertence a ele.
   B. **Suas obras redentoras** (95.1-3, 6-7)
      1. *Ele é a rocha da salvação* (95.1-3): Cantem de alegria ao Senhor por aquilo que ele tem feito.
      2. *Ele é o pastor das ovelhas* (95.6-7): Ajoelhem-se diante de Deus e o adorem por seu cuidado.

II. Os Aspectos Negativos: O Crente Não Deve Provocar Deus (95.8-11): O salmista usa a marcha de Israel à Terra Prometida como exemplo.
   A. **A terrível rebelião** (95.8-9): Apesar dos milagres poderosos de Deus, Israel recusa-se a obedecer-lhe.
   B. **Os resultados trágicos** (95.10-11)
      1. *Durante os 40 anos de marcha* (95.10): A geração mais antiga sofreu a ira de Deus.
      2. *Após os 40 anos de marcha* (95.11): A geração mais velha não pôde desfrutar o descanso de Deus.

ESBOÇO DA SEÇÃO NOVENTA E SEIS (SALMO 96)
Este salmo convida os gentios a louvar e adorar ao Senhor.

I. O Duplo Convite (96.1-10)
   A. **O chamado para testemunhar** (96.1-6, 10): Os crentes devem proclamar o nome de Deus pelo mundo todo!
      1. *Proclamar sua salvação* (96.1-2): Bendizer o nome do Senhor e cantar a ele.

2. *Proclamar seu esplendor* (96.3, 6): Falar a todos sobre seus feitos, sua honra e sua glória.
3. *Proclamar sua soberania* (96.4-5, 10): Deus é o mais digno de louvor, e julga a todos com justiça.
4. *Proclamar sua força* (96.3,6): Ele faz coisas maravilhosas.

B. **O chamado para adorar** (96.7-9)
   1. *Dar glória a Deus* (96.7-8): Todas as nações devem reconhecer Deus e dar a ele a glória merecida.
   2. *Dar dádivas a Deus* (96.8-9): Todas as nações devem adorar a Deus em seu esplendor e tremer diante dele.

II. A Celebração (96.11-13)
   A. **As festas** (96.11.12): Tanto os céus quanto a terra celebrarão.
   B. **O propósito** (96.13): O Senhor voltará e julgará a terra com justiça.

ESBOÇO DA SEÇÃO NOVENTA E SETE (SALMO 97)
O salmista profetiza o reinado justo do Messias como Rei de toda a terra.

I. Sobre a Criação (97.1-2, 4-5): Todas as obras de Deus o adorarão.
   A. **A terra treme e se regozija** (97.1-2, 4).
   B. **As mais distantes ilhas cantarão louvores** (97.1).
   C. **As montanhas derreterão como cera** (97.5).

II. Sobre o Corrupto (97.3): O fogo consome todos os seus inimigos.

III. Sobre os Países (97.6-9)
   A. **Todas as nações vêem sua glória** (97.6-7): "Confundidos são todos... que se gloriam de ídolos; prostrai-vos diante dele, todos os deuses".
   B. **A nação hebréia o adora** (97.8-9): Eles se regozijam porque Deus é o Altíssimo sobre a terra.

IV. Sobre os Consagrados (97.10-12)
   A. **O que o Senhor deseja deles** (97.10)
      1. *Que o amem* (97.10).
      2. *Que odeiem o mal* (97.10).
   B. **O que o Senhor faz por eles** (97.10-12)
      1. *Protege-lhes a vida* (97.10).
      2. *Salva-os dos ímpios* (97.10).
      3. *Concede-lhes luz* (97.11).
      4. *Dá-lhes alegria e felicidade* (97.11-12).

> **ESBOÇO DA SEÇÃO NOVENTA E OITO** (SALMO 98)
> O salmo messiânico antevê o reino milenar terreno do maior Filho de Davi, Jesus Cristo. Insta para que os crentes cantem.

I. O Que Cantar (98.1): Um novo canto.

II. Como Cantar (98.4-6): Cantar com vozes alegres, acompanhadas de harpa e trombetas.

III. Por que cantar (98.2-3, 7-8)
   A. **Por causa da grande obra redentora de Deus** (98.2-3): Ele mostra sua salvação tanto a judeus quanto a gentios.
   B. **Por causa da grande obra criadora de Deus** (98.7-8): Toda a natureza se junta e canta.

IV. Quando Cantar (98.9)
   A. **No presente, anunciando a sua volta** (98.9): O Senhor está vindo para julgar a terra.
   B. **No futuro, celebrando a sua volta** (98.9): Ele julgará com justiça e eqüidade.

> **ESBOÇO DA SEÇÃO NOVENTA E NOVE** (SALMO 99)
> Este salmo anuncia o momento em que Jesus Cristo estabelecerá seu reino terreno e exalta o reinado do Senhor.

I. O Salmista Conclama o Povo a Exaltar o Senhor (99.1-5, 9)
   A. **Por causa de seu esplendor** (99.1): "Ele está entronizado sobre os querubins".
   B. **Por causa de sua soberania** (99.2-3): Ele é "exaltado acima de todos os povos".
   C. **Por causa de sua impossibilidade de pecar** (99.4-5, 9): Ele é tanto santo quanto justo.

II. Os que Exaltaram o Senhor são descritos (99.6-8)
   A. **Quem são eles** (99.6): Moisés, Arão e Samuel.
   B. **O que eles fizeram** (99.6-8)
      1. *Eles clamaram a Deus* (99.6): "Invocavam o nome, clamavam ao Senhor, e ele os ouvia".
      2. *Eles deram ouvidos a Deus* (99.7-8): Ele lhes falou, e eles seguiram seus decretos.
      3. *Deus perdoou seus pecados* (99.8): Ele toma vingança dos seus feitos.

ESBOÇO DA SEÇÃO CEM (SALMO 100)
Este salmo antevê o glorioso reino terreno do Messias e exorta o mundo todo a receber o Senhor como seu Soberano.

I. Deus é a Canção (100.1-2): Nós somos os cantores.

II. Deus é o Criador (100.3): Nós somos sua criação.

III. Deus é o Pastor (100.3): Nós somos suas ovelhas.

IV. Deus é o Bendito (100.4): Nós somos abençoados por ele.

V. Deus é Amor (100.5): Nós somos seus amados.

ESBOÇO DA SEÇÃO CENTO E UM (SALMO 101)
Davi se propõe a louvar ao Senhor para ser inculpável em seu próprio caminho, para governar de modo justo e para expulsar o mal.

I. O Testemunho de Davi sobre Deus (101.1)
  A. **Ele canta sobre o amor de Deus** (101.1).
  B. **Ele testemunha a justiça de Deus** (101.1).
  C. **Ele louva a Deus** (101.1).

II. O Caminhar de Davi com o Senhor (101.2-7)
  A. **Em sua vida pessoal** (101.2-3): Ele procura conduzir-se de forma inculpável em seu próprio lar.
  B. **Em sua vida pública** (101.3-7)
    1. *Davi promete abandonar o ímpio* (101.3-5, 7)
      a. Davi não terá participação em seus feitos ímpios (101.3-4): Ele odeia seus feitos ímpios e permanece longe do mal.
      b. Davi não terá participação em suas palavras ímpias (101.5, 7): Ele não tolerará caluniadores ou mentirosos.
    2. *Davi promete comunhão com o justo* (101.6): Somente os irrepreensíveis têm permissão para servi-lo.

III. A Guerra de Davi em Nome de Deus (101.8): Ele promete capturar e destruir os criminosos.

ESBOÇO DA SEÇÃO CENTO E DOIS (SALMO 102)
Diante do ataque dos inimigos, o salmista — com a saúde abalada — implora a intervenção de Deus. Ele também contempla a vinda do Messias, quando os céus e a terra atuais serão destruídos e tudo se fará novo.

I. A Agonia do Salmista (102.1-11, 23-24)
  A. **Sua súplica** (102.1-2, 24)

1. *"Ó Senhor, ouve a minha oração... Não escondas de mim o teu rosto"* (102.1-2).
2. *"Não me leves no meio dos meus dias"* (102.24).
   B. **Sua situação difícil** (102.3-11, 23)
      1. *Sua carne* (102.3-7)
         a. Seus ossos ardem como uma fornalha (102.3).
         b. Seu coração seca como a grama (102.4).
         c. Ele está reduzido a pele e ossos (102.5).
         d. Ele é como um pelicano no deserto ou um pássaro solitário no telhado (102.6-7).
      2. *Seus inimigos* (102.8-9): Eles o ridicularizam, zombam dele e o amaldiçoam diariamente.
      3. *Seu amigo* (102.10-11, 23): Ele sente que até mesmo Deus o persegue.

II. O Testemunho do Salmista (102.12-22, 25-28): O som da fé é agora ouvido em meio a suspiros de dor, à medida que ele louva e adora a Deus.
   A. **Por sua eternidade** (102.12, 25-27).
   B. **Por sua fidelidade** (102.17): Ele ouve as orações do necessitado.
   C. **Por seu reino milenar** (102.15): Todos tremerão diante dele.
   D. **Por sua compaixão** (102.13-14, 16, 18-22)
      1. *Sobre Jerusalém* (102.13-14, 16, 18, 21-22)
      2. *Sobre os prisioneiros* (102.19-20)
   E. **Por sua onipotência** (102.25): Ele formou a terra e os céus.
   F. **Por sua imutabilidade** (102.26-28): Ele nunca muda, e seus filhos florescem em sua presença.

ESBOÇO DA SEÇÃO CENTO E TRÊS (SALMO 103)
Davi louva ao Senhor, contempla suas bênçãos e exorta toda a criação de Deus a louvar ao Senhor.

I. Davi Intima os Adotados da Terra: "Bendizei ao Senhor" (103.1-19): Como membros da família adotada de Deus, nunca devemos esquecer dois fatos de suma importância:
   A. **Quem e o que Deus é** (103.1-13, 17-19)
      1. *Seus atributos (qualidades)* (103.6-8, 17-19)
         a. Ele é reto e justo (103.6-7): "Fez notórios os caminhos a Moisés, e os seus feitos, aos filhos de Israel".
         b. Ele é benigno e gracioso (103.8): "Compassivo e misericordioso é o Senhor".
         c. Ele é amoroso, eterno e fiel (103.17-18): Sua salvação estendeu-se "sobre os filhos dos filhos, sobre aqueles que guardam o seu pacto".
         d. Ele é soberano (103.19): Ele reina sobre tudo a partir de seu trono nos céus.

2. *Seus atos* (103.1-5, 8-13)
   a. Ele perdoa o pecado (103.1-3, 8-12): O pecado é removido para longe de nós, assim como o Oriente dista do Ocidente.
   b. Ele cura doenças (103.3).
   c. Ele protege da morte (103.4).
   d. Ele satisfaz (103.4-5): Ele nos cerca de amor, misericórdia e coisas boas.
   e. Ele nos dá força (103.5): Nossa mocidade renova-se como a águia.
   f. Ele age como um pai amoroso (103.13): O Senhor é terno e compassivo.
   B. **Quem e o que nós somos** (103.14-16)
   1. *Somos pó, e logo ao pó voltaremos* (103.14-15): Ele sabe como somos fracos.
   2. *Somos como a flor do campo, logo murchamos e morremos* (103.15-16).

II. A Intimação de Davi aos Anjos dos Céus (103.20-22): "Bendizei ao Senhor!"

ESBOÇO DA SEÇÃO CENTO E QUATRO (SALMO 104)
O salmista reconhece que o universo é obra de um único Criador, e é inteiramente dependente dele.

I. O Louvor a Deus (104.1, 24, 31, 33-35): O salmista adora ao Senhor por vários motivos:
   A. **Por sua grandeza: "Estás vestido de honra e de majestade"** (104.1).
   B. **Por sua variedade de criação: "A terra está cheia das suas riquezas"** (104.24).
   C. **Por sua glória: "Permaneça para sempre a glória do Senhor"** (104.31).
   D. **Por seu prazer: "Cantarei ao Senhor enquanto eu viver; cantarei louvores ao meu Deus enquanto eu existir"** (104.33): Ele deseja que o Senhor se agrade do seu louvor.

II. O Poder de Deus (104.2-9, 32)
   A. **Ele estende os céus** (104.2): Ele o transforma em uma cortina de estrelas.
   B. **Ele toma as nuvens por seu carro** (104.3): Ele coloca o vigamento de sua morada nas nuvens.
   C. **Ele envia fogo e vento** (104.4): Eles são seus mensageiros e servos.
   D. **Ele lançou os fundamentos da terra** (104.5): Ela não pode ser movida.
   E. **Ele controla as águas** (104.6-9): Ele enviou o grande dilúvio.
   F. **Ele controla a terra e os montes** (104.8, 32): Eles se elevam e descem quando Deus ordena. A terra treme e, ao seu toque, as montanhas flamejam.

III. As Provisões de Deus (104.10-23, 25-30): Ele se preocupa e provê toda a sua criação.
   A. Água (104.10-13): Ele mata a sede dos animais.
   B. Alimento (104.13, 15, 23, 27-28): Ele provê uma ceifa, a partir do trabalho humano, que inclui vinho, azeite e pão. Tudo e todos dependem de Deus para seu alimento.
   C. Grama e plantas (104.13-14): Ele provê pasto para o gado e plantas para as pessoas.
   D. Árvores (104.16): Deus planta árvores e cuida delas.
   E. Lar (104.17-18, 22): Deus provê um lugar de descanso para os humanos, assim como para os animais, tais como as cabras montesinas, os arganazes e os leões.
   F. Noite e dia (104.19-20): Deus também marca as estações.

ESBOÇO DA SEÇÃO CENTO E CINCO (SALMO 105)
Este salmo trata da conduta de Deus na história e incentiva o povo a ter esperança de livramento similar àquela dos dias de Moisés.

I. A Majestade de Deus (105.1-4): O salmista exorta o povo de Deus a:
   A. Cantar sobre sua fama (105.1-3): Proclamar sua grandeza e regozijar-se nele.
   B. Buscar sua face (105.4): Continuar buscando ao Senhor e à sua força.

II. Os Milagres de Deus (105.5-45)
   A. O convite (105.5): Israel é chamada a recordar esses atos sobrenaturais.
   B. As ilustrações (105.6-45)
      1. *Como visto nos tempos de Abraão* (105.6-15)
         a. A dádiva (105.6-10): Abraão recebe uma promessa especial conhecida como aliança abraâmica.
         b. A geografia (105.11): Abraão e seus herdeiros possuem Canaã.
         c. A graça (105.12-15): Desde o princípio, Deus protege e cuida dessa pequena nação.
      2. *Como visto nos tempos de José* (105.16-23)
         a. A crise (105.16): Deus envia fome por sobre a terra.
         b. O campeão (105.17-23)
            (1) José, o prisioneiro (105.17-19): Ele é falsamente acusado e lançado na prisão. Ali, Deus prova seu caráter.
            (2) José, o profeta (105.19-20): De acordo com um relato bíblico anterior (ver Gênesis 41), José prediz sete anos de fartura e sete anos de fome, e é libertado da prisão.
            (3) José, o primeiro-ministro (105.21-23): O rei o coloca como segundo em poder.
      3. *Como visto nos tempos de Moisés* (105.24-43)
         a. A crise (105.24-25): Os israelitas tornam-se muito poderosos, por isso o Egito os escraviza.

b. O campeão (105.26-43)
      (1) Deus usa Moisés para libertar seu povo (105.26-38): Os milagres que Deus permite que Moisés opere fazem com que os egípcios libertem os israelitas.
      (2) Deus usa Moisés para guiar e alimentar seu povo (105.39-43): Deus liberta seu povo com canto e regozijo, e cuida dele a caminho da Terra Prometida.
   4. *Como visto nos tempos de Josué* (105.44-45): Deus traz Israel à Terra Prometida.

ESBOÇO DA SEÇÃO CENTO E SEIS (SALMO 106)
Este salmo enfoca a história e encoraja o povo de Deus a esperar por livramento.

I. UM PEDIDO PARA O PRESENTE (106.1-5, 47-48): O salmista pede três coisas:
   A. Atenta para nós (106.1-5, 48)
      1. *Israel deseja bendizer a Deus* (106.1-3, 48): Deus jamais pode ser adorado o suficiente.
      2. *Israel deseja ser abençoado por Deus* (106.4-5): O povo deseja ser lembrado por Deus.
   B. Redime teu povo (106.47): Ele quer ser salvo.
   C. Ajunta teu povo (106.47): Ele deseja ser ajuntado dentre as nações.

II. UMA LEMBRANÇA DO PASSADO (106.6-46): O salmista recapitula a corrupção de Israel e a compaixão de Deus no deserto.
   A. A corrupção de Israel (106.6-7, 13-43)
      1. *Esquece os milagres de Deus* (106.7, 13, 21-23).
      2. *Rebela-se contra ele* (106.6-7, 33): Age impiamente, rebelando-se contra Moisés.
      3. *Ignora o conselho de Deus* (106.13): Não espera nele.
      4. *Testa sua paciência* (106.14-15, 32): Provoca a ira de Deus e de Moisés.
      5. *Inveja Moisés e Arão* (106.16-18): Como castigo, as pessoas são destruídas — engolidas pela terra e pelo fogo.
      6. *Adora ídolos* (106.19-20, 28-31): O povo curva-se a imagens de ouro e se alimenta de sacrifícios ofertados aos mortos. O resultado é uma praga.
      7. *Recusa-se a entrar na Terra Prometida* (106.24).
      8. *Não acredita nas promessas de Deus* (106.24): O povo acha que Deus não se preocupará com ele.
      9. *Resmunga constantemente* (106.25-27): Recusa obedecer ao Senhor.
      10. *Adota os pecados das nações vizinhas* (106.34-43): O povo se mistura com outras nações, em vez de destruí-las, conforme ordenado pelo Senhor.

B. A compaixão de Deus (106.8-12, 43-46)
1. *Salva seu povo por causa de seu nome* (106.8): Ele demonstra seu grande poder por meio de sua salvação.
2. *Divide o mar Vermelho* (106.9-12): O povo passa por terra seca; seus inimigos morrem afogados.
3. *Livra-o várias vezes* (106.43): O povo continua a rebelar-se, e é finalmente destruído por seu pecado.
4. *Percebe sua angústia* (106.44): Deus ouve seus clamores.
5. *Lembra-se de sua aliança com ele* (106.45): O Senhor abranda-se por causa de sua misericórdia.
6. *Faz até com que seus inimigos o tratem bem* (106.46).

ESBOÇO DA SEÇÃO CENTO E SETE (SALMO 107)
O salmista celebra os livramentos providenciais de Deus.

I. O QUE OS REDIMIDOS DEVEM FAZER (107.1, 8, 15, 21-22, 31-32, 42-43)
   A. **Devem agradecer ao Senhor, louvando-o por seu amor** (107.1, 8, 15, 21, 31-32, 42-43): Os feitos de Deus são maravilhosos e seu amor é fiel, durando eternamente.
   B. **Devem sacrificar a Deus** (107.22): Eles devem cantar sobre os atos gloriosos de Deus.

II. POR QUE OS REDIMIDOS DEVEM FAZER ISSO (107.2-7, 9-14, 16-20, 23-30, 33-41): O salmista recapitula os pecados de Israel e a graça de Deus.
   A. **O pecado de Israel, apesar da graça de Deus** (107.10-12, 17, 34)
      1. *Eles se assentam nas trevas e na sombra* (107.10): São prisioneiros da aflição e de ferros.
      2. *Eles se rebelam contra a Palavra de Deus* (107.11, 17, 34): Sofrem por sua rebelião.
      3. *Eles desprezam seu conselho* (107.11-12): Deus os abate com trabalho pesado.
   B. **A graça de Deus, apesar do pecado de Israel** (107.2-7, 9, 13-14, 16, 18-20, 23-30, 33-41)
      1. *Ele os recolhe* (107.3-4): Deus os traz de muitas terras.
      2. *Ele os alimenta e os guia* (107.5-7, 9, 13-14, 33, 35): Provê comida e água e responde a seus clamores por ajuda.
      3. *Ele os cura com sua voz* (107.20).
      4. *Ele os salva de aprisionamento, morte e problemas* (107.2, 16, 18-20, 23-30): Quando eles clamam por ajuda, Deus responde.
      5. *Ele dá a eles rebanhos e colheitas abundantes* (107.36-41): O Senhor os ajuda a se estabelecer, a construir suas cidades e a aumentar suas famílias.

ESBOÇO DA SEÇÃO CENTO E OITO (SALMO 108)
Para oferecer este salmo nacional de louvor ao Senhor, Davi combina conteúdo dos Salmos 57.7-11 e 60.5-12.

I. Davi Louva ao Senhor (108.1-5, 7-10)
   A. **Como?** (108.1-2): Ele canta, acompanhado de harpa e lira.
   B. **Quando?** (108.2): Durante o dia todo, começando ao amanhecer.
   C. **Onde?** (108.3, 5): "Entre os povos".
   D. **Por quê?** (108.4, 7-10)
      1. *Por causa do amor de Deus* (108.4): Seu amor é maior que os céus.
      2. *Por causa da fidelidade de Deus* (108.4): Sua fidelidade alcança as nuvens.
      3. *Por causa das promessas de Deus* (108.7-10): Deus fez a nós a promessa sagrada de que todas as coisas pertencem a ele.

II. As Petições de Davi ao Senhor (108.6, 11-13)
   A. **Para salvá-los** (108.6): Davi deseja que Deus use seu braço forte para salvar seu povo.
   B. **Para ajudá-los a sair vitoriosos sobre seus inimigos** (108.11-13): Davi sabe que a ajuda humana é inútil.

ESBOÇO DA SEÇÃO CENTO E NOVE (SALMO 109)
Davi analisa a traição sofrida por ele e pela nação israelita. Ele insta para que Deus lide com seus inimigos, demonstrando seu grande poder de forma inequívoca.

I. A Perseguição (109.1-5, 22-25)
   A. **Os ataques implacáveis** (109.1-5)
      1. *Eles o difamam com mentiras horríveis* (109.1-3): Usam de palavras odiáveis para lutar contra ele sem motivo.
      2. *Eles retribuem bondade com traição* (109.4-5): Retribuem o bem com o mal, o amor com ódio.
   B. **Os resultados devastadores** (109.22-25)
      1. *Eles o deixaram pobre, necessitado e quase morto* (109.22-23,25): Ele está cheio de dor, um objeto de zombaria, e está desaparecendo como sombra.
      2. *Ele ficou reduzido a pele e ossos* (109:24): Seus joelhos estão fracos.

II. A Petição (109.6-7, 9-20): Davi pede o seguinte, com relação a seus inimigos:
   A. **Que Deus os faça experimentar de seu próprio veneno** (109.6-7, 16-20): Que o Senhor os considere culpados e que suas maldições possam tornar-se sua própria punição.

B. **Que Deus não dê ouvidos às orações deles** (109.7): Que Deus as considere como pecado.
   C. **Que Deus não abençoe suas famílias** (109.9-10, 12): Que ninguém tenha piedade de seus filhos órfãos e de suas viúvas.
   D. **Que Deus não os abençoe financeiramente** (109.11): Que eles percam seus bens e tudo o que conseguiram.
   E. **Que o nome de suas famílias seja maculado** (109.13-15): Que sua memória seja extinta.

III. A PROFECIA (109.8): "Sejam poucos os teus dias, e outro tome o seu ofício!" Séculos mais tarde, Simão Pedro faria referência a esta profecia com relação a Judas Iscariotes (ver Atos 1.20).

IV. A PROTEÇÃO (109.21-22, 26-31)
   A. **A misericórdia de Deus** (109.21, 26, 30-31): "Ó Deus, meu Senhor age em meu favor por amor do teu nome; pois que é grande a tua benignidade, livra-me".
   B. **O poder de Deus** (109.27-29): "Saibam que nisto está a tua mão e que tu, Senhor, o fizeste". Por acreditar no plano de Deus, Davi se regozija, apesar dos ataques desferidos contra ele.

ESBOÇO DA SEÇÃO CENTO E DEZ (SALMO 110)
Neste salmo, que descreve Cristo por meio de uma visão quíntupla, Davi mostra como o reinado do Messias está ligado ao seu sacerdócio.

I. ELE É DEUS (110.1)
   A. **As pessoas** (110.1): O Pai refere-se a seu Filho como "Senhor".
   B. **A promessa** (110.1): O Pai assegura ao Filho que seus inimigos serão humilhados.

II. ELE É UM REI (110.2-3)
   A. **O lugar de seu reinado** (110.2): Ele se estenderá a partir de Sião.
   B. **O poder de seu reinado** (110.3): As pessoas servirão a Deus voluntariamente.

III. ELE É UM SACERDOTE (110.4)
   A. **O juramento** (110.4): O Pai promete estabelecer o sacerdócio do Filho.
   B. **A ordem** (110.4): Isto será segundo a ordem de Melquisedeque.

IV. ELE É UM JUIZ (110.6): Ele castigará as nações.

V. ELE É UM GUERREIRO VITORIOSO (110.5, 6-7): Deus está perto e protegerá seu povo.

ESBOÇO DA SEÇÃO CENTO E ONZE (SALMO 111)
Este salmo celebra os grandes feitos do Senhor, que deve ser temido.

I. A ADORAÇÃO A DEUS (111.1-2): O salmista dá testemunho da grandeza do Senhor diante do povo.

II. AS MARAVILHAS DE DEUS (111.2-9)
   A. **Quem o Senhor é** (111.2-4, 7): Ele é glorioso, majestoso, justo, gracioso, misericordioso, reto, bom e confiável.
   B. **O que o Senhor faz** (111.5-6, 8-9)
      1. *Provê alimento* (111.5): Aqueles que nele confiam não sentem fome.
      2. *Lembra de sua aliança* (111.5, 9): Ele sempre cumpre suas promessas.
      3. *Dá a seu povo a sua herança* (111.6): Ele mostra seu poder dando-lhes as terras de outras nações.
      4. *Seus mandamentos são verdadeiros* (111.8): Ele deve ser obedecido com fidelidade e integridade.
      5. *Ele redime seu povo* (111.9): Ele paga um resgate completo por seu povo.

III. A SABEDORIA DE DEUS (111.10)
   A. **O caminho** (111.10): "O temor do Senhor é o princípio da sabedoria".
   B. **Os resultados** (111.10): Aqueles que lhe obedecem serão recompensados com sabedoria.

ESBOÇO DA SEÇÃO CENTO E DOZE (SALMO 112)
Este salmo de louvor enfatiza a justiça e a retidão daquele que teme o Senhor.

I. A CONSAGRAÇÃO DO JUSTO (112.1, 4-5, 9)
   A. **Ele teme a Deus e ama a sua palavra** (112.1): Feliz é aquele que faz o que Deus ordena.
   B. **Ele é compassivo e justo** (112.4): A luz irrompe quando ele é tomado pelas trevas.
   C. **Ele dá com liberalidade e generosidade** (112.4-5, 9): Conduz seus negócios de forma justa.

II. A COMPENSAÇÃO DO JUSTO (112.2-3, 6-8, 9, 10)
   A. **Seus filhos serão bem-sucedidos** (112.2): Uma geração inteira será abençoada.
   B. **Ele terá influência e honra** (112.9).
   C. **Suas necessidades financeiras serão satisfeitas** (112.3).
   D. **Ele está seguro e nunca treme diante de circunstâncias más** (112.6).
   E. **Ele e seus bons feitos não são esquecidos** (112.3, 6, 9): O justo é sempre lembrado.
   F. **Ele não teme as más notícias** (112.7-8): Ele confia plenamente no Senhor.

G. **Ele triunfa sobre seus inimigos** (112.8, 10): Ele é confiante e não tem medo. Como resultado, as esperanças do ímpio são frustradas.

ESBOÇO DA SEÇÃO CENTO E TREZE (SALMO 113)
Este salmo de aleluias louva ao Senhor por quem e por aquilo que ele é.

I. A Majestade do Senhor (113.1-6)
  A. **Sua glória horizontal** (113.1-3): Ela brilha do Oriente ao Ocidente, para que todos possam louvar o nome do Senhor.
  B. **Sua glória vertical** (113.4-6): Ele está muito acima das nações e é bem maior do que os céus.

II. A Misericórdia do Senhor (113.7-9)
  A. **Ela levanta o pobre e o necessitado, colocando-os entre príncipes** (113.7-8).
  B. **Ele dá um lar e filhos à mulher estéril** (113.9).

ESBOÇO DA SEÇÃO CENTO E QUATORZE (SALMO 114)
Para mostrar que Deus realiza e continuará realizando feitos maravilhosos por Israel, o salmista usa duas épocas específicas da história: a travessia do mar Vermelho e do rio Jordão, quando Deus guiou seu povo.

I. Saindo da Terra da Escravidão (114.1-3, 5)
  A. **Judá torna-se o santuário de Deus** (114.1-2): Israel torna-se o reino de Deus.
  B. **O mar Vermelho divide-se** (114.3, 5): Na realidade, ele sai do caminho do povo.

II. Entrando na Terra Prometida (114.3-4, 5-8)
  A. **O poder do Senhor divide o rio Jordão** (114.3, 5).
  B. **A presença do Senhor faz duas coisas** (114.4, 6-8):
    1. *Os montes pulam como carneiros e os pequenos vales, como cordeiros* (114.4, 6).
    2. *A terra treme* (114.7-8): Até das rochas brota água.

ESBOÇO DA SEÇÃO CENTO E QUINZE (SALMO 115)
O salmista gera forte polêmica contra a idolatria, comparando o único Deus verdadeiro com os ídolos pagãos.

I. O Verdadeiro Deus (115.1-3, 9-18)
  A. **A descrição do salmista** (115.1-3)
    1. *O Senhor é amoroso e fiel* (115.1): Deus recebe toda a glória por quem ele é.
    2. *O Senhor é soberano* (115.2-3): Deus faz o que deseja.

B. O desejo do salmista (115.9-18)
   1. *O que ele quis que Israel fizesse* (115.9-11): Essencialmente, confiar no Senhor e temê-lo.
   2. *Por que ele quis que Israel fizesse isto* (115.12-18): Porque Deus, então, se lembrará e abençoará ricamente seu povo.

II. Os Falsos Deuses (115.4-8)
   A. Eles são apenas objetos de ouro e prata (115.4, 8): São formados por mãos humanas.
   B. Eles têm boca, olhos, ouvidos, nariz, mãos e pés, mas não podem falar, enxergar, ouvir, cheirar, sentir ou andar (115.5-7): Tais deuses não têm poder.

ESBOÇO DA SEÇÃO CENTO E DEZESSEIS (SALMO 116)
O salmista descreve suas atitudes perante o Senhor, os livramentos que ele experimenta e se propõe a louvar a Deus.

I. O que Deus Faz pelo Salmista (116.1-11)
   A. Ele ouve suas orações (116.1-2, 4-7).
   B. Ele o salva da morte (116.3, 8-11).

II. O que o Salmista Faz por Deus (116.12-19)
   A. Ele louva o Senhor por salvá-lo (116.13).
   B. Ele cumpre suas promessas (116.14-15, 18-19).
   C. Ele o serve fielmente (116.12-16).
   D. Ele oferece sacrifícios de gratidão e invoca o nome do Senhor (116.17).

ESBOÇO DA SEÇÃO CENTO E DEZESSETE (SALMO 117)
Este salmo convida, justifica e expressa louvor universal ao Senhor.

I. O quê? (117.1-2): "Louvai ao Senhor".

II. Por quê? (117.2): Por sua misericórdia.

III. Quem? (117.1): "Todos os povos."

ESBOÇO DA SEÇÃO CENTO E DEZOITO (SALMO 118)
Este salmo convida a louvar ao Senhor por sua bondade, demonstra seu merecimento, dá testemunho de seu livramento e oferece orações de louvor.

I. A Sugestão do Salmista (118.1-4, 24)
   A. Às pessoas (118.1-2, 4, 24): Ele insta com a congregação para que louve a Deus, repetindo: "A sua benignidade dura para sempre".
   B. Aos sacerdotes (118.3): Ele insta para que os descendentes de Arão também louvem o Senhor por sua misericórdia.

II. A Dor do Salmista (118.5, 25): Em grande aflição, ele clama para que o Senhor o salve e lhe dê êxito.

III. A Paz do Salmista (118.6-9): Sabendo que Deus está com ele, não teme.

IV. O Poder do Salmista (118.10-13): Na força de Deus, ele derrota seus inimigos.

V. O Louvor do Salmista (118.14-17)
   A. **O método** (118.14): Ele compõe um cântico de adoração.
   B. **A mensagem** (118.15-17): Ele canta sobre a forte destra do Salvador, que faz coisas gloriosas.

VI. A Purificação do Salmista (118.18): Para o seu próprio bem, ele foi severamente punido por Deus.

VII. O Voto do Salmista (118.19-21, 27-29): Ele promete oferecer sacrifícios de gratidão a Deus e viver de forma reta.

VIII. A Profecia do Salmista (118.22-23, 26): O salmista prediz dois eventos da vida de Jesus:
   A. **Sua entrada triunfal** (118.26): Ver Mateus 21.9.
   B. **Sua rejeição por Israel** (118.22-23): Ver Mateus 21.42.

ESBOÇO DA SEÇÃO CENTO E DEZENOVE (SALMO 119)
Este salmo alfabeticamente elaborado tem 22 estrofes de 8 versos que exaltam a Palavra de Deus. É o mais longo capítulo da Bíblia (176 versículos).

I. Os Nomes para a Palavra de Deus: Do que ela é chamada (119.1, 3-37, 39-40, 42-69, 71-116, 119-120, 123-131, 133-148, 150-164, 166-176)
   A. **Sua(s) lei(s)** (119.1, 7, 13, 18, 20, 29-30, 34, 39, 43-44, 51-53, 55, 61-62, 70, 72, 77, 85, 91-92, 97, 102, 106, 108-109, 113, 126, 136, 142, 150, 153, 160, 163-165, 174-175): Devemos guardar, e não violar, suas leis para nosso próprio bem.
   B. **Seus decretos** (119.2, 14, 22, 24, 31, 36, 46, 79, 88, 95, 99, 111, 119, 125, 129, 138, 144, 146, 152, 157, 167-168): Eles nos dão discernimento.
   C. **Sua luz** (119.3, 105): A Palavra de Deus fornece luz para o nosso caminho.
   D. **Seus mandamentos/ordens** (119.4, 6, 10, 15, 19, 21, 27, 32, 35, 40, 45, 47-48, 56, 60, 63, 66, 69, 73, 78, 86-87, 93-94, 96, 98, 100, 104, 110, 115, 127-128, 131, 134, 141, 143, 151, 159, 166, 168, 172-173, 176): Devemos amá-los, não esquecê-los e estudá-los.
   E. **Seus princípios** (119.5, 8, 12, 16, 23, 26, 33, 48, 54, 64, 68, 71, 80, 83, 112, 117-118, 124, 135, 145, 155, 171): Devemos deixar Deus nos ensinar e obedecer a ele.

F. **Suas regras** (119.9): Segui-las nos tornará puros.
   G. **Seus caminhos** (119.15): Devemos refletir sobre eles.
   H. **Seus estatutos** (119.59): Se os seguirmos, eles nos darão direcionamento.
   I. **Seus juízos ou decisões** (119.120, 137): As decisões de Deus são justas e devemos viver por elas.

II. A Natureza da Palavra de Deus: O que ela efetua (119.1-2, 9, 11, 24, 28-29, 37-38, 41-42, 45-46, 49-50, 62, 67, 70, 98-100, 103, 105, 111, 114, 116, 120-122, 132, 139, 141, 149, 165, 170)
   A. **Traz bênçãos e alegria** (119.1-2, 122).
   B. **Mantém-nos puros** (119.9).
   C. **Impede-nos de pecar** (119.11, 29, 121).
   D. **Dá conselho sábio** (119.24).
   E. **Encoraja o aflito** (119.28).
   F. **Confirma suas promessas para aqueles que o honram** (119.38).
   G. **Provê respostas, mesmo àqueles que zombam de nós** (119.42).
   H. **Dá liberdade** (119.45).
   I. **Oferece esperança** (119.49).
   J. **Conforta e vivifica** (119.50).
   K. **Concede um coração grato** (119.62).
   L. **Leva-nos de volta a Deus** (119.37, 67): O Senhor nos disciplinará se voltarmos as costas para ele.
   M. **Instrui e dá sabedoria** (119.98-100).
   N. **Alimenta** (119.103): A Palavra de Deus é mais doce que o mel.
   O. **Ilumina** (119.105): A Palavra de Deus provê luz para o nosso caminho.
   P. **Protege** (119.114): A Palavra de Deus é um refúgio.
   Q. **Sustenta nossa esperança** (119.116).
   R. **Traz deleite** (119.70, 111).
   S. **Traz paz** (119.165): Não devemos temer tropeços.
   T. **Livra** (119.170): Deus promete nos salvar.
   U. **Confere amor e salvação** (119.41, 149).
   V. **Mostra misericórdia a todos os que amam o nome de Deus** (119.132).
   W. **Merece respeito** (119.46, 120).
   X. **É importante para ser lembrada** (119.141).

ESBOÇO DA SEÇÃO CENTO E VINTE (SALMO 120)
O salmista pede livramento a Deus daqueles que possuem língua enganadora e coração belicoso.

I. Salve-me das Línguas Ímpias (120.1-4)
   A. **A petição do salmista** (120.1-2): Salva-me dos mentirosos e das pessoas enganadoras.
   B. **A predição do salmista** (120.3-4): Punição divina cairá sobre seus inimigos.

II. Salve-me dos Corações Belicosos (120.5-7)
   A. **A identidade de seus perseguidores** (120.5): Eles são de Meseque e Quedar.
   B. **A iniqüidade de seus perseguidores** (120.6-7): Eles exigem guerra quando o salmista pede paz.

ESBOÇO DA SEÇÃO CENTO E VINTE E UM (SALMO 121)
O salmista descreve o Senhor como o guardião, protetor de seu povo ou guardador de Israel.

I. O Salmista Eleva Seus Olhos para o Senhor (121.1-2): Quando em necessidade de ajuda, ele depende do próprio Criador.

II. O Senhor Inclina os Olhos para o Salmista (121.3-8)
   A. **Deus não permitirá que ele caia ou tropece** (121.3-4).
   B. **Deus o protegerá e o preservará de dia e de noite** (121.5-8).

ESBOÇO DA SEÇÃO CENTO E VINTE E DOIS (SALMO 122)
Davi profere bênçãos sobre a cidade santa, Jerusalém, e ora por sua prosperidade.

I. Louvor por Jerusalém (122.1-5)
   A. **Por sua bem-aventurança** (122.1-3): É uma alegria estar dentro de seus portões.
   B. **Por seus negócios** (122.4-5): Está sempre repleta de adoradores e juízes.

II. Oração por Jerusalém (122.6-9)
   A. **Por paz** (122.6-8).
   B. **Por proteção** (122.9).
   C. **Por prosperidade** (122.6-7): Todos os que amam Jerusalém e os muros da cidade prosperarão.

ESBOÇO DA SEÇÃO CENTO E VINTE E TRÊS (SALMO 123)
O salmista, em profunda angústia, expressa sua necessidade de misericórdia, descrevendo dois relacionamentos entre Deus e Israel.

I. O Relacionamento Servo/Mestre (123.1-2)
   A. **O serviço dedicado de Israel a Deus** (123.2): Como escravos e servos observam as ordens de seus patrões, Israel deve observar os preceitos de Deus.
   B. **O serviço total de Israel a Deus** (123.1-2): Israel deve esperar de Deus a misericórdia.

II. O Relacionamento Perseguido/Protetor (123.3-4)
   A. A oração de Israel (123.3): "Compadece-te de nós, ó Senhor".
   B. O problema de Israel (123.3-4): Ele é ridicularizado e desprezado por seus inimigos.

ESBOÇO DA SEÇÃO CENTO E VINTE E QUATRO (SALMO 124)
Davi agradece a Deus, que ajuda e liberta Israel de todas as suas aflições, e incentiva um relacionamento correto com ele.

I. O Pior de Todos os Mundos (124.1-5): "Se não fora o Senhor, que esteve ao nosso lado...".
   A. O ímpio teria engolido Israel (124.1-3).
   B. As águas teriam afogado Israel (124.4-5).

II. O melhor de Todos os Mundos (124.6-8): "O nosso socorro está no nome do Senhor".
   A. Israel não é destruído por seus inimigos (124.6).
   B. Israel é libertado de seus inimigos, como um pássaro escapa da armadilha de um caçador (124.7-8).

ESBOÇO DA SEÇÃO CENTO E VINTE E CINCO (SALMO 125)
Este salmo expressa confiança no livramento do Senhor.

I. O Livramento Dado por Deus (125.1-3)
   A. A comparação (125.1): Aqueles que confiam em Deus estão tão seguros quanto o monte Sião.
   B. A conclusão (125.2-3): Como as montanhas que cercam uma cidade, assim Deus cerca o redimido, impedindo-o de praticar o mal.

II. O Pedido do Salmista (125.4-5)
   A. "Faze o bem, ó Senhor, aos bons e aos que são retos de coração" (125.4): Deus recompensa aqueles cujo coração está voltado para ele.
   B. "Mas aos que se desviam para os seus caminhos tortuosos, levá-los-á o Senhor" (125.5): O ímpio é eliminado.

ESBOÇO DA SEÇÃO CENTO E VINTE E SEIS (SALMO 126)
O salmista lembra-se do grande livramento de Deus e ora para que ele continue até se completar. Ele descreve a emoção da nação de Judá por ter sido libertada de um terrível cativeiro.

I. A Realidade (126.1): Os primeiros cativos libertos têm dificuldade de compreender a verdade deste feito maravilhoso.

II. A Reação (126.2-3)
  A. **Entre o povo** (126.2-3): Eles estão cheios de alegria e testemunham sobre a fidelidade de Deus.
  B. **Entre os pagãos** (126.2): Eles reconhecem o cuidado e os feitos tremendos de Deus por seu povo.

III. O Pedido (126.4-6)
  A. **A petição** (126.4): "Faze regressar os nossos cativos, Senhor".
  B. **A promessa** (126.5-6): Aqueles que semeiam em pranto colherão com alegria.

ESBOÇO DA SEÇÃO CENTO E VINTE E SETE (SALMO 127)
O salmista lembra que o cuidado e o trabalho humano em qualquer área da vida não têm valor sem as bênçãos de Deus.

I. O Fundamento para uma Família Bem-sucedida (127.1-2)
  A. **O que é necessário** (127.1)
    1. *O lar deve ser construído pelo Senhor* (127.1).
    2. *O lar deve ser protegido pelo Senhor* (127.1).
  B. **O que não é necessário** (127.2): O supridor do pão não precisa esgotar-se e ser vencido pela ansiedade, pois Deus suprirá aquilo de que necessitamos durante o nosso descanso.

II. Os Frutos de uma Família Bem-sucedida (127.3-5): Filhos
  A. **Os pais serão honrados** (127.3-4): Os filhos são um galardão; são como flechas afiadas.
  B. **Os pais serão ajudados** (127.5): Eles não se sentirão envergonhados diante de seus acusadores.

ESBOÇO DA SEÇÃO CENTO E VINTE E OITO (SALMO 128)
O salmista proclama que uma pessoa verdadeiramente feliz teme ao Senhor não da boca para fora, mas por seu modo de vida.

I. As Exigências (128.1): Aqueles que seguem o Senhor serão felizes.

II. As Recompensas (128.2-6)
  A. **Os pais** (128.2, 6)
    1. *Prosperidade* (128.2): Eles desfrutam o fruto de seu trabalho e sua vida é rica.
    2. *Longevidade* (128.6): Eles vivem para ver seus netos e desfrutar tranqüilidade e paz.
  B. **Os filhos** (128.3-5): Eles são vigorosos e fortes como jovens oliveiras.

ESBOÇO DA SEÇÃO CENTO E VINTE E NOVE (SALMO 129)
O salmista lembra a Israel como o Senhor o livrou da escravidão e julgou seus inimigos, e o encoraja a esperar um livramento futuro.

I. A Perseguição (129.1-4)
   A. **Os inimigos de Israel atacam freqüentemente** (129.1-2).
   B. **Os inimigos de Israel jamais conseguem aniquilá-la** (129.2, 4).

II. A Petição (129.5-8)
   A. **Que os inimigos de Israel sejam derrotados e envergonhados** (129.5, 8).
   B. **Que eles sequem como a relva, que é ignorada pelo ceifeiro e é desprezada por aquele que ata feixes** (129.6-7).

ESBOÇO DA SEÇÃO CENTO E TRINTA (SALMO 130)
O salmista reconhece seus pecados e busca o perdão do Senhor. Ele incentiva a nação a fazer a mesma coisa que ele fez: confessar-se.

I. O Salmista Fala a Deus (130.1-6)
   A. **Salva-nos, apesar de nossa corrupção** (130.1-3).
   B. **Salva-nos, por causa de tua compaixão** (130.4-6)
      1. *O salmista olha com esperança para Deus* (130.5).
      2. *O salmista anela ansiosamente por Deus* (130.6).

II. O Salmista Fala a Israel (130.7-8)
   A. **A súplica** (130.7): "Espera, ó Israel, no Senhor!"
   B. **A promessa** (130.7-8): "E ele remirá a Israel de todas as suas iniqüidades".

ESBOÇO DA SEÇÃO CENTO E TRINTA E UM (SALMO 131)
Davi expressa silenciosamente sua dependência do Senhor.

I. O Salmista (131.1-2)
   A. **Ele não é orgulhoso** (131.1).
   B. **Ele é quieto e calmo** (131.2).

II. O Povo (131.3): "Espera, ó Israel, no Senhor".

ESBOÇO DA SEÇÃO CENTO E TRINTA E DOIS (SALMO 132)
Esta é uma oração pela bênção de Deus sobre Israel e o cumprimento de todas as promessas feitas a Davi.

I. Davi Deseja Construir uma Casa para Deus (132.1-10)
   A. **A natureza desta casa** (132.1-5): Ela será a "morada para o Poderoso de Jacó".

B. **A necessidade dessa casa** (132.6-10): Ela será a habitação permanente da Arca da Aliança.
1. *A Arca tem sido levada de um lugar a outro pelo povo* (132.6): Eles encontraram a Arca em Jaar.
2. *A Arca agora receberá a ministração dos sacerdotes, que serão agentes da salvação* (132.7-10).

II. Deus Ordena a Davi a Construção de uma Casa (132.11-18)
A. **A promessa** (132.11-12, 17-18): Esta casa envolve uma dinastia contínua, conhecida como Casa de Davi.
1. *Será uma dinastia permanente* (132.11-12): Se os descendentes de Davi foram obedientes, seu reino jamais terá fim.
2. *Será uma dinastia poderosa* (132.17-18): Os inimigos de Davi serão envergonhados diante dele.
B. **O lugar** (132.13-14): O centro dessa dinastia será Jerusalém, a própria cidade escolhida por Deus.
C. **As provisões** (132.15-16): Deus proverá prosperidade, salvação e alegria.

ESBOÇO DA SEÇÃO CENTO E TRINTA E TRÊS (SALMO 133)
Davi expressa a doce alegria de adorar a Deus em comunhão com outros crentes.

I. Exortação à Unidade e à Comunhão (133.1): É algo bom e agradável.

II. Exemplos de Unidade e Comunhão (133.2-3)
A. **É algo precioso como o óleo que ungiu Arão** (133.2)
B. **É refrescante como o orvalho que desce no monte Sião** (133.3).

ESBOÇO DA SEÇÃO CENTO E TRINTA E QUATRO (SALMO 134)
O salmista profere bênção sobre os adoradores quando o culto termina.

I. Rendendo Bênçãos ao Senhor (134.1-2)
A. **Quem?** (134.1): Os vigias de Israel.
B. **Quando?** (134.1): Durante a noite.
C. **Onde?** (134.1): No Templo.
D. **Como?** (134.2): Erguendo as mãos.

II. Recebendo Bênçãos do Senhor (134.3): O Senhor abençoa Jerusalém.

ESBOÇO DA SEÇÃO CENTO E TRINTA E CINCO (SALMO 135)
O salmista conclama seu povo a louvar a Deus por seus maravilhosos feitos na criação e na história. Ele contrasta o verdadeiro Deus, que criou seu povo, com os falsos deuses, que foram criados por seu povo.

I. O ÚNICO DEUS VERDADEIRO (135.1-14, 19-21)
   A. **Quem deve adorá-lo?** (135.1-2, 19-21): Todos, mas especialmente aqueles que ministram no Templo.
   B. **Por que devem adorá-lo?** (135.3-14)
      1. *Por causa de quem ele é* (135.3, 5-7)
         a. Ele é grande (135.3, 5): Seu nome deve ser celebrado.
         b. Ele é soberano (135.6): Ele faz o que lhe agrada.
         c. Ele é criador (135.7): Ele controla as nuvens, os trovões, os ventos e a chuva.
      2. *Por causa do que ele faz* (135.4, 8-14)
         a. Ele escolheu Israel como seu tesouro especial (135.4).
         b. Ele libertou Israel do Egito (135.8-9).
         c. Ele deu a Israel sua herança (135.10-12): Ele destruiu os reis de Canaã para dar aos israelitas a terra deles.
         d. Ele ama Israel (135.13-14): Ele justifica e tem compaixão de seu povo.

II. OS VÁRIOS FALSOS DEUSES (135.15-18)
   A. **Eles são de ouro e prata, feitos por mortais** (135.15).
   B. **Eles são criados, como os mortais** (135.18).
   C. **Eles têm boca, olhos, ouvidos e nariz, mas não podem falar, enxergar, escutar ou cheirar** (135.16-17).

ESBOÇO DA SEÇÃO CENTO E TRINTA E SEIS (SALMO 136)
O salmista agradece a Deus por suas obras na criação e na redenção.

I. OS MOTIVOS PARA DAR GRAÇAS (136.1-26)
   A. **Por causa da bondade de Deus** (136.1, 26).
   B. **Por causa de sua singularidade** (136.2-3): Ele é Deus dos deuses e Senhor dos senhores.
   C. **Por causa de seus milagres** (136.4).
   D. **Por causa de suas obras** (136.5-9, 25)
      1. *Ele fez todas as coisas* (136.5-9): A terra, as luzes celestiais, o sol e a lua.
      2. *Ele cuida de todos os seres vivos* (136.25): Ele os alimenta.
   E. **Por causa de seu relacionamento com Israel** (136.10-24)
      1. *Ele operou milagres para tirar seu povo do Egito* (136.10-16).
      2. *Ele trouxe seu povo a Canaã* (136.17-24): Derrotou os reis estrangeiros e deu a terra a Israel.

II. O Refrão para Dar Graças (136.1-26): Cada um dos 26 versículos deste salmo termina com "porque a sua benignidade dura para sempre".

ESBOÇO DA SEÇÃO CENTO E TRINTA E SETE (SALMO 137)
O salmista recorda a triste saga do cativeiro babilônico de Israel e ora para que Deus puna severamente seus raptores.

I. Judá e Seus Captores (137.1-6)
  A. **Seu desespero** (137.1-2): Os judeus cativos choram à margem dos rios da Babilônia, pensando em Jerusalém.
  B. **Seu menosprezo** (137.3-4): Os soldados babilônicos escarnecem deles, ordenando: "Cantai-nos um dos cânticos de Sião".
  C. **Sua determinação** (137.5-6): Os cativos jamais esquecerão Jerusalém, a despeito do que vier a acontecer.

II. Judá e Seu Criador (137.7-9): Os cativos oram para que Deus castigue:
  A. **Os babilônios, que queimaram Jerusalém** (137.7-9).
  B. **Os edomitas, que incentivaram os babilônios a destruir Jerusalém** (137.7).

ESBOÇO DA SEÇÃO CENTO E TRINTA E OITO (SALMO 138)
Davi comenta as promessas que Deus fez a ele na aliança davídica (II Samuel 7.1-16).

I. A Adoração Pessoal a Deus (138.1-3, 7-8): O salmista louva a Deus e reconhece:
  A. **Seu amor e sua fidelidade** (138.1-2): Ele louva e adora a Deus.
  B. **Sua própria pessoa e suas promessas** (138.2): As promessas de Deus avalizadas pela honra de seu nome.
  C. **Sua resposta de oração** (138.3).
  D. **Suas várias provisões** (138.3, 7-8)
    1. *Incentivo e força* (138.3).
    2. *Preservação* (138.7): O poder de Deus o salva de seus inimigos.
    3. *Direção* (138.8): Deus executa seu plano na vida do salmista.

II. A Adoração Universal a Deus (138.4-6): O salmista prediz que todos os governadores da terra louvarão a Deus e reconhecerão:
  A. **Sua glória** (138.4-5).
  B. **Seus caminhos** (138.5-6)
    1. *Ao se preocupar com os humildes* (138.6).
    2. *Ao resistir aos orgulhosos* (138.6).

ESBOÇO DA SEÇÃO CENTO E TRINTA E NOVE (SALMO 139)
Davi comenta a grandeza de Deus: onisciência, onipresença e onipotência.

I. Sua Onisciência (139.1-6): Deus sabe tudo sobre nós.
   A. **O que fazemos** (139.1-3).
   B. **O que pensamos** (139.2).
   C. **O que dizemos** (139.4-6).

II. Sua Onipresença (139.7-12): Deus está sempre conosco.
   A. **Ele está nos céus** (139.7-8).
   B. **Ele está no lugar dos mortos** (139.8).
   C. **Ele pode ser encontrado nos confins dos mares** (139.9-10): A mão de Deus nos guiará e nos sustentará aonde formos.
   D. **Ele brilha diante das trevas** (139.11-12): Luz e trevas são a mesma coisa para Deus.

III. Sua Onipotência (139.13-24): Deus pode fazer todas as coisas por nós.
   A. **A recapitulação de Davi** (139.13-18)
      1. *Deus cria e forma nosso corpo dentro do ventre materno* (139.13-15): Ele nos conhece antes de nosso nascimento.
      2. *Ele planeja cada dia de nossa vida antes de nascermos* (139.16).
      3. *Ele relata todos os dias em seu livro* (139.16).
      4. *Ele tem pensamentos incontáveis e maravilhosos a nosso respeito, constantemente* (139.17-18).
   B. **O pedido de Davi** (139.19-24)
      1. *"Oxalá que matasses o perverso"* (139.19-22).
      2. *"Sonda-me, ó Deus, e conhece o meu coração"* (139.23-24): Ele deseja que Deus o coloque à prova e aponte qualquer coisa que ofenda o Senhor.

ESBOÇO DA SEÇÃO CENTO E QUARENTA (SALMO 140)
Davi reflete sobre os perigos que passou por causa da perseguição de seus inimigos e confia na proteção da Palavra de Deus até que a promessa possa ser cumprida.

I. A Petição de Davi com Relação aos Ímpios (140.1-11)
   A. **O que eles fazem** (140.1-5)
      1. *Eles planejam o mal e instigam o problema* (140.1-2).
      2. *A língua deles fere como veneno de serpentes* (140.3).
      3. *Eles tentam derrubar Davi com freqüência* (140.4-5).
   B. **O que eles merecem** (140.6-10)
      1. *Sofrer por meio do fracasso ou da pobreza* (140.6-8, 11).
      2. *Ser destruídos por seus próprios feitos perversos* (140.9).
      3. *Ser queimados por carvão, consumidos por fogo ou lançados em abismos* (140.10).

II. A Petição de Davi com Relação ao Justo (140.12-13)
   A. **Os pedidos** (140.12)
      1. *Assegura-lhes a justiça* (140.12): O Senhor ajudará aqueles que são perseguidos.
      2. *Sustenta-os* (140.12): Deus cuidará dos direitos do pobre.
   B. **Os resultados** (140.13)
      1. *O justo louva seu nome* (140.13).
      2. *O justo vive em sua presença* (140.13).

ESBOÇO DA SEÇÃO CENTO E QUARENTA E UM (SALMO 141)
O jovem Davi tem comunhão com Deus e expressa as preocupações mais próximas de seu coração.

I. Ouve Minha Oração, ó Senhor (141.1-2): Davi pede que seu pedido suba aos céus como incenso.

II. Honra Minha Oração, ó Senhor (141.3-10)
   A. **Com relação à sua conversa** (141.3): Davi deseja que o Senhor dirija seu falar.
   B. **Com relação à sua conduta** (141.4): "Não inclines o meu coração para o mal".
   C. **Com relação às suas companhias** (141.4-10)
      1. *Com os ímpios* (141.4, 6-10)
         a. Que ele não faça parte deles (141.4): Ele não deseja partilhar das ações dos ímpios.
         b. Que ele não seja punido com eles (141.6-10): Ele quer que os ímpios caiam em suas próprias armadilhas. Ele também quer ser poupado.
      2. *Com os justos* (141.5): Davi pede que:
         a. Quando necessário, o justo o repreenda no Senhor (141.5): A repreensão do justo é uma gentileza.
         b. Ele a receba no Senhor (141.5): Ele não rejeitará a repreensão deles.

ESBOÇO DA SEÇÃO CENTO E QUARENTA E DOIS (SALMO 142)
Um salmo pessoal no qual Davi, oprimido e sozinho, expressa a confiança de que Deus ouve seu clamor por refúgio, salvação e libertação.

I. O Desespero de Davi (142.1-4)
   A. **A abundância de inimigos** (142.1-3): Ele está rodeado de inimigos que constantemente ameaçam sua vida.
   B. **A falta de amigos** (142.4): Ele sente que ninguém na terra se preocupa com o que acontece com ele.

A BÍBLIA EM ESBOÇOS

II. A Percepção de Davi (142.5-7)
   A. **Somente Deus é seu refúgio** (142.5).
   B. **Somente Deus é sua força** (142.6).
   C. **Deus é tudo o que ele quer da vida** (142.6).
   D. **Somente Deus é seu resgatador** (142.6-7): Deus o tira da prisão.

ESBOÇO DA SEÇÃO CENTO E QUARENTA E TRÊS (SALMO 143)
Esmagado por seus inimigos, Davi anela por um tempo sozinho com Deus. Ele ora por vitória (como no passado), por livramento, direcionamento espiritual e reavivamento. Davi pede três coisas a Deus.

I. Salva-me! (143.1-7, 9, 11-12)
   A. **Os fatos** (143.3-4, 7)
      1. *O inimigo está destruindo Davi* (143.3): Seu inimigo o persegue e o atira no chão.
      2. *A situação sem solução o paralisa de medo* (143.4).
      3. *Sua depressão aumenta* (143.7): Ele sente que morrerá.
   B. **O alicerce** (143.1-2, 5-6, 9, 11-12)
      1. *Negativo* (143.2): Davi não pleiteia sua própria justiça como base para a salvação que busca.
      2. *Positivo* (143.1, 5-6, 9, 11-12)
         a. Salva-me por causa da tua retidão e justiça (143.1): Ele deseja que Deus ouça seu pedido.
         b. Salva-me porque salvaste outros no passado (143.5): Ele lembra do que Deus tem feito.
         c. Salva-me porque te busquei (143.6): Ele tem sede por Deus como a terra seca anseia pela chuva.
         d. Salva-me, pois me escondi em ti (143.9).
         e. Salva-me por causa do teu nome (143.11-12): Ele quer que Deus aja para a sua glória, por causa da sua misericórdia.

II. Mostra-me! (143.8): "Faze-me saber o caminho que devo seguir".

III. Santifica-me! (143.10)
   A. **Ensina-me a fazer a tua vontade** (143.10): Ele pertence a Deus e quer agradá-lo.
   B. **Ensina-me com o teu Espírito** (143.10): Ele deseja que Deus o guie em meio a passos firmes.

ESBOÇO DA SEÇÃO CENTO E QUARENTA E QUATRO (SALMO 144)
Davi observa a grandeza de Deus e a insignificância dos seres humanos, e imagina um tempo de paz e prosperidade pessoal que só pode vir de Deus.

I. A Fonte de Vitória de Davi (144.1-8): A vitória vem de Deus, não das pessoas.
   A. **Deus é poderoso** (144.1-2, 5-8)
      1. *Ele protege Davi* (144.2): Ele é "meu refúgio e minha fortaleza... meu libertador".
      2. *Ele prepara Davi* (144.1, 5-8): "Adestra as minhas mãos para a peleja".
   B. **Os mortais são punidos** (144.3-4)
      1. *Nossa insignificância* (144.3): "Ó Senhor, que é o homem, para que tomes conhecimento dele...?"
      2. *Nossa mortalidade* (144.4): "O homem é semelhante a um sopro... a sombra que passa".

II. O Cântico de Vitória de Davi (144.9-15)
   A. **O regozijo do redimido** (144.9-11): "A ti, ó Deus, cantarei um cântico novo".
   B. **A recompensa do redimido** (144.12-15)
      1. *Nos lares* (144.12): Filhos que florescem e filhas graciosas.
      2. *Nos campos* (144.13-14): Rebanhos e colheitas abundantes.
      3. *Nas ruas* (144.14-15): Não há crime nas cidades.

ESBOÇO DA SEÇÃO CENTO E QUARENTA E CINCO (SALMO 145)
Davi exalta a retidão e a bondade do Senhor com o povo em geral e com o seu povo, em particular.

I. A Grandeza de Deus (145.1-6)
   A. **Sua profundidade** (145.1-3): Ninguém pode compreendê-la.
   B. **Sua largura** (145.4-6): A grandeza de Deus é exaltada universalmente em cada geração.

II. A Bondade de Deus (145.7-10)
   A. **Ele é tardio em irar-se** (145.8): Ele é generoso, misericordioso e cheio de amor.
   B. **Ele é bom para todos** (145.7, 9-10): Ele derrama compaixão sobre toda a criação.

III. A Glória de Deus (145.11-13): O reino divino de Deus é glorioso.
   A. **Sua dinâmica** (145.11-12): Será cheio de majestade e esplendor.
   B. **Sua duração** (145.13): Será eterno.

IV. A Garantia de Deus (145.13): "O teu reino é um reino eterno; o teu domínio dura por todas as gerações".

V. A Graça de Deus (145.14-21)
   A. **Ele ergue o caído** (145.14): Ele levanta os que estão curvados sob seus fardos.
   B. **Ele alimenta os famintos** (145.15-18): Ele satisfaz a sede de todos os seres vivos.
   C. **Ele salva o perseguido** (145.19-21): O Senhor protege todos que o temem, mas destrói os ímpios.

ESBOÇO DA SEÇÃO CENTO E QUARENTA E SEIS (SALMO 146)
O salmista exorta o povo a adorar e confiar no Senhor.

I. A Base para Confiar em Deus (146.1-4, 10)
   A. **A integridade de Deus** (146.1-2, 10): Deus é eterno.
   B. **Nossa falibilidade** (146.3-4): O salmista adverte contra depender dos mortais.

II. As Bênçãos de Confiar em Deus (146.5-9)
   A. **Quem Deus é** (146.5-6)
      1. *Ele é a ajuda e a esperança de Israel* (146.5).
      2. *Ele é o Criador de tudo* (146.6).
   B. **O que Deus faz** (146.6-9)
      1. *Ele cumpre suas promessas* (146.6).
      2. *Ele sustenta o oprimido e alimenta o faminto* (146.7).
      3. *Ele livra os prisioneiros* (146.7).
      4. *Ele dá visão ao cego* (146.8).
      5. *Ele protege os estrangeiros e cuida dos órfãos e das viúvas* (146.9).

ESBOÇO DA SEÇÃO CENTO E QUARENTA E SETE (SALMO 147)
O salmista exorta o povo de Israel a louvar ao Senhor por causa de sua bondade com suas criaturas e seu povo.

I. O que Israel Deve Fazer (147.1, 7, 12)
   A. **Louvar a Deus com sua boca** (147.1, 12).
   B. **Louvar a Deus com sua música** (147.7): Cantar a Deus, acompanhado de harpas.

II. Por que Israel Deve Fazer Isso (147.2-6, 8-11, 13-20): O salmista fornece quatro motivos para que Deus seja louvado:
   A. **Por sua obra com Israel** (147.2, 13-14, 19-20)
      1. *Ele reconstrói Jerusalém* (147.2).
      2. *Ele traz os exilados de volta* (147.2).
      3. *Ele fortifica os portões e envia paz por toda a nação* (147.13-14).
      4. *Ele supre o melhor trigo para alimento* (147.14).
      5. *Ele dá suas leis somente para Israel* (147.19-20).

B. Por sua obra com a natureza (147.8-10, 15-18)
   1. *Ele envia chuva para a grama* (147.8).
   2. *Ele alimenta os animais selvagens* (147.9-10).
   3. *Ele cria e controla o tempo* (147.15-18)
      a. A neve, o gelo, a geada (147.15-17).
      b. Os ventos quentes da primavera (147.18): O gelo derrete-se ao seu comando.
   C. Por sua obra nos céus (147.4-5)
   1. *Ele conta e dá nome às estrelas* (147.4).
   2. *Ele tem poder absoluto sobre os céus* (147.5).
   D. Por sua obra com os redimidos (147.3, 6, 11)
   1. *Ele cura os de coração quebrantado e sara suas feridas* (147.3).
   2. *Ele sustenta os humildes* (147.6).
   3. *Ele rebaixa os ímpios* (147.6).
   4. *Ele se deleita naqueles que o honram e esperam em sua misericórdia* (147.11).

ESBOÇO DA SEÇÃO CENTO E QUARENTA E OITO (SALMO 148)
O salmista conclama, de forma poética, o universo a louvar a Deus como seu Criador porque ele é infinitamente digno de adoração.

I. Louvor da Criação (148.3-6, 8-9): Todos os seres não-viventes o louvam.

II. Louvor dos Seres Vivos (148.1-2, 7, 10-14): Todos os seres criados por Deus o louvam.

ESBOÇO DA SEÇÃO CENTO E QUARENTA E NOVE (SALMO 149)
O salmista louva ao Senhor por suas misericórdias e pela esperança de triunfos futuros sobre poderes hostis e pagãos.

I. O que Israel Deve Fazer (149.2): Deve regozijar-se em seu Criador e exultar em seu Rei.

II. Como Israel Deve Fazer Isso (149.1, 3, 6)
   A. Louvando com sua boca (149.1, 6): O povo deve cantar ao Senhor.
   B. Louvando com sua música (149.3): O povo deve louvá-lo com dança, tamborins e harpa.

III. Onde Israel Deve Fazer Isso (149.5): "Exultem de glória os santos, cantem de alegria nos seus leitos".

IV. Por que Israel Deve Fazer Isso (149.4, 6-9)
   A. Porque Deus se deleita em seu povo (149.4).
   B. Porque Deus coroa o humilde com sua salvação (149.4).

C. Porque Deus pune os inimigos de seu povo (149.6-9).
D. Porque Deus é a glória de Seu povo (149.9).

ESBOÇO DA SEÇÃO CENTO E CINQÜENTA (SALMO 150)
Este salmo conclama o povo de Deus, junto com todos os seres viventes, a louvar a Deus por sua grandeza.

I. ONDE (150.1): Deus é louvado em sua habitação celestial.

II. POR QUE (150.2): Deus é louvado por suas obras e grandeza incomparável.

III. COMO (150.3-5)
   A. **Louvai-o com trombeta, lira, harpa, tamboril, instrumentos de corda, flautas e címbalos** (150.3-5).
   B. **Louvai-o com dança** (150.4).

IV. QUEM (150.6): "Tudo quanto tem fôlego louve ao Senhor".

Provérbios

ESBOÇO DA SEÇÃO UM (PROVÉRBIOS 1)
A sabedoria alerta sobre sermos seduzidos pelos pecadores.

I. O Motivo dos Provérbios (1.1-7)
   A. **Para adquirir sabedoria e disciplina** (1.1-2): Eles ajudam no entendimento das palavras sábias.
   B. **Para receber orientação e entender pensamentos profundos** (1.3, 5-7): As pessoas que ouvem os provérbios aprendem a temer ao Senhor.
   C. **Para dar percepção ao imaturo e ao maduro** (1.4): Os provérbios dão conhecimento e propósito.

II. Os Destinatários dos Provérbios (1.8-33): Os filhos de Salomão, em particular.
   A. **Conselho sobre companhias ímpias** (1.8-19): Afaste-se delas.
      1. *Elas aterrorizam os outros* (1.8-17).
      2. *Elas se emboscam e se espreitam* (1.18-19).
   B. **Ensino sobre o conselho da sabedoria** (1.20-33): Fique próximo dela.
      1. *Seu chamado* (1.20-21): A sabedoria grita nas ruas.
      2. *Sua condenação* (1.22-32): A sabedoria chama; os tolos não ouvem ou não se aproximam dela.
      3. *Sua consolação* (1.33): Todos que a ouvem vivem em paz e em segurança.

ESBOÇO DA SEÇÃO DOIS (PROVÉRBIOS 2)
A sabedoria salva do mal e rende dividendos.

I. Ela Santifica (2.1-6): Devemos guardar as instruções da sabedoria e aprender a temer ao Senhor.

II. Ela Protege (2.7-9): Ela serve como escudo e proteção.

III. Ela Satisfaz (2.10-11): "E o conhecimento será aprazível à tua alma".

IV. Ela Salva (2.12-22)
   A. **Do homem ímpio** (2.12-15, 20-22): "Assim andarás pelo caminho dos bons, e guardarás as veredas dos justos".

B. Da mulher ímpia (2.16-19): A sabedoria o salva da mulher imoral.

ESBOÇO DA SEÇÃO TRÊS (PROVÉRBIOS 3)
A sabedoria resulta em relacionamentos corretos e concede vida e honra.

I. O Caminho (3.1, 3)
   A. **Guardar seus preceitos no coração** (3.1): Nunca esqueça o que o Senhor ensina.
   B. **Atá-los ao pescoço** (3.3): Os ensinamentos de Deus devem ser como um colar que se usa permanentemente.
   C. **Escrevê-los nas tábuas do coração** (3.3).

II. As Regras (3.5-12, 19-21, 25-35)
   A. **O que fazer** (3.5-10)
      1. *Confiar no Senhor* (3.5-8): Devemos buscar a vontade de Deus em tudo o que fazemos. Se o temermos e nos voltarmos contra o mal, teremos saúde e vitalidade renovadas.
      2. *Dar o dízimo ao Senhor* (3.9-10): Se honramos ao Senhor com o melhor de nosso salário, ele nos recompensará.
   B. **O que não fazer** (3.11-12, 21, 25-35)
      1. *Não desprezar sua disciplina* (3.11-12): O Senhor disciplina aqueles a quem ama.
      2. *Não perder a visão do bom planejamento e da percepção* (3.21).
      3. *Não ser tomado pelo medo* (3.25-26): "O Senhor será a tua confiança".
      4. *Não fazer o mal ao próximo* (3.27-30): Não trame contra o seu próximo nem faça acusações contra alguém que não praticou mal algum. Ajude o próximo, se for possível.
      5. *Não invejar o homem violento* (3.31-35): Os ímpios são uma abominação ao Senhor e serão envergonhados.

III. O Fundamento (3.19-20)
   A. **Pela sabedoria, Deus fundou a terra, as nuvens e a chuva** (3.19-20).
   B. **Pela sabedoria, estabeleceu os céus** (3.19).

IV. As Recompensas (3.2, 4, 13-18, 22-24)
   A. **Uma vida longa e satisfatória** (3.2)
   B. **Favor com Deus e com as pessoas** (3.4): "Assim acharás favor e bom entendimento".
   C. **Uma posse mais preciosa do que prata, ouro ou pedras preciosas** (3.13-15): Nada se compara à sabedoria.
   D. **Riqueza e honra** (3.16-17): "Os seus caminhos são caminhos de delícia".
   E. **Uma árvore da vida** (3.18): Felizes aqueles que abraçam a sabedoria.
   F. **Confiança e segurança** (3.22-24): "Tu te deitarás e o teu sono será suave".

ESBOÇO DA SEÇÃO QUATRO (PROVÉRBIOS 4)
A sabedoria resulta em autocontrole.

I. O Conselho de Davi a Salomão (4.1-9)
   A. **Adquira a sabedoria** (4.1-2, 5, 7): Aprenda a ser sábio, pois esta é a coisa mais importante.
   B. **Abrace a sabedoria** (4.4, 8): Se retiver a sabedoria no seu coração, você viverá.
   C. **Ame e estime a sabedoria** (4.3, 6, 8-9): A sabedoria o protegerá e o exaltará.

II. O Conselho de Salomão a Roboão (4.10-27)
   A. **Que a sabedoria proteja seus pés** (4.10-19, 26-27)
      1. *Para o impedir de mancar ou tropeçar* (4.10-12): Se fizer isto, terá uma vida longa e boa.
      2. *Para o impedir de se perder* (4.13-19, 26-27): Evite os malfeitores. "Pondera a vereda de teus pés, e serão seguros todos os teus caminhos".
   B. **Que a sabedoria proteja seu coração** (4.20-23)
      1. *Ela é a fonte da vida* (4.20, 22): Que as palavras da sabedoria tragam vida e saúde.
      2. *Ela é a fonte da alma* (4.21, 23): Que a sabedoria proteja seu coração.
   C. **Que a sabedoria proteja sua língua** (4.24): Fique longe da fala corrupta.
   D. **Que a sabedoria proteja seus olhos** (4.25): "Dirijam-se os teus olhos para a frente... diretamente diante de ti".

ESBOÇO DA SEÇÃO CINCO (PROVÉRBIOS 5)
A sabedoria instrui acerca da sexualidade.

I. A Mulher da Rua: Fique Longe Dela (5.1-14, 21-23)
   A. **O prazer que ela oferece** (5.3)
      1. *Seus lábios são doces como o mel* (5.3).
      2. *Sua boca é mais suave que o azeite* (5.3).
   B. **O preço que você paga** (5.4-14, 21-23)
      1. *"Mas o seu fim é amargoso"* (5.4): É "agudo como a espada de dois gumes".
      2. *"Os seus pés descem à morte"* (5.5): "Os seus passos seguem no caminho do Seol".
      3. *"Ela não pondera a vereda da vida"* (5.6): "Incertos são os seus caminhos, e ela o ignora".
      4. *A perda da reputação* (5.7-9): Ela levará sua honra.
      5. *A perda do auto-respeito* (5.12-14): Você chega à margem da ruína completa.
      6. *A perda da riqueza* (5.10): Outros desfrutarão o fruto de seu trabalho.

7. *A perda da saúde* (5.11): A doença consome seu corpo.
8. *A perda da alma* (5.21-23).

II. A Esposa em Casa: Deleite-se Nela (5.15-20)
   A. **A regra: permaneça fiel a ela** (5.15-18).
   B. **A recompensa: o amor dela o satisfará** (5.19-20).

ESBOÇO DA SEÇÃO SEIS (PROVÉRBIOS 6)
A sabedoria alerta sobre as armadilhas a evitar.

I. As Advertências de Deus (6.1-15, 24-35): Quatro pessoas são alertadas:
   A. **O desatento** (6.1-5): Deus o aconselha a pensar com cuidado antes de ser fiador de um empréstimo a alguém.
   B. **O preguiçoso** (6.6-11)
      1. *O exemplo* (6.6-8): Deus aconselha o preguiçoso a aprender com a formiga trabalhadora.
      2. *Os resultados* (6.9-11): Extrema pobreza no futuro.
   C. **Os implacáveis** (6.12-15)
      1. *A libertinagem deles* (6.12-14)
         a. São cheios de hipocrisia (6.12-13): Eles mentem constantemente.
         b. Constantemente planejam o mal (6.14): Eles são pervertidos.
         c. Espalham conflitos (6.14): Eles instigam o problema constantemente.
      2. *A destruição deles* (6.15): Será rápida e total.
   D. **O desvirtuado** (6.24-35): O sexo ilícito traz conseqüências trágicas.
      1. *A beleza de uma mulher imoral seduz* (6.24-25): Manter-se longe de suas lisonjas.
      2. *Ela reduz uma pessoa à pobreza* (6.26): Pode custar-lhe a vida.
      3. *Ela arrasa tanto o caráter quanto a reputação* (6.27-29, 33): Sua vergonha jamais pode ser apagada.
      4. *Ela faz do homem um tolo* (6.32): Ele destrói sua própria alma.

II. As Seguranças de Deus (6.20-23)
   A. **Sua palavra nos protegerá** (6.20-22): Ela nos protege.
   B. **Sua palavra nos guiará** (6.23): Sua palavra é a lâmpada que norteia pelo caminho.

III. Sete Abominações aos Olhos de Deus (6.16-19): "Olhos altivos, língua mentirosa, e mãos que derramam sangue inocente; coração que maquina projetos iníquos, pés que se apressam a correr para o mal; testemunha falsa que profere mentiras e o que semeia contendas entre irmãos".

ESBOÇO DA SEÇÃO SETE (PROVÉRBIOS 7)
A sabedoria alerta contra a fornicação.

I. Receba Minhas Palavras e Viva (7.1-5)
   A. "**Observa os meus mandamentos... como a menina dos teus olhos**" (7.1-2).
   B. "**Ata-os aos dedos**" (7.3).
   C. "**Escreve-os na tábua do teu coração**" (7.3).
   D. "**Dize à sabedoria: Tu és minha irmã**" (7.4-5): "Ao entendimento chama teu parente".

II. Rejeite Minhas Palavras e Morra (7.6-27)
   A. **A observação de Salomão** (7.6-23): Ele vê uma prostituta aproximando-se de um jovem sem juízo.
      1. *A sedução* (7.6-21)
         a. Onde ele está (7.6-12): O jovem sem juízo passa por sua casa à tardinha.
         b. O que ela faz (7.13): Ela o agarra e o beija.
         c. O que ela diz (7.14-21)
            (1) Minha cama está preparada (7.14-18): Ela quer desfrutar suas carícias a noite toda.
            (2) Meu marido está numa viagem longa (7.19-21).
      2. *A destruição* (7.22-23): Ele a segue imediatamente:
         a. Como um animal prestes a ser morto (7.22-23).
         b. Como um pássaro prestes a ser pego (7.23): Ele não percebe que isso custará sua vida.
   B. **A dupla conclusão de Salomão** (7.24-27)
      1. *Ouça e viva* (7.24-25): "Não se desvie para os seus caminhos o teu coração".
      2. *Desobedeça e morra* (7.26-27): "Caminho de Seol é a sua casa".

ESBOÇO DA SEÇÃO OITO (PROVÉRBIOS 8)
A sabedoria proclama seu valor, sua disponibilidade e suas realizações.

I. A Súplica da Sabedoria (8.1-21, 32-36): A sabedoria chama dos cumes e das encruzilhadas, falando a todos da importância de aceitar suas palavras, que são:
   A. **Válidas** (8.1-9)
      1. *"Aprendei, ó simples, a prudência"* (8.1-5).
      2. *"Profiro coisas excelentes"* (8.6).
      3. *"A minha boca profere a verdade; os meus lábios abominam a impiedade"* (8.7).
      4. *"Justas são todas as palavras da minha boca"* (8.8).
      5. *"Todas elas são retas para o que bem as entende"* (8.9).
   B. **Valiosas** (8.10-11, 18-21): A sabedoria é mais preciosa do que a prata, o ouro e os rubis.

C. **Vitais** (8.12-17): Todos os governadores da terra precisam de sabedoria para governar e julgar sabiamente.
D. **Vibrantes** (8.32-36)
   1. *Elas trazem vida abundante* (8.32-35).
   2. *Elas geram o favor de Deus* (8.35-36): Mas aqueles que perdem a sabedoria machucam-se e amam a morte.

II. A Eternidade da Sabedoria (8.22-31): Muitos acreditam que estes versículos referem-se ao próprio Jesus.
   A. **A sabedoria criou com Deus na eternidade passada** (8.22-29): A sabedoria está com Deus durante a criação.
   B. **A sabedoria é companheira de Deus desde a eternidade passada** (8.30-31): A sabedoria é o deleite constante de Deus.

ESBOÇO DA SEÇÃO NOVE (PROVÉRBIOS 9)
A sabedoria noticia um banquete e dá instruções.

I. Os Frutos da Sabedoria (9.1-12)
   A. **Seu palácio** (9.1): "A sabedoria já edificou a sua casa, já lavrou as suas sete colunas".
   B. **Suas provisões** (9.2, 5-6): A sabedoria "imolou as suas vítimas, misturou o seu vinho e preparou a sua mesa".
   C. **Sua súplica** (9.3-4): "Já enviou as suas criadas a clamar" a todos.
   D. **Sua plataforma** (9.10): "O temor do Senhor é o princípio da sabedoria".
   E. **Suas promessas** (9.7-9, 11-12)
      1. *Os resultados de se rejeitar o sábio* (9.7-8): Repreender um homem ímpio o ferirá; o sábio o amará ainda mais.
      2. *Os efeitos de se ensinar o sábio* (9.9): O justo aprenderá mais, e o sábio se tornará mais sábio.
      3. *Os benefícios da sabedoria adquirida* (9.11-12): Ela acrescentará abundância de anos à vida.

II. A Tolice da Prostituição (9.13-18): A tolice é comparada a uma prostituta escandalosa e atrevida.
   A. **O que promete a imoralidade sexual** (9.13-17): "As águas roubadas são doces, e o pão comido às ocultas é agradável".
   B. **O que produz a imoralidade sexual** (9.18): "Os seus convidados estão nas profundezas do Seol".

ESBOÇO DA SEÇÃO DEZ (PROVÉRBIOS 10)
A sabedoria instrui quanto ao certo e ao errado.

I. Os Dois Filhos (10.1-7)
   A. **O filho sábio traz alegria ao pai** (10.1-7).
   B. **O filho tolo traz tristeza à sua mãe** (10.1-7).

II. Os Dois Estilos de Vida e Seus Resultados (10.8-32)
   A. **O sábio *versus* o tolo** (10.8-9, 13-14, 19-21, 23, 26): O sábio é cuidadoso com suas ações e palavras; o tolo só se preocupa com seus próprios desejos.
   B. **O obediente *versus* o desobediente** (10.10, 17): O obediente aceita a correção; o desobediente "cairá".
   C. **O rico *versus* o pobre** (10.15-16, 22): As pessoas sábias usam seu dinheiro sabiamente; o tolo desperdiça.
   D. **O justo *versus* o ímpio** (10.11-12, 18, 24-25, 27-32): As palavras do justo conduzem à vida; as pessoas más escondem suas intenções e encurtam a própria vida.

ESBOÇO DA SEÇÃO ONZE (PROVÉRBIOS 11)
A sabedoria evita todos os tipos de impiedade.

I. Deus Abomina a Desonestidade (11.1-3): "O peso justo é o seu prazer".

II. As Riquezas Não Ajudarão (11.4-9): Somente o viver correto protege contra a morte.

III. O Justo Sustenta a Cidade (11.10-11): O justo prospera e ajuda outros.

IV. O Justo Vive Corretamente (11.12-21): Uma pessoa com bom senso não faz intriga. A alma é alimentada quando é bondosa.

V. O Justo Usa a Prudência (11.22-23): A prudência é mais importante que a beleza. "O desejo dos justos é somente para o bem; porém a expectativa dos ímpios é a ira."

VI. O Justo é Generoso (11.24-26): "A alma generosa prosperará, e o que regar também será regado".

VII. O Justo é Recompensado (11.27-31): Ele encontra favor e floresce.

ESBOÇO DA SEÇÃO DOZE (PROVÉRBIOS 12)
A sabedoria contrasta a retidão com a impiedade.

I. O Caráter Faz Diferença (12.1-14): O Senhor alegra-se com aqueles que são bons, mas condena o ímpio.

II. O Sábio Examina Suas Palavras (12.15-16): "O caminho do insensato é reto aos seus olhos".

III. As Palavras Podem Ferir (12.17-23): "Há palrador cujas palavras ferem como espada; porém a língua dos sábios traz saúde".

IV. O Trabalhador Vence (12.24-28): O que trabalha duro torna-se líder.

ESBOÇO DA SEÇÃO TREZE (PROVÉRBIOS 13)
A sabedoria instrui sobre como viver retamente.

I. Correção (13.1): Aceitar a disciplina dos pais.

II. Controle (13.2-4): Trabalhar duro leva à prosperidade; controlar a língua dá vida longa.

III. Conseqüências (13.5-25): O justo odeia mentiras, trabalha duro para obter seu dinheiro e é recompensado com respeito. O ímpio arruína sua vida com sua língua, fica rico e logo perde sua riqueza, e sua vida se esvai rapidamente.

ESBOÇO DA SEÇÃO QUATORZE (PROVÉRBIOS 14)
A sabedoria instrui acerca do temor do Senhor.

I. O Sábio e o Tolo (14.1-9): O sábio edifica sua casa; o tolo a destrói.

II. A Verdadeira Alegria (14.10-13): O riso esconde um coração pesaroso.

III. Padrões de Personalidade (14.14-21): O prudente considera cuidadosamente o que faz, enquanto o tolo se apressa sem pensar.

IV. Os "Faça" e "Não Faça" (14.22-28): Planejar o bem, trabalhar duro, ser confiável e temer ao Senhor.

V. Raiva e Inveja (14.29-33): Quem controla a raiva tem grande entendimento. Se é invejoso, sua vida apodrece.

VI. Exaltando o Reino e o Rei (14.34-35): A piedade exalta uma nação, e um rei se regozija nela.

ESBOÇO DA SEÇÃO QUINZE (PROVÉRBIOS 15)
A sabedoria instrui sobre emoções corretas e a forma certa de viver.

I. Use as Palavras Sabiamente (15.1-7): "Uma língua suave é árvore de vida; mas a língua perversa quebranta o espírito".

II. Lembre-se do que o Senhor Ama (15.8-9): As orações do justo e daqueles que perseguem a bondade.

III. Considere as Conseqüências (15.10-19): Abandonar o caminho correto traz sérias conseqüências.

IV. Use o Bom Senso (15.20-29): O Senhor está longe do ímpio, mas perto do justo.

V. Veja e Ouça Bem (15.30-33): O olhar amigo traz alegria ao coração.

ESBOÇO DA SEÇÃO DEZESSEIS (PROVÉRBIOS 16)
A sabedoria instrui sobre o cuidado providencial de Deus.

I. Um Propósito para Tudo (16.1-9): "Entrega ao Senhor as tuas obras, e teus desígnios serão estabelecidos".

II. Conselho Real (16.10-15): O rei jamais deve julgar injustamente.

III. Mais Gloriosos que o Ouro (16.16-17): Sabedoria e entendimento são melhores que a riqueza.

IV. Orgulho e Prosperidade (16.18-24): É melhor ser um pobre humilde do que um rico orgulhoso.

V. Um Agrupamento Ímpio (16.25-30): O caminho que parece direito, na realidade, leva à destruição.

VI. Controle Seu Temperamento (16.31-33): "Melhor é o longânimo do que o valente".

ESBOÇO DA SEÇÃO DEZESSETE (PROVÉRBIOS 17)
A sabedoria instrui sobre os tolos.

I. Um Fogo Refinador (17.1-5): Deus prova o coração; os tolos são destruídos.

II. Orgulho da Família (17.6): "Coroa dos velhos são os filhos dos filhos; e a glória dos filhos são seus pais".

III. Uma Coleção de Tolos (17.7-28): "O perverso de coração nunca achará o bem; e o que tem a língua dobre virá a cair no mal".

ESBOÇO DA SEÇÃO DEZOITO (PROVÉRBIOS 18)
A sabedoria instrui sobre as virtudes morais e seus opostos.

I. A Boca de um Tolo (18.1-9): Os tolos esperam para discutir apenas suas opiniões. Eles sempre se metem em discussões, e a boca deles está cheia de ruína.

II. A Segurança do Senhor (18.10-11): O justo corre para o Senhor quando está em perigo.

III. O Poder da Língua (18.12-21): "A morte e a vida estão no poder da língua".

IV. As Maravilhas de uma Esposa (18.22): "Quem encontra uma esposa acha uma coisa boa; e alcança o favor do Senhor".

V. O Melhor de Todos os Irmãos (18.23-24): "Há um amigo que é mais chegado do que um irmão".

ESBOÇO DA SEÇÃO DEZENOVE (PROVÉRBIOS 19)
A sabedoria instrui sobre o caráter.

I. Riqueza e Sabedoria (19.1-4): "As riquezas granjeiam muitos amigos; mas do pobre o seu próprio amigo se separa".

II. Enganadores e Mentirosos (19.5-9): A testemunha falsa será punida, e o mentiroso será destruído.

III. Tolos, Reis e Filhos (19.10-14): Os tolos não devem viver em meio ao luxo e devem restringir sua ira.

IV. Preguiça e Vida (19.15-16): "A preguiça faz cair em profundo sono; e o ocioso padecerá fome". Quem mantém os mandamentos mantém a vida.

V. Disciplina e Dedicação (19.17-25): Se disciplinar seus filhos, salvará a vida deles. "O que faz um homem desejável é a sua benignidade."

VI. Violência contra os Pais (19.26-29): Os filhos que maltratam os pais são uma desgraça.

ESBOÇO DA SEÇÃO VINTE (PROVÉRBIOS 20)
A sabedoria instrui sobre a importância de evitar a bebida, a preguiça e o espírito litigioso.

I. Não se Deixe Vencer pela Bebida (20.1).

II. Não Incite a Ira do Rei (20.2-8): Seu juízo é sempre justo.

III. Não Tenha Dois Padrões (20.9-13): O Senhor os despreza. É preciso trabalhar e não ser preguiçoso. Seja puro em tudo o que você faz.

IV. Cuidado com Negócios Injustos (20.14-18): Não aceite garantia pela dívida de um estrangeiro sem o devido respaldo.

V. Não Faça Intriga, Nem Acalente Melindres (20.19-25): "Os passos do homem são dirigidos pelo Senhor".

VI. Não Tolere a Impiedade (20.26-30): Um rei sábio sabe como lidar com o ímpio. "O espírito do homem é a lâmpada do Senhor, a qual esquadrinha todo o mais íntimo do coração."

ESBOÇO DA SEÇÃO VINTE E UM (PROVÉRBIOS 21)
A sabedoria instrui sobre a integridade, a paciência e a soberania de Deus.

I. Deus Observa o Coração (21.1-8): O Senhor examina mais nosso coração que nossas ações.

II. É Melhor Estar Só (21.9-19): É melhor estar sozinho do que ter uma esposa litigiosa ou companhias ímpias.

III. O Caminho do Sábio (21.20-29): "Aquele que segue a justiça e a bondade achará a vida, a justiça e a honra".

IV. "Do Senhor Vem a Vitória" (21.30-31): "Não há sabedoria, nem entendimento, nem conselho contra o Senhor".

ESBOÇO DA SEÇÃO VINTE E DOIS (PROVÉRBIOS 22)
A sabedoria ensina a obter e manter o bom nome. Ela enfatiza as palavras sábias e a justiça perante os outros, especialmente o pobre.

I. Um Bom Nome (22.1): Uma boa reputação é melhor do que a prata e o ouro.

II. Direcionamento Geral (22.2-16): O Senhor fez a todos nós, e todos temos de escolher fazer o que é certo.

III. Bom Conselho (22.17-29): O sábio atenta para estes provérbios à medida que confia no Senhor.

ESBOÇO DA SEÇÃO VINTE E TRÊS (PROVÉRBIOS 23)
A sabedoria ensina sobre a cobiça, a intemperança e a impureza.

I. Jantando com um Rei (23.1-5): Preste atenção ao que está à sua frente, já que o engano pode estar presente.

II. Jantando com o Mesquinho (23.6-8): Não vá, porque ele não tenciona ser hospitaleiro.

III. Comungando com os Tolos (23.9): Se der ouvido ao insensato, você desprezará a sabedoria; então, não perca seu tempo com ele.

IV. Disciplinando os Filhos (23.10-18): Faça o que puder para adquirir sabedoria para si próprio e para seus filhos.

V. Evite Armadilhas (23.19-28): Muito de qualquer coisa leva uma pessoa à pobreza ou a um profundo abismo.

A BÍBLIA EM ESBOÇOS　　　　　　　　　　　　　　　　　　　　　　310

VI. Evitando a Bebedeira (23.29-35): Um bêbado não se preocupa com seu estado. Ele sempre anseia pelo próximo gole.

ESBOÇO DA SEÇÃO VINTE E QUATRO (PROVÉRBIOS 24)
A sabedoria diz como se relacionar com o ímpio e o tolo, como se portar com o próximo e alerta quanto a evitar a preguiça.

I. A Casa Edificada pela Sabedoria (24.1-9): "Com o entendimento ela se estabelece" e "pelo conhecimento se encherão as câmaras de todas as riquezas preciosas".

II. Salvando os que se Perdem (24.10-12): Deus punirá quem não ajudar aos que são condenados injustamente.

III. Como Mel para a Alma (24.13-14): Se você se alimentar de sabedoria, terá um futuro brilhante, e suas esperanças serão satisfeitas.

IV. Cair Sete Vezes (24.15-16): O justo é capaz de superar contratempos.

V. Quando os Inimigos Caem (24.17-22): Se você se regozijar no contratempo do ímpio, Deus não se alegrará com você.

VI. Parcialidade e Preparação (24.23-27): Não declare o culpado inocente, ou você será denunciado pelas nações. Desenvolva seu negócio antes de construir sua casa.

VII. Retribuir o Bem pelo Mal (24.28-29): Não minta nem testemunhe malignamente contra os outros.

VIII. Aprenda com o Preguiçoso (24.30-34): A preguiça traz a pobreza.

ESBOÇO DA SEÇÃO VINTE E CINCO (PROVÉRBIOS 25)
A sabedoria ensina reis e súditos a temer a Deus e à justiça.

I. A Fonte dos Provérbios (25.1): Eles foram coletados dos conselheiros de Ezequias.

II. Os Poderes dos Governantes (25.2-7): Os reis têm autoridade para exaltar ou humilhar as pessoas.

III. Seja Tardio em Processar (25.8-10): Tente resolver a disputa com seu próximo particularmente.

IV. O Justo Usa as Palavras (25.11-15): As palavras devem ser usadas para dar bons conselhos e para edificar, não para fazer promessas que não serão cumpridas.

V. Moderação em Todas as Coisas (25.16-17): Não coma muito, ou você ficará doente; não seja muito freqüente à casa dos outros, ou você não será mais bem-vindo.

VI. Lidando com os Outros (25.18-20): Não faça coisas que o bom senso diz não serem boas para você nem para os outros, tais como mentir ou ofender alguém.

VII. Retribua com Gentileza (25.21-22): O Senhor recompensa quem dá ao inimigo alimento e bebida.

VIII. Melhor no Telhado (25.23-24): É melhor viver só num sótão do que com uma pessoa rixosa ou fofoqueira.

IX. Boas Novas e Autocontrole (25.25-28): As boas novas são como água gelada para o sedento. Uma pessoa sem autocontrole é como uma cidade com os muros derrubados.

ESBOÇO DA SEÇÃO VINTE E SEIS (PROVÉRBIOS 26)
A sabedoria instrui acerca da conduta desonrada.

I. Fatos sobre o Tolo (26.1-12): Não se deve confiar em um tolo e não se deve honrá-lo.

II. Sete Vezes Mais Esperto (26.13-16): Uma pessoa preguiçosa pensa que é esperta, mas tem apenas muitas desculpas.

III. Importe-se com Seu Próprio Negócio (26.17-19): Não interfira nas discussões dos outros.

IV. A Intriga Gera a Mágoa (26.20-28): O mal que se intenta aos outros voltará para você.

ESBOÇO DA SEÇÃO VINTE E SETE (PROVÉRBIOS 27)
A sabedoria ensina sobre os relacionamentos humanos.

I. Nem Vanglória, Nem Jactância (27.1-3): Não se sabe o que o futuro reserva. Deixe que os outros façam elogios.

II. Mais Perigosa que a Ira (27.4): A inveja é mais destrutiva do que a ira.

III. Mais Doce que Beijos (27.5-9): A crítica de um amigo é melhor do que os beijos do inimigo.

IV. Nunca se Esqueça de Seu Amigo (27.10-14): Se nos lembrarmos de nossos amigos, eles nos ajudarão quando necessário.

V. Dia Chuvoso e a Mulher Rixosa (27.15-18): Ambos são irritantes.

VI. Como um Espelho (27.19-22): "Como na água o rosto corresponde ao rosto, assim o coração do homem ao homem".

VII. Atentando para os Cordeiros (27.23-27): Cuide de seu rebanho, pois ele proverá alimento e vestimenta.

ESBOÇO DA SEÇÃO VINTE E OITO (PROVÉRBIOS 28)
A sabedoria ensina como o rico inescrupuloso e ilícito lida com o pobre.

I. Um Governo Firme (28.1-2): Líderes sábios formam uma nação firme.

II. A Chuva que Cai (28.3): "O homem pobre que oprime os pobres é como a chuva impetuosa que não deixa trigo".

III. Integridade (28.4-9): Uma pessoa íntegra segue ao Senhor e entende a justiça. Deus não responde às orações dos perversos, que são injustos e ignoram a lei.

IV. As Bênçãos do Justo, o Apuro do Ímpio (28.10-15): As pessoas herdam coisas boas; todos se alegram quando elas têm êxito. Se as pessoas confessam seus pecados e teimosias e adotam uma consciência sensível, alcançam misericórdia.

V. A Ascensão do Justo, a Queda do Ímpio (28.16-20): Um rei honesto terá um reino longo, mas o rei estúpido oprimirá o povo. O honesto será salvo, enquanto o desonesto será destruído.

VI. Parcialidade e Punição (28.21): Nunca é bom demonstrar favoritismo, mas alguns são capazes de fazer isso por quase nada.

VII. Senso Crítico (28.22-24): "O que repreende a um homem achará depois mais favor do que aquele que lisonjeia com a língua".

VIII. Cobiça e Generosidade (28.25-28): "O cobiçoso levanta contendas... o que dá ao pobre não terá falta".

ESBOÇO DA SEÇÃO VINTE E NOVE (PROVÉRBIOS 29)
A sabedoria instrui contra a rebeldia e a insubordinação.

I. Aceitando a Crítica (29.1): Quem se recusa a aceitar críticas é quebrantado.

II. Sabedoria e Impiedade (29.2-8): "O que ama a sabedoria alegra a seu pai... na transgressão do homem mau, há laço".

III. Fatos sobre o Tolo (29.9-11): O tolo não tem controle de suas emoções.

IV. O Opressor e o Pobre (29.12-14): Se um rei honra mentirosos, todos os seus conselheiros serão ímpios. Ele terá um longo reinado, se for justo com o pobre.

V. Disciplinando, Não Destruindo (29.15-17): A disciplina produz a sabedoria, mas a criança entregue a si mesma é a desgraça da mãe.

VI. Sem Revelação, Sem Restrição (29.18-19): Se as pessoas não são sábias nem aceitam ser guiadas, seguirão errantes, sem destino.

VII. Falar Impensado (29.20-26): Há mais esperança para um tolo do que para aquele que fala sem pensar.

VIII. O Justo e o Ímpio (29.27): Eles se abominam.

ESBOÇO DA SEÇÃO TRINTA (PROVÉRBIOS 30)
A sabedoria instrui na Palavra de Deus e em outros assuntos.

I. O Escritor (30.1-3, 7-9)
   A. Sua identidade (30.1): Ele é Agur, filho de Jaqué.
   B. Sua ignorância (30.2-3)
      1. *Falta-lhe o bom senso* (30.2).
      2. *Ele não aprendeu a sabedoria humana* (30.3).
      3. *Ele não compreende a Deus* (30.3).
   C. Sua investigação (30.7-9): Agur pede a Deus dois favores:
      1. *"Afasta de mim a falsidade e a mentira"* (30.8).
      2. *"Não me dês nem a pobreza nem a riqueza"* (30.8-9): Se ele ficar rico, talvez se torne orgulhoso; se ele se tornar pobre, talvez desonre o nome de Deus. Ele quer apenas o necessário para satisfazer suas necessidades.

II. As Maravilhas de Deus (30.4): Deus tem o controle completo sobre si e sobre tudo o que criou.

III. A Palavra de Deus (30.5-6)
   A. "Toda a palavra de Deus é pura" (30.5).
   B. Não ousamos acrescentar nada (30.6): Se o fizermos, o Senhor nos repreenderá e seremos mentirosos.

IV. O Mundo de Deus (30.10-33)
  A. **Sete tipos de pessoas** (30.10-14, 17, 20, 32)
    1. *Aquelas que caluniam alguém diante de seus senhores* (30.10): Receberão maldição e pagarão pelo que fizeram.
    2. *Aquelas que amaldiçoam e desonram seus pais* (30.11, 17): Serão devoradas por corvos.
    3. *Aquelas que são puras aos seus próprios olhos* (30.12): São imundas e corruptas.
    4. *Aquelas que têm orgulho e atitudes desprezíveis* (30.13).
    5. *Aquelas que devoram os pobres* (30.14): Destroem o necessitado com dentes afiados como espadas e facas.
    6. *O impetuoso e a prostituta provocante* (30.20): Ela acha que nada fez de errado.
    7. *Os tolos arrogantes, que tramam o mal* (30.32): Não devem gabar-se disto; devem envergonhar-se.
  B. **Dois tolos que pertencem à sanguessuga** (30.15): Eles clamam: "Dá, dá!"
  C. **Quatro coisas que jamais são satisfeitas** (30.15-16): "O Seol, a madre estéril, a terra que se não farta d'água, e o fogo".
  D. **Quatro coisas maravilhosas e misteriosas** (30.18-19): "O caminho da águia no ar, o caminho da cobra na penha, o caminho do navio no meio do mar, e o caminho do homem com uma virgem".
  E. **Quatro coisas que a terra não pode suportar** (30.21-23): O servo quando se torna rei; o insensato quando anda farto de pão; a mulher desdenhada quando se casa; a serva quando se torna herdeira de sua senhora.
  F. **Quatro coisas pequenas, mas sábias** (30.24-28)
    1. *Formigas* (30.25): "No verão preparam a sua comida".
    2. *Arganazes* (30.26): "Fazem a sua casa nas rochas".
    3. *Gafanhotos* (30.27): "Marcham todos enfileirados".
    4. A *lagartixa* (30.28): Que está em todos os lugares.
  G. **Quatro monarcas imponentes** (30.29-31): "O leão..., o galo emproado, o bode e o rei, à frente do seu povo".
  H. **Três subprodutos da vida** (30.33): Leite batido produz manteiga; nariz torcido produz sangue; estimular a ira produz contendas.

ESBOÇO DA SEÇÃO TRINTA E UM (PROVÉRBIOS 31)
A sabedoria instrui reis e louva a mulher virtuosa, sábia e produtiva.

I. Um Conselho da Mãe Piedosa (31.1-9)
  A. **A quem ela ensina** (31.1-2): Ela ensina seu filho, o rei Lemuel.
  B. **O que ela ensina** (31.3-9)
    1. *O negativo* (31.3-7)
      a. "Não dês às mulheres a tua força... às que destroem os reis" (31.3).
      b. Evite bebidas fortes (31.4-7).

2. *O positivo* (31.8-9): Ajude o pobre e necessitado.
II. O Caráter da Esposa Piedosa (31.10-31)
   A. **Seu valor** (31.10, 25, 29)
      1. *Ela é mais preciosa do que rubis* (31.10).
      2. *"A força e a dignidade são os seus vestidos"* (31.25): "Ri-se do tempo vindouro".
      3. *Ela excede todas as outras mulheres* (31.29).
   B. **Suas obras** (31.13-22, 24, 27)
      1. *Com sua família* (31.13-15, 17-19, 21-22, 27)
         a. Ela provê roupas apropriadas (31.13, 21): Encontra lã e linho e tece vestimentas.
         b. Ela planeja a refeição e o seu dia (31.14-15): Traz comida de longe e levanta antes do amanhecer para preparar o café da manhã.
         c. Ela é incansável em seu trabalho (31.17-19): É uma trabalhadora; procura negociar e trabalha até tarde.
         d. Ela se preocupa e cuida da casa toda (31.22, 27): Faz suas próprias roupas e suas colchas.
      2. *Com seu dinheiro* (31.16, 24)
         a. Ela vende e compra sabiamente (31.16).
         b. Ela planta uma vinha com seus ganhos (31.16).
         c. Ela faz e vende cintas e roupas de linho (31.24).
      3. *Com os menos prósperos* (31.20): Ela estende seus braços ao pobre e necessitado.
   C. **Sua sabedoria** (31.26): Suas palavras de instrução são sábias e boas.
   D. **Suas testemunhas** (31.11-12, 23, 28, 31)
      1. *Seu marido* (31.11-12, 23)
         a. Confia nela (31.11): "Não lhe haverá falta de lucro".
         b. Sabe que ela o ajuda (31.12): "Ela lhe faz bem, e não mal".
         c. É respeitado entre os anciãos da cidade (31.23).
      2. *Seus filhos* (31.28): "Levantam-se seus filhos, e lhe chamam bem-aventurada".
      3. *Seus conterrâneos* (31.31): Ela deve ser elogiada publicamente.
   E. **Sua adoração** (31.30): Ela teme e reverencia o Senhor.

Eclesiastes

ESBOÇO DA SEÇÃO UM (ECLESIASTES 1)
O Pregador declara nada ter de valor. Começa revendo sua busca pelo significado da vida, e a primeira conclusão a que chega é que a sabedoria é fútil.

I. O Homem (1.1, 12): O autor apresenta-se como filho do rei Davi — presumivelmente, Salomão — e diz que, em certa época, governou Israel.

II. A Missão (1.13, 16)
   A. **Sua procura** (1.13): Salomão atira-se a uma busca de significado para a vida.
   B. **Suas características** (1.16): Por causa de sua grande sabedoria e seu poder, Salomão sente que possui credenciais suficientes para realizar tal busca.

III. A Loucura (1.2-11, 14-15, 17-18): Uma investigação preliminar revela algumas verdades amargas acerca da vida.
   A. **Sem propósito real** (1.2-7, 14, 17): A vida é fútil e sem significado.
   B. **Sem novidade** (1.9-10): A história meramente se repete.
   C. **Sem cura** (1.15): O que é errado não pode ser corrigido.
   D. **Sem honra duradoura** (1.11): O morto é rapidamente esquecido.

ESBOÇO DA SEÇÃO DOIS (ECLESIASTES 2)
Salomão tenta encontrar significado para várias coisas.

I. As Desilusões do Rei (2.1-10): Salomão entra por vários caminhos à procura de paz e propósito. Isto inclui:
   A. **Prazer** (2.1-2)
   B. **Bebida** (2.3)
   C. **Grandes obras** (2.4a)
   D. **Plantação de vinhas** (2.4b)
   E. **Criação de belos jardins com árvores exóticas** (2.5-6)

F. O acúmulo de posses, como:
   1. *Escravos* (2.7a)
   2. *Manadas e rebanhos* (2.7b)
   3. *Prata e ouro* (2.8a)
   4. *Músicos dotados* (2.8b)
   5. *Lindas concubinas* (2.8c)
G. **Reputação universal** (2.9)
H. **Indulgência total** (2.10)

II. As Conclusões do Rei (2.11-26)
   A. **A triste verdade** (2.11-23)
      1. *O que Salomão descobre* (2.11-16)
         a. Tudo é vaidade e inútil (2.11).
         b. Todos, um dia, morrerão (2.12-16).
      2. *O que Salomão teme* (2.17-23): Ele percebe que, na maioria das situações, os feitos dos bons homens são deixados para os tolos.
   B. **A melhor verdade** (2.24-26): Contente-se com o que você tem e desfrute seu trabalho.

ESBOÇO DA SEÇÃO TRÊS (ECLESIASTES 3)
Salomão enxerga a vida pela perspectiva humana e pela perspectiva de Deus.

I. Os Eventos Terrenos pela Perspectiva Humana (3.1-14, 22)
   A. **As categorias** (3.1-8): Há um tempo próprio para todos os eventos.
      1. *Para nascer e para morrer* (3.2a)
      2. *Para plantar e para colher* (3.2b)
      3. *Para matar e para curar* (3.3a)
      4. *Para derrubar e para edificar* (3.3b)
      5. *Para chorar e para rir* (3.4a)
      6. *Para prantear e para dançar* (3.4b)
      7. *Para espalhar e para ajuntar* (3.5a)
      8. *Para abraçar e para se afastar* (3.5b)
      9. *Para buscar e para perder* (3.6a)
      10. *Para guardar e para jogar fora* (3.6b)
      11. *Para rasgar e para costurar* (3.7a)
      12. *Para calar e para falar* (3.7b)
      13. *Para amar e para odiar* (3.8a)
      14. *Para guerrear e para fazer paz* (3.8b)
   B. **As conclusões** (3.9-14, 22)
      1. *A verdade final* (3.9-11, 14): Deus — e somente ele — pode separar o tempo da eternidade.
      2. *Desfrute suas conquistas* (3.12-13, 22): Desfrute tanto de seu trabalho quanto os frutos decorrentes.

II. Os Eventos Terrenos Vistos pela Perspectiva de Deus (3.15-21)
   A. **O que Deus fez** (3.15): Deus supervisiona tudo o que já aconteceu.
   B. **O que Deus faz agora** (3.18-21): Ele prova as pessoas para que vejam que não são melhores que os animais.
   C. **O que Deus fará** (3.16-17): Ele trará juízo tanto ao justo quanto ao ímpio.

ESBOÇO DA SEÇÃO QUATRO (ECLESIASTES 4)
Salomão continua suas observações sobre a vida.

I. As Coisas Sórdidas Desta Vida (4.1-8, 13-16)
   A. **As pessoas que Salomão encontra** (4.1, 4-8)
      1. *O pobre oprimido* (4.1)
      2. *O rico egoísta* (4.4, 7-8)
      3. *O tolo preguiçoso* (4.5-6)
   B. **O pessimismo sentido por Salomão** (4.2-3, 13-16)
      1. *Com relação à vida e à morte* (4.2-3)
         a. É melhor estar morto do que viver (4.2)!
         b. Era melhor nem ter nascido (4.3)!
      2. *Com relação a prisioneiros e potentados* (4.13-16)
         a. É melhor ser um pobre, mas sábio, mesmo com antecedentes de prisão, que um rei tolo (4.13-16a)!
         b. Entretanto, ao fim de tudo, pouco importa quem e o que alguém é (4.16b).

II. As Coisas da Vida que Podem Ser Trabalhadas (4.9-12)
   A. **É melhor haver dois, que haver só um** (4.9-12a)
      1. *Se alguém cai, o outro pode ajudar* (4.10).
      2. *Se alguém está com frio, outro pode aquecê-lo* (4.11).
      3. *Se alguém é atacado, outro pode defendê-lo* (4.12a).
   B. **É melhor haver três, que haver somente dois** (4.12b): Um cordão de três dobras não é facilmente arrebentado.

ESBOÇO DA SEÇÃO CINCO (ECLESIASTES 5)
Salomão observa a humanidade.

I. As Palavras Humanas (5.1-7)
   A. **Ser cauteloso e fazer promessas** (5.1-3).
   B. **Cumprir fielmente um voto** (5.4-7).

II. A Perversão Humana (5.8-12)
   A. **Nossa injustiça** (5.8-9): Isto pode ser visto desde o mais pobre até o rei no trono.
   B. **Nossa avareza** (5.10-12): Quanto mais as pessoas recebem, mais elas querem.

III. A Miséria Humana (5.13-17)
   A. **Nosso nascimento** (5.15): Entramos no mundo sem nada.
   B. **Nossa vida** (5.13-14): Podemos ser financeiramente reduzidos a nada nesta vida.
   C. **Nossa morte** (5.16): Deixamos o mundo sem nada.

IV. A Sabedoria Humana (5.18-20): Novamente Salomão aconselha os leitores a desfrutar o trabalho e contentar-se com a vida.

ESBOÇO DA SEÇÃO SEIS (ECLESIASTES 6)
Salomão analisa as possíveis fontes de alegria.

I. A Fortuna Não Traz Felicidade (6.1-2)
   A. **A maioria das pessoas ricas encontra-se infeliz com suas posses** (6.2a).
   B. **Todas as pessoas ricas deixam suas posses para outros na morte** (6.2b).

II. É Inútil Ter uma Família Grande Se o Coração Não Tem Paz (6.3-5): Um natimorto está em melhor situação do que um pai infeliz de uma centena de filhos.

III. Vida Longa Sem Prazer Não Vale a Pena (6.6-12): Mesmo que uma pessoa vivesse para comemorar seu 2000º aniversário, não haveria sentido se não gozasse a vida.

ESBOÇO DA SEÇÃO SETE (ECLESIASTES 7)
Salomão analisa as possíveis fontes da felicidade.

I. Os "Melhores" (7.1-12, 19)
   A. **Uma boa reputação é melhor que um bom perfume** (7.1a).
   B. **O dia da morte é melhor que o dia do nascimento** (7.1b).
   C. **Funerais são melhores que festas** (7.2).
   D. **A dor é melhor que a risada** (7.3-4).
   E. **A crítica vinda do sábio é melhor que o elogio vindo do tolo** (7.5-6).
   F. **Terminar é melhor que começar** (7.8a).
   G. **A paciência é melhor que o orgulho** (7.8b).
   H. **A sabedoria é melhor que a riqueza** (7.11-12).
   I. **A sabedoria é melhor que o poder** (7.19).

II. O Amargo (7.26): A armadilha da prostituta é mais amarga que a morte.

III. O Princípio Básico (7.13-18, 20-25, 27-29): Salomão conclui que
   A. **O que é torto não pode ser endireitado** (7.13).
   B. **O dia de hoje deve ser aproveitado, pois o amanhã é incerto** (7.14).
   C. **Não se deve ser muito bom ou muito sábio** (7.15-18).

D. **Não existe quem não tenha pecado** (7.20).
   E. **Não se deve querer saber de tudo** (7.21-22).
   F. **A sabedoria sem Deus é impossível** (7.23-25, 27-29).

ESBOÇO DA SEÇÃO OITO (ECLESIASTES 8)
Salomão faz observações mais profundas sobre a vida.

I. COM RELAÇÃO AO ENTENDIMENTO (8.1, 16-17)
   A. **A sabedoria faz reluzir o rosto da pessoa** (8.1).
   B. **A sabedoria vem somente de Deus** (8.16-17).

II. COM RELAÇÃO À OBEDIÊNCIA INCONDICIONAL (8.2-5): Obedeça ao rei, pois sua palavra é suprema.

III. COM RELAÇÃO À INCERTEZA (8.6-8): Ninguém pode determinar o dia da própria morte.

IV. COM RELAÇÃO À INJUSTIÇA (8.9-14)
   A. **A frustração de Salomão** (8.9-11, 14)
      1. *Por que o ímpio quase sempre recebe o que o justo merece?* (8.9-11)
      2. *Por que o justo quase sempre recebe o que o ímpio merece?* (8.14)
   B. **A conclusão de Salomão** (8.12-13): Deus irá, ao fim, punir o ímpio.

V. COM RELAÇÃO AO FIM DE TUDO (8.15): Contente-se e desfrute a vida.

ESBOÇO DA SEÇÃO NOVE (ECLESIASTES 9)
Salomão reflete sobre as coisas que controlam o destino humano.

I. O ETERNO (9.1): A vida de todas as pessoas está nas mãos de Deus.

II. A INSANIDADE (9.2-6, 11-12)
   A. **A morte encerra a vida de cada pessoa** (9.2-6).
      1. *O vivo sabe que morrerá* (9.5a).
      2. *Os mortos nada sabem* (9.5b).
   B. **O acaso controla a vida das pessoas** (9.11).
      1. *O veloz nem sempre vence a corrida* (9.11a).
      2. *O forte nem sempre vence a batalha* (9.11b).
      3. *O prudente nem sempre adquire riqueza* (9.11c).
   C. **A calamidade achega-se sorrateiramente ao caminho das pessoas** (9.12).

III. AS INSTRUÇÕES (9.7-10)
   A. **Desfrute a vida com sua esposa** (9.9).
   B. **O que quer que faça, faça-o bem** (9.10).

IV. A ILUSTRAÇÃO (9.13-18)
   A. Os contextos (9.13-15)
      1. *A salvação* (9.13-15a): Por sua sabedoria, um homem pobre, mas sábio, salvou sua cidade de um poderoso rei cujo exército a havia cercado.
      2. *A dor* (9.15b): Seus nobres feitos foram logo esquecidos, pois ele era pobre.
   B. A conclusão (9.16-18): A sabedoria é melhor que a força.

ESBOÇO DA SEÇÃO DEZ (ECLESIASTES 10)
Salomão reflete sobre os diferentes tipos de pessoas.

I. OS INDIVÍDUOS DESCRITOS POR SALOMÃO (10.1-7, 12-18, 20)
   A. O sábio (10.2a, 12a)
      1. *Seu coração direciona-se para o que é certo* (10.2a).
      2. *Sua boca pronuncia palavras graciosas* (10.12a).
   B. O tolo (10.2b-3, 6-7, 12b-15)
      1. *Seu coração direciona-se para o que é mal* (10.2b).
      2. *A maneira que anda denuncia suas tolices* (10.3).
      3. *A ele é freqüente e tragicamente dada autoridade* (10.6-7).
      4. *Ele é consumido por suas próprias palavras* (10.12b-14).
      5. *Ele se esgota com tarefas simples* (10.15).
   C. O que possui autoridade (10.4-5, 16-17, 20)
      1. *Fique calmo, não desista se seu superior irar-se com você* (10.4).
      2. *Ai da terra cujo rei é uma criança* (10.16).
      3. *Feliz a terra cujo rei é um nobre* (10.17).
      4. *Não amaldiçoe o rei, nem mesmo em pensamento* (10.20).
   D. O preguiçoso (10.18): Deixa o teto desabar e goteiras na casa.

II. OS DANOS SOBRE OS QUAIS SALOMÃO ALERTA (10.8-11) Ele recomenda cuidado:
   A. Cavando uma cova, não caia nela (10.8a).
   B. Derrubando um muro, cuidado para que a cobra não o pique (10.8b).
   C. Trabalhando numa pedreira, atente para que as pedras não o machuquem (10.9a).
   D. Derrubando árvores, vigie para que o machado não o acerte (10.9b-10).

III. AS OBSERVAÇÕES DE SALOMÃO (10.19)
   A. Uma festa produz risadas (10.19a).
   B. A vinha produz felicidade (10.19b).
   C. O dinheiro produz tudo (10.19c).

ESBOÇO DA SEÇÃO ONZE (ECLESIASTES 11)
Salomão analisa várias regras para a vida.

I. Regras Gerais para Todos (11.1-6)
  A. **Ser generoso** (11.1-2).
  B. **Não demorar a plantar e colher** (11.3-4).
  C. **Não tentar entender a obra de Deus** (11.5).
  D. **Continuar plantando as sementes** (11.6).

II. Regras Especiais para os Jovens (11.7-10)
  A. **Regozijem-se** (11.7-9a): Desfrutem a mocidade. Vivam a vida em todo o seu potencial.
  B. **Lembrem-se** (11.9b-10): Tenham em mente que, um dia, prestarão contas a Deus por tudo o que fizeram.

ESBOÇO DA SEÇÃO DOZE (ECLESIASTES 12)
Salomão chega a algumas conclusões.

I. A Ordem (12.1-8)
  A. **O que se deve fazer** (12.1-2): Honrar ao Criador desde a juventude.
  B. **Por que se deve fazer** (12.3-8): Deus deseja a força de seu povo durante a juventude, antes que a idade reduza o corpo a uma carcaça sombria, se comparada a dias passados.

II. A Coleção (12.9-12)
  A. **A informação** (12.9): O Pregador coletou e classificou vários provérbios.
  B. **A instrução** (12.10): O Pregador ensinou os provérbios a seu povo.

III. A Conclusão (12.13-14)
  A. **O que cada um deve fazer** (12.13): "Teme a Deus, e guarda os seus mandamentos".
  B. **Porque se deve fazer** (12.14): "Deus há de trazer a juízo toda obra".

Cântico dos Cânticos

ESBOÇO DA SEÇÃO UM (Cântico dos Cânticos 1–8)
Descrição dos eventos de antes, durante e depois do casamento.

I. Os Eventos Anteriores ao Casamento (1.1–3.5)
   A. **"Você ilumina a minha vida"** (1.1-4a, 5-7, 12-14, 16-17; 2.1, 3-13, 16-17; 3.1-5): A noiva fala ao noivo, Salomão.
      1. *Seu amor é mais doce que o vinho* (1.2).
      2. *Quão adorável é o seu nome* (1.3).
      3. *Estou morena por causa do sol, mas formosa* (1.5-6).
      4. *Onde você apascenta seu rebanho, amado meu?* (1.7).
      5. *Desejo segurá-lo em meus seios* (1.12-14; 2.4-7).
      6. *Serei para você como a rosa de Sarom, o lírio dos vales* (2.1).
      7. *Você será para mim como a macieira* (2.3).
      8. *Ouço você vindo até mim* (2.8-13, 16-17).
      9. *Sonhei que o buscava pelas ruas da cidade* (3.1-5).
   B. **"Você ilumina a minha vida"** (1.8-11, 15): O noivo fala à sua noiva.
      1. *Você é adorável* (1.9).
      2. *Quão adoráveis são suas faces e o seu pescoço* (1.10).
      3. *Seus olhos são suaves como pombas* (1.15).
   C. **Eles iluminam a vida um do outro** (1.4b; 2.15): As jovens de Jerusalém falam ao casal.
      1. *Regozijamo-nos e alegramo-nos com vocês* (1.4b).
      2. *Cuidem da vinha do seu amor* (2.15).

II. Os Eventos Durante o Casamento (3.6-5.1)
   A. **O dia do casamento** (3.6-11)
      1. *A vinda do rei Salomão* (3.6): Salomão é visto movendo-se majestosamente pelos desertos como uma nuvem de fumaça, vindo em direção à sua noiva.
      2. *A carruagem do rei Salomão* (3.7-10)
         a. Os soldados (3.7-8): A carruagem de Salomão é guardada por 60 dos mais valentes e mais fortes soldados de Israel.
         b. O esplendor (3.9-10)
            (1) Feita de madeira importada do Líbano (3.9).

(2) Tem colunas de prata e espalda de ouro (3.10a).
(3) Tem assentos feitos de púrpura (3.10b).
3. *A coroa do rei Salomão* (3.11): A noiva convida as filhas de Jerusalém a ver e admirar a coroa dele, dada por sua mãe no próprio dia do casamento.

B. A noite de núpcias (4.1-5.1)
1. *Conforme expressado pelo marido à sua esposa* (4.1-15; 5.1a): Ele a louva.
   a. Seus olhos são como pombas (4.1a).
   b. Seus cabelos são como rebanhos de cabras (4.1b).
   c. Seus dentes são como ovelhas tosquiadas (4.2).
   d. Seus lábios são como fio de escarlata (4.3a).
   e. Suas faces são como a romã partida (4.3b).
   f. Seu pescoço é como a torre de Davi (4.4).
   g. Seus seios são como crias gêmeas de gazela (4.5).
   h. Seu amor é muito melhor do que o vinho (4.10a).
   i. Seu perfume é mais fragrante que as mais finas especiarias. Sua virgindade é como seu próprio jardim, uma fonte selada, um pomar adorável com frutas preciosas (4.10b-15; 5.1a).
2. *Conforme dito pela esposa a seu marido* (4.16): Ela insta com ele a desfrutar sua dose de amor.
3. *Conforme dito pelas jovens de Jerusalém a ambos* (5.1b): Comam e bebam deste amor.

III. Os Eventos Posteriores ao Casamento (5.2-8.14)
   A. Com relação à esposa (5.2-8, 10-16; 7.10-8.4, 6-7, 10-14)
   1. *Seu sonho* (5.2-8)
      a. O pecado (5.2-4): Em seu sonho, ela rejeita o marido, fazendo com que ele saia triste.
      b. A busca (5.5-8): Lamentando, ela procura pelo marido nas ruas da cidade e é maltratada pelos guardas.
   2. *Seu desejo* (7.10-8.4)
      a. Visitar o interior do país e passar a noite num dos campos (7.10-13).
      b. Demonstrar publicamente seu amor por ele (8.1-4).
      c. Oferecer-se completamente a ele (8.10-12, 14).
   3. *As descrições* (5.10-16; 8.6-7)
      a. Ela descreve seu amado (5.10-16).
      b. Ela descreve seu amor (8.6-7).
   B. Com relação ao marido (6.4-13; 7.1-9; 8.5b, 13)
   1. *Ele descreve a beleza de sua esposa* (6.4-7): Salomão expressa-se com palavras apaixonadas em relação ao cabelo, aos dentes, às faces etc. de sua esposa.
   2. *Ele contrasta a beleza de sua esposa* (6.8-10): Sua beleza ultrapassa à de suas outras 60 esposas, 80 concubinas e inúmeras virgens.

C. Com relação às jovens de Jerusalém (5.9; 6.1, 13a; 8.5a): Elas fazem várias perguntas à mulher.
D. Com relação aos irmãos da esposa (8.8-9)
    1. *A pergunta* (8.8): "Que faremos por nossa irmã, no dia em que for pedida em casamento?"
    2. *A resposta* (8.9): Ajudaremos para que ela continue pura até se casar.

Parte IV
Profetas

Isaías

PARTE UM (ISAÍAS 1-12)
Isaías fala da intimação e profetiza o livramento do Senhor a Israel e Judá.

ESBOÇO DA SEÇÃO UM (ISAÍAS 1-2)
Isaías descreve a queixa do Senhor com relação a Judá, a futura glória de Sião e o advento do dia do Senhor.

I. A RELAÇÃO DE DEUS COM UMA NAÇÃO (1.1-31): Israel
   A. **As iniqüidades** (1.1-19, 21-25, 28-31)
      1. *As ações de Judá* (1.1-8, 16-24)
         a. O povo rebelou-se (1.2).
         b. O povo rejeitou e abandonou Deus e suas leis (1.1, 3-4, 21-24).
         c. O povo rejeitou a correção de Deus (1.5-8): Seu país está em ruínas e suas cidades, assoladas.
      2. *A resposta de Deus* (1.9-15, 25, 28-31): Israel, no passado, foi fiel a Deus, mas se voltou contra Deus; então Deus derramará sua ira sobre Israel.
         a. Ele rejeitará suas ofertas e recusará suas orações (1.9-15).
         b. Ele derramará sua ira sobre Israel (1.25, 28-31): Todos os pecadores serão completamente destruídos.
   B. **O convite** (1.16-19, 26-27): Deus insta para que seu povo se arrependa e se volte para ele, prometendo purificá-los e restaurá-los.

II. A RELAÇÃO DE DEUS COM TODAS AS NAÇÕES (2.1-22)
   A. **Terror prometido** (2.6-22): Isaías prediz o que acontecerá com aqueles que se rebelaram.
      1. *Eles se encolherão de medo* (2.6-10, 19-22).
      2. *Eles serão abatidos* (2.11-13): O orgulhoso será humilhado.
      3. *Eles serão esmagados* (2.14-18).
   B. **Esperança prometida** (2.1-5): Isaías descreve o que Deus fará no futuro.
      1. *Aprenderemos os caminhos de Deus* (2.1-3): Todas as nações virão ao Templo em Jerusalém para adoração e instrução nas Escrituras.

2. *Viveremos nos caminhos de Deus* (2.4-5): O próprio Deus solucionará as contendas e trará paz. As nações converterão suas espadas em relhas de arados e suas lanças em podadeiras.

ESBOÇO DA SEÇÃO DOIS (ISAÍAS 3-4)
Isaías descreve o juízo de Deus sobre os governadores e as filhas de Sião. Descreve também a glória e a purificação futura de Sião.

I. A Condenação (3.1-4.1)
   A. **O juízo de Deus sobre os líderes** (3.1-15)
      1. *Ele cortará seus suprimentos de alimento e água* (3.1).
      2. *Seus exércitos serão destruídos* (3.2-3).
      3. *A anarquia prevalecerá* (3.4-12).
      4. *O próprio Deus atuará como promotor* (3.13-15): Os líderes e príncipes serão os primeiros a sentir sua ira.
   B. **O juízo de Deus sobre as mulheres** (3.16-4.1)
      1. *Sua perversão* (3.16, 18-23)
         a. Elas são arrogantes e egoístas (3.16): Elas andam com o nariz empinado, flertando com os homens.
         b. Elas se trajam de forma extravagante (3.18-23): Elas vestem ornamentos, véus, roupas e acessórios espalhafatosos.
      2. *Sua punição* (3.17-18, 24-26; 4.1)
         a. Deus porá a descoberto a cabeça delas, com cascas de feridas e escaras (3.17).
         b. Deus tirará seus enfeites e sua beleza (3.18, 24-26).
         c. Sete mulheres serão forçadas a lutar por um homem (4.1).

II. A Conversão (4.2-6)
   A. **Deus, o Filho, ministrará ao povo** (4.2-3): O título "o renovo do Senhor" refere-se ao Messias.
   B. **Deus, o Espírito, ministrará ao povo** (4.4-6): Israel será limpa e purificada de toda a sua imundícia moral e protegida pela nuvem da glória de Deus.

ESBOÇO DA SEÇÃO TRÊS (ISAÍAS 5)
Este capítulo descreve o juízo de Deus sobre sua vinha.

I. A Parábola da Vinha (5.1-7)
   A. **A identidade desta vinha: Israel** (5.1-2): O próprio Deus plantou esta vinha num solo muito fértil, semeando nela as melhores vides.
   B. **A denúncia desta vinha** (5.3-7): Em tempo de colheita, em vez das esperadas uvas doces, ela produziu só frutos ruins.

II. O Paganismo de Israel (5.8-24): Seis juízos são pronunciados contra Israel por causa de seus pecados.

A. **Primeiro juízo** (5.8-10): Os ricos compram todas as terras desejáveis, deixando o resto do povo sem lugar para morar.
B. **Segundo juízo** (5.11-17): Eles se tornam uma nação de bêbados que rejeitam a Deus, vivendo somente de prazeres carnais.
C. **Terceiro juízo** (5.18-19): Eles estão cheios de engano e escarnecem de Deus, desafiando seu castigo.
D. **Quarto juízo** (5.20): Eles distorcem a verdade, dizendo que o errado é certo e o certo é errado.
E. **Quinto juízo** (5.21): Eles são sábios e astutos a seus próprios olhos.
F. **Sexto juízo** (5.22-24): Eles libertam o culpado mediante suborno e negam justiça ao inocente.

III. A PUNIÇÃO DE ISRAEL (5.25-30): O povo do Senhor sofrerá punições por seu andar pecaminoso.
   A. **Os corpos dos mortos apodrecerão nas ruas** (5.25).
   B. **O Senhor trará nações estrangeiras para Jerusalém, resultando na captura do povo** (5.26-30).

ESBOÇO DA SEÇÃO QUATRO (ISAÍAS 6-8)
Isaías registra sua visão e um novo comissionamento, seu ministério de encorajamento ao rei Acaz e sua mensagem de destruição do reino do norte.

I. O CHAMADO DO PROFETA (6.1-13)
   A. **Isaías e os céus de Deus** (6.1-7)
      1. *A visão de Isaías* (6.1-4)
         a. *O que ele vê* (6.1): O Senhor assentado sobre seu trono exaltado, em glória.
         b. *O que ele ouve* (6.2-4): Os poderosos serafins (seres angelicais) louvando a Deus por sua santidade.
      2. *A vergonha de Isaías* (6.5): Esta maravilhosa vista faz com que Isaías clame, reconhecendo seu próprio pecado e o pecado do seu povo.
      3. *A visitação de Isaías* (6.6-7): Um dos serafins angelicais toca a língua de Isaías com uma brasa quente do altar celestial, purificando o profeta.
   B. **Isaías e o Deus dos céus** (6.8-13)
      1. *Isaías ouve a voz de Deus* (6.8a): Deus quer saber quem deverá enviar como seu mensageiro ao seu povo.
      2. *Isaías atenta para a voz de Deus* (6.8b-13): Isaías oferece-se como voluntário.

II. O CRISTO DO PROFETA (7.1-25)
   A. **A primeira profecia de Isaías** (7.1-12): Deus envia o profeta para reanimar o jovem Acaz, o atemorizado rei de Judá.
      1. *A necessidade desta confirmação* (7.3-9): A tribo do sul de Judá é

ameaçada de invasão pelas dez tribos do norte e a Síria.
   2. *A natureza desta confirmação* (7.1-2): Deus instrui Isaías a assegurar a Acaz que isso simplesmente não acontecerá, pois os exércitos inimigos serão esmagados e destruídos.
   3. *A reação negativa a esta confirmação* (7.10-12)
      a. O sinal do Senhor (7.10-11): Deus diz ao rei Acaz que peça por qualquer sinal que ele queira para validar a promessa de Isaías.
      b. O desprezo do rei (7.12): O ímpio Acaz recusa, não permitindo que Deus demonstre seu grande poder.
   B. **A segunda profecia de Isaías** (7.13-16): Muitos acreditam que estes versículos predizem o nascimento de dois bebês: um que nascerá de forma sobrenatural num futuro distante, e outro que nascerá naturalmente, num futuro imediato
      1. *O primeiro bebê* (7.13-14): Este será o Messias, nascido séculos mais tarde, filho de Maria.
      2. *O segundo bebê* (7.15-16): Este será *Maher-shalal-hash-baz*, nascido menos de um ano depois a Isaías e sua esposa. A Acaz é dito que, antes deste bebê desmamar, os reis inimigos do reino do norte e da Síria serão mortos.
   C. **A terceira profecia de Isaías** (7.17-25): Ele alerta sobre o terrível ataque assírio a Judá.

III. O FILHO DO PROFETA (8.1-22): Neste capítulo, o próprio nome de Isaías e os nomes de seus dois filhos recebem significado profético do próprio Deus (ver 8.18). *Isaías* significa "O Senhor Salvará", referência à restauração final de Israel; *Shear-jashub* significa "Um Remanescente Retornará", referência ao retorno de Israel à terra após várias deportações; *Maher-shalal-hash-baz* significa "Rápido-Despojo-Presa-Segura", referência à destruição dos inimigos de Israel.
   A. **A primeira mensagem de Isaías vinda de Deus** (8.1-4): "...se levarão as riquezas de Damasco, e os despojos de Samaria".
   B. **A segunda mensagem de Isaías vinda de Deus** (8.5-16): "Não temais aquilo que ele teme, nem por isso vos assombreis".
   C. **A terceira mensagem de Isaías vinda de Deus** (8.17-18): Os inimigos de Judá logo serão destruídos.
   D. **A quarta mensagem de Isaías vinda de Deus** (8.19-22): Diga a Judá que ele será punido caso se volte para o ocultismo em vez de se voltar para mim.

ESBOÇO DA SEÇÃO CINCO (ISAÍAS 9-10)
Isaías profere uma mensagem de esperança com relação ao futuro de Israel e prediz a invasão assíria à terra de Emanuel.

I. O Filho de Deus (9.1-7)
   A. **O ministério duplo do Messias** (9.1-5, 7)
      1. *A primeira vinda de Cristo* (9.1-2): Ele mostra sua glória tanto aos judeus quanto aos gentios que vivem em Israel naquela época.
      2. *A segunda vinda de Cristo* (9.3-5, 7): Ele introduz paz universal e governa o mundo com justiça.
   B. **A natureza dupla do Messias** (9.6): "Porque um menino nos nasceu, um filho se nos deu".
      1. *O Messias nascerá como um bebê humano* (9.6a).
      2. *O Messias será enviado como presente dos céus* (9.6b).

II. A Soberania de Deus (9.8-10.34)
   A. **Com relação a seus amigos** (9.8-10.11, 20-25)
      1. *O Senhor punirá Israel* (9.8-10.11)
         a. Pelas mãos dos sírios e filisteus (9.8-21): Embora Israel vá ser destruída, o povo não se arrependerá nem se voltará para o Senhor.
         b. Pelas mãos dos assírios (10.1-11): A Assíria destruirá Israel, mas não perceberá que é o Senhor que está permitindo que isto aconteça.
      2. *O Senhor protegerá e purificará Israel* (10.20-25): Um dia, o escolhido de Deus remanescente se voltará para ele e será para sempre restaurado à sua terra.
   B. **Com relação a seus inimigos** (10.12-19, 26-34)
      1. *Ele destruirá os assírios por causa de seu orgulho* (10.12-15).
      2. *Os resultados desta destruição* (10.16-19, 26-34)
         a. Um anjo enviará terrível praga sobre as tropas (10.16-18, 26-32): Eles serão destruídos em apenas uma noite.
         b. Somente um punhado de soldados sobreviverá (10.19): Uma criança será capaz de contar seus soldados.
         c. Deus os cortará como um lenhador corta a árvore (10.33-34).

ESBOÇO DA SEÇÃO SEIS (ISAÍAS 11-12)
Isaías fala do Rei e do Reino vindouro e recita o hino de salvação de Israel.

I. A Pessoa do Messias (11.1-16)
   A. **Sua linhagem** (11.1): O Messias virá da família de Davi.
   B. **Sua unção** (11.2): O Santo Espírito de Deus repousará sobre o Messias, dando a ele poder e sabedoria infinitos.

C. **Seu governo** (11.3-5): Seu reino será justo e reto, pois ele defende o oprimido e derrota o ímpio.
D. **Seus feitos** (11.6-16)
   1. *O Messias introduzirá paz universal sobre a humanidade e perfeita harmonia entre os animais* (11.6-9): Todos viverão juntos em paz.
   2. *Todas as nações se achegarão a ele* (11.10, 12a).
   3. *Ele recolherá os exilados de Israel de todo o mundo e os reintegrará à própria terra natal* (11.11, 12b-14): A inveja entre Israel e Judá terminará, e eles se juntarão para lutar contra seus inimigos.
   4. *Ele construirá uma estrada de paz desde o mar Vermelho até o rio Eufrates* (11.15-16).

II. O Louvor ao Messias (12.1-6): Isaías recita um cântico de louvor que será entoado pelo povo de Deus quando o Messias cumprir sua missão.
   A. **O agradecimento ao Senhor** (12.1-3)
      1. *Por perdoá-lo* (12.1): Deus estava irado com o povo, mas agora o perdoou.
      2. *Por força e livramento* (12.2-3): Deus é sua salvação; o povo confia nele e não teme.
   B. **O testemunho ao mundo** (12.4-6): O povo de Israel louvará a Deus por aquilo que o Senhor fez e se tornará um testemunho da presença de Deus entre eles, diante das nações.

PARTE DOIS (ISAÍAS 13-23)
Isaías fala do juízo do Senhor sobre as nações.

ESBOÇO DA SEÇÃO SETE (ISAÍAS 13-14)
Isaías profetiza juízo para a Babilônia, a Assíria e a Filístia.

I. A Condenação de Deus Imposta a Seus Inimigos (13.1-22; 14.12-32)
   A. **Babilônia** (13.1-22; 14.12-27)
      1. *A destruição profetizada* (13.1-22)
         a. O rigor da destruição (13.6-16)
            (1) Todo o povo ficará atemorizado quando Deus destruir a Babilônia (13.6-8).
            (2) A terra será devastada e o povo será destruído (13.9).
            (3) Os céus escurecerão (13.10): Nenhuma luz brilhará do sol, das estrelas e da lua.
            (4) Os sobreviventes serão tão raros quanto o ouro (13.11-13).
            (5) Os exércitos babilônicos fugirão às suas próprias terras como a gazela caçada (13.14).
            (6) Os filhos serão mortos e as mulheres, estupradas (13.15-16): Todos os que forem pegos serão atravessados pela espada, e suas casas serão saqueadas.

b. A fonte da destruição (13.1-5, 17-22): Deus despertará os medos e os persas contra a Babilônia.
2. *A destruição cumprida* (14.12-27)
  a. O símbolo (14.12-14): Alguns acreditam que estes versículos se referem à queda de Satanás, primeiro rebelde da história, que foi lançado dos céus por causa de seu terrível orgulho. Se este for o caso, Isaías usa o diabo como uma lição sobre a destruição da Babilônia por sua arrogância e sua crueldade.
  b. A chacina (14.15-27): As cidades babilônicas serão destruídas, seu povo será morto e a terra se tornará desolada, sendo transformada num pantanal deserto.
B. **A Filístia** (14.28-32)
  1. *O alerta* (14.28-30): Deus diz para a Filístia não se regozijar com a morte de seu terrível opressor (Salmanasar V), pois seu filho será um flagelo ainda maior.
  2. *O lamento* (14.31-32): Os filisteus logo começarão a se lamentar, pois sua nação está condenada.

II. A COMPAIXÃO DE DEUS PARA COM SEUS AMIGOS (14.1-11)
  A. **A salvação** (14.1-3): Deus promete perdoar, restaurar e restabelecer seu povo na terra para sempre.
  B. **O sarcasmo** (14.4-11): Israel é convidada a escarnecer de seus inimigos, especialmente da Babilônia.

ESBOÇO DA SEÇÃO OITO (ISAÍAS 15-18)
Isaías profetiza juízo sobre Moabe, Damasco e Etiópia.

I. PROFECIAS CONTRA MOABE (15.1–16.14)
  A. **O sofrimento de Moabe** (15.1, 9; 16.1-5, 13-14)
    1. *Suas duas cidades-chave, Ar e Quir, serão destruídas em uma noite* (15.1).
    2. *Suas mulheres serão abandonadas como pássaros sem ninho* (16.1-5): Elas clamarão por ajuda e defesa contra seus inimigos.
    3. *Dentro de três anos, restarão poucas pessoas vivas* (16.13-14): A glória de Moabe terminará.
    4. *Os leões caçarão os sobreviventes* (15.9): Os rios ficarão vermelhos de tanto sangue.
  B. **O pecado de Moabe** (16.6): A terra está cheia de arrogância e insolência.
  C. **A dor de Moabe** (15.2-8; 16.7-12)
    1. *As lágrimas do povo* (15.2-4, 8; 16.7-8, 12): Os moabitas demonstrarão sua mágoa.
      a. Eles rasparão a cabeça e cortarão a barba (15.2).
      b. Eles vestirão pano de saco (15.3-4): Vagarão pelas ruas e o lamento será ouvido em todas as casas.

c. Seu lamento será ouvido por toda a terra (15.8; 16.7-8).
d. Eles orarão a seus ídolos, pedindo ajuda (16.12): Eles orarão aos deuses em seus templos, mas ninguém os salvará.
2. *As lágrimas do profeta* (15.5-7; 16.9-11): O próprio Isaías chora por causa do juízo sobre Moabe.

II. Profecias contra a Síria e o Reino do Norte (17.1-14)
A. **O rigor** (17.1-6, 9-11): Primeiro, as duas nações serão punidas por sua idolatria.
B. **A salvação** (17.7-8, 12-14): Por fim, uma nação (Israel) se voltará para Deus e será libertada.

III. Profecias contra a Etiópia (18.1-7): A destruição virá sobre a Etiópia.
A. **Etiópia, a nação forte** (18.1-4): É temida por seu grande poder em destruir outras nações.
B. **Etiópia, a nação atacada** (18.5-6): O próprio Deus destruirá os exércitos etíopes, assim como um homem poda sua vinha, ao mesmo tempo em que eles planejam destruir Jerusalém.
C. **Etiópia, a nação salva** (18.7): Durante o glorioso Milênio, o povo trará suas dádivas ao Senhor em Jerusalém.

ESBOÇO DA SEÇÃO NOVE (ISAÍAS 19.1-21.16)
Isaías profetiza juízo sobre o Egito, a Etiópia, a Babilônia, Edom e a Arábia.

I. O que Deus Faz com o Egito (19.1-20.6)
A. **A condenação do Egito** (19.1-3, 5-17): A nação recebe uma punição quádrupla de Deus por causa de seu pecado.
1. *Pavor* (19.1, 16-17): O coração das pessoas está cheio de pavor, especialmente ao ouvir a menção de Israel.
2. *Discórdia* (19.2): Deus os faz brigar uns com os outros.
3. *Mudez* (19.3, 11-15): Deus transforma a sabedoria de seus sábios em tolice e estupidez.
4. *Seca* (19.5-10): O rio Nilo não enche, causando a morte de peixes e plantações.
B. **Um duro senhor do Egito** (19.4; 20.1): Isto se refere ao rei assírio Sargão, que captura a terra e deporta seus cidadãos.
C. **O pecado contra o Egito** (20.2-6)
1. *A movimentação* (20.2): Durante três anos, Isaías recebe a ordem de andar despido e descalço.
2. *O significado* (20.3-6): Deus logo permitirá que a Assíria desnude e humilhe a terra do Egito.
D. **A salvação do Egito** (19.18-25)
1. *A fala do Egito* (19.18): Cinco de suas cidades começarão a falar na língua hebraica.

2. *Os sacrifícios do Egito* (19.19, 21): Será edificado um altar, no qual sacrifícios a Deus serão oferecidos em uma das cinco cidades.
3. *A súplica do Egito* (19.20, 22): Deus ouvirá as orações dos egípcios e os livrará.
4. *A segurança do Egito* (19.23-25): Uma estrada ligará o Egito a Israel e à Assíria, garantindo a unidade e a segurança das três nações.

II. O QUE DEUS FAZ COM A BABILÔNIA (21.1-10)
  A. **A destruição da Babilônia profetizada** (21.1-4)
    1. *A revelação do profeta* (21.1-2): Isaías enxerga este terrível evento acontecendo em uma visão proveniente de Deus.
    2. *A reação do profeta* (21.3-4): Isaías fica fisicamente enjoado com a chacina que logo ocorrerá.
  B. **A destruição da Babilônia executada** (21.5-10)
    1. *O ataque* (21.5-7): Isaías refere-se a um banquete, provavelmente o de Belsazar no processo em que os medos e os persas atacam a Babilônia (ver Daniel 5).
    2. *O anúncio* (21.8-10): Consiste em palavras assustadoras: *"Caiu, caiu Babilônia!"*

III. O QUE DEUS FAZ COM EDOM (21.11-12): A mensagem divina a Edom é: "O dia do teu juízo está às portas. Tua única esperança é o arrependimento".

IV. O QUE DEUS FAZ COM A ARÁBIA (21.13-17): Dentro de um ano, esta poderosa nação será reduzida a poucos sobreviventes.

ESBOÇO DA SEÇÃO DEZ (ISAÍAS 22-23)
Isaías profetiza juízo sobre Edom, Arábia, Jerusalém, Tiro e Sidom.

I. O JUÍZO DE DEUS SOBRE JERUSALÉM (22.1-14)
  A. **A revelação** (22.1-7): Em uma visão, Isaías observa a cidade de Jerusalém sendo atacada por um poderoso e cruel inimigo (provavelmente a Assíria ou a Babilônia).
  B. **O motivo** (22.8-14): Judá, no passado, voltou-se contra Deus; então Deus voltou-se contra Judá.

II. O JUÍZO DE DEUS SOBRE SEBNA (22.15-25)
  A. **Sua remoção** (22.15-19, 25): Deus rejeitará este ganancioso e pretensioso administrador do palácio, que difama seu ofício, e permitirá que seja levado cativo.
  B. **Sua substituição** (22.20-24): Eliaquim, filho justo de Hilquias, será escolhido para assumir as tarefas de Sebna, posto em desgraça.

III. O Juízo de Deus sobre Tiro (23.1-18)
   A. A destruição de Tiro, pelo Senhor (23.1-14)
      1. *A dor* (23.1-14)
         a. A labuta (23.1-7): Isaías diz aos mercadores que chorem pela destruição vindoura dos ancoradouros. Eles não mais receberão comércio dos vários portos distantes do mundo.
         b. A fonte (23.8-14): O próprio Deus trará os exércitos babilônicos contra Tiro para fazer o que os assírios não conseguem, ou seja, destruir completamente seus palácios e reduzir o local a ruínas.
      2. *A época* (23.15-17): Durante 70 anos, Tiro será esquecida. Depois disso, Deus a fará reviver, mas inutilmente, pois logo Tiro voltará aos seus caminhos pecaminosos.
   B. A devoção de Tiro ao Senhor (23.18): Tiro, por fim, dará uma porção de sua vasta riqueza para sustentar os sacerdotes de Deus.

PARTE TRÊS (ISAÍAS 24-27)
Isaías fala do juízo futuro de todas as pessoas e da bênção futura do povo de Deus.

ESBOÇO DA SEÇÃO ONZE (ISAÍAS 24-25)
Isaías profetiza um juízo universal de Deus e o triunfo final sobre o mal.

I. A Vinda da Grande Tribulação (24.1-13, 16b-22): Embora o contexto imediato possa referir-se à devastação de Judá seguida ao cativeiro babilônico, ele parece ter seu cumprimento final durante a Grande Tribulação.
   A. A Grande Tribulação: o que é (24.1-4, 6-13, 16b-22)
      1. *O próprio Deus desolará toda a terra* (24.1): A terra se tornará um grande deserto, e as pessoas serão dispersadas.
      2. *Todas as pessoas e os anjos caídos serão julgados* (24.2-4, 21-22): Ninguém será poupado da ira de Deus, e os anjos caídos serão aprisionados.
      3. *Poucos sobreviverão* (24.6): Uma maldição consumirá a terra e o seu povo, que será destruído pelo fogo.
      4. *Não haverá mais felicidade* (24.7-13): Toda a alegria da vida terá terminado.
      5. *O mal e a traição estarão por toda a parte* (24.16b-18): Pessoas possuídas de terror fugirão de um perigo para serem confrontadas por algo ainda mais aterrorizante.
      6. *A terra cambaleará como um bêbado* (24.19-20): Ela cairá e desabará como uma tenda, incapaz de reerguer-se por causa do peso de seus pecados.
   B. A Grande Tribulação: por que ela ocorre (24.5): A humanidade distorceu as leis de Deus e infringiu seus mandamentos.

II. O Glorioso Milênio Vindouro (24.14-16a, 23; 25.1-12)
  A. A promessa (24.14-16a, 23)
    1. *Alegria e canto encherão a terra* (24.14-16a): O povo exclamará e cantará de alegria, declarando a majestade de Deus.
    2. *A glória de Deus brilhará mais do que o sol* (24.23): Ele governará de forma gloriosa, a partir de Jerusalém.
  B. Os louvores (25.1-12): Isaías agora adora e exalta a Deus pelo seguinte:
    1. *Sua fidelidade* (25.1): Deus promete coisas maravilhosas e as cumpre.
    2. *Sua salvação para os gentios* (25.2-3): Fortes nações proclamarão sua glória e implacáveis nações o adorarão.
    3. *Sua misericórdia* (25.4-5): Ele é gentil ao pobre e necessitado.
    4. *Sua provisão* (25.6-7): Ele dará um banquete a todos e removerá a nuvem tenebrosa de sobre a terra.
    5. *Sua vitória sobre a morte* (25.8): Ele tragará a morte para sempre.
    6. *A restauração de Israel* (25.9): Israel se regozijará na sua salvação.
    7. *O juízo de seus inimigos* (25.10-12): Deus destruirá os moabitas e porá fim aos seus atos perversos.

ESBOÇO DA SEÇÃO DOZE (ISAÍAS 26-27)
Estes capítulos, relatados nas letras de dois cânticos, contêm mensagens de Isaías sobre a exaltação final de Israel, da parte de Deus.

I. Primeira Estrofe — O Salvador de Israel (26.1-15): Esta parte da música será cantada como testemunho de Israel a Deus durante o Milênio. O povo fará três coisas:
  A. **Agradecerá a Deus por sua força e paz** (26.1-6)
  B. **Agradecerá a Deus por seu justo juízo** (26.7-11)
  C. **Agradecerá a Deus por sua singularidade** (26.12-15): Ele somente, diferente dos ídolos mortos que Israel adorou certa feita, é o verdadeiro e único Deus.

II. Segunda Estrofe — O Sofrimento de Israel (26.16-18; 27.7-11): O povo falará sobre duas coisas:
  A. **O pecado** (26.16; 27.7-11): O próprio Deus permite o sofrimento de Israel como punição por seus pecados.
  B. **O símbolo** (26.17-18): Israel sofre como uma mulher que dá à luz.

III. Terceira Estrofe — A Salvação de Israel (26.19; 27.12-13): Israel experimenta duas coisas:
  A. **Ressurreição da morte** (26.19)
  B. **Restauração à terra** (27.12-13)

IV. Quarta Estrofe — A Segurança de Israel (26.20-21; 27.1-6): Israel desfrutará duas coisas:
   A. **Proteção durante a Grande Tribulação** (26.20-21; 27.1)
   B. **Produtividade durante o glorioso Milênio** (27.2-6)

PARTE QUATRO (ISAÍAS 28-35)
Isaías transmite seis ais, ou mensagens de juízo, contra Israel, Jerusalém e as nações vizinhas (28-33), e uma mensagem de bênção para Israel (34-35).

ESBOÇO DA SEÇÃO TREZE (ISAÍAS 28-29)
Isaías profetiza suas três primeiras mensagens de ai: contra Efraim, contra Jerusalém e contra o Líbano.

I. A Rejeição de Israel (28.1-4, 7-29; 29.1-4, 9-16)
   A. **As dez tribos do norte** (28.1-4)
      1. *O pecado* (28.1): O reino do norte tornou-se uma nação de bêbados arrogantes.
      2. *O sofrimento* (28.2-4): Deus trará os assírios contra o seu povo, resultando na sua deportação.
   B. **As duas tribos do sul** (28.7-29; 29.1-4, 9-13, 15-16)
      1. *As perversões* (28.7-10, 14-15; 29.9, 15-16)
         a. Embriaguez (28.7-8): Os sacerdotes e os profetas ficam incapazes de desempenhar suas atividades.
         b. Desprezo (28.9-10): Os líderes religiosos ridicularizam o alerta de Isaías.
         c. Descrença (28.14-15, 29.9)
            (1) No poder de Deus (28.14-15): Na época de perigo, eles se voltam para o Egito em busca de ajuda.
            (2) Na promessa de Deus (29.9).
         d. Engano (29.15-16): Eles tentam esconder os seus pecados e a si mesmos de Deus.
      2. *A punição* (28.11-13, 16-22; 29.1-4, 10-13): A terrível ira de Deus sobre seu povo será dupla:
         a. Para Judá, os horrores do cativeiro babilônico (28.11-13, 17-22; 29.1-4): As pessoas se recusam a ouvir a Deus, então ele enviará o inimigo como um dilúvio, para destruí-los.
         b. Para todo o Israel, um adormecer espiritual, fazendo com que o povo, em sua cegueira, mais tarde rejeite seu próprio Messias (28.16; 29.10-13): Os eventos futuros são semelhantes a um livro selado.
      3. *A parábola* (28.23-29): Isaías compara as obras de Deus entre as nações com o trabalho do fazendeiro em sua terra.

II. A Restauração de Israel (28.5-6, 16; 29.5-8, 17-24)
   A. **O Redentor** (28.16): O próprio Jesus Cristo é a Pedra Angular de Israel.

B. A redenção (28.5-6; 29.5-8, 17-24)
1. *Ele proverá força e justiça para seu povo* (28.5-6): Ele será o orgulho e a alegria do povo remanescente.
2. *Ele proverá vitória e proteção para seu povo* (29.5-8, 20, 22): Os inimigos de Israel desaparecerão, e o povo não ficará mais temeroso.
3. *Ele proverá cura e alegria para seu povo* (29.17-19, 21, 23-24): Os campos se tornarão férteis e verdejantes, o surdo ouvirá, o cego enxergará e a justiça prevalecerá.

ESBOÇO DA SEÇÃO QUATORZE (ISAÍAS 30-31)
Isaías profetiza a quarta e a quinta mensagem de ai, ambas alertando contra fazer aliança com o Egito.

I. A Devastação sobre Israel (30.1-14, 16-17; 31.1-3)
   A. **O que Israel faz a Deus** (30.1-11): O povo faz planos sem consultar a Deus. Ordena que seus profetas parem de pregar sobre o pecado e só ouve sermões acalentadores.
   B. **O que Deus fará a Israel** (30.12-14, 16-17)
      1. *Seu juízo cairá sobre eles como um muro abaulado* (30.12-14): Eles serão esmagados como pedaços de barro.
      2. *Mil deles fugirão de um único soldado inimigo* (30.16-17): Eles colocaram a confiança no Egito, em vez de colocá-la em Deus, e serão punidos por isso.

II. O Convite a Israel (30.15, 18; 31.6-7): Deus emite convites, instando para que seu povo se arrependa e se volte para ele.

III. A Salvação de Israel (30.19-33; 31.4-5): O Senhor fará várias coisas a Israel:
   A. **Confortará seu povo e ouvirá suas orações** (30.19): Deus será gracioso e responderá aos seus clamores.
   B. **Ele os ensinará e os guiará** (30.20-22).
   C. **Dará a eles colheitas abundantes** (30.23-26): Os animais serão bem alimentados, e o sol e a lua serão mais brilhantes.
   D. **Derrotará seus inimigos** (30.27-28, 30-33; 31.4-5, 8-9): O Senhor virá e peneirará as nações orgulhosas, levando-as à destruição.
   E. **Encherá o coração deles de alegria** (30.29): Eles cantarão músicas como as cantadas em festas santas.

> **ESBOÇO DA SEÇÃO QUINZE** (ISAÍAS 32–33)
> Isaías profetiza acerca do reinado de Deus sobre uma Israel restaurada e dá o sexto ai – este contra os assírios. Isaías descreve duas épocas, uma no futuro e outra no presente.

I. O Futuro de Israel: As Maravilhas (32.1-8, 15-20; 33.16-24): Aqui, o profeta fala com relação ao Milênio.
   A. **O ministério do Filho de Deus** (32.1-8; 33.16-24): O próprio Messias aparecerá em toda a sua glória e beleza para efetuar um ministério quíntuplo:
      1. *Reinar como o Rei justo da terra* (32.1): Príncipes honestos reinarão sob seu comando.
      2. *Restaurar e regenerar Israel* (32.2-4): Todos voltarão os olhos para Deus e o ouvirão.
      3. *Corrigir todos os erros* (32.5-8): O ímpio será exposto, mas os generosos serão abençoados por tudo o que fazem.
      4. *Suprir as necessidades de todo o povo* (33.16): Eles terão uma fortaleza, comida e água.
      5. *Anunciar a paz mundial* (33.18-24): O Senhor reinará e será juiz e rei. Ele cuidará de seu povo e o salvará.
   B. **O ministério do Espírito de Deus** (32.15-20)
      1. *Ungir o povo de Deus* (32.15): O Espírito será derramado dos céus.
      2. *Gerar justiça mundial* (32.16-17): A justiça de Deus trará paz.
      3. *Garantir colheitas abundantes* (32.18-20): Onde quer que o povo plante, terá colheitas generosas.

II. O Presente de Israel: As Advertências (32.9-14; 33.1-15): Aqui, o profeta fala sobre sua própria época.
   A. **Ele alerta as mulheres de Israel** (32.9-14)
      1. *Ouçam a palavra de Deus* (32.9-10): A colheita não acontecerá porque elas foram preguiçosas.
      2. *Atentem para a palavra de Deus* (32.11-14): Sua terra será demasiado grande, e suas casas se perderão.
   B. **Ele alerta os guerreiros da Assíria** (33.1-15): Israel será ameaçada e aterrorizada por tropas assírias que avançam.
      1. *A oração por livramento* (33.2-4): Judá deseja ser salva da dominação assíria.
      2. *A promessa de livramento* (33.1, 5-15)
         a. Os destruidores assírios serão eles mesmos destruídos (33.1): Eles nunca experimentaram a destruição, mas serão traídos e destruídos.
         b. Os exércitos assírios serão cortados como espinhos e queimados (33.5-15): Deus mostrará seu poder e sua força contra os assírios.

> **ESBOÇO DA SEÇÃO DEZESSEIS** (ISAÍAS 34-35)
> Isaías profetiza sobre o dia do Senhor, a restauração e a glória de Israel no Reino.

I. A Angustiante Punição de Deus (34.1-17)
   A. **Juízo sobre todas as nações** (34.1-4): Estes versículos referem-se à chegada da Grande Tribulação.
      1. *Os exércitos do mundo serão destruídos* (34.1-2): A ira do Senhor será derramada sobre eles.
      2. *Dos montes fluirá o sangue dos cadáveres não enterrados* (34.3): Os corpos dos mortos permanecerão insepultos.
      3. *Os céus se dissolverão, e as estrelas cairão* (34.4): Eles serão como folhas secas e frutos caídos da árvore.
   B. **Juízo sobre uma nação** (34.5-17): Esta nação condenada é Edom.
      1. *A severidade do juízo de Deus* (34.5-15)
         a. O povo de Edom será destruído como animais (34.5-8): A espada do Senhor será coberta com sangue e gordura, como se estivesse sendo usada em sacrifícios.
         b. O chão estará coberto de fogo (34.9): Até os ribeiros serão cheios de piche incandescente.
         c. A terra se tornará desolada e desabitada (34.10-15).
      2. *A garantia do juízo de Deus* (34.16-17): Ele garante tudo isso por escrito.

II. A Gloriosa Provisão de Deus (35.1-10): Este capítulo refere-se ao Milênio.
   A. **A vida na era da perfeição – as características** (35.1-2, 5-10)
      1. *Os desertos florescerão* (35.1-2, 6-7): O aleijado andará e o mudo exclamará e cantará.
      2. *O cego enxergará e o surdo ouvirá* (35.5).
      3. *Um Caminho Santo será construído* (35.8-10).
   B. **A vida na época presente – o desafio** (35.3-4): O glorioso fato da vinda do Milênio deve servir de força e consolo a todos os crentes que vivem em meio a dificuldades.

A BÍBLIA EM ESBOÇOS 346

PARTE CINCO (ISAÍAS 36-39)
Uma seção histórica é incluída, relatando um ataque assírio e a doença e a recuperação de Ezequias.

ESBOÇO DA SEÇÃO DEZESSETE (ISAÍAS 36-37)
Estes capítulos contêm informação histórica, descortinando a crise assíria. Isaías descreve o cerco de Jerusalém imposto por Senaqueribe e o glorioso livramento dado pelo Senhor.

I. Ezequias e o Perigo Assírio (36.1-22; 37.1-20): Pouco antes de atacar Jerusalém, o rei Senaqueribe da Assíria envia seu comandante militar para ameaçar, ridicularizar e intimidar o rei Ezequias e seu povo.
   A. **Senaqueribe e Ezequias: primeiro assalto** (36.1-22; 37.1-7)
      1. *Os homens do rei* (36.1-3): Três dos mais altos oficiais de Ezequias — Eliaquim, Sebna e Joá — encontram-se com o comandante militar de Senaqueribe.
      2. *A mensagem ao rei* (36.4-21): Na verdade, o alerta do comandante é duplo:
         a. O que Judá não pode fazer (36.4-12, 18-21)
            (1) Ele não pode depender do Egito (36.4-6): Faraó não é confiável.
            (2) Ele não pode depender de Deus (36.7-12, 18-21): Ezequias insultou a Deus.
         b. O que Judá deve fazer (36.13-17): Em uma só palavra: *rendição*.
      3. *A angústia do rei* (36.22; 37.1): Ezequias rasga suas vestes e veste panos de saco.
      4. *O homem de Deus e o rei* (37.2-7)
         a. O pedido de Ezequias a Isaías (37.2-4): O rei informa Isaías sobre o terrível perigo e implora que ele ore a Deus, pedindo socorro.
         b. O consolo de Ezequias por parte de Isaías (37.5-7): Isaías diz ao rei que seu inimigo Senaqueribe logo experimentará derrota e morte.
   B. **Senaqueribe e Ezequias: segundo assalto** (37.8-20)
      1. *O rei assírio e o rei judeu* (37.8-13): "Eu o destruirei".
      2. *O rei judeu e o Rei dos reis* (37.14-20): "Livra-nos".

II. Ezequias e o Livramento Angelical (37.21-38)
   A. **Deus condena Senaqueribe** (37.21-29)
      1. *Seu orgulho* (37.21-28): O ímpio rei arrogantemente ridiculariza o Santo de Israel.
      2. *Sua punição* (37.29): Senaqueribe será levado de volta para a Assíria com um anzol no nariz e um freio na boca.
   B. **Deus consola Ezequias** (37.30-38)
      1. *As promessas* (37.30-35): Deus assegura o rei de duas coisas:

a. A terra logo desfrutará colheitas abundantes (37.30-32): Ao terceiro ano, o povo será capaz de semear e plantar vinhas.
b. Os assírios jamais entrarão em Jerusalém (37.33-35): Deus defenderá a cidade.
2. *O poder* (37.36-38): Naquela mesma noite, o anjo do Senhor destrói 185 mil guerreiros assírios. Senaqueribe foge para Nínive, onde é morto por seus próprios filhos.

ESBOÇO DA SEÇÃO DEZOITO (ISAÍAS 38-39)
Estes capítulos contêm informação histórica, descortinando a crise babilônica. Isaías descreve a doença, a cura e a auto-exaltação do rei Ezequias.

I. A Cura de Ezequias (38.1-22)
   A. **A doença do rei** (38.1): Ele é afligido por uma doença fatal.
   B. **A súplica do rei** (38.2-3): Desesperado, ele clama ao Senhor.
   C. **A salvação do rei** (38.4-6): Isaías diz ao rei que Deus acrescentará mais 15 anos à sua vida.
   D. **O sinal para o rei** (38.7-8): Deus diz que a sombra sobre Ezequias diminuirá 10 graus, como um sinal para assegurá-lo de que ele será curado.
   E. **O resumo, feito pelo rei** (38.9-22)
      1. *De sua depressão* (38.9-16)
         a. Ele se sente traído (38.9-12): Parece injusto ser retalhado quando ainda se está no auge da vida.
         b. Ele se sente quebrado (38.13-16): É como ser despedaçado por leões.
      2. *De seu livramento* (38.17-22)
         a. O que Deus fez (38.17-18): Deus curou o corpo de Ezequias e perdoou seus pecados.
         b. O que Ezequias fará (38.19-20): Ele escreverá músicas sobre a fidelidade de Deus e cantará diariamente.
         c. O que Isaías diz aos servos de Ezequias (38.21): Eles devem fazer uma pasta de figos e espalhar sobre os tumores de Ezequias para que ele se recupere.
         d. O que Ezequias pede (38.22): Um sinal que lhe assegure que ele irá ao Templo em três dias.

II. A Hospitalidade de Ezequias (39.1-8)
   A. **A tolice do rei** (39.1-2): Ele mostra, de forma nada sábia, todos os tesouros de Judá a alguns oficiais babilônicos.
   B. **O erro do rei** (39.3-8)
      1. *A reprovação* (39.3-7): Isaías adverte ao rei que, um dia, todo o exército babilônico estará de volta, desta vez para saquear e escravizar o povo de Judá.

2. *A reação* (39.8): O rei egoísta responde: "Haverá paz e verdade em meus dias".

PARTE SEIS (ISAÍAS 40–48)
Isaías transmite palavras de conforto e livramento ao povo de Deus.

ESBOÇO DA SEÇÃO DEZENOVE (ISAÍAS 40)
Este capítulo é a chave do restante da profecia e contém a mensagem do profeta, afirmando que Deus consolará seu povo depois de julgá-lo.

I. UMA INTRODUÇÃO AO DEUS DE ISRAEL (40.1-26): Este capítulo descreve oito atributos de Deus.
   A. **Sua misericórdia** (40.1-2)
      1. *Ele consola* (40.1): Ele quer que seu povo seja confortado.
      2. *Ele perdoa* (40.2): Jerusalém foi perdoada e completamente punida por seus pecados.
   B. **Sua glória** (40.3-5)
      1. *O mensageiro* (40.3): Isaías profetiza o ministério de João Batista.
      2. *A mensagem* (40.4-5): João convida Israel a arrepender-se, preparando-o para o glorioso surgimento do Messias.
   C. **Sua eternidade** (40.6-9): A palavra de Deus permanece eternamente, ao contrário das pessoas, e seu povo é chamado para proclamar a vinda do Senhor.
   D. **Sua bondade** (40.11): Deus trata os seus da mesma forma que um pastor trata seu rebanho.
   E. **Sua onipotência** (40.10, 12, 26): Ele é o Senhor de toda a natureza.
   F. **Sua onisciência** (40.13-14): Ele conhece e compreende todas as coisas e não precisa de ninguém para aconselhá-lo.
   G. **Sua soberania** (40.15-17, 21-24)
      1. *Todas as nações são como um pingo num balde, como um grão de pó na balança, diante dele* (40.15-17).
      2. *Ele está entronizado acima da redondeza da terra* (40.21-22): Estende os céus como uma cortina e faz deles sua tenda.
      3. *Ele governa sobre todos* (40.23-24).
   H. **Sua singularidade** (40.18-20, 25): Nada e ninguém pode ser comparado a ele.

II. UM CONVITE DO DEUS DE ISRAEL (40.27-31)
   A. **O problema de Israel** (40.27-28): Tendo aparentemente esquecido os maravilhosos atributos de Deus, os israelitas concluem que Deus não os conhece nem se preocupa com eles.
   B. **A promessa de Israel** (40.29-31): Se o povo pedir, Deus renovará suas forças, permitindo que eles subam com asas, como águias.

> **ESBOÇO DA SEÇÃO VINTE** (ISAÍAS 41-42)
> Isaías garante ao povo que Deus os livrará e apresenta o verdadeiro servo do Senhor.

I. As Conquistas de Ciro (41.1-7, 25-29): Aproximadamente dois séculos antes do nascimento deste rei persa, Isaías profetiza suas vitórias, até mesmo chamando-o por seu nome (ver também 44.28; 45.1).
   A. **A fonte do poder de Ciro** (41.1-4, 25-29): O próprio Deus direciona e permite as vitórias de Ciro.
   B. **A força do poder de Ciro** (41.5-7): Nenhuma nação é capaz de resistir a seus ataques.

II. O Escolhido de Deus (41.8-24; 42.18-25): Nestas passagens, Deus consola e corrige Israel, sua nação escolhida.
   A. **O consolo de Israel** (41.8-24): Deus escolheu Israel como seu povo.
      1. *O motivo para a escolha de Deus* (41.8-9): Israel foi escolhido por causa de Abraão, seu fundador, um amigo especial de Deus.
      2. *Os resultados da escolha de Deus* (41.10-24)
         a. A proteção divina (41.10-16): Ele fortalecerá, socorrerá e sustentará seu povo. Qualquer um que se opuser a ele será destruído pelo Senhor.
         b. A provisão divina (41.17-24): Ele planta árvores e provê a água.
   B. **A correção de Israel** (42.18-25)
      1. *Seu pecado* (42.18-21): Não ouve nem vê o que Deus faz.
      2. *Seu sofrimento* (42.22-25): É roubado, escravizado e aprisionado.

III. A Vinda de Cristo (42.1-9)
   A. **A unção do Messias** (42.1): Ele está cheio do Espírito Santo.
   B. **Os feitos do Messias** (42.2-4)
      1. *O que ele não faz* (42.2b, 3a, 4a)
         a. Não grita nem faz ouvir sua voz em público (42.2b).
         b. Não esmaga o fraco (42.3a).
         c. Não pára até que a verdade e a justiça prevaleçam (42.4a).
      2. *O que ele faz* (42.2a, 3b, 4b)
         a. Age com bondade (42.2a).
         b. Traz justiça a todos (42.3b).
         c. Anuncia um reinado de justiça (42.4b): Até mesmo terras distantes esperarão por suas instruções.
   C. **A segurança do Messias** (42.5-9): O próprio Deus Pai garante tudo isso.

IV. O Coro da Criação (42.10-17)
   A. **Os cantores** (42.10-12): Todas as criaturas da terra são impelidas a louvar a Deus.

B. O cântico (42.13-17): Deus deve ser louvado por duas coisas:
   1. *Por derrotar seus inimigos* (42.13-15).
   2. *Por livrar seu povo* (42.16-17).

ESBOÇO DA SEÇÃO VINTE E UM (ISAÍAS 43-44)
Isaías proclama o amor de Deus por seu servo Israel e a superioridade de Deus sobre os ídolos.

I. Isaías Revela o Único Deus Verdadeiro (43.1-28; 44.1-8, 21-28).
   A. **Por causa de sua graça** (43.1-21; 44.1-8, 21-28): O Senhor faz várias coisas pelo povo de Israel:
      1. *Ele o protege* (43.1-2, 14-17)
         a. Do fogo e da água (43.1-2)
         b. De seus inimigos (43.14-17)
      2. *Ele o elege* (43.3-4): Ele é escolhido dentre todas as outras nações.
      3. *Ele o recolhe* (43.5-9): Ele o traz de volta a Israel.
      4. *Ele o designa como sua testemunha especial* (43.10-13; 44.6-8): O povo sabe que somente o Senhor é Deus.
      5. *Ele anuncia o Milênio para seu povo com seu Espírito* (43.18-21): Ele prepara tudo para que seu povo volte para casa.
      6. *Ele os enche com o seu Espírito* (44.1-5).
      7. *Ele os perdoa* (44.21-24).
      8. *Ele reconstrói seu Templo* (44.25-28): Ele faz com que Ciro ordene a reconstrução de Jerusalém e a restauração do Templo.
   B. **Apesar do pecado deles** (43.22-28): Deus faz tudo isso, apesar de Israel, por várias vezes, entristecê-lo.

II. Isaías Ridiculariza os Vários Deuses Falsos (44.9-20).
   A. **Os falsos ídolos desprezíveis** (44.9-10): Aqueles que fazem e adoram falsos ídolos são tolos.
   B. **A ira sobre os falsos ídolos** (44.11): Um dia, Deus julgará todo o paganismo.
   C. **A execução do trabalho dos falsos ídolos** (44.12-17): Isaías descreve o trabalho extenuante exigido para moldar esses falsos ídolos.
   D. **A perversidade oriunda dos falsos ídolos** (44.18-20): Aqueles que esculpem ídolos ficam propositadamente cegos para com a verdade.

ESBOÇO DA SEÇÃO VINTE E DOIS (ISAÍAS 45-48)
Isaías proclama a mensagem de Deus a Ciro, com relação à queda da Babilônia, à soberania do Senhor e ao livramento de seu povo.

I. O Ungido de Deus (45.1-21): Isaías profetiza que Ciro, o Grande, fundador do poderoso império persa, agirá como servo escolhido de Deus.

A. Ciro e as nações gentílicas (45.1-3, 14-21): Ele é divinamente capacitado a esmagar babilônios, egípcios, etíopes e outros exércitos.
B. Ciro e a nação judaica (45.4-13): Deus permite que Ciro seja bem-sucedido por causa de Israel.

II. A IRA DE DEUS (46.1-2; 47.1-15): Isaías descreve o juízo da Babilônia efetuado por Deus.
   A. Os pecados da Babilônia (47.6-8, 10)
      1. *Crueldade* (47.6-7): A Babilônia não demonstra misericórdia para com os israelitas.
      2. *Materialismo e orgulho* (47.8, 10): O povo sente-se auto-suficiente e é ávido por prazeres.
   B. A vergonha da Babilônia (47.1-4): A Babilônia é despida e exposta ao público.
   C. O sofrimento da Babilônia (46.1-2; 47.5, 9, 11-15)
      1. *Seus ídolos são esmagados* (46.1-2): Os ídolos não podem proteger o povo, e o povo não pode proteger seus ídolos.
      2. *A Babilônia é esmagada e jamais levantará novamente* (47.5).
      3. *A destruição acontece subitamente, em apenas um dia* (47.9, 11-15).

III. OS ATRIBUTOS DE DEUS (45.22-25; 46.3-13; 48.1-22): Nestas passagens, Isaías lista pelo menos sete características ou atributos de Deus.
   A. Sua salvação (45.22-25; 48.20-22)
      1. *Oferecida universalmente, a todas as nações* (45.22-25): Todo o joelho se dobrará e toda a língua confessará submissão ao nome de Deus.
      2. *Oferecida nacionalmente, a Israel* (48.20-22): O Senhor redime o povo de Israel.
   B. Sua fidelidade (46.3-4; 48.16-17)
      1. *Cuidando dos seus* (46.3-4): Ele os criou e cuida deles durante sua existência.
      2. *Corrigindo os seus* (48.16-17): Ele lhes ensina o que é bom e qual é o caminho a ser seguido.
   C. Sua singularidade (46.5-9): Nenhum ídolo, qualquer que seja sua arte ou seu preço, pode retratá-lo, mesmo rasamente.
   D. Sua onipotência (46.10-13; 48.13-15)
      1. *Ele criou tudo* (48.13): Ele falou, e tudo veio a ser criado.
      2. *Ele escolheu um pagão persa chamado Ciro para completar a reconstrução do Templo* (46.11-13; 48.14-15): Ciro destruirá a Babilônia e permitirá a reconstrução do Templo.
      3. *Ele faz o que deseja* (46.10): Ele é o único que pode dizer o que vai acontecer porque tem tudo sob controle.
   E. Sua eternidade (48.12): Ele é tanto o primeiro quanto o último.
   F. Sua graça (48.1-11): Apesar da rebelião dos israelitas, o Senhor refina seu povo na fornalha da aflição e o redime por causa de seu nome.

G. **Seu desgosto** (48.18-19): Seu coração dói quando ele contempla as bênçãos que Israel teria desfrutado caso lhe tivesse obedecido.

PARTE SETE (ISAÍAS 49-57)
Isaías prediz a obra do Servo Sofredor de restaurar o povo de Deus de volta à sua terra.

ESBOÇO DA SEÇÃO VINTE E TRÊS (ISAÍAS 49-50)
Isaías profetiza sobre o Servo do Senhor (o Messias), sua missão e sua obediência. Estes capítulos relatam a comunicação entre o Pai, o Filho e Israel.

I. O PAI E EMANUEL (49.1-13; 50.4-9)
  A. **As palavras de Deus a Cristo** (49.3, 5-13)
   1. *"Por quem hei de ser glorificado"* (49.3).
   2. *"Para tornar a trazer-lhe Jacó, e para reunir Israel a ele"* (49.5): Deus encarrega seu Filho de trazer Israel de volta.
   3. *"Te porei para luz das nações"* (49.6): O Filho trará salvação até os confins da terra.
   4. *"Ao que é desprezado... eles te adorarão, por amor do Senhor"* (49.7): Os reis o verão, e os príncipes se curvarão quando ele passar.
   5. *Ele anunciará o Milênio* (49.8-13): Tudo se tornará perfeito para Israel.
  B. **As palavras de Cristo a Deus** (49.4): "Debalde tenho trabalhado, inútil e vãmente... todavia, o meu direito está perante o Senhor".
  C. **As palavras de Cristo a si mesmo** (49.1-2; 50.4-9)
   1. *"O Senhor chamou-me desde o ventre"* (49.1).
   2. *"Fez a minha boca qual espada aguda"* (49.2): Suas palavras de juízo são afiadas como uma espada.
   3. *"O Senhor Deus me deu a língua dos instruídos para que eu saiba sustentar com uma palavra o que está cansado"* (50.4).
   4. *"Eu não fui rebelde, não me retirei para trás"* (50.5-7): Ele não se omitiu nem se rebelou contra o plano do Pai.
   5. *"Perto está o que me justifica"* (50.8-9): Todos os seus inimigos serão destruídos.

II. O PAI E ISRAEL (49.14-26; 50.1-3, 10-11)
  A. **A reclamação** (49.14): Jerusalém sente que Deus a abandonou e a esqueceu.
  B. **A correção** (50.1-3): Deus rapidamente destaca que, na verdade, foi Israel quem o abandonou e o esqueceu.
  C. **O conforto** (49.15-26): Apesar do pecado de Israel, Deus tranqüiliza seu povo, assegurando-o de que ainda o ama.
   1. *O poder do amor de Deus* (49.15): Ele é mais forte do que o amor de uma mãe que amamenta seu bebê.
   2. *A figura do amor de Deus* (49.16): Ele os estampou nas palmas de suas mãos.

3. *As promessas do amor de Deus* (49.17-26)
   a. Seus inimigos serão destruídos (49.17-18).
   b. Eles serão reunidos de volta a Jerusalém (49.19-21): A terra será cheia com o povo que retorna.
   c. Eles serão honrados por todas as nações (49.22-26): Todas as suas necessidades serão supridas.
D. **O desafio** (50.10-11): Temam e obedeçam a Deus. Olhem para ele, e não para si.

ESBOÇO DA SEÇÃO VINTE E QUATRO (ISAÍAS 51-52)
Isaías transmite o encorajamento de Deus ao seu povo fiel e conclama Israel a preparar-se para a vinda do Senhor.

I. A Semente Escolhida (51.1-23; 52.1-12): Isaías continua sua análise da relação de Deus com a nação de Israel.
   A. **O patriarca** (51.1-2): Deus lembra aos israelitas que eles são descendentes de Abraão e Sara.
   B. **A promessa** (51.3-8): Estes versículos referem-se à vinda do Milênio, tempo no qual Deus promete destruir os inimigos de Israel e reinar sobre as nações.
   C. **A oração** (51.9-11): Pela fé, Israel clama para que Deus faça tudo o que prometeu.
   D. **A proteção** (51.12-16): O Senhor assegura pessoalmente aos israelitas que os protegerá.
   E. **As proclamações** (51.17-23; 52.1-6, 11-12): Jerusalém recebe dois chamados divinos para despertar.
      1. *Primeiro chamado: a punição de Deus* (51.17-23): Esta punição relaciona-se à transferência do cálice da ira de Deus.
         a. Ele será retirado da cidade de Jerusalém (51.17-22): Eles já sofreram o suficiente. Sua dor será removida.
         b. Ele será dado aos inimigos de Jerusalém (51.23): Eles beberão daquele terrível cálice.
      2. *Segundo chamado: o poder de Deus* (52.1-6, 11-12)
         a. Vistam-se com a força de Deus (52.1-2).
         b. Sejam libertados pela força de Deus (52.3-6, 11-12): O povo de Deus será libertado da Babilônia e reconhecerá sua voz.
   F. **A pregação** (52.7-10): Israel deve proclamar as gloriosas notícias da salvação de Deus do topo das montanhas.

II. O Servo Escolhido (52.13-15): Aqui, aparentemente, Isaías apresenta toda a obra de Cristo de forma sintetizada.
   A. **Seu ministério terreno** (52.13a): Meu servo prospera.
   B. **Sua crucificação** (52.14): Ele foi espancado e está ensangüentado e desfigurado.

C. Sua ressurreição (52.13b): Ele é altamente exaltado.
D. Sua redenção (52.15): Ele causa admiração a várias nações.

ESBOÇO DA SEÇÃO VINTE E CINCO (ISAÍAS 53)
Este capítulo contém a mensagem do profeta, descrevendo o sofrimento do Messias. Isaías descreve com detalhes a crucificação de Cristo, aproximadamente 800 anos antes de seu cumprimento.

I. O Panorama (53.1-2)
   A. Fatos sobre a mensagem de Isaías (53.1): Isaías percebe que suas predições do Calvário são tão impressionantes que poucos acreditam nele.
   B. Fatos sobre o Messias de Isaías (53.2)
      1. *O pano de fundo* (53.2a): Jesus cresce como um renovo de uma raiz numa terra seca.
      2. *A figura* (53.2b): Nada há de extraordinário em sua aparência — nada atraente em sua figura física.

II. A Origem (53.4, 10a): Quem é o responsável pela morte de Cristo?
   A. Os inimigos do Messias (53.4): Ele morre pelos pecados daqueles que o odeiam, ou seja, todos nós.
   B. O Pai do Messias (53.10a): Surpreendentemente, é plano do próprio Deus ferir seu próprio Filho.

III. A Provação (53.3, 5-6, 8-9)
   A. Ele é menosprezado durante a vida (53.3): Cristo é desprezado e rejeitado pelos líderes de Israel.
   B. Ele é brutalizado em sua morte (53.5-6, 8-9)
      1. *Ele suporta o aprisionamento e vários julgamentos injustos* (53.8): Eles o levaram da prisão para o julgamento, e deste, para a morte.
      2. *Ele é ferido, espancado e machucado* (53.5-6): Isto acontece por nossos pecados.
      3. *Ele é enterrado como um criminoso comum* (53.9): É colocado na sepultura de um homem rico.

IV. A Obediência (53.7): Como uma ovelha perante seu tosquiador, o Messias suporta todos os seus sofrimentos calado. Ele é levado como um cordeiro ao matadouro.

V. O Resultado (53.10b-12)
   A. Sua morte assegura vida espiritual a incontáveis multidões (53.10b): Elas desfrutarão vida longa e prosperarão.
   B. Ele é ressuscitado e goza os frutos de seu sacrifício (53.11).
   C. Ele é honrado por sua grandeza (53.12).

> **ESBOÇO DA SEÇÃO VINTE E SEIS** (ISAÍAS 54-55)
> Isaías descreve a missão do Messias e emite uma convocação para que o Messias seja aceito.

I. UMA PROCLAMAÇÃO NACIONAL — COM RELAÇÃO À CIDADE DE DEUS (54.1-17): Isaías descreve o relacionamento entre uma esposa especial e seu marido.
   A. A esposa afligida (54.1-4)
      1. *Quem é ela* (54.1): Ela representa Jerusalém, retratada tanto como uma mulher estéril quanto como uma viúva triste por causa dos pecados de sua mocidade.
      2. *O que ela deve fazer* (54.2-4): Ela deve aumentar seu lar, preparando-o para a multidão de filhos que logo serão seus.
   B. O marido glorioso (54.5-17)
      1. *Quem é ele* (54.5): Ele é ninguém menos que o Criador e Redentor, o Santo de Israel e Deus de toda a terra.
      2. *O que ele faz* (54.6-17)
         a. Ele, no passado, puniu Jerusalém brevemente (54.6-10): Agora ele a abençoa para sempre.
         b. A cidade é restaurada a um estágio de beleza sem precedentes (54.11-12): A cidade é feita de pedras preciosas.
         c. Ele instrui, protege e prospera os cidadãos de Jerusalém (54.13-17): Eles têm um governo justo e seus inimigos estão bem longe.

II. O CONVITE UNIVERSAL — COM RELAÇÃO À GRAÇA DE DEUS (55.1-9): Este é um dos maiores convites das Escrituras.
   A. Os participantes (55.1a): É apenas para os que têm sede.
   B. O produto (55.1b): Leite e vinho à vontade.
   C. O preço (55.1c-2): É de graça.
   D. A promessa (55.3-5): Esta bebida gratuita salva a alma.
   E. A súplica (55.6-9): Os pecadores são instados a buscar o Senhor agora, antes que seja tarde demais.

III. A ILUSTRAÇÃO NATURAL — COM RELAÇÃO À PALAVRA DE DEUS (55.10-11): Isaías compara o tempo à palavra de Deus.
   A. O tempo de Deus (55.10): A chuva desce dos céus para produzir alimento para o corpo.
   B. A Palavra de Deus (55.11): A Palavra de Deus desce dos céus para produzir alimento para a alma.

IV. UMA APLICAÇÃO PESSOAL — COM RELAÇÃO AO POVO DE DEUS (55.12-13): Algum dia, durante o Milênio, todos os crentes habitarão pacífica e alegremente num mundo perfeito.

ESBOÇO DA SEÇÃO VINTE E SETE (ISAÍAS 56-57)
Isaías proclama salvação para os gentios e graça para os ímpios líderes de Israel. Ele descreve como Deus lida com sete tipos de indivíduos.

I. INDIVÍDUOS JUSTOS (56.1-8; 57.1-2, 14-21)
  A. **Aqueles que fazem o que é certo** (56.1-2): Deus abençoa os que são justos e os que honram o dia especial do Senhor.
  B. **Gentios salvos** (56.3a, 6-8)
    1. *Eles não são vistos como cidadãos de segunda classe* (56.3a): Quando se voltam para o Senhor, são aceitos da mesma forma que os judeus.
    2. *Seus sacrifícios são aceitos* (56.6-7).
    3. *Eles experimentam a alegria de Deus no Templo* (56.7-8): Seu Templo é uma casa de oração para todas as nações.
  C. **Eunucos dedicados** (56.3b-5): Deus dá a eles mais honra que filhos e filhas jamais poderiam oferecer.
  D. **Os bons que morrem cedo** (57.1-2): Algumas vezes, Deus permite que tudo isso aconteça para que eles sejam poupados de um futuro perverso.
  E. **O contrito** (57.14-21): Isaías descreve o relacionamento de Deus com os humildes e penitentes.
    1. *Com relação à pessoa de Deus* (57.15a): Ele é o Santo, Altíssimo e Sublime, que habita a eternidade.
    2. *Com relação às promessas de Deus* (57.14, 15b-21)
      a. Reúne os contritos com segurança (57.14): Deus abre caminho para que seu povo retorne do cativeiro.
      b. Revive seus espíritos (57.15b): Ele lhes alivia e lhes dá coragem.
      c. Jamais os acusa por causa de seus pecados (57.16-17): Ele não briga com eles eternamente.
      d. Cura, guia e conforta (57.18).
      e. Comunica a eles sua paz (57.19): Ele os cura e eles o louvam.

II. INDIVÍDUOS ÍMPIOS (56.9-12; 57.3-13)
  A. **Os líderes religiosos de Israel** (56.9-12)
    1. *A transgressão* (56.10-12)
      a. Eles sofrem de cegueira autogerada (56.10): Não estão alertas quando o perigo se aproxima.
      b. Eles são gananciosos e egoístas (56.11): Seguem seus próprios caminhos, visando ganho pessoal.
      c. Eles são bêbados materialistas (56.12): Compram vinho e se embebedam.
    2. *O problema sério* (56.9): Por causa de seu pecado, o rebanho de Deus é despedaçado por animais selvagens do campo.
  B. **Os idólatras de Israel** (57.3-13)
    1. *Sua impiedade* (57.3-4): Eles são a prole de adúlteros e de prostitutas, filhos de pecadores e mentirosos.

2. *Sua adoração* (57.5-11): Eles amam e adoram deuses de pedra.
3. *Sua esperança* (57.12-13): Nada pode salvá-los, a não ser confiar em Deus.

PARTE OITO (ISAÍAS 58-66)
Isaías prediz a vinda do Senhor e a complementação da restauração do povo de Deus.

ESBOÇO DA SEÇÃO VINTE E OITO (ISAÍAS 58-59)
Isaías detalha a hipocrisia e a necessidade de arrependimento da nação.

I. Os Pecados de Israel (58.1-14; 59.3-8)
  A. **Hipocrisia** (58.1-12): Este pecado vem à tona durante seus últimos dias de jejum.
   1. *A forma errada de jejuar* (58.1-5): Eles se vangloriam de seu jejum e pensam que Deus ficará feliz.
   2. *A forma correta de jejuar* (58.6-12)
     a. Os fatos (58.6-10): Eles deveriam partilhar suas roupas e seus alimentos com os pobres e parentes necessitados.
     b. Os frutos (58.11-12): Eles serão guiados pelo Senhor.
  B. **Negligência** (58.13-14): Aparentemente, a nação não tem guardado o sábado convenientemente.
  C. **Derramamento de sangue** (59.3a): Suas mãos são de assassinos, e seus dedos estão imundos com pecado.
  D. **Mentira** (59.3b-4): Ninguém se importa com a verdade.
  E. **Desonestidade** (59.5-8): Eles se apressam para fazer o que é errado.

II. O Sofrimento de Israel (59.1-2, 9-11): Seu pecado resulta no seguinte:
  A. **Orações não respondidas** (59.1-2): Deus não ouve suas orações por causa de seus pecados.
  B. **Desespero** (59.9): Eles estão nas trevas e na escuridão por causa de sua desobediência.
  C. **Cegueira espiritual** (59.10): Eles vagueiam como se fossem cegos.
  D. **Frustração completa** (59.11): Eles procuram a justiça, mas ninguém consegue achá-la.

III. A Súplica de Israel (59.12-15a): A nação reage à repreensão de Isaías e confessa seu pecado.

IV. O Salvador de Israel (59.15b-21)
  A. **A difícil situação de Israel** (59.15b-16): Deus vê que não há justiça na terra, nem ninguém que tome o partido de Israel, por isso intervém pessoalmente.
  B. **Os planos de Deus** (59.17-21): Primeiro, punir o pecado; depois, dar início à justiça.
   1. *A Grande Tribulação* (59.17-18): Nesta época, o mundo inteiro sente sua ira.

2. *O glorioso Milênio* (59.19-21): Durante esta época, seu nome é glorificado e seu povo é maravilhosamente abençoado.

ESBOÇO DA SEÇÃO VINTE E NOVE (ISAÍAS 60-62)
Isaías profetiza sobre a glória e a restauração de Sião.

I. O Esplendor do Povo de Deus (60.1-22; 61.4-62.12)
   A. **Fatos sobre sua cidade** (60.1-3, 5-7, 10-22; 62.1-4, 12)
      1. *Jerusalém iluminará toda a terra* (60.1-3): Todas as nações verão sua luz.
      2. *Ela será visitada e honrada pelos gentios* (60.5-7, 10-16): As nações virão para ver Jerusalém e trazer presentes ao seu povo.
      3. *Ela será protegida pelo próprio Deus* (60.17-18): A violência desaparecerá da terra.
      4. *Ela brilhará para sempre em seu esplendor* (60.19-21): O povo não terá necessidade do sol e da lua, pois o Senhor será sua luz eterna.
      5. *Sua população aumentará muito* (60.22): A menor das famílias se tornará um grande clã.
      6. *Ela será conhecida por vários nomes novos* (62.1-4, 12): Isaías ora a Deus para que retire a vergonha de Israel e lhe dê um novo nome.
         a. Hefzibá, que significa "Minha Delícia", e Beulá, que significa "Noiva" de Deus (62.4): Jerusalém perderá seus nomes vergonhosos.
         b. "Cidade-Não-Deserta" (62.12): Eles serão chamados "Povo Santo" e "Redimidos do Senhor".
   B. **Fatos com relação à nação** (60.4, 8-9; 61.4-11; 62.5-11)
      1. *A promessa a Israel* (60.4, 8-9; 61.4-9; 62.5, 8-11)
         a. Seus filhos se preocuparão com ele (62.5): Deus se regozijará nele.
         b. O povo será reunido de entre todas as nações (60.8-9; 62.10-11): Ele virá para casa, trazendo suas riquezas.
         c. Ele reconstruirá as cidades há tanto tempo destruídas (61.4).
         d. Os gentios servirão a Israel (61.5): Eles alimentarão os rebanhos israelitas, ararão seus campos, cuidarão de suas vinhas.
         e. Será uma nação sacerdotal (61.6): Serão chamados sacerdotes do Senhor.
         f. Toda a repreensão será substituída por grande honra entre as nações gentílicas (61.7-9): Será um povo abençoado pelo Senhor.
         g. Ele jamais será derrotado novamente (62.8-9): O povo estará livre de seus inimigos para sempre.
      2. *O louvor da nação de Israel* (61.10-11): No futuro, Israel dará testemunho da fidelidade de Deus por toda a terra.

3. *As orações pela nação de Israel* (62.6-7)
   a. O povo não descansará até que Jerusalém esteja estabelecida (62.6): Eles orarão noite e dia pelo cumprimento das promessas de Deus.
   b. O povo instará com Deus até que Jerusalém esteja estabelecida (62.7): Jerusalém será objeto de louvor por toda a terra.

II. O SALVADOR DO POVO DE DEUS (61.1-3)
   A. **Sua unção** (61.1a): O Messias é designado pelo Pai e ungido pelo Espírito.
   B. **Suas tarefas** (61.1b-3)
      1. *Ele prega as boas-novas ao pobre* (61.1b).
      2. *Ele conforta o quebrantado de coração* (61.1c).
      3. *Ele liberta cativos e prisioneiros* (61.1d).
      4. *Ele transforma cinzas em coroa, dor em alegria e desespero em louvor* (61.2-3): O Senhor está com seu povo, para sua própria glória.

ESBOÇO DA SEÇÃO TRINTA (ISAÍAS 63-64)
Isaías profetiza juízo e salvação.

I. O DEUS DE ISRAEL (63.1-9)
   A. **Como um Soldado** (63.1-6)
      1. *Pergunta* (63.1a, 2): Quem é o guerreiro vestido como rei, com sua roupa manchada com sangue de seus inimigos?
      2. *Resposta* (63.1b, 3-6)
         a. O vencedor (63.1b): É o próprio Deus.
         b. A vitória (63.3-6): Em justa indignação, Deus destrói completamente seus inimigos (provavelmente, no Armagedom) como um homem esmaga uvas no lagar.
   B. **Como um Salvador** (63.7-9): Com amor e misericórdia, Deus redime e cuida carinhosamente de Israel, através das eras.

II. O ISRAEL DE DEUS (63.10-64.12)
   A. **Sua rebelião** (63.10): Israel voltou-se contra Deus no deserto.
   B. **Sua reflexão** (63.11-14): A nação mais tarde lembrou-se da fidelidade de Deus durante a travessia do mar Vermelho.
   C. **Sua percepção** (63.15-16; 64.5-8): Israel livremente reconhece quem é e quem Deus é.
      1. *Ele é seu Pai e Redentor eterno* (63.16): Ele tem estado com eles desde os tempos da antiguidade.
      2. *Aos seus olhos, até mesmo seus atos justos são como trapos imundos* (64.5-7): Como folhas do outono, eles murcham, caem e são varridos.
      3. *Ele é o oleiro, e eles são o barro* (64.8): Eles são formados pelas mãos de Deus.

D. Seus pedidos (63.17-19; 64.1-4, 9-12)
  1. *O retorno de Deus para salvá-los de todos os seus inimigos* (63.17-19; 64.1-4): Querem que Deus os trate como se ainda fossem seu povo.
  2. *O perdão e o esquecimento de todos os seus pecados* (64.9-12): Eles acham que já sofreram o suficiente.

ESBOÇO DA SEÇÃO TRINTA E UM (ISAÍAS 65-66)
Isaías fornece um vislumbre do reino de Deus estabelecido na terra.

I. OS PAGÃOS E DEUS (65.1, 17, 20-25; 66.6, 15-17, 22-24)
  A. **Sua relação atual com as nações gentílicas** (65.1): Deus se revela ao povo não judeu e, por um momento, está escolhendo salvar os gentios, em vez de Israel, para realizar sua vontade.
  B. **Sua relação futura com as nações gentílicas** (65.17, 20-25; 66.6, 15-17, 22-24): O mundo inteiro estará sujeito à punição universal, e então, à perfeição.
   1. *A punição* (66.6, 15-17): Uma referência à Grande Tribulação
      a. Deus toma vingança abrasadora sobre seus inimigos (66.6): Há grande comoção na cidade e um terrível barulho vem do Templo.
      b. Muitos milhões de pecadores são mortos nesta hora (66.15-17): O Senhor vem com fogo para distribuir sua punição.
   2. *A perfeição* (65.17, 20-25; 66.22-24): Uma referência ao glorioso Milênio. A seguir, algumas características desta época:
      a. Não haverá morte de crianças (65.20a).
      b. Todos, menos os rebeldes, viverão para comemorar seu centésimo aniversário (65.20b): Somente os pecadores morrerão jovens.
      c. Uma época de grande prosperidade (65.21-23): Eles vivem em suas próprias casas, comem de suas próprias vinhas e são abençoados pelo Senhor.
      d. Uma época em que as orações serão respondidas imediatamente (65.24): Antes que a oração seja feita, Deus a responde.
      e. Lobo, cordeiro, leão e boi viverão harmoniosamente (65.25).
      f. A permanente criação de novos céus e nova terra (65.17; 66.22): Ninguém mais pensará nos antigos céus e terra, pois os novos serão lindos e eternos.
      g. Adoração universal de Deus (66.23): Todos adorarão a Deus regularmente.
      h. Uma solene lembrança da santidade de Deus (66.24): Os rebeldes serão devorados por minhocas e destruídos pelo fogo.

II. O Povo de Deus (65.2-16, 18-19; 66.1-5, 7-14, 18-21)
   A. **O antigo Israel** (65.2-15; 66.1-5)
      1. *Os rebeldes* (65.2-7, 11-15; 66.3-4)
         a. Suas perversões (65.2-5; 66.3)
            (1) Idolatria (65.2-3): O povo rebela-se contra Deus e o insulta.
            (2) Bruxaria (65.4): O povo adora espíritos maus e come alimento proibido.
            (3) Hipocrisia (65.5; 66.3): O povo cheira mal às narinas de Deus porque escolhe seus próprios caminhos.
         b. Sua punição (65.6-7, 11-15; 66.4)
            (1) Pagar completamente por seus pecados (65.6-7): O povo paga por seus pecados e pelos de seus antepassados.
            (2) Ser morto pela espada (65.11-12): O povo é destruído por não ouvir o Senhor.
            (3) Sofrer fome e sede (65.13).
            (4) Clamar de dor (65.14).
            (5) Tornar-se uma maldição entre os povos (65.15): O Senhor destrói o antigo Israel.
            (6) Trazer sobre eles todas essas coisas (66.4): Eles não dão ouvidos ao Senhor.
      2. *Os justos* (65.8-10; 66.1-2, 5): Estes versículos referem-se à fidelidade de Deus com o povo remanescente, ao longo das épocas.
         a. Ele será preservado e próspero na terra (65.8-10).
         b. Ele será estimado por Deus por causa de sua humildade (66.1-2).
         c. Ele ouvirá sua voz tranqüilizadora (66.5): O povo ouvirá Deus dizendo que não se sinta desanimado, caso seja desprezado.
   B. **O novo Israel** (65.16, 18-19; 66.7-14, 18-21)
      1. *A duração* (66.7-9): A nação renascerá num único dia.
      2. *A descrição* (65.16, 18-19; 66.10-14, 18-21)
         a. O povo será totalmente perdoado (65.16): Deus colocará de lado sua ira e perdoará o mal.
         b. Jerusalém será reconstruída e repleta de regozijo (65.18-19): Não haverá mais choro na cidade.
         c. A cidade desfrutará prosperidade financeira (66.10-12): A riqueza das nações fluirá para a cidade e ela será abençoada com paz.
         d. O povo será consolado pelo próprio Deus (66.13): Ele o confortará tal qual a mãe conforta seu filho.
         e. O povo se regozijará (66.14): Quando vir sua cidade, se encherá de alegria.
         f. O povo verá a glória de Deus (66.18-21): Eles virão de todas as nações ao seu santo monte.

Jeremias

O livro de Jeremias é esboçado da seguinte maneira:

I. Jeremias e Judá (1-45; 52)
   A. **Eventos precedentes à queda de Jerusalém** (1-38)
      1. *Durante o reinado de Josias* (1-20)
      2. *Durante os reinados de Jeoacaz, Jeoaquim, Conias e Zedequias* (21-38)
   B. **Eventos durante a queda de Jerusalém** (39; 52)
   C. **Eventos seguintes à queda de Jerusalém** (40-45)
      1. *O profeta e os sobreviventes* (40-44)
         a. Em Judá (40-42)
         b. No Egito (43-44)
      2. *O profeta e o escriba* (45.1-5)

II. Jeremias e os Gentios (46-51): Jeremias faz profecias contra nove nações:
   A. **Egito** (46)
   B. **Filístia** (47)
   C. **Moabe** (48)
   D. **Síria, Edom, Damasco, Elão e as duas tribos árabes de Quedar e Hazor** (49)
   E. **Babilônia** (50-51)

ESBOÇO DA SEÇÃO UM (JEREMIAS 1-2)
Jeremias, chamado pelo Senhor, é consagrado para o serviço apesar de suas dúvidas, e prega seu primeiro sermão.

I. A Consagração de Jeremias (1.1-19)
   A. **Seu chamado** (1.1-5)
      1. *O chamado oficial* (1.1-3): Acontece durante o décimo terceiro ano do reinado do rei Josias.
      2. *O chamado original* (1.4-5): Jeremias é escolhido por Deus antes de seu nascimento.
   B. **Sua preocupação** (1.6): Não sou eu jovem demais para ser porta-voz ao mundo?
   C. **Seu consolo** (1.7-10): A mão de Deus toca a boca de Jeremias, assegurando que ele receberá as palavras a ser ditas.

D. Sua confirmação (1.11-19): Deus confirma o chamado de Jeremias, mostrando a ele duas visões
  1. *A vara da amendoeira* (1.11-12): "Viste bem; porque eu velo sobre a minha palavra para a cumprir".
  2. *A panela de água fervente* (1.13-19): Significa que "do norte se estenderá o mal sobre todos os habitantes da terra".

II. A Primeira Proclamação de Jeremias (2.1-37): Ela começa em 2.1 e termina em 3.5.
  A. A parábola (2.1-3): Deus retrata Israel como uma jovem noiva, ansiosa por agradar seu marido.
  B. As perversões (2.4-13, 18-30, 33-37): Sua jovem noiva, mais tarde, torna-se infiel, culpada de muitos pecados.
    1. *A descrição do pecado de Israel* (2.4-13, 18-20, 23-30, 36-37)
      a. Idolatria (2.4-11, 20, 23-30): O povo adora ídolos tolos e polui a terra.
      b. Abandonar a Deus (2.12-13): Em vez de escolher a fonte de água viva, cava para si cisternas rotas que não retêm a água.
      c. Alianças ímpias (2.18-19, 36-37): O povo é conduzido ao exílio como resultado disso.
    2. *A profundidade dos pecados de Israel* (2.21-22, 33-35): O povo está tão sujo de culpa que nenhum sabão ou barrela pode torná-lo limpo.
  C. A punição (2.14-17): Exércitos populosos e furiosos invadem Israel por todas as direções, deixando suas cidades em ruínas e levando o povo como escravo.
  D. A súplica (2.31-32): Deus apela para que seu povo ouça e atente para sua palavra.

ESBOÇO DA SEÇÃO DOIS (JEREMIAS 3-6)
Em seu segundo sermão, Jeremias fala de divórcio, desobediência e destruição.

I. Divórcio (3.1-25)
  A. A ilustração (3.1-11): Jeremias compara o relacionamento de Deus com Israel ao de um marido inocente que se divorcia de sua esposa adúltera e, devido a seu grande amor por ela, deseja reconstruir um casamento fragmentado.
  B. O convite (3.12-25)
    1. *O apelo de Deus* (3.12-22a)
      a. A base (3.12-15): Israel deve confessar e renunciar a seus terríveis pecados de idolatria para ser restaurado.
      b. A bênção (3.16-22a): "Voltai, ó filhos rebeldes, eu curarei a vossa infidelidade". Deus habita entre seu povo como um Pai amoroso e fiel.

2. *A profecia de Jeremias* (3.22b-25): Um dia, Israel se arrependerá e se voltará para Deus.

II. DESOBEDIÊNCIA (5.1-31)
   A. **Os terríveis pecados de Israel** (5.1-5, 7-13, 20-31)
      1. *Desonestidade* (5.1-5)
         a. Entre o pobre e o ignorante (5.1-4)
         b. Entre os líderes (5.5)
      2. *Idolatria e imoralidade* (5.7-10): Não importa o que Deus faz ao povo, eles adoram ídolos e visitam bordéis.
      3. *Traição* (5.11-13, 20-31): Eles mentem sobre o Senhor.
   B. **A terrível punição de Israel** (5.6, 14-19)
      1. *Ser atacado por animais selvagens* (5.6): Um leão, um lobo e um leopardo o despedaçarão.
      2. *Ser atacado e derrotado por animais hostis* (5.14-19): Deus trará a catástrofe sobre seu povo e fará com que ele sirva a estrangeiros por se recusar a ouvi-lo.

III. DESTRUIÇÃO (4.1-31; 6.1-30): Jeremias profetiza a destruição de Jerusalém.
   A. **Os alertas** (4.1-4, 14; 6.1-3, 8-10)
      1. *Primeiro* (4.1-4, 14): Circuncisão do coração duro.
      2. *Segundo* (6.1-3): Se você é justo, fuja de Jerusalém.
      3. *Terceiro* (6.8-10): O último alerta antes do juízo.
   B. **A ira** (4.5-9, 11-13, 15-18; 6.4-7, 11-26)
      1. *Ela vem do norte* (4.5-6): Isto se refere à invasão babilônica em 606 a.C.
      2. *Ela destrói as cidades de Judá* (4.7-9, 11-13, 15-18): As ferramentas do Senhor são ventos tórridos e inimigos.
      3. *Ela quebra os muros de Jerusalém* (6.4-7): Por quê? "só opressão há no meio dela".
      4. *Ela pune a todos por causa de sua impiedade* (6.11-17): Isto inclui do menor ao maior.
      5. *Ela recusa as ofertas do povo no Templo* (6.18-26): Seus sacrifícios nada significam para Deus por causa de seus pecados.
   C. **A testemunha: Jeremias** (4.10, 19-31; 6.27-30)
      1. *Sua agitação quanto à punição de Israel* (4.10).
      2. *Sua agonia quanto ao futuro pecaminoso de Israel* (4.19-31).
      3. *Sua tarefa como testador de metais* (6.27-30): Jeremias deve aferir a condição espiritual de Israel.

ESBOÇO DA SEÇÃO TRÊS (JEREMIAS 7-10)
Jeremias condena o povo de Deus, que engana a si mesmo; lamenta pelo pecado e pelo sofrimento de Israel; e contrasta o único e verdadeiro Deus com falsos ídolos.

I. A Condenação do Povo, por Jeremias (7.1-8.17)
  A. O povo engana a si mesmo (7.1-15)
    1. *As mentiras* (7.1-7): "Não vos fieis em palavras falsas, dizendo: Templo do Senhor, templo do Senhor, templo do Senhor são estes".
    2. *Os fatos* (7.8-15): Jeremias lembra-os do Tabernáculo destruído em Siló: "Vede o que lhe fiz, por causa da maldade do meu povo".
  B. O povo se destrói (7.16-8.17)
    1. *A ordem* (7.16): Deus instrui Jeremias a parar de orar por seu povo.
    2. *A corrupção* (7.17-31; 8.4-15)
      a. Ele adora ídolos (7.17-18): Fazem bolos à rainha dos céus e oferecem libações a outros deuses.
      b. Ele se machuca (7.19).
      c. Ele sente a fúria de Deus e é consumido (7.20).
      d. Ele é como o povo que Deus tirou do Egito (7.21-26): Deus continua a enviar profetas, mas ninguém ouve.
      e. Ele não dá ouvidos à verdade (7.27-29): "Já pereceu a verdade, e está exterminada da sua boca".
      f. Ele peca diante dos olhos de Deus (7.30): Colocam ídolos no próprio Templo de Deus.
      g. Ele sacrifica seus próprios filhos (7.31).
      h. Ele se recusa a atentar para a lei de Deus (8.4-7): "O meu povo não conhece a ordenança do Senhor".
      i. Ele se deixa governar por líderes mentirosos (8.8-15): Seus mestres *sábios* distorcem a lei.
    3. *A condenação* (7.32-8.3, 16-17)
      a. O lugar onde adoram ídolos se tornará o Vale da Matança (7.32-34): Deus matará tantas pessoas que não haverá espaço para as covas.
      b. As tropas inimigas profanam suas covas, retirando os ossos (8.1-3): As pessoas ainda vivas desejarão estar mortas.
      c. Os soldados os morderão como serpentes venenosas (8.16-17): Eles morrerão.

II. A Reação de Jeremias (8.18-9.26)
  A. A dor de Jeremias (8.18-9.1, 10-12)
    1. *A extensão* (8.18-19, 21-22; 9.1, 10-12)
      a. Seu coração está partido e incurável (8.18-19).
      b. Seu lamento continua dia e noite (8.21-22; 9.1, 10-12).
    2. *A explicação* (8.20): "Passou a sega, findou o verão, e nós não estamos salvos".

B. **Os pecados e os sofrimentos de Judá** (9.2-9, 13-26)
  1. *Os pecados* (9.2-9, 13-14)
     a. Adultério (9.2)
     b. Desonestidade (9.3): Eles só falam mentiras.
     c. Traição (9.2, 4-9): Eles tiram proveito uns dos outros.
     d. Idolatria (9.13-14): Eles adoram imagens de Baal.
  2. *Os sofrimentos* (9.15-26)
     a. Comida amarga e água contaminada (9.15).
     b. Ser espalhados entre as nações distantes (9.16).
     c. Ser afligidos com angústia, morte e luto (9.17-26).

III. O CONTRASTE DE JEREMIAS (10.1-25)
  A. **Os falsos deuses de Judá** (10.1-5, 8-16): Jeremias prega que a idolatria — adoração de deuses feitos por homens — é tolice e destruição.
  B. **O verdadeiro de Deus de Judá** (10.6-7, 17-25): Jeremias fala da grandeza, do poder e do juízo vindouro de Deus. Depois, apela à branda correção de Deus sobre ele, mas com um derramamento de ira sobre as nações que se recusam a reconhecer Deus como Senhor.

ESBOÇO DA SEÇÃO QUATRO (JEREMIAS 11-15)
Jeremias profere o quarto, o quinto e o sexto sermão sobre a aliança de Deus com seu povo, a cinta de linho e o sofrimento e o pecado de Judá.

I. QUARTO SERMÃO (11.1-12.17)
  A. **A aliança** (11.1-13)
    1. *Aliança passada* (11.1-8)
       a. A lembrança (11.1-7): Deus promete abençoar seu povo quando o tira do Egito, caso ele lhe obedeça.
       b. A rejeição (11.8a): Israel recusa-se a obedecer.
       c. Os resultados (11.8b): "Trouxe sobre eles todas as palavras deste pacto".
    2. *Aliança atual* (11.9-13): A geração de Jeremias também desobedece ao Senhor e é julgada.
  B. **A ordem** (11.14-17): Novamente Jeremias é instruído a não orar nem lamentar por Judá.
  C. **A conspiração** (11.18-23)
    1. *A armação contra Jeremias* (11.18-19): Deus diz a ele que o povo de sua cidade natal está planejando matá-lo.
    2. *A oração de Jeremias* (11.20): Ele clama por socorro divino — a vingança de Deus contra seus inimigos.
    3. *A promessa a Jeremias* (11.21-23): Deus assegura a seu profeta que nenhum dos que tramam contra ele sobreviverá.
  D. **A reclamação** (12.1-4): Jeremias está decepcionado com Deus por causa da aparente prosperidade do ímpio.

E. O castigo (12.5-14)
  1. *De Jeremias* (12.5-6): Deus repreende o profeta por se queixar, e o alerta a não confiar em ninguém.
  2. *De Judá* (12.7-14): Toda a terra será cativa de exércitos invasores hostis.
F. A compaixão (12.15-17): Apesar das terríveis transgressões, o amor de Deus o impele a, um dia, reunir e regenerar seu povo.

II. QUINTO SERMÃO (13.1-27)
  A. As instruções (13.1-7)
    1. *A ordem* (13.1-6): Jeremias deve comprar e enterrar uma cinta de linho e, mais tarde, desenterrá-la.
    2. *O resultado* (3.7): Ela está embolorada, esfacelando-se e sem utilidade.
  B. A ilustração (13.8-14): Deus apodrece e arruína o orgulho de Judá, assim como o solo fez com a cinta.
  C. O convite (13.15-27)
    1. *A súplica de Jeremias* (13.15-22): Ele insta para que a nação se arrependa e se volte para Deus.
    2. *O problema de Judá* (13.23-27): A doença de seu pecado é terminal e sua destruição é certa.

III. SEXTO SERMÃO (14.1-15.21)
  A. Jeová e Judá (14.1-10)
    1. *O sofrimento* (14.1-6): Uma terrível seca ataca a terra.
    2. *A súplica* (14.7-9): O povo clama a Deus por misericórdia, querendo saber o motivo de seu sofrimento.
    3. *A maldade* (14.10): Deus explica que foi o seu pecado que trouxe seu sofrimento.
  B. Jeová e Jeremias (14.11-15.21): Estes versículos relatam um diálogo entre o Senhor e seu profeta.
    1. *Deus* (14.11-12): "Não rogues por este povo".
    2. *Jeremias* (14.13): "Ah! Senhor Deus, eis que os profetas lhes dizem: Não vereis espada, e não tereis fome".
    3. *Deus* (14.14-16): "Os profetas profetizam mentiras em meu nome... sem que eu os tenha mandado... À espada e à fome serão consumidos esses profetas".
    4. *Jeremias* (14.17-22): "Os meus olhos derramem lágrimas de noite e de dia... Porventura já de todo rejeitaste a Judá?"
    5. *Deus* (15.1-9): "Ainda que Moisés e Samuel se pusessem diante de mim, não poderia estar a minha alma com este povo... Entregá-los-ei para serem um espetáculo horrendo perante todos os reinos da terra".
    6. *Jeremias* (15.10): "Ai de mim, minha mãe! Pois me deste à luz homem de rixa".
    7. *Deus* (15.11-14): "Eu te fortalecerei para o bem."
    8. *Jeremias* (15.15-18): "As tuas palavras eram para mim gozo e alegria... Serás tudo para mim como ribeiro ilusório e como águas inconstantes?".
    9. *Deus* (15.19-21): "Se tu te voltares, então te restaurarei, para estares diante de mim... serás a minha boca; torne-se eles a ti, mas não voltes tu a eles".

> **ESBOÇO DA SEÇÃO CINCO** (JEREMIAS 16-20)
> Jeremias profere o sétimo e o oitavo sermão, sobre o que ele deve e o
> que não deve fazer, e uma parábola sobre um oleiro.

I. Sétimo Sermão (16.1-17.27)
   A. **As proibições: o que Jeremias não deve fazer** (16.1-9)
      1. *Casar ou ter filhos* (16.1-4): Eles morrerão.
      2. *Lamentar* (16.5-7): Ele está proibido de lamentar acerca da punição sobre Israel.
      3. *Misturar-se* (16.8-9): Ele não pode comer ou comungar com o povo de Judá.
   B. **As proclamações: o que Jeremias deve fazer** (16.10-18; 17.1-4, 9-11, 19-27)
      1. *Explicar* (16.10-13, 16-18; 17.1-4, 9-11)
         a. O motivo do juízo vindouro de Deus (16.10-13, 18; 17.1-4, 9-11): O povo pecou.
            (1) A descrição de seu pecado (16.10-13, 18): Eles adoram ídolos e cometem perversidade.
            (2) A profundidade de seu pecado (17.1-4, 9-11): Até seus filhos adoram ídolos, e suas riquezas provêm de meios ilícitos.
         b. A certeza do juízo vindouro de Deus (16.16-17): As pessoas não podem esconder-se dele.
      2. *Encorajar* (16.14-15): Um dia, Deus reunirá Israel e o restabelecerá em sua terra.
      3. *Exortar* (17.19-27): Jeremias insta para que o povo guarde o sábado corretamente.
   C. **A dupla de personalidades** (17.5-8)
      1. *O homem ímpio e infrutífero* (17.5-6): Ele é como um arbusto solitário no deserto.
      2. *O homem justo e frutífero* (17.7-8): Ele é como uma árvore plantada junto às águas.
   D. **As orações** (16.19-21; 17.12-18)
      1. *Primeira* (16.19-21): Jeremias confia que Deus está com ele.
      2. *Segunda* (17.12-18): Jeremias ora para que Deus não o abandone.

II. Oitavo Sermão (18.1-20.18)
   A. **O profeta e o oleiro** (18.1-19.15)
      1. *A primeira visita de Jeremias à casa do oleiro* (18.1-23)
         a. A parábola (18.1-17)
            (1) O que ele vê (18.1-4): Um oleiro remodelando um vaso previamente danificado.
            (2) O que ele ouve (18.5-10): Deus diz a Jeremias que ele é o Oleiro divino, e logo remodelará seu pecaminoso vaso danificado, Israel.

(3) O que ele diz (18.11-17): Jeremias deve alertar ao povo que Deus logo os destruirá, e à sua terra, por causa da idolatria.
  b. A trama (18.18): Os líderes judeus decidem atacar Jeremias por causa de seu sermão intrépido.
  c. As orações (18.19-23): Jeremias clama para que Deus o livre e execute seus inimigos.
2. *A segunda visita de Jeremias à casa do oleiro* (19.1-15)
  a. A botija (19.1-2): "Assim diz o Senhor: Vai, e compra uma botija de oleiro".
  b. O juízo (19.3-15)
    (1) Ele é severo (19.3-9): Jeremias alerta que Deus logo derramará punição sobre Judá por seu pecado.
    (2) Ele é simbólico (19.10-15): O profeta deve quebrar a botija, tornando-a irreparável, para ilustrar o que Deus fará com Judá.
B. O profeta e o sacerdote (20.1-18)
  1. *A confrontação* (20.1-6)
    a. O aprisionamento de Jeremias (20.1-2): Pasur, o ímpio sumo sacerdote de Judá, prende, surra e coloca Jeremias no tronco durante a noite.
    b. A acusação de Jeremias (20.3-6): Ao ser libertado, o profeta prediz o terrível destino do sacerdote.
      (1) Todos os seus amigos serão mortos ou levados para a Babilônia (20.3-5).
      (2) Ele e sua família serão levados cativos e jamais retornarão (20.6).
  2. *As queixas* (20.7-8, 10, 14-18)
    a. Vocês me enganaram (20.7).
    b. "Porque se tornou a palavra do Senhor um opróbrio para mim, e um ludíbrio o dia todo" (20.8).
    c. "Todos os meus íntimos amigos, que aguardam o meu manquejar" (20.10).
    d. "Maldito o dia em que nasci" (20.14-18).
  3. *O constrangimento* (20.9): Jeremias quer desistir, mas não pode, pois as palavras de Deus queimam em seu coração como fogo.
  4. *O consolo* (20.11-13): "Mas o Senhor está comigo como um guerreiro valente; por isso tropeçarão os meus perseguidores, e não prevalecerão".

> **ESBOÇO DA SEÇÃO SEIS** (JEREMIAS 21-22)
> O nono sermão de Jeremias segue o rastro de quatro reis ímpios de Judá.

I. ZEDEQUIAS, O VIGÉSIMO E ÚLTIMO REI DE JUDÁ (21.1-14)
   A. **O pedido de Zedequias** (21.1-2): O rei implora para que Jeremias peça a Deus por livramento do rei Nabucodonosor e dos babilônios.
   B. **A recusa de Jeremias** (21.3-14)
      1. *Seus alertas ao rei* (21.3-7, 11-14)
         a. Que Deus ajudará seus inimigos, tornando as armas de Judá inúteis (21.3-5, 11-14).
         b. Que a praga varrerá Jerusalém, matando pessoas e animais (21.6-7).
      2. *Seu alerta ao povo* (21.8-10): Escolher entre a vida e a morte!
         a. Permanecer em Jerusalém significa morrer (21.8-10).
         b. Render-se a Nabucodonosor significa viver (21.9).

II. SALUM OU JEOACAZ, O DÉCIMO SÉTIMO REI DE JUDÁ (22.10-12): Deus ordena que Jeremias:
    A. **Pare de lamentar quanto à morte do bondoso rei Josias** (22.10a).
    B. **Pare de lamentar quanto à deportação do ímpio rei Jeoacaz** (22.10b-12): Ele jamais verá sua terra novamente e morrerá num país distante.

III. JEOAQUIM, O DÉCIMO OITAVO REI DE JUDÁ (22.1-9, 13-23)
     A. **A escolha** (22.1-9): O rei ímpio deve escolher entre:
        1. *Arrependimento* (22.1-4): Se o rei se arrepender, sempre haverá um descendente de Davi no trono.
        2. *Ruína* (22.5-9): Se ele violar a aliança do Senhor, tudo o que possui será destruído.
     B. **A corrupção** (22.13-14): O ganancioso e cruel Jeoaquim construiu seu suntuoso palácio com trabalho forçado.
     C. **O contraste** (22.15-17): Os reinos do ímpio Jeoaquim e de Josias, seu bondoso pai.
        1. *O reinado abençoado de Josias* (22.15-16): Por que seu pai, Josias, reinou por tanto tempo? Porque "julgou a causa do aflito e necessitado".
        2. *O reinado sangrento de Jeoaquim* (22.17): "Mas os teus olhos e o teu coração não atentam senão para a tua ganância, e para derramar sangue inocente, e para praticar a opressão e a violência".
     D. **A condenação** (22.18-23)
        1. *Jeoaquim morrerá sem ser pranteado* (22.18): Sua família e seus súditos não se preocuparão com sua morte.

2. *Ele será enterrado num aterro, tal como uma mula morta* (22.19): Ele será arrastado para fora da cidade e enterrado do lado de fora dos portões.
3. *Ele é abandonado por seus aliados e amigos* (22.20-23): Tudo o que é seu é tomado e ele se angustia.

IV. JECONIAS, O DÉCIMO NONO REI DE JUDÁ (22.24-30): Jeremias anuncia uma profecia dupla contra o perverso governador:
   A. **Quanto a ele e sua mãe** (22.24-28)
      1. *Ele é completamente removido do favor de Deus, descartado como um prato quebrado* (22.24-25, 28): Ele é abandonado e entregue para ser morto.
      2. *Tanto ele quanto sua mãe morrerão como cativos na Babilônia* (22.26-27): Eles jamais retornarão à sua própria terra.
   B. **Quanto a seus filhos** (22.29-30): Eles não se assentarão no trono de Davi.

ESBOÇO DA SEÇÃO SETE (JEREMIAS 23-25)
O décimo, o décimo primeiro e o décimo segundo sermão de Jeremias são sobre os líderes espirituais de Judá, uma cesta de figos e o cálice profético da ira.

I. DÉCIMO SERMÃO (23.1-40)
   A. **Com relação aos políticos de Judá** (23.1-8)
      1. *Os cruéis* (23.1-2): Jeremias condena os pastores ímpios de Judá, que destroem e dispersam seus rebanhos.
      2. *Os responsáveis* (23.3-4): Deus designa líderes fiéis para governar seu povo.
      3. *Os justos* (23.5-8): "Levantarei a Davi um Renovo justo... procederá sabiamente". Esta é uma referência ao Messias vindouro.
         a. Como ele é chamado (23.5a, 6b)
            (1) Renovo justo de Davi (23.5a)
            (2) "O SENHOR JUSTIÇA NOSSA" (23.6b)
         b. O que ele faz (23.5b, 6b-8)
            (1) Governa o mundo (23.5b, 6b): As pessoas são salvas.
            (2) Reúne Israel (23.7-8): O povo vive novamente em sua própria terra.
   B. **Com relação aos profetas e sacerdotes de Judá** (23.9-40)
      1. *Suas perversões* (23.9-11, 13-14, 16-38)
         a. Adultério (23.9-10): A terra repousa sob maldição.
         b. Blasfêmia (23.11): Eles fazem coisas ímpias — até mesmo no Templo.
         c. Idolatria (23.13-14): Os profetas de Jerusalém são piores que os perversos profetas de Samaria.
         d. Falsa representação de Deus (23.16-32)
            (1) Durante o dia (23.16-24): Eles alegam que Deus fala através deles, mas inventam as palavras.
            (2) Durante a noite (23.25-32): Eles contam sonhos falsos, falando mentiras em nome de Deus.

e. Exposição de Jeremias ao ridículo, fazendo pouco dos alertas de Deus acerca do juízo (23.33-38): O povo usa o nome de Deus para dar autoridade às suas próprias idéias.
2. *Sua punição* (23.12, 15, 39-40)
   a. Seus caminhos se tornam obscuros e escorregadios (23.12): Eles são perseguidos até cair.
   b. Eles são alimentados com amargura e recebem veneno para beber (23.15): É culpa deles que a impiedade encha a terra.
   c. Eles são eternamente retirados da vista de Deus (23.39-40): São objeto de zombaria através das eras.

II. Décimo Primeiro Sermão (24.1-10): Recebido numa visão, pregado por Jeremias mais tarde.
   A. Quando (24.1): Após o rei Jeconias ser levado para a Babilônia.
   B. O que (24.2-10)
   1. *A informação* (24.2-3): Jeremias vê dois cestos, um cheio de figos frescos e outro com figos estragados.
   2. *A explicação* (24.4-10)
      a. Os figos bons: os judeus já exilados na Babilônia (24.4-7)
         (1) Deus os abençoa enquanto cativos (24.4-6): Ele os trouxe para seu próprio bem.
         (2) Deus mais tarde os restaurará a Jerusalém como seu povo (24.6-7): Eles o seguem de todo o coração.
      b. Os figos ruins: o rei Zedequias e seus líderes corruptos, que são destruídos por guerra, fome e enfermidade (24.8-10).

III. Décimo Segundo Sermão (25.1-38)
   A. A cronologia (25.1-3)
   1. *Durante o quarto ano do reinado de Jeoaquim* (25.1): Este é o primeiro ano do reinado de Nabucodonosor na Babilônia.
   2. *Durante o vigésimo terceiro ano do ministério de Jeremias* (25.2-3): O Senhor deu mensagens a Jeremias durante todo esse tempo, mas o povo não deu ouvidos.
   B. O conteúdo (25.4-7)
   1. *A declaração de Jeremias* (25.4-6): Por mais de duas décadas, o profeta alertou o povo que se arrependesse.
   2. *A surdez de Judá* (25.7): As mensagens de Jeremias caem em ouvidos moucos e corações rebeldes.
   C. O cálice (25.8-38): Os pecadores são forçados a beber do terrível cálice da ira de Deus.
   1. *O cálice histórico* (25.8-14): Inclui duas nações:
      a. Judá (25.8-11): O monarca babilônico Nabucodonosor recebe permissão para destruir a terra deles e escravizar o povo por 70 anos.
      b. Babilônia (25.12-14): Após estes 70 anos, Babilônia é destruída e escravizada.

2. *O cálice profético* (25.15-38): Provavelmente uma referência a todas as nações durante a Grande Tribulação.
   a. As vítimas (25.15-26): Jeremias vai a todos os reinos do mundo e dá a eles o cálice da ira de Deus.
   b. O vencedor (25.27-38): O Senhor Todo-poderoso é vitorioso sobre todas as nações.

ESBOÇO DA SEÇÃO OITO (JEREMIAS 26-28)
Estes capítulos detalham o sofrimento de Jeremias por pregar a verdade, e ele usa canzis como ilustração.

I. O SOFRIMENTO DE JEREMIAS (26.1-24)
   A. **Seus alertas duplos** (26.1-6)
      1. *Deus nos livrará se nos arrependermos de nossa perversão* (26.1-3).
      2. *Deus nos destruirá, e ao Templo, se nos recusarmos* (26.4-6).
   B. **A ira de seus inimigos** (26.7-11): Eles se aglomeram em volta dele e o ameaçam.
      1. *Quem são eles* (26.7-10): Os sacerdotes, os profetas e outras pessoas ímpias.
      2. *O que eles querem* (26.11): Sua morte.
   C. **Suas testemunhas** (26.12-24)
      1. *O próprio profeta* (26.12-15): Jeremias lembra ao povo que suas palavras vêm de Deus. Se eles o matarem, estarão matando um homem inocente.
      2. *Alguns oficiais políticos e outras pessoas* (26.16): Eles dizem que Jeremias fala em nome do Senhor e não merece morrer.
      3. *Um número de sábios anciãos* (26.17-23): Eles apontam para dois eventos históricos que apóiam o ministério de Jeremias:
         a. O exemplo de Miquéias (26.17-19): Quando Miquéias profetizou, as pessoas voltaram-se de seus pecados e adoraram a Deus. O Senhor retirou o terrível desastre pronunciado previamente contra eles.
         b. O exemplo de Urias (26.20-23): Urias prediz a mesma destruição que Jeremias.
      4. *O secretário real, Aicão, filho de Safã* (26.24): Ele permanece com Jeremias para convencer a corte a não entregá-lo à turba para ser morto.

II. O SÍMBOLO DE JEREMIAS (27.1-28.17)
   A. **Sua ilustração** (27.1-22)
      1. *O que é* (27.1-2): Jeremias deve fazer canzis e colocá-los em seu pescoço com correias de couro.
      2. *O que significa* (27.3-22)
         a. Para certas nações, significa destruição (27.3-11): Cinco países

pagãos (Edom, Moabe, Síria, Tiro e Sidom) serão vítimas de Nabucodonosor e seus exércitos babilônicos.
   b. Para a nação escolhida (Judá), simboliza ou a vida ou a destruição (27.12-22): Jeremias diz: "Metei os vossos pescoços no jugo do rei de Babilônia, e servi-o, a ele e ao seu povo, e vivei".
B. **Sua oposição** (28.1-17): Um profeta de Gibeão confronta Jeremias.
   1. *O engano de Hananias* (28.1-9)
      a. Hananias (28.1-4): Deus me disse que haverá paz dentro de dois anos! Portanto, Jeremias está errado.
      b. Jeremias (28.5-9): "Quanto ao profeta que profetizar de paz, quando se cumprir a palavra desse profeta, então será conhecido que o Senhor na verdade enviou o profeta".
   2. *A provocação de Hananias* (28.10-11): Ele tira os canzis do pescoço de Jeremias e os quebra.
   3. *A sentença de Hananias* (28.12-17): Deus manda Jeremias dizer a Hananias que morrerá por causa de seus pecados nesse mesmo ano. Dois meses depois, Hananias morre.

ESBOÇO DA SEÇÃO NOVE (JEREMIAS 29)
Neste capítulo Jeremias relata o conteúdo das três cartas.

I. PRIMEIRA CARTA (29.1-23)
   A. **A pessoa e o lugar** (29.1a): Jeremias escreve esta carta de Jerusalém.
   B. **As partes e o propósito** (29.1b-23): Ele escreve aos exilados judeus que vivem na Babilônia, com duplo propósito:
   1. *Confortar e instruir* (29.1b-14)
      a. Construam, plantem, casem-se e criem filhos, pois vocês viverão na Babilônia durante 70 anos (29.1b-7, 10).
      b. Saibam que, após os 70 anos, Deus os trará de volta para a terra e os fará prosperar grandemente (29.11-14): Seus planos são para o bem, e não para o mal.
      c. Não acreditem nos falsos profetas na Babilônia que lhe digam coisas diferentes (29.8-9): Eles não profetizam em nome de Deus.
   2. *Condenar* (29.15-23): Jeremias alerta os exilados que logo dois grupos de pessoas serão severamente punidos por Deus:
      a. Primeiro grupo (29.15-19): Os camponeses dos exilados (incluindo o rei Zedequias), ainda vivendo de forma perversa em Jerusalém.
      b. Segundo grupo (29.20-23): Os profetas mentirosos e imorais, como Acabe e Zedequias, que desempenham seus ministérios ímpios na Babilônia.

II. Segunda Carta (29.24-29)
   A. **A pessoa e o lugar** (29.24): Semaías, outro falso profeta na Babilônia, escreve esta carta.
   B. **As partes e o propósito** (29.25-29): Semaías diz a Sofonias, um sacerdote que vivia em Jerusalém, que Deus designou Sofonias para:
      1. *Substituir o atual sumo sacerdote, Joiada* (29.25-26): Ele também deve lançar na prisão e no tronco qualquer um que alegue ser profeta.
      2. *Silenciar o profeta Jeremias* (29.27-29).

III. Terceira Carta (29.30-32)
   A. **A pessoa e o lugar** (29.30): Jeremias escreve de Jerusalém.
   B. **As partes e o propósito** (29.31-32): Ele informa aos exilados que Deus logo julgará Semaías e sua família por sua mentira e sua impiedade.

ESBOÇO DA SEÇÃO DEZ (JEREMIAS 30-31)
Jeremias prediz a restauração futura de Israel.

I. A Purificação que Precede a Restauração (30.4-8, 11-16, 23-24; 31.15): Jeremias prediz uma época de terror e contratempos — provavelmente uma referência à Grande Tribulação.
   A. **Para as nações gentílicas** (30.16, 23-24)
      1. *Seus exércitos serão completamente destruídos* (30.16).
      2. *A ira de Deus descerá sobre eles como um redemoinho tempestuoso* (30.23-24).
   B. **Para a nação judaica** (30.4-8, 11-15; 31.15)
      1. *A necessidade de sofrimento* (30.11-15): É necessário punir e purificar a nação por causa de seu pecado.
      2. *A natureza do sofrimento* (30.4-8; 31.15): Certamente é o sofrimento mais severo já experimentado pela nação.

II. As Condições durante Essa Restauração (30.1-3, 9-10, 17-22; 31.1-14, 16-30)
   A. **Israel será reunido de todas as partes do mundo e acomodado em sua terra** (30.1-3, 10; 31.8-10): As fortunas do povo serão restauradas.
   B. **O povo servirá ao Senhor seu Deus e a Davi, seu rei** (30.9).
   C. **A capital (Jerusalém) e outras cidades serão reconstruídas** (30.17-18): O palácio será recuperado.
   D. **Sua população aumentará grandemente** (30.19-21; 31.27-30).
   E. **Ele se tornará novamente povo especial de Deus** (30.22; 31.1-3): Deus os ama com amor eterno.
   F. **Experimentará uma alegria inédita** (31.4-7, 11-14, 16-26).

III. A Aliança Garante a Restauração (31.31-40)
   A. **Sua superioridade** (31.31-34): Ela é incondicional, diferente daquela

feita com Moisés, que foi desfeita por causa do pecado contínuo de Israel.
B. **Sua segurança** (31.35-40): Ela dura enquanto brilharem o sol e as estrelas.

> **ESBOÇO DA SEÇÃO ONZE** (JEREMIAS 32-33)
> Mesmo aprisionado por causa de sua fé, Jeremias ainda é usado por Deus. O Senhor ordena que ele compre um campo como um símbolo, e então Deus dá a Jeremias promessas acerca do futuro de Israel.

I. JEREMIAS É PERSEGUIDO (32.1-5)
   A. **Como** (32.1-2): Ele é aprisionado no pátio da guarda no palácio real.
   B. **Por quê?** (32.3-5): Ele é preso por pregar que os babilônios destruirão Jerusalém e levarão seu povo, incluindo o rei Zedequias.

II. JEREMIAS FAZ UMA COMPRA (32.6-25): Deus ordena que Jeremias compre um campo.
   A. **A pessoa** (32.6-8): Jeremias deve comprar uma terra de Hananel, filho de Salum.
   B. **O preço** (32.9-13): Ele paga 17 siclos de prata.
   C. **O propósito** (32.14-15): Jeremias deve guardar a escritura da terra num vaso de barro, o que significa que, em algum dia, toda a terra de Judá, atualmente sem valor por causa dos invasores babilônicos, se tornará novamente um solo valioso, ocupado por judeus.
   D. **A oração** (32.16-25): O profeta reconhece a soberania de Deus sobre Israel no passado e no presente.

III. JEREMIAS RECEBE PROMESSAS (32.26-33.26)
   A. **Sobre a onipotência de Deus** (32.27): "Eis que eu sou o Senhor, o Deus de toda a carne; acaso há alguma coisa demasiado difícil para mim?"
   B. **Sobre os objetivos de Deus** (32.27-33.26): Ele deve punir seu povo a fim de purificá-lo.
      1. *A punição* (32.27-36; 33.1-5)
         a. O que Israel fez contra Deus (32.30-35)
            (1) Rebelou-se e desobedeceu (32.30-33)
            (2) Sacrificou a ídolos (32.34-35)
         b. O que Deus faz contra Israel (32.27-29, 36; 33.1-5)
            (1) Permite que Jerusalém seja destruída pelos babilônios (32.27-29; 33.1-5)
            (2) Permite guerra, fome e enfermidade (32.36)
      2. *A purificação* (32.36-44; 33.6-26)
         a. Israel será congregado e restaurado (32.36-37).
         b. Receberá novo coração e nova mente para adorar a Deus (32.38-39).
         c. Receberá uma aliança eterna (32.40-42; 33.19-26).
         d. Experimentará grande alegria e cânticos (31.10-11).

e. Desfrutará grande prosperidade (32.43-44; 33.6-9, 12-14).
f. Será governado pelo Messias, o filho de Davi (33.15-18).

ESBOÇO DA SEÇÃO DOZE (JEREMIAS 34-36)
Jeremias alerta o ímpio rei Zedequias sobre o juízo vindouro de Deus. Quando o rei não dá ouvidos, Jerusalém é capturada, e ele é levado cativo. Deus então envia Jeremias para procurar pessoas que sejam modelos de piedade para Judá.

I. OS GOVERNADORES DE JUDÁ (34.1-22; 36.1-32)
  A. Rei Zedequias (34.1-22)
    1. *A profecia* (34.1-7)
       a. Jerusalém será destruída e queimada pelos babilônios (34.1-2).
       b. Zedequias será exilado na Babilônia, onde terá morte tranqüila (34.3-7): O povo lamentará e queimará incenso por ele.
    2. *O pacto* (34.8-10): Zedequias faz uma aliança com o povo em Jerusalém para libertar todos os judeus escravos.
    3. *A profanação* (34.11-16): As pessoas mudam de idéia e recusam-se a libertar os escravos.
    4. *A punição* (34.17-22): Deus pune seu povo através de guerra, fome e doenças.
  B. Rei Jeoaquim (36.1-32)
    1. *O primeiro rolo de Jeremias* (36.1-26)
       a. Conforme lido por Baruque (36.1-20)
          (1) A leitura (36.1-15): Seguindo as ordens de Jeremias, Baruque lê o rolo — primeiro para o povo; depois, para os oficiais administrativos.
          (2) A reação (36.16-20): Ao ouvir as terríveis palavras de Jeremias acerca do juízo vindouro, os oficiais, atemorizados, sentem que o rei também deve ouvir o rolo.
       b. Conforme lido por Jeudi (36.21-26)
          (1) A leitura (36.21-22): Jeudi lê o rolo para Zedequias quando o rei se assenta ao lado do braseiro aceso.
          (2) A reação (36.23-26): O ímpio monarca rasga o rolo e o queima.
    2. *O segundo rolo de Jeremias* (36.27-32)
       a. Inclui todo o material antigo (36.27-28, 32).
       b. Apresenta muito material novo, incluindo dupla profecia contra o rei Jeoaquim (36.29-31).
          (1) Sua dinastia não continuará (36.29-30a): Nenhum de seus herdeiros se assentará no trono.
          (2) "Será lançado o seu cadáver ao calor de dia, e à geada da noite" (36.30b-31).

II. Os Modelos de Judá (35.1-19): Deus ordena a Jeremias que visite um povoado em Judá onde vivem os recabitas.
   A. **A oferta de Jeremias** (35.1-5): Ele testa os recabitas, oferecendo-lhes vinho.
   B. **A objeção dos recabitas** (35.6-11): Eles corretamente recusam, afirmando que isto arruinaria seu testemunho e faria com que eles desobedecessem à ordem de seu antepassado Jonadabe, filho de Recabe, que havia proibido o vinho (além de outras ordens).
   C. **A lição de Deus** (35.12-19): Deus honra esta ação e instrui Jeremias a apresentar os recabitas como modelos para Judá.

ESBOÇO DA SEÇÃO TREZE (JEREMIAS 37-38)
Jeremias é falsamente acusado de deserção e dissensão.

I. A Acusação: Deserção (37.1-21)
   A. **O pedido de Zedequias** (37.1-10)
      1. *O que o rei pede* (37.1-5): Que Jeremias peça para Deus salvar Jerusalém dos babilônios.
      2. *A dupla resposta de Jeremias* (37.6-10)
         a. Faraó, que veio ajudar Zedequias, retornará ao Egito (37.6-7).
         b. Os babilônios destruirão Jerusalém (37.8-10).
   B. **A perseguição de Jeremias, por Jerias** (37.11-16): Este capitão da guarda judeu acusa falsamente Jeremias de traição e ordena que ele seja preso, espancado e encarcerado.
   C. **A profecia de Jeremias** (37.17-21): O profeta alerta Zedequias que logo ele será entregue ao rei da Babilônia.

II. A Acusação: Dissensão (38.1-28)
   A. **Os inimigos de Jeremias** (38.1-6): Eles exigem e obtêm permissão de Zedequias para jogar Jeremias numa cisterna vazia com lama no fundo, planejando deixá-lo ali.
   B. **O amigo de Jeremias** (38.7-13): Um oficial do palácio chamado Ebede-Meleque convence Zedequias a tirar Jeremias da cisterna.
   C. **O encontro final de Jeremias com Zedequias** (38.14-28): O profeta novamente resume a mensagem de Deus.
      1. *Renda-se aos babilônios, e Jerusalém será poupada* (38.14-17, 20): A cidade não será queimada.
      2. *Lute contra os babilônios, e Jerusalém será destruída* (38.18-19, 21-28): A cidade será completamente queimada.

ESBOÇO DA SEÇÃO QUATORZE (JEREMIAS 39; 52)
Jeremias descreve a destruição de Jerusalém pelos exércitos babilônicos e os eventos que aconteceram antes, durante e após esta devastação.

I. Eventos Anteriores (39.15-18; 52.1-7)
   A. **A confirmação de Jeremias** (39.15-18): Ebede-Meleque será protegido na hora da agonia de Jerusalém por causa de sua fidelidade.
   B. **A rebelião de Zedequias** (52.1-3): Zedequias instiga uma revolta contra o rei da Babilônia.
   C. **A retaliação de Nabucodonosor** (52.4-7): Nabucodonosor sitia Jerusalém por dois anos, resultando em grande fome dentro da cidade.

II. Eventos durante o Cerco (39.1-8; 52.8-14)
   A. **Os muros são fendidos** (39.1-3): O muro cai; os babilônios entram e se assentam em triunfo na porta do meio.
   B. **O rei é cegado** (39.4-7; 52.8-11): Zedequias é capturado em Jericó, acorrentado e levado para o exílio na Babilônia.
   C. **O Templo e a cidade são queimados** (39.8; 52.12-14): Os muros são derrubados.

III. Eventos Posteriores (39.9-14; 52.15-34)
   A. **Os oficiais de Judá são executados** (52.24-27).
   B. **O povo de Judá é escravizado** (39.9-10; 52.15-16, 28-30).
   C. **A riqueza de Judá é exportada** (52.17-23): Os acessórios do Templo são desmembrados e enviados à Babilônia.
   D. **O profeta de Judá é incentivado** (39.11-14): Por ordem de Nabucodonosor, Jeremias é muito bem tratado.
   E. **O rei anterior de Judá, Joaquim, é exaltado** (52.31-34): Anteriormente aprisionado na Babilônia, ele é libertado e recebe um lugar de honra do novo governador da Babilônia.

ESBOÇO DA SEÇÃO QUINZE (JEREMIAS 40-42)
Os babilônios libertam Jeremias da prisão e apontam Gedalias como governador sobre Judá. Quando Gedalias é morto por Ismael, Joanã pergunta a Jeremias se o povo deve ficar em Judá ou ir para o Egito.

I. A Libertação (40.1-6): Depois da destruição de Jerusalém, Jeremias é libertado da prisão pelo comandante do exército babilônico, Nebuzaradã.

II. A Confirmação (40.7-10)
   A. **A preocupação** (40.7-8): Alguns militares encontram-se com Gedalias, o novo governador escolhido de Judá, para determinar qual seria sua política.

B. A confiança (40.9-10): Gedalias promete um reinado seguro e próspero.

III. O Retorno (40.11-12): Ao ouvir isso, vários exilados judeus retornam a Judá.

IV. O Relato (40.13-16): Joanã, um líder guerreiro judeu, dá a Gedalias um alerta especial.
   A. Os detalhes (40.13-15): Ismael, outro soldado, planeja matá-lo.
   B. A rejeição (40.16): Gedalias recusa-se a crer no relato.

V. A Rebelião (41.1-10): O alerta de Joanã logo se cumpre.
   A. Ismael assassina Gedalias (41.1-3): Ele também mata os oficiais judeus e guardas babilônicos que estavam com ele.
   B. Ismael mata 70 adoradores (41.4-9): Ele lança seus corpos numa cisterna.
   C. Ismael escraviza várias das principais mulheres judias (41.10): Ele inicia seu retorno à terra da Síria.

VI. O Resgate (41.11-18): Os soldados de Joanã derrotam o bando de Ismael e libertam os cativos.

VII. O Pedido (42.1-6): Joanã pede que Jeremias ore para saber a vontade de Deus sobre aonde o povo deve ir.

VIII. A Resposta (42.7-22): Depois de dez dias, Jeremias anuncia a dupla vontade de Deus nesta questão:
   A. Permaneçam em Judá e viverão (42.7-12): Eles não devem mais temer o rei da Babilônia.
   B. Fujam para o Egito e morrerão (42.13-22): Se forem para o Egito, todas as coisas ruins que aconteceram em Judá os seguirão.

ESBOÇO DA SEÇÃO DEZESSEIS (JEREMIAS 43-45)
Jeremias ministra aos sobreviventes no Egito e conforta o escriba Baruque.

I. A Ministração de Jeremias aos Sobreviventes no Egito (43.1-44.30)
   A. O pecado do povo (43.1-7): Apesar do alerta anterior para não ir para o Egito, o povo viaja para lá, forçando Jeremias a acompanhá-lo.
   B. O sinal do profeta (43.8-13): Deus diz a Jeremias que enterre algumas pedras na entrada do palácio do Faraó, significando que, um dia, Nabucodonosor, rei da Babilônia, ocupará o Egito e estabelecerá seu trono exatamente onde estão as pedras enterradas.

C. **O sermão do profeta** (44.1-30)
   1. *Primeiro sermão* (44.1-19)
      a. A repreensão do profeta (44.1-14)
         (1) Ele lembra às pessoas de como Deus puniu Judá por seus pecados (44.1-6).
         (2) Ele os alerta que Deus irá julgá-los por adorar deuses egípcios (44.7-14).
      b. A rejeição dupla do povo (44.15-19)
         (1) "Quanto à palavra que nos anunciaste em nome do Senhor, não te obedeceremos a ti" (44.15-16).
         (2) "Cumpriremos toda a palavra... de queimarmos incenso à rainha do céu e lhe ofereceremos libações, como nós... temos feito" (44.17-19).
   2. *Segundo sermão* (44.20-30)
      a. Permaneçam no Egito e morram (44.20-27): "Serão consumidos todos os homens de Judá que estão na terra do Egito, pela espada e pela fome".
      b. Retornem a Judá e vivam (44.28-30): "Os que escaparem da espada voltarão da terra do Egito para a terra de Judá, poucos em número".

II. A Ministração de Jeremias a Baruque (45.1-5): Estes eventos levam algum tempo antes da destruição de Jerusalém.
   A. **A reclamação de Baruque** (45.1-3): O escriba de Jeremias sofre de profunda depressão, sem dúvida causada por ver o rei Jeoaquim queimar o rolo que ele havia escrito (ver Jeremias 36).
   B. **O consolo de Baruque** (45.4-5): Jeremias o consola, prometendo proteção divina durante a destruição futura de Jerusalém.

ESBOÇO DA SEÇÃO DEZESSETE (JEREMIAS 46; 48)
Jeremias profetiza o futuro de duas nações estrangeiras: Egito e Moabe.

I. Egito (46.1-28): Jeremias profetiza a batalha mundialmente conhecida como a de Carquemis.
   A. **As partes** (46.1-2): Faraó Neco, do Egito, é derrotado pelo rei babilônico Nabucodonosor às margens do rio Eufrates.
   B. **O orgulho** (46.3-4, 7-9): O Egito é derrotado por causa de sua arrogância e sua jactância de que derrotaria qualquer inimigo.
   C. **O pânico** (46.5-6, 13-18)
      1. *O terror enche os corações dos mais poderosos guerreiros egípcios* (46.5-6): Eles fogem sem nem sequer olhar para trás.
      2. *Eles perdem completamente a confiança de que seu Faraó os libertará* (46.13-18): "Clamaram ali: Faraó, rei do Egito, é apenas um som; deixou passar o tempo assinalado".
   D. **A punição** (46.10-12, 19-26)
      1. *As espadas babilônicas estão cobertas com sangue egípcio* (46.10-11).
      2. *O Egito torna-se a vergonha das nações* (46.12): A terra se enche com seus clamores de desespero.

3. *Suas cidades principais são destruídas* (46.19-24): Nenhuma pessoa naquelas cidades sobrevive.
4. *Seus deuses são punidos* (46.25).
5. *Faraó e o povo são escravizados pela Babilônia* (46.26): Entretanto, o Senhor diz que a terra "depois será habitada, como nos dias antigos".

  E. **A promessa** (46.27-28): Israel recebe a confirmação da futura restauração de sua terra.

II. MOABE (48.1-47)
  A. **A apostasia** (48.7, 35): O povo adora ao ídolo Camos e a outros falsos deuses, em vez de a Jeová.
  B. **A arrogância** (48.11-14, 25-30): Todos sabem do orgulho e da insolência de Moabe.
  C. **A ira divina** (48.8-10, 15-16, 40-46): Suas cidades serão destruídas e queimadas.
  D. **A angústia** (48.1-6, 17-24, 31-34, 36-39)
    1. *Dos moabitas* (48.1-6, 37-39)
      a. Eles subirão os montes e se esconderão no deserto, lamentando amargamente (48.1-6): Eles confiam em si e em seu deus, e ninguém os pode salvar.
      b. Eles rasparão a cabeça, cortarão as mãos e se vestirão com roupas de saco (48.37-39): Moabe será massacrada como uma garrafa velha.
    2. *De seus vizinhos* (48.17-24): Até mesmo as nações próximas sofrerão a dor de Moabe.
    3. *De Jeremias* (48.31-34, 36): Seu coração está partido por causa do juízo de Deus a Moabe.
  E. **O consolo** (48.47): "Contudo, nos últimos dias restaurarei do cativeiro a Moabe, diz o Senhor".

ESBOÇO DA SEÇÃO DEZOITO (JEREMIAS 47; 49)
Jeremias profetiza o futuro de outras nações estrangeiras: Filístia, Síria, Edom, Quedar e Hazor.

I. FILÍSTIA (47.1-7): Jeremias prediz a destruição desta nação.
  A. **A origem** (47.1, 6-7): Deus fortalecerá o exército egípcio.
  B. **A severidade** (47.2-5)
    1. *Os inimigos atropelarão a Filístia como uma gigantesca enchente* (47.2): Destruirão a terra e as pessoas.
    2. *Pais abandonarão seus filhos, tentando escapar* (47.3-4).
    3. *As principais cidades de Gaza e Asquelom serão completamente destruídas* (47.5).

II. Síria (49.1-6)
   A. **O motivo da punição** (49.1): Os sírios expulsaram os israelitas da tribo de Gade e estão ocupando suas terras.
   B. **Os resultados** (49.2-5): Deus queimará as cidades sírias, os expulsará das terras ocupadas e permitirá que seus inimigos os façam abandonar a terra.
   C. **O consolo** (49.6): "Mas depois farei voltar do cativeiro os filhos de Amom, diz o Senhor".

III. Edom (49.7-22)
   A. **A punição** (49.7-10, 12-15, 17-22)
      1. *Toda a terra será despida, e seu povo será morto* (49.7-10).
      2. *A principal cidade edomita de Bozra será amaldiçoada, desprezada e destruída* (49.12-15, 17-21).
      3. *Seus jovens serão escravizados, seus poderosos guerreiros serão atemorizados* (49.20-22).
   B. **O orgulho** (49.16): Habitando no alto das montanhas, num forte de pedras, as pessoas pensam que são intocáveis.
   C. **A proteção** (49.11): Deus promete proteger as viúvas e os órfãos sobreviventes.

IV. Damasco (49.23-27)
   A. **As cidades estão cheias de medo** (49.23-24): Eles ouvem a notícia de sua destruição.
   B. **A famosa "cidade da minha alegria" será abandonada e desprezada** (49.25-27): Os guerreiros serão mortos.

V. Quedar e Hazor (49.28-33)
   A. **A mensagem de Deus ao vencedor** (49.28-29, 31-33)
      1. *Quem* (49.28, 31): Deus emite uma ordem direta ao rei babilônico Nabucodonosor.
      2. *O que* (49.29, 31-33): Ele deve atacar essas duas tribos beduínas e tomar todas as suas riquezas.
      3. *Por quê?* (49.31): Por causa de seu orgulho.
   B. **A mensagem de Deus às vítimas** (49.30): Ele instrui que o povo dessas tribos fuja.

VI. Edom (49.34-39)
   A. **Ela será destruída** (49.34-38).
   B. **Sua fortuna será restaurada futuramente** (49.39).

ESBOÇO DA SEÇÃO DEZENOVE (JEREMIAS 50–51)
Jeremias descreve a destruição da Babilônia e o livramento de Israel.

I. A Destruição da Babilônia (50.1-3, 9-16, 21-27, 29-32, 35-46; 51.1-14, 20-33, 37-64)
   A. **A origem** (50.1-3, 9, 41-46; 51.1-6, 9-12, 20-24, 45-46)

1. *Quem a conduz* (50.9; 51.1-6, 9-12, 45-46): O próprio Deus decretou a ruína babilônica.
2. *Quem a executa* (50.1-3, 41-46; 51.20-24, 45-46): Deus usará Ciro, o Grande, fundador do poderoso Império Persa.

B. **Os pecados** (50.11, 32, 38; 51.7-8, 44, 47-51)
  1. *Ela roubou Judá, o povo escolhido de Deus* (50.11).
  2. *Ela profanou o Templo* (51.51).
  3. *Ela é orgulhosa* (50.32).
  4. *Ela está totalmente entregue à idolatria* (50.38; 51.7-8, 44, 47-50).

C. **A severidade** (50.10, 12-16, 21-27, 29-31, 35-37, 39-40; 51.13-14, 25-33, 37-43, 52-58)
  1. *Seus muros serão destruídos e seus portões serão queimados* (51.53-58).
  2. *A cidade será completamente saqueada* (50.10).
  3. *Seus homens sábios se tornarão tolos* (50.35-36).
  4. *Seus jovens e guerreiros serão mortos* (50.30-31).
  5. *Os gemidos de seus feridos serão ouvidos por toda a terra* (51.52): Seus ídolos serão destruídos.
  6. *Seus cavalos serão mortos e seus carros serão destruídos* (50.37).
  7. *Sua terra natal se tornará uma terra deserta* (50.12-16, 21-27, 29; 51.27-33): Todos os que passarem por ali ficarão horrorizados.
  8. *Sua cidade será habitada por animais selvagens* (50.39; 51.37-43): "Nunca mais será povoada, nem será habitada de geração em geração".
  9. *Sua cidade será destruída como Sodoma, Gomorra e as cidades vizinhas* (50.40): Ninguém viverá mais ali.
  10. *Suas ruínas jamais serão usadas para construção* (51.25-26): A nação será completamente devastada.
  11. *Suas cidades estarão cheias de inimigos* (51.13-14): Eles exultarão de seu triunfo.

D. **O rolo simbólico** (51.59-64)
  1. *O indivíduo* (51.59): Jeremias dá o rolo especial para Seraías, um exilado e ex-oficial de Zedequias, que estava à caminho da Babilônia.
  2. *A informação* (51.60): Ele descreve o juízo de Deus sobre a Babilônia.
  3. *As instruções* (51.61-64): Ao chegar à Babilônia, Seraías deve ler o rolo, depois amarrar uma pedra a ele e atirá-lo no rio Eufrates, ilustrando que a Babilônia logo afundará e nunca mais se reerguerá.

II. O Livramento de Israel (50.4-8, 17-20, 28, 33-34; 51.15-19)
  A. **As ovelhas** (50.4-8, 17-20, 28; 51.9-10, 35-36)
    1. *Elas foram conduzidas a se desviar por seus próprios líderes* (50.6-8).
    2. *Elas são devoradas tanto pelos assírios como pelos babilônios* (50.17-20): Os assírios as devoram e os babilônios quebram seus ossos.

3. *Elas se arrependerão e serão recuperadas* (50.4-5, 28; 51.10): Elas voltarão para Jerusalém e contarão o que o Senhor fez.

B. O pastor (50.33-34; 51.15-19)
1. *"Mas o seu Redentor é forte; o Senhor dos exércitos é o seu nome. Certamente defenderá em juízo a causa deles"* (50.33-34).
2. *"É ele quem fez a terra com o seu poder, estabeleceu o mundo com a sua sabedoria"* (51.15-16).
3. *Somente o Senhor, não os ídolos, é o verdadeiro Deus* (51.17-19): Todos os ídolos serão destruídos, mas Deus é o que "forma todas as coisas".

Lamentações

ESBOÇO DA SEÇÃO UM (LAMENTAÇÕES 1)
Jeremias descreve os grandes pecados de Jerusalém e o sofrimento resultante.

I. Seus Pecados (1.8-9): "Jerusalém gravemente pecou... A sua imundícia estava nas suas fraldas".

II. Seu Sofrimento (1.1-7, 10-11)
   A. **Jerusalém está só, como uma viúva atingida pela dor** (1.1, 4).
   B. **Chora a noite toda, sem ter quem a conforte** (1.2).
   C. **Judá foi levado ao exílio** (1.3, 5).
   D. **Sua antiga beleza e sua majestade se foram** (1.6).
   E. **O inimigo ri enquanto ela cai** (1.7).
   F. **O inimigo roubou seu tesouro e violou seu Templo** (1.10).
   G. **Seu povo está faminto** (1.11).

III. Seu Discurso (1.12-22)
   A. **A punição** (1.12-15): Ela é tratada com desprezo.
   B. **A dor** (1.16-21): Ela chora descontroladamente por causa da situação difícil de seu povo.
   C. **A oração** (1.22): Ela pede que o Senhor castigue o inimigo, assim como puniu seu próprio povo.

ESBOÇO DA SEÇÃO DOIS (LAMENTAÇÕES 2)
Jeremias descreve a ira do Senhor contra Jerusalém — e sua própria ira sobre o estado desesperador da cidade.

I. A Crise de Jerusalém (2.1-19): Os problemas da cidade são relatados.
   A. **A agonia** (2.1-17)
      1. *A nação* (2.2-5): A ira do Senhor consome a terra como um fogo furioso.
      2. *A cidade* (2.1, 8-9a, 13, 15-17): O Senhor humilha Jerusalém.
         a. Seus muros e suas muralhas são destruídos (2.8).
         b. Seus portões caem ao chão (2.9a).

c. Sua ferida é tão profunda como o mar (2.13).
d. Seus inimigos escarnecem e zombam dela (2.15-17).
3. *O Templo* (2.6-7): Foi destruído como se fosse uma horta, e as festas sagradas não são mais observadas.
4. *O povo* (2.9b-12, 14)
   a. O deslocamento (2.9b): O rei e os príncipes estão no exílio.
   b. As trevas (2.9c, 14): Os profetas não recebem mais visões do Senhor.
   c. O desespero (2.10): Os líderes assentam-se no chão, em silêncio.
   d. As mortes (2.11-12): Criancinhas morrem nas ruas.
  B. A angústia (2.18-19): A cidade deve chorar sua mágoa e orar por livramento.

II. O CLAMOR DE JERUSALÉM (2.20-22): Em angústia total, Jerusalém clama ao Senhor: "Vê, ó Senhor, e considera... Acaso comerão as mulheres... as crianças que trazem consigo nos braços? ou matar-se-á no santuário do Senhor o sacerdote e o profeta?"

ESBOÇO DA SEÇÃO TRÊS (LAMENTAÇÕES 3)
Jeremias relembra seu sofrimento, mas expressa confiança no Senhor. Ele diz para o povo se arrepender e pede a Deus que venha em seu auxílio e castigue seus opressores.

I. AS AFLIÇÕES (3.1-20, 43-46, 52-66)
  A. De Jeremias (3.1-20, 52-66): O Senhor e o povo praguejam contra ele.
  1. *Do Senhor* (3.1-20)
     a. O Senhor o conduz a densas trevas (3.2-3).
     b. O Senhor o torna velho e quebra seus ossos (3.4).
     c. O Senhor o coloca num local escuro e o acorrenta (3.5-7).
     d. O Senhor ignora suas orações (3.8).
     e. O Senhor bloqueia seu caminho (3.9).
     f. O Senhor o ataca como um urso (3.10-11).
     g. O Senhor fura seu coração com flechas (3.12-13).
     h. O Senhor o torna objeto de ridículo (3.14).
     i. O Senhor o enche de amargura (3.15).
     j. O Senhor tira sua paz e sua prosperidade (3.16-20).
  2. *Do povo* (3.52-66): Maltratado e aprisionado por seu próprio povo por pregar contra seus pecados, Jeremias clama ao Senhor para que a eles retribua.
  B. De Jerusalém (3.43-46)
  1. *Do Senhor* (3.43-45): Jeremias lamenta que o Senhor trate o povo dessa forma.
     a. Ele o perseguiu e o massacrou sem misericórdia (3.43).

b. Ele recusou ouvir suas orações (3.44).
c. Ele o descartou como lixo (3.45).
2. *De seus inimigos* (3.46): Eles falam contra Jerusalém.

II. A AGONIA (3.47-51): Jeremias clama: "Os meus olhos derramam lágrimas".

III. O CONSOLO (3.21-24, 31-33): Apesar do gemido de Jeremias, ele encontra esperança no Senhor. Ele se regozija no fato de que a misericórdia do Senhor impede a destruição completa de seu povo.

IV. A REPREENSÃO (3.25-30, 34-42): O triplo aviso de Jeremias ao povo:
   A. Esperem pacientemente pela resposta do Senhor (3.25-26).
   B. Aceitem a disciplina do Senhor (3.27-30, 34-39).
   C. Arrependam-se de seus pecados (3.40-42).

ESBOÇO DA SEÇÃO QUATRO (LAMENTAÇÕES 4)
Jeremias esclarece a situação de desespero de Jerusalém, detalhando as causas da destruição da cidade e os eventos. Ele avisa Edom para não se regozijar, pois eles também serão julgados.

I. O JUÍZO PRESENTE DE JERUSALÉM (4.1-20)
   A. As conseqüências (4.1-10): Várias pessoas suportam terríveis sofrimentos quando os babilônios invadem e destroem a cidade.
      1. *Crianças* (4.1-4)
      2. *As pessoas ricas* (4.5-6)
      3. *Príncipes* (4.7-9)
      4. *Mães* (4.10)
   B. As causas (4.11-20)
      1. *Os pecados dos sacerdotes e dos profetas* (4.11-16): Por terem derramado sangue inocente, o Senhor envia seu povo para o exílio.
      2. *A força do inimigo* (4.17-20): As pessoas não conseguem opor-se aos babilônios. Colocam sua confiança no homem, e não em Deus.

II. O JUÍZO VINDOURO DE EDOM (4.21-22): Jeremias alerta-os a não rir por causa do sofrimento de Jerusalém, pois eles também serão julgados.

ESBOÇO DA SEÇÃO CINCO (LAMENTAÇÕES 5)
Jeremias implora a Deus que se lembre da difícil situação de seu povo e que o restaure.

I. LEMBRA-TE DE NÓS (5.1-18): Jeremias relembra a terrível situação de Jerusalém após a destruição dos babilônios, e pede ao Senhor que se lembre de seu povo.
   A. O sofrimento (5.2-14): Jeremias observa o sofrimento:
      1. *Dos desabrigados* (5.2)

2. *Do órfão* (5.3)
   3. *Do faminto* (5.4, 6-7, 9-10)
   4. *Do perseguido* (5.5, 8)
   5. *Das mulheres* (5.11)
   6. *Do nobre* (5.12)
   7. *Do idoso e do jovem* (5.13-14)
  B. A tristeza (5.15-18): Jeremias resume a situação do povo, declarando que "converteu-se em lamentação a nossa dança".

II. Restaura-nos (5.19-22): Jeremias afirma que o Senhor permanece o mesmo para sempre, e clama para que ele restaure seu povo.

Ezequiel

ESBOÇO DA SEÇÃO UM (EZEQUIEL 1–3)
Ezequiel descreve uma visão que recebeu de Deus e descreve seu chamado da parte do Senhor.

I. A Visão (1.1-28): Ezequiel recebe visões de Deus.
   A. **Ezequiel e os querubins de Deus** (1.1-25)
      1. *Ele vê estas criaturas celestiais* (1.1-23)
         a. A aparência dos seres viventes (1.5-11): Ezequiel é visitado por quatro destes seres especiais.
            (1) Cada um tem quatro rostos (1.5, 10)
               (a) O rosto na frente é o rosto de um homem (1.10a).
               (b) O rosto à direita é o rosto de um leão (1.10b).
               (c) O rosto à esquerda é o rosto de um boi (1.10c).
               (d) O rosto de trás é o rosto de uma águia (1.5, 10d).
            (2) Cada um tem dois pares de asas (1.6, 9, 11).
            (3) Cada um tem mãos humanas debaixo das asas (1.8).
            (4) Cada um tem pernas como as dos homens, mas pés como os de um bezerro (1.7).
         b. A visão de Deus (1.1-4): Ezequiel sente a mão do Senhor sobre ele.
         c. As atividades dos seres viventes (1.12-23)
            (1) Eles vão na direção que o espírito escolhe (1.12, 17, 20-23): Eles se movem para a frente em qualquer direção, sem virar para trás.
            (2) Eles brilham como brasas vivas à medida que se movem (1.13): Parece que relâmpagos passam entre eles.
            (3) Sua movimentação é tão rápida quanto a de um relâmpago (1.14).
            (4) Cada um está acompanhado de uma roda brilhante como o berilo, e a posição delas é como se uma estivesse dentro da outra (1.15-16, 19): Quando os seres se movem, as rodas os seguem.
            (5) As rodas têm cambotas e falam (1.18a).
            (6) As cambotas são cheias de olhos (1.18b).
      2. *Ele ouve estas criaturas celestiais* (1.24-25)
         a. Suas asas rugem como as ondas contra o mar (1.24a).

b. Suas asas soam como a voz de Deus (1.24b).
c. Suas asas soam como o tropel de um poderoso exército (1.24c-25).
   B. **Ezequiel e o Cristo de Deus** (1.26-28)
      1. *Ezequiel vê um homem assentado num trono feito de lindas safiras azuis* (1.26).
      2. *Sua aparência é como de um metal brilhante, com um resplendor ao seu redor* (1.27-28): Ezequiel prostra-se na terra e ouve alguém falando com ele.

II. A Voz (2.1-3.27): Ezequiel é chamado por Deus para entregar uma certa mensagem
   A. **Os receptores** (2.1-5; 3.4-7)
      1. *Quem eles são* (2.1-3; 3.4): Sua mensagem é dirigida à nação de Israel.
      2. *O que eles são* (2.4-5; 3.5-7): Eles são duros, insolentes, rebeldes e teimosos.
   B. **A reafirmação** (2.6-3.3, 8-9)
      1. *Deus dá a Ezequiel o sermão de que ele necessita* (2.6-3.3): As palavras de Deus estavam num rolo, que ele dá a Ezequiel para comer.
      2. *Deus dá a Ezequiel a força de que ele necessita* (3.8-9): Ezequiel não deve ter medo.
   C. **A reflexão** (3.10-11): Antes de anunciar sua mensagem, Ezequiel deve permitir que as palavras de Deus penetrem em seu coração.
   D. **A reação** (3.12-15): A primeira reação de Ezequiel é de amargura e confusão. Entretanto, a mão de Deus o fortalece.
   E. **O papel** (3.16-21): Ezequiel assume o papel de um vigia espiritual ao comunicar um alerta duplo:
      1. *Ao ímpio* (3.16-19): Pare com seus caminhos ímpios, ou morra.
      2. *Ao justo* (3.20-21): Continue em seus bons caminhos, ou morra.
   F. **A restrição** (3.22-27): Ezequiel deve trancar-se em casa, onde Deus o incapacitará temporariamente de falar.

ESBOÇO DA SEÇÃO DOIS (EZEQUIEL 4-7)
Ezequiel emprega tanto recursos visuais quanto sermões para descrever o trágico declínio espiritual entre o povo de Israel.

I. OS PRIMEIROS SÍMBOLOS APRESENTADOS POR EZEQUIEL (4-6)
   A. **A primeira ilustração** (4.1-3)
      1. *O símbolo* (4.1-2): Ele pinta um quadro de Jerusalém sobre um tijolo e coloca ao lado de uma assadeira de ferro.
      2. *O significado* (4.3): O exército babilônico, tal qual um muro de ferro, logo cercará Jerusalém.
   B. **A segunda ilustração** (4.4-6)
      1. *O símbolo* (4.5-6)

a. Ele deve ficar deitado sobre seu lado esquerdo durante 390 dias (4.5): Isto é pelos anos do pecado de Israel.
b. Depois, deve deitar-se sobre seu lado direito durante 40 dias (4.6): Representa os anos do pecado de Judá.
2. *O significado* (4.4): Cada dia representa um ano de castigo para Israel e Judá.

C. A terceira ilustração (4.7-8)
1. *O símbolo* (4.7): Ele deve deitar de costas, com os braços amarrados.
2. *O significado* (4.8): Isto retrata a impotência de Jerusalém contra o ataque babilônico.

D. A quarta ilustração (4.9-17)
1. *O símbolo* (4.9-15): Ele deve preparar uma refeição simples, cozê-la e cobri-la com esterco seco de vaca.
2. *O significado* (4.16-17): Trata-se de um alerta de que o povo será forçado a comer comida impura entre as nações para onde Deus o leva.

E. A quinta ilustração (5.1-17)
1. *O símbolo* (5.1-4): Ele deve raspar a cabeça e a barba, dividindo os cabelos em três partes iguais. Uma deve ser queimada; a segunda, ferida à espada; e a terceira, espalhada ao vento.
2. *O significado* (5.5-17): Prediz que um terço do povo de Jerusalém morrerá, em breve, pelo fogo; outro terço morrerá pela espada; o outro terço será espalhado.

F. A sexta ilustração (6.1-10)
1. *O símbolo* (6.1-2): Ele deve virar o rosto para os montes de Israel e profetizar contra eles.
2. *O significado* (6.3-10): Isto significa que os que residirem no vale abaixo dos montes em breve serão destruídos pelos seus inimigos.

G. A sétima ilustração (6.11-14)
1. *O símbolo* (6.11): Ele deve bater palmas e bater com o pé.
2. *O significado* (6.12-14): Isto é feito em meio ao desprazer, prevendo a doença e a morte que aguardam Israel.

II. O Primeiro Sermão Pregado por Ezequiel (7.1-27): O profeta alerta Jerusalém de que o terrível dia do juízo do Senhor está às portas.

A. O pecado que gera esse juízo (7.1-4, 19-21, 23-24)
1. *Idolatria* (7.1-4): Ezequiel conclama o povo a prestar contas de seu comportamento repugnante.
2. *Avareza* (7.19-21): O amor ao dinheiro faz com que tropecem e caiam em pecado.
3. *Derramamento de sangue* (7.23): A terra está coberta de sangue por causa de crimes terríveis.
4. *Orgulho* (7.24): Deus acabará com o orgulho deles.

B. A severidade desse juízo (7.5-18, 22, 25-27)
1. *Calamidade e desastre contínuos* (7.5-6, 22, 25-27): Eles experimentarão mal após mal, calamidade após calamidade. Não haverá quem os guie.

2. *O juízo do Senhor vem destituído de sua piedade* (7.7-14): Ele não os poupará, nem terá piedade deles.
3. *Morte por meio de pragas dentro da cidade, morte por meio da espada fora da cidade* (7.15-18): Os poucos que sobreviverem gemerão por causa de seus pecados.

ESBOÇO DA SEÇÃO TRÊS (EZEQUIEL 8-11)
Ezequiel tem uma visão de alguns dos pecados de Jerusalém e da iminente retirada da glória de Deus do Templo.

I. EZEQUIEL VÊ O DEUS DA GLÓRIA PROFANADO NA CIDADE DE JERUSALÉM (8.1-10.3, 5-17; 11.1-22, 24-25)
   A. **O homem** (8.1-4): Ezequiel é sobrenaturalmente levado da Babilônia para Jerusalém por uma figura radiante dos céus que é, provavelmente, o próprio Messias.
   B. **A zombaria** (8.5-18; 11.1-13) Ezequiel testemunha a santidade de Deus sendo alvo de zombaria e blasfêmia em quatro ocasiões.
      1. *As perversões* (8.5-18)
         a. As pessoas adoram um grande ídolo ao norte da porta do altar (8.5-6): O povo deixou Deus tão irado que ele abandonará o Templo.
         b. Setenta anciãos judeus queimam incenso a imagens diabólicas dentro do Templo (8.7-12): O povo pensa que Deus não o vê.
         c. Algumas mulheres judias choram ao falso deus Tamuz (8.13-15).
         d. Vinte e cinco homens adoram o sol (8.16-18): O povo de Judá conduz a nação inteira à violência.
      2. *Os promotores* (11.1-13): Deus responsabiliza 25 dos líderes mais destacados de Judá pelos pecados do povo. O mais importante desses homens, Pelatias, é executado repentinamente diante dos olhos aterrorizados de Ezequiel.
   C. **A marca** (9.1-11): Deus ordena que seis homens (possivelmente, anjos) coloquem uma marca nos indivíduos piedosos de Jerusalém. Outro grupo de homens é instruído a matar todos aqueles sem marca na testa, começando pelos 70 anciãos judeus.
   D. **Os grandiosos** (10.1-3, 5-17): Os quatro querubins que Ezequiel descreve no capítulo 1 subitamente reaparecem e começam seu ministério diante de Deus.
   E. **A mensagem** (11.14-22, 24-25): Deus dá a Ezequiel uma palavra de incentivo aos exilados babilônicos, assegurando-lhes que, um dia, eles retornarão e serão reunidos e regenerados.

II. EZEQUIEL VÊ A GLÓRIA DE DEUS DEIXAR A CIDADE DE JERUSALÉM (10.4, 18-22; 11.23)
   A. **Do Santo dos Santos para a entrada do Templo** (10.4): O pátio do Templo brilha com a nuvem da glória de Deus.

B. Da entrada do Templo para a porta oriental (10.18-22): A glória de Deus paira sobre os querubins.
C. Da porta oriental para o Monte das Oliveiras (11.23): A glória de Deus deixa Jerusalém.

ESBOÇO DA SEÇÃO QUATRO (EZEQUIEL 12-15)
Ezequiel continua seu ministério como uma "sentinela no muro".

I. Suas Ilustrações à Nação de Israel (12.1-28; 15.1-8)
  A. Através de demonstrações (12.1-20)
    1. *Primeira ilustração* (12.1-16)
      a. O símbolo (12.1-7): Ezequiel recebe ordem para juntar seus pertences e cavar um buraco no muro da cidade.
      b. O significado (12.8-16): Isto descreve como os cidadãos atemorizados de Jerusalém tentarão escapar do cerco babilônico.
    2. *Segunda ilustração* (12.17-20)
      a. O símbolo (12.17-18): Ezequiel deve tremer e estremecer de medo conforme come sua comida e bebe sua água.
      b. O significado (12.19-20): Isto descreve como o povo de Jerusalém logo comerá sua comida e beberá sua água.
  B. Através de provérbios (12.21-28)
    1. *O velho provérbio do povo* (12.21-22): "Dilatam-se os dias, e falha toda a visão".
    2. *O novo provérbio do profeta* (12.23-28): "Estão próximos os dias, e o cumprimento de toda a visão".
  C. Através de analogia (15.1-8): Ezequiel compara a cidade de Jerusalém a um vinho sem utilidade.

II. Sua Acusação à Nação de Israel (13.1-14.23)
  A. Ezequiel condena os falsos profetas (13.1-23)
    1. *Os profetas* (13.1-16)
      a. Suas perversões (13.1-7, 10, 16): Eles asseguram ao povo que Deus não os punirá e, em vez disso, lhes conferirá paz.
      b. Sua punição (13.8-9, 11-15): A ira de Deus os acometerá como tempestade de granizo.
    2. *As profetisas* (13.17-23)
      a. Suas perversões (13.17-20, 22): Movidas pela avareza, elas enganam o povo com encantamentos e véus.
      b. Sua punição (13.21, 23): Deus livrará o povo do alcance delas.
  B. Ezequiel condena os adoradores de ídolos (14.1-23)
    1. *Três pessoas* (14.1-20): Deus diz que os pecados da nação se tornaram tão grandes que sua terrível ira cairá até mesmo se homens tão justos quanto Noé, Daniel e Jó estiverem entre os cidadãos. E, se assim for, somente eles serão poupados.

2. *Quatro punições* (14.21-23): Estes quatro terríveis juízos são: espada, fome, animais selvagens e pragas.

ESBOÇO DA SEÇÃO CINCO (EZEQUIEL 16)
Ezequiel emprega uma alegoria contínua, descrevendo Israel como a esposa infiel de Deus.

I. A Difícil Situação (16.1-5): Quando a história se inicia, Israel é vista como uma criança desamparada e não amada, abandonada num campo, onde morreria.

II. A Misericórdia (16.6-14)
   A. **Deus e a recém-nascida** (16.6-7): Ele a resgata, limpa, veste e cria.
   B. **Deus e a jovem mulher** (16.8-14): Quando ela tem idade suficiente, ele se casa com ela, cinge-a com roupas finas e a adorna com enfeites generosos.

III. A Prostituição (16.15-26, 28-34)
   A. **A corrupção dessa jovem esposa** (16.15-25, 30-34): Israel logo trai seu marido divino, agindo como uma prostituta vulgar.
   B. **Os clientes dessa jovem esposa** (16.26, 28-29): Ela comete adultério espiritual com os deuses de outras nações.
      1. *Egito* (16.26): Ela acende a chama da ira de Deus com sua promiscuidade.
      2. *Assíria* (16.28): Ela parece jamais se satisfazer de novos amantes.
      3. *Babilônia* (16.29): Após acrescentar a Babilônia, ela ainda não está satisfeita.

IV. A Punição (16.27, 35-58)
   A. **Ela será entregue a seus inimigos** (16.27): Será entregue aos filisteus, que também se chocarão com sua conduta.
   B. **Ela será despida diante deles** (16.37-41): Os vários povos que já foram seus amantes a destruirão.
   C. **Ela receberá o troco por seus pecados** (16.35-36, 42-52): Deus derramará toda a sua ira zelosa sobre ela.
   D. **Ela será recuperada** (16.53): Quando a ira de Deus for aplacada, ele a trará de volta.
   E. **Ela será envergonhada por seus pecados** (16.54-58): Sua impiedade será exposta ao mundo.

V. O Perdão (16.59-63): A despeito de todos os pecados de Israel, um Deus amoroso e fiel reafirmará um dia sua aliança de graça.

EZEQUIEL

ESBOÇO DA SEÇÃO SEIS (EZEQUIEL 17-19)
Ezequiel continua sua mensagem de juízo a Israel, adicionando algumas parábolas e provérbios.

I. AS PARÁBOLAS (17.1-24; 19-1-14)
   A. **Primeira parábola** (17.1-6, 11-14)
      1. *Informação sobre a parábola* (17.1-6): Uma grande águia arranca a ponta mais alta de um cedro e a planta em outro lugar, num solo fértil.
      2. *A interpretação da parábola* (17.11-14): A águia é Nabucodonosor, que leva muitos cidadãos judeus (o topo do cedro) ao cativeiro babilônico, onde eles, em linhas gerais, vivem bem por causa da fidelidade de Deus.
   B. **Segunda parábola** (17.7-10, 15-21)
      1. *Informação sobre a parábola* (17.7-10): Parte do cedro replantado, entretanto, empresta lealdade a outra águia que entra em cena. Por isso, aquela parte da árvore replantada é destruída por Deus.
      2. *A interpretação da parábola* (17.15-21): A segunda águia representa o Faraó do Egito, que se junta ao rei de Judá, Zedequias, contra Nabucodonosor, resultando na destruição de Jerusalém.
   C. **Terceira parábola** (17.22-24)
      1. *Informação sobre a parábola* (17.22-23): O próprio Deus certo dia toma um broto tenro do topo do cedro e o planta nos mais altos montes de Israel, onde ele se torna a árvore definitiva e universal.
      2. *A interpretação da parábola* (17.24): A árvore original parece ser uma referência à casa de Davi, de onde o Messias, a segunda árvore, finalmente virá.
   D. **Quarta parábola** (19.1-9): Uma leoa tem dois filhotes que se tornam devoradores de homens. Os dois são finalmente apanhados. O primeiro filhote é levado para o Egito e o segundo, para a Babilônia.
   E. **Quinta parábola** (19.10-14): Uma vinha forte e frutífera, plantada em solo fértil ao lado de um ribeiro, é repentinamente arrancada e replantada em um deserto, onde começa a secar.

II. O PROVÉRBIO (18.1-32): Ezequiel inicia este capítulo fazendo referência a um provérbio popular, largamente usado em Israel na época.
   A. **O conteúdo desse provérbio** (18.1-4)
      1. *A informação* (18.1-2): Ele diz: "Os pais comeram uvas verdes, e os dentes dos filhos se embotaram?"
      2. *A interpretação* (18.3-4): O provérbio diz que Israel apenas está sendo punido por causa dos pecados de seus pais.
   B. **A correção do provérbio** (18.5-28): Ezequiel refuta este falso ensinamento, dizendo que Deus só pune o indivíduo por seu pecado. Ele cita cinco exemplos para ilustrar sua colocação.

1. *O caso do justo contra o ímpio* (18.20, 25): Aquele que peca é aquele que morre.
2. *O caso do homem justo* (18.5-9): Ele certamente viverá.
3. *O caso do filho ímpio do homem justo* (18.10-13): O filho certamente morrerá e receberá a paga completa por isso.
4. *O caso do filho justo do pai ímpio* (18.14-19): O filho não morrerá por causa dos pecados de seu pai.
5. *O caso do homem justo que se torna ímpio* (18.24, 26): Ele morrerá.
6. *O caso do perverso que se torna justo* (18.21-23, 27-28): Ele viverá.
C. **O desafio a partir do provérbio** (18.29-32): À luz de tudo isso, Deus insta para que seu povo se arrependa e não seja punido por causa de seus caminhos perversos.

ESBOÇO DA SEÇÃO SETE (EZEQUIEL 20–21)
Representando fisicamente as mensagens de juízo, Ezequiel alerta Israel acerca das conseqüências de seus pecados.

I. A CONDENAÇÃO DE ISRAEL (20.1-32, 45-49; 21.1-32)
  A. **As acusações** (20.1-32, 45-49; 21.1-5, 24-32)
    1. *Sobre o povo* (20.1-32, 45-49; 21.1-5, 24): Israel é relembrado de seu pecado constante contra Deus, durante toda a sua história.
      a. No Egito (20.1-9): O povo de Israel não se livrou dos ídolos, conforme Deus havia ordenado.
      b. No deserto (20.10-26): O povo recusou-se a obedecer às leis de Deus.
      c. Em Canaã (20.27-28): Israel continuou a blasfemar e trair a Deus.
      d. Na época de Ezequiel (20.29-32, 45-49; 21.1-5, 24): Eles continuam pecando e não se envergonham disso. Deus tornou-se inimigo deles e derramará sua ira.
    2. *Sobre o príncipe* (21.25-27): O "ímpio príncipe de Israel" é Zedequias, o último governador de Judá.
    3. *Sobre os pagãos* (21.28-32): Aqui o juízo é executado sobre os filhos de Amom por seus vários pecados nacionais.
  B. **As ilustrações** (21.6-23): Ezequiel ilustra novamente sua mensagem de juízo.
    1. *Primeira ilustração* (21.6-7)
      a. O que ele faz (21.6): Ele geme.
      b. O que isto significa (21.7): Esta será a reação de Jerusalém quando o exército babilônico marchar contra a cidade.
    2. *Segunda ilustração* (21.8-12)
      a. O que ele faz (21.12): Ele soca suas coxas.

b. *O que isto significa* (21.8-11): Logo as espadas inimigas atravessarão o coração do povo de Judá.
  3. *Terceira ilustração* (21.13-17)
   a. *O que ele faz* (21.13-16): Ele bate palmas e manuseia a espada.
   b. *O que isto significa* (21.17): A mesma mensagem da segunda ilustração é transmitida.
  4. *Quarta ilustração* (21.18-23)
   a. *O que ele faz* (21.18-21): Ele desenha um mapa, mostrando duas estradas com uma bifurcação.
   b. *O que isto significa* (21.22-23): O rei da Babilônia decidirá atacar Jerusalém antes da capital da Síria, Rabá.

II. A Restauração de Israel (20.33-44): Apesar de seus terríveis pecados, Deus algum dia regenerará, reunirá e restaurará seu povo.

ESBOÇO DA SEÇÃO OITO (EZEQUIEL 22-24)
Ezequiel detalha os pecados de Israel e compara Samaria e Jerusalém a duas prostitutas.

I. Os Pecados de Israel (22.1-31)
  A. As perversões (22.1-12, 23-29)
  1. *Derramamento de sangue e idolatria* (22.1-6, 9, 27): Todos na cidade são idólatras e assassinos.
  2. *Desprezo a pais, viúvas e órfãos* (22.7, 23-25): Pais e mães são ignorados, o número de viúvas aumenta e o povo é destruído por só almejar lucro.
  3. *Desprezo completo com relação ao sábado* (22.8, 26): O povo viola o santo dia de descanso de Deus.
  4. *Adultério e incesto* (22.10-11): Eles mesmos se corrompem.
  5. *Suborno e extorsão* (22.12, 29).
  6. *Profetas mentirosos* (22.28): Dizem que sua mensagem vem do Senhor, quando Deus não tinha falado.
  B. A punição (22.13-22, 30-31)
  1. *Eles são espalhados entre as nações* (22.13-16): Deus purga a perversidade deles.
  2. *Eles são lançados na fornalha da ardente ira de Deus* (22.17-22, 30-31): Deus acumula sobre eles a penalidade completa por seus pecados.
II. As Irmãs Representando Israel (23.1-49): Nesta parábola, Ezequiel compara Israel a duas irmãs que se tornam prostitutas.
  A. A identidade destas irmãs (23.1-4): A irmã mais velha chama-se Oolá e representa Samaria. A mais nova chama-se Oolibá e representa Jerusalém. Deus *casa-se* com elas e *gera* filhos e filhas através delas.

B. A imoralidade destas irmãs (23.5-49): Ambas são infiéis para com seu marido divino.
  1. *Os pecados de Oolá, a irmã mais velha* (23.5-10)
     a. Sua perversão (23.5-8): Ela comete adultério espiritual com os deuses assírios.
     b. Sua punição (23.9-10): Deus permite que os assírios capturem e escravizem a cidade de Samaria.
  2. *Os pecados de Oolibá, a irmã mais nova* (23.11-35, 43-49)
     a. Suas perversões (23.11-21)
        (1) Ela, como sua irmã, comete adultério espiritual com os deuses assírios (23.11-13).
        (2) Ela faz o mesmo com os deuses babilônios (23.14-21).
     b. Sua punição (23.22-35, 43-49): Ela é capturada e escravizada pelos babilônios.
  3. *Os pecados de ambas* (23.36-42): Cada cidade-irmã é culpada do seguinte:
     a. Assassinato (23.36-37a).
     b. Idolatria (23.37b).
     c. Sacrifício infantil (23.37c).
     d. Hipocrisia total (23.38-39): Após fazer essas coisas terríveis, elas vêm adorar a Deus em seu Templo.
     e. Estilo de vida ostentador (23.40-41): Elas se maquiam e colocam suas melhores jóias.
     f. Embriaguez (23.42): O som da bebedeira vem de seus cômodos.

III. Os Sinais a Israel (24.1-27)
  A. O sinal da comida (24.1-14)
    1. *O que ele faz* (24.1-7): Ezequiel recebe ordens para cozinhar carne em uma panela de água até que os ossos dela se desprendam. Depois, deve despejar tudo sobre a terra.
    2. *O que isso significa* (24.8-14): Deus consumirá Israel, corrompida por seu pecado, em seu pote de julgamento, e a deitará fora.
  B. O sinal do funeral (24.15-27)
    1. *O que ele faz* (24.15-18): Deus instrui Ezequiel a não chorar no funeral de sua esposa amada, que morre repentinamente.
    2. *Por que ele faz* (24.19-27): Quando lhe perguntam por que ele não demonstra pesar, Ezequiel responde dizendo ao povo que não lhe será permitido derramar lágrimas sobre a iminente destruição da nação.

ESBOÇO DA SEÇÃO NOVE (EZEQUIEL 25-28)
Nestes capítulos, Ezequiel pronuncia juízo contra seis nações pagãs.

I. A Profecia contra Amom (25.1-7)
   A. **Seus crimes** (25.1-3, 6): Eles se regozijam pela destruição do Templo de Israel e zombam dos exilados judeus no caminho rumo ao cativeiro babilônico.
   B. **Sua condenação** (25.4-5, 7): Sua terra será invadida por forças inimigas e seu povo será escravizado.

II. A Profecia contra Moabe (25.8-11): Eles também são condenados por aplaudir a destruição de Jerusalém.

III. A Profecia contra Edom (25.12-14): Um juízo parecido aguarda os edomitas.

IV. A Profecia contra a Filístia (25.15-17): A mesma punição logo sobrevirá aos filisteus.

V. A Profecia contra Tiro (26.1–28.19)
   A. **O esplendor de Tiro** (27.1-9)
      1. *A construção de navios* (27.1-7)
         a. Seu porto é o mais bonito do mundo (27.1-4): É o portal do mar.
         b. Seus navios são os mais belos do mundo (27.5-7): São feitos de cipreste, cedro, carvalho, pinho, marfim e linho.
      2. *Os marujos* (27.8-9): Eles chegam do mundo inteiro para unir-se à frota.
   B. **Os soldados de Tiro** (27.10-11): Os homens mais experientes e bem equipados servem no exército de Tiro.
   C. **A prosperidade de Tiro** (27.12-25): A cidade é uma das mais ricas de seus dias, importando itens exóticos
      1. *Prata, ferro, estanho e chumbo* (27.12).
      2. *Escravos* (27.13).
      3. *Cavalos, ginetes e mulos* (27.14).
      4. *Ébano e marfim* (27.15).
      5. *Esmeraldas, púrpura, linho fino, coral e pedras preciosas* (27.16).
      6. *Trigo, mel, óleo, bálsamo, vinho e lã* (27.17-18).
      7. *Ferro e cavalgaduras* (27.19-20).
      8. *Cordeiros, carneiros e bodes* (27.21).
      9. *Especiarias e ouro* (27.22).
      10. *Roupas, bordados e tapetes azuis* (27.23-25).
   D. **O pecado de Tiro** (26.1-2; 28.1-5)
      1. *A cidade celebra a queda de Jerusalém* (26.1-2): Os tiranos pensam que se beneficiarão com a destruição de Jerusalém.

2. *O príncipe de Tiro está cheio de orgulho, agindo como um pequeno deus* (28.1-5): Sua sabedoria e seus tesouros o tornaram rico.
E. **A sentença de Tiro** (26.3-21; 27.26-36; 28.6-10)
   1. *A cidade será destruída até seus alicerces* (26.3-21; 28.6-10)
      a. O ataque babilônico (26.3-21): A Babilônia destruirá as vilas de Tiro e derrubará seus muros e portões.
      b. O ataque grego (28.6-10): Eles pegam na espada contra o rei de Tiro, e ele morre.
   2. *Um maremoto destrói seus navios* (27.26-36).
F. **A força satânica por trás de Tiro** (28.11-19): Muitos estudiosos bíblicos crêem que estes versos descrevem o pecado e a queda original do próprio Satanás.
   1. *A perfeição* (28.11-13): Este anjo magnífico é criado por Deus como o principal em beleza e sabedoria.
   2. *A posição* (28.14): Ele é então designado para ser o anjo guardião ungido.
   3. *O orgulho* (28.15-16a): Tudo isso faz com que Lúcifer se encha de orgulho e tente uma deposição violenta do próprio Deus.
   4. *A punição* (28.16b-19): Ele é removido de sua alta posição, lançado por terra e feito um exemplo da ira de Deus com relação ao pecado.

VI. A Profecia contra Sidom (28.20-26)
   A. **Sidom será destruída** (28.20-24): Exércitos invasores e terríveis pragas devastarão tanto a terra como o povo.
   B. **Israel será libertada** (28.25-26): O povo será reunido, regenerado e restaurado à terra.

ESBOÇO DA SEÇÃO DEZ (EZEQUIEL 29-32)
Estes capítulos descrevem o relacionamento de Deus com o Egito.

I. A Parábola Descrevendo o Egito (31.1-9): O Egito é descrito como um magnífico cedro no Líbano, cercado por todas as demais árvores.

II. O Orgulho da Nação Egípcia (29.1-3; 31.10; 32.1-2)
   A. **Ela se sente dona do rio Nilo** (29.1-3): Deus é seu inimigo.
   B. **Ela se vangloria de ser a maior** (31.10).
   C. **Ela alega ser um leão entre as nações** (32.1-2): Na verdade, é apenas um monstro marinho, arfando e revolvendo-se em lama.

III. A Pilhagem do Egito (29.4-10, 17-21; 30.1-26; 31.11-18; 32.3-32): Por sete vezes, Ezequiel prediz a invasão dos inimigos do Egito e o saque de sua terra.

A. **Primeira ocasião** (29.4-10): Deus colocará anzóis em suas mandíbulas e a forçará para fora da terra.
   B. **Segunda ocasião** (29.17-21): Deus entregará o Egito a Nabucodonosor.
   C. **Terceira ocasião** (30.1-19): Uma espada virá contra o Egito e os assassinados cobrirão o chão.
   D. **Quarta ocasião** (30.20-26): O exército do Faraó será desmantelado e seu povo, disperso.
   E. **Quinta ocasião** (31.11-18): Eles serão cortados e deixados por terra.
   F. **Sexta ocasião** (32.3-16): Eles serão completamente destruídos.
   G. **Sétima ocasião** (32.17-32): Eles serão arrastados para o juízo.

IV. A MISERICÓRDIA SOBRE O EGITO (29.11-16): De forma misericordiosa, Deus restaurará o povo egípcio parcialmente
   A. **As décadas** (29.11-12): Primeiramente, o Egito experimentará a ira de Deus por um período de 40 anos.
   B. **O livramento** (29.13-16): Depois disto, Deus reunirá e restaurará o povo egípcio parcialmente em sua terra.

ESBOÇO DA SEÇÃO ONZE (EZEQUIEL 33-34)
Ezequiel usa várias figuras para descrever o relacionamento de Israel com seus líderes.

I. O ATALAIA E O MURO (33.1-33)
   A. **Deus e os mensageiros de Israel** (33.1-9): Aqui é feita uma distinção entre o atalaia (ou mensageiro) fiel e o atalaia infiel.
      1. *O atalaia fiel* (33.1-5, 7, 9): Este tipo de profeta (como Ezequiel) continua alertando o povo para que se arrependa, mesmo quando ele se recusa a ouvir.
      2. *O atalaia infiel* (33.6, 8): O sangue do culpado está em suas mãos por não alertar o povo.
   B. **Deus e o mensageiro de Israel** (33.10-33): Ezequiel é instruído a pregar dois sermões a Israel:
      1. *A mensagem antes da queda de Jerusalém* (33.10-20): A mensagem é dupla:
         a. "A justiça do justo não o livrará no dia da sua transgressão" (33.10-12a).
         b. "Quanto à impiedade do ímpio, por ela não cairá ele no dia em que se converter da sua impiedade" (33.12b-20).
      2. *A mensagem após a queda de Jerusalém* (33.21-33)
         a. O relato (33.21): Um judeu que escapou fala a Ezequiel da destruição de Jerusalém.
         b. A restauração (33.22): Deus permite que Ezequiel, até então mudo, abra sua boca.

c. A repreensão (33.23-29): Ezequiel prediz que severa punição logo recairá sobre os judeus que sobreviveram à destruição de Jerusalém, mas ainda insistem em seus caminhos perversos.
d. O escárnio (33.30-33): Alguns dos exilados judeus, já na Babilônia, riem de Ezequiel, pelas costas.

II. Os Pastores e as Ovelhas (34.1-31)
  A. **Os falsos pastores** (34.1-8, 18-19)
    1. *Eles se alimentam e bebem, mas ignoram seus rebanhos* (34.1-3, 18-19): O que eles não usam, eles pisam e sujam.
    2. *Eles se recusam a cuidar da ovelha fraca, doente e machucada* (34.4): Eles governam com força e crueldade.
    3. *Eles permitem que animais selvagens devorem as ovelhas* (34.5-8): as ovelhas são presas fáceis.
  B. **O pastor fiel** (34.9-17, 20-31): Estes versículos, sem sombra de dúvida, referem-se ao próprio Messias, Jesus Cristo.
    1. *Seu relacionamento com os falsos pastores* (34.9-10, 20-21)
      a. Ele os remove e os tem por responsáveis (34.9-10): Ele os considera seus inimigos.
      b. Ele os julga (34.20-21): Ele separa as ovelhas gordas e teimosas das ovelhas magras e oprimidas.
    2. *Seu relacionamento com as ovelhas* (34.11-16, 22, 25-31)
      a. Ele as resgata e reúne (34.11-12, 22): O Senhor é o seu pastor.
      b. Ele as alimenta (34.13): Ele as traz de volta para casa.
      c. Ele as conduz aos pastos (34.14-15, 26-27): Elas se deitam em lugares aprazíveis e se alimentam em pastos verdejantes.
      d. Ele fortalece as ovelhas machucadas e fracas (34.16). Ele destrói as gordas e as fortes.
      e. Ele as protege (34.25, 28): Elas vivem em segurança e não temem nada.
      f. Ele as adota como suas (34.29-31): Elas sabem que Deus está com elas.
    3. *Seu relacionamento com os bodes* (34.17): Ele os separa das ovelhas.
    4. *Seu relacionamento com as ovelhas sem pastor* (34.23-24): Ele permite que o rei Davi o ajude a alimentar e a guiar suas ovelhas.

ESBOÇO DA SEÇÃO DOZE (EZEQUIEL 35–37)
Ezequiel profetiza a destruição de Edom e a salvação de Israel.

I. A Condenação de Edom (35.1-15; 36.1-7)
  A. **As perversões de Edom** (35.5, 10-13; 36.1-5)
    1. *Eles odeiam e traem Israel* (35.5): Edom chacinou Israel depois de ter sido punida por Deus.

2. *Eles planejam ocupar Israel* (35.10): Não se preocupam por Deus estar lá.
3. *Eles difamam Israel* (35.11-12): Dizem que Israel foi entregue a eles.
4. *Eles difamam a Deus* (35.13; 36.1-5): Vangloriam-se contra Deus, e ele sabe disto.

B. **A punição de Edom** (35.1-4, 6-9, 14-15; 36.6-7)
1. *Ser esmagada pelo punho de Deus* (35.1-4): Eles serão completamente destruídos.
2. *Experimentar um banho de sangue* (35.6-9): Deus encherá as montanhas com seus mortos, uma vez que eles não têm nojo de sangue.
3. *Ser destruída* (35.14-15): Aí saberão que o Senhor é Deus.
4. *Ser completamente envergonhada* (36.6-7): Chegará a vez de serem eliminados.

II. A SALVAÇÃO DE ISRAEL (36.8–37.28)
A. **O pecado** (36.16-17): Israel mancha sua própria terra por derramar sangue e adorar ídolos.
B. **A dispersão** (36.18-19): Por causa disso, o povo é disperso entre as nações.
C. **A difamação** (36.20-21): Isto, entretanto, gera um problema, pois os pagãos estão difamando o nome de Deus, dizendo que ele não consegue cuidar do próprio povo.
D. **A solução** (36.8-15, 22-38): Deus resolve desagravar o próprio nome através das seguintes ações:
1. *Ele dará colheitas a Israel* (36.8-12): O solo será lavrado e plantado.
2. *Ele não permitirá que outras nações devorem Israel* (36.13-15): Outras nações não irão mais menosprezá-lo.
3. *Ele reúne seu povo de entre as nações* (36.22-24): Ele o trará de volta para honrar seu nome.
4. Ele regenerará seu povo, dando a ele coração novo (36.25-27): A imundície de Israel será limpa.
5. *Ele restaurará seu povo, permitindo que reconstrua suas cidades e ceife sua colheita* (36.28-38): Ele será o seu povo, e o Senhor será seu Deus.
E. **Os símbolos** (37.1-28): Ezequiel recebe dois símbolos para ilustrar tudo isso:
1. *O símbolo dos esqueletos, ilustrando a ressurreição* (37.1-14)
   a. O milagre dos ossos secos (37.1-10): Ezequiel, surpreso, vê num vale ossos secos repentinamente se juntando e se cobrindo de músculos, carne e pele.
   b. O significado dos ossos secos (37.11-14): Deus explica que, um dia, fará coisa semelhante pela nação de Israel.

2. *O símbolo dos dois pedaços de madeira, ilustrando a reunião de Israel* (37.15-28)
   a. A fusão (37.15-17): Ezequiel pega dois gravetos e escreve o nome de Judá em um e de Efraim no outro. Os gravetos juntam-se na mão dele.
   b. O significado (37.18-23): Deus reunirá os reinos do norte e do sul, Israel e Judá.
   c. A monarquia (37.24-25): Davi então será designado para governar sobre os dois reinos.
   d. A misericórdia (37.26-28): Deus fará uma aliança eterna de paz com Israel.

ESBOÇO DA SEÇÃO TREZE (EZEQUIEL 38–39)
Ezequiel prediz que Israel, um dia, será atacada por uma confederação inimiga, liderada por um guerreiro chamado Gogue, da terra de Magogue.

I. O ABORRECIMENTO DE DEUS (38.1-3): Deus declara sua ira com relação aos terríveis planos de Gogue.

II. OS ALIADOS DE GOGUE (38.4-7): Ezequiel identifica essas nações como sendo a Pérsia, a Etiópia, a Líbia, Gomer e Togarma.

III. O ATAQUE DE GOGUE (38.8-16)
   A. Quando Gogue atacará (38.8-11): A invasão ocorrerá "depois de muitos dias", quando Israel estiver em paz na própria terra.
   B. Por que Gogue atacará (38.12-16): Para saquear Israel.

IV. A ANIQUILAÇÃO DE GOGUE (38.17–39.24)
   A. Conforme dito anteriormente (38.17-18): Esta destruição foi predita pelo profeta vários anos antes.
   B. Conforme cumprido nos últimos dias (38.19–39.24)
      1. *O plano* (38.19-22): Deus realizará esta aniquilação através de um método triplo:
         a. Um forte terremoto (38.19-20): Todos os seres viventes tremerão de medo na presença de Deus.
         b. Motim entre as tropas inimigas (38.21): Seus homens se voltarão uns contra os outros.
         c. O uso de espada, doença, enchentes, chuva de granizo, fogo e enxofre (38.22).
      2. *O lugar* (39.1-6): Isso acontecerá nas montanhas de Israel.
      3. *O propósito* (38.23; 39.7-8, 21-24)
         a. Com relação às nações gentílicas (38.23; 39.21, 23-24): Ao testemunhar essa destruição, as nações pagãs reconhecerão a pessoa e o poder do verdadeiro Deus.
         b. Com relação à nação judaica (39.7-8, 22): Eles também saberão que o Deus de Israel é realmente o único verdadeiro Senhor.

4. *A purificação* (39.9-16)
   a. Sete anos de combustível (39.9-10): Haverá escombros de guerra suficientes para servir de combustível para o povo de Israel por sete anos.
   b. Sete meses de funerais (39.11-16): Israel levará sete meses para enterrar os mortos.
5. *A proclamação* (39.17-20): Deus convidará pessoalmente os pássaros e animais selvagens para consumir a carne dos guerreiros inimigos destruídos.

V. A Reunião após Gogue (39.25-29): Deus reunirá, regenerará e restaurará seu povo em sua terra.

ESBOÇO DA SEÇÃO QUATORZE (EZEQUIEL 40-48)
Estes capítulos descrevem as glórias do Milênio, incluindo os fatos sobre o novo Templo: seu tamanho, seus sacerdotes, sua localização etc.

I. O Templo (40.1-43.27)
   A. O homem (40.1-4): Ezequiel é apresentado a um homem que carrega uma vara de medir, e sua face reluz como o bronze.
   B. A medição (40.5-42.20; 43.13-27): Este homem faz medições:
   1. *Do pátio externo* (40.5-27).
   2. *Do pátio interno* (40.28-47): Ele tem cerca de 53 m^2.
   3. *Do vestíbulo do Templo* (40.48-49): Mede aproximadamente 10,5 m por 6 m.
   4. *Do próprio Templo* (41.1-26).
   5. *Da câmara do pátio externo* (42.1-14): São mais de 53 m de comprimento por quase 27 m de largura.
   6. *Do lugar da separação* (42.15-20): Tem cerca de 267 m de cada lado.
   7. *Do altar de holocaustos* (43.13-27).
   C. A magnificência (43.1-12): Ezequiel, que vira a glória de Deus sair do Templo, agora testemunha seu retorno.
   1. *O som da nuvem da glória de Deus* (43.1-5): Ele é como o ruído das águas.
   2. *O discurso da nuvem da glória de Deus* (43.6-12): Deus assegura a Ezequiel de que um dia habitará permanentemente em Israel.

II. A Manutenção do Templo (44.1-46.24)
   A. Os oficiais (44.1-45.17; 46.1-8, 16-18)
   1. *O príncipe* (44.1-3; 45.13-17; 46.1-8, 16-18): Aqui Ezequiel descreve um oficial do Templo de especial importância, conhecido apenas como "o príncipe".
   2. *Os sacerdotes e os levitas* (44.4-45.12): Os levitas, exceto pela família de Zadoque, não serão mais capazes de atuar como sacerdotes, pois incentivaram o povo a adorar deuses estrangeiros.

B. As ofertas (45.18-25; 46.9-15, 19-24): No primeiro dia de cada ano, no começo da primavera, eles devem sacrificar um novilho para purificar o Templo.

III. O Território (47.1–48.35)
   A. Fatos acerca do solo milenar (47.1–48.29)
   1. *O rio* (47.1-12): Água corre do Templo para o mar Morto, trazendo vida nova a Israel.
   2. *Os limites* (47.13-23): Os limites a norte, sul, leste e oeste.
   3. *A divisão tribal das terras* (48.1-29): Definição da área de terra específica de cada tribo.
   B. Fatos acerca da cidade milenar (48.30-35)
   1. *Os portões da cidade* (48.30-34): Ela tem 12 portões, cada qual levando o nome de uma das tribos do Antigo Testamento.
   2. *O nome da cidade* (48.35): Ela é chamada de "Jeová-Samá", que significa "O Senhor está ali".

Daniel

ESBOÇO DA SEÇÃO UM (DANIEL 1–2)
Como cativo na Babilônia, o corajoso Daniel recusa-se a comer da comida real — e prospera. Ele também é capaz, com a ajuda de Deus, de interpretar o sonho perturbador do rei.

I. A ALIMENTAÇÃO REAL RECUSADA POR DANIEL (1.1-21)
   A. **Daniel, o escolhido** (1.1-7)
      1. *A conquista* (1.1-2): O monarca babilônico Nabucodonosor ataca e conquista Jerusalém.
      2. *A ordem* (1.3-5): Nabucodonosor ordena que Aspenaz (chefe dos eunucos) treine alguns dos mais proeminentes judeus cativos para cargos públicos.
      3. *Os candidatos* (1.6-7): Daniel (Beltessazar), Hananias (Sadraque), Misael (Mesaque) e Azarias (Abede-nego) estão entre os escolhidos.
   B. **Daniel, o fiel** (1.8-20)
      1. *O pedido* (1.8-9): Decidido a não se contaminar com o vinho e a comida do rei, Daniel pede permissão para ingerir uma alimentação mais sadia.
      2. *A relutância* (1.10): Seu superintendente teme ser executado se os judeus cativos não se saírem bem com a alimentação alternativa.
      3. *A recomendação* (1.11-14): Daniel sugere um teste de dez dias.
      4. *Os resultados* (1.15-16): Daniel e seus três amigos estão mais saudáveis do que os outros.
      5. *A recompensa* (1.17-20): Três anos mais tarde, Nabucodonosor declara que os quatro jovens são dez vezes mais inteligentes que todos os magos e encantadores de seu reino.
   C. **Daniel, o estadista** (1.21): Daniel agora inicia sua atuação na política da Babilônia.

II. O SONHO DO REI REVELADO POR DANIEL (2.1-49)
   A. **O rei e seus conselheiros pagãos** (2.1-13)
      1. *O temor* (2.1): O rei tem um sonho inquietante.

2. *A frustração* (2.2-13): O rei é incapaz de lembrar seu sonho.
   a. Sua exigência (2.2-4): O rei chama seus sábios e ordena que eles lhe digam o que sonhou e o que significa.
   b. Seu decreto (2.5-13): Por não serem capazes de fazer isso, os sábios são condenados à morte.
B. **O rei e o profeta de Deus** (2.14-49)
   1. *Deus revela o sonho a Daniel* (2.14-23).
      a. O pedido (2.14-16): Daniel descobre que ele e seus três amigos estão entre os que serão executados e pede ao rei um pouco mais de tempo.
      b. A revelação (2.17-19): Depois que Daniel e seus amigos oram, Deus revela a Daniel o sonho e seu significado.
      c. O regozijo (2.20-23): Daniel louva a Deus por sua onipotência e sua onisciência.
   2. *Daniel revela o sonho de* Nabucodonosor (2.24-49)
      a. A informação (2.24-35)
         (1) A estátua (2.24-33): O rei vê uma estátua enorme com cabeça de ouro, peito e braços de prata, o ventre e os quadris de bronze, e os pés que são uma combinação de ferro e barro.
         (2) A pedra (2.34-35): Uma grande pedra é cortada da montanha de modo sobrenatural. Ela fere os pés de ferro e barro, esmigalhando-os de forma que toda a estátua desmorona.
      b. A interpretação (2.36-45)
         (1) Da estátua (2.36-43): Ela representa quatro poderes gentílicos sucessivos: Babilônia, Pérsia, Grécia e Roma.
         (2) Da pedra (2.44-45): Ela representa o Reino de Deus, que um dia destruirá o poder pagão.
      c. A elevação (2.46-49): Um Nabucodonosor maravilhado louva Daniel e o designa governador de toda a província da Babilônia, bem como chefe de todos os sábios.

ESBOÇO DA SEÇÃO DOIS (DANIEL 3-4)
Sadraque, Mesaque e Abede-nego recusam-se a adorar a estátua de ouro de Nabucodonosor e são lançados numa fornalha de fogo, mas sobrevivem. Nabucodonosor tem um segundo sonho, que Daniel também interpreta. Quando o rei recusa arrepender-se, passa a viver como um animal por um período de sete anos. Seu reino e sua sanidade são recuperados quando ele reconhece Deus.

I. TRÊS HOMENS E UM TESTE (3.1-30)
   A. **O extravagante monarca babilônico** (3.1-7)
      1. *O projeto* (3.1): Nabucodonosor constrói uma estátua de ouro com quase 27 m de altura e mais de 2,5 m de largura.
      2. *Os políticos* (3.2-3): O rei intima todos os líderes políticos a participar da dedicação da estátua.

3. *A proclamação* (3.4-5): Quando a banda toca, quem está presente deve curvar-se e adorar a estátua de ouro.
4. *A penalidade* (3.6-7): Todos os que recusarem curvar-se serão lançados numa fornalha de fogo.

B. Os homens fiéis (3.8-23)
   1. *A ameaça* (3.8-15)
      a. O relato dos astrólogos (3.8-12): O rei descobre que Sadraque, Mesaque e Abede-nego recusam curvar-se.
      b. A argumentação do rei (3.13-15): O rei oferece aos três homens uma segunda chance.
   2. *O testemunho* (3.16-23)
      a. A resposta dos três homens (3.16-18): "Eis que o nosso Deus, a quem nós servimos, pode nos livrar da fornalha de fogo ardente... Mas se não, fica sabendo, ó rei, que não serviremos a teus deuses nem adoraremos a estátua de ouro que levantaste".
      b. A ira do rei (3.19-23): Ele ordena que os jovens sejam lançados na fornalha, aquecida sete vezes mais do que o normal.

C. O quarto homem (3.24-30)
   1. *A descoberta* (3.24-25): Olhando para dentro da fornalha a distância, Nabucodonosor, surpreso, vê duas coisas incríveis:
      a. Os três homens ainda estão vivos (3.24-25a).
      b. Outro homem juntou-se a eles, e parece um ser divino (3.25b).
   2. *O livramento* (3.26-28): Ao comando do rei, os três homens são tirados da fornalha, nem sequer cheirando a fumaça.
   3. *O decreto* (3.29-30): Nabucodonosor impõe sentença de morte a qualquer um que falar contra Deus, e os três homens são promovidos a posições mais elevadas.

II. Dois Homens e uma Árvore (4.1-37): Este capítulo relata o segundo dos três sonhos de Nabucodonosor. Daniel interpreta este sonho também.

A. O prefácio (4.1-3)
   1. *A proclamação* (4.1): Nabucodonosor emite uma proclamação especial por todo o seu reino.
   2. *O louvor* (4.2-3): O rei dá testemunho do grande poder de Deus.

B. Os detalhes (4.4-37)
   1. *O rei está corrompido por vaidade* (4.4-27)
      a. O sonho de Nabucodonosor (4.4-18)
         (1) Ele vê uma grande árvore que crescia (4.4-12).
         (2) Ele vê a árvore cortada (4.13-18): Um mensageiro santo corta a árvore e diz que ela representa um homem que perdeu o juízo e viverá como um animal selvagem por sete anos.
      b. A interpretação de Daniel (4.19-27)
         (1) Sua explicação (4.19-26): Daniel identifica a árvore como sendo Nabucodonosor, que sofrerá insanidade gerada divinamente devido ao seu orgulho. Entretanto, em sete anos,

se ele reconhecer o poder de Deus, seu reino será restaurado.
   (2) Sua exortação (4.27): Daniel insta para que o rei se arrependa, evitando o terrível juízo.
2. *O rei é corrigido através da insanidade* (4.28-37)
   a. O orgulho (4.28-30): Recusando arrepender-se, o rei permanece arrogante, vangloriando-se diante de todos por ter construído a Babilônia.
   b. A punição (4.31-33): Conforme predito, ao rei é dada uma mente de animal durante sete anos.
   c. O pós-escrito (4.34-37): Ao recuperar sua mente e ser restaurado ao reino, Nabucodonosor adora, louva, honra e glorifica o Deus de Daniel.

ESBOÇO DA SEÇÃO TRÊS (DANIEL 5-6)
Belsazar vê a mão escrevendo na parede e chama Daniel para interpretar. Belsazar morre na mesma noite, quando Dario, o medo, captura a cidade. Inimigos conspiram contra Daniel, que é atirado na cova dos leões.

I. A Mão de Deus no Jantar (5.1-31)
   A. O banquete (5.1): O rei babilônio Belsazar convida mil oficiais para uma grande festa.
   B. O atrevimento (5.2-4)
      1. *A ordem* (5.2): Belsazar pede que os utensílios que Nabucodonosor tomou do Templo de Jerusalém sejam trazidos para a festa.
      2. *O abuso* (5.3-4): Tanto o rei quanto os oficiais bebem vinho nesses utensílios e louvam deuses babilônicos.
   C. A parede (5.5-6)
      1. *A mão* (5.5): Belsazar vê a mão humana (sem braço) escrever uma mensagem na parede.
      2. *O horror* (5.6): Ele fica apavorado.
   D. O chamado (5.7-29)
      1. *Aos magos* (5.7-9): Belsazar promete grandes recompensas a qualquer que interpretar o escrito misterioso, mas ninguém é capaz de fazê-lo.
      2. *Ao profeta* (5.10-29)
         a. A recomendação (5.10-12): A rainha-mãe aconselha Belsazar a chamar Daniel.
         b. A recompensa (5.13-16): O rei oferece promover Daniel à terceira mais alta posição no reino se ele conseguir interpretar o escrito.
         c. A recusa (5.17): Daniel rejeita o suborno, mas se oferece para interpretar a mensagem de graça.
         d. A repreensão (5.18-23): Daniel contrasta os reinados de Nabucodonosor e Belsazar.

  (1) As lições aprendidas por Nabucodonosor (5.18-21): Ele dá testemunho da soberania de Deus depois de ser humilhado com insanidade.
  (2) Lições rejeitadas por Belsazar (5.22-23): Embora conheça a história, ele ainda escolhe desafiar e insultar a Deus.
 e. A revelação (5.24-28): Daniel diz ao rei que seu reino foi dado aos medos e aos persas, e que ele logo morrerá.
 f. A veste (5.29): Numa tentativa inútil de escapar do juízo de Deus, o rei veste Daniel de púrpura e o proclama terceiro governador do reino.
 E. A queda (5.30-31): Na mesma noite, Dario, o medo, entra na Babilônia, mata Belsazar e reina sobre a cidade.

II. A Mão de Deus em um Sonho (6.1-28)
 A. Um plano hostil (6.1-9)
 1. *A organização* (6.1-3): Dario designa Daniel como um dos três mais importantes administradores do reino.
 2. *A orquestração* (6.4-9)
  a. A busca sinistra (6.4): Os inimigos invejosos de Daniel buscam, sem sucesso, encontrar algo que possa ser usado contra ele.
  b. A solução (6.5): Eles finalmente concluem que ele só pode ser pego em sua vida religiosa.
  c. A sutileza (6.6-9): Dario é persuadido a assinar um decreto que impõe a pena de morte àquele que orar ou fizer petição a qualquer deus, exceto ao rei, durante 30 dias.
 B. Um homem santo (6.10-15)
 1. *O profeta intrépido* (6.10): Mesmo sabendo do decreto, Daniel continua seu ritual de três orações diárias a Deus.
 2. *Os conspiradores sem coração* (6.11-13): Os malignos inimigos de Daniel relatam isto ao rei.
 3. *O soberano incansável* (6.14-15): Percebendo que havia sido enganado, Dario passa o resto do dia tentando encontrar alguma forma de livrar Daniel, em vão.
 C. Um banimento divino (6.16-28)
 1. *A preocupação do rei* (6.16-18): Com grande pesar, Dario dá a ordem para que Daniel seja preso e lançado na cova dos leões. Ele volta para casa e passa a noite sem dormir.
 2. *O clamor do rei* (6.19-22): Cedo na manhã seguinte, com poucas esperanças, Dario chama Daniel na cova dos leões.
  a. A pergunta (6.19-20): Deus foi capaz de salvá-lo?
  b. A resposta (6.21-22): Deus fecha a boca dos leões.
 3. *A ordem do rei* (6.23-28)
  a. Com relação a Daniel (6.23): Muito feliz, Dario ordena que Daniel (que não tem sequer um arranhão) seja retirado da cova dos leões.

b. Com relação a seus inimigos (6.24): Eles são jogados na mesma cova de leões e são instantaneamente despedaçados.
c. Com relação ao seu Deus (6.25-28): Dario envia uma mensagem: todas as pessoas do reino devem temer e reverenciar o Deus de Daniel.

ESBOÇO DA SEÇÃO QUATRO (DANIEL 7-8)
Durante o primeiro e o terceiro ano do reinado de Belsazar na Babilônia, Daniel tem duas visões de duas potências mundiais gentílicas.

I. A P℞IMEIRA VISÃO (7.1-28): Durante o primeiro ano do reinado de Belsazar.
  A. **A informação** (7.1-14): Daniel vê:
    1. *Um animal como um leão* (7.1-4): "Enquanto eu olhava, foram-lhe arrancadas as asas, e foi levantado da terra, e posto em dois pés como um homem; e foi-lhe dado um coração de homem".
    2. *Um animal como um urso* (7.5): Ele segurava três costelas com seus dentes.
    3. *Um animal como um leopardo* (7.6): Tinha nas costas quatro asas de ave e quatro cabeças, e recebeu grande autoridade.
    4. *Um animal com dez chifres* (7.7-8): Seguramente, a criatura mais terrível e espantosa. O décimo primeiro chifre cresce, arrancando três dos dez chifres.
    5. *O Ancião* (7.9-12)
      a. Quem ele é (7.9): O próprio Deus assentado em sua glória celestial, preparando-se para julgar o mundo.
      b. O que acontece (7.10-12)
        (1) Um rio de fogo sai da presença de Deus (7.10a).
        (2) Milhões de anjos o servem (7.10b).
        (3) Dezenas de milhões de pessoas aguardam julgamento (7.10c).
        (4) A quarta besta é lançada no inferno (7.11-12).
    6. *O homem* (7.13-14)
      a. Quem ele é (7.13): Alguns crêem que o "homem" que se aproxima do Ancião é uma referência ao Filho de Deus, Jesus Cristo.
      b. O que acontece (7.14): Ao Filho é dado um reino poderoso, glorioso e eterno.
  B. **A interpretação** (7.15-28)
    1. *Dos quatro animais, em geral* (7.15-18)
      a. Sua ascensão (7.15-17): Eles representam os quatro antigos reinos da Babilônia, Pérsia, Grécia e Roma.
      b. Sua substituição (7.18): Eles darão lugar ao Reino glorioso de Deus.
    2. *Da quarta besta, em particular* (7.19-28)
      a. A confusão (7.19-22): Daniel deseja mais informação da crueldade e das conquistas desta besta perversa.
      b. O esclarecimento (7.23-27): Ele recebe três fatos concernentes à quarta besta. Ela:

   (1) Devorará a terra (7.23-24).
   (2) Desafiará o Santíssimo (7.25).
   (3) Será destruída pelo Santíssimo (7.26-27).
  c. A consternação (7.28): O profeta está aterrorizado com sua visão.

II. A Segunda Visão (8.1-27): Durante o terceiro ano do reinado de Belsazar.
 A. Os animais (8.1-12)
  1. *Um carneiro com dois chifres* (8.1-4): Ele é capaz de derrotar e destruir completamente seus inimigos.
  2. *Um bode macho com um chifre* (8.5-8)
   a. Sua força de destruição (8.5-7): O bode ataca e destrói completamente o carneiro.
   b. Sua morte (8.8): Ao se engrandecer de seu poder, o chifre do bode é substituído por quatro chifres menores.
  3. *Outra criatura que vem do bode* (8.9-12)
   a. As conquistas (8.9-10): Ele invade e ocupa a maior parte da Terra Santa.
   b. O menosprezo (8.11-12): Ele desafia até mesmo a Deus.
 B. As respostas (8.13-27)
  1. *De um anjo comum* (8.13-14)
   a. A pergunta (8.13): Quanto tempo levará até que a visão de Daniel se cumpra? Quanto tempo levará até que o Templo judeu corrompido seja purificado, assim permitindo a volta dos sacrifícios diários?
   b. A resposta (8.14): Um período de 2.300 dias.
  2. *De um anjo governante* (8.15-27)
   a. Sua identidade (8.15-19): Ele é o próprio Gabriel.
   b. Sua informação (8.20-27)
    (1) Sobre o carneiro de chifre duplo (8.20): Representa o império medo-persa.
    (2) Sobre o bode com um chifre (8.21-22): Representa a Grécia, que se dividirá em quatro partes após a morte de Alexandre, o Grande.
    (3) Sobre a terceira criatura (8.23-27): Provavelmente se refere ao brutal rei sírio, Antíoco Epifânio IV, que profanou o Templo em dezembro de 167 a.C. Mais tarde, o Templo seria purificado por Judas Macabeu.

ESBOÇO DA SEÇÃO CINCO (DANIEL 9-10)
Após ser visitado pelo anjo Gabriel, Daniel faz um prolongado jejum para orar pelo arrependimento de Israel e sua futura restauração.

I. A CRONOLOGIA (9.1-27): Este capítulo relata dois períodos de tempo: um histórico e outro profético. Os dois envolvem o número 70.
   A. O 70 histórico (9.1-19): Daniel e Deus
      1. *As Escrituras conforme analisadas por Daniel* (9.1-2): Ele entende que o cativeiro babilônico de 70 anos de Israel, profetizado por Jeremias, está quase terminando.
      2. *A súplica de Daniel* (9.3-19)
         a. A revisão (9.3-14)
            (1) O pecado de Israel (9.3-11)
            (2) O sofrimento de Israel (9.12-14)
         b. O pedido (9.15-19): Daniel pede a Deus que perdoe seu povo e o restaure à sua terra.
   B. O 70 profético (9.20-27): Daniel e a visita de Gabriel
      1. *A natureza da missão de Gabriel* (9.20-23): Ele foi enviado para ajudar Daniel a compreender o plano futuro de Deus para Israel.
      2. *A natureza da mensagem de Gabriel* (9.24-27): Deus executará com sucesso seu plano total para Israel durante um número específico de anos.
         a. O número (9.24): Ele envolve "setenta semanas", para um total de 490 anos, começando com a ordem de reconstrução dos muros de Jerusalém.
         b. A natureza (9.25-27): Estes anos se dividem em três categorias:
            (1) Primeiro período, de 49 anos, durante os quais Jerusalém será reconstruída (9.25).
            (2) Segundo período, de 434 anos, quando o Messias será crucificado (9.26).
            (3) Terceiro período, de sete anos, uma referência à vindoura Grande Tribulação (9.27).

II. O CONFLITO (10.1-21)
   A. A aflição de Daniel (10.1-4): Ele entra num jejum prolongado como resultado de visões aterrorizantes
      1. *A duração do jejum* (10.1-3): Três semanas.
      2. *O local de seu jejum* (10.4): Às margens do rio Tigre.
   B. A visitação a Daniel (10.5-21): Um anjo dos céus aparece.
      1. *O esplendor* (10.5-6): Vestido em linho, com um cinto de ouro, o corpo do anjo parece "o berilo". Ele soa como uma multidão inteira quando fala.
      2. *A reação* (10.7-8): Daniel sente-se fraco e com medo. Embora seus companheiros nada vejam, todos ficam repentinamente atemorizados e fogem.

3. *A consolação* (10.9-12): O trêmulo Daniel é gentilmente levantado e confortado pelo anjo.
4. *A revelação* (10.14): Ele veio para instruir Daniel com relação ao futuro de Israel.
5. *A resistência contra o anjo* (10.13, 15-21): O mensageiro celestial conta a Daniel por que levou três semanas inteiras para chegar.
   a. A hostilidade (10.13a, 15-20)
      (1) Ele foi impedido pelo líder demoníaco da Pérsia, em seu caminho (10.13a).
      (2) Ele será impedido pelo líder demoníaco da Grécia, em seu caminho de volta (10.15-20).
   b. O ajudador (10.13b, 21): O arcanjo Miguel ajudou Gabriel quando ele veio e o ajudará em seu retorno.

ESBOÇO DA SEÇÃO SEIS (DANIEL 11-12)
O anjo de Deus descreve a Daniel os futuros reinos dos reis persas, gregos, egípcios e sírios. O anjo conclui, profetizando o futuro governo do próprio anticristo.

I. CRONOLOGIA DOS CONQUISTADORES ÍMPIOS (11.1-45)
   A. Quatro reis persas (11.1-2): Daniel fica sabendo que três reis persas sucederão Dario, o medo, seguidos por um quarto poderoso governante que usará sua grande riqueza para financiar uma guerra completa contra a Grécia.
   B. Um rei poderoso da Grécia (11.3-4): Aqui há uma referência a Alexandre, o Grande, que morrerá repentinamente após construir seu império, resultando na sua fragmentação em quatro divisões.
   C. Os reis da Síria e do Egito (11.5-20)
      1. *A aliança entre a Síria e o Egito* (11.5-6): A filha do rei do Egito será dada em casamento ao rei da Síria para assegurar a aliança.
      2. *A derrota da Síria pelo Egito* (11.7-12): O rei do Egito levará todos os tesouros da Síria de volta para a sua terra.
      3. *A derrota do Egito pela Síria* (11.13-16): Embora o Egito esteja fortificado, ele será destruído.
      4. *O impasse entre a Síria e o Egito* (11.17-20): O rei da Síria dará sua filha ao rei do Egito em casamento para destruir o reino por dentro.
   D. Um rei sírio perverso (11.21-35): Esta é uma referência a Antíoco Epifânio IV, que chegará ao poder por volta de 175 a.C.
      1. *Sua astúcia* (11.21-23): Ele protegerá seu reino com lisonjas e tramas.
      2. *Suas conquistas* (11.24): Ele sitiará e capturará poderosas fortalezas.

3. *Seus confrontos* (11.25-30)
   a. Com o Egito (11.25-27): O rei da Síria o derrotará.
   b. Com Israel (11.28-30): Ele se colocará contra o povo da Aliança, causando grande estrago.
4. *Sua crueldade* (11.31-35): Antíoco Epifânio IV possuirá um ódio infernal por Israel.
   a. Ele profanará o Templo e fará cessar os sacrifícios diários (11.31-32): Ele adulará aqueles que violarem a Aliança.
   b. Ele matará vários judeus (11.33-35): Muitos que são sábios morrerão, mas aqueles que sobreviverem permanecerão puros até o fim.

E. **O rei satânico e obstinado** (11.36-45): Estes versos descrevem o reinado assustador do anticristo vindouro.
   1. *A perversidade do anticristo* (11.36-39)
      a. Seu atrevimento (11.36-37): Ele blasfemará de Deus de forma inimaginável e jamais ouvida antes.
      b. Sua idolatria (11.38-39): Ele adorará o deus da fortaleza.
   2. *A batalha do anticristo* (11.40-45)
      a. Aqueles que ele derrotará (11.40-44a): Ele varrerá vários países como uma enchente, incluindo Israel, o Egito e a Líbia.
      b. Aquele que o derrotará (11.45): O contexto aqui sugere que o próprio Deus destruirá completamente o anticristo, próximo à cidade de Jerusalém.
   3. *A ira do anticristo* (11.44b): Ao ouvir rumores do oriente e do norte, ele retornará com grande furor, causando destruição em seu caminho.

II. Cronologia das Condições Finais (12.1-13)
   A. **A descrição do fim dos tempos** (12.1-4)
      1. *O sofrimento* (12.1)
         a. A dor (12.1b): Durante a Grande Tribulação, Israel sofrerá como jamais sofreu antes.
         b. O príncipe (12.1a): Na ocasião, Israel será ajudada pelo arcanjo Miguel.
         c. A perseverança (12.1c): Todos aqueles cujos nomes estão escritos no Livro de Deus serão livrados.
      2. *A separação* (12.2): No último dia, todos ressuscitarão, alguns para a vida eterna e outros para a punição eterna.
      3. *O brilho* (12.3): Os justos brilharão como estrelas.
      4. *O selo* (12.4): As profecias de Daniel estão seladas até o fim dos tempos.
   B. **A duração do fim dos tempos** (12.5-13): Três períodos de tempo separados são especificados

1. *Um período de 1.260 dias* (12.5-10): Provavelmente se refere aos últimos três anos e meio da Grande Tribulação.
2. *Um período de 1.290 dias* (12.11): Os 1.260 dias anteriores mais 30 dias.
3. *Um período de 1.335 dias* (12.12-13): Os 1.290 dias anteriores mais 45 dias.

Oséias

ESBOÇO DA SEÇÃO UM (OSÉIAS 1-3)
Deus ordena a Oséias que case com uma prostituta, de forma que alguns de seus filhos sejam filhos de outros homens. Para quê? Para ilustrar a forma que o povo de Deus tem sido infiel ao Senhor. Mesmo quando a esposa de Oséias pecar novamente, Oséias deve recebê-la e amá-la, demonstrando o amor infalível de Deus por seu povo.

I. UM MARIDO INOCENTE E UMA ESPOSA IMORAL: OSÉIAS E GOMER (1.1-9; 2.2-7; 3.1-3)
   A. **A ordem** (1.1-2): Deus ordena que Oséias case com uma prostituta.
   B. **Os filhos** (1.3-9)
     1. *Quais são seus nomes* (1.4a, 6a, 9a)
       a. Jezreel, um filho (1.4a)
       b. Lo-Ruama, uma filha (1.6a)
       c. Lo-Ami, outro filho (1.9a)
     2. *O que seus nomes significam* (1.4b-5, 6b, 9b)
       a. "Espalhado" (1.4b-5)
       b. "Desfavorecida" (1.6b)
       c. "Não-meu-povo" (1.9b)
   C. **A corrupção** (2.2): Gomer, que era prostituta antes de casar com Oséias, agora se torna uma esposa adúltera. Gomer representa Israel.
   D. **O castigo** (2.3-5): Deus diz que punirá severamente Gomer-Israel se ela não se arrepender.
   E. **A prisão** (2.6-7): Oséias tenta, em vão, manter Gomer-Israel dentro de casa, evitando que ela retorne a seus caminhos imorais.
   F. **A compaixão** (3.1-3): Por causa de seu grande amor por ela, e apesar de seu terrível pecado, Oséias compra Gomer-Israel de um mercado escravo onde ela vendia seu corpo.

II. UM MARIDO INOCENTE E UMA ESPOSA IMORAL: O SENHOR E ISRAEL (1.10–2.1, 8-23; 3.4-5)
   A. **O pecado de Israel** (2.8): A nação israelita é culpada tanto de imoralidade como de idolatria.
   B. **O sofrimento de Israel** (2.9-13): Ela sofrerá fome, vergonha e destruição.

C. **A salvação da nação israelita** (1.10-2.1, 14-23; 3.4-5)
   1. *A cronologia* (3.4): Israel ficará um bom tempo sem rei, sem príncipe, sem sacrifícios, sem Templo, sem sacerdotes e até mesmo sem ídolos.
   2. *As condições* (1.10-2.1, 14-23; 3.5)
      a. Ela será multiplicada, recebida e restaurada por Deus (1.10-2.1, 23).
      b. Deus será mais uma vez o marido da nação israelita (2.16-17).
      c. A nação israelita conhecerá o amor do Senhor como jamais conheceu (2.19-20).
      d. Seu vale de Acor se tornará um portal de esperança (2.14-15).
      e. Ela viverá num meio ambiente perfeito e desfrutará colheitas abundantes (2.18, 21-22).
      f. O grande rei Davi reinará sobre ela (3.5).

ESBOÇO DA SEÇÃO DOIS (OSÉIAS 4-10)
Oséias descreve a rebelião, a ruína e o arrependimento de Israel.

I. Sua Rebelião (4.1-5.15; 6.4-8.14; 9.7-10; 10.1-4)
   A. **Jurando, mentindo, matando, roubando e adulterando** (4.1-3, 14-17)
   B. **Líderes religiosos ímpios** (4.4-5, 8-10; 5.1-4, 10-15)
   C. **Líderes políticos ímpios** (7.1-7)
   D. **Ignorância intencional** (4.6)
   E. **Idolatria** (4.7, 12-13, 19; 7.8-16; 8.1-14; 10.1-3)
   F. **Embriaguez** (4.11, 18)
   G. **Arrogância** (5.5-9)
   H. **Sacrifícios insinceros** (6.4-6)
   I. **Quebra da aliança** (6.7-11; 10.4)
   J. **Recusa de ouvir a Palavra de Deus** (9.7-10)

II. Sua Ruína (9.1-6, 11-17; 10.5-15)
   A. **A taxa de mortalidade infantil aumentará** (9.11-16)
   B. **Seus ídolos serão destruídos** (10.5-9)
   C. **Seu povo será levado cativo pelos assírios** (9.1-6; 10.10-15)
   D. **Eles vagarão, sem lar** (9.17)

III. Seu Arrependimento (6.1-3)
   A. **A confissão** (6.1a, 3)
      1. *"Tornemos para o Senhor"* (6.1a)
      2. *"Conheçamos, e prossigamos em conhecer ao Senhor"* (6.3)
   B. **A purificação** (6.1b-2)
      1. *"Ele... nos sarará"* (6.1b)
      2. *"... nos levantará, e viveremos diante dele"* (6.2)

ESBOÇO DA SEÇÃO TRÊS (OSÉIAS 11–14)
Oséias explica o caso de Deus contra Israel. Compartilha o convite de Deus para Israel e a esperança nutrida pelo Senhor quanto a seu povo.

I. O Caso (11.5-7, 12; 12.1-2, 7-14; 13.1-3, 6-16)
   A. **Seu pecado** (11.12; 12.1-2, 7-8; 13.1-2, 6)
      1. *Engano* (11.12)
      2. *Alianças ímpias* (12.1-2)
      3. *Desonestidade* (12.7)
      4. *Vanglória* (12.8)
      5. *Orgulho* (13.6)
      6. *Idolatria* (13.1-2)
   B. **Seu sofrimento** (11.5-7; 12.9-14; 13.3, 7-16)
      1. *Pobreza* (12.9-13)
      2. *Morte física para alguns* (12.14; 13.7-16)
      3. *Exílio para o restante* (11.5-7; 13.3)

II. O Convite (12.6; 14.1-3, 8-9)
   A. **Reconheça sua fraqueza** (14.3)
   B. **Confesse e abandone seu pecado** (14.1-2, 8-9)
   C. **Volte-se para Deus** (12.6)

III. O Amor (11.1-4, 8-11; 12.3-5; 13.4-5; 14.4-7)
   A. **No passado** (11.1-4; 12.3-5; 13.4-5)
   B. **No presente** (11.8-9)
   C. **No futuro** (11.10-11; 14.4-7)

Joel

ESBOÇO DA SEÇÃO UM (JOEL 1-3)
Joel escreve sobre as condições atuais e futuras de Israel.

I. CONDIÇÕES ATUAIS (1.1-20): A pior praga de gafanhotos da história de Judá surgiu sobre a terra
   A. **A devastação** (1.1-12, 15-18)
      1. *A severidade* (1.1-4, 6-7, 15): As colheitas são consumidas por um ataque quádruplo:
         a. Os gafanhotos cortadores (1.1-4a, 15)
         b. Os gafanhotos migradores (1.4b)
         c. Os gafanhotos devoradores (1.4c)
         d. Os gafanhotos destruidores (1.4d, 6-7)
      2. *A dor* (1.5, 8-12, 16-18): Clamores famintos de angústia são ouvidos em toda parte.
   B. **A proclamação** (1.13-14)
      1. *Vestir pano de saco* (1.13a)
      2. *Promulgar um jejum* (1.13b-14a)
      3. *Reunir-se no Templo* (1.14b)
   C. **A súplica** (1.19-20): Tanto as pessoas quanto os animais clamam por uma intervenção divina.
II. CONDIÇÕES FUTURAS (2.1-3.21): Haverá três "dias" futuros.
   A. **O Dia de Pentecostes** (2.28-32; ver também Atos 2.14-18; Apocalipse 6.12-14)
      1. *O conteúdo* (2.28-32)
         a. O Espírito de Deus será derramado sobre Israel (2.28-29).
         b. Grandes sinais ocorrerão nos céus (2.30-31).
         c. A salvação será oferecida a todos (2.32).
      2. *A cronologia* (ver Atos 2.14-18; Apocalipse 6.12-14)
         a. Cumprimento presente (ver Atos 2.14-18)
         b. Cumprimento futuro (ver Apocalipse 6.12-14)
   B. **O Dia do Senhor — um título para a futura Grande Tribulação** (2.1-21; 3.1-16): Usando a praga de gafanhotos como comparação, Joel descreve uma invasão futura, na qual os soldados inimigos (não gafanhotos) devastarão a terra.
      1. *O alarme* (2.1, 15).

2. *A advertência* (2.12-14, 16-17): Deus chama Israel ao arrependimento.
3. *A reafirmação* (2.18-21): Deus promete livramento após o arrependimento.
4. *O ataque* (2.2-11): Um exército estrangeiro furioso e aparentemente impossível de ser contido invade Israel, marchando de forma precisa e causando grande medo.
5. *A ira* (3.3-8): Deus está furioso com relação ao passado de Israel e os maus-tratos futuros por parte dos gentios pagãos.
6. *O anúncio* (3.9-11): Esses gentios pagãos são alertados a preparar-se para o pior, pois o próprio Deus logo batalhará contra eles.
7. *A reunião* (3.1-2, 12): Deus planeja levar os inimigos para o vale de Josafá (chamado vale do Cedrom no Novo Testamento) para poder matá-los.
8. *A aniquilação* (3.13-16): Os inimigos serão esmagados como uvas maduras.

C. O dia de Cristo — um título para o Milênio (2.22-27; 3.17-21)
1. *Bênçãos corporais: a provisão de comida* (2.22-26; 3.18-19)
2. *Bênçãos para a alma: a presença de Deus* (2.27; 3.17, 20-21)

Amós

ESBOÇO DA SEÇÃO UM (AMÓS 1-2)
Estes capítulos descrevem a visão que Amós tem do Juízo de Deus sobre Damasco, Filístia, Tiro, Amom, Moabe, Judá e Israel.

I. A Revelação do Juízo de Deus (1.1-2): Numa visão, Amós vê a ira divina cair sobre algumas nações.

II. Os Alvos do Juízo de Deus (1.3-2.16)
   A. **Damasco** (1.3-5)
      1. *Seu pecado* (1.3): Eles invadiram a cidade israelita de Gileade.
      2. *Sua sentença* (1.4-5): Damasco será queimada e seu povo será escravizado.
   B. **Filístia** (1.6-8)
      1. *Seu pecado* (1.6): Eles venderam o povo de Deus como escravos.
      2. *Sua sentença* (1.7-8): As cidades da Filístia serão queimadas e seu povo será morto.
   C. **Tiro** (1.9-10)
      1. *Seu pecado* (1.9): Eles romperam seu tratado com o povo de Israel e os traíram.
      2. *Sua sentença* (1.10): A cidade será queimada.
   D. **Edom** (1.11-12)
      1. *Seu pecado* (1.11): Eles feriram Israel com espada.
      2. *Sua sentença* (1.12): Suas cidades serão queimadas.
   E. **Amom** (1.13-15)
      1. *Seu pecado* (1.13): Eles rasgaram o ventre das grávidas de Gileade.
      2. *Sua sentença* (1.14-15): Suas cidades serão queimadas e seu povo será escravizado.
   F. **Moabe** (2.1-3)
      1. *Seu pecado* (2.1): Eles profanaram túmulos, demonstrando desrespeito pelos mortos.
      2. *Sua sentença* (2.2-3): Suas cidades serão queimadas e seu povo será morto.
   G. **Judá** (2.4-5)
      1. *Seu pecado* (2.4): Eles rejeitaram a lei de Deus.
      2. *Sua sentença* (2.5): Jerusalém será destruída.

H. Israel (2.6-16)
  1. *Seu pecado* (2.6-12)
     a. Suborno (2.6): Eles pervertem a justiça com balanças desonestas.
     b. Crueldade com o pobre (2.7a): Eles pisoteiam os necessitados no pó.
     c. Imoralidade (2.7b): Pai e filho dormem com a mesma mulher.
     d. Hipocrisia (2.8): Eles vão às festas religiosas com roupas roubadas.
     e. Indução do justo ao pecado (2.9-12): Eles fazem os nazireus pecar, servindo-lhes vinho.
  2. *Sua sentença* (2.13-16)
     a. Eles gemerão como uma carroça carregada (2.13).
     b. Seus inimigos os derrotarão (2.14-16): Os corredores, os guerreiros e os que cavalgam serão incapazes de fugir.

ESBOÇO DA SEÇÃO DOIS (AMÓS 3-6)
Estes capítulos relatam três sermões pregados por Amós.

I. O Primeiro Sermão de Amós (3.1-15)
  A. Os privilégios de Israel (3.1-3): Amós lembra que Deus trata o povo como uma nação especial.
  B. As perversões de Israel (3.10)
    1. *Não distingue o certo do errado* (3.10a).
    2. *Suas casas estão cheias de coisas roubadas de outros* (3.10b).
  C. A profecia contra Israel (3.4-9, 11-15)
    1. *Deus rugirá em sua ira como um leão faminto* (3.4-9): Deus alerta o povo, mas ele não o ouve.
    2. *Seus inimigos o devorarão* (3.11-14): Eles serão despedaçados.
    3. *Suas lindas casas serão destruídas* (3.15).

II. O Segundo Sermão de Amós (4.1-13)
  A. Ele denuncia a Israel de Deus (4.1-5)
    1. *Suas mulheres perversas* (4.1-3): Elas serão expulsas com anzóis presos ao nariz.
    2. *Sua hipocrisia* (4.4-5): O povo oferece sacrifícios a ídolos.
  B. Ele defende o Deus de Israel (4.6-13)
    1. *A paciência divina no passado* (4.6-11): O Senhor deu a Israel oportunidades de arrependimento, mas isso não teve resultado.
    2. *A punição divina no futuro* (4.12-13): A nação estará diante dele no Juízo.

III. O Terceiro Sermão de Amós (5.1-6.14)
  A. **O convite de Deus a Israel** (5.4-9, 14-15): Amós faz um apelo final, instando o povo a arrepender-se.
     1. *Busque a Deus e viva* (5.4, 7-9): Deus é Todo-poderoso.
     2. *Renuncie à idolatria* (5.5-6): O povo não pára de adorar ídolos.
     3. *Faça o que é bom* (5.14-15): O Senhor será o ajudador do povo, se ele for obediente.
  B. **A acusação de Deus a Israel** (5.1-3, 10-13, 16-27; 6.1-14)
     1. *As perversões da nação* (5.10-13, 25-26; 6.1-7, 12-13)
        a. Ódio à verdade (5.10): O povo odeia juízes honestos que falam a verdade.
        b. Oposição ao bem (5.11): O povo pisa no pobre e toma tudo o que ele tem.
        c. Extorsão e suborno (5.12-13): O povo oprime as pessoas boas, recebendo suborno.
        d. Preguiça e complacência (6.1-3): O povo repousa em luxúria e pensa estar seguro.
        e. Materialismo e indulgência (6.4-5): O povo deita em camas confortáveis, comendo carne selecionada e cantando à toa.
        f. Bebedeira (6.6-7): O povo bebe vinho demais.
        g. Transformação da justiça em veneno (6.12): O povo tornou amargo o doce fruto da justiça.
        h. Arrogância (6.13): O povo vangloria-se de ter alcançado conquistas pela própria força.
        i. Adoração de ídolos (5.25-26): O interesse real do povo está nos deuses que ele mesmo faz.
     2. *A punição da nação* (5.1-3, 16-24, 27; 6.8-11, 14)
        a. Quebrantamento e deserdação (5.1-2): O povo cairá e jamais se levantará.
        b. Perda de 90% de seus soldados em batalha (5.3).
        c. Tristeza (5.16-18): Choro será ouvido por toda a terra.
        d. Agravamento da crise (5.19-20): Será um dia sem um pingo de esperança.
        e. Rejeição de ofertas hipócritas (5.21-22).
        f. Rejeição dos cânticos (5.23-24): Em lugar disso, Deus quer justiça constante.
        g. Escravidão e exílio (5.27; 6.14).
        h. Perda do orgulho e da glória (6.8-11): Deus dará tudo aos inimigos do povo.

ESBOÇO DA SEÇÃO TRÊS (AMÓS 7-9)
Estes capítulos descrevem visões de Amós quanto ao futuro do povo de Deus.

I. As Pragas (7.1-9; 8.1-9.10): Estes versos descrevem cinco visões recebidas por Amós, todas ligadas ao Juízo de Deus sobre Israel.
   A. **Visão de gafanhotos** (7.1-3)
      1. *A intenção de Deus* (7.1): Ele está preparando uma tremenda praga de gafanhotos para destruir as colheitas de Israel.
      2. *A intervenção de Amós* (7.2-3): O profeta ora e este juízo é posto de lado.
   B. **Visão do fogo** (7.4-6)
      1. *A intenção de Deus* (7.4): Um grande fogo devorará a terra.
      2. *A intervenção de Amós* (7.5-6): Novamente o profeta ora e o juízo é afastado.
   C. **Visão do prumo** (7.7-9)
      1. *A revelação* (7.7): Amós vê Deus medindo a retidão espiritual de Israel com um prumo.
      2. *Os resultados* (7.8-9): A moral deturpada da nação exige um julgamento divino.
   D. **Visão do cesto de frutas** (8.1-14)
      1. *O símbolo* (8.1-2): Israel é descrito como um cesto de frutas maduras para juízo por causa do pecado.
      2. *O pecado* (8.4-6)
         a. Os ricos roubam e escravizam os pobres, comprando-os e vendendo-os por pares de sandálias (8.4a, 6).
         b. Os necessitados da terra estão sendo pisados (8.4b).
         c. Desonestidade grosseira pode ser vista em qualquer lugar (8.5).
      3. *O sofrimento* (8.3, 7-14): O pecado sempre resulta em dor, sofrimento e desastre. Amós descreve um juízo quádruplo:
         a. Com relação aos pecadores (8.3, 10)
            (1) Cadáveres estarão espalhados por toda a parte (8.3): A cantoria vira lamento.
            (2) Tormento puro substituirá a alegria (8.10): Celebrações se transformam em tempos de lamento, e canções se tornam pranto.
         b. Com relação ao solo (8.7-8): Toda a terra nascerá e morrerá como o rio Nilo.
         c. Com relação ao céu (8.9): O sol se porá ao meio-dia.
         d. Com relação às Escrituras (8.11-14)
            (1) A fome (8.11): O próprio Deus enviará uma fome por suas palavras.
            (2) A busca inútil (8.12-14): Os homens vagarão por todos os lugares, tentando encontrá-las.

E. **A visão de Deus no altar** (9.1-10): Amós vê o Senhor no altar e Deus diz a Amós que destruirá o povo.

II. O Sacerdote (7.10-17)
 A. **A confrontação de Amós com Amazias** (7.10-13)
  1. *Ele difama Amós* (7.10-11): Amazias diz ao rei Jeroboão II que Amós é traidor e rebelde.
  2. *Ele despreza Amós* (7.12-13): Amazias diz a Amós que leve sua pregação tola de volta a Judá.
 B. **O esclarecimento de Amós a Amazias** (7.14-15): Ele reconhece que não é profeta nem filho de profeta. Mas acrescenta que:
  1. *Ele se sente indigno* (7.14): "Sou... boieiro, e cultivador de sicômoros".
  2. *Ele sabe que Deus o chamou para profetizar* (7.15).
 C. **A condenação de Amós a Amazias** (7.16-17)
  1. *A esposa de Amazias se tornará prostituta* (7.16-17a).
  2. *Os filhos e as filhas de Amazias serão mortos* (7.17b).
  3. *A terra de Amazias será dividida* (7.17c).
  4. *Amazias morrerá como escravo numa terra pagã* (7.17d).

III. As Promessas (9.11-15)
 A. **Jerusalém será reconduzida à glória passada** (9.11-12): Os muros serão reconstruídos.
 B. **Israel será restaurado à sua antiga terra** (9.13-15): O povo reconstruirá as cidades em ruínas e nelas viverá.

Obadias

ESBOÇO DA SEÇÃO UM (OBADIAS 1)
Obadias recebe duas visões: a primeira, sobre Edom; a segunda, sobre Israel.

I. A Casa de Edom Reduzida por Deus (1.1-16)
  A. O desprezo de Edom (1.3, 10-14)
    1. *Corações ingratos* (1.3): Habitar nos montes altos e inacessíveis de sua terra tornou os edomitas completamente orgulhosos.
    2. *A terra traiçoeira* (1.10-14): Os edomitas, parentes dos israelitas (nações descendentes dos irmãos gêmeos Jacó e Esaú), aliaram-se com inimigos de Jerusalém várias vezes.
  B. A condenação de Edom (1.1-2, 4-9, 15-16)
    1. *A origem* (1.1-2, 7)
      a. Seus inimigos (1.1-2)
      b. Seus amigos (1.7)
    2. *A severidade* (1.4-6, 8-9, 15-16)
      a. Sua riqueza será removida (1.4-6).
      b. Sua sabedoria será diminuída (1.8-9).
      c. Sua impiedade será retribuída (1.15-16): Edom agora colherá o que plantou.

II. A Casa de Jacó Restaurada por Deus (1.17-21)
  A. Eles voltarão a possuir sua terra (1.17-20).
  B. Eles governarão sobre a terra (1.21).

Jonas

ESBOÇO DA SEÇÃO UM (JONAS 1–2)
Quando Deus ordena que Jonas vá para Nínive, o profeta protesta — e aprende sua lição. Após ser engolido por um peixe gigantesco, ele ora por livramento.

I. A RECUSA DE JONAS DEMONSTRA A PACIÊNCIA DE DEUS (1.1-17)
   A. **A ordem** (1.1-2): Deus ordena que Jonas vá para Nínive e pregue contra sua impiedade.
   B. **A objeção** (1.3): Jonas se recusa a obedecer e embarca em um navio para Társis, na direção oposta a Nínive.
   C. **A provação** (1.4-17)
      1. *A tempestade furiosa* (1.4): Deus envia um vento violento que ameaça afundar o navio.
      2. *O temor* (1.5-7)
         a. Os marinheiros tentam proteger o navio da tempestade (1.5-6): Eles oram aos seus deuses e jogam carga no mar para tornar o navio mais leve.
         b. Os marinheiros tentam descobrir quem é culpado pela tempestade (1.7): Eles fazem sorteio para determinar quem é o responsável pelo problema: Jonas.
      3. *A culpa* (1.8-16)
         a. A confrontação (1.8): Os marinheiros confrontam Jonas, exigindo saber quem ele é e o que ele fez.
         b. A confissão (1.9-11): Jonas reconhece estar fugindo de Deus.
         c. O conselho (1.12-14): Jonas diz que, se eles o jogarem ao mar, a tempestade se acalmará.
         d. A bonança (1.15-16): Os marinheiros lançam Jonas ao mar, e a tempestade pára repentinamente.
      4. *O peixe* (1.17): Deus providencia para que um grande peixe engula Jonas.

II. A ORAÇÃO DE JONAS DEMONSTRA O PODER DE DEUS (2.1-10).
   A. **O desespero de Jonas** (2.1-6)
      1. *As águas à sua volta* (2.1-5a).
      2. *Algas marinhas enrolam-se em sua cabeça* (2.5b).
      3. *Ele chega até o fundo do mar* (2.6).

B. **A dedicação de Jonas** (2.7-9): Ele relembra e renova sua promessa anterior de servir e obedecer a Deus.
C. **O livramento de Jonas** (2.10): Deus ordena que o peixe vomite Jonas na praia.

ESBOÇO DA SEÇÃO DOIS (JONAS 3-4)
Quando Jonas prega aos ninivitas, eles se arrependem e são salvos. Mas Jonas ressente-se por Deus salvar seus inimigos, por isso o Senhor tem de ensiná-lo sobre compaixão.

I. O REAVIVAMENTO EM NÍNIVE DEMONSTRA O PERDÃO DE DEUS (3.1-10)
   A. **A incumbência de Jonas** (3.1-4)
      1. *A natureza* (3.1-2): Pela segunda vez, o profeta recebe ordem de ir a Nínive.
      2. *Os números* (3.3-4)
         a. Três dias (3.3): Nínive é tão grande que requer três dias para ser percorrida por inteiro.
         b. Quarenta dias (3.4): Jonas diz que Deus destruirá a cidade passado esse tempo, caso o povo não se arrependa.
   B. **A confissão de Nínive** (3.5-9)
      1. *O governador se arrepende* (3.6-9).
      2. *Os restantes se arrependem* (3.5).
   C. **A compaixão de Deus** (3.10): O arrependimento de Nínive salva a cidade da destruição divina.

II. O RESSENTIMENTO DE JONAS DEMONSTRA A COMPAIXÃO DE DEUS E A FALTA DE PIEDADE DE JONAS (4.1-11)
   A. **A reclamação dupla de Jonas** (4.1-9)
      1. *Por Deus poupar Nínive* (4.1-3).
      2. *Por causa do brilho do sol* (4.4-9)
         a. A vista (4.4-5): Jonas espera fora da cidade para ver o que acontecerá.
         b. As maravilhas (4.6-8): Deus agora cria três coisas:
            (1) Uma planta bem-vinda (4.6): Ela abriga Jonas do forte calor.
            (2) Um verme (4.7): Ele destrói a planta.
            (3) Um vento (4.8): Junto com o sol, queima Jonas.
         c. O queixoso (4.9): Jonas continua reclamando, desta vez por causa da morte da planta.
   B. **A compaixão múltipla de Deus** (4.10-11)
      1. *A repreensão* (4.10): Deus repreende Jonas por causa de sua preocupação com a planta.
      2. *A revelação* (4.11): Deus diz que sua preocupação é com o povo e os animais que vivem em Nínive.

Miquéias

ESBOÇO DA SEÇÃO UM (MIQUÉIAS 1-3)
Miquéias recebe visões do desgosto de Deus com os feitos perversos de Judá e Israel, sua destruição vindoura e o livramento posterior, a captura de Jerusalém e a futura chegada do Filho do Homem.

I. A DEPRAVAÇÃO DE JUDÁ E ISRAEL (2.1-2, 6-11; 3.1-5, 8-11)
   A. **Entre os leigos** (2.1-2, 6-10)
      1. *Eles conspiram o mal continuamente* (2.1).
      2. *Eles praticam fraude e violência* (2.2).
      3. *Eles rejeitam o Espírito Santo* (2.6-7).
      4. *Eles são ladrões insolentes* (2.8).
      5. *Eles maltratam viúvas e órfãos* (2.9-10).
   B. **Entre os líderes** (2.11; 3.1-5, 8-11)
      1. *Eles são mentirosos bêbados* (2.11).
      2. *Eles odeiam o bem e amam o mal* (3.1).
      3. *Eles devoram as ovelhas* (3.2-5).
      4. *Eles desprezam a justiça* (3.8-9).
      5. *Eles derramam sangue inocente* (3.10).
      6. *Eles aceitam suborno* (3.11).

II. A DESTRUIÇÃO DE JUDÁ E ISRAEL (1.1-16; 2.3-5; 3.6-7, 12)
   A. **O Juiz** (1.1-4): Usando linguagem alarmante e poética, Miquéias descreve um Deus irado vindo de seu Templo em Juízo.
   B. **Os réus** (1.5-16)
      1. *Samaria* (1.5-8)
      2. *Judá* (1.9-16)
   C. **O julgamento** (2.3-5; 3.6-7, 12)
      1. *Israel e Judá receberão mal por mal em retribuição* (2.3).
      2. *Seus inimigos zombarão deles* (2.4-5).
      3. *Deus recusará comunicar-se com eles* (3.6-7).
      4. *Tanto Jerusalém quanto o Templo serão destruídos* (3.12).

III. O LIVRAMENTO DE JUDÁ E ISRAEL (2.12-13)
   A. **Eles serão reunidos** (2.12).
   B. **Eles serão restaurados** (2.13).

ESBOÇO DA SEÇÃO DOIS (MIQUÉIAS 4-5)
Miquéias relata dois eventos-chave: a captura da Cidade de Davi e a vinda do Filho de Davi.

I. A Captura da Cidade de Davi (4.9-10a; 5.1)
   A. **A derrota** (5.1): Jerusalém será tomada e seu rei (Zedequias) será humilhado.
   B. **A deportação** (4.9-10a): As pessoas sofrerão muito e serão levadas cativas para a Babilônia.

II. A Vinda do Filho de Davi (4.1-8, 10b-13; 5.2-15)
   A. **A primeira vinda de Cristo** (5.2-3)
      1. *Seu nascimento em Belém* (5.2)
      2. *Sua rejeição por parte de Israel* (5.3)
   B. **A segunda vinda de Cristo** (4.1-8, 10b-13; 5.4-15)
      1. *O Templo se tornará o centro de adoração universal* (4.1).
      2. *Todas as nações aprenderão a Palavra de Deus* (4.2).
      3. *As guerras cessarão* (4.3-5).
      4. *Os exilados serão fortalecidos* (4.6-7).
      5. *Israel será restabelecida à sua terra* (4.8, 10b).
      6. *Os inimigos de Israel serão destruídos* (4.11-13; 5.5b-15).
      7. *O Rei Jesus atenderá as necessidades humanas* (5.4-5a).

ESBOÇO DA SEÇÃO TRÊS (MIQUÉIAS 6-7)
Quando Miquéias proclama o caso de Deus contra Israel – e a compaixão divina pelo povo –, sua confiança em Deus aumenta.

I. O Senhor e Israel (6.1-16; 7.1-6, 11-20)
   A. **O caso de Deus contra Israel** (6.1-2, 10-12; 7.1-6)
      1. *As testemunhas* (6.1-2): Deus convoca os montes e as montanhas por testemunhas.
      2. *A impiedade* (6.10-12; 7.1-6)
         a. O ganho da impiedade (6.10-11)
         b. Mentira e violência (6.12)
         c. Falta de bondade (7.1)
         d. Derramamento de sangue inocente (7.2)
         e. Recebimento de suborno (7.3)
         f. Tão nocivos quanto espinheiros e espinhos (7.4)
         g. Traição por parte de familiares e amigos (7.5-6)
   B. **A compaixão de Deus por Israel** (6.3-9)
      1. *No passado* (6.3-5)
      2. *No presente* (6.6-9): Ele pede que "pratiques a justiça, e ames a benevolência, e andes humildemente".

C. **O castigo de Israel, por parte de Deus** (6.13-16; 7.13)
   1. *Sua terra se tornará vazia e desolada* (7.13).
   2. *O povo fracassará em tudo o que fizer* (6.14-15).
   3. *A desolação será sua companheira mais próxima* (6.13).
   4. *Seus inimigos os tratarão com desprezo* (6.16).
D. **A conversão de Israel, operada por Deus** (7.11-12, 14-20)
   1. *O Milênio de Deus* (7.11-12, 14-17)
      a. Suas cidades serão reconstruídas (7.11).
      b. Honra prestada será a Israel pelas nações (7.12).
      c. Paz e prosperidade serão sua porção (7.14).
      d. Os inimigos de Israel tremerão diante dele (7.15-17).
   2. *O Deus do Milênio* (7.18-20): Miquéias termina seu livro com uma descrição quíntupla do maravilhoso Deus de Israel:
      a. Ele é singular (7.18a).
      b. Ele esquece a transgressão (7.18b).
      c. Ele é misericordioso (7.18c).
      d. Ele é compassivo (7.19).
      e. Ele é fiel (7.20).

II. O Senhor e Miquéias (7.7-10)
   A. **A confissão de Miquéias a Deus** (7.9): "Sofrerei a indignação do Senhor".
   B. **A confiança de Miquéias em Deus** (7.7-8, 10): "Esperarei no Deus da minha salvação".

Naum

ESBOÇO DA SEÇÃO UM (NAUM 1–3)
Naum prediz e descreve a queda de Nínive.

I. A Predição de Naum sobre a Queda de Nínive (1.1-7, 9-15; 2.12; 3.1, 4.10)
   A. **O propósito** (1.1-2, 7, 9-15; 2.12; 3.1, 4-10): Deus o fará por dois motivos:
      1. *Para proteger Judá* (1.1-2, 7, 13, 15)
         a. A confirmação de Jeová (1.1-2, 7): Naum diz que Deus zela por aqueles a quem ama e se vinga de todos os que os ferem.
         b. A celebração de Judá (1.13, 15): O povo logo regozijará sobre a destruição do cruel Império Assírio.
      2. *Punir Nínive* (1.9-12, 14; 2.12; 3.1, 4-10): Sua perversidade trará a ira de Deus. Nínive será destruída por:
         a. Sua rebeldia a Deus (1.9-12)
         b. Sua idolatria (1.14)
         c. Seu terrível derramamento de sangue (2.12; 3.1)
         d. Seu envolvimento com o ocultismo (3.4-10)
   B. **O poder** (1.3-6): Naum diz que, quando os pecadores (neste caso, os assírios) esgotam a paciência de Deus, encaram o terrível poder da ira do Senhor, que é como:
      1. *Uma tempestade* (1.3-5)
      2. *Um fogo consumidor* (1.6)

II. A Descrição da Queda de Nínive por Naum (1.8; 2.1-11, 13; 3.2-3, 11-19)
   A. **As fontes de sua destruição** (1.8; 2.3-4)
      1. *Águas a inundarão* (1.8): O rio Tigre inundará a cidade por uma brecha nos muros e ajudará a destruí-la.
      2. *Os guerreiros babilônicos a invadirão* (2.3-4).
   B. **A severidade da destruição** (2.1-2, 6-11, 13; 3.2-3, 11-19)
      1. *Conforme predito por Deus* (3.11-15)
         a. A cidade cambaleará como um bêbado aterrorizado (3.11).
         b. Todas as suas fortalezas cairão (3.12).
         c. Seus soldados estarão indefesos (3.13a).
         d. Nínive será saqueada e queimada (3.13b-15).

2. *Conforme cumprido por Deus* (2.1-2, 6-11, 13; 3.2-3, 16-19)
    a. O panorama da batalha de Nínive (2.1-2): Os ninivitas batalham para defender-se, mas em vão.
    b. O resultado da batalha de Nínive (2.6-11, 13; 3.2-3, 16-19): Nínive é completamente obliterada.

Habacuque

ESBOÇO DA SEÇÃO UM (HABACUQUE 1-3)
Habacuque busca respostas a duas perguntas e é consolado por Deus.

I. A Busca (1.1–2.13, 15-20): Habacuque faz duas perguntas a Deus.
   A. **A primeira pergunta & resposta** (1.1-11)
      1. *P: Judá será punido?* (1.1-4): Habacuque está perturbado com:
         a. O silêncio de Jeová (1.1-2): As orações de Habacuque sobre a terrível violência na terra não foram respondidas.
         b. Os pecados de Judá (1.3-4): Há destruição, violência, discussão, luta, e injustiça em toda parte.
      2. *R: Judá será punida* (1.5-11).
         a. Os soldados (1.5-6): Deus enviará os babilônios para castigar seu povo.
         b. A severidade (1.7): Esses guerreiros são notáveis por causa de sua crueldade.
         c. Os símbolos (1.8-9): Os soldados são como:
            (1) Leopardos ligeiros (1.8a)
            (2) Lobos furiosos (1.8b)
            (3) Águias devoradoras (1.8c, 9)
         d. O desprezo (1.10-11): Eles riem de seus inimigos, tratando-os com muito desprezo.
   B. **A segunda pergunta & resposta** (1.12-17; 2.1-13, 15-20)
      1. *P: Babilônia será punida?* (1.12-17): A Babilônia é ainda mais perversa que Judá.
      2. *R: A Babilônia será punida* (2.1-13, 15-20).
         a. O relato (2.1-2): Deus instrui Habacuque a escrever a resposta em tábuas gigantes, para que qualquer um possa ler ao passar.
         b. A reafirmação (2.3): Embora pareça que Deus está retardando o juízo, a Babilônia será realmente destruída.
         c. O justo (2.4): Até lá, os exilados devem viver pela fé.

d. Os motivos (2.5-13, 15-19): Deus julgará a Babilônia por seus vários pecados:
   (1) Embriaguez e avareza (2.5)
   (2) Tratamento brutal às nações (2.6)
   (3) Derramamento de sangue (2.7-13)
   (4) Prática de terrorismo (2.15-16)
   (5) Destruição de outras terras (2.17)
   (6) Idolatria crassa (2.18-19)
e. O respeito (2.20): "Mas o Senhor está no seu santo templo; cale-se diante dele toda a terra".

II. A SOLUÇÃO (2.14; 3.1-19): Habacuque é consolado.
   A. Por causa do que ouviu (2.14; 3.1-2)
      1. *Sobre a fama e os feitos de Deus* (3.1-2)
      2. *Sobre a expectativa de, um dia, toda a terra ser cheia da glória de Deus* (2.14)
   B. Por causa do que vê agora (3.3-19): Em essência, ele vê a majestade do Todo-poderoso movendo-se sobre a terra.
      1. *O esplendor de Deus* (3.3-4): Sua glória é como o nascer do sol: "Da sua mão saem raios brilhantes".
      2. *A força de Deus* (3.5-12, 14-15)
         a. Ele julga com peste e praga (3.5).
         b. Ele sacode as nações, rompe montanhas e aplaina os montes (3.6).
         c. Ele destrói completamente seus inimigos (3.7-12, 14-15).
      3. *A salvação de Deus* (3.13): Ele livra seu povo escolhido.
      4. *A segurança de Deus* (3.16-19): Por causa de tudo o que viu e experimentou, Habacuque resolve:
         a. Confiar em Deus em tempo de temor (3.16)
         b. Confiar em Deus em tempo de fome (3.17-19)

Sofonias

ESBOÇO DA SEÇÃO UM (SOFONIAS 1–3)
Sofonias descreve três "dias" especiais, dois dos quais são angustiantes, enquanto o terceiro é glorioso.

I. Os Dias Angustiantes (1.1–3.8): Sofonias pronuncia juízo.
   A. **O primeiro dia angustiante** (1.1-13; 2.1-15; 3.1-5): Histórico em sua abrangência, inclui Judá e seus vizinhos e é executado pelo rei da Babilônia.
      1. *Judá* (1.1-13; 2.1-3; 3.1-5)
         a. A condenação proferida por Sofonias (1.1-13; 3.1-5)
            (1) Os pecados de Judá (1.4-6, 8-9, 11-12; 3.1-5)
               (a) Idolatria (1.4-6)
               (b) Avareza (1.11)
               (c) Indiferença total a Deus (1.12; 3.2)
               (d) Rebelião, violência e crime (3.1)
               (e) Líderes que seguem costumes pagãos (1.8-9)
               (f) Juízes como lobos famintos, que não deixam nem sinal de sua presa (3.3)
               (g) Profetas e sacerdotes ímpios (3.4-5)
            (2) Sua sentença (1.1-3, 7, 10, 13)
               (a) Clamores de angústia serão ouvidos por toda a terra (1.10).
               (b) A terra será reduzida a pedregulhos (1.1-3, 7).
               (c) A riqueza do povo será roubada e suas casas, destruídas (1.13).
         b. A convocação de Sofonias (2.1-3): Ele diz a Judá que se arrependa e escape da ira de Deus.
      2. *Os gentios* (2.4-15)
         a. As cidades filistéias de Gaza, Asquelom, Asdode e Ecrom (2.4-7): Os inimigos ocidentais de Israel.
         b. Moabe e Amom (2.8-11): Os inimigos orientais de Israel.
         c. Etiópia (2.12): O inimigo ao sul de Israel.
         d. A Assíria e sua capital, Nínive (2.13-15): O inimigo ao norte de Israel.

B. O segundo dia angustiante (1.14-18; 3.6-8): Profético em sua abrangência, ele inclui todas as nações e será executado pelo Rei dos céus.
1. *A designação* (1.14): Sofonias o chama "dia do Senhor", uma provável referência à vindoura Grande Tribulação.
2. *A devastação* (1.15-18; 3.6-8)
   a. Os cidadãos da terra tropeçarão como cegos (1.15-17a).
   b. Seu sangue será derramado na terra (1.17b).
   c. A riqueza se tornará completamente inútil (1.18).
   d. Sobrarão poucos sobreviventes (3.6-7).
   e. Toda a terra será devorada pelo fogo da ira divina (3.8).

II. O Dia Glorioso (3.9-20): Sofonias proclama justiça.
   A. Para os gentios (3.9): Suas várias línguas serão unificadas e purificadas, permitindo que todo o povo adore junto a Deus.
   B. Para os judeus (3.10-20)
      1. *Sua reunião* (3.10, 19-20a)
      2. *Sua restauração* (3.20b)
      3. *Sua purificação* (3.11-13)
      4. *Seu regozijo* (3.14-18): O próprio Deus participa de seus cânticos de alegria.

Ageu

ESBOÇO DA SEÇÃO UM (AGEU 1-2)
Ageu prega três mensagens aos remanescentes judeus que retornam: a primeira, às suas mãos; a segunda, aos seus corações; e a terceira, às suas mentes.

I. SUA MENSAGEM DE AGOSTO (1.1-15): Direcionada às mãos do povo, ela diz: *Reforma*.
   A. **A exortação de Deus** (1.2, 4-11): Construam o Templo!
      1. *A complacência do povo* (1.2): "Este povo diz: Não veio ainda o tempo, o tempo de se edificar a casa do Senhor".
      2. *A punição de Deus* (1.4-11)
         a. O lembrete (1.4-6, 9-11)
            (1) O materialismo do povo (1.4-5): Ele vive em casas luxuosas, enquanto o Templo está em ruínas.
            (2) A miséria do povo (1.6, 9-11): Ele planta muito, mas colhe pouco. Ele tenta várias coisas, mas falha em todas elas.
         b. A reafirmação (1.7-8): Se você construir, eu abençoarei.
   B. **Os exortadores de Deus** (1.1, 3, 12-15): Deus fala agora através de três servos de sua escolha: Zorobabel (governador de Judá), Josué (o sumo sacerdote) e Ageu (o profeta de Judá).

II. SUA MENSAGEM DE OUTUBRO (2.1-9): Direcionada ao coração do povo, ela diz: *Paciência*. Há choro e regozijo na segunda modesta dedicação do Templo, pois alguns anciãos lembram das glórias do primeiro (o Templo de Salomão). À luz disso, Ageu tenta encorajar todos quando fala do magnífico Templo milenar futuro.
   A. **As construções** (2.1-5, 9)
      1. *O primeiro e o segundo templos* (2.1-5): Ageu os instrui a ser fortes, pois a presença de Deus entre eles é muito mais importante que o tamanho de qualquer templo terreno.
      2. *O Templo futuro* (2.9): O povo é consolado com a notícia de que o Templo milenar será maior e melhor de todos.
   B. **O construtor** (2.6-8): O próprio Deus construirá o Templo futuro. Entretanto, este evento glorioso será precedido por dois eventos-chave:

1. *O castigo das nações* (2.6-7a)
2. *A vinda do Messias* (2.7b-8)

III. Sua Mensagem (2.10-23): Direcionada à mente do povo, ela diz:
Ponderação. Dois fatos sobre os quais Ageu quer que o povo reflita:
   A. **A condenação de Judá** (2.10-19)
      1. *Problemas passados* (2.10-17)
         a. Os exemplos (2.10-13)
            (1) A primeira pergunta de Deus (2.10-12)
               (a) A pergunta (2.10-11): Se uma pessoa carregando uma oferta santa tocar outro objeto, esse objeto se tornará santo?
               (b) A resposta (2.12): Não, pois a santidade não passa para outras coisas desta forma.
            (2) A segunda pergunta de Deus (2.13)
               (a) A pergunta (2.13a): Se uma pessoa impura por contato com um cadáver tocar um objeto, esse objeto torna-se impuro?
               (b) A resposta (2.13b): Sim.
         b. A explicação (2.14-17): Ageu aplica este princípio ao povo, dizendo que seus modos perversos contaminaram suas ofertas consagradas a Deus, o que resultou em colheita fracassada, fome etc.
      2. *Promessas futuras* (2.18-19): Pelo fato de o povo se arrepender de tudo isso e edificar a fundação do Templo, Deus agora os abençoará abundantemente.
   B. **A exaltação de Zorobabel** (2.20-23): Deus promete honrar e exaltar este governador fiel de Judá. Isto ocorrerá:
      1. *Após a Grande Tribulação* (2.20-22)
      2. *Durante o glorioso Milênio* (2.23)

Zacarias

ESBOÇO DA SEÇÃO UM (ZACARIAS 1-6)
Zacarias incentiva Judá ao arrependimento, recebe oito visões de Deus em uma noite e a informação de como recompensar Josué (sumo sacerdote de Judá).

I. O Arrependimento de Judá (1.1-6)
   A. **No passado, o povo de Deus foi castigado por sua corrupção** (1.1-2).
   B. **Agora, o povo de Deus será purificado por sua confissão** (1.3-6).
II. As Revelações de Jeová (1.7–6.8): As oito visões
   A. **Primeira visão: o homem entre as murtas** (1.7-17): Ele está assentado sobre um cavalo vermelho, acompanhado por outros cavalos e cavaleiros. As perguntas agora são feitas e respondidas:
      1. *Pelo profeta* (1.7-11)
         a. A pergunta (1.7-9a): "Quem são estes?"
         b. A resposta (1.9b-11): Eles foram enviados pelo Senhor para patrulhar a terra.
      2. *Pelo anjo* (1.12-17)
         a. A pergunta (1.12): "Até quando não terás compaixão de Jerusalém?"
         b. A resposta (1.13-17): Deus irá realmente abençoar seu povo abundantemente.
   B. **Segunda visão: os quatro chifres e os quatro ferreiros** (1.18-21)
      1. *Os quatro chifres* (1.18-19): Israel e Judá são espalhados por essas quatro potências mundiais.
      2. *Os quatro ferreiros* (1.20-21): Deus os usará para destruir os quatro chifres.
   C. **Terceira visão: o homem com o cordel de medir** (2:1-13)
      1. *O plano de medir Jerusalém* (2.1-3): Qual o seu comprimento e a sua largura?
      2. *A promessa de engrandecer Jerusalém* (2.4-13)
         a. Grandes multidões viveram dentro e fora de seus muros, em segurança (2.4-7, 10-13).
         b. Os inimigos de Judá serão totalmente derrotados (2.8-9).

D. **Quarta visão: a purificação e a vestimenta de Josué, o sumo sacerdote de Judá** (3.1-10)
  1. *A acusação* (3.1): Satanás é visto nos céus, acusando Josué.
  2. *A pessoa* (3.2): O próprio Deus repreende o diabo.
  3. *A purificação* (3.3-5): Josué é purificado de seus pecados e vestido com justiça divina.
  4. *As promessas* (3.6-10)
     a. Ser um mordomo no edifício de Deus (3.6-7): Josué será encarregado do Templo do Senhor.
     b. Ser um símbolo para o Renovo de Deus (3.8-10): Ele se tornará um tipo do Messias, Renovo de Deus e Pedra Angular.
E. **Quinta visão: o candelabro de ouro e as duas oliveiras** (4.1-14)
  1. *O candelabro de ouro* (4.1-2, 10)
     a. A informação (4.1-2): Zacarias vê um candelabro de ouro sustentando sete lâmpadas, cada uma suprida com azeite de um reservatório na parte de cima.
     b. A interpretação (4.10): As lâmpadas representam os olhos de Deus, que sondam todos na terra.
  2. *As duas oliveiras* (4.3-9, 11-14)
     a. A informação (4.3): Zacarias vê duas oliveiras talhadas, uma de cada lado do candelabro.
     b. A interpretação (4.4-9, 11-14): As oliveiras representam os dois servos ungidos de Deus que, através do poder divino, completarão a construção do Templo.
F. **Sexta visão: o rolo voador** (5.1-4)
  1. *O tamanho* (5.1-2): Zacarias vê um rolo voante, com cerca de 9 m de comprimento por quase 4,5 m de largura.
  2. *O que simboliza* (5.3-4): Este rolo representa a maldição de Deus sobre toda a casa na terra cujos moradores usem o nome de Deus em vão ou de forma blasfema.
G. **Sétima visão: a mulher e o efa** (5.5-11)
  1. *As transgressão* (5.5-8)
     a. A abrangência (5.5-6): O efa contém os pecados de todos os moradores de Judá.
     b. O símbolo (5.7-8): Uma mulher que representa a perversão do povo assenta-se dentro do efa.
  2. *Os carregadores* (5.9): Ele vê dois homens com asas como as da cegonha.
  3. *O ponto final* (5.10-11): O destino é a Babilônia, onde um templo será construído para abrigar o efa.
H. **Oitava visão: os quatro carros** (6.1-8)
  1. *O que ele vê* (6.1-3): Zacarias vê quatro carros vindo entre duas montanhas de bronze, cada um puxado por um grupo diferente de cavalos de cores diferentes.
  2. *O que isso simboliza* (6.4-8): Os quatro espíritos celestiais enviados por Deus para fazer sua obra na terra.

III. A Recompensa de Josué (6.9-15)
   A. **O que Zacarias deve fazer** (6.9-11): Coletar os presentes de ouro trazidos a Jerusalém por quatro exilados judeus que chegam da Babilônia, e fazer uma coroa para Josué, o sumo sacerdote, colocando-a em sua cabeça.
   B. **Por que Zacarias deve fazer isso** (6.12-15)
      1. *O sumo sacerdote representa o reinado futuro do Messias sobre Israel* (6.12-13).
      2. *Os quatro exilados representam o retorno futuro dos judeus a Israel* (6.14-15).

ESBOÇO DA SEÇÃO DOIS (ZACARIAS 7-14)
Zacarias pede esclarecimento sobre a lei de Deus, prediz conquistas em batalhas e fala da primeira e da segunda vinda de Cristo.

I. A Explicação (7.1-14; 8.9-19)
   A. **O pedido de Judá** (7.1-3): O povo deseja saber se deve continuar seu costume tradicional de jejuar e lamentar durante o quinto mês, como era feito no passado.
   B. **A resposta de Jeová** (7.4-14; 8.9-19)
      1. *Ele os castiga pelo que fizeram* (7.4-7, 11-14).
         a. O coração deles não é sincero quando eles observam o jejum do quinto mês (7.4-7).
         b. Eles são orgulhosos e rebeldes (7.11-12).
         c. Seu pecado os levou à dispersão entre as nações (7.13-14).
      2. *Ele os desafia a fazer o que devem* (7.8-10; 8.9-19)
         a. Sejam honestos, misericordiosos e bondosos (7.8-9).
         b. Não oprimam o desamparado (7.10).
         c. Completem a construção do Templo e vocês serão abençoados (8.9-15).
         d. Digam sempre a verdade (8.16-18).
         e. Tornem o jejum do quinto mês uma celebração piedosa (8.19).

II. As Conquistas (9.1-8, 11-13): Estes versos parecem predizer a bem-sucedida guerra de alguns pagãos gentios e patriotas judeus.
   A. **Os pagãos gentios** (9.1-8): Aqui está o relato das conquistas de Alexandre, o Grande, em 333 a.C.
      1. *A destruição da Fenícia, Síria e Filístia* (9.1-7).
      2. *O livramento de Judá* (9.8): Alexandre não destrói Jerusalém.
   B. **Os patriotas judeus** (9.11-13): Esta passagem provavelmente se refere à vitória dos judeus macabeus sobre os sírios em 165 a.C.

III. Os Adventos (8.1-8, 20-23; 9.9-10, 14-17; 10.1-14.21): Zacarias fornece detalhes sobre a primeira e a segunda vinda de Cristo.
   A. **A primeira vinda** (9.9; 11.4-14; 12.10; 13.7)
      1. *Seu papel como pastor* (11.4-7)
      2. *Sua entrada triunfal* (9.9)
      3. *Sua dupla rejeição* (11.8-14; 12.10; 13.7)
         a. Israel rejeita o Messias (11.8, 12-13; 12.10; 13.7)
            (1) Ele é odiado (11.8).
            (2) Ele é traído (11.12-13).
            (3) Ele é abandonado (13.7).
            (4) Ele é crucificado (12.10).
         b. O Messias rejeita Israel (11.9-11, 14).
   B. **A segunda vinda** (8.1-8, 20-23; 9.10, 14-17; 10.1-11.3; 11.15-13.6, 8-9; 14.1-21)
      1. *Eventos pré-aparição* (11.15-17; 12.1-8; 13.8-9; 14.1-2, 12-15)
         a. O reino do anticristo (11.15-17)
         b. O remanescente judeu sobrevivente (13.8-9)
         c. A batalha por Jerusalém (12.1-8; 14.1-2, 12-15)
      2. *Eventos durante a aparição* (8.1-8, 20-23; 9.14-15; 10.4-5; 11.1-3; 12.9-14; 14.3-5)
         a. O retorno de Cristo (14.4-5)
         b. A batalha do Armagedom (9.14-15; 10.4-5; 11.1-3; 12.9; 14.3)
         c. O reconhecimento de Cristo por Israel (12.10-14)
         d. A salvação de Jerusalém (8.1-8, 20-23)
      3. *Eventos pós-aparição* (9.10, 16-17; 10.1-3, 6-12; 13.1-6; 14.6-11, 16-21)
         a. Julgamento do Israel infiel (10.2-3)
         b. Reunião do Israel fiel (10.8-12)
         c. Purificação de Israel (13.1-6)
         d. A exaltação de Jerusalém (14.10-11)
         e. A suspensão da maldição sobre a natureza (10.1)
         f. Mudanças maravilhosas nos céus (14.6-7)
         g. Águas vivas vindas de Jerusalém para purificar a terra (14.8)
         h. O reino universal de Cristo (9.10)
         i. Alegria universal (9.16-17; 10.6-7)
         j. Adoração universal (14.9, 16-19)
         k. Santidade universal (14.20-21)

Malaquias

ESBOÇO DA SEÇÃO UM (MALAQUIAS 1-4)
Malaquias fala do *status* privilegiado e das transgressões de Israel e das promessas futuras de Deus. Também se refere a dois profetas-chave: João Batista e Elias.

I. O RELATO (1.1-5)
   A. **A devoção de Deus aos descendentes de Jacó** (1.1-2, 5)
   B. **A destruição divina dos descendentes de Esaú** (1.3-4)

II. AS PROFANAÇÕES DE ISRAEL (1.6-2.17; 3.5-15)
   A. **Os pecados dos sacerdotes** (1.6-2.9)
      1. *Sua rebelião* (1.6-14; 2.7-9)
         a. Eles desprezam e desonram o nome santo de Deus (1.6, 11, 14b).
         b. Eles oferecem sacrifícios contaminados (1.7-10; 12.14a).
         c. Eles pervertem a Palavra de Deus, fazendo com que muitos tropecem (2.7-9).
      2. *Sua repreensão* (2.1-3): Deus alerta que os sacerdotes e seus descendentes serão severamente punidos caso não se arrependam.
      3. *Seu modelo* (2.4-6): Levi, o fundador da tribo.
   B. **Os pecados do povo** (2.10-17; 3.5-15)
      1. *Suas iniqüidades* (2.10-17; 3.5, 8-15)
         a. Eles são falsos uns com os outros (2.10).
         b. Eles se divorciam de suas esposas (2.13-16).
         c. Eles se casam com mulheres pagãs (2.11-12).
         d. Eles alegam que o mal é bom (2.17).
         e. Eles são feiticeiros, adúlteros, mentirosos, trapaceiros, opressores e injustos (3.5).
         f. Eles difamam a Deus (3.13-15).
         g. Eles roubam a Deus (3.8-12).
      2. *A convocação de Deus* (3.6-7): Arrependam-se!

III. OS PROFETAS DE ISRAEL (3.1a; 4.5-6): Malaquias refere-se a dois profetas-chave:
   A. **João Batista, que apresenta a primeira vinda de Cristo** (3.1a)
   B. **Elias, que apresentará a segunda vinda de Cristo** (4.5-6)

IV. AS PROMESSAS DE DEUS A ISRAEL (3.1b-4, 16-18; 4.1-4)
   A. **A vinda de Cristo** (3.1b, 16; 4.1-4)

1. *O lugar* (3.1b): O Templo milenar
2. *Os pormenores* (3.16; 4.1-4)
   a. O memorial escrito (3.16): Cristo trará consigo um memorial escrito, no qual registrará os nomes daqueles que o amam e o temem.
   b. O juízo (4.1): Ele punirá o ímpio.
   c. A alegria (4.2-4): O Sol da Justiça nascerá com salvação em suas asas!

B. **A purificação de Israel** (3.2-4, 17-18)
   1. *Será purificado como a prata e o ouro* (3.2-4)
   2. *Será reunido como um tesouro* (3.17-18)

Parte V
Evangelhos

Mateus

ESBOÇO DA SEÇÃO UM (MATEUS 1–2)
Apresentação da genealogia de Cristo. A virgem Maria concebe de forma miraculosa, e seu noivo, José, recebe a visita de um anjo. Maria e José casam-se e o menino Jesus nasce.

I. O Relato do Messias (1.1-17): Mateus traça a genealogia de Jesus Cristo, começando em Abraão e concluindo com José, marido de Maria, mãe de Jesus.
   A. **Os antecedentes** (1.1): O relato inicia com uma referência a dois indivíduos importantes:
      1. *Davi, o pai real de Israel* (1.1a).
      2. *Abraão, o pai racial de Israel* (1.1b).
   B. **O panorama** (1:2-16)
      1. *De Abraão a Davi* (1.2-6)
      2. *De Salomão a Jeconias* (1.7-11)
      3. *De Salatiel a Jesus* (1.12-16)
   C. **A revisão** (1.17): Cada fase da tripla divisão da genealogia engloba quatro gerações.

II. A Revelação sobre o Messias (1.18-25)
   A. **A angústia de José** (1.18): Está de coração quebrantado, achando que sua futura mulher, grávida, havia sido infiel.
   B. **A decisão de José** (1.19): Não querendo difamar Maria, ele decide terminar seu noivado secretamente.
   C. **O sonho de José** (1.20-25)
      1. *A mensagem no sonho* (1.20-23)
         a. Com relação à pureza de Maria (1.20): José recebe a garantia de que a gravidez de Maria foi obra do Espírito Santo.
         b. Com relação à pessoa no ventre de Maria (1.21): O Anjo do Senhor diz a José que Maria dará à luz um filho que deverá chamar-se Jesus.
         c. Com relação à profecia sobre Maria (1.22-23): Este filho, concebido sem ajuda de pai humano, é o cumprimento da profecia de Isaías (ver Isaías 7.14).
      2. *O casamento após o sonho* (1.24-25): José toma Maria por esposa.

III. O Pedido para Ver o Messias (2.1-12)
   A. **A jornada dos homens sábios** (2.1-8): Eles viajam para Jerusalém.
      1. *Seu encontro público com o rei Herodes* (2.1-6)
         a. A pergunta dos magos (2.1-2): "Onde está aquele que é nascido rei dos judeus?"
         b. A reação do monarca (2.3-4)
            (1) Sua preocupação (2.3): Herodes fica tremendamente perturbado.
            (2) Sua ordem (2.4): Herodes ordena que os sacerdotes judeus lhe digam onde o Messias nascerá.
         c. A resposta dos ministros (2.5-6)
            (1) O lugar (2.5): Em Belém.
            (2) A profecia (2.6): Esta foi a predição do profeta Miquéias (ver Miquéias 5.2).
      2. *O encontro secreto dos ministros com o rei Herodes* (2.7-8)
         a. A ordem de Herodes (2.7): O rei indaga quando foi a primeira vez que eles viram a estrela.
         b. A farsa de Herodes (2.8): Ele diz: "Quando o achardes, participai-mo, para que também eu vá e o adore".
   B. **A alegria dos homens sábios** (2.9-12): Eles se regozijam quando encontram a criança.
      1. *O testemunho da estrela* (2.9): Ela os guia até a casa onde Jesus se encontra.
      2. *A adoração dos homens sábios* (2.10-11): Eles o presenteiam com ouro, incenso e mirra.
      3. *O alerta vindo do Senhor* (2.12): Os magos recebem ordem de não retornar à presença de Herodes no caminho de volta.

IV. A Rota de Fuga do Messias (2.13-23): José leva Maria e Jesus para o Egito.
   A. **Os motivos da viagem** (2.13-15)
      1. *Fugir da ira de Herodes* (2.13-14): José é alertado por Deus, num sonho, de que Herodes tentará matar Jesus.
      2. *Cumprir as palavras de Oséias* (2.15): Este profeta do Antigo Testamento predisse a viagem para o Egito (ver Oséias 11.1).
   B. **A retaliação durante a viagem** (2.16-18)
      1. *O expurgo de Herodes* (2.16): Ele manda matar todos os bebês do sexo masculino em Belém, numa tentativa de eliminar Jesus.
      2. *A profecia de Jeremias* (2.17-18): Este profeta do Antigo Testamento predisse o massacre em Belém (Jeremias 31.15).
   C. **O retorno da viagem** (2.19-23): José tem mais dois sonhos.
      1. *Primeiro sonho* (2.19-21): José recebe a mensagem de que Herodes está morto; por isso José deve partir do Egito com sua família.
      2. *Segundo sonho* (2.22-23): José recebe a ordem para habitar em Nazaré.

ESBOÇO DA SEÇÃO DOIS (MATEUS 3)
João Batista começa seu ministério e batiza Jesus. O Espírito Santo desce sobre Jesus e Deus que se compraz em seu Filho.

I. João Ministra às Multidões (3.1-12)
   A. **O que ele prega** (3.1-4)
      1. *Sua mensagem* (3.1-3)
         a. Conforme proclamado (3.1-2): "Arrependei-vos, porque é chegado o reino dos céus".
         b. Conforme profetizado (3.3): Isaías profetizou o ministério e a mensagem de João Batista cerca de 700 anos antes (Isaías 40.3).
      2. *Seu manto* (3.4): Ele traja uma veste de pêlos de camelo e um cinto de couro; come gafanhotos e mel silvestre.
   B. **A quem ele prega** (3.5-10)
      1. *Ao povo de Israel* (3.5-6): Muitos aceitam sua mensagem, arrependem-se de seus pecados e são batizados.
      2. *Aos líderes religiosos de Israel* (3.7-10)
         a. A descrição de João quanto a esses homens ímpios (3.7): João se refere a eles como raça de víboras.
         b. O que João exige dos líderes (3.8-10): João os alerta a arrepender-se e a fazer boas obras; caso contrário, serão destruídos.
   C. **Por quem ele prega** (3.11-12): Ele está preparando o caminho para a vinda do Messias.

II. João Ministra ao Messias (3.13-17)
   A. **O acordo de João Batista** (3.13-15)
      1. *A objeção de João* (3.13-14): Inicialmente, João recusa o pedido de Jesus de ser batizado, sentindo-se indigno de fazê-lo.
      2. *A obediência de João* (3.15): Ao segundo pedido, João batiza o Salvador.
   B. **A unção do Espírito Santo** (3.16): O Espírito Santo desce como uma pomba sobre Jesus.
   C. **A aprovação do Pai** (3.17): Uma voz dos céus diz: "Este é o meu Filho amado, em quem me comprazo".

ESBOÇO DA SEÇÃO TRÊS (MATEUS 4)
O Espírito Santo conduz Jesus ao deserto para ser tentado pelo diabo. Jesus triunfa sobre Satanás e retorna à Galiléia para iniciar seu ministério, e convoca seus primeiros discípulos.

I. Jesus e o Diabo (4.1-11): Jesus é conduzido pelo Espírito Santo ao deserto para ser tentado por Satanás.
   A. **Os ataques** (4.1-10)
      1. *Primeiro assalto* (4.1-4)

a. A tentação (4.1-3): "Manda que estas pedras se tornem em pães".
   b. O triunfo (4.4): "Nem só de pão viverá o homem, mas de toda palavra que sai da boca de Deus".
 2. *Segundo assalto* (4.5-7)
   a. A tentação (4.5-6): "Se tu és Filho de Deus, lança-te daqui abaixo".
   b. O triunfo (4.7): "Não tentarás o Senhor teu Deus".
 3. *Terceiro assalto* (4.8-10)
   a. A tentação (4.8-9): "Mostrou-lhe todos os reinos do mundo, e a glória deles; e disse-lhe: Tudo isto te darei, se, prostrado, me adorares".
   b. O triunfo (4.10): "Vai-te, Satanás; porque está escrito: Ao Senhor teu Deus adorarás, e só a ele servirás".
 B. Os anjos (4.11): Após as tentações, anjos chegam e servem a Jesus.

II. Jesus e os Desesperados (4.12-17, 23-25): Ele começa oficialmente seu ministério aos necessitados em toda a parte.
 A. Ao que está em trevas espirituais (4.12-17): Jesus prega ao povo, instando para que se voltem de seus pecados.
 B. Ao fisicamente debilitado (4.23-25): Ele cura os doentes por onde quer que vá.

III. Jesus e os Discípulos (4.18-22): Ele agora estende um chamado a quatro futuros apóstolos.
 A. Pedro e André (4.18-20)
  1. *Os pescadores* (4.18): Jesus encontra esses irmãos no mar da Galiléia.
  2. *Os pescadores de homens* (4.19-20): Jesus promete torná-los ganhadores de almas.
 B. Tiago e João (4.21-22)
  1. *Reparando suas redes* (4.21): Jesus os manda deixar seu trabalho para segui-lo.
  2. *Renunciando a suas redes* (4.22): Como Pedro e André, estes irmãos seguem Jesus.

ESBOÇO DA SEÇÃO QUATRO (MATEUS 5)
O Sermão do Monte, parte 1: Jesus apresenta os princípios e as regras do Reino.

I. O Reino e os Crentes (5.1-16)
 A. Atributos do Reino (5.1-12)
  1. *Os humildes de espírito* (5.3)
   a. O papel (5.3a): Deus abençoa aqueles que reconhecem que necessitam dele.
   b. A recompensa (5.3b): O Reino dos céus é dado a eles.
  2. *Aqueles que choram* (5.4)

a. O papel (5.4a): Deus abençoa aqueles que choram.
b. A recompensa (5.4b): Eles serão confortados.
3. *Os mansos* (5.5)
   a. O papel (5.5a): Deus abençoa o gentil e o humilde.
   b. A recompensa (5.5b): Toda a terra pertencerá a eles.
4. *Aqueles que têm fome e sede de justiça* (5.6)
   a. O papel (5.6a): Deus abençoa os que buscam a justiça.
   b. A recompensa (5.6b): Eles a receberão completamente.
5. *Os misericordiosos* (5.7)
   a. O papel (5.7a): Deus abençoa os que são misericordiosos.
   b. A recompensa (5.7b): Eles receberão misericórdia.
6. *Os puros de coração* (5.8)
   a. O papel (5.8a): Deus abençoa aqueles cujo coração é limpo.
   b. A recompensa (5.8b): Eles verão a Deus.
7. *Os pacificadores* (5.9)
   a. O papel (5.9a): Deus abençoa aqueles que trabalham em busca de paz.
   b. A recompensa (5.9b): Eles serão chamados filhos de Deus.
8. *Aqueles que são perseguidos por causa da justiça* (5.10-12)
   a. O papel (5.10a, 11): Deus abençoa aqueles que são perseguidos por viver para Deus.
   b. A recompensa (5.10b, 12): O Reino dos céus é deles.

B. Ações do Reino (5.13-16)
1. *Atuar como o sal da terra* (5.13).
2. *Atuar como a luz do mundo* (5.14-16): A luz e os bons feitos deles brilham para todos.

II. O REINO E A LEI (5.17-20)
   A. O Redentor e a lei (5.17-18): Cristo não veio para abolir a lei, e sim para cumpri-la.
   B. O redimido e a lei (5.19): Aqueles que ensinam e obedecem às leis de Deus serão grandes no Reino dos céus.
   C. Os líderes religiosos e a lei (5.20): Pessoas como os ímpios fariseus, que não obedecem à lei, não entrarão no Reino.

III. O REINO E O ANTIGO TESTAMENTO (5.21-48)
   A. Com relação ao assassínio (5.21-26)
   1. *O conceito básico* (5.21): A lei diz: "Não matarás".
   2. *O conceito ampliado* (5.22-26): Jesus diz que odiar alguém é o mesmo que matar. Nosso relacionamento com Deus depende do nosso relacionamento com os outros.
   B. Com relação ao adultério (5.27-30)
   1. *O conceito básico* (5.27): A lei diz: "Não adulterarás".
   2. *O conceito ampliado* (5.28-30): Jesus diz que olhar de forma impura para alguém é o mesmo que adulterar.
   C. Com relação ao divórcio (5.31-32)

1. *O conceito básico* (5.31): A lei diz: "Quem repudiar sua mulher, dê-lhe carta de divórcio".
2. *O conceito ampliado* (5.32): Jesus diz que o divórcio ilegal e o novo casamento são a mesma coisa que o adultério.

D. **Com relação aos juramentos** (5.33-37)
   1. *O conceito básico* (5.33): A lei diz: "Cumprirás para com o Senhor os teus juramentos".
   2. *O conceito ampliado* (5.34-37): Jesus disse: "De maneira nenhuma jureis". Um simples "sim" ou "não" deve ser o suficiente.

E. **Com relação à retaliação** (5.38-42)
   1. *O conceito básico* (5.38): A lei diz: "Olho por olho, e dente por dente".
   2. *O conceito ampliado* (5.39-42): Jesus diz para dar a outra face e fazer mais do que é exigido.

F. **Com relação ao amor** (5.43-48)
   1. *O conceito básico* (5.43): A lei diz: "Amarás ao teu próximo, e odiarás ao teu inimigo".
   2. *O conceito ampliado* (5.44-48): Jesus diz: "Amai aos vossos inimigos, e orai pelos que vos perseguem".

ESBOÇO DA SEÇÃO CINCO (MATEUS 6)
O Sermão do Monte, parte 2: Jesus apresenta modelos de contribuição, oração, jejum, riquezas e confiança.

I. Jesus Fala sobre a Contribuição (6.1-4)
   A. **As regras** (6.1-3)
      1. *Dar sinceramente* (6.1): Você será recompensado por seu Pai que está nos céus.
      2. *Dar secretamente* (6.2-3): Chamar atenção para a sua contribuição fará com que essa seja a sua única recompensa.
   B. **A recompensa** (6.4): Dê secretamente e Deus o recompensará abertamente.

II. Jesus Fala sobre a Oração (6.5-15)
   A. **Elementos essenciais na oração** (6.5-8)
      1. *Orações que Deus rejeita* (6.5, 7-8)
         a. Orações exibidas (6.5): Orar publicamente só traz recompensa humana.
         b. Orações repetitivas (6.7-8): Deus sabe do que precisamos antes mesmo de pedirmos.
      2. *Orações que Deus recebe* (6.6): Devemos orar de coração e de forma discreta.
   B. **Elementos da oração** (6.9-15): Jesus lista nove aspectos da oração.
      1. *Fé* (6.9a): "Pai nosso que estás nos céus".
      2. *Adoração* (6.9b): "Santificado seja o teu nome".
      3. *Expectativa* (6.10a): "Venha o teu reino".

4. *Submissão* (6.10b): "Seja feita a tua vontade, assim na terra como no céu".
5. *Petição* (6.11): "O pão nosso de cada dia nos dá hoje".
6. *Confissão* (6.12a): "E perdoa-nos as nossas dívidas".
7. *Compaixão* (6.12b, ver também 14-15): "Assim como nós também temos perdoado aos nossos devedores".
8. *Dependência* (6.13a): "E não nos deixes cair em tentação, mas livra-nos do mal".
9. *Reconhecimento* (6.13b): "Porque teu é o reino e o poder, e a glória, para sempre. Amém".

III. Jesus Fala sobre o Jejum (6.16-18)
  A. **Dos hipócritas** (6.16): Eles desfiguram o rosto para mostrar às pessoas que estão jejuando.
  B. **Dos humildes** (6.17-18): Eles penteiam seu cabelo e lavam seu rosto de forma que somente Deus sabe o que estão fazendo. É aí que o Pai os recompensa.

IV. Jesus Fala sobre as Riquezas (6.19-24)
  A. **Tesouros terrenos são inseguros e corruptíveis** (6.19, 22-24): Ninguém pode servir a dois senhores, mas todos devem escolher entre Deus e o ouro.
  B. **Tesouros celestiais são seguros e incorruptíveis** (6.20-21): Onde está o seu tesouro, aí está o seu coração.

V. Jesus Fala sobre Confiança (6.25-34)
  A. **A informação** (6.25): Somos instruídos a não nos preocupar com o alimento e a vestimenta, pois a vida consiste em mais do que isso.
  B. **As ilustrações** (6.26-30)
    1. *Considerar os pássaros* (6.26-27): Eles não plantam, não colhem nem armazenam alimento, mas Deus os alimenta.
    2. *Considerar os lírios* (6.28-30): Eles não se preocupam com roupas; no entanto, Salomão, em toda a sua glória, nunca esteve tão bem vestido quanto eles.
  C. **O convite** (6.31-34): Quando colocamos Deus em primeiro lugar, ele supre nossas necessidades.

ESBOÇO DA SEÇÃO SEIS (MATEUS 7)
O Sermão do Monte, parte 3: Jesus nos ensina a pedir a Deus por aquilo de que precisamos, a tratar os outros e a viver como verdadeiros filhos do Pai celestial.

I. As Exortações de Jesus (7.1-12)
  A. **Nossas responsabilidades para com o salvo** (7.1-2): Não devemos julgar os outros crentes com rigor.

B. **Nossas responsabilidades para conosco** (7.3-5): Devemos julgar a nós mesmos com rigor.
   C. **Nossas responsabilidades para com os ímpios** (7.6): Não devemos dar coisas sagradas aos depravados.
   D. **Nossas responsabilidades para com o Senhor** (7.7-11)
      1. *A ordem* (7.7): Devemos buscar a vontade de Deus diligentemente.
      2. *A confiança* (7.8): Ele promete revelar-nos sua vontade, se assim pedirmos.
      3. *A comparação* (7.9-11): Se nós, sendo pecadores, podemos dar boas dádivas a nossos filhos, quanto mais o Pai, que não tem pecados, o fará a seus filhos.
   E. **Nossas responsabilidades para com o mundo** (7.12): Devemos tratar os outros da mesma forma que queremos ser tratados.

II. As Ilustrações de Jesus (7.13-27)
   A. **As duas estradas** (7.13-14)
      1. *A estrada para o inferno* (7.13): A porta é larga e muitos escolherão este caminho de destruição.
      2. *O caminho estreito para o céu* (7.14): A porta é estreita e somente alguns a encontrarão.
   B. **Os dois animais (uma condenação dos falsos profetas)** (7.15)
      1. *Eles fingem ser ovelhas* (7.15a): Parecem inofensivos.
      2. *Eles provam ser lobos* (7.15b): Despedaçam suas vítimas.
   C. **Os dois tipos de discípulos** (7.21-23)
      1. *Discípulos verdadeiros* (7.21a): No dia do juízo, os verdadeiros discípulos serão separados dos falsos.
      2. *Falsos discípulos* (7.21b-23): No dia do Juízo, os falsos discípulos serão condenados.
         a. As obras maravilhosas que eles dirão ter feito (7.22): Eles dirão ter profetizado, expulsado demônios e operado milagres em nome de Deus.
         b. As péssimas obras que Cristo dirá que fizeram (7.21b, 23): Eles desobedeceram ao Pai, e Deus dirá que jamais os conheceu.
   D. **As duas árvores** (7.16-20)
      1. *Uma boa árvore não pode produzir maus frutos* (7.16, 18).
      2. *Uma árvore má não pode produzir bons frutos* (7.17, 19-20).
   E. **Os dois construtores** (7.24-27)
      1. *As estruturas* (7.24, 26)
         a. Um homem edificou sua casa em cima da rocha firme (7.24).
         b. Um homem edificou sua casa na areia instável (7.26).
      2. *A tempestade* (7.25, 27)
         a. A casa na rocha permaneceu firme (7.25).
         b. A casa na areia desabou (7.27).

III. As Demonstrações de Jesus (7.28-29): Jesus continua a ensinar, surpreendendo os ouvintes com sua autoridade.

ESBOÇO DA SEÇÃO SETE (MATEUS 8)
Jesus cura muitos, inclusive um leproso, o escravo de um oficial romano, a sogra de Pedro e vários endemoninhados. Ele surpreende seus discípulos ao acalmar uma tempestade e falar sobre o preço de segui-lo.

I. Os Milagres de Jesus (8.1-17, 23-34)
   A. **Curando o enfermo** (8.1-17, 28-34)
      1. *Um leproso* (8.1-4)
         a. O clamor (8.1-2): Ele implora para que o Salvador o cure.
         b. A compaixão (8.3): Jesus o recupera ao tocá-lo.
         c. A ordem (8.4): O leproso purificado é instruído a não falar sobre sua cura a outras pessoas.
      2. *O servo do centurião* (8.5-13)
         a. O favor desejado pelo centurião (8.5-7): Ele deseja que Jesus cure seu servo, o que o Senhor concorda em fazer.
         b. A fé demonstrada pelo centurião (8.8-13)
            (1) A confiança (8.8-9): Ele sente que o Senhor pode curar seu servo sem mesmo ir à sua casa.
            (2) O elogio (8.10): Jesus o elogia por tanta fé.
            (3) A conclusão (8.11-12): Jesus diz que seu tipo de fé resultará na salvação de vários gentios, enquanto judeus incrédulos sofrerão eternamente.
            (4) A cura (8.13): O servo é curado na mesma hora.
      3. *A sogra de Pedro* (8.14-15)
         a. A dona-de-casa sofre (8.14): Jesus a encontra acamada, com febre alta.
         b. A dona-de-casa serve (8.15): Depois de Jesus tocar sua mão, ela se levanta e começa a servi-lo.
      4. *Vários endemoninhados* (8.16-17, 28-34)
         a. No lado ocidental do mar da Galiléia (8.28-34)
            (1) Os possuídos (8.16): Muitos desses são trazidos a Jesus em busca de livramento.
            (2) A profecia (8.17): Ele liberta a todos, cumprindo a profecia de Isaías (ver Isaías 53.4).
         b. No lado oriental do mar da Galiléia (8.28-34)
            (1) Os gadarenos maníacos, controlados por demônios (8.28): Demônios tornaram esses homens violentos, levando-os a viver entre os sepulcros.
            (2) O pânico desses demônios (8.29): Eles se enchem de pavor quando o Salvador se aproxima.
            (3) A súplica dos demônios (8.30-31): Eles imploram para que Jesus os envie a uma manada de porcos próxima dali.

(4) O Messias galileu, com autoridade para expulsar os demônios (8.32-34).
   (a) O livramento (8.32): Ele livra os dois homens ao ordenar que os demônios entrem na manada de porcos.
   (b) A rejeição (8.33-34): As pessoas tolas que viviam naquela região pedem que Cristo vá embora e os deixe em paz.
  B. **Acalmando o mar** (8.23-27)
   1. *A tempestade furiosa* (8.23-24): Uma terrível tempestade ameaça afundar o barco dos discípulos.
   2. *Os marujos amedrontados* (8.25): Em desespero, eles acordam Jesus, clamando a ele que os salve.
   3. *O Salvador fiel* (8.26-27): Ele rapidamente acalma as águas, para espanto dos discípulos.

II. Os Encargos de Seguir Jesus (8.18-22): Jesus descreve o preço do verdadeiro discipulado para vários candidatos a seguidores.
  A. **Com relação às suas finanças** (8.18-20): Eles não terão sequer um lugar para repousar a cabeça.
  B. **Com relação às suas famílias** (8.21-22): Eles devem abandonar sua família para seguir Jesus.

ESBOÇO DA SEÇÃO OITO (MATEUS 9)
Jesus continua seu ministério de curar fisicamente as pessoas, enquanto ministra à alma delas.

I. Ministrações Individuais de Jesus (9.1-8, 18-38)
  A. **Um paralítico** (9.1-8)
   1. *As companhias úteis* (9.1-2)
     a. O lugar (9.1): O milagre ocorre em Cafarnaum.
     b. O paralítico (9.2a): Seus amigos o levam a Jesus.
     c. O perdão (9.2b): Jesus primeiro perdoa o homem de seus pecados.
   2. *As críticas hostis* (9.3-7)
     a. O desprezo dos fariseus (9.3): Eles acusam Jesus de blasfêmia.
     b. A defesa do Salvador (9.4-6): Ele diz que, ao curar o homem, provará sua autoridade para perdoar pecados.
     c. O livramento do paralítico (9.7): À ordem de Jesus, o homem se levanta e anda.
   3. *A multidão feliz* (9.8): As pessoas regozijam-se com este grande milagre.
  B. **Uma menina morta** (9.18-19, 23-26)
   1. *O pedido* (9.18-19): Um governante com coração quebrantado implora que Jesus vá à sua casa para ressuscitar sua filha morta.
   2. *A zombaria* (9.23-24)
     a. A confusão (9.23): Ao entrar na casa do governante, Jesus encontra uma multidão barulhenta e música fúnebre alta.

b. A ordem (9.24a): Ele ordena que a multidão vá embora, dizendo que a menina está apenas dormindo.
c. O desprezo (9.24b): A multidão ri-se dele.
3. *A restauração* (9.25-26): Jesus pega a menina pela mão, e ela ressuscita.

C. Uma mulher enferma (9.20-22)
1. *Sua doença* (9.20a): Há doze anos a mulher sofre de hemorragia interna.
2. *Sua determinação* (9.20b-21): Ela toca na orla da veste de Jesus, crendo que isso a curará.
3. *Seu livramento* (9.22): Imediatamente o Salvador a restaura.

D. Dois cegos (9.27-31)
1. *O pedido* (9.27): Eles clamam para que Jesus os cure.
2. *A resposta* (9.28-31)
   a. O teste (9.28)
      (1) "Credes que eu posso fazer isto?" (9.28a).
      (2) "Sim, Senhor" (9.28b).
   b. O toque (9.29-30a): Jesus toca os olhos deles e os cura.
   c. A tarefa (9.30b): Jesus os instrui a não contar a ninguém.
   d. A revelação (9.31): Eles, entretanto, vão e contam a muitos.

E. Um mudo possesso (9.32-34)
1. *O indefeso* (9.32): Este homem desesperado é trazido a Jesus.
2. *O Santo* (9.33)
   a. O milagre (9.33a): Jesus o liberta.
   b. O espanto (9.33b): A multidão que assiste maravilha-se.
3. *Os hostis* (9.34): O fariseus blasfemam de Jesus.

F. Várias pessoas enfermas por toda a Galiléia (9.35-38)
1. *A compaixão do Salvador* (9.35-36): Ele viaja por todas as cidades da região, pregando e curando as multidões.
2. *A ordem do Salvador* (9.37-38)
   a. A situação (9.37): A seara é grande, mas os trabalhadores são poucos.
   b. A solução (9.38): Orem para que o Senhor envie trabalhadores.

II. Encontros Individuais de Jesus (9.9-17)
A. O coletor de impostos (9.9-13)
1. *O chamado* (9.9): Jesus chama Mateus para ser seu discípulo.
2. *A celebração* (9.10): Mateus dá um banquete para celebrar a ocasião.
3. *A crítica* (9.11): Os fariseus ficam contrariados porque há pecadores no banquete.
4. *A repreensão* (9.12-13): Jesus os repreende, dizendo que veio chamar os pecadores, não aqueles que se consideram bons o suficiente.

B. Alguns discípulos de João Batista (9.14-17)
  1. *Sua investigação* (9.14): Eles querem saber por que os discípulos de Jesus não jejuam.
  2. *Suas ilustrações* (9.15-17)
     a. O noivo (9.15): Os convidados não estão tristes enquanto o noivo está com eles.
     b. A roupa velha (9.16): Uma roupa velha não é remendada com panos novos.
     c. Os odres de vinho velhos (9.17): Vinho novo não é colocado em odres velhos.

ESBOÇO DA SEÇÃO NOVE (MATEUS 10)
Jesus parece dar instruções a três tipos de discípulos, cada um vivendo em época diferente.

I. AOS PRIMEIROS DISCÍPULOS, VIVENDO NA ÉPOCA DE CRISTO (10.1-15): Jesus fala aos discípulos de seus dias.
  A. Os indivíduos (10.2-4): Mateus lista os nomes dos 12 discípulos.
  B. As instruções (10.1, 5-15)
    1. *Seu campo missionário* (10.5-6): Apenas às ovelhas perdidas de Israel.
    2. *Sua missão* (10.1, 7-15)
       a. Pregar que o Reino de Deus está próximo (10.7).
       b. Curar os doentes, ressuscitar os mortos e expulsar demônios (10.1, 8a): A eles é dada autoridade para fazer isso.
       c. Dar gratuitamente (10.8b): Eles devem dar da mesma forma gratuita que receberam.
       d. Manter despojamento (10.9-10): Eles não devem levar dinheiro ou roupas extras.
       e. Abençoar ou amaldiçoar as cidades ao partir (10.11-15): Eles devem abençoar as merecedoras e amaldiçoar as não merecedoras.

II. AOS DISCÍPULOS FUTUROS, VIVENDO NA ÉPOCA DA GRANDE TRIBULAÇÃO (10.16-23): Isto se supõe a partir da declaração de Jesus em 10.23.
  A. Os inimigos de Deus os odiarão (10.16-18, 21-23)
    1. *Perseguição religiosa* (10.16-17): Eles serão entregues aos tribunais e serão açoitados nas sinagogas.
    2. *Perseguição política* (10.18): Eles serão chamados perante governadores e reis; isto lhes dará a oportunidade de testemunhar.
    3. *Perseguição familiar* (10.21): Os familiares trairão uns aos outros.
    4. *Perseguição geral* (10.22-23): Todos os odiarão por causa de sua fidelidade a Deus.
  B. O Espírito de Deus os ajudará (10.19-20): Ele dará a eles as palavras certas a ser ditas.

III. Aos Discípulos Fiéis, Vivendo durante a História da Igreja (10.24-42): Jesus fala de discipulado e perseguição.
   A. **A certeza** (10.24-25): Assim como Jesus é perseguido, seus discípulos também o serão.
   B. **A confiança** (10.26-31)
      1. *O que as pessoas podem fazer* (10.26-28): Elas podem matar o corpo, mas não podem tocar na alma.
      2. *O que Deus fará* (10.29-31): Ele se preocupa tanto com o corpo quanto com a alma.
   C. **O conflito** (10.34-36): A fé pode gerar conflitos familiares.
   D. **As condições** (10.37-38)
      1. *A prioridade do nosso amor por Cristo* (10.37): Devemos colocá-lo à frente até mesmo de nossa família.
      2. *A prova de nosso amor por Cristo* (10.38): Devemos tomar nossa cruz e segui-lo.
   E. **A compensação** (10.32-33, 39-42): Estes são os benefícios de um verdadeiro discipulado:
      1. *Ser honrado pelo Filho na presença do Pai* (10.32-33)
      2. *Encontrar vida plena e eterna* (10.39)
      3. *Receber grandes recompensas* (10.40-42)

ESBOÇO DA SEÇÃO DEZ (MATEUS 11)
Jesus consola os discípulos de João Batista, repreende várias cidades, regozija-se na sabedoria de Deus e revela ser o único caminho até o Pai.

I. O Consolo do Salvador (11.1-19)
   A. **O pedido de João a Jesus** (11.1-3): Num momento de dúvida, o encarcerado João Batista envia um grupo de homens a Jesus.
      1. *Quem são eles* (11.1-2): São os discípulos de João.
      2. *O que eles perguntam* (11.3): João quer saber se Cristo é realmente o Messias.
   B. **A reafirmação** (11.4-19)
      1. *A prova* (11.4-6): Eles devem voltar e relatar a João sobre todos os milagres que vêem Jesus operar.
      2. *O louvor* (11.7-11): Jesus diz que João é um dos maiores homens da história.
      3. *O profeta* (11.12-15): Jesus compara o ministério de João ao de Elias.
      4. *O preconceito* (11.16-19): Jesus condena sua geração, que acusa João de estar endemoninhado.

II. A Repreensão do Salvador (11.20-24): Jesus denuncia três cidades da Galiléia.

A. **Corazim e Betsaida** (11.20-22)
  1. *Seu privilégio* (11.20-21a): Ele fez vários milagres entre elas.
  2. *Seu orgulho* (11.21b): Elas o rejeitaram.
  3. *Sua punição* (11.22): As ímpias cidades de Tiro e Sidom estarão em melhores condições que elas no dia do juízo.
B. **Cafarnaum** (11.23-24)
  1. *Seu privilégio* (11.23b): Idêntico ao das cidades anteriores.
  2. *Seu orgulho* (11.23a): Idêntico ao das cidades acima.
  3. *Sua punição* (11.24): A ímpia Sodoma estará em melhor condição no dia do juízo.

III. O REGOZIJO DO SALVADOR (11.25-26): Jesus agradece ao Pai celestial por revelar a verdade espiritual ao inocente e por escondê-la daqueles que se acham sábios.

IV. A REVELAÇÃO DO SALVADOR (11.27-30)
  A. **A luz** (11.27): O crente só pode conhecer o Pai através do Filho.
  B. **O convite** (11.28-30): Jesus convida os cansados e oprimidos a descansar nele.

ESBOÇO DA SEÇÃO ONZE (MATEUS 12)
Jesus cura doentes, confronta os fariseus e cumpre antigas profecias.

I. JESUS E OS FARISEUS (12.1-14, 22-45): Em três ocasiões, Jesus é confrontado por esses homens ímpios.
  A. **O conflito sabático** (12.1-14): Os fariseus iniciam uma discussão com Jesus quando ele opera milagres.
    1. *Com relação a comer no sábado* (12.1-8): Jesus é criticado pelos fariseus por permitir que seus discípulos colham grãos do campo no sábado. O Salvador responde e aponta dois fatos:
      a. O propósito do sábado (12.1-7): O sábado foi feito para o homem, e não o contrário.
        (1) Conforme visto na vida de Davi (12.3-4): Davi e seus homens comeram pães reservados aos sacerdotes.
        (2) Conforme visto na lei de Moisés (12.5-6): Os sacerdotes têm permissão de servir no Templo no sábado.
        (3) Conforme visto no livro de Oséias (12.7): Deus se importa mais que eles sejam misericordiosos do que com seus sacrifícios.
      b. A Pessoa do sábado (12.8): O Filho do Homem é Senhor até mesmo do sábado.
    2. *Com relação à cura no sábado* (12.9-14): Jesus observa um homem com a mão deformada.

a. A acusação (12.9-10): Os fariseus perguntam a Jesus se é permitido curar no dia de sábado.
   b. A resposta (12.11-12): Jesus pergunta a eles se resgatariam uma ovelha no sábado. E diz: "Ora, quanto mais vale um homem do que uma ovelha!"
   c. A ação do Salvador (12.13-14): Ele cura a mão do homem.
B. **O conflito da fonte** (12.22-37): Os fariseus dizem que Satanás é a fonte dos milagres de Jesus. Nessa ocasião, Jesus acabara de curar um homem endemoninhado, cego e mudo.
   1. *A crítica dos fariseus* (12.22-29)
      a. A acusação (12.22-24): "Este não expulsa os demônios senão por Belzebu, príncipe dos demônios".
      b. O argumento (12.25-29)
         (1) "Toda cidade, ou casa, dividida contra si mesma não subsistirá" (12.25).
         (2) "Se Satanás expulsa a Satanás, está dividido contra si mesmo" (12.26-29).
   2. *A condenação dos fariseus* (12.30-37)
      a. Jesus diz que o pecado deles é terrível (12.30-34).
         (1) Eles são árvores de frutos maus (12.30-33): Uma árvore é conhecida por seu fruto.
         (2) Eles são serpentes venenosas (12.34): O que está no coração determina o que eles dizem.
      b. Jesus diz que o pecado deles é determinante (12.35-37): As palavras que eles dizem agora determinarão seu destino no dia do juízo.
C. **O conflito do sinal** (12.38-45): Os fariseus insistem para que Jesus faça algo espetacular só para eles.
   1. *Jesus refere-se a Jonas e Nínive* (12.38-41)
      a. A ilustração da vida do profeta de Deus (12.38-40): A experiência de Jonas na barriga do peixe ilustra a morte e a ressurreição de Jesus; este é o único sinal que ele lhes dá.
      b. A acusação vinda do povo de Nínive (12.41): Um dia, os ninivitas condenarão a geração a quem Jesus prega, pois Nínive se arrependeu com a pregação de Jonas — e Jesus é maior do que Jonas.
   2. *Jesus refere-se a Salomão e à rainha de Sabá* (12.42): Um dia, a rainha de Sabá condenará a geração a quem Jesus prega por ela ter demonstrado grande respeito por Salomão — e Jesus é maior do que Salomão.
   3. *Jesus refere-se a oito espíritos maus* (12.43-45): Aqui Jesus comparara a geração à qual prega com um homem endemoninhado.
      a. O estado inicial do homem (12.43): O demônio original que vive dentro dele se divide.
      b. O estado final do homem (12.44-45): Incapaz de encontrar outra pessoa para habitar, o espírito retorna ao homem, desta vez trazendo outros sete espíritos mais ímpios do que ele.

II. Jesus e as Profecias (12.15-21): Jesus cumpre as profecias de Isaías, que anunciou o ministério terreno do Messias (ver Isaías 42.1-4).
  A. **Os relacionamentos celestiais de Jesus** (12.18a-18b)
    1. *Com relação ao Pai* (12.18a): O Pai o amaria.
    2. *Com relação ao Espírito* (12.18b): O Espírito o encheria.
  B. **As ações terrenas de Jesus** (12.15-17, 18c-21)
    1. *Com relação às nações* (12.18c, 21): Ele proclamaria a justiça às nações.
    2. *Com relação a si* (12.19): Ele não seria altercador ou rebelde.
    3. *Com relação ao fraco e ao oprimido* (12.20): Ele os trataria com gentileza e compreensão.
    4. *Com relação ao enfermo* (12.15-17): Ele curaria o doente.

III. Jesus e sua Família (12.46-50)
  A. **Sua família terrena** (12.46-47): Jesus fica sabendo que sua mãe e seu irmão estão à sua espera.
  B. **Sua família eterna** (12.48-50): Ele diz que todos os que obedecem a seu Pai celestial fazem parte de sua família.

ESBOÇO DA SEÇÃO DOZE (MATEUS 13)
Jesus explica o Reino dos Céus valendo-se de oito parábolas.

I. A Relação de Suas Parábolas (13.1-8, 18-33, 36-50, 52)
  A. **O semeador, a semente e o solo** (13.1-8, 18-23)
    1. *Informação nesta parábola* (13.1-8): Um agricultor semeia grãos que caem em quatro tipos de solo diferentes, produzindo quatro resultados diferentes.
      a. O solo à beira do caminho (13.1-4): Esta semente logo é devorada pelos pássaros.
      b. O solo rochoso (13.5-6): Esta semente logo brota, mas murcha em seguida, queimada pelo sol.
      c. O solo espinhoso (13.7): Esta semente é logo sufocada pelos espinhos.
      d. O solo fértil (13.8): Esta semente produz trinta, sessenta e até cem frutos.
    2. *Interpretação da parábola* (13.18-23)
      a. A semente (13.18-19a): A semente representa as Boas-novas do Reino.
      b. O solo à beira do caminho (13.19b): O solo duro representa aqueles que ouvem a mensagem, mas não a entendem, permitindo que Satanás a roube deles.
      c. O solo rochoso (13.20-21): O solo superficial e rochoso representa aqueles que não têm profundidade espiritual, e assim desistem ao enfrentar problema ou perseguição.

d. O solo espinhoso (13.22): O solo espinhoso representa aqueles que permitem ser seduzidos pela riqueza, sufocando, assim, as Boas-novas.
   e. O solo fértil (13.23): O bom solo representa aqueles que verdadeiramente aceitam a mensagem de Deus, produzindo colheita abundante.
B. **O trigo e o joio** (13.24-30, 36-43)
   1. *Informação da parábola* (13.24-30)
      a. A diligência do semeador (13.24): Um agricultor semeia boas sementes em seu campo.
      b. A descoberta do semeador (13.25-28): Ele descobre que seu inimigo secretamente visitou seu campo e plantou joio por entre o trigo.
      c. O dilema do semeador (13.29): Ele sabe que, se tentar arrancar o joio, ferirá também o trigo.
      d. A decisão do semeador (13.30): Ele espera até a época da colheita, quando separará o joio do trigo e o queimará.
   2. *Interpretação da parábola* (13.36-43)
      a. O semeador é Cristo (13.36-37).
      b. O inimigo é o diabo (13.39a).
      c. O campo é o mundo (13.38a).
      d. As boas sementes são os crentes (13.38b).
      e. O joio são os incrédulos (13.38c).
      f. A colheita é o fim dos tempos (13.39b).
      g. Os ceifeiros são os anjos (13.39c-41).
      h. O celeiro é o céu (13.43).
      i. A fornalha é o inferno (13.42).
C. **O grão de mostarda** (13.31-32)
   1. *Ele entra no solo como a menor das sementes* (13.31-32a).
   2. *Ele cresce do solo como a maior das plantas* (13.32b).
D. **O fermento** (13.33)
   1. *Ele é colocado na farinha* (13.33a): Somente uma pequena parte do fermento é usada.
   2. *Ele permeia cada parte da massa* (13.33b).
E. **O tesouro escondido** (13.44)
   1. *A descoberta* (13.44a): Um homem encontra um tesouro precioso.
   2. *O deleite* (13.44b): Ele se enche de alegria com o que encontra.
   3. *A decisão* (13.44c): Ele vende tudo o que tem e compra um campo.
F. **O negociante e a pérola** (13.45-46)
   1. *Ele procura a pérola* (13.45).
   2. *Ele compra a pérola* (13.46).
G. **A escolha do peixe** (13.47-50)
   1. *A informação desta parábola* (13.47-48): Ao pegar uma rede cheia de peixes, o pescador separa o peixe bom do ruim.

2. *A interpretação desta parábola* (13.49-50): No fim do mundo, os anjos separarão sabiamente o justo do ímpio.
H. **O pai de família e seus tesouros** (13.52): Um sábio mestre da Palavra de Deus pode mostrar antigas e novas verdades (Antigo e Novo Testamento) como um pai de família pode mostrar tanto antigos quanto novos tesouros.

II. O Motivo para Suas Parábolas (13.9-17, 34-35, 51)
   A. **O propósito** (13.9-13, 34-35, 51): Jesus usa suas parábolas para atingir um objetivo duplo.
   1. *Revelar as verdades de Deus ao justo* (13.9-12a, 34-35, 51).
   2. *Encobrir as verdades de Deus ao ímpio* (13.12b-13).
   B. **A profecia** (13.14-17): Isaías predisse que Israel não seria capaz de entender ou aceitar as verdades contidas nas parábolas de Cristo (Isaías 6.9-10).

III. A Reação a Essas Parábolas (13.53-58): As pessoas na cidade natal de Jesus, em Nazaré, reagem às parábolas de duas maneiras.
   A. **Primeiro, ficam maravilhadas** (13.53-56).
   B. **Depois, ficam iradas** (13.57-58): Jesus faz apenas alguns milagres por causa da incredulidade deles.

ESBOÇO DA SEÇÃO TREZE (MATEUS 14)
Herodes Antipas martiriza João Batista. Jesus alimenta os cinco mil e anda sobre as águas.

I. O Martírio de João (14.1-12)
   A. **João é maltratado por Herodes Antipas** (14.3-8)
   1. *A perseguição* (14.3-5): João é aprisionado por Herodes pelo fato de condenar destemidamente seu casamento ilícito com Herodias, ex-cunhada do rei.
   2. *A dança* (14.6): A filha de Herodias apresenta uma dança a Herodes durante a celebração de seu aniversário.
   3. *A promessa* (14.7): Herodes gosta tanto da dança da filha de Herodias que promete dar o que ela quiser.
   4. *A conspiração* (14.8): Persuadida pela mãe, Herodias pede a cabeça de João Batista.
   B. **João é morto por Herodes Antipas** (14.9-12): Um rei relutante, forçado a manter sua promessa, manda degolar João.
   C. **Jesus é confundido por Herodes Antipas** (14.1-2): Quando o rei ouve pela primeira vez sobre o ministério de Jesus, teme que o Salvador seja João ressuscitado.

II. Os Milagres de Jesus (14.13-36)
   A. **Ele alimenta os cinco mil** (14.13-21): Jesus vai ao encontro de uma necessidade dupla.
   1. *Ele cura o ferido* (14.13-14): Os doentes na multidão são curados.

2. *Ele alimenta o faminto* (14.15-21)
   a. A escassez da comida (14.15-17): Uma rápida checagem revela que apenas cinco pães e dois peixes estão à disposição de uma multidão faminta.
   b. O excesso de comida (14.18-21): Após todos terem comido até se fartarem, sobram doze cestos.
B. **Ele anda sobre as águas** (14.22-36)
   1. *Eventos anteriores à sua caminhada* (14.22-24)
      a. A ordem (14.22): Jesus instrui os discípulos a atravessar o mar.
      b. A comunhão (14.23): Ele se retira para um monte e ora.
      c. A crise (14.24): Uma violenta tormenta ameaça o barco dos discípulos.
   2. *Eventos durante sua caminhada* (14.25-33)
      a. A aproximação (14.25): No meio da noite, Jesus vai até os discípulos, andando sobre as águas.
      b. O medo (14.26): Os discípulos ficam aterrorizados, pensando que Jesus é um fantasma.
      c. A segurança (14.27): Jesus diz a eles quem é.
      d. A tentativa (14.28-31): Pedro tenta andar até Jesus, mas logo começa a afundar e clama por socorro.
      e. A admiração (14.32-33): À ordem de Jesus, o vento pára, fazendo com que os discípulos o adorem.
   3. *Eventos seguintes à sua caminhada* (14.34-36): Jesus cura várias pessoas no lado oriental do lago.

ESBOÇO DA SEÇÃO QUATORZE (MATEUS 15)
Jesus confronta os fariseus, ensina as multidões e explica seus ensinamentos a Pedro e outros discípulos. Ele cura a filha de uma mulher cananéia e alimenta quatro mil pessoas.

I. Os Encontros (15.1-20)
   A. **O encontro de Jesus com os fariseus** (15.1-9)
      1. *A acusação deles* (15.1-2): Eles acusam Jesus de violar a lei mosaica, permitindo que seus discípulos ignorem o ritual de lavar as mãos antes da refeição.
      2. *A condenação feita por Jesus* (15.3-9)
         a. Jesus fala da corrupção dos fariseus (15.3-6): Eles distorcem a lei de Deus de tal forma que ignoram suas responsabilidades com relação aos pais.
         b. Jesus fala do caráter dos fariseus (15.7-9): Ele chama os fariseus de hipócritas e diz que eles cumprem a terrível profecia de Isaías (Isaías 29.13).
   B. **O encontro de Jesus com o povo** (15.10-11): Jesus diz à multidão que a impureza é causada não pelo que entra na boca de uma pessoa (comida não santa), mas pelo que sai dela.

C. **O encontro de Jesus com Pedro** (15.12-20): Ele diz a mesma coisa a Pedro e aos discípulos.

II. Os Milagres (15.21-39)
   A. **Curando a filha de uma mulher cananéia** (15.21-28)
      1. *A mãe de coração quebrantado* (15.21-23)
         a. O lugar (15.21): Jesus está na região de Tiro e Sidom.
         b. A súplica (15.22-23): Uma mãe desta região implora que Jesus cure sua filha endemoninhada.
      2. *O Messias de coração gentil* (15.24-28)
         a. O lembrete (15.24-26): Ele diz que seu ministério-chave é para os judeus, não para os gentios.
         b. A reação (15.27-28)
            (1) O raciocínio (15.27): Ela concorda, mas pede por algumas migalhas que caiam da mesa espiritual de Israel.
            (2) A recompensa (15.28): Jesus imediatamente atende ao seu pedido.
   B. **Alimentando os quatro mil** (15.29-39): Jesus ministra a esse grupo de quatro mil pessoas, conforme fizera aos cinco mil.
      1. *Satisfazendo as necessidades do ferido* (15.29-31): Jesus cura o coxo, o cego, o aleijado e o mudo.
      2. *Satisfazendo as necessidades do faminto* (15.32-39)
         a. A quantidade de alimento (15.32-34): Ele tem apenas sete pães e alguns pequenos peixes.
         b. A abundância de alimento (15.35-39): Sete cestas cheias sobram após todos se satisfazerem.

ESBOÇO DA SEÇÃO QUINZE (MATEUS 16)
Jesus recusa-se novamente a dar um sinal aos fariseus para provar sua identidade divina e alerta os discípulos a estar atentos aos falsos ensinamentos desses homens perversos. Pedro corretamente identifica Jesus com o Messias.

I. Jesus e Seus Inimigos (16.1-4)
   A. **A exigência** (16.1): Os fariseus insistem que Jesus prove ser Deus através de um grande sinal dos céus.
   B. **A negativa** (16.2-4)
      1. *O que eles não fazem* (16.2-3): Jesus os lembra de vários milagres anteriores que já operou, mas eles não aceitaram.
      2. *O que ele não fará* (16.4): Ele não lhes dará sinal, exceto o de Jonas, uma referência à sua morte e ressurreição.

II. Jesus e Seus Seguidores (16.5-28)
   A. **O lembrete** (16.5-12): Jesus lembra os discípulos que se mantenham atentos ao fermento dos fariseus, uma referência aos falsos ensinos.
   B. **A revelação** (16.13-21)
      1. *A sondagem de Cristo* (16.13-17)

a. O pedido (16.13): Jesus pergunta a seus discípulos o que as pessoas estão dizendo a seu respeito.
b. Os rumores (16.14): Há quem creia que ele é João Batista, Elias, Jeremias ou algum dos outros profetas.
c. O reconhecimento (16.15-17): Jesus pergunta aos discípulos o que eles pensam a seu respeito
   (1) O que Pedro diz (16.15-16): Ele reconhece a divindade de Jesus Cristo.
   (2) Por que Pedro diz isso (16.17): Deus, o Pai, o revelou a ele.
2. *A promessa de Cristo* (16.18-19)
   a. O anúncio (16.18): Ele logo edificará sua igreja.
   b. A autoridade (16.19): Ele lhes confiará as chaves do Reino.
3. *A proibição de Cristo* (16.20): Eles não devem contar a ninguém que Jesus é o Messias.
4. *A paixão de Cristo* (16.21): Jesus anuncia sofrimento, morte e ressurreição para ele próprio no futuro.

C. As repreensões (16.22-23)
1. *Pedro repreende Jesus* (16.22): Pedro está perturbado porque o Salvador fala de seu sofrimento e morte.
2. *Jesus repreende Satanás* (16.23): Jesus repreende o diabo por influenciar Pedro a dizer o que disse.

D. As exigências (16.24-26): Jesus lista as condições para um verdadeiro discipulado.

E. As recompensas (16.27-28)
1. *Recompensas gerais a todos os discípulos de Jesus* (16.27): Isto acontecerá na sua segunda vinda.
2. *Recompensa específica a três dos discípulos de Jesus* (16.28): Pedro, Tiago e João logo testemunharão a transfiguração de Cristo.

ESBOÇO DA SEÇÃO DEZESSEIS (MATEUS 17)
Deus confirma o reconhecimento da divindade de Cristo por Pedro através da transfiguração de Jesus no topo do monte. Jesus cura um garoto endemoninhado, prediz a própria morte e instrui Pedro a pagar o imposto do Templo com uma moeda encontrada na boca de um peixe.

I. O Esplendor do Salvador (17.1-13)
   A. A confirmação no topo da montanha (17.1-8): Jesus leva Pedro, Tiago e João com ele.
   1. *O que eles vêem* (17.1-3)
      a. A aparência do Messias de Deus (17.1-2): Sua face e suas vestes brilham com o sol da tarde.
      b. A chegada dos mensageiros de Deus (17.3): Moisés e Elias aparecem para falar com Jesus.

2. *O que eles dizem* (17.4): Pedro quer construir três tendas, uma para Jesus, uma para Moisés e uma para Elias.
3. *O que eles ouvem* (17.5): O Pai fala dos céus, testemunhando do amor que tem para com o Filho.
4. *O que eles fazem* (17.6-8): Eles caem no chão, aterrorizados, mas são confortados por Jesus.

B. **A conversa durante a descida do monte** (17.9-13)
1. *A ordem* (17.9): Jesus instrui os três a não dizer nada sobre o que viram, até sua ressurreição.
2. *A confusão* (17.10): Eles querem saber se Elias virá antes do retorno do Messias.
3. *O esclarecimento* (17.11-13)
   a. Sua resposta (17.11-12)
      (1) Elias virá realmente (17.11).
      (2) Elias já veio (17.12).
   b. Sua suposição (17.13): Eles entendem que Jesus se refere a João Batista.

II. A Soberania do Salvador (17.14-21, 24-27): Jesus demonstra sua divindade através de dois milagres.

A. **O garoto endemoninhado** (17.14-21)
1. *O desespero do pai* (17.14-16): Ele implora que Jesus cure seu filho.
2. *O exorcismo* (17.17-18): Jesus rapidamente expulsa o demônio do rapaz.
3. *A frustração dos discípulos* (17.19-21)
   a. Eles dizem: "Por que não pudemos nós expulsá-lo?" (17.19).
   b. Ele diz: "Por causa da pequenez da vossa fé" (17.20).

B. **O peixe com uma moeda** (17.24-27)
1. *Quem* (17.24b): Os coletores de impostos aproximam-se de Pedro.
2. *O quê* (17.24c): Eles exigem saber se Jesus pagou o imposto do Templo.
3. *Onde* (17.24a): Isto acontece na chegada de Jesus a Cafarnaum.
4. *Por quê* (17.25-26): Jesus informa a Pedro duas coisas:
   a. Por que ele não deveria pagar esse imposto (17.25): O rei impõe taxas aos conquistados, não ao seu próprio povo.
   b. Por que ele deveria pagar o imposto assim mesmo (17.26): Embora seja livre, deveria tentar não ofender ninguém.
5. *Como* (17.27): Jesus instrui Pedro a jogar uma linha no mar, abrir a boca do primeiro peixe que pescar e usar a moeda encontrada para pagar o imposto.

III. O Sofrimento do Salvador (17.22-23)

A. **A revelação** (17.22-23a): Ele conta aos discípulos sobre a traição, morte e ressurreição vindoura.
B. **A reação** (17.23b): Os discípulos ficam cheios de pesar.

> **ESBOÇO DA SEÇÃO DEZESSETE** (MATEUS 18)
> Jesus discursa sobre critérios de grandeza, como escapar do inferno, como exercer disciplina na igreja e como perdoar um irmão pecador.

I. COMO DETERMINAR GRANDEZA (18.1-6, 10-14)
   A. **A ilustração das criancinhas** (18.1-5)
      1. *A afirmação* (18.1-4): A verdadeira grandeza é ser como uma criancinha.
      2. *A verdade espiritual* (18.5): Honrar uma criancinha é honrar o próprio Salvador.
   B. **O maltrato da uma criancinha** (18.6, 10-14)
      1. *A penalidade* (18.6): É melhor uma pessoa pendurar uma grande pedra de moinho ao redor do pescoço e se afogar no mar do que maltratar uma criancinha.
      2. *A proteção* (18.10): Os anjos são incumbidos de proteger as crianças.
      3. *A prioridade* (18.11-14): Na parábola da ovelha perdida, Jesus diz que é a vontade do Pai trazer todos os pequeninos à segurança do aprisco.

II. COMO ESCAPAR DO INFERNO (18.7-9): Em linguagem altamente metafórica, Jesus diz:
   A. **Controle o que você faz** (18.7-8): Se seu pé ou sua mão fazem você pecar, arranque-os fora.
   B. **Controle o que você vê** (18.9): Se seu olho faz você pecar, arranque-o fora.

III. COMO EXERCER A DISCIPLINA NA IGREJA (18.15-20)
   A. **O procedimento** (18.15-17)
      1. *Se seu irmão pecar contra você, vá até ele discretamente e tente resolver o assunto* (18.15).
      2. *Se isto falhar, leve alguém com você* (18.16).
      3. *Se isto falhar, leve a questão perante a igreja* (18.17a).
      4. *Se isto falhar, rejeite o irmão não arrependido* (18.17b).
   B. **A promessa** (18.18-20): A própria autoridade dos céus sustentará esse tipo de decisão da igreja.

IV. COMO PERDOAR O IRMÃO (18.21-35)
   A. **A porcentagem** (18.21-22)
      1. *Pedro a Jesus* (18.21): "Até quantas vezes pecará meu irmão contra mim, e eu hei de lhe perdoar? Até sete?"
      2. *Jesus a Pedro* (18.22): "Não... mas até setenta vezes sete"
   B. **A parábola** (18.23-35): Jesus relata a história de um rei, seu servo e outro servo.
      1. *Cena 1* (18.23-27): O servo e seu mestre, o rei.
         a. O débito (18.23-24): Ele deve a seu mestre grande quantia.

b. O decreto (18.25): Incapaz de pagar, ele e toda a sua família estão prestes a ser vendidos como escravos pelo rei.
c. O desespero (18.26): Ele se ajoelha perante o rei, implorando por misericórdia.
d. O livramento (18.27): Movido por compaixão, o rei perdoa toda a sua dívida.
2. Cena 2 (18.28-30): O servo perdoado e outro servo — O segundo servo deve ao servo perdoado uma pequena quantia.
   a. O pedido por piedade (18.28-29): Ele implora por um pouco mais de tempo para pagar seu débito.
   b. A resposta sem piedade (18.30): Indiferente, o primeiro servo ordena que o segundo seja lançado na prisão.
3. Cena 3 (18.31-35): O servo perdoado e o rei.
   a. O abuso (18.31-33): O servo perdoado (mas que não perdoa) é chamado perante o rei furioso.
      (1) A lembrança (18.31-32): "Servo malvado, perdoei-te toda aquela dívida, porque me suplicaste".
      (2) A repreensão (18.33): "Não devias tu também ter compaixão do teu companheiro, assim como eu tive compaixão de ti?"
   b. O resultado (18.34): O rei lança o servo na prisão até que ele pague sua dívida completamente.
   c. A lição geral (18.35): Deus não perdoa aquele que não perdoa.

ESBOÇO DA SEÇÃO DEZOITO (MATEUS 19)
Jesus ensina sobre o divórcio e diz aos discípulos que, para entrar no Reino dos Céus, eles devem ser como crianças. Jesus também fala da dificuldade de ter tanto riquezas mundanas quanto riquezas espirituais.

I. Parte Um (19.1-15)
   A. A confrontação — Jesus e os fariseus (19.1-9): Os ímpios fariseus fazem duas perguntas maliciosas a Jesus e ele responde.
      1. *O que eles perguntam — primeira pergunta* (19.3): "É lícito ao homem repudiar sua mulher por qualquer motivo?"
      2. *Como ele responde — primeira resposta* (19.4-6): "Deixará o homem pai e mãe, e unir-se-á à sua mulher; e serão os dois uma só carne... Portanto o que Deus ajuntou, não o separe o homem".
      3. *O que eles perguntam — segunda pergunta* (19.7): "Então por que mandou Moisés dar-lhe carta de divórcio e repudiá-la?"
      4. *Como ele responde — segunda resposta* (19.8-9)
         a. A insolência (19.8a): Moisés só permitiu isso devido à dureza do coração humano.
         b. A intenção (19.8b): O divórcio não foi a intenção inicial de Deus.

c. A imoralidade (19.9): O homem que se divorcia ilicitamente de sua esposa e casa de novo comete adultério.
  B. O esclarecimento — Jesus e seus discípulos (19.10-12)
    1. *O que eles concluem* (19.10): "Não convém casar!"
    2. *Como ele responde* (19.11-12): Isto é verdade apenas para aqueles chamados por Deus para permanecerem solteiros.
  C. A consagração — Jesus e algumas criancinhas (19.13-15)
    1. *Os discípulos repreendem os pais* (19.13): Eles censuram os pais por "incomodarem" Jesus com pedidos para que ele abençoe seus filhos.
    2. *O Salvador recebe os filhos* (19.14-15): Jesus repreende os que censuram as crianças e as abençoa, dizendo que "de tais é o reino dos céus".

II. Parte Dois (19.16-30)
  A. Jesus fala sobre as riquezas (19.16-26): Jesus encontra-se com um jovem rico e seus discípulos fazem uma pergunta.
    1. *Jesus e o jovem* (19.16-22)
      a. A busca do jovem (19.16-21)
        (1) A confusão do jovem (19.16): "Que bem farei para conseguir a vida eterna?"
        (2) O esclarecimento do Salvador (19.17): "Guarda os mandamentos".
        (3) A confirmação do jovem (19.18-20): "Tudo isso tenho guardado".
        (4) A conclusão do Salvador (19.21): "Se queres ser perfeito, vai, vende tudo o que tens e dá-o aos pobres... e vem, segue-me".
      b. A decepção do jovem (19.22): Ele se retira com tristeza, pois não está disposto a se separar de sua riqueza.
    2. *Jesus e os discípulos* (19.23-26)
      a. A alegoria (19.23-24): Jesus diz que é mais fácil um camelo passar pelo fundo de uma agulha do que um homem rico entrar nos céus.
      b. O espanto (19.25): Os discípulos perguntam quem pode ser salvo.
      c. A segurança (19.26): Jesus diz que, para Deus, tudo é possível.
  B. Jesus fala sobre as recompensas (19.27-30)
    1. *O que os discípulos renunciaram por Jesus* (19.27): Eles deixaram tudo para segui-lo.
    2. *O que os discípulos receberão de Jesus* (19.28-30): Eles se assentarão em tronos perto dele e julgarão as 12 tribos de Israel.

ESBOÇO DA SEÇÃO DEZENOVE (MATEUS 20)

Jesus conta a parábola dos trabalhadores na vinha, novamente prediz sua morte, recebe um pedido peculiar da mãe de Tiago e João e cura dois homens cegos.

I. A Parábola (20.1-16)
  A. **A analogia** (20.1a): Jesus compara o reino dos céus a um dono de terras que contrata homens para trabalhar em sua vinha.
  B. **O acordo** (20.1b-7)
    1. *O salário* (20.2): Ele concorda em pagar aos trabalhadores um denário por dia.
    2. *O horário de trabalho* (20.1b, 3-7)
      a. Alguns trabalham das 6 às 18 horas (20.1b).
      b. Alguns trabalham das 9 às 18 horas (20.3-4).
      c. Alguns trabalham das 12 às 18 horas (20.5a).
      d. Alguns trabalham das 15 às 18 horas (20.5b).
      e. Alguns trabalham das 17 às 18 horas (20.6-7).
  C. **A discussão** (20.8-15)
    1. *O pagamento completo* (20.8): Ao entardecer, o dono instrui seu administrador a pagar seus salários, começando pelo último contratado até o primeiro.
    2. *A paga* (20.9-10): Cada trabalhador recebe salário idêntico: um denário.
    3. *O protesto* (20.11-12): Os trabalhadores que começaram a trabalhar às seis horas alegam que deveriam receber mais do que os que começaram a trabalhar mais tarde.
    4. *A decisão* (20.13-15): O dono lembra os reclamantes de duas coisas:
      a. Ele pagou a eles o que prometeu (20.13).
      b. Ele paga o que quiser a quem quiser (20.14-15).
  D. **A aplicação** (20.16): Jesus diz que os últimos serão os primeiros e os primeiros, os últimos.

II. A Predição (20.17-19): Jesus prediz dois eventos com relação a si.
  A. **O evento angustiante** (20.17-19a)
    1. *A traição de Judas* (20.17-18a): Jesus será entregue aos sacerdotes.
    2. *A condenação pelos líderes judeus* (20.18b): Ele será sentenciado à morte.
    3. *A zombaria, a surra e a crucificação pelos romanos* (20.19a).
  B. **O evento glorioso** (20.19b): Ele ressuscitará ao terceiro dia.

III. A Petição (20.20-28)
  A. **O pedido** (20.20-21): A mãe de Tiago e João pede a Jesus que ele permita que seus dois filhos se assentem à esquerda e à direita dele no Reino.

B. **A resposta** (20.22-23): Jesus nega o pedido por dois motivos:
1. *A ignorância* (20.22): Nem a mãe nem os filhos percebem o que pedem.
2. *A prerrogativa* (20.23): Determinar os lugares no Reino é prerrogativa do Pai, não do Filho.
C. **O ressentimento** (20.24): Os outros dez discípulos ficam indignados quando ouvem o que Tiago e João pediram.
D. **A exigência** (20.25-28): Jesus usa esta situação tensa para estipular as condições para a verdadeira grandeza.
1. *Grandeza sob a ótica dos gentios* (20.25): Grandeza, para eles, é o poder de sua autoridade sobre os outros.
2. *Grandeza sob a ótica de Deus* (20.26-28): Consiste em servir aos outros.

IV. A Piedade (20.29-34)
A. **Os clamores dos cegos** (20.29-30): Dois cegos clamam a Deus quando ele passa.
B. **A crítica da multidão** (20.31): As pessoas mandam que eles se calem.
C. **A compaixão do Salvador** (20.32-34): Cheio de compaixão, Jesus recupera a visão deles.

ESBOÇO DA SEÇÃO VINTE (MATEUS 21)
Jesus entra triunfalmente em Jerusalém num jumento e expulsa vendedores corruptos do Templo. Ele amaldiçoa uma figueira, responde a um desafio à sua autoridade e conta duas parábolas.

I. A Aclamação (21.1-11): A Entrada Triunfal.
A. **A preparação** (21.1-3)
1. *O monte* (21.1): Do Monte das Oliveiras, Jesus envia dois discípulos à próxima vila.
2. *A missão* (21.2-3): Eles devem trazer de volta uma jumenta e seu jumentinho para que seu mestre monte.
B. **A profecia** (21.4-5): Isto é para se cumprir a profecia (Zacarias 9.9).
C. **A parada** (21.6-11): Jesus é recebido por grande multidão.
1. *A multidão prepara seu caminho* (21.6-8): As pessoas jogam roupas e ramos na estrada.
2. *A multidão proclama louvores* (21.9-11): Eles exclamam: "Hosana ao Filho de Davi! bendito o que vem em nome do Senhor!"

II. A Purificação (21.12-13)
A. **Jesus derruba as mesas dos cambistas do Templo** (21.12): Ele os expulsa.
B. **Jesus repreende os vendedores no Templo** (21.13): Eles transformaram o Templo num covil de ladrões.

III. A RESTAURAÇÃO (21.14): Jesus cura o cego e o coxo que se aproximam dele no Templo.

IV. O PROTESTO (21.15-17)
  A. **O louvor** (21.15a): Algumas crianças cantam louvores a Jesus no Templo.
  B. **O protesto** (21.15b): Os fariseus se opõem.
  C. **A profecia** (21.16-17): Jesus lembra aos críticos que isso é cumprimento de profecia (Salmo 8.2).

V. A DETERIORAÇÃO (21.18-22)
  A. **A autoridade** (21.18-19): Jesus faz com que uma figueira infrutífera seque e morra.
  B. **O espanto** (21.20): Os discípulos ficam espantados com a ação sobrenatural.
  C. **A aplicação** (21.21-22): Jesus diz que, se alguém exercitar a fé verdadeira, pode:
    1. *Fazer o que ele acabou de fazer* (21.21a).
    2. *Lançar um monte no mar* (21.21b-22).

VI. A CONFRONTAÇÃO (21.23-27)
  A. **A exigência dos fariseus** (21.23): Eles querem saber quem dá a Jesus o direito de fazer o que ele faz.
  B. **O dilema dos fariseus** (21.24-26): Jesus vira o jogo, perguntando a eles a fonte da autoridade de João Batista.
  C. **A derrota dos fariseus** (21.27): Quando eles se revelam incapazes de responder a esta pergunta, Jesus recusa-se a responder a eles.

VII. AS ILUSTRAÇÕES (21.28-46): Jesus relata duas parábolas.
  A. **A parábola dos dois filhos** (21.28-32)
    1. *O conteúdo* (21.28-30): O pai pede que seus dois filhos trabalhem em sua vinha.
      a. Um filho diz que não vai; mais tarde, entretanto, acaba trabalhando (21.28-29).
      b. O outro filho diz que vai, mas acaba não indo (21.30).
    2. *A conclusão* (21.31-32)
      a. Coletores de impostos e prostitutas podem ser comparados ao primeiro filho (21.31).
      b. Os escribas e os fariseus podem ser comparados ao segundo filho (21.32).
  B. **A parábola dos lavradores maus** (21.33-46)
    1. *O trabalho* (21.33): Um dono de terra despende tempo e trabalho preparando uma vinha e a arrenda a uns lavradores.
    2. *A perversidade* (21.34-39)
      a. A missão de seus servos e seu filho (21.34, 36a, 37-38): Durante certo tempo, o dono da terra envia seus homens para receber sua porção da colheita.
      b. A crueldade contra seus servos e seu filho (21.35, 36b, 39): Os ímpios inquilinos espancam e apedrejam os servos e matam o filho.

3. *A ira* (21.40-41): Enraivecido, o dono da terra destrói os arrendatários ímpios e contrata outros em quem pode confiar.
4. *A testemunha* (21.42): Davi predisse no Salmo 118.22-23 que isso aconteceria quando o Messias viesse: ele seria rejeitado e morto por líderes judeus ímpios.
5. *A remoção* (21.43-46): Jesus remove os privilégios do Reino de Deus de Israel.

ESBOÇO DA SEÇÃO VINTE E UM (MATEUS 22)
Jesus continua a ensinar sobre o Reino dos Céus e evita mais armadilhas verbais preparadas pelos fariseus e saduceus.

I. O Senhor de Israel Traça um Panorama do Reino dos Céus (22.1-14)
   A. **A ilustração do casamento** (22.1-2): Jesus compara o Reino dos Céus a um banquete dado por um rei a seu filho.
   B. **Os convites para o casamento** (22.3-10)
      1. *A lista de convidados exclusivos* (22.3-7)
         a. O primeiro convite (22.3)
            (1) O pedido (22.3a): Muitos são convidados.
            (2) A recusa (22.3b): Os convidados recusam-se a comparecer.
         b. O segundo convite (22.4-7)
            (1) O pedido (22.4): O rei prepara mais comidas exóticas e novamente envia os servos para trazer os convidados.
            (2) A zombaria (22.5): Os convidados ignoram o convite.
            (3) A crueldade (22.6): Outros convidados maltratam e matam os servos do rei.
            (4) A ira (22.7): O rei, furioso, envia seu exército para destruir esses convidados perversos e queimar a cidade deles.
      2. *A lista de convidados aumentada* (22.8-10)
         a. A ordem (22.8-9): Os servos agora são instruídos a ir a lugares escondidos e convidar todos os que encontrarem para o casamento.
         b. A multidão (22.10): Logo o palácio real está cheio de pessoas.
   C. **A indignação no casamento** (22.11-14)
      1. *O problema* (22.11-12)
         a. O convidado que não tem roupa de casamento (22.11): Ele não está vestido adequadamente.
         b. O convidado que não tem resposta (22.12): Quando lhe é perguntado por que não está vestido com roupa de casamento, ele não responde.
      2. *A punição* (22.13-14): O convidado que insulta o rei ao se recusar a vestir a roupa adequada para a ocasião é preso.

II. Os Líderes de Israel Opõem-se ao Reino dos Céus (22.15-46): Os ímpios fariseus e saduceus tentam montar armadilhas para Jesus em quatro ocasiões diferentes.
  A. **Primeira ocasião** (22.15-22): Com relação a pagar impostos a César
    1. *O estratagema* (22.15-17): "É lícito pagar o tributo a César, ou não?"
    2. *A denúncia* (22.18): Jesus diz que eles formam um grupo de hipócritas.
    3. *A derrota* (22.19-22): O Salvador diz: "Dai, pois, a César o que é de César, e a Deus o que é de Deus".
  B. **Segunda ocasião** (22.23-29): Com relação ao casamento e à ressurreição.
    1. *O confronto dos saduceus* (22.23-33)
      a. Seu exemplo ridículo (22.24-28): Eles querem saber se uma mulher casada sete vezes na terra terá um marido no céu.
      b. Seus erros absurdos (22.23, 29)
        (1) Sua intolerância acerca da ressurreição (22.23): Eles não crêem na ressurreição.
        (2) Sua ignorância com relação às Escrituras (22.29): Eles não compreendem o poder de Deus.
    2. *O esclarecimento do Salvador* (22.30-33)
      a. Não haverá casamento na ressurreição (22.30): Por quê? Porque as pessoas serão como os anjos no céu.
      b. Haverá, sim, ressurreição (22.31-33): Por quê? Porque Deus não é Deus dos mortos, mas dos vivos.
  C. **Terceira ocasião** (22.34-40): Com relação ao maior mandamento — Novamente os líderes judeus tentam enganar Jesus.
    1. *A pergunta* (22.34-36): "Qual é o grande mandamento na lei?"
    2. *A resposta* (22.37-40): Jesus dá a eles tanto o maior quanto o segundo maior mandamento.
      a. A identificação desses dois mandamentos (22.37-39)
        (1) O primeiro (22.37-38): "Amarás ao Senhor teu Deus de todo o teu coração, de toda a tua alma e de todo o teu entendimento".
        (2) O segundo (22.39): "Amarás ao teu próximo como a ti mesmo".
      b. A importância desses dois mandamentos (22.40): "Destes dois mandamentos dependem toda a lei e os profetas".
  D. **Quarta ocasião** (22.41-46): Com relação ao Filho de Davi.
    1. *Cristo cita o fato de que o Messias é filho de Davi, ratificando, desta forma, a humanidade do Messias* (22.41-42).
    2. *Cristo cita o fato de que o Messias é também Senhor de Davi, ratificando, desta forma, a deidade do Messias* (22.43-46).

> **ESBOÇO DA SEÇÃO VINTE E DOIS** (MATEUS 23)
> Jesus alerta os líderes religiosos de que seus caminhos tortuosos os conduzirão ao juízo e lamenta pela rebelião de Jerusalém.

I. A IRA DE JESUS (23.1-36): Sua ira é direcionada aos ímpios fariseus, a quem ele condena em público e pessoalmente.
   A. **Jesus condena publicamente os fariseus** (23.1-12)
      1. *A perversidade desses homens* (23.1-7)
         a. Não praticam o que ensinam (23.1-3).
         b. Atam fardos pesados sobre as pessoas (23.4).
         c. Fazem tudo para aparecer (23.5, 7).
         d. Fazem questão de ocupar lugares proeminentes (23.6).
      2. *O alerta contra esses homens* (23.8-12): Jesus diz que aquele que se exalta será humilhado, e aquele que se humilha será exaltado.
   B. **Jesus condena pessoalmente os fariseus** (23.13-36): Ele faz isto através de sete juízos.
      1. *Primeiro juízo* (23.13): "Fechais o reino dos céus diante dos homens; pois nem vós entrais".
      2. *Segundo juízo* (23.15): "Percorreis o mar e a terra para fazer um prosélito; e, depois de o terdes feito, o tornais duas vezes mais filho do inferno do que vós".
      3. *Terceiro juízo* (23.16-22)
         a. "Guias cegos! que dizeis: Quem jurar pelo santuário, isso nada é; mas quem jurar pelo ouro do santuário, esse fica obrigado ao que jurou" (23.16, 17).
         b. "E: Quem jurar pelo altar, isso nada é; mas quem jurar pela oferta que está sobre o altar, esse fica obrigado ao que jurou" (23.18-22).
      4. *Quarto juízo* (23.23-24)
         a. "Tendes omitido o que há de mais importante na lei, a saber, a justiça, a misericórdia e a fé; estas coisas, porém, devíeis fazer, sem omitir aquelas" (23.23).
         b. "Guias cegos! que coais um mosquito e engolis um camelo" (23.24).
      5. *Quinto juízo* (23.25-26): "Limpais o exterior do copo e do prato, mas por dentro estão cheios de rapina e intemperança".
      6. *Sexto juízo* (23.27-28): "Sois semelhantes aos sepulcros caiados, que por fora realmente parecem formosos, mas por dentro estão cheios de ossos de mortos e de toda imundícia".
      7. *Sétimo juízo* (23.29-36)
         a. "Para que sobre vós caia todo o sangue justo, que foi derramado sobre a terra, desde o sangue de Abel, o justo, até ao sangue de Zacarias" (23.29-35).
            (1) Pelas mãos de seus antepassados (23.29-31): Eles admitem que são descendentes daqueles que mataram os profetas.

(2) Por suas próprias mãos (23.32-35): Eles mataram aqueles enviados para alertá-los.
b. "Todas essas coisas hão de vir sobre esta geração" (23.36).

II. A Angústia de Jesus (23.37-39)
A. **O desejo: o que Jesus quer fazer** (23.37a): Ele anela por reunir e proteger seu povo.
B. **A negação: o que Jesus não pode fazer** (23.37b): Israel o rejeita e despreza.
C. **A desolação: o que Jesus fará** (23.38-39): Ele retirará sua presença de Israel até a Grande Tribulação.

ESBOÇO DA SEÇÃO VINTE E TRÊS (MATEUS 24)
O Sermão Profético, parte 1: Jesus prediz o futuro enquanto fala a seus discípulos no Monte das Oliveiras.

I. O Conteúdo do Sermão de Cristo (24.1-26, 29)
A. **Suas observações acerca da destruição do Templo** (24.1-3)
1. *O orgulho* (24.1): Israel orgulha-se muito do Templo.
2. *A profecia* (24.2-3)
a. A revelação de Jesus (24.2): O Templo, um dia, será completamente destruído.
b. A pergunta dos discípulos (24.3): Os discípulos querem saber quando.
B. **Suas observações sobre a destruição que acontecerá na Tribulação** (24.4-14): Eventos dos primeiros três anos e meio.
1. *Uma época de apostasia* (24.4-5, 11)
a. A chegada dos falsos profetas (24.11): Os falsos profetas conduzirão o povo ao erro.
b. A chegada dos falsos cristos (24.4-5): Falsos Messias conduzirão o povo ao erro.
2. *Uma época de anarquia* (24.6-8): Guerras eclodirão.
3. *Uma época de apatia* (24.12-13): O amor de muitos esfriará.
4. *Uma época de aflição* (24.9-10): Os crentes serão odiados, traídos e martirizados.
5. *Uma época de realizações* (24.14): O Evangelho será pregado a todas as nações.
C. **Suas observações sobre a destruição da Tribulação** (24.15-26, 29): Eventos dos últimos três anos e meio — a parte mais severa da Grande Tribulação.
1. *A perversidade contra Deus* (24.15-26)
a. O que o inimigo fará (24.15, 23-26): Construirá um objeto de sacrilégio que gerará profanação.
(1) A estátua (24.15): Pressuposta a partir de Apocalipse 13.14-18.

(2) A sutileza (24.23-26): Muitos alegarão ser o Cristo.
    b. O que os eleitos devem fazer (24.16-22): Correr para os montes.
  2. *A ira de Deus* (24.29)
    a. O sol escurecerá (24.29a).
    b. A lua não dará mais sua claridade (24.29b).
    c. As estrelas cairão do firmamento (24.29c).
    d. Os poderes dos céus serão abalados (24.29d).

II. O CLÍMAX DO SERMÃO DE CRISTO (24.27-28, 30-31, 40-41): A Segunda Vinda.
  A. **O sinal** (24.30): O Filho do Homem aparecerá nos céus.
  B. **A rapidez** (24.27): Como um relâmpago cruzando o céu.
  C. **Os chamados** (24.31): Anjos serão enviados adiante com um grande clangor de trombetas para reunir o povo de Israel de uma a outra extremidade dos céus e da terra.
  D. **A chacina** (24.28, 40-41): Armagedom!
    1. *A reunião das vítimas* (24.40-41): Um será tomado, e o outro, deixado.
    2. *A aparição dos abutres* (24.28): Para comer os corpos dos guerreiros assassinados.

III. A CHAVE PARA O SERMÃO DE CRISTO (24.32-35): O renascimento de Israel
  A. **A parábola** (24.32): O broto da figueira.
  B. **A profecia** (24.33-34)
    1. *Quando* (24.33).
    2. *Quem* (24.34).
  C. **A permanência** (24.35): Céus e terra passarão, mas a palavra de Deus é eterna.

IV. O DESAFIO DO SERMÃO DE CRISTO (24.36-39, 42-51): Fiquem atentos.
  A. **O motivo desta atenção** (24.36, 42): Ninguém sabe quando Cristo voltará.
  B. **O lembrete deste alerta** (24.37-39).
  C. **A reação a este alerta** (24.43-51)
    1. *O servo sábio* (24.43-47): Ele vigia e é recompensado.
    2. *O servo tolo* (24.48-51): Ele ignora o alerta e é condenado.

ESBOÇO DA SEÇÃO VINTE E QUATRO (MATEUS 25)
O Sermão Profético, parte 2: Jesus conta duas histórias para ilustrar o Reino dos Céus e fala do juízo final para os incrédulos.

I. A PARÁBOLA DAS DEZ VIRGENS (25.1-13)
  A. **O propósito** (25.1): Jesus conta esta parábola para explicar o Reino dos Céus, comparando-o a dez virgens que saem para encontrar o noivo.

B. As pessoas (25.2-4)
 1. *Cinco das virgens são tolas e não enchem suas lâmpadas com azeite* (25.2a, 3).
 2. *Cinco das virgens são sábias e têm azeite extra* (25.2b, 4).
C. As particularidades (25.5-13)
 1. *O clamor* (25.5-6): À meia-noite, é ouvido um grito: "Eis o noivo!"
 2. *A crise* (25.7-9)
  a. O pedido das tolas (25.7-8): "Dai-nos do vosso azeite".
  b. A recusa das sábias (25.9): "Não; pois de certo não chegaria para nós e para vós; ide antes aos que o vendem, e comprai-o para vós".
 3. *A porta fechada* (25.10-12): Ao retornar com azeite novo, as virgens tolas encontram a porta da festa fechada.
 4. *O desafio* (25.13): Mantenham-se em constante vigilância e estejam preparados para a volta do noivo.

II. A Parábola dos Dez Talentos (25.14-30)
 A. A responsabilidade (25.14-15): Jesus compara o Reino dos céus a um homem que confia seus bens a três servos antes de se ausentar do país.
  1. *O primeiro servo recebe cinco talentos* (25.14-15a).
  2. *O segundo servo recebe dois talentos* (25.15b).
  3. *O terceiro servo recebe um talento* (25.15c).
 B. A confiança (25.16-18)
  1. *O primeiro servo aplica o dinheiro* (25.16).
  2. *O segundo servo também aplica o dinheiro* (25.17).
  3. *O terceiro enterra o dinheiro* (25.18).
 C. A contagem (25.19-30): Ao retornar, o homem encontra-se com seus três servos.
  1. *O primeiro servo é recompensado por sua fidelidade* (25.19-21).
  2. *O segundo servo também é recompensado por sua fidelidade* (25.22-23).
  3. *O terceiro é severamente repreendido por sua infidelidade* (25.24-30).

III. A Parábola das Ovelhas e Cabritos (25.31-46): Jesus compara o juízo final a um pastor que separa as ovelhas dos cabritos.
 A. O separador (25.31): O próprio Salvador se encarregará disso.
 B. A separação (25.32-33): Os cabritos (os perdidos) serão colocados à sua esquerda, e as ovelhas (os salvos), à direita.
 C. Os separados (25.34-46)
  1. *As ovelhas* (25.34-40): Serão recompensadas.
   a. O conteúdo (25.34): Os salvos receberão o Reino do Pai, preparado para eles desde a fundação do mundo.
   b. O motivo (25.35-36): Devido ao seu ministério amoroso de alimentar, vestir, cuidar e até auxiliar Jesus na prisão.

c. A confusão (25.37-39): Os salvos perguntam quando isso se deu.
   d. O esclarecimento (25.40): Jesus diz que, quando eles cuidaram dos outros, cuidaram do próprio Cristo.
 2. *Os cabritos* (25.41-46): Serão punidos.
   a. O conteúdo (25.41): Inferno eterno.
   b. O motivo (25.42-43): Eles não ministraram a Jesus.
   c. A confusão (25.44): Os não salvos perguntam quando não ministraram a Jesus.
   d. O esclarecimento (25.45-46): Jesus diz que, por não terem cuidado dos outros, eles não cuidaram do próprio Jesus.

> **ESBOÇO DA SEÇÃO VINTE E CINCO** (MATEUS 26)
> Jesus e os discípulos celebram a Páscoa no cenáculo. Jesus prediz a traição de Judas e a negação de Pedro. Após a ceia, Jesus ora no Getsêmani, é preso e levado diante do sumo sacerdote.

I. O QUE PRECEDE AO CENÁCULO (26.1-16)
  A. **A predição** (26.1-2): Novamente Jesus prediz sua traição e sua crucificação.
  B. **As conspirações** (26.3-5, 14-16): Por duas vezes, planos ímpios são elaborados para matar Jesus.
   1. *A conspiração de Caifás* (26.3-5): Líderes judeus reúnem-se no palácio do sumo sacerdote para discutir formas de matar o Salvador.
   2. *A conspiração de Judas* (26.14-16): Judas concorda com os inimigos de Jesus em trair o Messias por trinta moedas de prata.
  C. **A preparação** (26.6-13): Jesus é ungido por uma mulher em Betânia.
   1. *A dedicação* (26.6-7): Uma mulher derrama o perfume caríssimo de um vaso de alabastro sobre sua cabeça.
   2. *A crítica* (26.8-9): Os discípulos a criticam por não vender o perfume e dar o dinheiro aos pobres.
   3. *A defesa* (26.10-13): Jesus defende a mulher, reportando-se a dois aspectos:
     a. O aspecto da preparação (26.10-12): Ela fez isso para preparar o corpo de Jesus para o enterro.
     b. O aspecto profético (26.13): Seu ato será lembrado onde quer que o Evangelho seja pregado.
II. A AÇÃO NO CENÁCULO (26.17-30)
  A. **As instruções** (26.17-19): Jesus designa dois de seus discípulos para preparar um lugar em Jerusalém para a Páscoa.
  B. **A acusação** (26.20-25)

1. *A traição a Jesus* (26.20-24): O Salvador anuncia aquele dos Doze que o trairá.
2. *O traidor de Jesus* (26.25): Ele identifica Judas como o tal.
C. **A instituição** (26.26-30)
   1. *A ceia* (26.26-29): A Ceia do Senhor é aí instituída,
      a. Jesus fala com relação ao pão (26.26): É o seu corpo.
      b. Jesus fala com relação ao vinho (26.27-29): É o seu sangue, derramado para perdoar os pecados.
   2. *O cântico* (26.30): Eles cantam um hino e rumam para o Monte das Oliveiras.

III. A Ação Seguinte ao Cenáculo (26.31-75)
   A. **A profecia de Jesus** (26.31-35, 56b, 69-75)
      1. *Conforme predita* (26.31-35): Jesus profere uma profecia dupla com relação aos discípulos.
         a. Todos o abandonarão (26.31-32): Ele os encontrará na Galiléia após a Ressurreição.
         b. Um deles o negará (26.33-35): Ele diz que Pedro o negará três vezes antes de o galo cantar.
      2. *Conforme cumprida* (26.56b, 69-75)
         a. A deserção (26.56b): Todos os discípulos fogem.
         b. A negação (26.69-75): Pedro nega Jesus três vezes.
   B. **As orações de Jesus** (26.36-46)
      1. *A ajuda que ele busca* (26.36-38): Jesus pede que Pedro, Tiago e João vigiem com ele.
      2. *A agonia que ele sente* (26.39-46)
         a. Sua primeira oração (26.39-41)
            (1) A luta (26.39): Jesus implora para que Deus retire o sofrimento que ele está prestes a enfrentar, mas enfatiza que seja feita a vontade do Pai, não a dele.
            (2) Os sonolentos (26.40-41): Ao retornar, Jesus encontra os três discípulos dormindo.
         b. Sua segunda oração (26.42-43)
            (1) A luta (26.42): Semelhante à primeira oração.
            (2) Os sonolentos (26.43): Novamente Jesus os encontra dormindo.
         c. Sua terceira oração (26.44-46)
            (1) A luta (26.44): Semelhante às duas primeiras.
            (2) Os sonolentos (26.45-46): Ao acordá-los, Jesus os adverte sobre sua prisão iminente.
   C. **As perseguições a Jesus** (26.47-56a, 57-68)
      1. *Ele é aprisionado* (26.47-56)
         a. Jesus e Judas (26.47-50a): Judas trai Jesus, identificando-o diante dos soldados com um beijo.
         b. Jesus e Pedro (26.50b-54): Pedro é repreendido por cortar a orelha do servo do sumo sacerdote.

c. Jesus e os soldados (26.55-56a): Ele relembra os soldados de sua inocência.
2. *Ele é acusado* (26.57-66)
   a. As tentativas (26.57-61)
      (1) Os esforços frenéticos para localizar falsas testemunhas contra Jesus (26.57-59).
      (2) Os esforços fúteis para localizar falsas testemunhas contra Jesus (26.60-61): Só duas pessoas concordam em dar testemunho.
   b. A afirmação (26.62-64): Jesus admite ao sumo sacerdote que realmente é o Messias.
   c. O acordo (26.65-66): O Sinédrio vota e o condena à morte por blasfêmia.
3. *Ele é agredido* (26.67-68): Os líderes judeus cospem e batem em Jesus.

ESBOÇO DA SEÇÃO VINTE E SEIS (MATEUS 27)
Judas, tomado de culpa por trair Jesus, enforca-se. Jesus vai a julgamento perante Pilatos, o governador romano. Pilatos crê na inocência de Jesus, mas, a pedido da multidão, o sentencia à morte. Jesus morre na cruz, salvando o mundo inteiro do pecado, de uma vez por todas.

I. Eventos Precedentes à Crucificação (27.1-31)
   A. A tragédia de Judas (27.3-10)
   1. *A prata sangrenta* (27.3-5)
      a. Seu desespero (27.3-4): Cheio de remorso, Judas devolve as trinta moedas aos líderes judeus.
      b. Sua morte (27.5): Ele se enforca.
   2. *O solo sangrento* (27.6-10)
      a. A deliberação dos sacerdotes (27.6): Eles ponderam sobre o que fazer com o dinheiro de sangue.
      b. A decisão dos sacerdotes (27.7-10)
         (1) O terreno encontrado (27.7-8): Eles usam o dinheiro para comprar um terreno para sepultar estrangeiros.
         (2) A profecia cumprida por eles (27.9-10): Este evento foi predito séculos antes (ver Jeremias 32.6-9; Zacarias 11.12-13).
   B. O julgamento perante Pilatos (27.1-2, 11-26)
   1. *O conselho* (27.1-2): Os líderes religiosos encontram-se para discutir como persuadir as autoridades romanas a condenar Jesus à morte.
   2. *A confusão* (27.11-14): Pilatos fica confuso em relação a seu famoso prisioneiro.
      a. A soberania de Jesus (27.11): Seria ele realmente um Rei? O Salvador diz que é.
      b. O silêncio de Jesus (27.12-14): Por que ele não se defende diante de seus acusadores?
   3. *O costume* (27.15): Na Páscoa, Pilatos costuma soltar um prisioneiro judeu escolhido pela multidão.

4. *O criminoso* (27.16-18): Este ano, há um criminoso notório na prisão, chamado Barrabás.
5. *A preocupação* (27.19): A mulher de Pilatos alerta seu marido sobre Jesus: "Não te envolvas na questão desse justo, porque muito sofri hoje em sonho por causa dele".
6. *A escolha* (27.20-23): Quando a oferta é feita, os ímpios fariseus exigem:
   a. O livramento de Barrabás (27.20-21).
   b. A morte de Jesus (27.22-23).
7. *A suposta purificação* (27.24-25): Pilatos lava as mãos para indicar sua inocência na execução de Jesus.
8. *O castigo cruel* (27.26): Pilatos ordena que Jesus seja açoitado.

C. **A zombaria dos soldados** (27.27-31)
   1. *Seu desprezo* (27.27-29): Eles o despem, cospem e zombam dele, dando a ele uma coroa de espinhos, um caniço de madeira e um manto escarlate.
   2. *Sua crueldade* (27.30-31): Eles batem repetidamente em sua cabeça.

II. Eventos Durante a Crucificação (27.32-50)
   A. **O carregador da cruz** (27.32-33): Um cirineu chamado Simão é forçado pelos soldados romanos a carregar a cruz de Jesus.
   B. **A taça da cruz** (27.34): Jesus recusa uma taça de vinho com fel.
   C. **A roupa ao pé da cruz** (27.35-36): Os soldados lançam sortes sobre as roupas do Salvador.
   D. **A citação da cruz** (27.37): Uma placa diz: "ESTE É JESUS, O REI DOS JUDEUS".
   E. **Os criminosos ao lado da cruz** (27.38): Dois ladrões são crucificados com Jesus, um de cada lado.
   F. **O desprezo na cruz** (27.39-44)
      1. *De onde vem o desprezo* (27.39, 41, 44)
         a. Da multidão que passa (27.39).
         b. Dos líderes judeus (27.41).
         c. Dos criminosos (27.44).
      2. *Do que consiste o desprezo* (27.40, 42-43)
         a. "Tu, que destróis o santuário e em três dias o reedificas" (27.40a).
         b. "Salva-te a ti mesmo; se és Filho de Deus, desce da cruz" (27.40b).
         c. "A outros salvou; a si mesmo não pode salvar" (27.42).
         d. "Confiou em Deus, livre-o ele agora, se lhe quer bem" (27.43).
   G. **A nuvem que cobre a cruz** (27.45): Uma estranha escuridão toma conta da região, do meio-dia até às 15 horas.
   H. **O clamor na cruz** (27.46-49)
      1. *O clamor* (27.46): "Eli, Eli, lamá sabactâni?, isto é, Deus meu, Deus meu, por que me desamparaste?"
      2. *A confusão* (27.47-49): Alguns erroneamente acreditam que ele está clamando para que Elias o salve.

I. **A morte na cruz** (27.50): Jesus clama mais uma vez e entrega seu espírito.

III. Eventos Seguintes à Crucificação (27.51-66)
   A. **A ação celestial** (27.51-53): Ocorrem três eventos sobrenaturais.
      1. *Com relação ao Templo* (27.51a): O pesado véu que separa o Santo dos Santos é rasgado em dois, de alto a baixo.
      2. *Com relação ao solo* (27.51b): A terra treme e rochas se fendem.
      3. *Com relação aos túmulos* (27.52-53): Os corpos de algumas pessoas piedosas levantam de seus túmulos e revivem.
   B. **A reação humana** (27.54-66)
      1. *Os soldados* (27.54): Aqueles ao pé da cruz ficam aterrorizados, reconhecendo que Jesus é realmente o Filho de Deus.
      2. *As mulheres* (27.55-56, 61): Maria Madalena e outras mulheres justas testemunham essas coisas com grande admiração.
      3. *Um homem rico* (27.57-60): José de Arimatéia consegue o corpo de Jesus, envolve-o em roupas limpas de linho e coloca-o em seu próprio sepulcro.
      4. *Os principais sacerdotes* (27.62-66)
         a. O que eles fazem (27.62, 64-66): Pedem permissão para selar o túmulo de Jesus e ali montar guarda.
         b. Por que fazem isso (27.63): Lembram-se das palavras de Jesus, afirmando que ressuscitaria dos mortos.

ESBOÇO DA SEÇÃO VINTE E SETE (MATEUS 28)
Neste capítulo final, Mateus relata duas aparições de Jesus após a ressurreição.

I. A Aparição de Jesus a Duas Mulheres (28.1-15)
   A. **A ação anterior a esta aparição** (28.1-8)
      1. *A chegada ao túmulo* (28.1): Maria Madalena e a outra Maria vão ao túmulo.
      2. *O anjo ao lado do túmulo* (28.2-8)
         a. O brilho (28.2-4): Sua face brilha como um raio e suas vestes são alvas, levando os guardas a ficar com muito medo.
         b. A confirmação (28.5-6): Ele anuncia a ressurreição de Jesus de entre os mortos.
         c. A missão (28.7-8): As mulheres devem contar aos discípulos a gloriosa notícia, informando que o Salvador os encontrará na Galiléia.
   B. **A ação durante esta aparição** (28.9-10)
      1. *As mulheres encontram Jesus* (28.9a).
      2. *As mulheres ouvem Jesus* (28.9b).
      3. *As mulheres adoram Jesus* (28.9c).

4. *As mulheres obedecem a Jesus* (28.10): Novamente elas são lembradas de que devem avisar os discípulos do encontro na Galiléia.
C. **A ação seguinte a esta aparição** (28.11-15): Os guardas, aterrorizados, contam aos principais sacerdotes o que aconteceu no túmulo.
   1. *Primeiro, dizem a verdade* (28.11): Os soldados fazem um relato verídico sobre o que aconteceu no túmulo.
   2. *Depois, vendem a verdade* (28.12-15): Por certa quantia de dinheiro, concordam em mentir, alegando que os discípulos de Jesus levaram seu corpo.

II. A Aparição de Jesus aos Onze Discípulos (28.16-20)
   A. **O monte** (28.16): Eles se encontram num monte na Galiléia, conforme Jesus os instruíra.
   B. **A reação** (28.17): Alguns o adoram, enquanto outros ainda duvidam.
   C. **A ordem** (28.18-20)
      1. *A autoridade* (28.18): A Jesus é dada autoridade na terra e nos céus.
      2. *A tarefa* (28.19-20a): Os discípulos devem alcançar e ensinar todas as nações.
      3. *A confirmação* (28.20b): Ele sempre estará com eles.

Marcos

ESBOÇO DA SEÇÃO UM (MARCOS 1)
João Batista prega a vinda do Messias e batiza Jesus. O Salvador é tentado durante quarenta dias por Satanás no deserto. Jesus chama seus primeiros quatro discípulos e dá início a seu ministério de ensino e cura.

I. EVENTOS QUE PRECEDEM O MINISTÉRIO DE JESUS (1.1-13)
   A. **As testemunhas do Antigo Testamento** (1.1-3): Marcos começa seu relato citando dois profetas do Antigo Testamento.
      1. *Malaquias, que falou do mensageiro de Deus* (1.1-2): (Malaquias 3.1): O mensageiro é João Batista.
      2. *Isaías, que falou da mensagem de Deus* (Isaías 40.3) (Marcos 1.3): A mensagem é: "Preparai o caminho do Senhor".
   B. **A obra de João Batista** (1.4-11)
      1. *João batiza multidões de judeus* (1.4-8): As pessoas confessam seus pecados e são batizadas.
      2. *João batiza o Messias judeu* (1.9-11): O Espírito Santo repousa sobre Jesus e uma voz é ouvida dos céus, anunciando o prazer que Deus tem nele.
   C. **A ira do diabo** (1.12-13): Jesus é tentado por Satanás durante quarenta dias.

II. EVENTOS NO COMEÇO DO MINISTÉRIO DE JESUS (1.14-45)
   A. **A promessa do Salvador** (1.16-20): Jesus chama André, Pedro, Tiago e João, prometendo torná-los pescadores de homens.
   B. **A pregação do Salvador** (1.14-15, 38-39)
      1. *O que ele prega* (1.14-15): Ele prega as Boas-novas de que o Reino de Deus está próximo.
      2. *Onde ele prega* (1.38-39): Ele viaja por toda a Galiléia.
   C. **A oração do Salvador** (1.35-37): Jesus vai ao deserto cedo de manhã para orar.
   D. **O poder do Salvador** (1.21-34, 40-45): Jesus liberta várias pessoas endemoninhadas.
      1. *Curas individuais* (1.21-31, 40-45)
         a. Um homem endemoninhado (1.21-28)

(1) O tormento do homem (1.21-23): Ele está possuído por um espírito maligno.
(2) O reconhecimento do demônio (1.24): O espírito maligno reconhece imediatamente Jesus como o Filho de Deus.
(3) A ordem do Senhor (1.25-26): Ele ordena que o demônio saia do homem.
(4) O assombro da multidão (1.27-28): Eles são dominados pelo poder e pela mensagem de Jesus.
  b. A sogra de Pedro (1.29-31)
(1) A sofredora (1.29-30): Ela está de cama, com febre alta.
(2) A serva (1.31): Jesus a cura, e ela começa a servi-lo e aos discípulos.
  c. Um homem com lepra (1.40-45)
(1) As lágrimas (1.40): O leproso ajoelha-se, implorando a Jesus pela cura.
(2) O toque (1.41-42): Cheio de compaixão, Jesus o toca e restaura.
(3) O testemunho (1.43-45)
   (a) O que Jesus diz para o homem não fazer (1.43-44): "Não digas nada a ninguém!"
   (b) O que o homem faz (1.45): Ele conta a todos o que aconteceu com ele.
 2. *Curas coletivas* (1.32-34): Multidões reúnem-se com Jesus à busca de cura e livramento.

ESBOÇO DA SEÇÃO DOIS (MARCOS 2)
Os inimigos de Jesus o criticam em quatro ocasiões diferentes: duas, por fazer o que eles acham que *não* deveria fazer; outras duas, por não fazer o que eles acham que *deveria* fazer.

I. As Duas Primeiras Críticas (2.1-17): O que os fariseus acham que Jesus não deveria fazer.
  A. Jesus e um homem num leito (2.1-12)
   1. *Alguns amigos solidários* (2.1-5, 11-17)
    a. A incapacidade do paralítico (2.1-4): Ele está totalmente imóvel, confinado a uma maca.
(1) A intervenção de seus amigos (2.1-3): Quatro homens o levam a Jesus.
(2) A engenhosidade de seus amigos (2.4): Incapazes de entrar por causa da multidão, eles abrem um buraco no telhado e baixam seu amigo.
    b. A cura do paralítico (2.5, 11-12)
(1) Sua cura espiritual (2.5): Jesus diz: "Filho, perdoados são os teus pecados".

(2) Sua cura física (2.11-12): Jesus diz: "Levanta-te, toma o teu leito, e vai para tua casa".
   2. *Alguns inimigos hostis* (2.6-10)
      a. A crítica dos escribas (2.6-7): Eles o acusam de blasfêmia por perdoar pecados.
      b. A defesa do Salvador (2.8-10): Ele diz que sua autoridade para perdoar pecados se comprova no seu poder de curar.
   B. Jesus e um homem na coletoria (2.13-17)
   1. *A conversão de Levi* (2.13-14): Jesus encontra Levi sentado na coletoria e o convida a se tornar um discípulo.
   2. *A celebração de Levi* (2.15-17): Ele convida vários amigos para que possam conhecer Jesus.
      a. A história de seus convidados (2.15): Muitos são pecadores notórios na comunidade.
      b. A amargura contra esses convidados (2.16): Os fariseus ficam enraivecidos com isso, querendo saber por que Jesus se junta a tais pecadores.
      c. O motivo para a presença desses convidados (2.17): Jesus explica que não veio para chamar os justos ao arrependimento, mas os pecadores.

II. As Duas Críticas Finais (2.18-28): O que os fariseus acham que Jesus deveria fazer.
   A. Eles dizem que ele não observa o jejum (2.18-22)
   1. *A reprovação* (2.18): Eles querem saber por que os discípulos de Jesus não jejuam quando os discípulos deles o fazem.
   2. *A resposta* (2.19-22)
      a. Os convidados de um casamento não jejuam enquanto o noivo está com eles (2.19-20).
      b. Ninguém costura remendo novo em veste velha (2.21).
      c. Ninguém coloca vinho novo em odres velhos (2.22).
   B. Eles dizem que Jesus não guarda o sábado (2.23-28)
   1. *A reprovação* (2.23-24): Ele permite que os discípulos colham espigas e comam grãos no sábado.
   2. *A resposta* (2.25-28)
      a. A Davi foram dados pães consagrados, que somente os sacerdotes deveriam comer (2.25-26).
      b. O sábado foi feito para o homem, e não o homem para o sábado, e Jesus é o Senhor do sábado (2.27-28).

ESBOÇO DA SEÇÃO TRÊS (MARCOS 3)

Jesus cura um homem no sábado, provocando a ira dos fariseus. Multidões continuam a segui-lo e ele cura um endemoninhado e um enfermo. Jesus escolhe seus doze discípulos. Fala da fonte de seu poder e sobre sua verdadeira família.

I. A CORAGEM DE JESUS (3.1-6)
   A. **O milagre** (3.1-5): Jesus cura um homem de mão ressequida no sábado, diante dos ímpios fariseus.
   B. **A maldade** (3.6): Enraivecidos com o fato, os fariseus conspiram com os herodianos para matar Jesus.

II. A COMPAIXÃO DE JESUS (3.7-12)
   A. **O que ele faz** (3.7-11)
      1. *Ele restaura os que estão enfermos* (3.7-10).
      2. *Ele liberta os que estão possessos* (3.11).
   B. **O que ele diz** (3.12): Jesus adverte os demônios a não dizer quem ele é.

III. O CHAMADO DE JESUS (3.13-19): Ele convida um grupo de homens a se tornar seus discípulos.
   A. **O número** (3.13-14): Doze homens são chamados.
   B. **A missão** (3.15): Eles devem pregar e expulsar demônios.
   C. **Os nomes** (3.16-19): Pedro, Tiago, João, André, Filipe, Bartolomeu, Mateus, Tomé, Tiago (filho de Alfeu), Tadeu, Simão e Judas Iscariotes.

IV. OS CRÍTICOS DE JESUS (3.20-30)
   A. **A crítica de seus parentes** (3.20-21): Eles temem que seu zelo por Deus tenha afetado sua mente.
   B. **A crítica de seus inimigos** (3.22-30)
      1. *A acusação dos líderes judeus* (3.22): Eles dizem que Jesus expulsa demônios por Satanás, o príncipe dos demônios.
      2. *A resposta do Salvador* (3.23-30)
         a. Suas palavras de sabedoria (3.23-27): "Como pode Satanás expulsar Satanás?"
         b. Suas palavras de alerta (3.28-30): Ele alerta seus ímpios inimigos que a blasfêmia contra o Espírito Santo — que eles estão cometendo — é o pecado imperdoável.

V. O ESCLARECIMENTO DE JESUS (3.31-35)
   A. **O desejo de seus familiares terrenos** (3.31-32): Os membros da família de Jesus querem vê-lo.
   B. **A descrição de sua família eterna** (3.33-35): Jesus explica que todos os que fazem a vontade de Deus são parte de sua família.

> **ESBOÇO DA SEÇÃO QUATRO** (MARCOS 4)
> Jesus ensina sobre o Reino, contando as parábolas do semeador, da candeia, da semente e do grão de mostarda.

I. Jesus Conta Suas Parábolas (4.1-34)
   A. **A parábola do semeador e da semente** (4.1-20)
      1. *Informação na parábola* (4.1-9): O semeador lança sementes em quatro tipos de solo, produzindo quatro resultados diferentes.
         a. O solo à beira do caminho (4.1-4): Esta semente é logo devorada por pássaros.
         b. O solo rochoso (4.5-6): Esta semente logo brota, mas seca rapidamente, queimada pelo sol.
         c. O solo espinhoso (4.7): A semente é logo sufocada pelos espinhos.
         d. O solo fértil (4.8-9): Esta semente produz trinta, sessenta ou até cem frutos.
      2. *Isaías e as parábolas* (4.10-12): Este profeta do Antigo Testamento predisse que o sábio entenderia as parábolas de Deus, mas não o tolo.
      3. *A interpretação da parábola* (4.13-20)
         a. Solo à beira do caminho (4.13-15): Este solo representa aqueles que ouvem a mensagem, mas não a entendem, permitindo que Satanás a tire deles.
         b. Solo rochoso (4.16-17): Este solo representa aqueles que não têm profundidade e desistem quando enfrentam perseguição.
         c. Solo espinhoso (4.18-19): Este solo representa aqueles que permitem que o engano das riquezas sufoque a semente.
         d. Solo fértil (4.20): Este solo representa aqueles que tanto ouvem quanto entendem a mensagem, permitindo que a semente produza abundantemente.
   B. **A parábola da candeia** (4.21-25): Jesus diz que, quanto mais alguém permitir que sua luz brilhe, mais claras as verdades das parábolas se tornarão.
   C. **A parábola da semente que cresce** (4.26-29): A palavra de Deus, uma vez enraizada no coração do crente, produz frutos.
   D. **A parábola do grão de mostarda** (4.30-34): O Reino de Deus é como um grão de mostarda: pequenino, quando plantado torna-se uma das maiores plantas.

II. Jesus Revela Seu Poder (4.35-41)
   A. **A crise** (4.35-38a)
      1. *O mar tormentoso* (4.35-37): Jesus e os discípulos subitamente deparam-se com uma furiosa tempestade enquanto atravessam o mar da Galiléia num barco.
      2. *O Salvador que dorme* (4.38a): Jesus está dormindo na popa do barco.

B. **O clamor** (4.38b): Cheios de temor, eles clamam a Jesus: "Não se te dá que pereçamos?"
C. **A calma** (4.39-41)
  1. *A repreensão* (4.39): Ele repreende o vento e o mar, dizendo: "Aquieta-te".
  2. *A repreensão* (4.40): Jesus repreende os discípulos por sua falta de fé.
  3. *A reação* (4.41): Eles ficam tomados de espanto por causa do poder de Jesus.

ESBOÇO DA SEÇÃO CINCO (MARCOS 5)
Jesus liberta um homem possesso por vários espíritos malignos, enviando-os para uma manada de porcos. Quando uma mulher toca a veste de Jesus, ele a cura. Ele também recompensa a fé do líder de uma sinagoga, ressuscitando sua filha.

I. JESUS LIBERTA UM HOMEM POSSESSO (5.1-20)
  A. **O desespero** (5.1-5): Este homem é continuamente atormentado por grande número de demônios.
    1. *O homem vive entre túmulos* (5.1-3a).
    2. *Ninguém consegue mantê-lo acorrentado* (5.3b-4).
    3. *Ele grita constantemente e se flagela com pedras* (5.5).
  B. **O livramento** (5.6-13): Jesus fala com os espíritos malignos dentro do homem.
    1. *O pânico dos demônios* (5.6-7): Em grande temor, eles imploram a Jesus que não os atormente antes de seu tempo.
    2. *A súplica dos demônios* (5.8-13)
      a. O pedido (5.9-12): Os demônios pedem permissão para entrar numa grande manada de porcos nas proximidades.
      b. O resultado (5.13): Jesus permite, e os porcos possuídos caem despenhadeiro abaixo, afogando-se no mar.
      c. A libertação (5.8): O homem é libertado.
  C. **A descrença** (5.14-17): Os donos dos porcos e pessoas da cidade correm para ver o que aconteceu.
    1. *O que eles vêem* (5.14-16): Eles vêem o antigo louco sentado, vestido e são.
    2. *O que eles dizem* (5.17): Eles obrigam Jesus a ir embora e os deixar em paz.
  D. **O desejo** (5.18-20)
    1. *O pedido do homem* (5.18): Ele implora que lhe seja permitido seguir Jesus.
    2. *A resposta do Messias* (5.19-20): O Salvador nega, pedindo ao homem que partilhe seu testemunho com os outros.
II. JESUS RECUPERA UMA MULHER SOFREDORA (5.25-34)
  A. **Sua doença** (5.25-26)

1. *A descrição* (5.25): Há doze anos ela sofre de hemorragia interna.
2. *A deterioração* (5.26): Sua condição está piorando.

B. **Sua determinação** (5.27-28): Ela luta e consegue mover-se por entre a multidão para tocar no manto de Jesus, crendo que isto a curará.
C. **Seu livramento** (5.29-34)
   1. *A cura* (5.29): Sua hemorragia pára imediatamente.
   2. *O interesse* (5.30-32): Virando-se, Jesus quer saber quem o tocou.
   3. *A confissão* (5.33): A mulher admite que tocou Jesus.
   4. *A confirmação* (5.34): Jesus diz à mulher que sua fé trouxe-lhe a cura.

III. Jesus Ressuscita uma Menina Morta (5.21-24, 35-43)
   A. **O pedido** (5.21-24)
      1. *A pessoa* (5.21-22): Um líder da sinagoga chamado Jairo aproxima-se de Jesus.
      2. *O problema* (5.23-24): Ele implora que o Salvador vá e cure sua filha, que está morrendo.
   B. **A notícia** (5.35): Jairo recebe a notícia de que sua filha acaba de morrer.
   C. **A reafirmação** (5.36): Jesus diz a Jairo: "Não temas, crê somente".
   D. **A restrição** (5.37): Jesus permite que apenas Pedro, Tiago e João o acompanhem à casa de Jairo.
   E. **O escárnio** (5.38-40a)
      1. *A confusão* (5.38): Jesus encontra choro descontrolado e lamento ao entrar na casa de Jairo.
      2. *O desprezo* (5.39-40a): O Salvador é ridicularizado quando diz que a criança está simplesmente dormindo.
   F. **A ressurreição** (5.40b-43)
      1. *A ordem* (5.40b-41): "A ti te digo, levanta-te".
      2. *A obediência da criança* (5.42): Ela se levanta, para espanto dos pais.
   G. **A restrição** (5.43): Jesus ordena que os pais da garota não contem a ninguém o que aconteceu e dêem algo de comer à menina.

ESBOÇO DA SEÇÃO SEIS (MARCOS 6)
O povo da cidade natal de Jesus o rejeita. O Salvador envia seus discípulos numa missão de pregação e cura. Herodes manda decapitar João Batista. Jesus alimenta cinco mil e anda sobre as águas.

I. A Maldade dos Nazarenos (6.1-6a): Jesus visita sua cidade natal, mas é rejeitado pelo povo de Nazaré.
   A. **A hostilidade** (6.1-3): Eles se ressentem do fato de um conterrâneo adquirir tanto poder e sabedoria.
   B. **A impossibilidade** (6.4-6a): Por causa da incredulidade deles, Jesus consegue operar poucos milagres.

II. A Missão dos Doze (6.6b-13): Jesus envia seus discípulos em duplas.
   A. **Suas ordens** (6.6b-11)
      1. *Expulsar demônios* (6.6b-7)
      2. *Não levar alimento, dinheiro e roupas extras* (6.8-10)
      3. *Condenar cidades não crentes* (6.11)
   B. **Suas realizações** (6.12-13)
      1. *Eles expulsam demônios* (6.13a)
      2. *Eles pregam o Evangelho* (6.12)
      3. *Eles curam os doentes* (6.13b)

III. O Martírio de João Batista (6.14-29)
   A. **João é maltratado por Herodes Antipas** (6.17-20)
      1. *O que Herodes faz* (6.17): Ele ordena que João seja preso, amarrado e encarcerado.
      2. *Por que Herodes o faz* (6.18-20): João Batista condena o casamento adúltero entre o rei e sua esposa, Herodias, acendendo a ira da rainha.
   B. **João é assassinado por Herodes Antipas** (6.21-29)
      1. *A festa* (6.21): Herodes oferece um banquete para celebrar seu aniversário.
      2. *A apresentação* (6.22a): A filha de Herodias executa uma dança que agrada muito o rei.
      3. *A promessa* (6.22b-23): Como forma de agradecimento, Herodes promete conceder o que ela desejar.
      4. *A conspiração* (6.24-29): Influenciada pela rainha Herodias, a filha pede a cabeça de João numa bandeja, e o pedido é rapidamente atendido.
   C. **Jesus é confundido por Herodes Antipas** (6.14-16): À primeira vista, Herodes pensa que Jesus é a reencarnação de João.

IV. Os Milagres de Jesus (6.30-56): Jesus alimenta cinco mil, anda sobre as águas e cura muitas pessoas.
   A. **Alimentando os cinco mil** (6.30-44)
      1. *Eventos precedentes a este milagre* (6.30-38)
         a. A análise de Jesus (6.30-31): Percebendo o cansaço dos discípulos, Jesus os leva a um lugar tranqüilo, onde eles podem descansar.
         b. A compaixão de Jesus (6.32-34): Grande multidão se aproxima, e Jesus se enche de compaixão por elas, pois são como ovelhas sem pastor.
         c. A ordem de Jesus (6.35-38)
            (1) O desespero dos discípulos (6.35-36): Percebendo que não há comida, eles aconselham Jesus a enviar a multidão faminta embora.
            (2) A instrução de Jesus (6.37-38): À sua ordem, os discípulos andam por entre a multidão, procurando por comida, e encontram cinco pães e dois peixes.

2. *Eventos que acompanham este milagre* (6.39-42)
   a. As providências (6.39-40): Jesus faz o povo se assentar em grupos de 50 ou 100 pessoas.
   b. O reconhecimento (6.41): Ele agradece ao Pai celestial pelo alimento que estão prestes a receber.
   c. A abundância (6.42): Todos comem até se fartar.
3. *Eventos seguintes ao milagre* (6.43-44)
   a. As refeições (6.43): Doze cestos cheios de pães e peixes são recolhidos pelos discípulos.
   b. Os homens (6.44): Cinco mil homens estão satisfeitos.
B. **Andando por sobre as águas** (6.45-52)
   1. *A conscientização* (6.45-48a): Em pé numa colina, Jesus vê seus discípulos lutando por suas vidas num barco castigado por uma terrível tempestade.
   2. *A aproximação* (6.48b): Jesus vem a eles andando por sobre as águas, no meio da noite.
   3. *O susto* (6.49-50a): Os discípulos ficam aterrorizados, pensando tratar-se de um fantasma.
   4. *A segurança* (6.50b-51a): Ele os tranqüiliza e sobe no barco, e a tempestade cessa imediatamente.
   5. *A admiração* (6.51b-52): Eles ficam admirados com seu grande poder.
C. **Curando multidões** (6.53-56): Ao chegar em Genezaré, o Salvador cura várias pessoas.

ESBOÇO DA SEÇÃO SETE (MARCOS 7)
Jesus ensina sobre a pureza interior e recompensa a fé da mulher gentia, curando sua filha endemoninhada. Também cura um surdo-mudo, para espanto dos espectadores.

I. A Mensagem de Santidade Pregada por Jesus (7.1-23)
   A. **A razão de ser da mensagem** (7.1-5): Os ímpios fariseus exigem saber por que Jesus nem sempre observa as leis e os regulamentos dos judeus quanto à purificação externa.
   B. **A repreensão na mensagem** (7.6-23)
      1. *A profecia* (7.6-7): Ele os relembra da predição de Isaías de que o povo de Deus honraria o Messias com os lábios, mas o odiaria no coração (Isaías 29.13).
      2. *O exemplo dos pais* (7.8-13): Jesus diz que os fariseus distorcem as leis de Deus para evitar a responsabilidade de sustentar seus pais.
      3. *A pregação* (7.14-23)
         a. Proclamando a mensagem (7.14-16): Jesus diz que a contaminação nada tem a ver com o que se come, mas sim com o que alguém diz e faz.

b. Explicando a mensagem (7.17-23)
   (1) A ingestão de alimento supostamente imundo não contamina (7.17-19).
   (2) O resultado de uma vida de pensamentos impuros — incluindo a cobiça, o roubo, o assassinato, o adultério, o engano, a inveja, a difamação e o orgulho — é o que contamina (7.20-23).

II. OS MILAGRES DE CURA OPERADOS POR JESUS (7.24-37)
   A. A cura de uma menina endemoninhada (7.24-30)
      1. *A mãe de coração quebrantado* (7.24-26)
         a. O lugar (7.24): A região de Tiro.
         b. O problema (7.25): Uma garota gentia está possuída por um espírito maligno.
         c. A súplica (7.26): A mãe da menina, desesperada, implora que Jesus cure sua filha.
      2. *O bondoso Messias* (7.27-30)
         a. Seu lembrete (7.27): Ele diz que veio para ajudar o povo judeu, e que "não é bom tomar o pão dos filhos e lançá-lo aos cachorrinhos".
         b. A resposta dela (7.28-30)
            (1) O raciocínio (7.28): Ela responde: "Sim, Senhor; mas também os cachorrinhos debaixo da mesa comem das migalhas dos filhos".
            (2) A recompensa (7.29-30): Por causa desta resposta, Jesus liberta a menina.
   B. A cura do homem surdo-mudo (7.31-37)
      1. *O desespero do homem* (7.31-32): O povo traz o homem a Jesus e implora que ele o cure.
      2. *A declaração do Messias* (7.33-37)
         a. O que ele faz (7.33): Jesus toca a orelha e a boca do homem.
         b. O que ele diz (7.34-37)
            (1) Para os ouvidos surdos (7.34-35): "Abre-te". E o homem passa a ouvir e falar perfeitamente.
            (2) À multidão (7.36-37): Jesus instrui o povo a não contar a ninguém, mas eles contam.

> **ESBOÇO DA SEÇÃO OITO** (MARCOS 8)
> Jesus alimenta os quatro mil. Os fariseus exigem um sinal miraculoso de Jesus, mas ele recusa. O Salvador cura um cego e prediz a própria morte. Jesus pergunta aos discípulos quem eles acham que ele é, e Pedro identifica Jesus corretamente como o Messias.

I. A Provisão do Salvador (8.1-10)
   A. **Sua preocupação** (8.1-4, 9-10)
      1. *O problema que ele enfrenta* (8.1, 9-10): Uma multidão de quatro mil pessoas reúne-se para ouvi-lo pregar e a comida acaba.
      2. *A piedade que Jesus sente* (8.2-3): O coração de Jesus é tocado. Ele sabe que as pessoas estão famintas.
      3. *O pessimismo que Jesus encontra* (8.4): Os discípulos concluem que não há nada a ser feito.
   B. **Sua ordem** (8.5-8)
      1. *A quantidade de comida* (8.5-7): Somente sete pães e alguns pequenos peixes são encontrados com a multidão.
      2. *A abundância de comida* (8.8)
         a. Todos comem até se satisfazer (8.8a).
         b. Ainda sobram sete cestos cheios (8.8b).

II. A Provocação ao Salvador (8.11-13)
   A. **A exigência dos fariseus** (8.11): Eles pedem a Jesus um sinal do céu.
   B. **A recusa do Messias** (8.12-13): "A esta geração não será dado sinal algum".

III. A Paciência do Salvador (8.14-21)
   A. **O alerta** (8.14-15): Jesus alerta seus discípulos: "Guardai-vos do fermento dos fariseus e do fermento de Herodes".
   B. **A confusão** (8.16): Eles acham que Jesus se refere a pães de verdade.
   C. **O esclarecimento** (8.17-21): Jesus pergunta a seus discípulos por que eles acham que Ele se preocuparia com pães, depois de vê-lo alimentar cinco mil e depois quatro mil pessoas a partir de quase nada.

IV. O Poder do Salvador (8.22-26): Jesus cura um homem cego em Betsaida.
   A. **O primeiro toque de Jesus** (8.22-24): Isto faz com que o cego enxergue as pessoas como árvores andantes.
   B. **O segundo toque de Jesus** (8.25-26): Isto faz com que o cego enxergue tudo claramente.

V. A Instigação do Salvador (8.27-30): Jesus faz duas perguntas aos discípulos.
   A. **Primeira pergunta** (8.27-28)
      1. *A pergunta* (8.27): "Quem dizem os homens que eu sou?"
      2. *A resposta* (8.28): "Uns dizem: João, o Batista; outros: Elias; e ainda outros: Algum dos profetas".

B. Segunda pergunta (8.29-30)
   1. *A pergunta de Jesus* (8.29a): "Mas vós, quem dizeis que eu sou?"
   2. *A resposta de Pedro* (8.29b): "Tu és o Cristo".
   3. *O alerta de Jesus* (8.30): Jesus os adverte a não contar a respeito dele a ninguém.

VI. A PREDIÇÃO DO SALVADOR (8.31-38)
   A. A revelação (8.31): Jesus prediz sua rejeição, sua morte e sua ressurreição.
   B. As repreensões (8.32-33)
      1. *Pedro repreende Jesus* (8.32).
      2. *Jesus repreende Pedro* (8.33).
   C. As exigências (8.34): Para ser discípulo de Jesus, a pessoa deve tomar sua cruz e segui-lo.
   D. As recompensas (8.35-38): Perder sua vida por Cristo significa ganhá-la.

ESBOÇO DA SEÇÃO NOVE (MARCOS 9)
Pedro, Tiago e João testemunham a transfiguração de Jesus no topo da montanha. Jesus cura um garoto endemoninhado e novamente prediz sua morte e sua ressurreição.

I. A TRANSFIGURAÇÃO (9.1-13)
   A. Subindo o Monte da Transfiguração (9.1-2a)
      1. *A profecia* (9.1): Jesus diz a seus discípulos que alguns deles verão o Reino de Deus em sua glória.
      2. *As pessoas* (9.2a): Jesus escolhe Pedro, Tiago e João para acompanhá-lo.
   B. No Monte da Transfiguração (9.2b-8)
      1. *A aparição de Moisés e Elias* (9.2b-4).
      2. *A suposição de Pedro* (9.5-6): Ele nivela, de forma errônea, Jesus, Moisés e Elias.
      3. *A aprovação do Pai* (9.7-8): "Este é o meu Filho amado: a ele ouvi".
   C. Descendo o Monte da Transfiguração (9.9-13)
      1. *A ordem* (9.9-10): Jesus os alerta para manter silêncio sobre sua transfiguração.
      2. *A confusão* (9.11): Eles perguntam a ele por que os mestres da lei insistem em que Elias deve retornar antes que o Messias venha.
      3. *O esclarecimento* (9.12-13): Jesus diz que Elias já veio, na pessoa de João Batista.

II. A RESTAURAÇÃO (9.14-32): Jesus cura um garoto endemoninhado
   A. Os preâmbulos (9.14-16): Jesus encontra nove discípulos discutindo com alguns mestres da lei.
   B. As particularidades (9.17-29)
      1. *A vítima* (9.17-22)

a. O pai indefeso (9.17a): Um pai desesperado conta a Jesus que os discípulos são incapazes de expulsar o espírito maligno do garoto.
b. O filho sem esperança (9.17b-18a, 20-22)
   (1) A origem de seu problema (9.17b): Ele está possuído por demônio.
   (2) Os sintomas de seu problema (9.18a): Um espírito maligno lança o menino em terríveis convulsões.
   (3) A extensão de seu problema (9.20-22): Ele está possuído desde sua infância.
c. Os discípulos indefesos (9.18b-19): Eles não têm poder para ajudar.
2. *A vitória* (9.23-29)
   a. Jesus tranqüiliza o pai (9.23-24)
      (1) A força da fé (9.23): O Salvador diz: "Tudo é possível ao que crê".
      (2) A batalha pela fé (9.24): O pai diz: "Creio. Ajuda a minha incredulidade".
   b. Jesus repreende o demônio (9.25-26).
   c. Jesus restaura o filho (9.27).
   d. Jesus revela o segredo (9.28-29)
      (1) Os discípulos (9.28): "Por que não pudemos nós expulsá-lo?"
      (2) O Salvador (9.29): "Esta casta não sai de modo algum, salvo à força de oração".
C. **A profecia** (9.30-32): Jesus novamente prediz sua traição, sua morte e sua ressurreição.

III. O Esclarecimento (9.33-50): Jesus fala de três assuntos:
  A. **Humildade** (9.33-37): É o segredo da grandeza.
  B. **Harmonia** (9.38-41): Devemos ter comunhão com todos os seguidores de Cristo.
  C. **O inferno** (9.42-50): Faça o que for preciso para evitar o inferno.

ESBOÇO DA SEÇÃO DEZ (MARCOS 10)
Jesus abençoa algumas crianças e fala sobre a fé típica de uma delas. Fala também sobre o divórcio e a dificuldade de ter riquezas materiais e espirituais simultaneamente. Ele prediz sua morte. Tiago e João pedem por glória no Reino. Jesus cura um cego.

I. Jesus e a Questão do Divórcio (10.1-12): Ele é confrontado por dois grupos com relação à questão do divórcio.
  A. **O grupo dos dissimulados** (10.1-9)
    1. *O que Moisés disse* (10.1-4): Os fariseus dizem a Jesus que Moisés permitiu o divórcio.

2. *Por que Moisés disse* (10.5-9): Jesus diz aos fariseus que:
    a. O divórcio era apenas um plano permissivo de Deus (10.5): Ele o permitiu por causa da forte perversidade do povo.
    b. O divórcio não é o plano perfeito de Deus (10.6-9): Ele criou homem e mulher para que se juntassem permanentemente em casamento.
  B. **O grupo dos sinceros** (10.10-12): Num encontro particular, Jesus explica seus comentários aos discípulos confusos.
    1. *Divorciar-se de uma mulher e casar com outra é cometer adultério* (10.10-11).
    2. *Divorciar-se de um homem e casar com outro é cometer adultério* (10.12).

II. Jesus e Algumas Criancinhas (10.13-16): Jesus repreende seus discípulos e recebe algumas crianças.
  A. **Ele repreende seus discípulos por tentar impedir que algumas crianças o vejam** (10.13-14).
  B. **Ele recebe as crianças e as abençoa** (10.15-16).

III. Jesus e o Jovem Rico (17-22)
  A. **O jovem interessado** (10.17-21)
    1. *O que ele anela* (10.17): Ele deseja a vida eterna.
    2. *O que lhe falta* (10.18-21)
      a. Ele diz que observa todos os preceitos de Deus (10.18-20).
      b. Jesus diz que ele deve abandonar todas as suas posses (10.21).
  B. **O jovem triste** (10.22): Ele vai embora triste, pois é muito rico.

IV. Jesus e os Discípulos (10.23-31): Depois da saída do jovem rico, Jesus aborda a questão das riquezas.
  A. **A alegoria** (10.23-25): Jesus diz que é mais fácil um camelo passar pelo fundo de uma agulha do que um rico entrar no Reino de Deus.
  B. **O espanto** (10.26): Os discípulos, admirados, perguntam quem pode ser salvo.
  C. **A segurança** (10.27-31)
    1. *Ele os tranqüiliza com relação à redenção* (10.27): Para Deus, tudo é possível.
    2. *Ele os tranqüiliza com relação às recompensas* (10.28-31): Todos os que seguem Jesus serão amplamente abençoados.

V. Jesus e a Cruz (10.32-34): Novamente ele prediz sua traição, morte e ressurreição.

VI. Jesus e Dois Irmãos (10.35-45): Tiago e João pedem um favor a Jesus.
  A. **O pedido** (10.35-37): "Concede-nos que na tua glória nos sentemos, um à tua direita, e outro à tua esquerda".
  B. **A recusa** (10.38-39): Jesus diz que eles não sabem o que estão pedindo.

C. **A restrição** (10.40): Ele então diz que o Pai, não o Filho, determinará o arranjo dos assentos futuros.
D. **O ressentimento** (10.41): Ao saber de tudo isso, os outros dez discípulos ficam indignados com os dois.
E. **A recapitulação** (10.42-45): Jesus usa esta situação tensa para estipular as condições para a verdadeira grandeza.

VII. JESUS E O HOMEM CEGO (10.46-52)
　A. **O pedido do homem cego** (10.46-47)
　　1. *Quem ele é* (10.46): Seu nome é Bartimeu.
　　2. *O que ele quer* (10.47): Ele clama a Jesus para que tenha misericórdia dele.
　B. **A reação da multidão** (10.48-50)
　　1. *Primeiro eles o repreendem* (10.48): Eles o mandam calar.
　　2. *Depois, o incentivam* (10.49-50): "Tem bom ânimo; levanta-te, ele te chama".
　C. **A restauração do Salvador** (10.51-52): Jesus recupera a visão de Bartimeu.

> **ESBOÇO DA SEÇÃO ONZE** (MARCOS 11)
> Jesus cumpre a profecia, entrando triunfalmente em Jerusalém montado num jumento. Ele expulsa mercadores corruptos do Templo, recusa-se a reagir a um desafio à sua autoridade, feito por inimigos que não conseguem responder à pergunta que Jesus lhes faz.

I. A CELEBRAÇÃO (11.1-11): Marcos descreve a entrada triunfal de Jesus em Jerusalém.
　A. **A preparação** (11.1-7)
　　1. *O monte* (11.1a): Jesus permanece no Monte das Oliveiras.
　　2. *Os dois homens* (11.1b): Ele fala a dois de seus discípulos.
　　3. *A missão* (11.2-7)
　　　a. Suas ordens (11.2-3): Os dois homens devem trazer a ele um jumento ainda não montado, no qual Jesus montará para entrar em Jerusalém.
　　　b. Sua obediência (11.4-7): Eles fazem conforme ordenado.
　B. **A parada** (11.8-11)
　　1. *A multidão prepara seu caminho* (11.8): Ela espalha ramos e mantos na estrada à frente do jumento no qual Jesus está montado.
　　2. *A multidão proclama seus louvores* (11.9-11): "Hosana! bendito o que vem em nome do Senhor!"

II. A PURIFICAÇÃO (11.15-19)
　A. **Jesus remove as mesas de dinheiro do Templo** (11.15-16).
　B. **Jesus repreende os cambistas no Templo** (11.17-19).
　　1. *A profecia* (11.17): Jesus diz que Jeremias predisse esse evento (Jeremias 7.11).

2. *A conspiração* (11.18-19): Os fariseus reúnem-se e planejam matar Jesus.

III. A Maldição (11.12-14, 20-26): Jesus pronuncia juízo a uma figueira.
  A. **O motivo do juízo** (11.12-14): A árvore não tem fruto.
  B. **Os resultados do juízo** (11.20-21): Durante a noite, a figueira infrutífera seca.
  C. **A reflexão acerca do juízo** (11.22-26): Jesus usa o evento para frisar o poder da fé e da oração.

IV. O Conflito (11.27-33): Os ímpios líderes judeus agora confrontam Jesus.
  A. **A exigência dos líderes** (11.27-28): Eles perguntam a Jesus com que autoridade ele expulsou os mercadores do Templo e de onde vem essa autoridade.
  B. **A defesa de Jesus** (11.29-30): Em resposta, Jesus pergunta de onde veio a autoridade de João Batista: foi autoridade celestial ou humana?
  C. **O dilema dos líderes** (11.31-32): Eles percebem que qualquer resposta os colocará em maus lençóis.
  D. **A derrota dos líderes** (11.33)
    1. *Sua resposta* (11.33a): "Não sabemos".
    2. *Ele diz* (11.33b): "Nem eu vos digo".

ESBOÇO DA SEÇÃO DOZE (MARCOS 12)
Jesus conta uma parábola e responde a perguntas sobre o pagamento de impostos e a ressurreição. Identifica os dois mandamentos mais importantes, fala da identidade divina do Messias e elogia a pobre viúva por sua contribuição.

I. A Ilustração (12.1-12): Jesus conta a parábola dos arrendatários da vinha para ilustrar sua rejeição pela nação de Israel.
  A. **O trabalhador** (12.1)
    1. *O trabalho* (12.1a): Um homem planta uma vinha, constrói uma cerca ao redor dela, cava um buraco para esmagar a uva e uma torre de sentinela.
    2. *O arrendamento* (12.1b): Ele arrenda a vinha e viaja.
  B. **A perversidade** (12.2-12): Na época da colheita, o homem envia alguns servos de volta à vinha.
    1. *A missão* (12.2, 4a, 5a, 6): Eles devem colher sua parte da colheita.
    2. *A crueldade* (12.3, 4b, 5b, 7-12)
      a. Os arrendatários perversos ridicularizam, espancam e até matam alguns dos servos do proprietário (12.3, 4b, 5b).
      b. Os arrendatários perversos finalmente matam o filho do proprietário (12.7-8).

c. A ira (12.9): O proprietário furioso retorna, mata os perversos arrendatários e arrenda a vinha a outros.
d. A testemunha (12.10-12): Jesus relembra aos ouvintes que Davi predisse a rejeição e o assassinato do Filho de Deus por Israel (Salmo 118.22-23).

II. A CONFRONTAÇÃO (12.13-37): Os líderes judeus confrontam Jesus com relação a quatro questões.
   A. **Com relação ao pagamento de impostos** (12.13-17)
      1. *Seu engano* (12.13-15a): Com ironia, eles perguntam: "Sabemos que és verdadeiro... é lícito dar tributo a César?"
      2. *Sua derrota* (12.15b-17): Ele responde: "Daí, pois, a César o que é de César, e a Deus o que é de Deus".
   B. **Com relação ao casamento na ressurreição** (12.18-27)
      1. *Seu exemplo tolo* (12.18-23): Eles exigem saber qual será o marido de uma mulher nos céus se ela tiver casado sete vezes aqui na terra.
      2. *A lição do Salvador* (12.24-27)
         a. Com relação à ressurreição (12.24-25): Haverá uma ressurreição.
         b. Com relação ao casamento (12.26-27): Não haverá casamento na ressurreição.
   C. **Com relação ao maior dos mandamentos** (12.28-34)
      1. *Jesus e o mestre judeu: primeiro tempo* (12.28-31)
         a. A pergunta feita a Jesus (12.28): "Qual é o primeiro de todos os mandamentos?"
         b. A pergunta respondida por Jesus (12.29-31)
            (1) "O primeiro é: Ouve, Israel, o Senhor nosso Deus é o único Senhor. Amarás, pois, ao Senhor teu Deus de todo o teu coração, de toda a tua alma, de todo o teu entendimento e de todas as tuas forças" (12.29-30).
            (2) "E o segundo é este: Amarás ao teu próximo como a ti mesmo" (12.31).
      2. *Jesus e o mestre judeu: segundo tempo* (12.32-34)
         a. O mestre (12.32-33): "Com verdade disseste".
         b. O Mestre (12.34): "Não estás longe do Reino de Deus".
   D. **Com relação ao Filho de Davi** (12.35-37): Jesus aponta dois fatos sobre o Messias.
      1. *Ele é filho de Davi, reafirmando dessa forma a sua humanidade* (12.35-36).
      2. *Ele é o Senhor de Davi, declarando dessa forma a sua divindade* (12.37).

III. A CONDENAÇÃO (12.38-40): Jesus novamente adverte os mestres da lei.
   A. **Altivez** (12.38-39): Eles se vestem com roupas finas e esperam os melhores lugares em banquetes.
   B. **Trapaça** (12.40): Eles enganam as viúvas, tomando o que elas possuem.

IV. DOAÇÃO (12.41-44): Jesus compara a pequena oferta de uma pobre viúva à grande oferta de um rico.
   A. **Aqueles que pensam dar muito, mas dão pouco** (12.41): Jesus observa alguns ricos colocando grandes quantias de dinheiro no cofre do Templo.
   B. **Aqueles que pensam dar pouco, mas dão muito** (12.42-44): Jesus diz que uma pobre viúva, que depositou duas pequenas moedas, deu mais, pois era tudo o que ela possuía.

ESBOÇO DA SEÇÃO TREZE (MARCOS 13)
Jesus ensina sobre os eventos do fim dos tempos.

I. AS DUAS PROFECIAS DE JESUS (13.1-27)
   A. **Com relação ao Templo** (13.1-2): Ele prediz a destruição total do Templo judeu.
   B. **Com relação à Tribulação** (13.3-27): Jesus descreve os eventos que acontecerão durante a primeira e a segunda metade da futura Grande Tribulação.
      1. *Eventos durante a primeira metade da Tribulação* (13.4-13)
         a. A aparição de falsos messias (13.4-6)
         b. Guerras mundiais (13.7-8a)
         c. Terremotos e fome (13.8b)
         d. Perseguição dos piedosos (13.9, 12-13)
           (1) Perseguição política e religiosa (13.9)
           (2) Perseguição familiar (13.12-13)
         e. Pregação universal do Evangelho (13.10)
         f. Ministério do Espírito Santo (13.11)
      2. *Eventos durante a segunda metade da Tribulação* (13.14-27)
         a. Profanação do terceiro Tempo (13.14-16)
         b. Horror sem precedentes (13.17-20)
         c. Falsos rumores sobre a volta de Cristo (13.21-23)
         d. Terríveis acontecimentos com relação ao sol, à lua e às estrelas (13.24-25)
         e. A segunda vinda de Cristo (13.26)
         f. A reunião de Israel (13.27)

II. AS DUAS PARÁBOLAS DE JESUS (13.28-37)
   A. **A parábola da figueira** (13.28-31): Jesus fala sobre a observação dos sinais.
      1. *O sinal* (13.28): "Quando já o seu ramo [da figueira] se torna tenro e brota folhas, sabeis que está próximo o verão".
      2. *O significado* (13.29-30): "Assim também vós, quando virdes suceder essas coisas, sabei que ele está próximo, mesmo às portas".

3. *A garantia* (13.31): "Passará o céu e a terra, mas as minhas palavras não passarão".
B. **A parábola dos servos atentos** (13.32-37): Jesus insta para que seus servos estejam atentos, dando dois motivos para isso.
   1. *Por causa da tarefa* (13.34-35): Deus designou a cada crente uma tarefa específica a ser cumprida.
   2. *Por causa do tempo* (13.32-33, 36-37): Nenhum servo sabe quando o Mestre retornará; portanto, é necessário atenção constante.

ESBOÇO DA SEÇÃO QUATORZE (MARCOS 14)
Este capítulo relata eventos antes, durante e depois da agonia de Jesus no Getsêmani.

I. Eventos Anteriores ao Getsêmani (14.1-31)
   A. **As conspirações** (14.1-2, 10-11): Planos perversos para matar Jesus são elaborados por duas vezes.
      1. *A trama dos principais sacerdotes* (14.1-2).
      2. *A trama de Judas Iscariotes* (14.10-11): Ele concorda em trair a Jesus.
   B. **A preparação** (14.3-9): Uma mulher derrama perfume caro sobre a cabeça de Jesus, ao que Jesus responde, dizendo que ela prepara seu corpo para o sepultamento.
      1. *O lugar* (14.3a): Isto ocorre em Betânia.
      2. *A pessoa* (14.3b): Uma mulher unge Jesus.
      3. *O perfume* (14.3c): Ela derrama um vaso de alabastro cheio de perfume caríssimo em Jesus.
      4. *O protesto* (14.4-9)
         a. A mulher é criticada por alguns dos convidados (14.4-5): "Para que se fez este desperdício do bálsamo? Pois podia ser vendido por mais de trezentos denários que se dariam aos pobres".
         b. A mulher é defendida pelo Salvador (14.6-9)
            (1) Com relação ao pobre (14.6-7): "Porquanto os pobres sempre os tendes convosco e, quando quiserdes, podeis fazer-lhes bem; a mim, porém, nem sempre me tendes".
            (2) Com relação ao perfume (14.8-9): "Onde quer que for pregado o evangelho, também o que ela fez será contado para memória sua".
   C. **A refeição pascal** (14.12-26)
      1. *As instruções* (14.12-16): Jesus envia dois discípulos a Jerusalém para conseguir um lugar onde a refeição pascal possa ser desfrutada, e eles obedecem.
      2. *A acusação* (14.17-20)
         a. A traição (14.17-18): Nesse lugar, Jesus anuncia que um dos discípulos o trairá.

b. Os confusos (14.19): Um por um, eles perguntam: "Porventura sou eu?"
c. O traidor (14.20-21): Jesus fala daquele que o trairá: "Bom seria para esse homem se não houvera nascido".
3. *A instituição* (14.22-26)
a. A Ceia (14.22-25): Jesus institui a primeira Ceia cristã.
(1) O pão (14.22): "Isto é o meu corpo".
(2) O vinho (14.23-25): "Isto é o meu sangue".
b. O cântico (14.26): Eles cantam um hino e partem daquele lugar.
D. As predições (14.27-31): Jesus avisa:
1. *Que um deles o trairá* (14.27-28)
2. *Que um deles o negará* (14.29-31)

II. EVENTOS DURANTE O GETSÊMANI (14.32-52)
A. A agonia de Jesus (14.32-42)
1. *Sua primeira oração* (14.32-38)
a. A luta (14.32-35): Sentindo sua alma apertada de angústia, Jesus ora para que, se possível, o terrível cálice de sofrimento lhe seja afastado.
b. A submissão (14.36): Ele enfatiza que deseja a vontade do Pai acima da sua.
c. Os sonolentos (14.37-38): Ao retornar ao local onde os deixou, Jesus encontra Pedro, Tiago e João dormindo.
(1) Ele os acorda (14.37).
(2) Ele os adverte (14.38): "Vigiai e orai".
2. *Sua segunda oração* (14.39-40): Jesus novamente deixa os discípulos e ora sozinho, e de novo retorna e os encontra dormindo.
3. *Sua terceira oração* (14.41-42): Novamente ele encontra os discípulos dormindo.
B. A prisão de Jesus (14.43-49)
1. *Jesus e Judas* (14.43-45): Judas entrega Jesus nas mãos de uma multidão com um beijo enganador.
2. *Jesus e Pedro* (14.46-49): Jesus repreende a ação de Pedro de cortar a orelha do servo do sumo sacerdote (ver também João 18.10).
C. O abandono de Jesus (14.50-52)
1. *Ele é abandonado pelos onze* (14.50).
2. *Ele é abandonado por um jovem* (14.51-52).

III. EVENTOS SEGUINTES AO GETSÊMANI (14.53-72)
A. Jesus é denunciado por seus inimigos (14.55-65)
1. *Ele é acusado perante o Sinédrio* (14.55-64)
a. As tentativas (14.55-59)
(1) Os esforços frenéticos para acusá-lo (14.55-56): Falsas testemunhas são chamadas para testemunhar contra Jesus.
(2) Os esforços fúteis para acusá-lo (14.57-59): Nenhuma das testemunhas consegue contar sua história de forma coerente.

b. A afirmação (14.60-62): Quando indagado, Jesus afirma que ele é realmente o Messias.
   c. O acordo (14.63-64): O Sinédrio concorda que Jesus deve ser morto como um blasfemo.
  2. *Ele é atacado pelo Sinédrio* (14.65): Jesus recebe uma venda nos olhos, os guardas cospem nele, o surram e o ridicularizam.
 B. **Jesus é negado por seu seguidor** (14.53-54, 66-72)
  1. *A pessoa* (14.53-54a): Simão Pedro nega Jesus três vezes.
  2. *O lugar* (14.54b): Isso ocorre ao lado de uma fogueira, no pátio do Sinédrio.
  3. *As particularidades* (14.66-72)
   a. A primeira vez (14.66-68): Uma jovem serva acusa Pedro de ser discípulo de Jesus.
   b. A segunda vez (14.69-70a): A acusação é repetida pela mesma garota.
   c. A terceira ocasião (14.70b-72)
    (1) Muitos outros agora acusam Pedro, fazendo com que ele pragueje e jure (14.70b-71).
    (2) O galo canta (14.72a).
    (3) Pedro quebranta-se e chora amargamente (14.72b).

ESBOÇO DA SEÇÃO QUINZE (MARCOS 15)
Jesus é posto em julgamento, sentenciado à morte, crucificado e enterrado, levando sobre si os pecados de todo o mundo.

I. Eventos Anteriores à Crucificação (15.1-21)
 A. **A conspiração** (15.1): Jesus é amarrado e levado perante Pilatos para ser crucificado.
 B. **A confusão** (15.2)
  1. *Pilatos* (15.2a): "És tu o rei dos judeus?"
  2. *Jesus* (15.2b): "É como dizes".
 C. **As acusações** (15.3-5)
  1. *A difamação contra Jesus* (15.3-4): Os fariseus o acusam de vários crimes.
  2. *O silêncio de Jesus* (15.5): Ele não responde.
 D. **O costume** (15.6): É costume de Pilatos soltar um prisioneiro por ano na Páscoa.
 E. **A escolha** (15.7-14)
  1. *A multidão exige o livramento de Barrabás, o assassino* (15.7-11).
  2. *A multidão exige a morte de Jesus, o Messias* (15.12-14).
 F. **O castigo** (15.15): Pilatos ordena que Jesus seja açoitado.
 G. **O menosprezo** (15.16-20): Jesus é entregue aos soldados romanos.
  1. *Ele é escarnecido* (15.16-18): "Salve, rei dos judeus!"
  2. *Ele é maltratado* (15.19-20): Eles cospem e batem nele.

H. O carregador da cruz (15.21): Simão Cireneu é obrigado pelos romanos a carregar a cruz de Jesus.
II. Eventos Durante a Crucificação (15.22-37)
   A. O cálice da cruz (15.22-23): Jesus recusa o cálice de vinagre com ervas amargas a ele oferecido.
   B. As vestes ao pé da cruz (15.24-25)
      1. *O que é feito* (15.24): Os soldados sorteiam suas vestes.
      2. *Quando é feito* (15.25): Ele é crucificado às nove horas.
   C. A citação na cruz (15.26): A placa diz: "O REI DOS JUDEUS".
   D. Os criminosos ao lado da cruz (15.27-28): Jesus é crucificado entre dois ladrões.
   E. O menosprezo diante da cruz (15.29-32)
      1. *De quem vem* (15.29a, 31, 32b)
         a. Dos que passam por ali (15.29a)
         b. Dos líderes religiosos judeus (15.31)
         c. Dos dois ladrões (15.32b)
      2. *De que consiste* (15.29b-30, 32a)
         a. "Ah! tu que destróis o santuário e em três dias o reedificas, salva-te a ti mesmo, descendo da cruz" (15.29b-30).
         b. "A outros salvou; a si mesmo não pode salvar" (15.31).
   F. A nuvem que cobre a cruz (15.33): Trevas cobrem a cruz do meio-dia até as 15 horas.
   G. O clamor da cruz (15.34): Jesus clama: "Eloí, Eloí, lamá sabactâni?, que, traduzido, é: Deus meu, Deus meu, por que me desamparaste?".
   H. A confusão ao redor da cruz (15.35-36): Algumas pessoas que ouvem seu clamor pensam que Jesus está clamando para que Elias o salve.
   I. A consumação da cruz (15.37): Às 15 horas, Jesus morre.
III. Eventos Posteriores à Crucificação (15.38-47)
   A. Com relação ao véu (15.38): O véu do Templo rasga-se ao meio, de alto a baixo.
   B. Com relação ao tributo prestado pelo centurião (15.39): Quando vê Jesus morrer, o oficial romano declara: "Verdadeiramente este homem era filho de Deus".
   C. Com relação ao testemunho das mulheres (15.40-41): Várias mulheres fiéis estão aos pés da cruz quando Jesus morre.
   D. Com relação ao túmulo de José de Arimatéia (15.42-47)
      1. *A missão de José* (15.42-45): Ele pede e recebe de Pilatos o corpo de Jesus.
      2. *O ministério de José* (15.46-47): Ele envolve o corpo de Jesus num pano de linho e o coloca no túmulo de sua propriedade.

ESBOÇO DA SEÇÃO DEZESSEIS (MARCOS 16)
Jesus ressuscita do túmulo, vencendo a morte para sempre, e sobe aos céus após dar aos discípulos a ordem de pregar as Boas-novas por todo o mundo.

I. Jesus Ressuscita (16.1-18)
   A. O anúncio da ressurreição (16.1-8)
      1. *A dor* (16.1-3): Três mulheres de coração entristecido vão ao túmulo, considerando como conseguirão mover a grande pedra à porta da entrada.
      2. *A glória* (16.4-8): Um anjo anuncia às mulheres assustadas a ressurreição de Jesus.
   B. As aparições da ressurreição (16.9-18)
      1. *A primeira aparição, a Maria Madalena* (16.9-11).
      2. *A segunda aparição, aos dois crentes* (16.12-13).
      3. *A terceira aparição, aos discípulos quando estão comendo* (16.14-18).
        a. A ordem (16.14-15): Eles devem pregar o Evangelho a todas as nações.
        b. A confirmação (16.16-18): Sinais sobrenaturais os acompanharão.

II. Jesus Ascende aos Céus (16.19-20): Jesus é levado aos céus e se assenta à destra de Deus.

Lucas

ESBOÇO DA SEÇÃO UM (LUCAS 1)
Este capítulo de Lucas inclui um prefácio, duas proclamações e três cânticos de louvor.

I. O Prefácio (1.1-4)
   A. **A recapitulação** (1.1-2): Lucas explica por que está escrevendo este Evangelho.
   B. **O destinatário** (1.3): Ele dedica o livro a alguém chamado Teófilo.
   C. **O motivo** (1.4): "Para que conheças plenamente a verdade das coisas em que foste instruído".

II. As Duas Proclamações (1.5-38)
   A. **A Zacarias, com relação ao nascimento de João** (1.5-25)
      1. *A esposa de Zacarias* (1.5-7)
         a. Isabel leva uma vida espiritual irrepreensível (1.5-6): "Justos diante de Deus, andando irrepreensíveis em todos os mandamentos e preceitos do Senhor".
         b. Isabel é estéril (1.7): Ela é uma mulher idosa, sem filhos.
      2. *O culto de Zacarias* (1.8-10): Ele prepara a queima de incenso no altar enquanto o povo espera e ora do lado de fora.
      3. *O choque de Zacarias* (1.11-25)
         a. O motivo (1.11-12): Ele vê o anjo Gabriel ao lado do altar.
         b. A revelação (1.13-17): Gabriel diz a Zacarias que Isabel terá um filho.
            (1) Ele será chamado João (1.13-14).
            (2) Ele se tornará um nazireu (1.15).
            (3) Ele será o precursor do Messias (1.16-17).
         c. A relutância (1.18): Zacarias acha isso difícil de acreditar.
         d. A repreensão (1.19-20): Gabriel diz que, devido à sua incredulidade, Zacarias não poderá falar até que seu filho nasça.
         e. A restrição (1.21-22): Ao deixar o Templo, Zacarias é incapaz de pronunciar a bênção sacerdotal para a multidão que aguardava.
         f. O regozijo (1.23-25): A estéril Isabel logo fica grávida, dando grande alegria à família.

B. A Maria, com relação ao nascimento de Jesus (1.26-38)
   1. *A saudação a Maria* (1.26-37): Ela recebe uma visita celestial.
      a. O mensageiro (1.26-28): O anjo Gabriel aparece a esta jovem virgem em Nazaré; Maria é noiva de José, o carpinteiro.
      b. A mensagem (1.29-33)
         (1) O consolo (1.29-30): Gabriel consola Maria, dizendo que ela encontrou favor diante de Deus.
         (2) O anúncio (1.31-33): Maria dará à luz Jesus, o Messias, cujo Reino e reinado sobre Israel jamais terão fim!
      c. O mistério (1.34): Sendo virgem, Maria está perplexa, tentando entender como isso pode acontecer.
      d. O método (1.35): Gabriel diz a ela que o Espírito Santo gerará o bebê.
      e. O milagre (1.36-37): Maria agora fica sabendo que sua parente idosa, Isabel, está no sexto mês de gravidez.
   2. *A submissão de Maria* (1.38): "Eis aqui a serva do Senhor; cumpra-se em mim segundo a tua palavra".

III. Os Três Cânticos de Louvor (1.39-80)
   A. O louvor de Isabel a Deus (1.39-45)
      1. *O bebê dentro de Isabel* (1.39-41): Maria visita Isabel e, ao ouvir a voz de Maria, o filho de Isabel pula dentro de seu ventre e Isabel é cheia do Espírito Santo.
      2. *A bênção de Isabel* (1.42-45): Ela diz a Maria que é uma honra ser visitada pela mãe do Messias.
   B. O louvor de Maria a Deus (1.46-56)
      1. *O testemunho* (1.46-55): Maria agradece a Deus por seis coisas.
         a. Sua condescendência (1.46-48): Deus lembrou-se dela.
         b. Sua santidade (1.49): Ele fez grandes coisas por ela.
         c. Sua misericórdia (1.50): Sua misericórdia estende-se de geração a geração.
         d. Seu poder (1.51): Ele faz coisas tremendas com seu poder.
         e. Sua soberania (1.52-53): Ele humilha o orgulhoso e exalta o humilde.
         f. Sua fidelidade (1.54-55): Ele cumpriu todas as suas promessas a Israel.
      2. *O tempo* (1.56): Maria fica com Isabel por três meses e retorna para casa.
   C. O louvor de Zacarias a Deus (1.57-80)
      1. *Zacarias, o pai* (1.57-66)
         a. Ele é visto escrevendo (1.57-63)
            (1) A celebração (1.57-58): Os pais, vizinhos e parentes de João reúnem-se e regozijam por seu nascimento.
            (2) A circuncisão (1.59): Isto acontece ao oitavo dia.
            (3) A confusão (1.60-61): As pessoas estão perplexas, pois o bebê se chamará João. O mudo Zacarias concorda com isso?

(4) A confirmação (1.62-63): Pedindo uma tabuinha, Zacarias escreve: "Seu nome é João".
  b. Ele é visto adorando (1.64-66): Zacarias volta a falar subitamente e começa a adorar a Deus.
2. *Zacarias, o profeta* (1.67-80)
  a. Sua profecia acerca do Salvador (1.67-75)
    (1) O nascimento de Jesus assegura o cumprimento da Aliança Davídica (1.67-72).
    (2) O nascimento de Jesus assegura o cumprimento da Aliança Abraâmica (1.73-75).
  b. Sua profecia sobre seu filho (1.76-80)
    (1) Ele preparará o caminho do Senhor (1.76).
    (2) Ele proclamará as palavras do Senhor (1.77-80).

ESBOÇO DA SEÇÃO DOIS (LUCAS 2)
Maria e José viajam para Belém e Jesus nasce. Pastores recebem a visita de alguns anjos e vão adorar o bebê. Simeão e Ana abençoam a criança no Templo. Aos doze anos, Jesus surpreende os mestres religiosos com sua sabedoria. Jesus e seus pais se assentam em Nazaré.

I. Belém (2.1-21)
  A. Nasce o Filho de Jeová (2.1-7)
    1. *O decreto de César* (2.1-5)
      a. A lei (2.1-3): Todos devem voltar ao lar de seus pais por causa de um censo.
      b. A localização (2.4-5): Maria e José devem viajar para Belém.
    2. *Maria dá à luz* (2.6-7): Estando em Belém, Maria dá à luz Jesus.
  B. Os pastores de Judá são informados (2.8-21)
    1. *Eles vigiam* (2.8): Eles estão no campo, protegendo as ovelhas.
    2. *Eles se admiram* (2.9-14): Os pastores ficam perplexos e aterrorizados quando o horizonte é subitamente tomado pela glória de Deus.
      a. O consolo do anjo do Senhor (2.9-10): "Não temais, porquanto vos trago novas de grande alegria que o será para todo o povo".
      b. A revelação do anjo do Senhor (2.11-12)
        (1) Com relação ao Filho de Deus (2.11): O Messias acaba de nascer em Belém.
        (2) Com relação ao sinal de Deus (2.12): Eles o encontrarão envolto em panos, deitado numa manjedoura.
      c. O regozijo dos anjos do Senhor (2.13-14): "Glória a Deus nas maiores alturas, e paz na terra entre os homens de boa vontade".
    3. *Eles adoram* (2.15-16): Os pastores prostram-se diante do bebê na manjedoura.

4. *Eles testemunham* (2.17-21)
   a. A confirmação (2.17-18, 20): Quando vão embora, contam a todos o que aconteceu.
   b. A contemplação (2.19): Maria guarda essas coisas em seu coração e medita nelas.
   c. A circuncisão (2.21): Ao oitavo dia, o bebê é circuncidado e chamado Jesus, conforme o anjo dissera antes mesmo que o menino fosse concebido.

II. Jerusalém (2.22-38, 41-50)
   A. A primeira visita relatada de Jesus ao Templo (2.22-38): Maria e José o levam ao Templo para dedicá-lo ao Senhor. Duas pessoas estão lá para saudá-lo.
   1. *O testemunho de Simeão* (2.25-35)
      a. A reafirmação (2.25-26): Este homem devoto recebeu a promessa do Espírito Santo de que viveria para ver o Messias.
      b. O reconhecimento (2.27-32): O Espírito Santo lhe diz que o bebê de Maria é o Messias.
      c. Sua revelação (2.33-35)
         (1) Sobre o Messias (2.33-34): Ele causará a ascensão e a queda de muitos em Israel.
         (2) Sobre a mãe (2.35): Ele diz que algum dia uma espada atravessará a alma de Maria.
   2. *O testemunho de Ana* (2.36-38): Esta idosa e bondosa viúva junta-se a Simeão em louvor a Deus pelo Messias de Israel.
   B. A segunda visita relatada de Jesus ao Templo (2.41-50)
   1. *O filho desaparecido* (2.41-47)
      a. A ocasião (2.41-42): Jesus vai à festa da Páscoa em Jerusalém com seus pais, aos 12 anos.
      b. O descuido (2.43-45): Ele é acidentalmente deixado para trás por seus pais.
      c. O resultado (2.46-47): Após procurarem por toda parte, eles finalmente acham Jesus no Templo, discutindo teologia com os mestres judeus.
   2. *O filho messiânico* (2.48-49)
      a. A repreensão de Maria (2.48): "Filho, por que procedeste assim para conosco?"
      b. O lembrete de Jesus (2.49): "Não sabíeis que eu devia estar na casa de meu Pai?"
   3. *O filho mal compreendido* (2.50): Eles não compreendem o que Jesus diz.

III. Nazaré (2.39-40, 51-52): Enquanto vive em Nazaré, Jesus cresce em:
   A. Estatura (maturidade física) (2.39-40a, 52a)
   B. Sabedoria (maturidade mental) (2.40b)
   C. Graça diante de Deus (maturidade espiritual) (2.52b)
   D. Graça diante dos homens (maturidade social) (2.52c)

ESBOÇO DA SEÇÃO TRÊS (LUCAS 3)
João Batista prepara o caminho do Messias. Jesus é batizado, e Deus declara seu prazer em seu Filho. Lucas registra os antepassados de Jesus.

I. O Trabalho de João Batista (3.1-22)
  A. **A mensagem de João** (3.1-14, 19-20)
    1. *Quando ele prega* (3.1-2)
      a. Tibério César governa sobre o Império Romano (3.1a).
      b. Pilatos governa sobre Judá (3.1b).
      c. Herodes Antipas governa sobre a Galiléia (3.1c).
      d. Anás e Caifás são os sumos sacerdotes (3.2).
    2. *O que ele prega* (3.3-6): "Batismo de arrependimento para remissão de pecados... Preparai o caminho do Senhor".
    3. *A quem ele prega* (3.7-11, 13-14, 19-20)
      a. Líderes religiosos judeus e leigos (3.7-11)
      b. Coletores de impostos (3.13)
      c. Soldados (3.14)
      d. Rei Herodes Antipas e a rainha Herodias (3.19-20): Herodes ficara contrariado com a pregação de João, colocando-o na prisão.
  B. **O mal-entendido sobre João** (3.15-18)
    1. *A confusão* (3.15): Algumas pessoas acham que João é o Messias.
    2. *O esclarecimento* (3.16-18): João declara: "Mas vem aquele que é mais poderoso do que eu, de quem não sou digno de desatar as correias das alparcas".
  C. **O ministério de João** (3.3, 21-22)
    1. *Ele batiza os convertidos de Israel* (3.3).
    2. *Ele batiza o Cristo de Israel* (3.21-22).

II. A Linhagem de Jesus, o Messias (3.23-38)
  A. **De Jesus, o filho legal de José, a Natã, o filho biológico de Davi** (3.23-31)
  B. **De Obede, o filho de Boaz, a Adão, o filho de Deus** (3.32-38)

ESBOÇO DA SEÇÃO QUATRO (LUCAS 4)
Jesus é tentado por Satanás no deserto. O povo de Nazaré, sua cidade natal, o rejeita. Ele cura vários doentes e endemoninhados, para espanto do povo. Em todos os lugares a que vai, ele prega as Boas-novas do Reino de Deus.

I. O TESTE DE JESUS (4.1-13): O Espírito Santo permite que Jesus seja tentado pelo Diabo.
   A. **O terreno** (4.1): As terras desérticas da Judéia.
   B. **O tempo** (4.2): A provação dura quarenta dias.
   C. **O teste** (4.3-12)
      1. *Primeira tentação* (4.3-4)
         a. O teste (4.3): "Manda a esta pedra que se torne em pão".
         b. O triunfo (4.4): "Não só de pão viverá o homem".
      2. *Segunda tentação* (4.5-8)
         a. O teste (4.5-7): "Dar-te-ei toda a autoridade e glória destes reinos... se tu, pois, me adorares".
         b. O triunfo (4.8): "Ao Senhor teu Deus adorarás, e só a ele servirás".
      3. *Terceira tentação* (4.9-12)
         a. O teste (4.9-11): "Se tu és Filho de Deus, lança-te daqui abaixo".
         b. O triunfo (4.12-13): "Não tentarás o Senhor teu Deus". A esta altura, Satanás deixa Jesus em paz.

II. AS MENSAGENS DE JESUS (4.14-15, 16-30, 42-44)
   A. **Na sinagoga de Nazaré** (4.16-30): Jesus prega um sermão em sua cidade natal.
      1. *O conteúdo de seu sermão* (4.16-27)
         a. O que ele lê (4.16-19): Ele lê Isaías 61, onde o profeta descreve o ministério sobrenatural do Messias.
         b. O que ele diz (4.20-27)
            (1) A identificação (4.20-23): Jesus diz que ele é o Messias sobre quem Isaías escreveu.
            (2) As ilustrações (4.24-27): Jesus dá dois exemplos do Antigo Testamento para ilustrar por que ele não pode operar em Nazaré os milagres que operou em outros lugares — na verdade, por causa da incredulidade do povo.
               (a) O exemplo de Elias e a viúva de Sarepta (4.24-26)
               (b) O exemplo de Eliseu e o leproso Naamã (4.27)
      2. *O desprezo a seu sermão* (4.28-30): As observações de Jesus enfurecem os ouvintes de forma que eles tentam matá-lo.
   B. **Em várias sinagogas** (4.14-15, 31-32, 42-44): Ele prega em vários lugares por toda a Galiléia.

III. Os Milagres de Jesus (4.33-41)
  A. **Ele cura um endemoninhado** (4.33-37)
     1. *O reconhecimento do demônio* (4.33-34): Ele reconhece e teme Jesus.
     2. *A ordem do Senhor* (4.35): Jesus ordena que o demônio deixe o homem, e ele o faz.
     3. *O espanto da multidão* (4.36-37): As pessoas não entendem a autoridade de Jesus.
  B. **Ele cura a sogra de Simão (Pedro)** (4.38-39): Ela é curada imediatamente.
  C. **Ele cura as multidões** (4.40-41): Ele cura pessoas com quaisquer doenças.

ESBOÇO DA SEÇÃO CINCO (LUCAS 5)
Jesus chama seus primeiros discípulos. Ele cura um leproso e um paralítico e ensina sobre o jejum.

I. Os Convites (5.1-11, 27-32)
  A. **Jesus chama Pedro, Tiago e João para se tornarem seus discípulos** (5.1-11)
     1. *O sermão de Jesus no barco de Pedro* (5.1-3): Ele usa o barco como plataforma para pregar à multidão no litoral.
     2. *As convocações de Jesus no barco de Pedro* (5.4-11)
        a. "Faze-te ao largo e lançai as vossas redes para a pesca" (5.4-10a): Eles obedecem e pegam tantos peixes que o barco quase afunda.
        b. "De agora em diante serás pescador de homens" (5.10b-11): Eles seguem Jesus e se tornam seus discípulos.
  B. **Jesus chama Levi para ser seu discípulo** (5.27-32)
     1. *A conversão de Levi* (5.27-28): Este coletor de impostos deixa seus negócios para seguir a Jesus.
     2. *A celebração de Levi* (5.29-32)
        a. O pano de fundo (5.29): Levi convida alguns de seus parceiros de negócios para encontrar Jesus e ajudá-lo a celebrar seu novo chamado.
        b. A amargura (5.30): Os fariseus acusam Jesus de se associar a pecadores.
        c. O elemento principal (5.31-32): Jesus explica que essas são as pessoas a quem ele veio salvar.

II. As Restaurações (5.12-26): Jesus restaura um leproso e um paralítico.
  A. **A cura do leproso** (5.12-16)
     1. *Suas lágrimas* (5.12): O leproso implora que Jesus o ajude.
     2. *Seu toque* (5.13): O Salvador toca o leproso, fazendo com que a doença desapareça.

3. *Sua instrução* (5.14): O leproso não deve contar a ninguém, mas ir diretamente aos sacerdotes.
4. *Seu testemunho* (5.15-16): A notícia de sua cura espalha-se por toda parte.
   B. **A cura do paralítico** (5.17-26)
   1. *Os companheiros do sofredor* (2.17-20, 24b-26): Alguns amigos ajudam o paralítico.
      a. O indefeso (5.17-19): Ele está totalmente imóvel, deitado num leito.
         (1) A intervenção dos amigos (5.17-18): Eles o carregam até Jesus.
         (2) A engenhosidade dos amigos (5.19): Incapazes de se aproximar por causa da multidão na casa onde Jesus está ensinando, eles baixam o paralítico pelo telhado.
      b. A cura (5.20, 24b-26)
         (1) Cura espiritual (5.20): "São-te perdoados os teus pecados".
         (2) Cura física (5.24b-26): "Levanta-te, toma o teu leito e vai para tua casa".
   2. *As críticas ao Salvador* (5.21-24a)
      a. Sua denúncia (5.21): Os fariseus acusam Jesus de blasfêmia por perdoar os pecados do homem, dizendo que apenas Deus pode fazer isso.
      b. Sua defesa (5.22-24a): Jesus diz que seu poder de curar o corpo do homem prova sua autoridade para salvar a alma do homem.

III. AS ILUSTRAÇÕES (5.33-39): Jesus dá três ilustrações para explicar por que não exige que os discípulos observem as tradições judaicas do jejum.
   A. **Primeira ilustração** (5.33-35): Convidados do casamento não jejuam enquanto o noivo está com eles.
   B. **Segunda ilustração** (5.36): Ninguém coloca remendo velho em roupa nova.
   C. **Terceira ilustração** (5.37-39): Ninguém coloca vinho novo em odres velhos.

ESBOÇO DA SEÇÃO SEIS (LUCAS 6)
Jesus declara-se Senhor do sábado e cura um homem deformado. Ele escolhe seus doze discípulos e prega o Sermão do Monte.

I. A PREEMINÊNCIA DE JESUS (6.1-11): Ele se declara Senhor do sábado.
   A. **Sobre colher no sábado** (6.1-5)
   1. *A reprovação pelos fariseus* (6.1-2): Eles criticam Jesus por permitir que seus discípulos colham grãos no sábado.
   2. *A resposta do Salvador* (6.3-5): Ele defende suas ações, reportando-se a um evento na vida de Davi.

B. Sobre a cura no sábado (6.6-11)
   1. *O feito* (6.6-8, 10-11): Para espanto e raiva dos fariseus, Jesus cura um homem com a mão direita deformada, diante dos olhos deles, num sábado.
   2. *A defesa* (6.9): Ele faz uma pergunta aos fariseus que tem resposta óbvia: "É lícito no sábado fazer bem, ou fazer mal? salvar a vida, ou tirá-la?"

II. Os Pupilos de Jesus (6.12-16)
  A. A comunhão (6.12): Jesus retira-se para as montanhas e ora a noite toda.
  B. O chamado (6.13-16): Pela manhã, escolhe seus doze discípulos.

III. O Poder de Jesus (6.17-19): Jesus cura várias pessoas.
  A. De onde são essas pessoas (6.17): De Jerusalém, de toda a Judéia, Tiro e Sidom.
  B. Do que sofrem essas pessoas (6.18-19): De problemas físicos e relacionados a demônios.

IV. A Pregação de Jesus (6.20-49): Ele resume vários assuntos de duas formas.
  A. Duas atitudes (6.20-26)
   1. *As atitudes dos justos* (6.20-23): Jesus profere as Bem-aventuranças, mostrando suas bênçãos.
    a. Aqueles que são pobres (6.20): O Reino de Deus é dado a eles.
    b. Aqueles que têm fome (6.21a): Eles serão satisfeitos.
    c. Aqueles que choram (6.21b): Eles rirão de alegria.
    d. Aqueles que são perseguidos por causa de Cristo (6.22-23): Grande recompensa os espera no céu.
   2. *As atitudes dos ímpios* (6.24-26): Eles têm lamento e dor.
    a. Aqueles que são ricos (6.24): A única felicidade deles limita-se ao presente.
    b. Aqueles que são prósperos (6.25a): Uma época de terrível fome os aguarda.
    c. Aqueles que riem despreocupados (6.25b): Seu riso se transformará em pranto e dor.
    d. Aqueles que são aclamados pelas multidões (6.26): Seus antepassados faziam o mesmo com falsos profetas.
  B. Duas ordens (6.27-38)
   1. *Ame a seus inimigos* (6.27-36)
    a. O motivo (6.27-35a, 36): Ser diferente dos não salvos, que só amam aqueles que os amam.
    b. A recompensa (6.35b): Isso demonstrará ao mundo quem realmente são os filhos e as filhas do Altíssimo.
   2. *Não julgue os outros* (6.37-38): Juízo e crítica baterão à sua porta.

C. **Duas ilustrações** (6.39-42)
   1. *O cego guiando o cego* (6.39-40): Ambos cairão na vala.
   2. *A "trave" julgando o "argueiro"* (6.41-42): Livre-se da trave em seu próprio olho, aí então você pode ajudar a remover o argueiro no olho do seu próximo.
D. **Duas árvores** (6.43-45)
   1. *Boas árvores não produzem frutos maus* (6.43a).
   2. *Árvores más não produzem frutos bons* (6.43b-44).
   3. *Uma pessoa boa produz boas ações, uma pessoa má produz más ações* (6.45).
E. **Duas edificações** (6.46-49)
   1. *As estruturas* (6.46-48a, 49a)
      a. O sábio edifica sua casa na rocha firme (6.46-48a).
      b. O tolo edifica sua casa sem fundação (6.49a).
   2. *A tempestade* (6.48b, 49b)
      a. A casa na rocha firme permanece firme (6.48b).
      b. A casa sem fundação desmorona (6.49b).

ESBOÇO DA SEÇÃO SETE (LUCAS 7)
Jesus recompensa a fé do oficial romano curando seu escravo, e ressuscita o filho único da viúva. Assegura a João Batista que ele é realmente o Messias. Uma mulher imoral unge a cabeça de Jesus com perfume e lava seus pés com lágrimas.

I. JESUS RECOMPENSA UM OFICIAL (7.1-10)
   A. **O que ele pede de Jesus** (7.1-5): Ele envia alguns anciãos judeus até Jesus, pedindo-lhe que cure seu escravo.
   B. **O que ele revela a Jesus** (7.6-9): Ele diz ao Salvador que tudo o que Jesus precisa fazer é proferir uma palavra, e o servo estará curado.
   C. **O que ele recebe do Salvador** (7.10): A fé do oficial é recompensada com a cura instantânea de seu servo.

II. JESUS RESSUSCITA UM MENINO (7.11-17)
   A. **A mãe quebrantada** (7.11-12): Uma viúva em prantos está prestes a enterrar seu único filho.
   B. **O Messias bondoso** (7.13-17)
      1. *Suas palavras à mãe sem esperança* (7.13): "Não chores!"
      2. *Suas palavras ao filho sem vida* (7.14-17): "Moço... Levanta-te".

III. JESUS TRANQÜILIZA UM PROFETA (7.18-35)
   A. **O pedido de João a Jesus** (7.18-20): O profeta aprisionado envia seus discípulos a Jesus, perguntando se ele é realmente o Messias.
   B. **A resposta de Jesus a João** (7.21-35)
      1. *A prova a João* (7.21-23): Sim, Jesus é realmente o Messias
         a. Ele cura os doentes (7.21a, 22a).

b. Ele ressuscita os mortos (7.22b).
   c. Ele liberta os endemoninhados (7.21b).
   d. Ele prega o Evangelho aos pobres (7.22c-23).
  2. *O louvor de João* (7.24-26): Jesus concede honra a seu vigoroso, fiel e intrépido precursor.
  3. *A profecia acerca de João* (7.27-28): Jesus diz que João é aquele sobre quem o profeta Malaquias escreveu (Malaquias 3.1).
  4. *O povo e João* (7.29): Muitos israelitas arrependeram-se com a pregação de João.
  5. *O preconceito contra João* (7.30-35): Os fariseus, entretanto, negaram e ridicularizaram o batismo e a pregação de arrependimento de João.

IV. JESUS REDIME UMA PROSTITUTA (7.36-38, 50)
  A. **Seu pecado** (7.36-37a): Ela é uma mulher das ruas.
  B. **Seu sacrifício** (7.37b): Ela traz um jarro de alabastro de perfume para Jesus.
  C. **Sua dor** (7.38a): Ela chora por causa de seus pecados.
  D. **Seu culto** (7.38b): Ela unge os pés de Jesus.
  E. **Sua salvação** (7.50): Seus pecados são perdoados.

V. JESUS REPREENDE UM FARISEU (7.39-49)
  A. **O ressentimento do fariseu** (7.39): Em seu coração, certo líder judeu chamado Simão condena Jesus por se associar com uma prostituta que ungiu seus pés.
  B. **A resposta do Salvador** (7.40-49): Jesus profere uma parábola para defender sua ação.
   1. *O conteúdo da parábola* (7.40-43): Um credor perdoa livremente seus devedores de tudo o que lhe devem.
    a. O primeiro deve quinhentas peças de prata (7.40-41a).
    b. O segundo deve cinqüenta peças de prata (7.41b).
    c. O dono do maior débito será o mais grato (7.42-43).
   2. *As conclusões da parábola* (7.42-49): O fariseu demonstra pouco respeito e interesse por Jesus, portanto receberá pouco perdão.

ESBOÇO DA SEÇÃO OITO (LUCAS 8)
Jesus ensina sobre o Reino dos Céus, contando várias histórias. Opera mais milagres, incluindo a cura de várias pessoas. Impressiona os discípulos, acalmando uma tempestade ameaçadora.

I. EVENTOS ANTERIORES À TEMPESTADE (8.1-21)
  A. **Ilustrações relatadas por Jesus** (8.4-18): O Salvador conta duas parábolas.
   1. *A parábola do semeador, da semente e do solo* (8.4-15)

a. Informação contida nesta parábola (8.4-8): Um agricultor planta sementes em quatro tipos de solo, produzindo quatro resultados diferentes.
   (1) Solo à beira do caminho (8.4-5): A semente é devorada por pássaros.
   (2) Solo rochoso (8.6): A semente brota, mas logo seca por falta de umidade.
   (3) Solo espinhoso (8.7): A semente é rapidamente sufocada por espinhos.
   (4) Solo fértil (8.8): A semente produz cem vezes o que foi plantado.
b. Interpretação da parábola (8.11-15)
   (1) Solo à beira do caminho (8.11-12): Representa aqueles que ouvem, mas não prestam atenção, permitindo que Satanás roube a semente deles.
   (2) Solo rochoso (8.13): Representa aqueles que não têm profundidade, acabando por tropeçar em momentos de provação.
   (3) Solo espinhoso (8.14): Representa aqueles que permitem que os temores da vida, riquezas e prazeres sufoquem a semente.
   (4) Solo fértil (8.15): Representa aqueles que ouvem e atentam, produzindo colheita abundante.
c. A intenção da parábola (8.9-10).
   (1) Para esclarecer os corações dos sinceros (8:9-10a)
   (2) Para obscurecer os corações dos hipócritas (8:10b)
2. *A parábola da candeia* (8.16-18)
   a. Sua luz revela todas as coisas contidas na casa (8.16).
   b. Um dia, a luz de Deus revelará todas as coisas contidas em nosso coração (8.17-18).

B. Pessoas relacionadas a Jesus (8.1-3, 19-21)
1. *Sua família física, terrena* (8.19-20): Uma referência à mãe e aos irmãos de Jesus.
2. *Sua família espiritual, eterna* (8.1-3, 21): Uma referência a todos os que ouvem e obedecem à Palavra de Deus.

II. Eventos Durante a Tempestade (8.22-25)

A. A crise (8.22-23): Uma tempestade severa ameaça afundar o barco dos discípulos no mar da Galiléia.

B. O clamor (8.24a): Em meio ao desespero, eles clamam para que Jesus os salve.

C. A ordem (8.24b-25): Jesus ordena que o vento e a água se acalmem.
   1. *A repreensão* (8.24b-25a): "Onde está a vossa fé?"
   2. *A reação* (8.25b): "Quem, pois, é este?"

III. Eventos Posteriores à Tempestade (8.26-56): Esta passagem relata três milagres de Jesus.
   A. **Ele liberta um endemoninhado** (8.26-39)
      1. *O maníaco gadareno, controlado por demônios* (8.26-28, 29b-33)
         a. O que os demônios fizeram ao maníaco (8.27, 29b)
            (1) Ele vive nu, perto dos sepulcros (8.27).
            (2) Ele é violento e não pode ser acorrentado (8.29b).
         b. O que os demônios querem do Messias (8.28, 30-33)
            (1) O reconhecimento (8.28): Os demônios reconhecem Jesus como o Filho de Deus.
            (2) O medo (8.30-31): Temem que Jesus os mande para o abismo.
            (3) O pedido (8.32-33): Os demônios imploram para que Jesus os envie a uma manada de porcos próxima. Jesus o faz, resultando na morte dos porcos por afogamento.
      2. *O Messias galileu, que tem autoridade sobre demônios* (8.29a, 34-39)
         a. A purificação do maníaco (8.29a): Jesus expulsa os demônios do homem possuído.
         b. As vestes do maníaco (8.34-37): O homem restaurado senta aos pés de Jesus, vestido e são.
         c. A incumbência do maníaco (8.38-39): Jesus o envia em seu caminho e diz: "Volta para tua casa, e conta tudo quanto Deus te fez".
   B. **Ele ressuscita uma garota morta** (8.40-42, 49-56)
      1. *O pedido a Jesus* (8.40-42): Jairo implora ao Salvador que cure sua filha, em estado terminal.
      2. *A garantia de Jesus* (8.49-50): Jairo descobre que sua filha morreu, mas Jesus garante que ela ficará bem.
      3. *A restrição de Jesus* (8.51): Ele só permite que Pedro, Tiago e João entrem na sala da menina morta.
      4. *A ridicularização de Jesus* (8.52-53): A multidão ri de Jesus por ele dizer que a garota será curada.
      5. *A ressurreição efetuada por Jesus* (8.54-56): Ele ressuscita a garota morta.
   C. **Ele restaura uma mulher doente** (8.43-48)
      1. *A doença* (8.43): Ela sofre de hemorragia há doze anos.
      2. *A determinação* (8.44a): Lutando contra a multidão, ela toca na orla da veste de Jesus.
      3. *O livramento* (8.44b-48): Ela é curada e despedida pelo Salvador.

> **ESBOÇO DA SEÇÃO NOVE (LUCAS 9)**
> Jesus envia os discípulos numa missão de pregação e cura. Ele alimenta cinco mil pessoas. Pedro afirma corretamente que Jesus é o Messias. O Salvador prediz a própria morte. Pedro, Tiago e João testemunham a transfiguração de Cristo.

I. EVENTOS ANTERIORES À TRANSFIGURAÇÃO (9.1-27)
   A. **Jesus, a fonte da autoridade** (9.1-9)
      1. *Os homens que ele capacita* (9.1-6).
         a. Os indivíduos (9.1a): Os doze apóstolos.
         b. As instruções (9.1b-6)
            (1) Curar todas as doenças e expulsar demônios (9.1b).
            (2) Pregar o Reino de Deus (9.2).
            (3) Viajar rapidamente e com pouca coisa (9.3-6): Não levar bordão, nem alforje, nem pão, nem dinheiro.
      2. *O mal-entendido que ele provoca* (9.7-9): Inicialmente, Herodes Antipas pensa que Jesus é a reencarnação de João Batista.
   B. **Jesus, o supridor de alimento** (9.10-17): Ele alimenta cinco mil pessoas.
      1. *A escassez de alimento* (9.10-14): Quando Jesus inicia o milagre, tem apenas cinco pães e dois peixinhos.
      2. *A abundância de alimento* (9.15-17): Quando ele completa o milagre, todos se alimentam e sobram doze cestos de alimento.
   C. **Jesus, o Filho de Deus** (9.18-27)
      1. *A pergunta* (9.18): Jesus pergunta aos discípulos quem as pessoas dizem que ele é.
      2. *Os rumores* (9.19): Eles respondem dizendo que alguns pensam ser ele João Batista, Elias etc.
      3. *O reconhecimento* (9.20): Pedro diz, entretanto, que os discípulos o reconhecem como o Filho de Deus.
      4. *A restrição* (9.21): Ele os adverte a não contar a ninguém sobre isso.
      5. *A rejeição e a ressurreição* (9.22-23): Jesus prediz o Calvário e o túmulo vazio.
      6. *Os requisitos* (9.24-26): Ele fala do preço do verdadeiro discipulado.
      7. *A volta* (9.27): Ele prediz sua segunda vinda.

II. EVENTOS DURANTE A TRANSFIGURAÇÃO (9.28-36)
   A. **Os discípulos** (9.28): Jesus leva Pedro, Tiago e João com ele ao topo do monte.
   B. **Os detalhes** (9.29-36)
      1. *O que eles vêem* (9.29-32)
         a. O esplendor do Messias (9.29): Seu rosto brilha e suas vestes se transformam em branco deslumbrante e brilham como luz.
         b. O esplendor de dois homens (9.30-32): Moisés e Elias aparecem, também em glorioso esplendor.

2. *O que eles dizem* (9.33): Em sua ignorância, Pedro, o porta-voz, sugere a construção de três tendas: uma para Jesus, uma para Moisés e uma para Elias.
3. *O que eles ouvem* (9.34-36): De uma nuvem, eles ouvem a voz do Pai, dizendo: "Este é o meu Filho, o meu eleito; a ele ouvi".

III. Eventos Posteriores à Transfiguração (9.37-62)
  A. **Jesus e o pai desesperado** (9.37-42)
    1. *As vítimas* (9.37-40)
      a. O pai quebrantado (9.37-38): Ele implora para que Jesus socorra seu filho.
      b. O filho indefeso (9.39): Ele está possuído por um demônio manhoso.
      c. Os discípulos indefesos (9.40): Eles não conseguem expulsar o demônio.
    2. *O vencedor* (9.41-42): Jesus repreende o demônio e cura o garoto.
  B. **Jesus e os doze discípulos** (9.43-50)
    1. *Ele fala do sofrimento* (9.43-45): O Salvador prediz sua traição, por parte de Judas.
    2. *Ele fala da grandeza espiritual* (9.46-48)
      a. A ilustração (9.46-47): Ele mostra uma criança.
      b. A aplicação (9.48): Ele diz que aquele que recebe uma criança em seu nome, recebe tanto o Pai quanto o Filho, e é, portanto, o maior dentre os homens.
    3. *Ele fala de sectarismo* (9.49-50)
      a. João e Jesus (9.49): João diz que os discípulos tentaram impedir um homem que não pertence a seu grupo de expulsar demônios.
      b. Jesus a João (9.50): "Não lho proibais; porque quem não é contra vós é por vós".
  C. **Jesus e os samaritanos** (9.51-56)
    1. *A rejeição de Jesus* (9.51-53): Ele não tem permissão de entrar numa vila samaritana por estar dirigindo-se a Jerusalém.
    2. *O pedido a Jesus* (9.54): Tiago e João querem clamar por fogo dos céus para destruir a vila.
    3. *A repreensão de Jesus* (9.55-56): Ele os repreende por seu espírito vingativo.
  D. **Jesus e os três candidatos a discípulos** (9.57-62): Todos os três prometem segui-lo, mas voltam atrás.
    1. *A dificuldade impede o primeiro de tornar-se discípulo de Jesus* (9.57-58).
    2. *A família impede que o segundo e o terceiro se tornem discípulos de Jesus* (9.59-62): Um quer sepultar seu pai; o outro quer se despedir de sua família.

ESBOÇO DA SEÇÃO DEZ (LUCAS 10)
Jesus comissiona 72 discípulos, mas diz que eles não devem regozijar-se porque os demônios lhes obedecem, mas porque seus nomes estão escritos no Livro da Vida. Ele identifica os dois mandamentos mais importantes e conta a história do Bom Samaritano.

I. SETENTA E DOIS PORTA-VOZES (10.1-24): Jesus seleciona setenta e dois discípulos e os envia de dois em dois para cobrir toda a região da Galiléia.
   A. **A tarefa dada pelo Salvador aos 72** (10.1-16)
      1. *A tarefa deles* (10.1-15)
         a. Orar antes de partir (10.1-2): Pedir a Deus que envie mais trabalhadores ao campo.
         b. Viajar rapidamente e com pouca coisa (10.3-7): Não levar dinheiro nem sandálias.
         c. Curar os enfermos e pregar o Evangelho (10.8-9): Fazer isso nas cidades que os receberem.
         d. Rejeitar as cidades que os rejeitarem (10.10-15).
            (1) Sacudir o pó das sandálias como sinal da condenação à cidade (10.10-12).
            (2) Juízo contra Corazim, Betsaida e Cafarnaum, que rejeitaram Jesus (10.13-15).
      2. *A autoridade deles* (10.16): Aqueles que os recebem ou rejeitam, aceitam ou rejeitam a Cristo.
   B. **A alegria sentida pelos 72 e pelo Salvador** (10.17-24)
      1. *A alegria dos 72* (10.17-20, 23-24)
         a. A alegria passageira (10.17): Eles estão empolgados, pois até os demônios se submetem a eles em nome de Jesus.
         b. A alegria permanente (10.18-20, 23-24): Jesus diz que há coisas ainda mais gloriosas pelas quais se regozijar.
            (1) A queda de Satanás dos céus (10.18-19).
            (2) A posição celestial deles (10.20): Seus nomes estão escritos nos céus.
            (3) O privilégio terreno deles (10.23-24): Ele diz que profetas e reis do Antigo Testamento queriam ver e ouvir o que eles viam e ouviam.
      2. *A alegria do Salvador* (10.21-22)
         a. Por causa da revelação do Pai aos eleitos (10.21).
         b. Por causa da revelação do Pai através do Filho (10.22): O Pai dá ao Filho autoridade sobre tudo.

II. UM SAMARITANO (10.25-37): Jesus conta a parábola do Bom Samaritano.
   A. **A ocasião da parábola** (10.25-29): Jesus é desafiado por um advogado judeu.
      1. *Pergunta* (10.25-26): "Que farei para herdar a vida eterna?"
      2. *Resposta* (10.27-28): "Amarás ao Senhor teu Deus de todo o teu coração, de toda a tua alma, de todas as tuas forças e de todo o teu entendimento, e ao teu próximo como a ti mesmo".
      3. *Pergunta* (10.29): "Quem é o meu próximo?"

B. **O panorama da parábola** (10.30-35)
   1. *A viagem* (10.30a): Um homem está indo de Jerusalém para Jericó.
   2. *O problema* (10.30b): Ele é atacado por alguns salteadores que levam seu dinheiro, batem nele e o deixam à morte.
   3. *A prova* (10.31-35): Deus permite que três homens passem por seu caminho, pondo à prova a compaixão de cada um em ajudar o necessitado.
      a. Os dois que falham no teste (10.31-32): Tanto o sacerdote quanto o levita passam reto, não querendo envolver-se.
      b. Aquele que passa no teste (10.33-35): O samaritano pára, cuida dos ferimentos da vítima, a leva para uma hospedaria e paga por sua hospedagem e os cuidados enquanto ela se recupera.
C. **O uso da parábola** (10.36-37): Quem é o meu próximo? Qualquer um que eu possa ajudar.

III. DUAS IRMÃS (10.38-42): Jesus visita o lar de Maria e Marta.
   A. **A reclamação de Marta** (10.38-40)
      1. *A estudante aplicada* (10.38-39): Maria senta-se aos pés de Jesus, ouvindo tudo o que ele diz.
      2. *A serva zelosa* (10.40): Marta, ocupada na cozinha, pede que Jesus mande a irmã ajudá-la.
   B. **O conselho de Jesus** (10.41-42): Ele diz a Marta que ela deve primeiro receber a ministração do Salvador antes de servi-lo.

ESBOÇO DA SEÇÃO ONZE (LUCAS 11)
Jesus ensina os discípulos a orar e explica como seu poder não pode vir de Satanás. Condena aqueles que pedem que ele opere sinais miraculosos como prova de sua identidade divina.

I. JESUS INSTRUI SEUS AMIGOS (11.1-13, 27-28)
   A. **Os discípulos, no que diz respeito à oração** (11.1-13)
      1. *A linguagem da oração* (11.1-4): No relato de Lucas, Jesus lista quatro elementos na oração.
         a. Adoração (11.1-2): "Santificado seja o teu nome".
         b. Petição (11.3): "Dá-nos cada dia o nosso pão cotidiano".
         c. Confissão (11.4a): "Perdoa-nos os nossos pecados".
         d. Dependência (11.4b): "Não nos deixes entrar em tentação".
      2. *As lições da oração* (11.5-13)
         a. Requisitos (11.5-10): A oração bem-sucedida exige persistência. Precisamos pedir, buscar e insistir.
         b. Resultados (11.11-13): Orações bem-sucedidas garantem bênçãos.
            (1) Mesmo pais terrenos dão dádivas a seus filhos quando eles pedem (11.11-12).
            (2) Mais ainda o Pai celestial dá a seus filhos quando eles pedem (11.13).

B. Uma mulher, quanto à bem-aventurança (11.27-28)
　1. *A mulher para Jesus* (11.27): "Bem-aventurado o ventre que te trouxe e os peitos em que te amamentaste".
　2. *Jesus para a mulher* (11.28): "Antes bem-aventurados os que ouvem a Palavra de Deus, e a observam".

II. Jesus Acusa Seus Inimigos (11.14-26, 29-54): Esta acusação é direcionada contra os leigos e contra os líderes judeus.
　A. Por causa de suas acusações contra Deus (11.14-26)
　　1. *A difamação* (11.14-16): Eles dizem que Jesus expulsa demônios pelo poder de Satanás.
　　2. *A estupidez* (11.17-23): Jesus responde que, se Satanás está dividido contra si, como seu reino pode permanecer?
　　3. *O ataque* (11.24-26): Jesus alerta aqueles que o difamam que estão em perigo de sofrer possessão e ataques demoníacos sete vezes mais fortes.
　B. Por causa de suas ações contra Deus (11.29-54)
　　1. *Pelo povo, em geral* (11.29-36)
　　　a. O que eles não fizeram (11.29-32): Eles se recusaram a aceitar o ministério de Cristo, enquanto os gentios do Antigo Testamento receberam os ministérios de Salomão e Jonas.
　　　b. O que eles fizeram (11.33-36): Eles substituíram a luz divina por trevas demoníacas.
　　2. *Pelos fariseus, em particular* (11.37-54): Jesus pronuncia seis ais sobre eles.
　　　a. Por causa de sua avareza e perversidade (11.37-41): Fazem-se puros por fora, mas estão imundos por dentro.
　　　b. Porque ignoram completamente o amor e a justiça (11.42).
　　　c. Por causa de seu orgulho e sua autopromoção (11.43-44): Eles adoram os lugares de honra e saudações respeitáveis.
　　　d. Por impor às pessoas tradições pesadas e falsas (11.45-46): Não movem uma palha para ajudá-las.
　　　e. Por causa de sua história sangrenta (11.47-51): Eles são assassinos.
　　　f. Porque escondem a verdade das pessoas (11.52-54): Eles as impedem de entrar no Reino e, portanto, eles mesmos não entrarão.

ESBOÇO DA SEÇÃO DOZE (LUCAS 12)
Jesus ensina sobre dez assuntos: hipocrisia, temor, cuidado de Deus por seus filhos, reconhecimento de Cristo, riquezas, preocupação, vigilância, sua própria missão, percepção e reconciliação.

I. Hipocrisia (12.1-3)
　A. O exemplo de hipocrisia (12.1): Jesus usa os ímpios fariseus para ilustrar este assunto.

B. A exposição da hipocrisia (12.2-3): No juízo, toda a hipocrisia será revelada.
II. Verdadeiro Temor (12.4-5)
   A. Não temer as pessoas (12.4): Elas só podem matar o corpo.
   B. Temer a Deus (12.5): Ele pode destruir tanto a alma quanto o corpo.
III. Cuidado de Deus (12.6-7)
   A. Deus sustenta os pardais, criaturas tão pequenas (12.6).
   B. Mais ainda ele sustentará os santos, muito mais valiosos (12.7).
IV. Reconhecimento de Cristo (12.8-12)
   A. O crente e o Filho (12.8-9): Quem o confessar será confessado por ele diante do Pai.
   B. O crente e o Espírito (12.10-12): Quem depende dele por ele será defendido diante das pessoas.
V. A Pobreza das Riquezas (12.13-21): Jesus conta a parábola do rico tolo.
   A. O dilema (12.13-17): A colheita do homem rico é tão grande que ele não tem onde estocar os grãos.
   B. A decisão (12.18): Ele resolve este problema construindo novos celeiros.
   C. O engano (12.19): O agricultor comete dois erros.
      1. *Ele pressupõe que ainda viverá por muitos anos* (12.19a).
      2. *Ele pressupõe que os bens materiais podem satisfazer a alma* (12.19b).
   D. A destruição (12.20): Deus toma sua vida naquela mesma noite.
   E. A conclusão (12.21): Não acumular riquezas terrenas nem ignorar o relacionamento com Deus.
VI. Preocupação (12.22-34)
   A. As duas proibições (12.22-23)
      1. *Não se preocupar com o que comer* (12.22a, 23a).
      2. *Não se preocupar com que roupa vestir* (12.22b, 23b).
   B. Os dois princípios (12.24-31): Jesus dá dois exemplos sobre o motivo de não nos preocuparmos com alimento e roupa.
      1. *Os pássaros no céu* (12.24-26, 29-31)
         a. Eles não plantam nem colhem, é Deus quem os alimenta (12.24).
         b. Deus considera os homens mais importantes que os pássaros (12.25-26, 29-31).
      2. *Os lírios do campo* (12.27-28)
         a. Eles se vestem de forma mais bela que Salomão em toda a sua glória (12.27).
         b. Deus reputa seus amigos como muito mais importantes do que as flores (12.28).

C. As duas promessas (12.32-34)
  1. *Aqui embaixo* (12.32): O Reino.
  2. *Lá em cima* (12.33-34): Tesouros celestiais.

VII. Vigilância (12.35-48): Jesus enfatiza a importância desta virtude ao contar uma parábola.
  A. A informação da parábola (12.35-40)
    1. *A ordem* (12.35-36): Jesus instrui seu povo a estar preparado para sua vinda.
    2. *A celebração* (12.37-38): Os preparados experimentarão grande alegria quando ele voltar.
    3. *O cuidado* (12.39-40): A vigilância deve ser constante, pois ele pode voltar a qualquer momento.
  B. A aplicação da parábola (12.41-48)
    1. *Fidelidade antes da volta de Jesus resultará em recompensa* (12.41-44).
    2. *Infidelidade antes da volta de Jesus resultará em repreensão severa* (12.45-48).

VIII. A Missão de Jesus (12.49-53)
  A. O sofrimento (12.49-50): Ele será literalmente batizado na cruz com a ira de Deus quando carregar os pecados do mundo.
  B. A separação (12.51-53): A mensagem do Evangelho dividirá famílias inteiras, indispondo crentes e não-crentes.

IX. Percepção (12.54-56)
  A. O que o povo pecaminoso de Israel consegue fazer (12.54-55): Ele pode discernir o tempo, examinando o céu.
  B. O que o povo pecaminoso de Israel não consegue fazer (12.56): Ele não consegue discernir a crise espiritual que o acomete.

X. Reconciliação (12.57-59)
  A. A prioridade de tentar resolver a disputa fora do tribunal (12.57-58a): Tentar resolver a questão antes de comparecer diante de um juiz.
  B. A penalidade por se recusar a resolver a disputa fora do tribunal (12.58b-59): Pode resultar em prisão.

ESBOÇO DA SEÇÃO TREZE (LUCAS 13)
Jesus ensina usando várias ilustrações, envergonha seus inimigos quando eles questionam as curas que ele efetua no sábado e lamenta por Jerusalém.

I. As Ilustrações (13.1-9, 18-30): Jesus fornece várias ilustrações para enfatizar alguns pontos.
  A. As primeiras duas ilustrações (13.1-5)
    1. *A primeira ilustração* (13.1-3): Jesus refere-se a alguns judeus que foram assassinados no Templo em Jerusalém.

2. *A segunda ilustração* (13.4-5): Jesus refere-se a alguns judeus que foram esmagados pela Torre de Siloé.
B. **A terceira ilustração** (13.6-9)
 1. Um homem planeja derrubar uma figueira que não dá fruto desde que foi plantada, três anos antes (13.6-7).
 2. O jardineiro sugere que ele espere mais um ano (13.8-9).
C. **A quarta e a quinta ilustrações** (13.18-21)
 1. *A ilustração do grão de mostarda* (13.18-19): Um pequenino grão de mostarda cresce, torna-se em uma árvore e pássaros descansam em seus ramos.
 2. *Ilustração do fermento* (13.20-21): Pequena quantidade de fermento cobre grande quantidade de massa.
D. **A sexta ilustração** (13.22-30)
 1. *Judeus que confiam apenas em sua origem racial não entrarão nos céus* (13.22-28).
 2. *Gentios que confiam em seu nascimento espiritual entrarão nos céus* (13.29-30).

II. O Confronto (13.10-17)
A. **O motivo do confronto** (13.10-13): Jesus cura uma paralítica em uma sinagoga, no sábado.
B. **As reações durante o confronto** (13.14-16)
 1. *A crítica* (13.14): O responsável pela sinagoga repreende Jesus por curar no sábado.
 2. *A condenação* (13.15-16): O Salvador aponta duas hipocrisias claras do responsável e de seus amigos.
  a. Sem dúvida, eles cuidariam de um animal necessitado no sábado (13.15).
  b. Muito mais importante é cuidar de uma pessoa necessitada (13.16).
C. **Os resultados do confronto** (13.17): Os inimigos de Jesus são envergonhados e os seguidores do Mestre alegram-se com suas palavras maravilhosas.

III. A Determinação (13.31-33): Apesar da ameaça de Herodes Antipas, Jesus dirige-se para Jerusalém, onde deve morrer.

IV. A Lamentação (13.34-35): O Salvador chora por Jerusalém.
A. **A dor que sente** (13.34): Ele deseja colocar Israel sob suas asas de proteção, mas não tem permissão para isso.
B. **A profecia que faz** (13.35)
 1. *O Templo de Israel será logo destruído* (13.35a).
 2. *O povo de Israel permanecerá na incredulidade até o Milênio* (13.35b).

ESBOÇO DA SEÇÃO QUATORZE (LUCAS 14)
Salas de jantar e discipulado: Jesus cura no sábado, ensina sobre a humildade e fala do Reino de Deus. Ele também fala sobre o preço de ser seu discípulo.

I. SALAS DE JANTAR (14.1-24)
   A. **Cena 1: o poder de Jesus é visto** (14.1-6).
      1. *O legalista e o sábado* (14.1-2): Enquanto participa de um jantar, no sábado, Jesus é cuidadosamente vigiado por alguns fariseus que querem ver se ele cura um homem doente hidrópico lá presente.
      2. *O Senhor e o sábado* (14.3-6)
         a. O que Jesus faz (14.4): Ele cura o homem.
         b. Por que Jesus faz (14.5-6): Ele socorre um homem, assim como os fariseus ajudariam um animal necessitado no sábado.
   B. **Cena 2: as parábolas de Jesus são ouvidas** (14.7-24): Jesus conta duas parábolas que se passam em banquetes.
      1. *A parábola dos convidados ambiciosos* (14.7-14)
         a. Como ser honrado, sendo convidado (14.7-11)
            (1) Negativo (14.7-8): Não se assentar à cabeceira da mesa para não ser dali removido se alguém mais importante chegar.
            (2) Positivo (14.9-11): Assentar-se no lugar mais humilde, onde seu anfitrião, com certeza, lhe convidará a mudar para um lugar superior.
         b. Como ser honrado, sendo anfitrião (14.12-14)
            (1) As regras (14.12-13): Não convide amigos, família e vizinhos ricos. Convide o pobre, o aleijado e o cego.
            (2) A recompensa (14.14): O próprio Deus o recompensará.
      2. *A parábola do grande banquete* (14.15-24)
         a. O convite — primeira lista de convidados (14.15-17): Um homem prepara uma grande festa e envia muitos convites.
         b. Os convidados (14.18-20): Todos os convidados, entretanto, dão a desculpa de que não podem ir.
            (1) A primeira desculpa (14.18): Uma pessoa acaba de comprar um campo e precisa inspecioná-lo.
            (2) A segunda desculpa (14.19): Uma pessoa acaba de comprar alguns bois e precisa experimentá-los.
            (3) A terceira desculpa (14.20): Uma pessoa acaba de casar.
         c. O convite — segunda lista de convidados (14.21-24)
            (1) Os novos convidados (14.21-23): Eles consistem em pessoas pobres e sofredoras de todos os lugares, pessoas que chegam com alegria.
            (2) Os antigos convidados (14.24): Eles não recebem nem ao menos um gostinho do que foi preparado para eles.

II. Discipulado (14.25-35)
  A. Jesus instrui sobre o discipulado (14.25-27)
    1. *Com relação aos familiares do candidato* (14.25-26): O discípulo deve colocar Jesus acima deles.
    2. *Com relação ao candidato* (14.27): O discípulo deve carregar sua própria cruz e seguir a Jesus.
  B. Jesus ilustra com relação ao discipulado (14.28-35)
    1. *Exemplo da construção* (14.28-30): Esteja certo do custo e tenha certeza de que você tem dinheiro suficiente antes de construir.
    2. *Exemplo da guerra* (14.31-33): Tenha certeza de que seu exército é forte o suficiente para derrotar o inimigo.
    3. *Exemplo do sal insípido* (14.34-35): Ele é inútil e será jogado fora.

ESBOÇO DA SEÇÃO QUINZE (LUCAS 15)
Jesus conta três parábolas para ilustrar a tragédia da perdição.

I. A Parábola da Ovelha Perdida (15.1-7)
  A. O motivo desta parábola (15.1-3): Os fariseus criticam Jesus por se associar a pessoas que eles crêem ser de má reputação.
  B. A aplicação desta parábola (15.4-7)
    1. *A procura* (15.4): Um homem que tem cem ovelhas está determinado a encontrar uma ovelha que ele acredita ter-se perdido.
    2. *A localização* (15.5): Tendo-a encontrado, ele a coloca em seus ombros e volta para casa.
    3. *A celebração* (15.6-7)
      a. Na terra, por causa da ovelha recuperada (15.6).
      b. Nos céus, por causa do pecador arrependido (15.7).

II. A Parábola da Dracma Perdida (15.8-10)
  A. A procura (15.8): Certa mulher que perde uma de suas dez valiosas moedas de prata a procura diligentemente em sua casa.
  B. A localização (15.9a): Ela a encontra e conta a seus amigos.
  C. A celebração (15.9b-10)
    1. *Na terra, por causa da moeda recuperada* (15.9b).
    2. *Nos céus, por causa do pecador arrependido* (15.10).

III. A Parábola do Filho Pródigo (15.11-32): Um pai tem dois filhos.
  A. A rebelião do filho mais novo (15.11-16)
    1. *A tolice demonstrada por ele* (15.11-13)
      a. Em querer sua parte da herança (15.11-12): O filho exige sua parte dos bens de seu pai.
      b. Ao desperdiçar sua herança (15.13): Logo ele gasta todo seu dinheiro numa vida dissoluta e se vê sem dinheiro num país estrangeiro.

2. *A fome que ele passa* (15.14-16): Ele é forçado a comer a comida dos porcos que alimenta.
B. **O retorno do filho mais novo** (15.17-32)
   1. *A constatação* (15.17): Ele finalmente cai em si quanto à terrível situação em que se encontra.
   2. *A decisão* (15.18-19)
      a. A volta (15.18a).
      b. O arrependimento (15.18b-19).
   3. *A reunião* (15.20-21): O pai recebe seu filho de braços abertos.
   4. *O regozijo* (15.22-24): O pai planeja uma grande celebração para comemorar a ocasião.
   5. *O ressentimento* (15.25-30): O filho mais velho fica furioso pela forma como seu pai recebe seu irmão mais novo.
   6. *A justificativa* (15.31-32): O pai explica suas ações ao filho mais velho, mostrando a importância da volta de um filho que estava perdido.

ESBOÇO DA SEÇÃO DEZESSEIS (LUCAS 16)
Jesus conta as parábolas do administrador infiel e do homem rico e Lázaro.

I. A Parábola do Administrador Infiel (16.1-18)
   A. **A crise** (16.1-2)
      1. *A desonestidade do administrador* (16.1): Ele é acusado de desperdiçar as posses de seu patrão.
      2. *A rejeição do administrador* (16.2): Ele é despedido.
   B. **A preocupação** (16.3): O administrador infiel está preocupado com seu futuro.
   C. **A astúcia** (16.4-7)
      1. *A decisão* (16.4): Ele vislumbra um plano para assegurar seu futuro com alguns dos devedores de seu patrão.
      2. *Os descontos* (16.5-7): Ele reduz os débitos em até cinqüenta por cento.
   D. **O elogio** (16.8): O patrão reconhece a esperteza do administrador infiel.
   E. **A cautela** (16.9-12): Jesus alerta os crentes a ser fiéis mesmo em coisas pequenas, para que possam ser dignos de confiança em coisas grandes.
   F. **A escolha** (16.13): É preciso escolher entre Deus e o dinheiro.
   G. **A condenação** (16.14-18): Jesus condena os fariseus por serem hipócritas avarentos e desobedientes à lei.

II. A Parábola do Homem Rico e Lázaro (16.19-31)
   A. **As duas pessoas** (16.19-21)
      1. *O homem rico* (16.19): Ele veste as melhores roupas e vive em luxo.
      2. *O mendigo* (16.20-21)
         a. Sua dor (16.20): Ele está coberto de feridas.
         b. Sua pobreza (16.21): Ele anela comer o que cai da mesa do rico.

B. Os dois lugares (16.22-23)
1. *Paraíso* (16.22a): O mendigo morre e é carregado pelos anjos para estar com Abraão.
2. *Perdição* (16.22b-23): O rico morre e sua alma vai para o inferno.

C. As duas orações (16.24-31)
1. *A oração do homem rico por alívio a seu corpo* (16.24-26)
   a. O pedido (16.24): Ele pergunta a Abraão se Lázaro pode vir e ajudar a aliviar sua agonia do fogo do inferno.
   b. A recusa (16.25): O pedido é negado.
   c. O motivo (16.26): Um grande abismo os separa.
2. *A oração do homem rico com relação à redenção de seus irmãos* (16.27-31)
   a. O pedido (16.27-28): Ele implora que Abraão envie Lázaro de volta para alertar seus cinco irmãos perversos acerca daquele terrível lugar.
   b. Os motivos para a recusa (16.29-31)
      (1) "Têm Moisés e os profetas" (16.29-30).
      (2) "Se não ouvem a Moisés e aos profetas, tampouco acreditarão, ainda que ressuscite alguém dentre os mortos" (16.31).

ESBOÇO DA SEÇÃO DEZESSETE (LUCAS 17)
Jesus fala sobre tentação, perdão, fé, dever, o Reino e sua segunda vinda. Cura dez leprosos, mas somente um, o samaritano, lhe agradece.

I. O MILAGRE (17.11-19)
A. O pedido dos dez (17.11-14)
1. *As circunstâncias* (17.11-12): Jesus encontra dez leprosos.
2. *O clamor* (17.13): Eles clamam a Jesus por ajuda.
3. *A ordem* (17.14a): Jesus ordena que se apresentem perante os sacerdotes do Templo.
4. *A purificação* (17.14b): A lepra deles desaparece subitamente.

B. O retorno de um só (17.15-19)
1. *Quem ele é* (17.16b): Ele é um samaritano.
2. *Por que ele retorna* (17.15-16a)
   a. Para testemunhar de Deus, o Pai (17.15).
   b. Para agradecer a Deus, o Filho (17.16a).
3. *O que ele encontra* (17.17-19)
   a. A tristeza de Jesus (17.17-18): O Salvador expressa tristeza quanto aos nove que não voltaram.
   b. A salvação de Jesus (17.19): Jesus diz ao samaritano que sua fé resultou na cura tanto de seu corpo quanto de sua alma.

II. As Mensagens (17.1-10, 20-37): Jesus profere cinco pequenas mensagens e uma mensagem maior.
   A. **As cinco pequenas mensagens** (17.1-10, 20-21)
      1. *Da penalidade por tentar aos outros* (17.1-2): Punição severa aguarda qualquer um que levar uma criancinha a pecar.
      2. *Do perdão* (17.3-4)
         a. Repreender o irmão pecador (17.3a).
         b. Perdoar o irmão arrependido quantas vezes for necessário (17.3b-4): Mesmo que ele errar sete vezes ao dia e se arrepender, deve ser perdoado.
      3. *Da fé* (17.5-6)
         a. O pedido dos discípulos (17.5): "Aumenta-nos a fé".
         b. A resposta do Salvador (17.6): Com um mínimo de fé pode-se fazer grandes coisas.
      4. *Do dever dos servos* (17.7-10)
         a. A ação exigida (17.7-9): Servir seus mestres dia e noite.
         b. A atitude exigida (17.10): Reconhecer que, ao servir a Cristo, estamos apenas cumprindo a nossa obrigação.
      5. *Do Reino de Deus* (17.20-21)
         a. Pergunta dos fariseus (17.20): Jesus é interrogado pelos fariseus sobre quando o Reino de Deus virá.
         b. Resposta do Salvador (17.21): "O Reino de Deus está dentro de vós".
   B. **A mensagem principal** (17.22-37): Jesus trata de sua segunda vinda.
      1. *Os rumores acerca da segunda vinda* (17.22-24)
         a. A ficção (17.22-23): Falsos relatos dirão que ele voltou a esse ou àquele lugar.
         b. Os fatos (17.24): Sua volta será evidente como um relâmpago que atravessa os céus.
      2. *O pré-requisito antes da segunda vinda* (17.25): Ele primeiro será rejeitado e crucificado.
      3. *As circunstâncias na segunda vinda* (17.26-30)
         a. Semelhantes às condições dos dias de Noé (17.26-27): As pessoas ignorarão os avisos e comemorarão até o momento da destruição.
         b. Semelhante às condições nos dias de Ló (17.28-30): As pessoas continuarão nos seus afazeres diários.
      4. *O alerta sobre a segunda vinda* (17.31-33): Corra para sobreviver.
      5. *O juízo seguinte à segunda vinda* (17.34-37)
         a. A separação (17.34-36)
            (1) Duas pessoas numa cama: uma será levada; a outra, deixada (17.34).
            (2) Duas mulheres moendo grãos: uma será tomada; a outra, deixada (17.35).

(3) Dois homens trabalhando no campo: um será tomado; o outro, deixado (17.36).
b. A destruição (17.37): As pessoas poderão saber por esses sinais que o fim está próximo.

ESBOÇO DA SEÇÃO DEZOITO (LUCAS 18)
Jesus ensina usando parábolas e abençoa crianças. Ele conversa com um homem rico e descreve a dificuldade de uma pessoa rica entrar no Reino. Ele novamente prediz sua morte e cura um mendigo cego.

I. Eventos Anteriores ao Episódio do Homem Rico (18.1-17): Jesus dá duas ilustrações e faz um convite.
   A. **As ilustrações** (18.1-14): Jesus relata duas parábolas, ilustrando os temas persistência e humildade.
      1. *A parábola da viúva e do juiz* (18.1-8)
         a. Como a persistência é recompensada por um juiz iníquo (18.1-5).
            (1) O motivo para a persistência dela (18.1-3): Uma viúva apela continuamente a certo juiz ímpio por justiça contra um homem que a prejudicou.
            (2) As recompensas por sua persistência (18.4-5): O juiz despreocupado finalmente concede justiça a ela, embora somente para se ver livre de seus apelos constantes.
         b. Como a persistência será recompensada pelo Juiz Soberano (18.6-8): Deus também recompensa a persistência de seus filhos, não por causa de aborrecimento, mas por sua fidelidade.
      2. *A parábola do fariseu e do publicano* (18.9-14)
         a. Dois homens entram no Templo (18.9-13): Ambos chegam para orar. Um deles é um fariseu e o outro, um coletor de impostos.
            (1) A oração do fariseu (18.11-12): Sua oração é arrogante e egoísta.
            (2) A oração do publicano (18.13): Sua oração é humilde, clamando a Deus por misericórdia.
         b. Dois homens saem do Templo (18.14)
            (1) O publicano é recebido e exaltado por Deus (18.14a).
            (2) O fariseu é rejeitado e excluído por Deus (18.14b).
   B. **O convite** (18.15-17): Alguns pais aproximam-se para que seus filhos sejam abençoados por Jesus.
      1. *Os pais são repreendidos pelos discípulos* (18.15): Eles repreendem os pais por incomodar Jesus.
      2. *As crianças são recebidas pelo Salvador* (18.16-17): Jesus convida as crianças a estar com ele.
II. Eventos Durante o Episódio do Homem Rico (18.18-30)
   A. **Jesus fala das riquezas** (18.18-27).

1. *O Salvador e o homem* (18.18-23)
   a. A procura (18.18-22)
      (1) A confusão (18.18): Um homem influente deseja saber como poderá herdar a vida eterna.
      (2) O esclarecimento (18.19-20): Jesus diz a ele que guarde os mandamentos.
      (3) A confirmação (18.21): O homem diz que tem feito isso desde a infância.
      (4) A conclusão (18.22): Jesus propõe ao homem que venda tudo o que tem, dê seu dinheiro aos pobres e o siga.
   b. A tristeza (18.23): O homem se volta triste, pois não está disposto a abrir mão de sua riqueza.
2. *O Salvador e os discípulos* (18.24-27)
   a. A alegoria (18.24-25): Jesus diz que é mais fácil um camelo passar pelo buraco de uma agulha do que um rico entrar no Reino dos Céus.
   b. O espanto (18.26): Os discípulos perguntam quem, então, pode ser salvo.
   c. O consolo (18.27): Jesus diz que, para Deus, tudo é possível.

B. Jesus fala das recompensas (18.28-30)
1. *O que os discípulos renunciaram por causa de Jesus* (18.28): Eles deixaram seus lares para segui-lo.
2. *O que os discípulos receberão de Jesus* (18.29-30): Eles serão recompensados muitas vezes nesta vida e receberão vida eterna nos céus.

III. EVENTOS POSTERIORES AO EPISÓDIO DO HOMEM RICO (18.31-43)
   A. A hostilidade contra Jesus (18.31-34)
   1. *A profecia do Salvador* (18.31-33): Jesus prediz sua rejeição, seu julgamento, seu açoitamento, sua crucificação e sua ressurreição.
   2. *A perplexidade dos discípulos* (18.34): Eles não conseguem entender o que ele diz.
   B. A cura efetuada por Jesus (18.35-43)
   1. *O cego* (18.35-39)
      a. O clamor (18.35-38): Um mendigo cego, perto de Jericó, implora que Jesus o cure.
      b. A crítica (18.39): A multidão tenta silenciá-lo, mas ele grita mais alto.
   2. *O Soberano* (18.40-43)
      a. A conversa (18.40-41)
         (1) Jesus (18.40-41a): "Que queres que te faça?"
         (2) Mendigo (18.41b): "Senhor, que eu veja".
      b. A restauração (18.42): O mendigo recebe sua visão.
      c. A celebração (18.43): Tanto o mendigo quanto a multidão louvam e adoram a Deus.

> **ESBOÇO DA SEÇÃO DEZENOVE** (LUCAS 19)
> Jesus encontra Zaqueu e conta a história dos dez servos. Ele entra em Jerusalém triunfalmente e diz aos fariseus que, mesmo que as pessoas parassem de entoar louvores, as próprias pedras clamariam. Ele expulsa os vendedores do Templo.

I. O PERDÃO DE JESUS (19.1-10): Jesus encontra Zaqueu.
   A. **Zaqueu, o pecador** (19.1-2): Ele é um coletor de impostos rico.
   B. **Zaqueu, aquele que procura** (19.3-4): Ele deseja encontrar-se com Jesus, mas tem um problema.
      1. *A origem de seu problema* (19.3): Ele é muito pequeno para ver Jesus por sobre a multidão.
      2. *A solução de seu problema* (19.4): Ele sobe num sicômoro.
   C. **Zaqueu é encontrado** (19.5-7): Aquele que procurava agora torna-se o encontrado.
      1. *O pedido do Salvador* (19.5): Jesus o vê e diz: "Desce depressa; porque importa que eu fique hoje em tua casa".
      2. *A reação do coletor de imposto* (19.6): Ele desce e recebe Jesus alegremente.
      3. *A reação da multidão* (19.7): Eles se queixam de que Jesus se associa a um homem de má reputação.
   D. **Zaqueu é salvo** (19.8-10)
      1. *Conforme corroborado por seu testemunho* (19.8)
         a. Ele dará metade de suas riquezas aos pobres (19.8a).
         b. Ele restituirá quatro vezes àqueles de quem roubou (19.8b).
      2. *Conforme o testemunho de Jesus* (19.9-10): Ele diz que Zaqueu é realmente um homem salvo.

II. A PARÁBOLA CONTADA POR JESUS (19.11-27): Explicando a natureza do Reino de Deus, Jesus o compara a um nobre e seus dez servos.
   A. **A tarefa dos servos** (19.12-14)
      1. *Por que o nobre parte* (19.12): Ele vai a outro país, onde será coroado rei.
      2. *O que o nobre deixa* (19.13): Ele dá a cada servo uma mina (cerca de três meses de salário) e ordena que cada um invista seu dinheiro sabiamente.
      3. *Como as pessoas se sentem* (19.14): Elas odeiam o nobre e enviam uma delegação para dizer-lhe que não querem que ele seja seu rei.
   B. **O relato dos servos** (19.15-27): Ao retornar, o nobre exige um relato financeiro de cada servo, três dos quais são registrados.
      1. *O primeiro servo* (19.15-17)
         a. Seu relato (19.16): Sua mina rendeu outras dez.
         b. Sua recompensa (19.17): Ele recebe autoridade sobre dez cidades.
      2. *O segundo servo* (19.18-19)
         a. Seu relato (19.18): Sua mina rendeu cinco outras.

b. *Sua recompensa* (19.19): Ele recebe autoridade sobre cinco cidades.
3. *O terceiro servo* (19.20-27)
   a. *Seu relato* (19.20-21): Ele escondeu sua mina e não tem rendimento nenhum para relatar.
   b. *Sua repreensão* (19.22-27): Sua mina é tomada e o servo é despedido em desgraça.

III. A Entrada Triunfal de Jesus (19.28-40) Lucas registra a Entrada Triunfal.
   A. **A preparação** (19.28-34)
      1. *Os homens* (19.28-29): Jesus instrui dois discípulos.
      2. *A missão* (19.30-34)
         a. *Suas ordens* (19.30-31): Eles devem buscar um jumentinho numa vila próxima para que o Salvador possa montá-lo.
         b. *Sua obediência* (19.32-34): Eles fazem exatamente conforme Jesus os instrui.
   B. **A celebração** (19.35-38)
      1. *As multidões preparam seu caminho* (19.35-36): Eles espalham seus mantos sobre a estrada.
      2. *As multidões proclamam seu louvor* (19.37-38).
   C. **A crítica** (19.39-40)
      1. *A repreensão dos fariseus* (19.39): "Mestre, repreende os teus discípulos".
      2. *A resposta do Salvador* (19.40): "Se estes se calarem, as pedras clamarão".

IV. A Profecia de Jesus (19.41-44)
   A. **Sua dor** (19.41): Ele lamenta pela descrença de Jerusalém.
   B. **Sua predição** (19.42-44): Jerusalém será atacada e completamente destruída por seus inimigos.

V. A Purificação Efetuada por Jesus (19.45-46)
   1. *O que ele faz* (19.45): Ele entra no Templo e expulsa os comerciantes de suas bancas.
   2. *Por que ele faz* (19.46): Eles transformaram a casa de oração num covil de ladrões.

VI. A Conspiração contra Jesus (19.47-48): Seus inimigos planejam formas de matá-lo.

ESBOÇO DA SEÇÃO VINTE (LUCAS 20)
Os líderes questionam a autoridade de Jesus, mas ele se recusa a responder. Jesus conta a história de alguns agricultores perversos e ensina sobre o pagamento de impostos a César, sobre a ressurreição dos crentes e sobre a identidade do Messias.

I. A PARÁBOLA CONTADA POR JESUS (20.9-19)
   A. **O propósito desta parábola** (20.17-19): Jesus a conta para ilustrar duas coisas:
      1. *O desprezo dos líderes judeus por seu Messias* (20.17).
      2. *A destruição imposta pelos líderes judeus a seu Messias* (20.18-19): Ele é a pedra angular, e todos os que nele tropeçam são destruídos.
   B. **Os pormenores desta parábola** (20.9-16)
      1. *O acordo de trabalho* (20.9): Um homem planta uma vinha, arrenda-a a alguns fazendeiros e viaja para uma terra distante.
      2. *A perversidade* (20.10-15a): Na época da colheita, o dono da terra tenta receber sua porção.
         a. Os mensageiros enviados por ele (20.10-15a)
            (1) Primeiro, ele envia três servos (20.10a, 11a, 12a).
            (2) Finalmente, ele envia seu filho (20.13).
         b. O maltrato sofrido por eles (20.10b, 11b, 12b, 14-15a)
            (1) Todos os três são maltratados (20.10b, 11b, 12b).
            (2) Seu filho é assassinado (20.14-15a).
      3. *A ira* (20.15b-16): O dono da terra, furioso, volta e mata os agricultores perversos e arrenda a vinha para outros.
   C. **A profecia que aponta para esta parábola** (20.17-18): Jesus diz que tudo isso está predito no Salmo 118.22.
   D. **A conspiração que segue esta parábola** (20.19): Incomodados pela acusação óbvia de Jesus feita a eles, os líderes judeus procuram uma forma de prendê-lo.

II. OS FARISEUS E JESUS (20.1-8, 20-47)
   A. **Os confrontos** (20.1-8, 20-44): Jesus é desafiado por esses perversos líderes judeus em quatro ocasiões.
      1. *Com relação à sua autoridade* (20.1-8)
         a. A exigência (20.1-4): Eles querem saber quem dá a ele autoridade para fazer o que faz. Ele responde propondo uma pergunta que eles não conseguem responder: Quem deu a João Batista sua autoridade?
         b. O dilema (20.5-6)
            (1) Se eles disserem que a autoridade de João é "do céu", então ele perguntará por que não creram nele (20.5).
            (2) Se eles disserem que a autoridade de João é "dos homens", as pessoas os apedrejarão (20.6).
         c. A derrota (20.7-8): Eles se recusam a responder; então, Jesus também se recusa.

2. *Com relação ao pagamento de impostos a César* (20.20-26)
   a. O engano (20.20-22): Fingindo reconhecê-lo como grande mestre, eles querem saber se os judeus devem pagar impostos aos romanos.
   b. A derrota (20.23-26): Novamente, ele os silencia com sua sabedoria, dizendo: "Dai, pois, a César o que é de César, e a Deus o que é de Deus".
3. *Com relação à ressurreição e ao casamento* (20.27-40)
   a. O exemplo tolo dos saduceus (20.27-33): Uma mulher se casa com sete irmãos e enviúva após cada casamento. Finalmente, ela morre. Na ressurreição, com qual dos maridos ela ficará?
   b. O grave erro dos saduceus (20.34-40)
      (1) Não há casamentos no céu (20.34-36).
      (2) Há ressurreição (20.37-40).
4. *Com relação à natureza do Messias* (20.41-44)
   a. Ele é filho de Davi, afirmando assim sua humanidade (20.41).
   b. Ele é Senhor de Davi, afirmando assim sua divindade (20.42-44).

B. A condenação (20.45-47): Jesus denuncia os ímpios líderes judeus.
   1. *Seu orgulho* (20.45-46): Eles adoram andar bem vestidos e ter todos prostrados diante deles. Eles também adoram assentar-se em lugares de destaque nos banquetes.
   2. *Sua crueldade* (20.47a): Eles roubam das viúvas.
   3. *Sua hipocrisia* (20.47b): Eles fazem longas orações em público.
   4. *Sua punição* (20.47c): Sua punição será grande.

ESBOÇO DA SEÇÃO VINTE E UM (LUCAS 21)
Jesus compara a oferta no Templo de um rico com a de uma pobre viúva. Ele fala da Grande Tribulação.

I. JESUS LOUVA A ATITUDE DE UMA VIÚVA (21.1-4): Jesus observa as pessoas que dão suas ofertas no Templo.
   A. Quando o muito se torna pouco (21.1, 4a): Ele vê um rico dar uma quantia que provavelmente não lhe fará falta.
   B. Quando o pouco se torna muito (21.2-3, 4b): Ele vê uma viúva dar duas pequenas moedas, tudo o que ela possuía.

II. AS PROFECIAS DE JESUS COM RELAÇÃO AO FUTURO (21.5-28)
   A. O futuro imediato (21.5-7)
      1. *O pano de fundo* (21.5): Os discípulos estão admirando seu lindo Templo.
      2. *A revelação bombástica* (21.6-7): Jesus os alerta com relação à futura destruição completa de seu Templo.
   B. O futuro distante (21.8-28): Estes versículos parecem descrever os eventos que ocorrerão na Grande Tribulação.
      1. *A primeira metade da Grande Tribulação* (21.8-19)
         a. Imitações (21.8): Muitos reivindicarão ser o Messias.

b. Guerras (21.9-10): Haverá guerras e insurreições, mas não serão motivo de pânico.
c. Calamidade (21.11): Terremotos, fome, epidemias e grandes sinais ocorrerão nos céus.
d. Desprezo (21.12, 16-17) Os crentes serão odiados e perseguidos por causa de Jesus.
   (1) Perseguição política e religiosa (21.12): Pessoas serão arrastadas para as sinagogas e prisões e serão acusadas perante seus reis e governadores.
   (2) Perseguição familiar (21.16): Parentes próximos trairão uns aos outros.
   (3) Perseguição geral (21.12): Todos odiarão os crentes por causa de sua fidelidade a Jesus.
e. Oportunidades (21.13): Os crentes terão várias oportunidades para testemunhar.
f. Preservação (21.14-15, 18-19): O próprio Deus protegerá os crentes, dando as palavras certas a ser ditas; nenhum fio de cabelo lhes cairá da cabeça.
2. *A segunda metade da Grande Tribulação* (21.20-28)
   a. Destruição (21.24b): Jerusalém será destruída e ocupada pelos gentios.
   b. Destituição (21.20-21): Os sobreviventes fugirão das cidades.
   c. Desastre (21.22-23): A vingança de Deus será cumprida quando seu juízo mais severo for derramado sobre Israel.
   d. Morte (21.24a): As pessoas serão assassinadas ou escravizadas.
   e. Ruína (21.25): Eventos e sinais estranhos ocorrerão nos céus.
   f. Aflição (21.26): Os corações mais corajosos derreterão de medo.
   g. Deleite (21.27-28): Cristo voltará nas nuvens com poder e glória.

III. A Parábola Contada por Jesus sobre o Começo do Fim (21.29-38)
   A. **O símbolo na parábola** (21.29-30): "Olhai para a figueira, e para todas as árvores; quando começam a brotar, sabeis... que já está próximo o verão".
   B. **O significado da parábola** (21.31): "Assim também vós, quando virdes acontecerem estas coisas, sabei que o reino de Deus está próximo".
   C. **A solidez da parábola** (21.32-33)
      1. *A nação de Deus durará para sempre* (21.32): "Não passará esta geração até que tudo isso se cumpra".
      2. *A Palavra de Deus durará para sempre* (21.33).
   D. **A conclusão da parábola** (21.34-38): Mantenham-se atentos a esses acontecimentos.

> **ESBOÇO DA SEÇÃO VINTE E DOIS** (LUCAS 22)
> Jesus e os discípulos celebram a ceia da Páscoa no cenáculo. O Salvador prediz a negação de Pedro. Ele ora no Monte das Oliveiras. Judas conduz uma horda para prender Jesus. Pedro cumpre a predição de Jesus, negando-o três vezes.

I. Eventos durante a Páscoa (22.1-38)
   A. **A conspiração final** (22.1-6): Judas e os principais sacerdotes
      1. *As tentativas de matar Jesus* (22.1-2): Os líderes religiosos buscam uma forma de eliminá-lo sem criar tumulto.
      2. *O acordo para matar Jesus* (22.3-6): Judas oferece-se para trair Jesus por dois motivos.
         a. O motivo diabólico (22.3): Satanás entra em Judas.
         b. O motivo financeiro (22.4-6): Os líderes religiosos prometem a Judas uma recompensa.
   B. **A Páscoa final** (22.7-30): Jesus e os discípulos.
      1. *A missão com relação ao cenáculo* (22.7-13): Jesus envia Pedro e João a fim de preparar o cenáculo para a Páscoa.
      2. *A refeição no cenáculo* (22.14-30)
         a. O desejo (22.14-16): Jesus diz a seus discípulos que ansiava por comer a Páscoa com eles antes de seu sofrimento.
         b. A distribuição (22.17-20)
            (1) Jesus toma o cálice (22.17-18, 20): "Este cálice é o novo pacto em meu sangue, que é derramado por vós".
            (2) Jesus toma o pão (22.19): "Isto é o meu corpo, que é dado por vós".
         c. A deslealdade (22.21-23): Ele anuncia que alguém na mesa o trairá.
         d. A disputa (22.24-27): Os discípulos começam a discutir quem é o maior entre eles, e Jesus apresenta duas definições de grandeza.
            (1) Conforme o critério dos gentios (22.24-25): Grandeza consiste em o menor servir o maior.
            (2) Conforme o critério de Deus (22.26-27): Grandeza consiste em o maior servir o menor.
         e. O domínio (22.28-30): Jesus promete aos discípulos que eles o auxiliarão a reinar sobre Israel durante o Milênio.
   C. **As predições finais** (22.31-38)
      1. *A profecia do Salvador sobre Pedro* (22.31-34)
         a. Sua oração (22.31-32): Jesus pede a Deus que fortaleça a Pedro na fé.
         b. Sua predição (22.33-34): Jesus diz que Pedro o negará três vezes.

2. *As profecias das Escrituras sobre Jesus* (22.35-38): O Salvador lembra aos discípulos as profecias de Isaías, as quais afirmavam que o Messias seria condenado como um criminoso (Isaías 53.12).

II. Eventos no Monte das Oliveiras (22.39-53)
   A. **Jesus e os discípulos** (22.39-40, 45-46): Jesus pede que Pedro, Tiago e João vigiem e orem com ele, mas eles dormem.
   B. **Jesus e o Pai** (22.41-44)
      1. *A agonia* (22.41-42, 44): Em meio a grande dor, Jesus ora ao Pai celestial.
         a. O pedido de seu coração (22.41-42a): "Pai, se queres afasta de mim este cálice".
         b. A liberação de seu Espírito (22.42b): "Todavia não se faça a minha vontade, mas a tua".
         c. A resistência de seu corpo (22.44): Ele está tão agoniado que seu suor cai no chão em forma de grandes gotas de sangue.
      2. *O anjo* (22.43): Um anjo o fortalece.
   C. **Jesus e o traidor** (22.47-48): Judas trai Jesus com um beijo.
   D. **Jesus e o servo do sumo sacerdote** (22.49-51): Quando um dos discípulos corta fora a orelha do homem, Jesus a restaura.
   E. **Jesus e os que o prendem** (22.52-53): Ele os repreende por tratá-lo como um criminoso perigoso.

III. Eventos no Pátio (22.54-71)
   A. **O amigo de Jesus o nega** (22.54-62): Pedro nega Jesus em três ocasiões.
      1. *O relato* (22.54-60)
         a. Primeira ocasião (22.54-57): Uma serva reconhece Pedro, mas ele diz que não conhece Jesus.
         b. Segunda ocasião (22.58): Mais alguém, olhando para Pedro, diz que ele estava com Jesus, mas Pedro nega.
         c. Terceira ocasião (22.59-60): Outra pessoa diz que Pedro estava com Jesus por ser ele um galileu. Pedro nega, e um galo canta.
      2. *O remorso* (22.61-62): Quando vê o Salvador, que está sendo levado de um julgamento para outro, Pedro deixa o lugar, chorando amargamente.
   B. **Os inimigos de Jesus o desprezam** (22.63-71): Ele está perante o Sinédrio.
      1. *Ele é brutalizado* (22.63-65): Eles zombam, o espancam e o insultam.
      2. *Ele é acusado de blasfêmia* (22.66-71): Ele diz que é o Filho de Deus.

ESBOÇO DA SEÇÃO VINTE E TRÊS (LUCAS 23)
Jesus é julgado por Pilatos. Pilatos considera Jesus inocente, mas o entrega à multidão, que o sentencia à morte. Jesus morre na cruz, salvando o mundo do pecado. Um homem chamado José pede e recebe permissão para dar a Jesus um sepultamento digno.

I. Eventos Anteriores à Crucificação (23.1-25)
   A. **Jesus perante Pilatos pela primeira vez** (23.1-5)
      1. *A acusação* (23.1-2, 5): Jesus é acusado de dois crimes pelos fariseus.
         a. Ele é um rebelde político (23.1-2a, 5): Eles dizem que Jesus causa tumultos e diz às pessoas que não paguem impostos a César.
         b. Ele é um blasfemo religioso (23.2b): Jesus alega ser o Messias.
      2. *O interrogatório* (23.3): Jesus reconhece diante de Pilatos que é verdadeiramente o Messias.
      3. *A conclusão (inicial)* (23.4): Pilatos diz que não encontra crime em Jesus.
   B. **Jesus perante Herodes Antipas** (23.6-12)
      1. *A deferência de Herodes* (23.6-7): Ao ouvir sobre o histórico galileu de Jesus, Pilatos o envia a Herodes, pois aquele território está sob sua jurisdição.
      2. *O desejo de Herodes* (23.8-9): Herodes está ansioso para encontrar Jesus, mas o Salvador se recusa a responder às suas perguntas.
      3. *O escárnio de Herodes* (23.10-12)
         a. Jesus é ridicularizado por Herodes (23.10-11): Herodes e seus soldados colocam uma veste real em Jesus.
         b. Herodes reconcilia-se com Pilatos (23.12): Eles se tornam amigos nesse dia.
   C. **Jesus perante Pilatos pela segunda vez** (23.13-25)
      1. *A conclusão* (23.13-15): Novamente Pilatos relembra aos judeus furiosos que Jesus é inocente.
         a. Pilatos o considerou sem culpa (23.13-14).
         b. Herodes o considerou sem culpa (23.15).
      2. *O costume* (23.17): É costume de Pilatos soltar um prisioneiro judeu todos os anos, durante a festa da Páscoa.
      3. *A escolha* (23.18-21): Os líderes judeus escolhem um criminoso notório chamado Barrabás, no lugar de Jesus.
         a. "Solta-nos Barrabás" (23.18b-19).
         b. "Crucifica-o" (23.18a, 20-21).
      4. *A rendição* (23.16, 22-25): Pilatos cede à pressão.
         a. Ele castiga e condena Jesus (23.16, 22-24).
         b. Ele solta Barrabás (23.25).

II. Eventos Durante a Crucificação (23.26-44, 46)
   A. **O carregador da cruz** (23.26): Simão, o cireneu, é forçado a carregar a cruz de Jesus.

B. O clamor com relação à cruz (23.27-31)
  1. *A dor das mulheres* (23.27): Um grupo de mulheres angustiadas segue Jesus, lamentando por ele.
  2. *A profecia do Messias* (23.28-31): Ele prediz a destruição vindoura de Jerusalém.
C. Os criminosos ao lado da cruz (23.32-33): Jesus é crucificado entre dois ladrões.
D. Os clamores da cruz (23.34a, 43, 46): Lucas registra três declarações feitas por Jesus na cruz.
  1. *A primeira e a última são voltadas ao Pai nos céus* (23.34a, 46)
     a. "Pai, perdoa-lhes; porque não sabem o que fazem" (23.34a).
     b. "Pai, nas tuas mãos entrego o meu espírito" (23.46).
  2. *A segunda é direcionada a um dos ladrões, que implora que Jesus se lembre dele nos céus* (23.43): "Em verdade te digo que hoje estarás comigo no paraíso".
E. As vestes aos pés da cruz (23.34b): Os soldados sorteiam as vestes de Jesus.
F. O desprezo pela cruz (23.35-37, 39): Vem de várias fontes.
  1. *Da multidão que assiste* (23.35): O povo diz que Jesus salvou a outros e deveria ser capaz de salvar-se.
  2. *Dos soldados* (23.36-37): Eles oferecem vinagre a Jesus.
  3. *De um dos ladrões* (23.39): Ele quer que Jesus se salve e os salve também.
G. A citação sobre a cruz (23.38): A placa diz: "ESTE É O REI DOS JUDEUS".
H. A conversa na cruz (23.40-43): Um dos ladrões faz uma repreensão e um pedido.
  1. *A repreensão* (23.40-41): Ele repreende o outro ladrão por seu insulto a Jesus.
  2. *O pedido* (23.42): Ele pede que Jesus se lembre dele quando chegar ao seu Reino.
  3. *A recompensa* (23.43): Jesus assegura ao homem que ele estará com o Salvador no paraíso.
I. A nuvem por sobre a cruz (23.44): A escuridão aparece do meio-dia até às 15 horas, horário que Jesus respira pela última vez.

III. Eventos Posteriores à Crucificação (23.45, 47-56)
  A. O véu se rasga (23.45): A cortina do Templo subitamente se rasga de alto a baixo.
  B. O tributo do centurião (23.47): Ele louva a Deus e diz: "Na verdade, este homem era justo".
  C. A agonia da multidão (23.48): Várias pessoas que o viram morrer vão para casa em profunda tristeza.

D. O testemunho das mulheres (23.49, 55-56)
   1. *A vigília do Gólgota* (23.49): Elas ficam a distância, observando.
   2. *A vigília do túmulo* (23.55-56): Elas vêem onde ele é sepultado, vão para casa preparar especiarias e esperam até o fim do sábado para embalsamá-lo.
   E. A transação de José (23.50-54): Este crente piedoso e rico recebe permissão de Pilatos para enterrar o corpo de Jesus.

ESBOÇO DA SEÇÃO VINTE E QUATRO (LUCAS 24)
Lucas descreve quatro aparições pós-ressurreição de Jesus.

I. A Primeira Aparição (24.1-12)
   A. A unção para o túmulo (24.1): Na manhã de domingo, as mulheres levam as especiarias ao túmulo para ungir o corpo de Jesus.
   B. A chegada ao túmulo (24.2-3)
   1. *As mulheres encontram um túmulo aberto* (24.2): A pedra havia sido removida.
   2. *As mulheres encontram um túmulo vazio* (24.3): Jesus não está lá.
   C. Os anjos ao lado do túmulo (24.4-8)
   1. *Seu esplendor* (24.4): Eles usam vestes radiantes.
   2. *Seu consolo* (24.5): Eles consolam as mulheres aterrorizadas.
   3. *Seu lembrete* (24.6-8): As mulheres são relembradas das palavras de Jesus:
      a. Com relação à sua crucificação (24.6-7a): Ele seria traído e crucificado.
      b. Com relação à sua ressurreição (24.7b-8): Ele ressuscitaria ao terceiro dia.
   D. O relato sobre o túmulo (24.9-12)
   1. *As mensageiras* (24.10): As mulheres envolvidas são Maria Madalena, Joana, Maria (mãe de Tiago) e outras.
   2. *A mensagem* (24.9, 11-12): Elas dizem aos discípulos o que viram.
      a. Muitos ignoram seus relatos (24.9, 11): A história parece sem sentido.
      b. Um deles investiga seu relato (24.12): Pedro vai até o túmulo para ver com os próprios olhos.

II. A Segunda Aparição (24.13-35): Jesus aparece a dois de seus seguidores na estrada de Emaús.
   A. A reunião com Jesus (24.13-16): Estes dois crentes recebem a companhia do Salvador.
   1. *Sua conversa* (23.13-14): Eles falam sobre a crucificação.
   2. *Sua cegueira* (24.15-16): Nenhum dos discípulos reconhece o estranho que está com eles.
   B. A pergunta de Jesus (24.17): Ele pergunta por que eles estão tristes.

C. A resposta a Jesus (24.18-24)
1. *Eles contam a Jesus seu problema* (24.18-21): A crucificação acabou com suas esperanças de que talvez Jesus de Nazaré fosse realmente o Messias.
2. *Eles contam a Jesus o seu mistério* (24.22-24): Algumas mulheres encontraram seu túmulo vazio e ouviram de dois anjos que ele havia ressuscitado.

D. A repreensão de Jesus (24.25-27)
1. *Sua ignorância das Escrituras* (24.25): Ele diz que eles esqueceram as profecias sobre sua morte e sua ressurreição.
2. *Sua interpretação das Escrituras* (24.26-27): Ele agora recapitula todas as passagens do Antigo Testamento que falam dele.

E. O reconhecimento (24.28-35)
1. *A refeição* (24.28-31a)
   a. O convite (24.28-29): Os dois discípulos convidam Jesus para participar de uma refeição com eles.
   b. A revelação (24.30-31a): Depois de orar, Jesus distribui o pão. Nesta hora, eles o reconhecem.
2. *O milagre* (24.31b): Jesus desaparece repentinamente.
3. *A meditação* (24.32): Eles refletem: "Porventura não se nos abrasava o coração, quando pelo caminho nos falava, e quando nos abria as Escrituras?"
4. *A missão* (24.33-35): Os dois discípulos retornam a Jerusalém e relatam tudo aos apóstolos.

III. A Terceira Aparição (24.36-49)

A. Jesus reaparece (24.36): Ele subitamente aparece diante dos apóstolos.
B. Jesus tranqüiliza (24.37-43)
1. *O pânico* (24.37): Os apóstolos, aterrorizados, crêem tratar-se de um fantasma.
2. *A prova* (24.38-43): Jesus fornece uma prova dupla, mostrando não ser um fantasma, mas ter um corpo real.
   a. A primeira prova (24.38-40): Jesus lhes mostra os ferimentos em seus pés e suas mãos.
   b. A segunda prova (24.41-43): Jesus come um pedaço de peixe enquanto eles assistem.

C. A revelação de Jesus (24.44-49)
1. *Ele recapitula seu ministério passado* (24.44-47): Jesus fala de sua crucificação e ressurreição.
2. *Ele prevê o ministério futuro deles* (24.48-49): Os apóstolos serão cheios do Espírito Santo, que os capacitará a ser testemunhas fiéis.

IV. A Quarta Aparição (24.50-53)

A. O lugar (24.50): Ocorre perto de Betânia.
B. Os pormenores (24.51-53): Após abençoar os apóstolos, Jesus ascende aos céus.

João

ESBOÇO DA SEÇÃO UM (JOÃO 1)
João começa seu Evangelho falando sobre a divindade de Cristo. Depois, descreve o ministério de João Batista. Jesus é batizado e chama seus primeiros discípulos.

I. Fatos sobre o Cristo Pré-encarnado (1.1-5)
   A. **Sua relação com o Pai** (1.1-2)
      1. *A eternidade de Cristo é declarada* (1.1a, 2): Ele já existia no princípio.
      2. *A divindade de Jesus é declarada* (1.1b): Ele é Deus.
   B. **Sua relação com o mundo** (1.3-5)
      1. *Ele é o único criador* (1.3): Nada existe que ele não tenha criado.
      2. *Ele é luz e vida* (1.4-5): Sua vida fornece luz a todos, e as trevas não podem apagá-la.

II. Fatos sobre o Cristo Encarnado (1.6-51)
   A. **O milagre** (1.14): Deus tornou-se homem e viveu na terra entre nós.
   B. **A missão** (1.10-13): Ele veio para salvar os pecadores.
      1. *Alguns o rejeitaram* (1.10-11): O mundo e até mesmo as pessoas de seu próprio país não o entenderam.
      2. *Alguns o receberam* (1.12-13): Aqueles que creram nele tornaram-se filhos de Deus.
   C. **Os homens** (1.6-9, 15-51)
      1. *O fiel precursor de Jesus* (1.6-9, 15-34)
         a. João Batista e as multidões (1.6-9, 15-18): João faz duas afirmações-chave ao povo.
            (1) Ele (João) é uma testemunha de Cristo (1.6-9).
            (2) Cristo é maior do que João ou Moisés (1.15-17).
         b. João Batista e os críticos (1.19-28): João fala aos fariseus que são enviados para interrogá-lo.
            (1) João diz que ele não é o Messias (1.19-20).
            (2) João diz que ele não é Elias (1.21).
            (3) João diz que foi enviado para preparar o caminho do Senhor (1.22-28).
         c. João Batista e Cristo (1.29-34)

(1) Ele apresenta o Salvador (1.29-31).
(2) Ele batiza o Salvador (1.32-34).
2. *Os primeiros cinco seguidores de Cristo* (1.35-51)
   a. André e João, o apóstolo (1.35-39)
   b. Pedro (1.40-42)
   c. Filipe (1.43)
   d. Natanael (1.44-51)

ESBOÇO DA SEÇÃO DOIS (JOÃO 2)
Jesus opera seu primeiro milagre e expulsa os mercadores e cambistas do Templo. Quando os líderes judeus desafiam sua autoridade, Jesus diz que restaurará o templo destruído (seu corpo) em três dias.

I. O PRIMEIRO MILAGRE DE JESUS (2.1-11)
   A. A ocasião (2.1-3)
      1. *A cerimônia* (2.1-2): Jesus e seus discípulos são convidados para um casamento em Caná.
      2. *A crise* (2.3): O estoque de vinho se acaba e a mãe de Jesus apresenta o problema.
   B. A observação (2.4): Ele a lembra que sua hora ainda não chegou.
   C. As ordens (2.5-7)
      1. *Da mãe* (2.5): Maria instrui os servos para que façam o que quer que Jesus lhes ordene.
      2. *Do Messias* (2.6-7): Ele ordena que encham seis talhas gigantes com água.
   D. A obediência (2.8): Eles seguem suas instruções e a água transforma-se em vinho.
   E. A opinião (2.9-10): Os convidados do casamento atestam que aquele vinho é o melhor que já tomaram.
   F. O resultado (2.11): Este milagre demonstra a glória de Jesus, fazendo com que os discípulos depositem sua fé nele.
II. A PRIMEIRA PURIFICAÇÃO DO TEMPLO FEITA POR JESUS (2.12-25): Posteriormente, ele faz isso pelo menos mais uma vez (ver Mateus 21.12-13).
   A. A purificação com relação ao Templo do Pai (2.12-17)
      1. *A purificação do Templo* (2.12-15)
         a. A perversidade (2.12-14): Jesus encontra mercadores desonestos vendendo animais no Templo.
         b. O açoite (2.15): Ele faz um chicote de cordas e os expulsa.
      2. *A censura aos ladrões* (2.16-17)
         a. Os velhacos que ele encara (2.16): Jesus os acusa de transformar a casa de seu Pai num mercado.
         b. As Escrituras que ele cumpre (2.17): O Salmo 69.9 prediz que o Messias faria isso.

B. Predição sobre seu templo carnal (2.18-25)
1. *A ignorância dos líderes judeus* (2.18-22)
   a. O sinal exigido (2.18): Eles insistem que Jesus opere um milagre para validar sua autoridade vinda de Deus.
   b. O sinal descrito (2.19): Jesus diz: "Derribai este santuário, e em três dias o levantarei".
   c. O sinal distorcido (2.20-21): Eles pensam que Jesus se refere ao Templo de Herodes, e não a seu corpo.
   d. O sinal descrito (2.22): Após a morte e ressurreição de Jesus, os discípulos entendem o significado completo dessa declaração.
2. *A falta de sinceridade dos leigos judeus* (2.23-25): Muitos em Jerusalém professam sua fé em Jesus, mas por motivos não sinceros.

ESBOÇO DA SEÇÃO TRÊS (JOÃO 3)
Jesus encontra-se com Nicodemos e diz a ele que, para serem salvos, todos devem nascer novamente. João Batista diz a seus discípulos que Jesus é o Messias.

I. JESUS EXPLICA O PLANO DA SALVAÇÃO (3.1-21): Um homem chamado Nicodemos visita Jesus à noite.
   A. **As credenciais de Nicodemos** (3.1): Ele é membro do Sinédrio judeu e um fariseu.
   B. **A confissão de Nicodemos** (3.2): Ele reconhece que Jesus vem de Deus por causa de seus milagres.
   C. **A ordem a Nicodemos** (3.3): Jesus diz que Nicodemos necessita de um novo nascimento.
   D. **A confusão de Nicodemos** (3.4): Ele confunde nascimento espiritual com nascimento físico.
   E. **A repreensão a Nicodemos** (3.9-13): Jesus o censura por não saber essas coisas, embora seja um respeitado mestre judeu.
   F. **O esclarecimento a Nicodemos** (3.5-8, 14-15): Jesus emprega três ilustrações para explicar o novo nascimento a Nicodemos.
      1. *A ilustração física* (3.5-7): A menos que alguém nasça da água e do Espírito, não pode entrar no Reino de Deus.
      2. *A ilustração natural* (3.8): Assim como não se sabe de onde vem o vento, nem para onde ele vai, da mesma forma é impossível explicar o nascimento pelo Espírito.
      3. *A ilustração escriturística* (3.14-15): Como Moisés levantou a serpente no deserto, assim o Filho do Homem será levantado.
   G. **A conclusão de Nicodemos** (3.16-21): Jesus agora sintetiza os aspectos da salvação e da condenação.
      1. *As pessoas* (3.16)
         a. O Pai deu seu Filho (3.16a).
         b. O Filho dará sua vida (3.16b).

2. *O propósito* (3.17)
   a. Não é para condenar os pecadores (3.17a).
   b. É para converter os pecadores (3.17b).
3. *O povo* (3.18-21)
   a. Condenação para aqueles que rejeitam a Cristo (3.18b-20).
   b. Salvação para aqueles que recebem a Cristo (3.18a, 21).

II. João Exalta a Pessoa da Salvação (3.22-36)
   A. A discussão (3.22-26): Ocorre um debate entre os discípulos de João sobre qual batismo é válido: o de João ou o de Jesus.
   B. A afirmação (3.27-36): João novamente dá testemunho com relação à grandeza de Jesus.
      1. *Jesus é o noivo, enquanto João é apenas um amigo do noivo* (3.27-29).
      2. *Jesus deve tornar-se cada vez maior, enquanto João deve tornar-se cada vez menor* (3.30-36).

ESBOÇO DA SEÇÃO QUATRO (JOÃO 4)
Jesus encontra uma mulher samaritana num poço e oferece a ela a água da vida. Muitos samaritanos da vila onde a mulher vive crêem nele. Ele cura o filho de um oficial de governo em Cafarnaum.

I. Jesus Redime uma Mulher Samaritana (4.1-42)
   A. O Salvador em Sicar (4.1-6): Jesus deixa a Judéia em direção à Galiléia.
      1. *Por que ele parte* (4.1-3): Ele parte para evitar a disputa de popularidade entre ele e João.
      2. *Onde Ele pára* (4.4-6): Ele descansa ao lado do poço de Jacó em Sicar.
   B. A pecadora em Sicar (4.7-27): Uma mulher samaritana vai até o poço para pegar água.
      1. *O contato* (4.7-9)
         a. O pedido de Jesus (4.7-8): Ele pede à mulher um pouco de água.
         b. A reação dela (4.9): A mulher quer saber por que ele, um judeu, está falando com ela, uma samaritana.
      2. *Os contrastes* (4.10-27)
         a. Jesus contrasta a água líquida com a água viva (4.10-15).
            (1) Água líquida (4.11-14)
               (a) A revelação (4.13-14): A água deve ser bebida freqüentemente, mas a água viva torna-se uma fonte eterna dentro da pessoa.
               (b) A reação (4.11-12): Como ele pode conseguir essa água sem uma corda e um balde? Ele é maior do que o patriarca Jacó?
            (2) Água viva (4.10, 15)
               (a) A revelação (4.10): Jesus dará à mulher a água viva, se ela pedir.
               (b) A reação (4.15): Ela deseja esse tipo de água.

b. Jesus contrasta a adoração real com a adoração ritual (4.16-27).
   (1) A ordem (4.16): "Vai, chama o teu marido e vem cá".
   (2) O segredo (4.17a): "Não tenho marido".
   (3) A correção (4.17b-18): Jesus diz que sabe que ela teve cinco maridos e agora vive com um homem com quem não é casada.
   (4) A esperteza (4.19): Tentando mudar o assunto, ela diz: "Vejo que és profeta".
   (5) A confusão (4.20): Ela pergunta: "Nossos pais adoraram neste monte, e vós dizeis que em Jerusalém é o lugar onde se deve adorar".
   (6) O esclarecimento (4.21-24): Jesus diz que a verdadeira adoração não se refere a *onde*, mas a *como*, isto é, Deus deve ser adorado em espírito e em verdade.
   (7) A conversão (4.25-26): A mulher reconhece Jesus como o Messias.
   (8) A preocupação (4.27): Os discípulos chegam quando ela parte e se espantam por Jesus estar falando com uma mulher imoral.
C. O ganhador de almas em Sicar (4.28-42)
   1. *A fidelidade da mulher samaritana* (4.28-38)
      a. Como demonstrado pela mensagem que ela proclama (4.28-30): Ela retorna a Sicar e testemunha à cidade toda.
      b. Como demonstrado pelo modelo que ela representa (4.31-38): Jesus a usa como um modelo para os discípulos, no que diz respeito a ganhar almas.
      (1) Ele fala sobre o alimento real (4.31-34): Quando eles insistem para que coma alguma coisa, Jesus diz que sua comida é fazer a vontade de Deus.
      (2) Ele fala sobre a ceifa do campo (4.35-38): Jesus diz que os campos das almas humanas estão maduros para a colheita.
   2. *Os frutos da mulher samaritana* (4.39-42): Com a insistência dela, muitas pessoas da cidade concordam em ouvir o Salvador e crêem nele.

II. Jesus Restaura um Garoto Galileu (4.43-54)
   A. Os lugares (4.43-46): Um homem preocupado com o filho que está doente em Cafarnaum encontra Jesus em Caná.
   B. A súplica (4.47): Ele implora que Jesus cure o garoto.
   C. O problema (4.48): Jesus lamenta o fato de o povo exigir que ele opere milagres antes de crer nele.
   D. A persistência (4.49): O pai continua a buscar a ajuda de Jesus.
   E. A promessa (4.50): Jesus diz que o garoto viverá.
   F. As recompensas (4.51-54)
      1. *A restauração física do garoto* (4.51-53a).
      2. *A redenção espiritual da família* (4.53b-54).

ESBOÇO DA SEÇÃO CINCO (JOÃO 5)
Jesus cura um aleijado no Tanque de Betesda. Respondendo aos inconvenientes líderes judeus, Jesus afirma que é o divino Filho de Deus.

I. O Milagre ao Lado do Tanque de Betesda (5.1-15)
   A. **O aleijado e o Messias — o primeiro encontro** (5.1-9)
      1. *O homem está rolando em seu leito* (5.1-8)
         a. O tormento ao lado das águas (5.1-5): Um homem aleijado há trinta e oito anos está deitado em sua cama.
         b. O movimento das águas (5.6-7): O homem declara a Jesus que ele crê que, quando as águas forem sobrenaturalmente agitadas, elas o curarão, mas sua doença o impede de entrar na água.
         c. O milagre junto às águas (5:8): Jesus lhe diz para pegar seu leito e andar.
      2. *O homem anda com sua cama* (5.9).
   B. **O aleijado e as críticas** (5.10-13): Ele é confrontado por ímpios líderes judeus.
      1. *A crítica* (5.10): "Hoje é sábado, e não te é lícito carregar o leito".
      2. *A defesa* (5.11-13): "Aquele que me curou, esse mesmo me disse: Toma o teu leito e anda".
   C. **O aleijado e Cristo — O último encontro** (5.14-15): Jesus alerta ao homem que não peque, para que algo pior não lhe aconteça.

II. A Mensagem ao Lado do Tanque de Betesda (5.16-47)
   A. **A crítica a Jesus** (5.16-18): Os ímpios fariseus censuram Jesus por duas coisas.
      1. *Ele cura no sábado* (5.16).
      2. *Ele se iguala a Deus* (5.17-18).
   B. **A Trindade e Jesus** (5.19-20, 23)
      1. *O Pai ama o Filho* (5.19-20).
      2. *O Filho honra o Pai* (5.23).
   C. **As designações de Jesus** (5.21-22, 24-29)
      1. *Ele concede vida eterna* (5.21, 24, 26).
      2. *Ele ressuscitará os mortos* (5.25, 28-29)
         a. Uns para alegria eterna (5.25, 28-29a).
         b. Outros para punição eterna (5.29b).
      3. *Ele julga todos os homens* (5.22, 27).
   D. **Os testemunhos sobre Jesus** (5.30-47): Os testemunhos das reivindicações sobrenaturais de Jesus vêm de quatro fontes.
      1. *De João Batista* (5.31-35): Ele prega a verdade.
      2. *De suas próprias palavras* (5.36): Seus ensinamentos e milagres vêm do Pai.
      3. *Do Pai* (5.30, 37-38): O Pai testifica dele.
      4. *Das Escrituras* (5.39-47): As Escrituras apontam para ele e, embora as pessoas afirmem crer nas Escrituras, não acreditam nele.

JOÃO

> **ESBOÇO DA SEÇÃO SEIS** (JOÃO 6)
> Jesus alimenta cinco mil pessoas e anda sobre as águas. Ele ensina que é "o pão dos céus" e que todos os que desejam ter a vida eterna precisam comer de sua carne e beber de seu sangue. Muitos de seus seguidores, incapazes de aceitar esse difícil simbolismo, o abandonam.

I. DOIS MILAGRES (6.1-24)
  A. **O primeiro milagre** (6.1-15): Jesus alimenta os cinco mil.
    1. *Eventos anteriores a este milagre* (6.1-9)
      a. O lugar (6.1-4): Isto ocorre às margens do mar da Galiléia.
      b. O problema (6.5-6): Jesus pergunta a seus discípulos o que eles sugerem para alimentar a multidão à sua volta.
      c. O pessimismo (6.7-9)
        (1) Conforme demonstrado por Filipe (6.7): Ele diz que seria necessário uma grande fortuna para alimentá-los.
        (2) Conforme demonstrado por André (6.8-9): Ele traz um garoto com cinco pães e dois peixes, mas não crê que seja suficiente para a multidão.
    2. *Eventos durante o milagre* (6.10-13)
      a. A escassez de comida (6.10): Jesus toma a única comida existente — cinco pães de cevada e dois peixes —, dá graças e ordena sua distribuição.
      b. A abundância de comida (6.11-13): Depois de todos terem comido e ficarem satisfeitos, sobram doze cestos cheios.
    3. *Eventos posteriores ao milagre* (6.14-15)
      a. A decisão do povo (6.14): Concluindo que Jesus é o Messias, eles planejam coroá-lo rei.
      b. A partida do Salvador (6.15): Ele se retira rapidamente para os montes.
  B. **O segundo milagre** (6.16-24): Jesus anda sobre as águas.
    1. *O mar agitado* (6.16-18): O barco dos discípulos é ameaçado por uma tempestade repentina.
    2. *O Senhor soberano* (6.19-21): Um milagre duplo acontece.
      a. Ele anda sobre as águas (6.19-20).
      b. Ele conduz o barco à terra firme imediatamente (6.21).
    3. *Os pecadores que procuram* (6.22-24): Grande multidão se reúne para encontrar com Jesus.

II. DUAS MENSAGENS (6.25-71)
  A. **Comentários públicos** (6.25-66)
    1. *Cristo e os curiosos* (6.25-40)

a. Ele fala sobre a salvação de Deus (6.25-36).
  (1) A confusão (6.25-26, 28, 30-31, 36)
    (a) Eles querem saber como ele chegou ali (6.25).
    (b) Eles o procuram apenas por causa do pão físico (6.26).
    (c) Eles não sabem como agradar a Deus (6.28).
    (d) Eles pressupõem que o maná do Antigo Testamento veio de Moisés (6.30-31).
    (e) Eles não crêem nele, embora o tenham visto (6.36).
  (2) A correção (6.27, 29, 32-35)
    (a) Eles devem buscar o pão espiritual (6.27, 33-35).
    (b) Eles agradarão a Deus se crerem em Jesus (6.29).
    (c) Ele diz que o maná do Antigo Testamento veio de Deus (6.32).
b. Ele fala da soberania de Deus (6.37-40).
  (1) Garante que todos os eleitos virão a Cristo (6.37): Eles jamais serão rejeitados.
  (2) Garante que todos os eleitos continuarão em Cristo (6.38-40): Todos os que crêem nele ressuscitarão no dia final.
2. *Cristo e os críticos* (6.41-59)
  a. A crítica (6.41-42, 52)
    (1) Ele é simplesmente o filho de José (6.41-42).
    (2) Ninguém pode (fisicamente) comer de sua própria carne e beber de seu próprio sangue (6.52).
  b. A correção (6.43-51, 53-59)
    (1) Jesus diz que é o Pão da vida (6.43-51).
    (2) Jesus diz que qualquer um que deseja a vida eterna deve (espiritualmente) comer de sua carne e beber de seu sangue (6.53-59).
3. *Cristo e os carnais* (6.60-66)
  a. Muitos de seus seguidores viram-se contra ele (6.60-65).
  b. Muitos de seus seguidores o abandonam (6.66).

B. Comentários particulares (6.67-71): Jesus dirige-se a seus escolhidos.
1. *O Salvador e todos os apóstolos* (6.67-69)
  a. Jesus pergunta: "Quereis vós também retirar-vos?" (6.67).
  b. Pedro responde: "Senhor, para quem iremos nós? Tu tens as palavras da vida eterna. E nós já temos crido e bem sabemos que tu és o Santo de Deus" (6.68-69).
2. *O Salvador e o apóstolo perverso* (6.70-71)
  a. A natureza do apóstolo (6.70): Ele se entregou a Satanás.
  b. O nome do discípulo (6.71): Ele é Judas Iscariotes.

ESBOÇO DA SEÇÃO SETE (JOÃO 7)
Este capítulo pode ser resumido em duas palavras: *descrença* e *divisão*.

I. A Descrença que Jesus Encontra em Nazaré (7.1-10)
  A. **O ridículo** (7.1-5): Os meio-irmãos de Jesus riem por causa da afirmação do irmão mais velho.
  B. **A resposta** (7.6-10): Jesus diz que o mundo o odeia porque ele expõe seus pecados.

II. A Divisão que Jesus Encontra em Jerusalém (7.11-53): Jesus tem uma recepção mista quando vai à Festa dos Tabernáculos.
  A. **A reação ao Salvador** (7.11-13, 20, 25-27, 30-32, 40-42)
    1. *Do povo* (7.11-13, 20, 25-27, 30-32, 40-53)
      a. Alguns acham que é um homem bom (7.11-12).
      b. Alguns acham que é um enganador (7.13).
      c. Alguns acham que está endemoninhado (7.20).
      d. Alguns acham que é um homem comum (7.25-27, 41b-42).
      e. Alguns acham que é um profeta (7.40).
      f. Alguns acham que é o Messias (7.31, 41a).
    2. *Dos fariseus* (7.30, 32, 44-53)
      a. Suas intenções em prendê-lo (7.30, 32, 44): Não é a sua hora.
      b. Sua incapacidade de prendê-lo (7.45-53)
        (1) Eles são frustrados pelos militares (7.45-49): Os guardas enviados para prendê-lo voltam de mãos vazias, dizendo: "Nunca homem algum falou assim como este homem".
        (2) Eles são frustrados por um dos seus (7.50-53): Um deles, Nicodemos, está do lado de Jesus.
  B. **A reação do Salvador** (7.14-19, 21-24, 28-29, 33-39)
    1. *O panorama* (7.16-19, 21-24, 28-29, 33-34)
      a. Jesus diz que sua missão e sua mensagem vêm de Deus (7.14-18, 28-29).
      b. Jesus diz que o povo que o ouve não guarda a lei de Moisés e, na verdade, deseja matá-lo naquele momento (7.19).
      c. Jesus questiona: se a circuncisão num sábado é permitida pela lei, por que não a cura? (7.21-24).
      d. Jesus diz que logo partirá, mas eles serão incapazes de encontrá-lo (7.33-36).
    2. *A oferta* (7.37-39)
      a. O quê (7.38): Jesus oferece rios de água viva a todos os que têm sede.
      b. Quando (7.37): Jesus faz esta oferta no último dia da Festa dos Tabernáculos.
      c. Quem (7.39): Jesus fala do Espírito Santo, que logo habitará todos os crentes.

ESBOÇO DA SEÇÃO OITO (JOÃO 8)
Jesus defende uma mulher flagrada em adultério, lembrando a seus acusadores que eles também são pecadores. Jesus diz que é a luz eterna do mundo e que ele existia antes mesmo de Abraão ter nascido.

I. A Pecadora que Jesus Perdoa — O Salvador e a Prostituta (8.1-11)
   A. **Os participantes** (8.1-4)
      1. *Os acusadores* (8.3a): Um grupo de líderes judeus aproxima-se de Jesus.
      2. *A acusada* (8.3b-4): Eles colocam diante de Jesus uma mulher flagrada em adultério.
   B. **O argumento** (8.5-6a)
      1. *O que eles dizem* (8.5): "Moisés nos ordena na lei que as tais sejam apedrejadas. Tu, pois, que dizes?"
      2. *Por que eles o dizem* (8.6a): Eles querem que Jesus diga algo que possa ser usado contra ele.
   C. **O desafio** (8.6b-8)
      1. *O que Jesus faz* (8.6b, 8): Por duas vezes, Jesus abaixa e escreve na areia.
      2. *O que Jesus diz* (8.7): "Aquele dentre vós que está sem pecado seja o primeiro que lhe atire uma pedra".
   D. **Os convencidos** (8.9): Todos vão embora, envergonhados.
   E. **A purificada** (8.10-11): A mulher agora não experimenta mais:
      1. *Nenhuma condenação terrena* (8.10): Seus acusadores desapareceram.
      2. *Nenhuma condenação celestial* (8.11): Jesus diz a ela que vá e não peque mais.

II. O Sermão que Jesus Apresenta — O Salvador e os Fariseus (8.12-59): Jesus e os fariseus travam um diálogo em quatro tempos.
   A. **O primeiro tempo** (8.12-20)
      1. *A crítica dos fariseus* (8.13, 19a)
         a. Que Jesus atua como sua própria testemunha, tornando dessa forma seu testemunho inválido (8.13).
         b. Que ele não pode mostrar-lhes seu pai (8.19a).
      2. *A correção de Jesus* (8.12, 14-18, 19b): Ele começa dizendo que é a luz do mundo, então responde às acusações.
         a. Jesus diz que sua afirmação é validada por duas testemunhas (8.14-17).
            (1) O testemunho do Filho na terra (8.18a).
            (2) O testemunho do Pai nos céus (8.18b).
         b. Jesus diz que seus acusadores não podem conhecer o Pai porque se recusam a conhecer o Filho (8.19b).
   B. **O segundo tempo** (8.21-30)
      1. *As alegações de Jesus* (8.21, 23-24, 25b-26, 28-29)
         a. Que irá embora, mas eles morrerão em seus pecados, incapazes de segui-lo para onde ele irá (8.21).

b. Que ele vem do alto, enquanto eles vêm de baixo (8.23-24).
c. Que é o Messias enviado de Deus (8.25b-26).
d. Que será crucificado (8.28-29).
2. *A confusão* (8.22, 25a, 27)
   a. Os fariseus tentam descobrir o que Jesus quer dizer quando afirma que não podem segui-lo para onde ele irá (8.22).
   b. "Quem és tu?" (8.25a, 27).
3. *As conversões* (8.30): Muitos, neste momento, colocam a fé nele.

C. O terceiro tempo (8.31-47)
1. *A confusão* (8.33): Os judeus acham que são homens livres porque Abraão é seu pai.
2. *O esclarecimento* (8.31-32, 34-44)
   a. Jesus diz que todo homem sem salvação não é livre, mas escravo do pecado (8.31-32, 34-36).
   b. Jesus diz que Satanás é o verdadeiro pai deles, e não Abraão (8.37-44).
      (1) O diabo é mentiroso e eles são mentirosos (8.44b).
      (2) Abraão não é o verdadeiro pai deles, por isso eles não seguem Jesus (8.37-41).
      (3) O diabo é um assassino, e eles estão tentando matá-lo (8.42-44a).
3. *A alegação* (8.45-47): Jesus alega não ter pecado.

D. O quarto tempo (8.48-59)
1. *Os líderes judeus tentam difamar Jesus* (8.48-58).
   a. Sua acusação (8.48, 52): Eles acusam Jesus de ser um samaritano endemoninhado.
   b. A resposta de Jesus (8.49-51, 54-55)
      (1) "Honro a meu Pai" (8.49-50).
      (2) "Quem me glorifica é meu Pai" (8.54-55).
      (3) "Se alguém guardar a minha palavra, nunca verá a morte" (8.51).
   c. A acusação deles (8.53): "És tu maior do que nosso pai Abraão?"
   d. A resposta de Jesus (8.56): "Abraão, vosso pai, exultou por ver o meu dia".
   e. A acusação deles (8.57): "Ainda não tens cinqüenta anos, e viste Abraão?"
   f. A resposta de Jesus (8.58): "Antes que Abraão existisse, eu sou".
2. *Os líderes judeus tentam apedrejar Jesus* (8.59): Ele se esconde e escapa deles.

ESBOÇO DA SEÇÃO NOVE (JOÃO 9)
Jesus cura um homem cego de nascença.

I. Leviandade! Os Discípulos e o Homem Cego (9.1-5)
   A. **Eles olham para o homem cego** (9.1): Eles vêem sentado um mendigo indefeso.
   B. **Eles olham além do homem cego** (9.2-5): Por curiosidade e sem nenhuma compaixão, eles fazem uma pergunta a Jesus.
      1. *O que eles perguntam* (9.2): "Rabi, quem pecou, este ou seus pais, para que nascesse cego?"
      2. *Como Jesus responde* (9.3-5)
         a. "Nem ele pecou nem seus pais" (9.3a).
         b. "Foi para que nele se manifestem as obras de Deus" (9.3b-5).

II. Demonstração! O Salvador e o Homem Cego (9.6-7): Jesus demonstra seu poder surpreendente.
   A. **A lama** (9.6): Ele cospe no chão, faz lama e a coloca nos olhos do homem.
   B. **O milagre** (9.7): Obedecendo a Jesus, o homem lava-se no Tanque de Siloé e volta a enxergar.

III. Especulação! Os Vizinhos e o Homem Cego (9.8-12)
   A. **A confusão deles** (9.8-9a): Eles perguntam se ele é realmente o mesmo homem.
   B. **O esclarecimento do ex-cego** (9.9b-12): Ele afirma que é.

IV. Interrogatório! Os Fariseus e o Homem Cego (9.13-23): Os líderes religiosos ímpios investigam o homem e seus pais.
   A. **O homem** (9.13-17)
      1. *O dia* (9.13-14): Jesus cura o homem no sábado.
      2. *A exigência* (9.15)
         a. Os fariseus perguntam ao homem o que aconteceu (9.15a).
         b. O homem diz a eles que Jesus o curou (9.15b).
      3. *A divisão* (9.16-17)
         a. Alguns fariseus dizem: "Este homem não é de Deus; pois não guarda o sábado" (9.16a).
         b. Outros dizem: "Como pode um homem pecador fazer tais sinais?" (9.16b).
         c. O homem curado diz: "É profeta" (9.17).
   B. **Os pais** (9.18-23)
      1. *Os fariseus* (9.18-19)
         a. "É este o vosso filho?" (9.18-19a).
         b. "Que dizeis ter nascido cego?" (9.19b).
         c. "Como, pois, vê agora?" (9.19c).
      2. *Os pais* (9.20-23): Eles respondem positivamente às duas primeiras perguntas, mas se negam a responder à terceira, por medo dos judeus.

V. Castigo! Os Fariseus e o Homem Cego (9.24-34): Pela segunda vez, o ex-cego é intimado a comparecer diante desses homens ímpios.
   A. **Jesus é criticado pelos fariseus** (9.24, 26, 28-29).
      1. *"Nós sabemos que esse homem é pecador"* (9.24).
      2. *"Não sabemos donde é"* (9.26, 28-29).
   B. **Jesus é defendido pelo homem cego** (9.25, 27, 30-34).
      1. *"Se é pecador, não sei; uma coisa sei: eu era cego, e agora vejo"* (9.25, 27).
      2. *"Desde o princípio do mundo nunca se ouviu que alguém abrisse os olhos a um cego de nascença. Se este não fosse de Deus, nada poderia fazer"* (9.30-33).
   C. **O ex-cego é lançado para fora da sinagoga** (9.34).

VI. Intimação! Jesus e o Homem Cego (9.35-41): O Salvador diz que veio ao mundo por dois motivos.
   A. **Para que os cegos vejam** (9.39a): Visão espiritual será conferida àqueles que pedirem sinceramente.
      1. *O testemunho de Jesus* (9.35-37): Jesus diz ao ex-cego que é realmente o Messias.
      2. *A adoração a Jesus* (9.38): O homem adora o Salvador.
   B. **Para que os que pensam ver tornem-se cegos** (9.39b-41): Escutando isto, os fariseus logo pressupõem que Jesus está falando a respeito deles.

ESBOÇO DA SEÇÃO DEZ (JOÃO 10)
Jesus compara seus seguidores a ovelhas, e diz que ele é o Bom Pastor. Também diz que é o Filho de Deus, e que seu Pai e ele são um.

I. A Mensagem de Jesus (10.1-21)
   A. **A metáfora** (10.1-6): Jesus ilustra sua missão na terra, descrevendo duas formas de entrar num aprisco.
      1. *A forma errada, pulando o muro* (10.1): Este é o método dos ladrões e salteadores.
      2. *A forma correta, entrando pelo portão* (10.2-6): Este é o método do verdadeiro pastor.
   B. **O significado** (10.7-18): Ele explica sua ilustração, dando as características de três tipos de indivíduos.
      1. *Características do Bom Pastor* (10.7, 9, 10b-11, 14-18): Ele faz uma autodescrição.
         a. Seu relacionamento com as ovelhas (10.7, 9, 10b-11, 14-18)
            (1) Ele é a entrada para a salvação delas (10.7).
            (2) Ele permite que elas andem livremente e encontrem pastos verdejantes (10.9).
            (3) Ele lhes dá a vida em toda a sua plenitude (10.10b).

(4) Ele arrisca sua própria vida por elas (10.11).
(5) Ele as conhece e elas o conhecem (10.14).
   b. Sua relação com o Pai (10.15-18)
      (1) Ele conhece o Pai e o Pai o conhece (10.15-16).
      (2) Ele é amado pelo Pai (10.17).
      (3) Ele recebe poder do Pai para entregar sua vida e depois reavê-la (10.18).
2. *Características dos ladrões e salteadores* (10.8, 10a): Seu propósito é roubar, matar e destruir.
3. *Características do mercenário* (10.12-13)
   a. Ele abandona as ovelhas em tempo de perigo (10.12).
   b. Ele não se preocupa com as ovelhas (10.13).
C. **As visões contraditórias** (10.19-21): Há muita confusão com relação a Jesus depois que ele profere essas palavras.
   1. *Alguns dizem que está louco* (10.19, 20b).
   2. *Alguns dizem que está endemoninhado* (10.20a).
   3. *Alguns perguntam como ele seria capaz de curar se, de fato, estivesse endemoninhado* (10.21).

II. A Maldade contra Jesus (10.22-39): Os judeus tentam matar o Salvador em duas ocasiões por causa de sua afirmação de ser o Filho de Deus.
   A. **A primeira tentativa** (10.22-31)
      1. *As palavras de Jesus* (10.25-30)
         a. Ele diz que eles não são suas ovelhas (10.25-26).
         b. Ele diz que suas ovelhas ouvem a sua voz (10.27).
         c. Ele diz que suas ovelhas jamais perecerão e estão eternamente seguras (10.28-29).
         d. Ele diz que ele e o Pai são um (10.30).
      2. *A perversidade dos judeus* (10.22-24, 31): Eles perguntam a Jesus se ele é o Messias; quando ele diz que é, eles ficam irados e pegam pedras para atirar nele.
   B. **A segunda tentativa** (10.32-39)
      1. *As palavras de Jesus* (10.32-38)
         a. Ele afirma que eles se recusam a crer nas Escrituras (10.32-36).
         b. Ele diz que eles deveriam crer em seus milagres (10.37-38).
      2. *A perversidade deles* (10.39): Novamente eles tentam, sem sucesso, pegá-lo.

III. O Encontro com Jesus (10.40-42): Jesus agora sai de Jerusalém por algum tempo.
   A. **O lugar** (10.40): Ele vai aonde João batizava.
   B. **As pessoas** (10.41-42): Muitos encontram com ele lá e são salvos.

ESBOÇO DA SEÇÃO ONZE (JOÃO 11)
Jesus ressuscita seu amigo Lázaro. Os líderes judeus conspiram contra a vida de Jesus.

I. OS FEITOS MARAVILHOSOS DE JESUS (11.1-44): Muitos crêem que este evento é o maior de todos os milagres de Jesus.
   A. **A enfermidade de Lázaro** (11.1-3)
      1. *O pano de fundo* (11.1-2): Lázaro, amigo chegado de Jesus e irmão de Maria e Marta, está doente em Betânia.
      2. *O chamado* (11.3): As irmãs de Lázaro notificam Jesus sobre a enfermidade.
   B. **Uma síntese sobre Lázaro** (11.4-16): Jesus usa este evento para mostrar o propósito de seu ministério terreno.
      1. *A declaração* (11.4): Ele diz que a doença e a morte de Lázaro são permitidas para redundar em glória a Deus.
      2. *A devoção* (11.5): Jesus ama Lázaro e suas irmãs.
      3. *A demora* (11.6): Jesus permanece onde está por mais dois dias.
      4. *A decisão* (11.7): Ele anuncia seu plano de visitar Betânia.
      5. *O diálogo* (11.8-15): Jesus e seus discípulos discutem a questão.
         a. A preocupação (11.8): Os discípulos protestam que é perigoso demais Jesus ir até Betânia.
         b. O compromisso (11.9-11): Entretanto, eles irão, pois Jesus pretende despertar Lázaro de seu sono.
         c. A confusão (11.12-13): Eles pensam que Jesus se refere a um sono natural.
         d. O esclarecimento (11.14-15): Jesus diz a eles que Lázaro está morto.
      6. *O desespero* (11.16): Tomé concorda em ir, mas se prepara para o pior.
   C. **A dor por Lázaro** (11.17-37)
      1. *A dor dos judeus* (11.17-19): Muitos chegam de Jerusalém para prestar sua homenagem.
      2. *A dor de Marta* (11.20-28)
         a. O encontro de Marta com Jesus (11.20-27): Ela espera por ele fora da cidade.
            (1) Sua frustração (11.20-21): "Senhor, se tu estiveras aqui, meu irmão não teria morrido".
            (2) Sua fé (11.22-27)
               (a) Na Palavra de Deus (11.22-24): Ela crê nas promessas do Antigo Testamento com relação à ressurreição.
               (b) No Filho de Deus (11.25-27): Ela aceita a afirmação de Jesus que ele é a ressurreição.
         b. O trabalho de Marta por Jesus (11.28): Ela informa Maria da presença do Salvador.
      3. *A dor de Maria* (11.29-32): Ela sabe que, se Jesus estivesse lá, Lázaro não teria morrido.
      4. *A dor de Jesus* (11.33-37)
         a. Ele chora (11.33-35).

b. As pessoas se perguntam (11.36-37): Aqueles que assistem isso se perguntam por que Jesus, que pode curar um cego, não poderia impedir a morte de seu amigo.
D. **A convocação de Lázaro** (11.38-44)
 1. *A preparação de Jesus* (11.38-40)
  a. O pedido do Salvador (11.38-39a): Ele pede a alguns homens que removam a pedra à porta da caverna onde Lázaro está sepultado.
  b. A relutância da irmã (11.39b): Marta hesita, dizendo a Jesus que o corpo de seu irmão já está lá há quatro dias.
  c. O lembrete do Salvador (11.40): "Não te disse que, se creres, verás a glória de Deus?"
 2. *A oração de Jesus* (11.41-42): Ele agradece ao Pai pelo que está prestes a acontecer.
 3. *O poder de Jesus* (11.43-44)
  a. A ordem (11.43): "Lázaro, vem para fora!"
  b. A obediência (11.44): Lázaro sai do túmulo.

II. A Perversidade contra Jesus (11.45-53)
 A. **O problema** (11.45-48)
  1. *A reunião* (11.45-47): Os fariseus convocam uma reunião para discutir a atenção que Jesus está recebendo por causa de seus milagres.
  2. *A preocupação* (11.48): Eles temem que isso traga a ira dos romanos sobre eles.
 B. **A profecia** (11.49-52): O sumo sacerdote Caifás diz: "Nem considerais que vos convém que morra um só homem pelo povo, e que não pereça a nação toda".
 C. **A conspiração** (11.53): Daquele dia em diante, eles conspiram para matar Jesus.

III. A Retirada de Jesus (11.54): Ele e seus discípulos deixam a Judéia por algum tempo e se retiram para uma vila chamada Efraim.

IV. A Procura por Jesus (11.55-57): Várias pessoas na festa da Páscoa perguntam se Jesus comparecerá.

ESBOÇO DA SEÇÃO DOZE (JOÃO 12)
Maria unge os pés de Jesus com um vaso de perfume caro e Jesus defende sua ação quando Judas a condena. Jesus cumpre a profecia, entrando triunfalmente em Jerusalém, montado num jumento. Ele prediz sua morte.

I. Jesus é Ungido em Betânia (12.1-11)
 A. **O propósito** (12.1-2a): Um jantar é oferecido em homenagem a Jesus.
 B. **As pessoas** (12.2b): Entre os presentes, Lázaro e suas irmãs.
 C. **O perfume** (12.3): Maria unge Jesus com um perfume caríssimo.
 D. **O protesto** (12.4-8)

1. *A crítica a Maria* (12.4-6): Judas Iscariotes repreende Maria por essa ação.
   a. O que ele diz (12.4-5): "Por que não se vendeu este bálsamo... e não se deu aos pobres?"
   b. Por que ele diz isso (12.6): Ele quer ficar com parte do dinheiro para si.
2. *A defesa de Maria* (12.7-8): Jesus diz que ela fez isso como preparação para seu sepultamento.

E. **A popularidade** (12.9): Vários judeus chegam para ver Lázaro e Jesus.

F. **A conspiração** (12.10-11): Os ímpios líderes judeus planejam matar tanto Lázaro quanto Jesus.

II. Jesus é Aclamado em Jerusalém (12.12-50)

A. **Eventos durante a entrada triunfal** (12.12-19)
1. *A parada* (12.12): As pessoas enfileiram-se ao lado da estrada para receber Jesus.
2. *O louvor* (12.13): "Bendito o Rei de Israel!"
3. *A profecia* (12.14-16): Este evento foi predito pelo profeta Zacarias no Antigo Testamento (Zacarias 9.9).
4. *A popularidade* (12.17-18): Novamente, as pessoas seguem Jesus por causa do milagre de Lázaro.
5. *O protesto* (12.19): Os fariseus estão furiosos por causa da popularidade de Jesus.

B. **Eventos posteriores à entrada triunfal** (12.20-50)
1. *Jesus e os discípulos* (12.20-26)
   a. O pedido (12.20-22): Filipe e André dizem a Jesus que alguns gregos desejam vê-lo.
   b. A resposta (12.23-26): O Salvador fala de sua morte iminente.
2. *Jesus e o Pai* (12.27-29)
   a. O pedido (12.27-28a): Jesus pede ao Pai: "Glorifica o teu nome".
   b. A resposta (12.28b-29): O Pai consola o Filho através de alta voz vinda dos céus, que é ouvida pela multidão, confirmando o pedido de Jesus.
3. *Jesus e a multidão da Páscoa* (12.30-50)
   a. O primeiro encontro (12.30-36)
      (1) Jesus diz a eles que tanto o mundo quanto Satanás logo serão julgados (12.30-31).
      (2) Ele salvará os homens através da cruz (12.32-34).
      (3) Eles precisam aceitá-lo antes que seja tarde demais (12.35-36).
   b. O segundo encontro (12.37-50)
      (1) A profecia (12.37-41): Jesus diz à multidão de judeus que sua descrença foi predita séculos antes por Isaías (Isaías 53.1; 6.10).

(2) Os que estão atrás de louvor (12.42-43): Alguns líderes judeus crêem que Jesus é o Messias, mas não o confessam, pois eles amam os louvores dos homens mais que o louvor de Deus.

(3) A promessa (12.44-50): Aceitar a Cristo é aceitar ao Pai, e isto conduz à vida eterna.

ESBOÇO DA SEÇÃO TREZE (JOÃO 13)
Jesus lava os pés dos discípulos e prediz tanto a traição de Judas como a negação de Pedro.

I. A Lavagem (13.1-17): Ele lava os pés de seus discípulos.
   A. A Festa da Páscoa (13.1).
   B. A conspiração (13.2): Satanás influencia Judas a trair Jesus.
   C. Os pormenores (13.3-5)
   1. *Jesus prende uma toalha à sua cintura e derrama água numa bacia* (13.3-5a).
   2. *Ele começa a lavar os pés deles* (13.5b).
   D. O protesto (13.6-11)
   1. *Pedro* (13.6-8a): "Nunca me lavarás os pés".
   2. *Jesus* (13.8b): "Se eu não te lavar, não tens parte comigo".
   3. *Pedro* (13.9): "Senhor, não somente os pés, mas também as mãos e a cabeça".
   4. *Jesus* (13.10-11): "Aquele que se banhou não necessita de lavar senão os pés".
   E. O padrão (13.12-17): Os discípulos deveriam fazer pelos outros o que Jesus acabara de fazer por eles.

II. O Alerta de Jesus (13.18-38): Jesus agora faz três predições inquietantes.
   A. Com relação à traição de Judas (13.18-30)
   1. *As Escrituras* (13.18-25): Jesus cita o Salmo 41.9, que prediz sua traição.
   2. *O sinal* (13.26-30): Jesus diz que um dos que partilham o pão com ele é o traidor.
   B. Com relação à partida de Jesus (13.31-35)
   1. *Ele deve partir* (13.31-33).
   2. *Eles devem amar uns aos outros* (13.34-35): Ele ordena que eles se amem mutuamente como ele os amou.
   C. Com relação à negação de Pedro (13.36-38): Jesus diz que, antes que o galo cante, Pedro o negará três vezes.

ESBOÇO DA SEÇÃO QUATORZE (JOÃO 14)
Jesus fala aos discípulos.

I. O Consolo que Jesus dá a Seus Discípulos (14.1-4)
   A. "Vou preparar-vos lugar" (14.1-2).
   B. "Se eu for e vos preparar lugar, virei outra vez, e vos tomarei para mim mesmo, para que onde eu estiver estejais vós também" (14.3-4).

II. A Conversa que Ele Tem com Seus Discípulos (14.5-31): Jesus responde a três questões feitas a ele por três discípulos.
   A. Tomé e Jesus (14.5-7)
      1. *A pergunta de Tomé:* "Não sabemos para onde vais; e como podemos saber o caminho?" (14.5).
      2. *A resposta de Jesus* (14.6-7)
         a. "Eu sou o caminho, e a verdade, e a vida" (14.6a).
         b. "Ninguém vem ao Pai, senão por mim" (14.6b-7).
   B. Filipe e Jesus (14.8-21)
      1. *O pedido de Filipe* (14.8): "Mostra-nos o Pai, e isso nos basta".
      2. *A resposta de Jesus* (14.9-21)
         a. Ele diz que quem quer que o tenha visto, viu o Pai (14.9).
         b. Ele diz que está no Pai e o Pai está nele (14.10).
         c. Ele diz que eles farão obras maiores que ele fez, pois está indo para o Pai (14.11-14).
         d. Ele diz que pedirá ao Pai que envie o Espírito Santo a eles (14.15-21).
   C. Judas (não o Iscariotes) e Jesus (14.22-31)
      1. *A pergunta de Judas* (14.22): "O que houve, Senhor, que te hás de manifestar a nós, e não ao mundo?"
      2. *A resposta de Jesus* (14.23-31)
         a. Ele diz que só se revela àqueles que o amam e lhe obedecem (14.23-24).
         b. Ele promete que o Espírito Santo explicará tudo isso a eles (14.25-26).
         c. Ele os relembra de sua partida e de sua volta (14.27-31).

ESBOÇO DA SEÇÃO QUINZE (JOÃO 15)
Jesus fala aos discípulos sobre dar fruto, amar, sofrer e testemunhar.

I. Dar Fruto (15.1-8)
   A. Os símbolos (15.1, 5a-5b)
      1. *O Filho é a videira verdadeira* (15.1a, 5a).
      2. *O Pai é o agricultor* (15.1b).
      3. *O crente é o ramo* (15.5b).

B. Os passos (15.2-4, 5c-6)
   1. *Devemos submeter-nos à poda do Pai* (15.2-3).
   2. *Devemos permanecer no Filho* (15.4, 5c-6).
C. O sucesso (15.7-8)
   1. *Isso resulta em bons frutos* (15.7-8a).
   2. *Isso resulta em glorificar o Pai* (15.8b).

II. Amar (15.9-17)
   A. A prioridade (15.9-12)
      1. *O Pai ama o Filho* (15.9b, 10b).
      2. *O Filho ama o crente* (15.9a, 10a, 11).
      3. *O crente deve amar os outros crentes* (15.12).
   B. A prova (15.13-15)
      1. *O que Jesus fará por seus discípulos* (15.13): Ele dará a sua vida.
      2. *O que Jesus faz agora por seus discípulos* (15.14-15): Ele os chama de amigos, não de servos.
   C. As promessas (15.16-17)
      1. *Nossos ramos carregarão frutos eternos* (15.16a).
      2. *Nossas orações serão respondidas* (15.16b-17).

III. Sofrer (15.18-25)
   A. Os fatos (15.18-24)
      1. *Todos os cristãos serão odiados porque Cristo foi odiado* (15.18-19).
      2. *Nenhum servo é maior que seu senhor* (15.20-21).
      3. *O motivo deste ódio é a pregação destemida de Jesus contra o pecado* (15.22-24).
   B. A predição (15.25): Tudo isso está predito nos Salmos 35.19 e 69.4.

IV. Testemunhar (15.26-27): Jesus fala de um testemunho duplo.
   A. O Espírito Santo logo testemunhará aos discípulos com relação ao Salvador (15.26).
   B. Os discípulos deverão, então, testemunhar ao mundo com relação ao Salvador (15.27).

ESBOÇO DA SEÇÃO DEZESSEIS (JOÃO 16)
Este capítulo relata três rodadas de conversa entre Jesus e seus discípulos.

I. A Primeira Rodada (16.1-15)
   A. Jesus fala do conflito que advirá entre eles e o mundo (16.1-4)
      1. *O relato desta perseguição* (16.1-2)
         a. Eles serão expulsos das sinagogas (16.1-2a).
         b. Eles serão mortos (16.2b).
         c. Eles serão vistos como inimigos de Deus (16.2c).

2. *O motivo desta perseguição* (16.3-4): Seus perseguidores não amam o Pai nem o Filho.
B. **Jesus fala do Conselheiro** (o Espírito Santo) que virá até eles, da parte do Pai (16.5-15)
   1. *O pré-requisito* (16.5-7): Jesus diz que, a menos que ele parta, o Espírito Santo não virá.
   2. *O propósito* (16.8-15): Ele virá para cumprir um propósito quádruplo.
     a. Convencer os pecadores (16.8-10)
     b. Condenar Satanás (16.11)
     c. Aconselhar os santos (16.12-13)
     d. Glorificar o Salvador (16.14-15)

II. A Segunda Rodada (16.16-28)
  A. **A confusão** (16.16-18): Os discípulos não entendem quando Jesus diz: "Um pouco, e já não mais me vereis; e outra vez um pouco, e ver-me-eis" (16.16).
  B. **O esclarecimento** (16.19-22)
   1. *Sua explicação* (16.19)
     a. "Não me vereis" (16.19a): Uma referência à sua morte, o que trará grande sofrimento.
     b. "Ver-me-eis" (16.19b): Uma referência à sua ressurreição, que trará grande alegria.
   2. *Seu exemplo* (16.20-22): Para ilustrar a forma em que a tristeza deles se transformará em alegria, Jesus se refere a uma mulher dando à luz.
  C. **O consolo** (16.23-28)
   1. *Jesus diz que o Pai dará a eles tudo aquilo de que necessitam por causa do Filho* (16.23).
   2. *Jesus diz que o Pai os ama grandemente* (16.24-28).

III. A Terceira Rodada (16.29-33)
  A. **A fala dos discípulos** (16.29-30).
   1. *"Agora falas abertamente"* (16.29).
   2. *"Cremos que saíste de Deus"* (16.30).
  B. **O Salvador fala** (16.31-33).
   1. *As más notícias* (16.31-33a): "Tereis tribulações".
   2. *As boas notícias* (16.33b): "Tende bom ânimo; eu venci o mundo".

ESBOÇO DA SEÇÃO DEZESSETE (JOÃO 17)
Jesus ora por seus discípulos e por todos os que crerão nele.

I. O Salvador Ora por Si (17.1-5).
  A. **O Filho fiel** (17.1, 5)
    1. *O que ele pede* (17.1a, 5): "Glorifica a teu Filho".
    2. *Por que ele pede* (17.1b): "Para que também o Filho te glorifique".
  B. **O filho produtivo** (17.2-4)
    1. *Ele deu a vida eterna a todos os eleitos* (17.2-3).
    2. *Ele cumpriu sua tarefa* (17.4).

II. O Salvador Ora por Seus Discípulos (17.6-19).
  A. **O relato de Jesus** (17.6-10, 12, 14, 18-19): Ele recapitula seu ministério com os discípulos.
    1. *Ele revela o Pai a eles* (17.6-7).
    2. *Ele entrega as palavras do Pai a eles* (17.8, 14).
    3. *Ele ora por eles* (17.9-10).
    4. *Eles os protege, com exceção de Judas* (17.12).
    5. *Ele se santifica para a santificação deles* (17.19).
    6. *Ele os envia ao mundo* (17.18).
  B. **Os pedidos de Jesus** (17.11, 13, 15-17): Ele prevê o ministério futuro do Pai para os discípulos.
    1. *Ele pede que o Pai os una* (17.11).
    2. *Ele pede que o Pai conceda paz a eles* (17.13).
    3. *Ele pede que o Pai os proteja* (17.15-16).
    4. *Ele pede que o Pai os santifique* (17.17).

III. O Salvador Ora por sua Igreja (17.20-26)
  A. **Ele pede que o Pai unifique a Igreja** (17.20-21a, 22).
  B. **Ele pede que a Igreja honre o Filho** (17.21b).
  C. **Ele pede que a Igreja demonstre o amor de Cristo** (17.23).
  D. **Ele pede que a Igreja desfrute do amor de Deus** (17.25-26).
  E. **Ele pede que a Igreja desfrute a glória de Cristo nos céus para sempre** (17.24).

ESBOÇO DA SEÇÃO DEZOITO (JOÃO 18)
Jesus é traído por Judas, sendo entregue nas mãos do batalhão de soldados romanos e guardas do Templo. O sumo sacerdote interroga Jesus. Pedro nega Jesus, conforme o Salvador havia predito. Jesus vai a julgamento perante Pilatos.

I. Eventos no Getsêmani (18.1-11)
  A. **O confronto de Jesus com seus inimigos** (18.1-7)
    1. *O traidor* (18.1-2): Judas chega no Getsêmani, preparado para trair o Mestre.

2. *Os guardas do Templo* (18.3-7)
      a. O que eles carregam (18.3): Tochas, lanternas e armas.
      b. Por que eles aparecem (18.4-7)
         (1) O Salvador (18.4): "A quem buscais?"
         (2) Os soldados (18.5-7): "A Jesus, o nazareno".
   B. **A preocupação de Jesus por seus amigos** (18.8-11)
      1. *O pedido* (18.8-9): Ele concorda em ir com os soldados e pede que eles deixem seus discípulos em paz.
      2. *A repreensão* (18.10-11): Ele repreende Pedro por cortar a orelha direita de Malco, o servo do sumo sacerdote.

II. Eventos Posteriores ao Getsêmani (18.12-40): Duas palavras descrevem adequadamente esta passagem: *negações* e *julgamentos*.
   A. **As negações** (18.15-18, 25-27): Em três ocasiões, Pedro nega o Senhor.
      1. *A primeira negação* (18.15-18)
         a. A acusação (18.15-17a): Uma serva jovem pergunta se Pedro é um dos discípulos.
         b. A resposta (18.17b-18): Pedro nega.
      2. *A segunda negação* (18.25)
         a. A acusação (18.25a): Uma pessoa desconhecida faz a mesma pergunta a Pedro.
         b. A resposta (18.25b): Novamente, Pedro nega.
      3. *A terceira negação* (18.26-27)
         a. A acusação (18.26): Um parente do homem de quem Pedro cortou a orelha diz que o viu no Getsêmani com Jesus.
         b. A resposta (18.27): Pela terceira vez, Pedro nega o fato, e imediatamente o galo canta.
   B. **Os julgamentos** (18.12-14, 19-24, 28-40): Jesus sofre três julgamentos.
      1. *O primeiro julgamento, perante Anás, ex-sumo sacerdote* (18.12-14, 19-23)
         a. Jesus é amarrado (18.12-14).
         b. Jesus é maltratado (18.19-21).
            (1) Anás (18.19): Anás pergunta a Jesus sobre seus seguidores e seus ensinamentos.
            (2) Jesus (18.20-21): Jesus responde que seus ensinamentos são muito conhecidos porque ele sempre falou abertamente no Templo e nas sinagogas.
         c. Jesus é esbofeteado (18.22-23): Um oficial bate no rosto de Jesus.
      2. *O segundo julgamento, perante Caifás, atual sumo sacerdote* (18.24): O Evangelho de João não relata o que aconteceu nesse julgamento.
      3. *O terceiro julgamento, perante Pilatos, governador romano* (18.28-40).
         a. Pilatos e os judeus: o primeiro encontro (18.28-32)
            (1) Pilatos (18.28-29): "Que acusação trazeis contra este homem?"
            (2) Os judeus (18.30): "Se ele não fosse malfeitor, não to entregaríamos".
            (3) Pilatos (18.31a): "Tomai-o vós, e julgai-o segundo a vossa lei".
            (4) Os judeus (18.31b-32): "A nós não nos é lícito tirar a vida a ninguém".

b. Pilatos e Jesus (18.33-38a)
      (1) Pilatos (18.33): "És tu o rei dos judeus?"
      (2) Jesus (18.34): "Dizes isso de ti mesmo, ou foram outros que to disseram de mim?"
      (3) Pilatos (18.35): "Porventura sou eu judeu? O teu povo e os principais sacerdotes entregaram-te a mim; que fizeste?"
      (4) Jesus (18.36): "O meu reino não é deste mundo".
      (5) Pilatos (18.37a): "Tu és rei?"
      (6) Jesus (18.37b): "Tu dizes que eu sou rei. Eu para isso nasci, e para isso vim ao mundo, a fim de dar testemunho da verdade".
      (7) Pilatos (18.38a): "Que é a verdade?"
   c. Pilatos e os judeus: o segundo encontro (18.38b-40)
      (1) Pilatos (18.38b-39): "Não acho nele crime algum... quereis, pois, que vos solte o rei dos judeus?"
      (2) Os judeus (18.40): "Este não, mas Barrabás".

ESBOÇO DA SEÇÃO DEZENOVE (JOÃO 19)
Pilatos cede à multidão e sentencia Jesus à morte. Jesus morre na cruz, salvando o mundo todo do pecado. José de Arimatéia pede a Pilatos permissão para sepultar o corpo de Jesus e o coloca num túmulo novo, ainda não utilizado.

I. Eventos Anteriores à Crucificação (19.1-15)
   A. **O tormento final de Jesus antes da cruz** (19.1-3)
      1. *O açoite* (19.1): Pilatos ordena que o açoitem.
      2. *O sarcasmo* (19.2-3): Os soldados o ridicularizam e zombam dele.
   B. **O julgamento final de Jesus antes da cruz** (19.4-15)
      1. *Pilatos e os judeus: o primeiro encontro* (19.4-7)
         a. Pilatos (19.4-5, 6b): Ele os relembra por duas vezes: "Não acho nele crime algum".
         b. Os judeus (19.6a, 7): Por duas vezes, os judeus respondem: "Ele deve morrer, porque se fez Filho de Deus".
      2. *Pilatos e Jesus* (19.8-11)
         a. Pilatos (19.8-10): "Não sabes que tenho autoridade para te soltar e autoridade para te crucificar?"
         b. Jesus (19.11): "Nenhuma autoridade terias sobre mim, se de cima não te fora dado".
      3. *Pilatos e os judeus: o último encontro* (19.12-15)
         a. A futilidade (19.12a, 13-14, 15b): Por várias vezes, Pilatos tenta libertar Jesus, mas em vão.
         b. A hostilidade (19.12b, 15a, 15c): Os judeus gritam continuamente: "Crucifica-o!"

II. Eventos Durante a Crucificação (19.16-30)
   A. **O caminho até a cruz** (19.16-17): Pilatos entrega Jesus aos soldados,

que o conduzem (carregando sua própria cruz) para um lugar conhecido como Calvário (Gólgota).
   B. **Os malfeitores na cruz** (19.18): Dois ladrões são crucificados com Jesus, um de cada lado.
   C. **A inscrição sobre a cruz** (19.19-22)
      1. *O conteúdo da placa* (19.19-20): Ela diz: "JESUS O NAZARENO, O REI DOS JUDEUS".
      2. *O pedido para se retirar a placa* (19.21): Os fariseus exigem que Pilatos mude o escrito da placa para: "Ele disse: Sou rei dos judeus".
      3. *A decisão de manter a placa* (19.22): Pilatos diz: "O que escrevi, escrevi".
   D. **A túnica, aos pés da cruz** (19.23-24)
      1. *Os soldados* (19.23-24a): Eles dividem as vestes de Jesus em quatro partes, uma para cada, e sorteiam sua túnica.
      2. *As Escrituras* (19.24b): Esta ação foi predita por Davi no Salmo 22.18.
   E. **As mulheres, aos pés da cruz** (19.25): Várias mulheres encontram-se ali, inclusive a mãe de Jesus, sua irmã, a esposa de Cléopas e Maria Madalena.
   F. **As palavras proferidas a partir da cruz** (19.26-30)
      1. *Jesus fala para Maria e para João* (19.26-27)
         a. Para Maria (19.26): "Mulher, eis aí o teu filho".
         b. Para João (19.27): "Eis aí tua mãe".
      2. *Jesus fala aos guardas* (19.28-29): "Tenho sede".
      3. *Jesus fala ao Pai* (19.30): "Está consumado".
III. Eventos Posteriores à Crucificação (19.31-42)
   A. **A perfuração do corpo de Jesus** (19.31-37)
      1. *O pedido dos judeus* (19.31): Eles pedem que Pilatos remova as vítimas da cruz antes do sábado.
      2. *A reação dos soldados* (19.32-37)
         a. Com relação aos salteadores (19.32): Eles não estão mortos, então os soldados quebram suas pernas.
         b. Com relação ao Redentor (19.33-37)
            (1) A lança (19.33-34): Encontrando-o já morto, os soldados perfuram seu lado.
            (2) O espectador (19.35): João, o apóstolo, aparentemente testemunha tudo isso.
            (3) As Escrituras (19.36-37): As duas profecias do Antigo Testamento se cumprem: Salmo 34.20 e Zacarias 12.10.
   B. **A preparação do corpo de Jesus** (19.38-40)
      1. *Quem são os que o preparam* (19.38-39a): José de Arimatéia pede a Pilatos e recebe o corpo de Jesus; então Nicodemos o ajuda a preparar o corpo.
      2. *O que eles fazem* (19.39b-40): Eles ungem o corpo com mirra e aloés e o envolvem num longo pano de linho.

C. **A colocação do corpo de Jesus** (19.41-42): O corpo de Jesus é colocado num túmulo onde ninguém jamais havia sido sepultado.

ESBOÇO DA SEÇÃO VINTE (JOÃO 20)
Jesus ressuscita do túmulo, derrotando o poder da morte para sempre, e aparece a Maria Madalena e aos discípulos, exceto a Tomé. Quando Tomé duvida da veracidade da ressurreição, Jesus aparece especialmente para ele.

I. A MENSAGEM DE MARIA MADALENA (20.1-2)
   A. **O que ela vê** (20.1): Ela encontra a pedra que havia bloqueado a entrada do túmulo de Jesus, removida.
   B. **O que ela diz** (20.2): Ela relata a Pedro e João: "Tiraram do sepulcro o Senhor".

II. A MISSÃO DOS DOIS DISCÍPULOS (20.3-10)
   A. **Quem são eles** (20.3a): Pedro e João.
   B. **O que eles fazem** (20.3b): Eles visitam o túmulo vazio.
   C. **O que eles vêem** (20.4-9)
      1. *João* (20.4-5, 8-9)
         a. Na primeira vez, ele olha para dentro e vê os panos que cobriam o corpo de Jesus, mas não entra (20.4-5).
         b. Finalmente, ele entra e crê (20.8-9).
      2. *Pedro* (20.6-7): Ele entra e vê tanto os panos do corpo quanto o pano da cabeça de Jesus.
   D. **Onde eles vão** (20.10): Depois, eles vêem que Jesus não está mais no túmulo e voltam para casa.

III. AS MANIFESTAÇÕES DE JESUS CRISTO (20.11-29): João descreve três aparições pós-ressurreição de Jesus.
   A. **A aparição a Maria Madalena** (20.11-18)
      1. *A entristecida* (20.11): Ela volta ao túmulo e chora.
      2. *Os resplandecentes* (20.12-13): Dois anjos aparecem.
         a. A pergunta deles (20.12-13a): "Por que choras?"
         b. A resposta dela (20.13b): "Porque tiraram o meu Senhor, e não sei onde o puseram".
      3. *O Soberano* (20.14-18)
         a. O erro de Maria (20.14-15): Jesus aparece subitamente, mas ela o confunde com o jardineiro.
         b. O êxtase de Maria (20.16-18): Ela reconhece Jesus e, mais tarde, compartilha a boa notícia com os discípulos.
   B. **A aparição diante dos dez** (20.19-23)
      1. *Os temerosos* (20.19a): Os discípulos estão reunidos a portas fechadas, com medo dos judeus.
      2. *O fiel* (20.19b-23)

a. Ele os consola (20.19b-20): De repente, Jesus aparece, mostrando a eles suas mãos e seus pés.
   b. Ele os comissiona (20.21-23): Eles devem tornar-se suas testemunhas cheias do Espírito.
 C. **A aparição a Tomé** (20.24-29)
   1. *A relutância de Tomé* (20.24-25)
     a. O motivo (20.24): Tomé não estava quando Jesus apareceu pela primeira vez aos discípulos e não consegue acreditar no maravilhoso relato deles.
     b. Os requisitos (20.25): Tomé diz que não crerá a menos que veja e toque nas feridas de Jesus.
   2. *O reconhecimento de Tomé* (20.26-29)
     a. A manifestação (20.26): Jesus aparece de repente.
     b. O convite (20.27): Tomé é convidado a tocar nos ferimentos de Jesus.
     c. A adoração (20.28): Tomé cai prostrado e adora.
     d. A observação (20.29): Jesus diz:
       (1) "Porque me viste, creste?" (20.29a).
       (2) "Bem-aventurados os que não viram e creram" (20.29b).

IV. A MISSÃO DO EVANGELHO DE JOÃO (20.30-31): "Para que creiais que Jesus é o Cristo, o Filho de Deus, e para que, crendo, tenhais vida em seu nome".

ESBOÇO DA SEÇÃO VINTE E UM (JOÃO 21)
O Cristo ressurreto encontra seus discípulos no mar da Galiléia.

I. OS PESCADORES NO MAR (21.1-3)
 A. **Os discípulos** (21.1-2): Havia sete deles ali, inclusive Pedro, Tomé, Natanael, Tiago e João.
 B. **A decisão** (21.3): Eles resolvem pescar, mas não apanham nada a noite toda.

II. O PESCADOR DE HOMENS À BEIRA-MAR (21.4-25)
 A. **O chamado** (21.4-5): Estando ali, e não sendo reconhecido pelos discípulos, Jesus chama, perguntando se eles pegaram algum peixe. Eles respondem que não pegaram nada.
 B. **A ordem** (21.6a): Jesus, então, manda que lancem sua rede no lado direito do barco.
 C. **A pesca** (21.6b): Imediatamente, a rede está cheia de peixes.
 D. **A compreensão** (21.7): Pedro imediatamente reconhece Jesus e começa a nadar em sua direção.
 E. **O carvão** (21.8-9): Quando todos os discípulos chegam, eles encontram alguns peixes assando sobre o fogo, e pão.
 F. **A contagem** (21.10-11): São 153 grandes peixes na rede.
 G. **A comunhão** (21.12-14): Jesus agora convida todos os sete para co-

mer com ele e os serve pessoalmente.
- **H. As confissões** (21.15-17): Depois do café, Jesus dá a Pedro a oportunidade de confessar seu amor por Jesus três vezes.
  1. *A primeira vez* (21.15)
     a. Jesus (21.15a): "Simão, filho de João, amas-me mais do que estes?"
     b. Pedro (21.15b): "Sim, Senhor, tu sabes que te amo".
     c. Jesus (21.15c): "Apascenta os meus cordeirinhos".
  2. *A segunda vez* (21.16)
     a. Jesus (21.16a): "Simão, filho de João, amas-me?"
     b. Pedro (21.16b): "Sim, Senhor, tu sabes que te amo".
     c. Jesus (21.16c): "Pastoreia as minhas ovelhas".
  3. *A terceira vez* (21.17)
     a. Jesus (21.17a): "Simão, filho de João, amas-me?"
     b. Pedro (21.17b): "Senhor, tu sabes todas as coisas; tu sabes que te amo".
     c. Jesus (21.17c): "Apascenta as minhas ovelhas".
- **I. A cruz** (21.18-19): Jesus prediz que Pedro, um dia, morrerá como mártir, por crucificação.
- **J. A preocupação** (21.20-21): Pedro pergunta a Jesus que tipo de morte João terá.
- **K. A censura** (21.22): Jesus diz a Pedro: "Se eu quiser que ele fique até que eu venha, que tens tu com isso?"
- **L. A confusão** (21.23): Espalha-se entre os crentes um falso rumor de que João jamais morrerá.
- **M. A confirmação** (21.24-25)
  1. *Com relação ao testemunho de Jesus* (21.24): João testifica que tudo o que ele disse sobre Jesus é verdade.
  2. *Com relação às obras de Jesus* (21.25): Ele diz que, se tudo o que o Salvador fez estivesse escrito, não haveria espaço para tantos livros na terra.

Parte VI
Atos

Atos

ESBOÇO DA SEÇÃO UM (ATOS 1)
Lucas inicia Atos, seu segundo livro, com uma recapitulação da ascensão de Jesus. Os doze apóstolos escolhem Matias para substituir Judas Iscariotes.

I. A Ação no Monte das Oliveiras (1.1-11)
   A. **A reafirmação de Jesus** (1.1-8)
      1. *A confirmação* (1.1-3)
         a. O relator (1.1b): Lucas, o médico, escreveu o Evangelho de Lucas e é o autor do livro de Atos.
         b. O receptor (1.1a): Ele escreve para alguém chamado Teófilo.
         c. O motivo (1.2-3): Ele escreve para confirmar a ressurreição de Jesus Cristo.
      2. *A ordem* (1.4-5): Os discípulos (chamados "apóstolos" em Atos) devem permanecer em Jerusalém até que sejam batizados com o Espírito Santo.
      3. *A confusão* (1.6): Os apóstolos querem saber se Jesus estabelecerá seu Reino naquela hora.
      4. *O esclarecimento* (1.7): Jesus lhes diz que o Pai determinará quando isso acontecerá.
      5. *A grande comissão* (1.8): Enquanto isso, eles devem testemunhar de Jesus em Jerusalém, Judéia, Samaria e até os confins da terra.
   B. **A ascensão de Jesus** (1.9-11)
      1. *A ação* (1.9): Jesus é levado diante dos olhos deles.
      2. *Os acompanhantes* (1.10): Dois homens, com vestes brancas, aparecem repentinamente ao lado dele.
      3. *O consolo* (1.11): Os dois varões dizem aos homens maravilhados que Jesus voltará um dia da mesma forma como partiu.

II. A Ação no Cenáculo (1.12-26)
   A. **A reunião de oração** (1.12-15): Os ali presentes.
      1. *Os onze apóstolos* (1.12-13).
      2. *Maria, mãe de Jesus, e outras mulheres bondosas* (1.14a).
      3. *Os meio-irmãos de Jesus* (1.14b).
      4. *Ao todo, cerca de 120 pessoas* (1.15).

B. **A reunião de trabalho** (1.16-26)
  1. *Com relação à traição de Judas* (1.16-20)
     a. O suicídio (1.18-19): Lucas registra como Judas morreu.
     b. As Escrituras (1.16-17, 20): Pedro cita os Salmos 69.25 e 109.8, que predizem a morte e a substituição de Judas.
  2. *Com relação à escolha de Matias* (1.21-26)
     a. As condições (1.21-22): O novo apóstolo tem de ser crente há bastante tempo e alguém que viu o Cristo ressurreto.
     b. Os candidatos (1.23): Dois homens são citados: Barsabás e Matias.
     c. O concílio (1.24-25): Os discípulos buscam a vontade de Deus, orando e fazendo sorteio.
     d. A escolha (1.26): O sorteio recai sobre Matias.

ESBOÇO DA SEÇÃO DOIS (ATOS 2)
O Espírito Santo vem em Pentecostes e enche os crentes. Pedro, que certa vez negou o Salvador por medo, agora prega intrepidamente a uma grande multidão, partilhando o Evangelho. Vários atendem a esta mensagem, crendo em Cristo, e a nova Igreja começa a crescer.

I. AS LÍNGUAS DISTRIBUÍDAS (2.1-4)
  A. **Os sons em Pentecostes** (2.1-2): Som como o de um forte vento do céu enche o cenáculo.
  B. **As visões em Pentecostes** (2.3): Línguas de fogo aparecem e repousam sobre a cabeça dos crentes.
  C. **As falas em Pentecostes** (2.4): Todos começam a falar em outras línguas.

II. A MULTIDÃO (2.5-11)
  A. **Os homens desta multidão** (2.5): Judeus chegam de vários países para participar da Festa de Pentecostes.
  B. **O espanto da multidão** (2.6-11): Eles ficam maravilhados por ouvir suas próprias línguas faladas pelos apóstolos.

III. A CONFUSÃO (2.12-13)
  A. **As pessoas na multidão se perguntam:** "Que quer dizer isto?" (2.12)
  B. **Alguns dizem que eles estão embriagados** (2.13).

IV. O ESCLARECIMENTO (2.14-21)
  A. **O orador** (2.14): Pedro discursa à multidão.
  B. **A afirmação** (2.15): "Estes homens não estão embriagados".
  C. **As Escrituras** (2.16-21): Pedro diz à multidão que o profeta Joel previu tudo isso (ver Joel 2.28-32).

1. *Joel escreveu sobre o Espírito de Deus* (2.16-18): O Espírito seria derramado sobre as pessoas.
2. *Joel escreveu sobre os sinais de Deus* (2.19-20)
   a. Sangue, fogo e fumaça na terra (2.19).
   b. O escurecimento do sol e da lua no céu (2.20).
3. *Joel escreveu sobre a salvação de Deus* (2.21): Todo o que clamar pelo nome do Senhor será salvo.

V. A CONDENAÇÃO (2.22-28): Pedro enfatiza dois pontos:
   A. **O Messias foi crucificado por seus inimigos** (2.22-23): Tanto a nação judaica quanto o governo romano são culpados deste crime.
   B. **O Messias foi ressuscitado por seu Pai** (2.24-28).
      1. *O significado* (2.24): É impossível a morte conseguir manter Jesus no túmulo.
      2. *As Escrituras* (2.25-28): Séculos atrás, Davi predisse isso (ver Salmo 16.8-11).

VI. A DUPLA CONCLUSÃO (2.29-36)
   A. **Sobre a ressurreição de Jesus** (2.29-32): Davi deve ter tido a ressurreição do Messias em mente, pois ele mesmo morreu e foi sepultado.
   B. **Sobre a exaltação de Jesus** (2.33-36): Visto que Davi nunca ascendeu aos céus para se assentar em seu trono, ele se refere a Jesus no Salmo 110.1.

VII. A CONVICÇÃO (2.37): O Espírito de Deus toca o coração pecaminoso das pessoas.

VIII. AS ORDENS (2.38-39): Pedro diz às pessoas que elas precisam fazer duas coisas:
   A. **"Arrependei-vos"** (2.38a).
   B. **"Cada um de vós seja batizado em nome de Jesus Cristo, para remissão de vossos pecados"** (2.38b-39).

IX. O DESAFIO (2.40): Pedro insta com seus ouvintes a aceitar Cristo.

X. AS CONVERSÕES (2.41): Quase três mil pessoas crêem e são batizadas.

XI. A COMUNHÃO (2.42-47): A recém-formada igreja envolve-se em várias atividades.
   A. **Estudo bíblico** (2.42a).
   B. **Oração e adoração** (2.42d, 45-46a, 47a).
   C. **Comunhão** (2.42b).
   D. **Solidariedade e cuidado** (2.44, 46c, 47b).
   E. **A Ceia do Senhor** (2.42c, 46b).
   F. **Sinais e prodígios** (2.43).

ESBOÇO DA SEÇÃO TRÊS (ATOS 3)
Pedro, cheio do Espírito Santo, cura um mendigo aleijado e prega no Templo.

I. O MILAGRE (3.1-11)
   A. **Os homens consagrados** (3.1): Pedro e João vão ao Templo para orar.
   B. **O aleijado** (3.2-11)
      1. *O dinheiro que ele pede* (3.2-3): Certo homem, aleijado de nascença, pede dinheiro a Pedro e João.
      2. *O milagre que ele recebe* (3.4-11)
         a. O testemunho do apóstolo (3.4-6): Pedro ordena que o aleijado, em nome de Jesus, ande.
         b. A adoração do aleijado (3.7-8): Andando e saltando, ele entra no Templo, louvando a Deus.
         c. O espanto da multidão (3.9-11): As pessoas ficam maravilhadas com isso.

II. A MENSAGEM (3.12-26)
   A. **A explicação de Pedro** (3.12-16)
      1. *Ele fala de restauração* (3.12-13a, 16): O apóstolo diz que Deus curou aquele homem para trazer glória a seu Filho, Jesus.
      2. *Ele fala de rejeição* (3.13b-15a): Israel, entretanto, crucificou seu próprio Messias.
      3. *Ele fala de ressurreição* (3.15b): Deus ressuscitou seu Filho da morte.
   B. **A exortação de Pedro** (3.17-26)
      1. *O apelo divino* (3.17, 19)
         a. Por que Israel rejeitou Jesus (3.17): Isso aconteceu por ignorância.
         b. Por que Israel deve receber Jesus (3.19): Para que possa experimentar redenção e purificação.
      2. *O projeto divino* (3.18, 20-26)
         a. Os profetas (3.22-25): Deus falou, através de Moisés, Samuel e todos os profetas do Antigo Testamento, sobre seu plano.
         b. As profecias envolvidas (3.18, 20-21, 26)
            (1) A crucificação de Jesus (3.18)
            (2) A ressurreição de Jesus (3.26)
            (3) O ministério atual de Jesus (3.21)
            (4) A segunda vinda de Jesus (3.20)

> **ESBOÇO DA SEÇÃO QUATRO** (ATOS 4)
> Os líderes religiosos prendem Pedro e João e exigem saber por meio de que poder eles curaram o aleijado. Pedro diz que foi o poder de Jesus. Após receber ordem de jamais voltar a pregar sobre Jesus, os crentes oram por intrepidez, e mais pessoas crêem.

I. FRUSTRAÇÃO (4.1-3)
   A. **A ira dos líderes judeus** (4.1-2): Eles estão perturbados porque Pedro e João proclamam a ressurreição da morte.
   B. **A prisão** (4.3): Pedro e João são presos e ficam na cadeia durante a noite.

II. MULTIPLICAÇÃO (4.4): Apesar da perseguição, o número de crentes agora alcança a cifra de cinco mil homens.

III. INTERROGATÓRIO (4.5-22): Pedro e João são interrogados pelo sumo sacerdote.
   A. **A primeira sabatina** (4.5-12)
      1. *Pergunta* (4.5-7): "Com que poder ou em nome de quem fizestes vós isto?"
      2. *Resposta* (4.8-11): "Em nome de Jesus Cristo".
         a. O poder (4.8-10): Somente invocar o nome de Jesus é o suficiente.
         b. A profecia (4.11): Davi predisse isso (ver Salmo 118.22).
         c. O perdão (4.12): Em seu nome, e somente em seu nome, há redenção.
   B. **A reunião particular** (4.13-17)
      1. *O repúdio* (4.13-15): Os dois apóstolos são mandados para fora da sala por um momento, enquanto os líderes judeus se reúnem.
      2. *O dilema* (4.16): Os líderes concordam que não podem negar a cura do aleijado porque todos em Jerusalém já sabem disso.
      3. *A decisão* (4.17): Eles decidem chamar os apóstolos de volta e ameaçá-los.
   C. **A segunda sabatina** (4.18-22)
      1. *As ameaças* (4.18, 21-22): Os líderes judeus alertam Pedro e João a não mais falar de Jesus.
      2. *O testemunho* (4.19-20): Os apóstolos respondem: "Não podemos deixar de falar das coisas que temos visto e ouvido".

IV. SÚPLICA (4.23-30)
   A. **Os crentes reconhecem a soberania de Deus ao tratar seus inimigos** (4.25-28).
      1. *Davi escreveu sobre isso* (4.25-26): Ver o Salmo 2.1-2.
      2. *Os discípulos testemunharam isso* (4.27-28): Eles viram Pilatos, Herodes e os líderes judeus conspirar contra Jesus.

B. **Os crentes invocam a força de Deus para lidar com seus inimigos** (4.23-24, 29-30).

V. DEMONSTRAÇÃO (4.31): O grande poder de Deus sacode o lugar.

VI. COOPERAÇÃO (4.32-35): Os crentes vendem suas posses e compartilham espontaneamente uns com os outros.

VII. EXEMPLO (4.36-37): Um crente bondoso chamado Barnabé é apontado como exemplo de um viver sacrificial.

ESBOÇO DA SEÇÃO CINCO (ATOS 5)
Ananias e Safira mentem e Deus os mata. Os apóstolos curam várias pessoas. Eles são presos, mas um anjo os liberta. Novamente são presos e recebem ordens de não falar de Jesus, mas continuam pregando e a Igreja continua crescendo.

I. A PUREZA NA IGREJA PRIMITIVA (5.1-11): Ananias e Safira são julgados por seu pecado.
   A. **O engano** (5.1-2): O casal Ananias e Safira mente sobre o montante doado à igreja.
   B. **A descoberta** (5.3-4): Pedro descobre o que eles fizeram e os repreende severamente.
   C. **A morte de Ananias e Safira** (5.5-11)
      1. *A morte de Ananias* (5.5-6): Ele cai, expira e é enterrado.
      2. *A morte de Safira* (5.7-11): Ela morre da mesma forma que o marido.

II. O PODER NA IGREJA PRIMITIVA (5.12-16)
   A. **Como visto pelos sinais que os apóstolos realizam** (5.12-14): Eles operam sinais e prodígios miraculosos.
   B. **Como visto pelos doentes que os apóstolos curam** (5.15-16): Muitos enfermos e endemoninhados são curados e libertados.

III. A PERSEGUIÇÃO CONTRA A IGREJA PRIMITIVA (5.17-42)
   A. **A ira dos saduceus** (5.17-18): Cheios de inveja, ordenam a prisão dos apóstolos.
   B. **O anjo do Senhor** (5.19-21): Um mensageiro celestial aparece e liberta os apóstolos.
   C. **O espanto dos carcereiros** (5.22-26)
      1. *Os prisioneiros se foram* (5.22-24): Os portões ainda estão trancados e seguros, mas os prisioneiros se foram.
      2. *Os pregadores estão de volta* (5.25-26): Eles encontram os apóstolos no pátio do Templo, proclamando Jesus.

D. **A acusação pelo Sinédrio** (5.27-28): "Não vos admoestamos expressamente que não ensinásseis nesse nome?"
E. **A resposta dos apóstolos** (5.29-32)
   1. *Eles explicam sua missão* (5.29, 32): "Importa antes obedecer a Deus que aos homens".
   2. *Eles explicam o Messias* (5.30-31).
      a. "Ao qual vós matastes" (5.30b).
      b. "Deus... ressuscitou a Jesus" (5.30a, 31).
F. **O conselho do advogado** (5.33-42)
   1. *O conselho* (5.33-37)
      a. A identidade do advogado (5.33-34): Ele é um fariseu altamente respeitado chamado Gamaliel.
      b. As ilustrações do advogado (5.35-37): Ele fornece exemplos de duas revoltas espirituais malsucedidas no passado.
         (1) A de Teudas (5.35-36): Teudas fingiu ser grande e quatrocentas pessoas o seguiram. Depois de ser morto, seus seguidores se dispersaram.
         (2) De Judas da Galiléia (5.37): Ele foi morto e seus seguidores se dispersaram.
   2. *A conclusão* (5.38-39): Gamaliel diz: "Dai de mão a estes homens, e deixai-os, porque este conselho ou esta obra, caso seja dos homens, se desfará; mas se é de Deus, não podereis derrotá-los".
   3. *O consenso* (5.40): O conselho de Gamaliel é aceito. Os apóstolos são açoitados, alertados e libertados.
   4. *O compromisso* (5.41-42): Os apóstolos regozijam-se porque Deus os considera dignos de sofrer por Cristo, e continuam a testemunhar dele.

ESBOÇO DA SEÇÃO SEIS (ATOS 6)
Os doze apóstolos convocam uma reunião de todos os crentes e escolhem sete homens para coordenar um programa de alimentação a fim de que a igreja se multiplique rapidamente. Um deles, Estêvão, é preso e levado a julgamento.

I. A Escolha dos Sete Diáconos (6.1-7)
   A. **A reclamação aos líderes da igreja** (6.1): As viúvas que falam grego sentem que as viúvas que falam hebraico estão sendo favorecidas na distribuição diária de alimento.
   B. **A reunião dos líderes da igreja** (6.2-4)
      1. *O dilema* (6.2): Eles querem ajudar, mas não têm tempo.
      2. *A decisão* (6.3): Eles resolvem escolher sete homens e designá-los para esta tarefa.
      3. *As tarefas* (6.4): Os líderes crêem que seu ministério deve consistir em oração, ensinamento e pregação.

C. **A escolha dos líderes da igreja** (6.5-7)
  1. *Os indivíduos* (6.5): Os homens escolhem para essa tarefa Estêvão, Filipe, Prócoro, Nicanor, Timão, Pármenas e Nicolau.
  2. *A posse* (6.6): Os apóstolos impõem suas mãos sobre os sete e oram por eles.
  3. *O acréscimo* (6.7): Logo o número de crentes aumenta, incluindo a conversão de vários sacerdotes judeus.

II. A Difamação de um Diácono (6.8-15)
  A. **Os milagres de Estêvão** (6.8): Ele opera vários milagres entre as pessoas através do poder de Deus.
  B. **A maldade contra Estêvão** (6.9-14)
   1. *Quem* (6.9): Um grupo de judeus da sinagoga chamada dos libertos começa a discutir com Estêvão.
   2. *Por quê* (6.10): Eles odeiam Estêvão porque são incapazes de fazer frente à sua sabedoria ungida pelo Espírito.
   3. *O quê* (6.11-14): Eles acusam Estêvão de ensinar uma dupla blasfêmia.
      a. Que Jesus destruirá o Templo de Deus (6.14).
      b. Que Jesus destruirá a lei de Deus (6.11-12, 13-14).
  C. **A mansidão de Estêvão** (6.15): Os membros do Sinédrio vêem que o rosto de Estêvão se torna brilhante como o de um anjo.

ESBOÇO DA SEÇÃO SETE (ATOS 7)
Estêvão discursa ao Sinédrio. Jesus aparece a Estêvão enquanto ele testemunha, e os líderes judeus, enraivecidos, expulsam Estêvão da cidade e o apedrejam até a morte. Um jovem chamado Saulo é uma das testemunhas oficiais do apedrejamento.

I. A Mensagem de Estêvão ao Sinédrio (7.1-53): Estêvão é falsamente acusado de falar contra o Templo. Ele diz que o Templo não é necessário para a adoração ao verdadeiro Deus.
  A. **Israel foi abençoada por Deus antes mesmo de possuir tanto seu Tabernáculo quanto seus dois templos** (7.1-38).
   1. *Como ilustrado através da vida de Abraão* (7.1-8)
      a. Deus o guiou até Canaã (7.1-4).
      b. Deus prometeu a ele que seus descendentes possuiriam Canaã (7.5-7).
      c. Deus deu a ele o selo da circuncisão (7.8a).
      d. Deus deu a ele Isaque, o herdeiro da aliança (7.8b).
   2. *Como ilustrado pela vida de José* (7.9-16)
      a. Deus protegeu José, o prisioneiro no Egito (7.9): O Senhor esteve sempre com ele.
      b. Deus promoveu José a primeiro ministro do Egito (7.10-16): Deus concedeu a ele favor diante do Faraó.

3. *Como ilustrado pela vida de Moisés* (7.17-38)
   a. Os quarenta anos iniciais, no Egito (7.17-28): Deus o promoveu.
   b. Os quarenta anos seguintes, no deserto do Sinai (7.29): Deus o preparou.
   c. Os quarenta anos finais, a caminho de Canaã (7.30-38): Deus o capacitou.
B. **Israel foi infiel a Deus depois de possuir tanto seu Tabernáculo quanto seus dois templos** (7.39-53)
   1. *Eles se rebelaram durante o período do Tabernáculo* (7.39-43a, 44-45).
   2. *Eles se rebelaram durante a época do primeiro Templo* (7.43b, 46-50).
   3. *Eles se rebelam durante a época do segundo Templo* (7.51-53): Estêvão condena completamente seu auditório com uma acusação tripla:
      a. Eles são incircuncisos de coração e cegos para a verdade (7.51).
      b. Eles traíram e assassinaram seu próprio Messias (7.52).
      c. Eles estão desobedecendo deliberadamente às leis de Deus (7.53).
II. O Martírio de Estêvão pelo Sinédrio (7.54-60)
   A. **Seus perseguidores** (7.54, 57-58)
      1. *Aqueles que agiram* (7.54, 57-58a): Alguns membros do Sinédrio reúnem-se ao redor de Estêvão e o conduzem para fora da cidade a fim de apedrejá-lo.
      2. *Aqueles que não agiram* (7.58b): Saulo de Tarso guarda as vestes dos assassinos.
   B. **A imagem da glória** (7.55-56): Estêvão vê a glória de Deus e Jesus em pé, à destra de Deus.
   C. **Suas orações** (7.59-60)
      1. *Estêvão ora por si* (7.59): "Senhor Jesus, recebe o meu espírito".
      2. *Estêvão ora por seus inimigos* (7.60a): "Senhor, não lhes imputes este pecado".
   D. **Sua morte** (7.60b): Depois de dizer isso, ele morre.

ESBOÇO DA SEÇÃO OITO (ATOS 8)
Após a morte de Estêvão, muitos crentes fogem, ainda pregando o Evangelho. Filipe prega em Samaria e testemunha a um eunuco em Gaza. Simão, o mágico, tenta comprar o poder do Espírito Santo e é repreendido pelos apóstolos.

I. Saulo, o Perseguidor (8.1-3)
   A. **Ele consente na morte de Estêvão** (8.1).
   B. **Ele tenta a destruição da igreja** (8.2-3).

II. Filipe, o Pregador (8.4-8, 26-40)
   A. **Seu ministério público em Samaria** (8.4-8)
      1. *A pessoa da mensagem de Filipe* (8.4-5): Filipe conta aos samaritanos acerca do Messias.
      2. *O poder da mensagem de Filipe* (8.6-8)

            a. Os enfermos são curados (8.7b).
            b. Os possuídos são libertos (8.6-7a).
            c. O povo se regozija (8.8).
    B. **Seu ministério particular em Gaza** (8.26-40)
        1. *Sua mensagem vinda de um anjo* (8.26): Filipe é instruído a ir para o deserto de Gaza.
        2. *Seu encontro com o eunuco* (8.27-40)
            a. A responsabilidade conferida a ele (8.27): Candace, rainha da Etiópia, confiou toda a sua riqueza ao eunuco.
            b. A confusão do eunuco (8.28-34): Filipe encontra este homem lendo as Escrituras.
                (1) A passagem (8.28): Ele está lendo Isaías 53.7-8 e não consegue entender o que lê.
                (2) O problema (8.29-34): O eunuco pergunta a Filipe se o profeta está falando de si ou de outra pessoa.
            c. O esclarecimento (8.35): Filipe prega o Evangelho a ele.
            d. A conversão do eunuco (8.36-37): Ele confessa que Jesus Cristo é o Filho de Deus e Filipe o batiza.
        3. *Seu ministério em Azoto* (8.38-40): Depois de o eunuco ser batizado, o Espírito Santo imediatamente pega Filipe e o leva para a cidade de Azoto, onde Filipe prossegue com seus ensinamentos, conforme viaja para Cesaréia.

III. Simão, o Enganador (8.9-25)
    A. **As circunstâncias** (8.14-17): A igreja de Jerusalém envia dois homens para ajudar Filipe durante sua cruzada samaritana.
        1. *Quem são* (8.14): Pedro e João.
        2. *O que eles fazem* (8.15-17): Eles impõem suas mãos sobre os novos convertidos para que recebam o Espírito Santo.
    B. **O confronto** (8.9-13, 18-25): Pedro e João encontram Simão, o mágico.
        1. *O orgulho de Simão* (8.9): Ele é um mágico arrogante e orgulhoso, que alega ser grande.
        2. *A popularidade de Simão* (8.10-11): Várias pessoas em Samaria crêem em suas alegações por causa de suas mágicas.
        3. *A declaração de fé de Simão* (8.12-13): Espantado com os milagres de Filipe, Simão aceita a Cristo e é batizado.
        4. *A perversão de Simão* (8.18-19): Ele tenta comprar o poder manifesto por Pedro e João de conceder o Espírito Santo aos novos convertidos.
        5. *A punição de Simão* (8.20-23): Pedro avisa Simão que ele está sendo controlado por Satanás.
        6. *A súplica de Simão* (8.24-25): Ele implora que Pedro ore por ele.

ESBOÇO DA SEÇÃO NOVE (ATOS 9)
Saulo, o grande perseguidor da Igreja, tem uma visão de Jesus e é cegado por uma luz celestial. Quando recupera a visão, começa a pregar que Jesus é o Filho de Deus. Pedro cura um paralítico e ressuscita uma mulher.

I. ATIVIDADES NA VIDA DE SAULO (9.1-31)
  A. **A perseguição de Saulo aos santos de Deus** (9.1-2)
    1. *Seu ódio pelos cristãos de Jerusalém* (9.1).
    2. *Seu ódio pelos cristãos de Damasco* (9.2): Saulo resolve perseguir crentes em Damasco.
  B. **A visão que Saulo tem do Filho de Deus** (9.3-9)
    1. *A revelação* (9.3-6)
       a. O que ele vê (9.3): Ele vê uma luz que brilha e cega, vinda dos céus.
       b. O que ele escuta (9.4-6): Jesus diz a ele: "Por que me persegues?"
    2. *Os resultados* (9.7-9): Os companheiros de viagem de Saulo o levam, cego, para Damasco, e ele não bebe nem come nos três dias seguintes.
  C. **A visita do servo de Deus a Saulo** (9.10-25)
    1. *Eventos anteriores a esta visita* (9.10-16): Deus aparece a um crente em Damasco chamado Ananias.
       a. A revelação (9.10-12): Deus instrui Ananias a ir e ministrar a Saulo.
       b. A relutância (9.13-14): Conhecendo o passado perverso de Saulo, Ananias está com medo de ir.
       c. A segurança (9.15-16): Deus assegura a Ananias que Saulo é agora um crente.
    2. *Eventos durante a visita* (9.17-19): Ananias impõe suas mãos sobre Saulo, com um resultado duplo:
       a. Saulo é curado de sua cegueira (9.17a, 18a).
       b. Saulo é cheio do Espírito (9.17b, 18b-19).
    3. *Eventos seguintes à visita* (9.20-25)
       a. O evangelismo de Saulo em Damasco (9.20-22): Ele prega sobre Cristo em todas as sinagogas.
       b. A fuga de Saulo de Damasco (9.23-25): Ao ouvir da trama contra ele, Saulo parte para Jerusalém.
  D. **O homem de Deus legitima Saulo** (9.26-31)
    1. *A pessoa* (9.26-27): O altamente respeitado Barnabé assegura aos temerosos crentes de Jerusalém da sinceridade de Saulo.
    2. *A pregação* (9.28): Saulo prega o Evangelho em Jerusalém como fez em Damasco.
    3. *A trama* (9.29-31): Depois que um atentado é feito à vida de Saulo, ele parte para sua cidade natal, Tarso.

II. Atividades na Vida de Pedro (9.32-43)
   A. **Ele restaura um aleijado em Lida** (9.32-35)
      1. *Enéias, o indefeso* (9.32-33): Ele é um paralítico que está inválido há oito anos.
      2. *Enéias, o curado* (9.34-35): Pedro o ergue de seu leito.
   B. **Ele ressuscita um cadáver em Jope** (9.36-43)
      1. *Os feitos de Dorcas* (9.36): Esta mulher piedosa fez várias obras maravilhosas a vida toda.
      2. *A morte de Dorcas* (9.37): Ela fica doente e morre.
      3. *O livramento de Dorcas* (9.38-43): Pedro a ressuscita durante seu próprio funeral.

ESBOÇO DA SEÇÃO DEZ (ATOS 10)
Pedro recebe uma visão de Deus, dizendo a ele que as Boas-novas são tanto para os gentios quanto para os judeus. Ele vai para a casa de Cornélio, oficial romano, e conta a ele sobre Cristo. Cornélio e toda a sua família crêem e são cheios do Espírito Santo.

I. Cornélio, o Pecador Religioso de Cesaréia (10.1-8)
   A. **Sua veneração por Deus** (10.1-2): Embora não salvo, Cornélio faz boas obras e busca a Deus.
   B. **A visitação de Deus** (10.3-8)
      1. *O mensageiro* (10.3-4): Deus envia um anjo a ele.
      2. *A mensagem* (10.5-8): Cornélio recebe instrução para enviar homens a Jope e trazer Simão Pedro.

II. Pedro, o Relutante Ganhador de Almas em Jope (10.9-23)
   A. **As três visões do céu** (10.9-17a): Pedro recebe uma visão que se repete três vezes.
      1. *O conteúdo* (10.9-12): Ele vê um grande lençol descendo do céu, cheio de animais considerados impuros.
      2. *A ordem* (10.13-16)
         a. A ordem de Deus (10.13): "Mata e come!"
         b. A objeção de Pedro (10.14): "De modo nenhum, Senhor, porque nunca comi cousa alguma comum e imunda".
         c. O comando de Deus (10.15-16): "Não chames tu comum ao que Deus purificou".
      3. *A confusão* (10.17a): Pedro pergunta-se o que isso tudo significa.
   B. **As três visões da terra** (10.17b-23): Os homens de Cornélio chegam e pedem que Pedro os acompanhe à Cesaréia.

III. Cornélio e Pedro, Santos Redimidos em Cristo (10.24-48)
   A. **A conversa com Cornélio** (10.24-35)
      1. *A recepção* (10.24-26): Cornélio tenta adorar Pedro, mas é proibido de fazê-lo.

2. *A recapitulação* (10.27-33): Pedro recapitula as circunstâncias que o trouxeram a Cesaréia.
3. *A percepção* (10.34-35): Pedro agora compreende o significado de sua visão, isto é, Deus não faz acepção de pessoas.
B. **O esclarecimento de Cornélio** (10.36-43): Pedro prega um sermão.
 1. *Ele fala da mensagem do Evangelho* (10.36-37): São as Boas-novas de paz através de Jesus Cristo.
 2. *Ele fala do Messias e do Evangelho* (10.38, 43).
 3. *Ele fala dos ministros do Evangelho* (10.39-42): Pedro diz que ele o os outros apóstolos testemunharam a crucificação e a ressurreição de Jesus.
C. **A conversão de Cornélio** (10.44-48)
 1. *O batizador celestial* (10.44-45): Quando Cornélio crê em Jesus, o Espírito Santo desce sobre ele.
 2. *O batizador terreno* (10.46-48): Convencido de que Cornélio e sua família receberam o Espírito Santo, Pedro os batiza.

ESBOÇO DA SEÇÃO ONZE (ATOS 11)
Alguns cristãos judeus em Jerusalém criticam Pedro por se associar a gentios. Pedro explica que o Espírito Santo veio tanto aos gentios quanto aos judeus. Saulo e Barnabé pregam em Antioquia da Síria com grandes resultados.

I. PEDRO E OS CRÍTICOS EM JERUSALÉM (11.1-18)
  A. **A crítica** (11.1-3): Pedro é criticado por alguns cristãos judeus legalistas por se associar a Cornélio e outros gentios em Cesaréia.
  B. **A discussão** (11.4-17)
   1. *Pedro recapitula seu caso* (11.4-16): Ele conta sobre a visão recebida de Deus e sobre sua visita a Cesaréia.
   2. *Pedro sustenta seu caso* (11.17): Ele diz que Deus deu o mesmo Espírito Santo para os crentes gentios que os crentes judeus haviam recebido previamente.
  C. **A aceitação** (11.18): Os críticos de Pedro crêem nele e oferecem louvores a Deus por salvar também os gentios.

II. BARNABÉ E AS CONVERSÕES EM ANTIOQUIA (11.19-30)
  A. **Os cristãos se reúnem em Antioquia** (11.19-21): Uma igreja começa a florescer na cidade de Antioquia.
  B. **Os cristãos unem-se em Antioquia** (11.22-30)
   1. *Barnabé* (11.22-24): Ele é enviado pela igreja de Jerusalém para auxiliar a nova igreja.
   2. *Saulo* (11.25-26): Barnabé traz Saulo de Tarso a Antioquia para auxiliá-lo.

3. *Ágabo* (11.27-30): Ele é um profeta que emite um alerta.
   a. A revelação (11.27-28): Ágabo prediz que grande fome logo atingirá Israel.
   b. A reação (11.29-30): Os crentes de Antioquia decidem enviar socorro aos crentes da Judéia.

ESBOÇO DA SEÇÃO DOZE (ATOS 12)
O rei Herodes Agripa manda matar o apóstolo Tiago, e Pedro é preso. Na noite anterior ao julgamento de Pedro, um anjo vem até a prisão e o liberta. Herodes aceita adoração do povo de Tiro e Sidom. Deus acomete Herodes de uma doença, e ele morre.

I. A Libertação de Pedro (12.1-19a)
   A. **A morte de Tiago** (12.1-2): O rei Herodes Agripa manda matar Tiago a fio de espada.
   B. **O livramento de Pedro** (12.3-19a)
      1. *Seu sucesso na fuga da prisão* (12.3-11)
         a. Por que esta fuga acontece (12.3-5): Porque a igreja de Jerusalém está orando para que Deus o liberte.
         b. Quando esta fuga acontece (12.6): Na véspera de seu julgamento.
         c. Como esta fuga acontece (12.7-11): Deus envia um anjo para soltar as correntes e abrir a porta da prisão.
      2. *Sua luta para entrar numa casa* (12.12-19a): Pedro chega à casa da mãe de João Marcos e bate na porta.
         a. O problema (12.12-15)
            (1) O reconhecimento de Rode (12.12-14): Uma serva reconhece a voz de Pedro e relata as notícias aos outros.
            (2) A zombaria para com Rode (12.15): Ela é acusada de estar louca e também de ter visto o anjo de Pedro, e não o próprio Pedro.
         b. A persistência (12.16-17): Pedro continua a bater e finalmente o deixam entrar, para espanto de todos.
         c. A punição (12.18-19a): Herodes Agripa ordena a execução dos soldados que vigiavam Pedro.

II. A Morte de Herodes Agripa (12.19b-23): As pessoas de Tiro e Sidom tentam e conseguem uma audiência com Herodes Agripa.
   A. **O motivo do encontro** (12.19b-20): Resolver as diferenças com ele por motivos econômicos.
   B. **Os resultados do encontro** (12.21-23)
      1. *O orgulho do rei* (12.21-22): O governador arrogante aceita a bajulação da multidão quando eles exclamam que ele é um deus, e não um homem.

2. *A punição do rei* (12.23): O anjo de Deus atinge Herodes com uma doença fatal por causa de sua blasfêmia.

III. A Divulgação do Evangelho (12.24-25): As Boas-novas espalham-se rapidamente e muitos se convertem.

ESBOÇO DA SEÇÃO TREZE (ATOS 13)
Saulo sai em sua primeira grande viagem missionária, indo até Antioquia da Síria, Chipre, Perge e Antioquia da Pisídia, levando consigo Barnabé. No meio da viagem, João Marcos junta-se à equipe missionária, mas a abandona depois. Saulo muda o nome para Paulo.

I. Paulo e Barnabé em Antioquia da Síria (13.1-3)
   A. **Eles são escolhidos pelo Espírito de Deus** (13.1-2): O Espírito Santo diz aos líderes de Antioquia que separem esses dois homens para uma obra especial.
   B. **Eles são comissionados pela Igreja de Deus** (13.3): Os profetas e mestres, numa assembléia, impõem suas mãos sobre os dois e os enviam.

II. Paulo e Barnabé em Chipre (13.4-12): João Marcos junta-se à equipe missionária.
   A. **A abertura à Palavra de Deus** (13.4-7): A mensagem da Palavra de Deus é bem recebida por toda a ilha, especialmente pelo governador, Sérgio Paulo.
   B. **A oposição à Palavra de Deus** (13.8-11)
      1. *A blasfêmia de Elimas* (13.8): Um falso profeta e mágico (também chamado de Barjesus) tenta impedir a conversão do governador.
      2. *A cegueira de Elimas* (13.9-11): Ele fica cego, pelo juízo de Deus, por meio das mãos de Paulo.
   C. **A obediência à Palavra de Deus** (13.12): O governador torna-se crente.

III. Paulo e Barnabé em Perge (13.13): João Marcos os abandona.

IV. Paulo e Barnabé em Antioquia da Pisídia (13.14-52): Paulo prega dois sermões.
   A. **O primeiro sermão** (13.14-43): É uma mensagem sobre o Messias judeu.
      1. *Um panorama do Messias* (13.14-37)
         a. O preparo histórico para sua vinda (13.14-23): Paulo mostra, a partir do Antigo Testamento, como Deus preparou a nação pela qual o Messias viria.
           (1) A escolha de Israel (13.14-17a)
           (2) A libertação do Egito (13.17b)
           (3) A experiência do deserto (13.18)
           (4) A conquista de Canaã (13.19)
           (5) O governo dos juízes e reis (13.20-23)

b. O preparo homilético para sua vinda (13.24-25): João Batista atuou como o precursor de Jesus.
c. Preparação profética para a sua vinda (13.26-37)
   (1) O Salmo 2.6-9 prediz que Deus honrará o Messias (13.26-33).
   (2) Isaías 55.3 prediz que Deus cumprirá no Messias a promessa feita a Davi (13.34).
   (3) O Salmo 16.10 prediz que Deus não permitirá que o corpo do Messias veja a corrupção (13.35-37).
2. *A oferta feita por este Messias* (13.38-41)
   a. O pecador arrependido é perdoado do pecado (13.37-38a).
   b. O pecador arrependido é declarado justo (13.38b-41).
3. *A obediência ao Messias* (13.42-43): Muitos dos ouvintes de Paulo reagem favoravelmente à sua mensagem.

B. O segundo sermão (13.44-52)
1. *Judeus não crentes* (13.44-46, 50-52)
   a. Eles rejeitam a Deus (13.44-45, 50-52).
   b. Deus os rejeita (13.46).
2. *Gentios crentes* (13.47-49)
   a. A predição (13.47): Paulo diz que Isaías predisse isso (Isaías 49.6).
   b. O cumprimento (13.48-49): Vários gentios aceitam a Jesus.

ESBOÇO DA SEÇÃO QUATORZE (ATOS 14)
Paulo e Barnabé continuam sua viagem missionária.

I. PAULO E BARNABÉ EM ICÔNIO (14.1-7)
   A. As conversões (14.1): Grande número de judeus e gentios atende à mensagem do Evangelho.
   B. A confirmação (14.3): Paulo e Barnabé investem tempo considerável ali, discipulando os novos convertidos.
   C. O contraste (14.4): A mensagem de Paulo divide a cidade: alguns a aceitam, outros a rejeitam.
   D. A conspiração (14.2, 5-7): Os dois apóstolos saem da cidade após descobrir uma conspiração de seus inimigos para apedrejá-los.

II. PAULO E BARNABÉ EM LISTRA (14.8-20)
   A. O aleijado (14.8): Há um homem em Listra que jamais andou.
   B. A ordem (14.9-10): Paulo ordena que ele se levante e ande, e ele assim o faz.
   C. A confusão (14.11-14)
   1. *O que o povo supõe* (14.11-12): A multidão, assustada, confunde os dois discípulos com deuses.
      a. Pensam que Barnabé é Júpiter (14.11-12a).
      b. Pensam que Paulo é Mercúrio (14.12b).
   2. *O que as pessoas experimentam* (14.13-14): Eles se preparam para oferecer sacrifícios e adorar os discípulos.

D. **A correção** (14.15-18): Um Paulo horrorizado logo as interrompe, destacando a identidade do verdadeiro Deus, de quem ele e Barnabé são testemunhas.
   E. **A conspiração** (14.19-20)
      1. *A difamação contra Paulo* (14.19a): Alguns judeus de Antioquia e Icônio voltam a multidão contra os apóstolos.
      2. *O apedrejamento de Paulo* (14.19b-20): Paulo é expulso da cidade, apedrejado e abandonado para que morra, mas se levanta e volta à cidade.

III. PAULO E BARNABÉ EM DERBE (14.21): Novamente, grande número de pessoas atende à mensagem do Evangelho.

IV. PAULO E BARNABÉ DE VOLTA A LISTRA, ICÔNIO E ANTIOQUIA DA PISÍDIA (14.22-25): Os apóstolos agora ministram de forma dupla para converter essas cidades.
   A. **Eles fortalecem todos os que estão nas igrejas** (14.22).
   B. **Eles escolhem anciãos para as igrejas** (14.23-25).

V. PAULO E BARNABÉ DE VOLTA A ANTIOQUIA DA SÍRIA (14.26-28)
   A. **Eles prestam relatório à sua igreja de origem** (14.26-27).
   B. **Eles permanecem (por longo período) em sua igreja de origem** (14.28).

ESBOÇO DA SEÇÃO QUINZE (ATOS 15)
Acontece um concílio em Jerusalém para determinar se os gentios que se tornam cristãos devem aderir aos antigos costumes judaicos.

I. O DEBATE EM JERUSALÉM (15.1-34): Um concílio especial é convocado pela igreja de Jerusalém.
   A. **O motivo do encontro** (15.1, 6): Há discordância quanto à obrigação de os gentios crentes serem ou não circuncidados.
   B. **Os relatos durante o encontro** (15:2-5, 7-18)
      1. *Os defensores pró-circuncisão* (15.5): Tais homens eram fariseus antes de se tornarem cristãos.
      2. *Os defensores anticircuncisão* (15.2-4, 7-18)
         a. A defesa de Paulo e Barnabé (15.2-4, 12): Eles recapitulam como Deus salvou vários gentios sem circuncisão durante sua recente viagem missionária.
         b. A defesa de Pedro (15.7-11): Ele fala da conversão de Cornélio e de sua família gentílica.
         c. A defesa de Tiago (15.13-18): Ele lembra a todos os presentes que a conversão dos gentios foi predita pelo profeta Amós, no Antigo Testamento (Amós 9.11-12).
   C. **A decisão do concílio** (15.19-34)
      1. *A decisão* (15.19-21): Tiago anuncia que os gentios salvos não serão constrangidos a circuncidar-se e serão incentivados apenas a abster-se de certas atividades.

a. Comer carne sacrificada a ídolos (15.20a)
b. Relações sexuais ilícitas (15.20b)
c. Comer carne de animais estrangulados (15.20c)
d. Consumir sangue (15.20d)
    2. *Os representantes* (15.22-34): Representantes piedosos, como Silas e Barsabás, são incumbidos de levar cartas anunciando a decisão do concílio a várias igrejas.

II. A DISCORDÂNCIA EM ANTIOQUIA (15.35-41): Paulo e Barnabé têm forte desavença.
    A. **O motivo da desavença** (15.35-38): Deveria João Marcos acompanhar a equipe durante a segunda viagem missionária?
        1. *Barnabé diz que sim* (15.35-37).
        2. *Paulo diz que não* (15.38).
    B. **Os resultados da desavença** (15.39-41)
        1. *Barnabé e João Marcos navegam para Chipre* (15.39).
        2. *Paulo e Silas partem para a Ásia Menor* (15.40-41).

ESBOÇO DA SEÇÃO DEZESSEIS (ATOS 16)
Paulo inicia sua segunda viagem missionária, levando consigo Silas e Timóteo. Paulo e Silas são presos, mas Deus envia um terremoto para soltar suas correntes e abrir as portas da prisão.

I. A CIRCUNCISÃO EM LISTRA (16.1-5)
    A. **Quem** (16.3b): Paulo circuncida Timóteo, que agora se junta à equipe missionária.
    B. **O motivo** (16.1-3a): Paulo faz isso para não ofender os judeus, pois a mãe de Timóteo é uma judia, mas seu pai é gentio.
    C. **Os resultados** (16.4-5): A equipe aumentada prega o Evangelho nas áreas vizinhas com grande sucesso.

II. O CHAMADO EM TRÔADE (16.6-10)
    A. **O Espírito diz a Paulo que vá para o sul, e não para o norte** (16.6-8).
    B. **O Espírito diz para Paulo ir rumo ao ocidente** (16.9-10): Paulo tem uma visão de um homem da Macedônia implorando que ele venha ajudar os macedônios.

III. A CONVERSÃO EM FILIPOS (16.11-34): A equipe evangelística ganha duas pessoas-chave para Jesus e liberta uma endemoninhada.
    A. **Uma mulher de negócios** (16.11-15)
        1. *O lugar* (16.11-13): Isso acontece numa reunião de oração, ao lado do rio.
        2. *A pessoa* (16.14): Ela é Lídia, uma vendedora de roupas de púrpura caras.
        3. *A prova* (16.15): Lídia é batizada como testemunho da fé recém-abraçada.

B. **Uma garota escrava** (16.16-21)
      1. *O demônio na garota* (16.16-17)
         a. O dinheiro gerado através dela (16.16): O demônio capacita a menina a praticar adivinhação, gerando muito dinheiro para seus patrões.
         b. A mensagem proclamada através dela (16.17): O demônio finge concordar com a mensagem pregada por Paulo.
      2. *O livramento da garota* (16.18-23)
         a. A garota é libertada (16.18): Paulo ordena que o demônio saia dela.
         b. Os apóstolos são atacados (16.19-23): Paulo e Silas são pegos, apanham e acabam aprisionados.
   C. **Um guarda da prisão** (16.24-34)
      1. *Sua ordem* (16.24): Ele tem ordens de manter os dois presos, sob o risco de perder a própria vida.
      2. *Sua confusão* (16.25-26)
         a. Por causa da cantoria dos prisioneiros (16.25): Ele escuta Paulo e Silas louvando a Deus.
         b. Por causa do estremecimento da prisão (16.26): Deus providencia um terremoto que liberta todos os presos.
      3. *Sua consternação* (16.27-31)
         a. O que ele pressupõe (16.27): Crendo que os prisioneiros escaparam, ele se prepara para matar-se.
         b. O que ele pede (16.28-31): Sendo assegurado por Paulo de que ninguém deixou a prisão, ele pergunta como pode ser salvo.
      4. *Sua conversão* (16.23-33): Atendendo à resposta de Paulo, o carcereiro e sua família são salvos e batizados.
      5. *Sua celebração* (16.34): Com grande alegria, o novo convertido lava as feridas dos discípulos e os alimenta.

IV. A CONSTERNAÇÃO NA CASA DO CARCEREIRO (16.35-40)
   A. **O temor das autoridades** (16.35-39): Ao ouvir que os homens espancados e aprisionados são cidadãos romanos, os oficiais da cidade pedem desculpas a Paulo e a Silas e imploram que eles deixem a cidade.
   B. **A liberdade dos apóstolos** (16.40): Paulo e Silas voltam para a casa de Lídia para encontrar outros crentes antes de partir da cidade.

ESBOÇO DA SEÇÃO DEZESSETE (ATOS 17)
Paulo e Silas continuam a viagem missionária. Paulo prega em Atenas.

I. PAULO E SILAS EM TESSALÔNICA (17.1-9)
   A. **A fidelidade dos missionários** (17.1-3): Durante três sábados seguidos, Paulo prega a crucificação e a ressurreição de Cristo nas sinagogas judaicas.
   B. **Os frutos dos missionários** (17.4): Alguns judeus e vários gentios (homens e mulheres) são salvos.

C. Os inimigos dos missionários (17.5-9)
1. *O ataque* (17.5): À procura dos missionários, uma turba se junta na casa de Jasom, onde Paulo e Silas estão hospedados.
2. *A prisão* (17.6a): Incapazes de encontrá-los, o grupo arrasta Jasom perante o concílio da cidade.
3. *As acusações* (17.6b-9)
   a. Paulo e Silas são acusados de causar problemas, e Jasom é acusado de permitir que eles fiquem em sua casa (17.6b-7a).
   b. Paulo e Silas são acusados de traição (17.7b-9): "Eles procedem contra os decretos de César, dizendo haver outro rei, que é Jesus".

II. PAULO E SILAS EM BERÉIA (17.10-15)
   A. A propagação da Palavra de Deus (17.10-12)
   1. *Os bereanos a pesquisam* (17.10-11): Eles ouvem atentamente e checam as Escrituras.
   2. *Os bereanos a recebem* (17.12): Muitos judeus crêem, bem como alguns gregos, homens e mulheres.
   B. A oposição à Palavra de Deus (17.13-15)
   1. *A manifestação contra Paulo* (17.13): Alguns judeus de Tessalônica vão até a Beréia e instigam um tumulto.
   2. *A partida de Paulo* (17.14-15): Ele parte para Atenas, deixando Silas e Timóteo.

III. PAULO (SOZINHO) EM ATENAS (17.16-34): No Areópago, Paulo prega seu mais famoso sermão, identificando o Senhor como o "deus desconhecido" que os atenienses adoram.
   A. A necessidade do sermão (17.16-17): Toda a cidade está cheia de ídolos.
   B. A platéia do sermão (17.18-21)
   1. *Sua identidade* (17.18a): A multidão consiste em dois grupos filosóficos: os epicureus e os estóicos.
   2. *Seus insultos* (17.18b): Eles acusam Paulo de tagarelar ou defender alguma estranha religião estrangeira, quando este fala da ressurreição de Jesus.
   3. *Sua ociosidade* (17.21): Eles gastam todo o seu tempo em discussões vãs acerca das últimas novidades.
   4. *Seu convite* (17.19-20): Paulo é convidado a falar a eles.
   C. A introdução deste sermão (17.22-23)
   1. *A observação de Paulo* (17.22-23a): "Em tudo vejo que sois excepcionalmente religiosos; porque, passando eu e observando os objetos do vosso culto, encontrei também um altar em que estava escrito: AO DEUS DESCONHECIDO".
   2. *A revelação de Paulo* (17.23b): "Esse, pois, que vós honrais sem o conhecer, é o que vos anuncio".
   D. Os tópicos do sermão (17.24-31): Paulo fala das obras do verdadeiro Deus no passado, no presente e no futuro.
   1. *Com relação ao passado* (17.24-26, 28-29): Ele criou todas as coisas, conforme atestado:

a. Pelo relato hebreu (17.24-26): Ele é o Criador de todas as coisas.
   b. Pelo relato deles mesmos (17.28-29): Um de seus próprios poetas disse: "Dele também somos geração".
  2. *Com relação ao presente* (17.27, 30): Ele deseja salvar o povo que fizer duas coisas.
   a. Buscá-lo (17.27): Ele quer que o povo o busque.
   b. Arrepender-se (17.30): Eles devem deixar os ídolos e voltar-se para Deus.
  3. *Com relação ao futuro* (17.31): Um dia, Deus julgará o mundo através de Jesus Cristo, a quem ressuscitou dos mortos.
 E. **A reação a este sermão** (17.32-34)
  1. *Alguns zombam* (17.32a).
  2. *Alguns postergam* (17.32b): Eles querem ouvir em outro momento.
  3. *Alguns crêem* (17.33-34).

ESBOÇO DA SEÇÃO DEZOITO (ATOS 18)
Paulo encontra Priscila e Áqüila em Corinto e recebe uma visão na qual Deus diz que ele não deve temer seus inimigos. Priscila e Áqüila instruem Apolo em Éfeso.

I. As Atividades de Paulo (18.1-23)
 A. **Paulo em Corinto** (18.1-17)
  1. *Os amigos do apóstolo na cidade* (18.1-3): Paulo encontra Priscila e Áqüila, que faziam tendas ali.
  2. *A fidelidade do apóstolo na cidade* (18.4-5): Ele prega continuamente o Evangelho a judeus e gentios.
  3. *Os inimigos do apóstolo na cidade* (18.6, 12-17)
   a. Os judeus não-crentes fazem pouco dele (18.6).
   b. Os judeus não-crentes o prendem (18.12).
   c. Os judeus não-crentes o acusam (18.13-17): Eles trazem Paulo perante o governador romano e o acusam de blasfêmia, mas Gálio recusa-se a julgar o caso.
  4. *Os frutos do apóstolo nesta cidade* (18.7-8): Muitos são salvos, incluindo Crispo, líder da sinagoga judaica.
  5. *O Pai celestial do apóstolo nesta cidade* (18.9-11): O próprio Deus o consola por meio de uma visão: "Não temas, mas fala e não te cales... pois tenho muito povo nesta cidade".
 B. **Paulo em Cencréia** (18.18): Ali ele raspa sua cabeça e faz uma promessa.
 C. **Paulo em Éfeso** (18.19-21): A permanência do apóstolo ali é curta, apesar da insistência.
 D. **Paulo em Antioquia da Síria** (18.22): Ele vai à sua igreja de origem.
 E. **Paulo na Galácia** (18.23): Ele inicia sua terceira viagem missionária.

A BÍBLIA EM ESBOÇOS   612

II. As Atividades de Apolo (18.24-28)
   A. Apolo em Éfeso (18.24-26)
      1. *Quem ele é* (18.24): Apolo é um pregador bíblico ungido de Alexandria, Egito.
      2. *O que ele conhece* (18.25-26)
         a. O relato incompleto (18.25): Ele sabe apenas o que João Batista disse sobre Jesus.
         b. O relato completo (18.26): Após ouvir a pregação de Apolo, Áqüila e Priscila contam a ele o resto dos fatos.
   B. Apolo na Grécia (18.27-28): Ele é grandemente usado por Deus no fortalecimento das igrejas.

ESBOÇO DA SEÇÃO DEZENOVE (ATOS 19)
A terceira viagem missionária de Paulo o leva a Éfeso, onde ele prega e opera milagres. Um tumulto surge na cidade quando Paulo enfrenta os artífices de ídolos, mas o prefeito consegue apaziguar os ânimos.

I. Os Discípulos de João (19.1-7): Paulo encontra doze ex-discípulos de João Batista.
   A. **O que Paulo pergunta a eles** (19.1-2a): "Recebestes vós o Espírito Santo quando crestes?"
   B. **Como eles lhe respondem** (19.2b-7)
      1. *A confusão* (19.2b): Eles nunca tinham ouvido falar do Espírito Santo.
      2. *O esclarecimento* (19.3-4): Paulo os atualiza sobre o ministério de Jesus.
      3. *As conversões* (19.5-7): Quando eles são batizados no nome de Jesus, recebem o Espírito Santo.

II. A Declaração do Evangelho (19.8-10)
   A. **Os primeiros três meses** (19.8): Paulo prega as Boas-novas intrepidamente todos os sábados na sinagoga.
   B. **Os dois últimos anos** (19.9-10): Devido à hostilidade, ele muda para o auditório público de Tirano e prega diariamente.

III. A Distribuição das Roupas (19.11-12): Deus unge tanto a Paulo que até os aventais que tocam a pele do apóstolo trazem cura quando colocados sobre os enfermos.

IV. As Adivinhações dos Filhos de Ceva (19.13-17)
   A. **A presunção** (19.13-14): Sete irmãos tentam expulsar um demônio, usando o nome de Jesus como encanto mágico.
   B. **A penalidade** (19.15-17): O demônio sai, mas pula neles, aplicando-lhes uma grande surra.

V. A Dedicação dos Novos Convertidos (19.18-20)
   A. **Quem eles são** (19.18): Esses novos crentes saíram do ocultismo através da pregação de Paulo.
   B. **O que eles fazem** (19.19-20): Eles queimam seus livros de magia negra.

VI. A Decisão de Paulo (19.21-22): O apóstolo promete visitar Roma num futuro próximo.

VII. Os Defensores de Diana (19.23-41): Um tumulto acontece em Éfeso.
   A. **A palestra de Demétrio** (19.23-27)
      1. *Demétrio, o homem de negócios* (19.23-24): Ele emprega vários artífices que fazem imagens de prata de Diana.
      2. *Demétrio, o causador de problemas* (19.25-27): Ele chama seus associados e os informa sobre como Paulo tem pregado e atrapalhado seus negócios.
   B. **A histeria da multidão** (19.28-34): O discurso abrasador de Demétrio incita uma multidão contra Paulo e seus colegas.
      1. *O clamor da multidão* (19.28-31): Eles se encontram no anfiteatro da cidade e, por duas horas, exclamam: "Grande é a Diana dos efésios!"
      2. *A confusão da multidão* (19.32-34): Muitos correm para lá sem mesmo saber por quê.
   C. **A lógica do prefeito** (19.35-41): O inteligente oficial grego acalma a multidão através de um argumento quádruplo.
      1. *A divindade da estátua* (19.35-36): Todo o mundo sabe que Éfeso é a guardiã oficial da imagem da deusa Diana, que ele diz ter caído dos céus para eles.
      2. *A honestidade dos oponentes* (19.37): Os apóstolos não disseram nem fizeram nada digno de punição.
      3. *A legalidade da questão* (19.38-39): Demétrio deve levar adiante toda e qualquer queixa através do tribunal.
      4. *A (possível) penalidade pela revolta* (19.40-41): A menos que a multidão se disperse, os oficiais romanos podem interferir.

ESBOÇO DA SEÇÃO VINTE (ATOS 20)
Paulo viaja para Trôade, onde um jovem chamado Êutico pega no sono durante um dos sermões de Paulo, caindo de uma janela do terceiro andar e morrendo, mas Paulo o ressuscita e continua seu sermão.

I. Paulo na Grécia (20.1-3)
   A. **O tempo** (20.1-3a): Ele passa três meses ali.
   B. **A traição** (20.3b): Há uma trama dos judeus contra a sua vida.

II. Paulo a Caminho de Trôade (20.4-6): Ele está acompanhado de sete colegas, incluindo Timóteo.

III. Paulo em Trôade (20.7-12)
  A. **A mensagem da meia-noite** (20.7): Paulo prega até a meia-noite.
  B. **O acidente** (20.8-9): Um jovem que está no culto, chamado Êutico, acidentalmente morre ao cair de uma janela.
  C. **O milagre** (20.10-12): Paulo o ressuscita.

IV. Paulo a Caminho de Mileto (20.13-16): O apóstolo apressa-se em ir para Jerusalém para a celebração de Pentecostes.

V. Paulo em Mileto (20.17-38): O apóstolo abre seu coração com um grupo de homens selecionados.
  A. **Os participantes** (20.17): Paulo convida anciãos de Éfeso para encontrá-lo em Mileto.
  B. **A perspectiva** (20.18-35): Paulo resume o ministério do Evangelho de forma tríplice.
    1. *Ele revê o passado* (20.18-21, 26-27, 31, 33-35)
      a. Paulo relembra-os de seu ministério incondicional (20.18-21, 31): Durante três anos, em meio a lágrimas, Paulo pregou-lhes Cristo de forma corajosa e fiel.
      b. Paulo relembra-os de seu ministério fiel (26.26-27): Ele sempre foi fiel à proclamação da Palavra de Deus, de forma que nenhuma condenação de alguém dali lhe pode ser imputada.
      c. Paulo relembra-os de seu ministério generoso (20.33-35)
        (1) O que ele fez (20.33-35a): Ele se sustentou completamente, não recebendo dinheiro de ninguém.
        (2) Por que ele fez (20.35b): Ele se lembra – e os desafia a se lembrar – das palavras de Jesus: "Coisa mais bem-aventurada é dar do que receber".
    2. *Ele traça um panorama do presente* (20.22-25, 28, 32)
      a. Paulo explica (20.22-25): Este será seu último encontro com eles, pois ele enfrentará tempo difíceis dali em diante.
      b. Paulo exorta (20.28, 32)
        (1) "Cuidai pois de vós mesmos e de todo o rebanho" (20.28).
        (2) "...vos encomendo a Deus e à palavra da sua graça" (20.32).
    3. *Ele prediz o futuro* (20.29-30): Paulo alerta-os para que estejam atentos aos falsos mestres que surgirão na igreja.
      a. A iniqüidade desses homens (20.29): Eles serão como lobos vorazes, não poupando o rebanho.
      b. A identidade desses homens (20.30): Eles virão da própria liderança da igreja.
  C. **A oração** (20.36-38): Quando Paulo termina de falar, ajoelha-se e ora. Após triste despedida, ele parte para Jerusalém.

> **ESBOÇO DA SEÇÃO VINTE E UM** (ATOS 21)
> Paulo viaja para Jerusalém, apesar das profecias de que seria aprisionado e a despeito dos pedidos dos amigos para que não coloque sua vida em risco indo para lá. De fato, em Jerusalém Paulo é preso e levado perante o comandante romano.

I. PAULO A CAMINHO DE TIRO (21.1-3)

II. PAULO EM TIRO (21.4-6)
  A. **A semana** (21.4a): Ele permanece sete dias com alguns crentes.
  B. **O alerta** (21.4b-6): O Espírito Santo alerta Paulo, através desses crentes, que problemas o aguardam em Jerusalém.

III. PAULO EM PTOLEMAIDA (21.7): Ele fica ali apenas um dia.

IV. PAULO EM CESARÉIA (21.8-15)
  A. **O guerreiro de Deus** (21.8): Paulo visita Filipe, o evangelista, um dos sete diáconos.
  B. **As mulheres de Deus** (21.9): Filipe tem quatro filhas solteiras, que possuem o dom de profecia.
  C. **O alerta de Deus** (21.10-12)
    1. *O profeta* (21.10-11): Deus fala através de Ágabo, avisando Paulo de sua prisão em Jerusalém.
    2. *A súplica* (21.12): Os companheiros de viagem de Paulo e os crentes em Cesaréia imploram que ele não siga para Jerusalém.
  D. **A vontade de Deus** (21.13-15): Percebendo que Paulo está determinado a visitar Jerusalém, os crentes declaram: "Faça-se a vontade do Senhor".

V. PAULO EM JERUSALÉM (21.16-40)
  A. **O relato** (21.16-19): Ao chegar, Paulo conta a Tiago e aos anciãos de Jerusalém as muitas coisas que Deus fez entre os gentios, através de sua obra.
  B. **O rumor** (21.20-26)
    1. *A calúnia* (21.20-22): Paulo descobre que está sendo acusado de colocar-se contra as leis de Moisés e de proibir a cerimônia da circuncisão.
    2. *A sugestão* (21.23-26): Para contra-atacar, Paulo é aconselhado a raspar a cabeça e fazer uma promessa no Templo, com o que ele concorda.
  C. **A reprovação** (21.27-29): Uma turba enraivecida de judeus ataca Paulo no Templo, crendo que ele é culpado de dois atos de blasfêmia.
    1. *Advogar desobediência à lei de Deus* (21.27).
    2. *Trazer um gentio ao Templo de Deus* (21.28-29).
  D. **O tumulto** (21.30-31): Eles levam Paulo para fora do portão da cidade e tentam matá-lo.
  E. **O resgate** (21.32-36): Paulo é salvo de morte certa pelo comandante da guarnição romana situada em Jerusalém.

F. O pedido (21.37-40): Após convencer o comandante romano de que não é um rebelde egípcio, Paulo pede e recebe permissão para discursar à multidão irada.

ESBOÇO DA SEÇÃO VINTE E DOIS (ATOS 22)
Paulo discursa à furiosa multidão, mas não consegue aplacá-la. O comandante romano dá ordens para açoitar Paulo, mas desiste quando descobre que ele é cidadão romano.

I. PAULO DIANTE DA MULTIDÃO FURIOSA (22.1-21)
   A. **Ele fala de sua pré-conversão** (22.1-5, 20).
      1. *Sua história* (22.1-3)
         a. Ele nasceu em Tarso (22.1-3a).
         b. Ele foi ensinado por Gamaliel (22.3b).
         c. Ele era zeloso para com Deus (22.3c).
      2. *Seu preconceito* (22.4-5, 20): Ele odiou e perseguiu os cristãos de Jerusalém (incluindo a participação indireta no apedrejamento de Estêvão), e estava a caminho de Damasco com o mesmo propósito.
   B. **Ele fala de sua conversão** (22.6-16).
      1. *Sua visão do Filho de Deus* (22.6-11)
         a. A revelação (22.6-10)
            (1) O que ele viu (22.6): Perto de Damasco, ele viu uma luz que cegava, vinda dos céus.
            (2) O que ele ouviu (22.7-10): Jesus deu-lhe uma mensagem dupla.
               (a) "Por que me persegues?" (22.7)
               (b) "Levanta-te e vai a Damasco, onde se te dirá tudo o que te é ordenado fazer" (22.8-10).
         b. Os resultados (22.11): Ele foi guiado até a cidade, pois estava cego.
      2. *A visita do servo de Deus* (22.12-16): Um piedoso crente chamado Ananias ministrou a um Paulo cego.
   C. **Ele fala de sua pós-conversão** (22.17-19, 21).
      1. *Como Deus o salvou dos judeus* (22.17-19)
      2. *Como Deus o enviou aos gentios* (22.21)

II. PAULO DIANTE DO MILITAR ROMANO (22.22-29)
   A. **A anarquia da multidão** (22.22-23): Novamente, a multidão torna-se violenta e tenta matar Paulo, forçando os soldados a mantê-lo em seu quartel.
   B. **A ação do comandante** (22.24-29)
      1. *A ordem* (22.24): Ele ordena que o apóstolo seja açoitado, esperando que Paulo revele por que a multidão o odeia tanto.
      2. *A contra-ordem* (22.25-29): Ele rapidamente revoga a ordem, ao saber que Paulo tem cidadania romana.

III. PAULO DIANTE DO SINÉDRIO JUDEU (22.30): É dada ao apóstolo a oportunidade de testemunhar diante daqueles líderes.

> **ESBOÇO DA SEÇÃO VINTE E TRÊS** (ATOS 23)
> Paulo fala ao Sinédrio. Ele sabiamente tira o foco da atenção de sua pessoa, ao falar da ressurreição, que os fariseus abraçam e que os saduceus negam. O Senhor aparece a Paulo e lhe ordena que vá para Roma. Uma conspiração contra Paulo é frustrada por seu sobrinho.

I. O Sinédrio (23.1-10): Paulo é colocado diante do Sinédrio dos judeus.
   A. **A agressão** (23.1-2): Após saudar os membros do concílio, Paulo é golpeado na boca por ordem do sumo sacerdote.
   B. **A raiva** (23.3): Não sabendo a identidade de quem lhe mandara agredir, Paulo diz: "Deus te ferirá a ti, parede branqueada".
   C. **A desculpa** (23.4-5): Ao saber que foi o sumo sacerdote, Paulo pede desculpas.
   D. **A discussão** (23.6-10): Inicia-se uma discussão entre os fariseus e os saduceus.
      1. *O motivo para a discussão* (23.6-8): Paulo vangloria-se de ser um fariseu, sabendo que esse grupo discorda dos saduceus em três assuntos: a ressurreição, a existência dos anjos e a existência de espíritos.
         a. Os fariseus crêem em todos eles (23.6-7, 8b).
         b. Os saduceus negam os três (23.8a).
      2. *Os resultados da discussão* (23.9-10): A disputa torna-se tão violenta que Paulo precisa ser retirado pelos soldados, para a sua própria proteção.

II. O Consolo (23.11)
   A. **O Senhor aparece a Paulo naquela noite** (23.11a).
   B. **O Senhor fala com Paulo naquela noite** (23.11b): "Tem bom ânimo: porque, como deste testemunho de mim em Jerusalém, assim importa que o dês também em Roma".

III. A Conspiração (23.12-24)
   A. **A represália contra Paulo** (23.12-15): Mais de quarenta homens juram não comer nem beber até matar Paulo.
   B. **O parente de Paulo** (23.16-22): O filho da irmã de Paulo ouve sobre a conspiração e a relata ao apóstolo e ao comandante romano.
   C. **A remoção de Paulo** (23.23-24): Um destacamento de 470 soldados é preparado para levar Paulo de Jerusalém para Cesaréia.

IV. O Comunicado (23.25-30): Cláudio Lísias, comandante de Roma, escreve uma carta ao governador Félix, que está em Cesaréia, explicando por que Paulo foi enviado.

V. A Reclusão (23.31-35): Em Cesaréia, Paulo é mantido na prisão no palácio de Herodes.

ESBOÇO DA SEÇÃO VINTE E QUATRO (ATOS 24)
O governador romano Félix interroga Paulo e o mantém na prisão durante dois anos.

I. Félix Analisa as Queixas contra Paulo (24.1-23)
   A. **A difamação da promotoria** (24.1-9): O sumo sacerdote judeu vai de Jerusalém a Cesaréia, acompanhado de um advogado judeu chamado Tértulo, que levanta três acusações contra Paulo:
      1. *Ele é um rebelde político* (24.1-5a).
      2. *Ele é o líder de uma seita nazarena* (24.5b).
      3. *Ele é um profanador do Templo* (24.6-9).
   B. **A defesa do prisioneiro** (24.10-21): Paulo responde.
      1. *Ele nega as acusações um e três* (24.10-13, 15-20).
      2. *Ele ratifica a acusação dois* (24.14, 21).
   C. **A deferência dos políticos** (24.22-23): Não disposto a ofender o sumo sacerdote, Félix promete chegar a um veredicto mais tarde.

II. Félix Rejeita o Cristo de Paulo (24.24-25): Tanto o governador quanto sua esposa, Drusila, ouvem Paulo num encontro particular.
   A. **O tema de Paulo** (24.24-25a): Ele fala de justiça e de um juízo vindouro.
   B. **O medo de Félix** (24.25b): O temeroso governador responde: "Por ora vai-te, e quando eu tiver ocasião favorável, eu te chamarei".

III. Félix Exige Dinheiro de Paulo (24.26-27): Pelos dois anos seguintes, Félix visita Paulo continuamente na prisão, esperando (em vão) receber algum suborno dele.

ESBOÇO DA SEÇÃO VINTE E CINCO (ATOS 25)
Paulo dá testemunho perante Pôncio Festo — governador substituto de Félix — e Herodes Agripa.

I. Festo e Paulo (25.1-12)
   A. **O governador e os conspiradores** (25.1-5)
      1. *Seu pedido* (25.1-3): Líderes judeus pedem que Festo traga Paulo em sua visita a Jerusalém, pois eles planejam matá-lo no caminho.
      2. *Sua recusa* (25.4-5): Festo recusa-se, dizendo que Paulo permanecerá em Cesaréia para seu julgamento.
   B. **O governador e o prisioneiro** (25.6-12)
      1. *As acusações* (25.6-7): Os líderes judeus fazem várias acusações contra Paulo, mas não conseguem provar nenhuma delas.
      2. *A resposta* (25.8): Paulo declara inocência quanto a todas as acusações.
      3. *A conciliação* (25.9): Ansioso para agradar os judeus, Festo pede a Paulo que continue seu julgamento em Jerusalém.
      4. *O apelo* (25.10-12): Paulo se justifica, apela a César e seu pedido é concedido.

II. Festo e Agripa (25.13-27)
   A. **A informação sobre Paulo** (25.13-22): Festo conta ao monarca visitante sobre o famoso prisioneiro político.
      1. *A recapitulação de Festo* (25.13-21)
         a. Ele fala dos acusadores de Paulo (25.13-19).
         b. Ele fala do apelo de Paulo (25.20-21).
      2. *O pedido de Agripa* (25.22): O rei deseja encontrar-se com Paulo.
   B. **A apresentação de Paulo** (25.23-27): Festo e Paulo são trazidos diante do rei.

ESBOÇO DA SEÇÃO VINTE E SEIS (ATOS 26)
Paulo fala ao rei Agripa.

I. A Permissão (26.1): Agripa convida Paulo a contar sua história.

II. O Testemunho Pessoal (26.2-23)
   A. **Paulo recapitula sua vida como homem religioso** (26.2-11)
      1. *As atividades como fariseu* (26.2-8): Desde o nascimento, ele foi extremamente zeloso na rigorosa seita judaica.
      2. *As atividades como perseguidor* (26.9-11): Ele odiou e perseguiu os cristãos.
   B. **Paulo recapitula sua vida como homem redimido** (26.12-23)
      1. *Ele fala de sua conversão* (26.12-14): Ela ocorreu na estrada para Damasco, quando o próprio Jesus lhe apareceu.
      2. *Ele fala de seu comissionamento* (26.15-18): Deus designou-o para pregar arrependimento e perdão dos pecados aos gentios.
      3. *Ele fala de sua firmeza* (26.19-23): Apesar da terrível perseguição, Paulo obedeceu fielmente à mensagem de sua visão celestial.

III. O Protesto (26.24-25)
   A. **A acusação de Festo** (26.24): O governador interrompe Paulo, chamando-o de louco.
   B. **A resposta de Paulo** (26.25): O apóstolo assegura a Festo que ele está falando somente "palavras de verdade e de perfeito juízo".

IV. A Persuasão (26.26-29)
   A. **Paulo a Agripa** (26.26-27): "Crês tu nos profetas?... Sei que crês".
   B. **Agripa a Paulo** (26.28): "Por pouco me persuades a fazer-me cristão".
   C. **Paulo a Agripa** (26.29): "Prouvera a Deus que, ou por pouco ou por muito, não somente tu, mas também todos quantos hoje me ouvem, se tornassem tais qual eu sou, menos estas cadeias".

V. A Conclusão (26.30-32): Após o encontro, Agripa e Festo concordam que Paulo poderia ser libertado, caso não tivesse apelado a César.

ESBOÇO DA SEÇÃO VINTE E SETE (ATOS 27)
Paulo naufraga a caminho de Roma.

I. Fase 1: De Cesaréia a Sidom (27.1-3)
   A. **A ordem dada a Júlio, o centurião** (27.1-2): Paulo e alguns prisioneiros são entregues a ele.
   B. **A compaixão demonstrada por Júlio, o centurião** (27.3): Paulo é muito bem tratado por Júlio e tem permissão de visitar seus amigos em Sidom.

II. Fase 2: De Sidom a Mirra (27.4-6): Os prisioneiros são transferidos para um navio egípcio, que ruma para a Itália.

III. Fase 3: De Mirra a Bons Portos (27.7-12): Paulo previne o centurião a não continuar a viagem.
   A. **O motivo do alerta de Paulo** (27.7-10): Ele conhece a temporada de tempestades no Mediterrâneo.
   B. **A rejeição do alerta de Paulo** (27.11-12): O capitão e o dono do navio decidem que a viagem prosseguirá.

IV. Fase 4: De Bons Portos a Malta (27.13-44)
   A. **A temível tempestade** (27.13-20)
      1. *O nome da tempestade* (27.13-14): Ela é chamada "euro-aquilão" e refere-se a um vento ameaçador, com a força de um tufão.
      2. *A natureza da tempestade* (27.15-20): Este vento é tão forte e as ondas, tão altas, que, a certa altura, todos perdem a esperança de sobreviver.
   B. **O santo feliz** (27.21-44): Paulo coloca-se perante os passageiros medrosos, tranqüilizando-os com o que Deus lhe dissera na noite anterior.
      1. *A predição* (27.21-38)
         a. Deus disse que todos naufragariam em uma ilha (27.21-32).
         b. Deus disse que ninguém perderia a vida; portanto, todos devem alimentar-se e recobrar o ânimo (27.33-38).
      2. *O cumprimento* (27.39-44)
         a. O naufrágio (27.39-44a)
            (1) O navio encalha e começa a despedaçar-se (27.39-41).
            (2) Os soldados querem matar os prisioneiros para ter certeza de que ninguém escapará, mas o oficial comandante os proíbe de fazê-lo, para salvar a vida de Paulo (27.42-44a).
         b. A segurança (27.44b): Todos chegam com segurança ao litoral.

ATOS

ESBOÇO DA SEÇÃO VINTE E OITO (ATOS 28)
Paulo e os outros que estavam a bordo do navio condenado são tratados com bondade pelos nativos. Paulo cura várias pessoas na ilha. Quando finalmente chega a Roma, Paulo prega aos líderes judeus de sua prisão, sem encontrar resistência.

I. PAULO EM MALTA (28.1-10)
   A. **O apóstolo e as pessoas da ilha** (28.1-6)
      1. *Eles o vêem primeiro como assassino* (28.1-4).
         a. A crise (28.1-3): Paulo é picado por uma serpente venenosa.
         b. A conclusão (28.4): As pessoas dizem: "Certamente este homem é homicida, pois, embora salvo do mar, a Justiça não o deixa viver".
      2. *Eles finalmente o vêem como um deus* (28.5-6): Quando nada acontece ao apóstolo, concluem que ele é algum tipo de deus.
   B. **O apóstolo e o político na cidade** (28.7-10): Paulo encontra-se com o governador Públio.
      1. *Paulo cura o pai de Públio* (28.7-8): Ele é curado de febre e disenteria.
      2. *Paulo cura o povo de Públio* (28.9-10): Logo, outros enfermos na ilha também são curados.

II. PAULO A CAMINHO DE ROMA (28.11-14): O navio de Paulo faz três rápidas paradas no caminho para Roma. Paulo sente-se encorajado quando alguns crentes o encontram em um dos portos.

III. PAULO EM ROMA (28.15-31)
   A. **Onde** (28.15-16): Paulo obtém permissão de viver por conta própria, com um soldado para vigiá-lo.
   B. **Quem** (28.17-29): Paulo marca dois encontros diferentes com os líderes judeus que vivem em Roma.
      1. *O primeiro encontro* (28.17-22)
         a. A recapitulação de Paulo (28.17-20): Paulo apresenta a si mesmo e à mensagem da Cruz.
         b. A reação deles (28.21-22): Eles nunca ouviram falar do mensageiro nem de sua mensagem, mas querem ouvir mais.
      2. *O segundo encontro* (28.23-29)
         a. A revelação (28.23): Várias pessoas ouvem Paulo falar sobre Jesus e as Escrituras do Antigo Testamento, e Paulo ensina desde a manhã até o fim da tarde.
         b. As reações (28.24): Alguns crêem, outros não.
         c. O lembrete (28.25-29): Paulo os relembra de que a incredulidade deles foi predita pelo profeta Isaías no Antigo Testamento (Isaías 6.9-10).
   C. **Quando** (28.30-31): Pelos dois anos seguintes, Paulo permanece em sua casa alugada, sob guarda, testemunhando a todos que o visitam.

Parte VII
Cartas

Romanos

ESBOÇO DA SEÇÃO UM (ROMANOS 1)
Paulo inicia sua carta à igreja romana falando da ira de Deus para com o pecado. O capítulo inicial pode ser visto como um julgamento, no qual Deus é o Juiz e os homens pecadores são os acusados.

I. O RELATOR DA CORTE (1.1-17): Aqui, Paulo, autor de Romanos, fornece a seus leitores material introdutório.
   A. **Suas credenciais** (1.1, 5): Paulo relata quatro fatos sobre si.
      1. *Ele é um servo de Jesus* (1.1a).
      2. *Ele é um apóstolo* (1.1b).
      3. *Ele foi separado para pregar o Evangelho* (1.1c).
      4. *Ele é um missionário aos gentios* (1.5).
   B. **Seu Cristo** (1.2-4)
      1. *O Messias foi profetizado no Antigo Testamento* (1.2).
      2. *O Messias é proclamado no Novo Testamento* (1.3-4).
         a. Com relação à sua natureza humana (1.3): Ele é descendente de Davi.
         b. Com relação à sua natureza divina (1.4): Sua ressurreição comprova sua divindade.
   C. **Sua congregação** (1.6-15): Paulo escreve esta epístola para a congregação de uma igreja local.
      1. *A identidade da igreja* (1.6-7): É a congregação em Roma.
      2. *A intercessão pela igreja* (1.8-10)
         a. Seu louvor a respeito deles (1.8): Paulo os louva por sua fé conhecida universalmente.
         b. Suas orações por eles (1.9-10): Ele ora pela igreja e pede a Deus permissão para visitá-la.
      3. *O interesse nesta igreja* (1.11-13)
         a. Paulo deseja vê-los (1.11-12).
         b. Paulo deseja servi-los (1.13): Ele deseja plantar a semente entre eles.
      4. *A dívida para com a igreja* (1.14-15): Paulo sente obrigação de ministrar a eles.

D. **Sua confiança** (1.16-17): Paulo expressa sua total segurança no poder do Evangelho para realizar duas coisas.
   1. *Gerar fé salvadora nos pecadores* (1.16): Mediante a fé, o pecador pode ser salvo.
   2. *Gerar a fé santificadora nos santos* (1.17): Mediante a fé, um justo pode ter vida.

II. O Relato da Corte (1.18-32): Paulo registra as provas apresentadas neste julgamento
   A. **A acusação geral** (1.18-19): "Pois do céu é revelada a ira de Deus contra toda a impiedade e injustiça dos homens que detêm a verdade em injustiça. Porquanto, o que de Deus se pode conhecer, neles se manifesta, porque Deus lho manifestou".
   B. **As acusações específicas** (1.20-32)
      1. *Primeira acusação: ignorância indesculpável* (1.20): Deus sempre revelou sua existência e seu poder à humanidade.
      2. *Segunda acusação: ingratidão* (1.21): As pessoas são ingratas, recusando-se a adorar seu Criador.
      3. *Terceira acusação: insolência* (1.22): Alegando ser sábios sem Deus, tornam-se ao contrário tolos.
      4. *Quarta acusação: idolatria* (1.23): Eles trocam a glória de Deus por ídolos parecidos com pessoas, pássaros, animais e serpentes.
      5. *Quinta acusação: imoralidade* (1.24-27): Eles são culpados de lesbianismo e homossexualismo.
      6. *Sexta acusação: incorrigibilidade* (1.28-32)
         a. Eles se atiram a seus feitos perversos (1.28-31).
         b. Eles aprovam seus feitos perversos (1.32).

ESBOÇO DA SEÇÃO DOIS (ROMANOS 2)
Paulo descreve a maneira de Deus lidar com três tipos de pessoas. Cada uma é acusada de alta traição contra Deus.

I. A Pessoa Moral e Deus (2.1-11)
   A. **A súplica feita** (2.1a): A pessoa moral diz: "Eu deveria ser inocentada por não ser tão má quanto alguns pagãos".
   B. **A súplica recusada** (2.1b-11)
      1. *O motivo* (2.1b-4): Deus diz: "Praticas as próprias coisas que condenas".
      2. *Os resultados* (2.5-11)
         a. Ser objeto da terrível ira de Deus (2.5-8)
         b. Conhecer dor e sofrimento (2.9-11)

II. A Pessoa Pagã e Deus (2.12-16)
   A. **A súplica feita** (2.12-13): A pessoa pagã diz: "Eu deveria ser inocentada por causa de minha ignorância".

B. A súplica recusada (2.14-16): Deus diz: "Você possui as testemunhas gêmeas, que são a consciência e a natureza (ver também 1.19-20). Portanto, serás julgada por essas coisas, e não pela lei escrita".

III. A Pessoa Religiosa e Deus (2.17-29)
   A. A súplica feita (2.17-20): A pessoa religiosa diz: "Eu deveria ser inocentada com base no fato de que conheço a lei de Deus e dou aulas de religião".
   B. A súplica recusada (2.21-29): Deus diz: "Tu, que te glorias na lei, desonras a Deus pela transgressão da lei?"
      1. *As marcas dos judeus religiosos* (2.21-24): Por causa de sua hipocrisia, eles desonram o nome santo de Deus entre os gentios.
      2. *As marcas dos judeus redimidos* (2.25-29): O coração deles é reto diante de Deus.

ESBOÇO DA SEÇÃO TRÊS (ROMANOS 3)
Paulo apresenta seis perguntas e as responde para seus leitores.

I. Primeira Pergunta e a Resposta (3.1-2)
   A. Pergunta (3.1): Quais são as vantagens de ser judeu ou de ser circuncidado?
   B. Resposta (3.2): A vantagem mais importante é que a Israel foi confiada a Palavra de Deus.

II. Segunda Pergunta e a Resposta (3.3-4)
   A. Pergunta (3.3): A infidelidade de Israel anulará as promessas de Deus?
   B. Resposta (3.4)
      1. *O testemunho de Paulo* (3.4a): "De modo nenhum; antes seja Deus verdadeiro, e todo homem mentiroso".
      2. *O testemunho de Davi* (3.4b): Paulo cita o Salmo 51.4 para provar sua tese.

III. Terceira Pergunta e a Resposta (3.5-8)
   A. Pergunta (3.5): Se nossa injustiça traz a justiça de Deus, ele não é injusto em nos punir?
   B. Resposta (3.6-8)
      1. *A condenação* (3.8b): Paulo foi falsamente acusado de ensinar exatamente isto, ou seja, de praticar o mal para que o bem resulte dele.
      2. *A resposta* (3.6-8a): Paulo responde que, se eles seguem esse tipo de raciocínio, podem afirmar que, quanto mais se peca, melhor. Quem diz tal coisa merece ser condenado.

IV. Quarta Pergunta e a Resposta (3.9-20)
   A. Pergunta (3.9a): Os judeus são melhores do que os outros povos?
   B. Resposta (3.9b-20)

1. *A corrupção* (3.10-18): Paulo descreve o câncer do pecado que infectou a raça humana.
   a. A consciência humana é depravada (3.10-11): Ninguém nem sequer deseja conhecer ou seguir a Deus.
   b. O caráter humano é depravado (3.12): Todos deixaram o caminho do bem e se tornaram desprezíveis.
   c. A conversa humana é depravada (3.13-14): A conversa das pessoas é obscena e imunda, parecendo:
      (1) O mau cheiro de um sepulcro aberto (3.13a).
      (2) O veneno de uma víbora peçonhenta (3.13b-14).
   d. A conduta humana é depravada (3.15-18)
      (1) "Os seus pés são ligeiros para derramar sangue" (3.15-17).
      (2) "Não há temor de Deus diante dos seus olhos" (3.18).
2. *A conclusão* (3.9, 19-20): Após apresentar todos os terríveis fatos, Paulo chega à sua dupla conclusão:
   a. Tanto judeus como gentios pecaram contra Deus (3.9).
   b. Tanto judeus como gentios são culpados perante Deus (3.19-20).

V. Quinta Pergunta e a Resposta (3.21-30)
   A. Pergunta (3.21a): Como então Deus salva as pessoas?
   B. Resposta (3.21b-30)
      1. *A necessidade da salvação* (3.23): Ela é urgentemente necessária, pois todos pecaram e carecem da glória de Deus.
      2. *O testemunho do Antigo Testamento quanto à salvação* (3.21b): As Escrituras prometem salvação sem ser pela lei.
      3. *O método de salvação* (3.22, 24-25, 27-28)
         a. Negativo (3.27-28): Não é alcançada pelas boas obras.
         b. Positivo (3.22, 24-25): Vem pela graça, mediante a fé no sacrifício de Cristo.
      4. *A concretização legal da salvação* (3.26): Ela permite que um Deus justo e santo declare pecadores arrependidos, justos.
      5. *A extensão da salvação* (3.29-30): Está à disposição tanto dos judeus quanto dos gentios.

VI. Sexta Pergunta e a Resposta (3.31)
   A. Pergunta (3.31a): A fé anula a lei?
   B. Resposta (3.31b): Pelo contrário, a fé cumpre a lei.

ESBOÇO DA SEÇÃO QUATRO (ROMANOS 4)
Paulo lança mão de dois dos mais famosos homens do Antigo Testamento para ilustrar a doutrina da justificação pela fé.

I. A Ilustração da Vida de Abraão, o Pai Racial de Israel (4.1-5, 9-25)
   A. Abraão e sua salvação (4.1-5, 9-15)

1. *O que Abraão recebeu* (4.1-5): O próprio Deus cancelou os pecados de Abraão e o declarou justo.
2. *Como Abraão recebeu* (4.1-5)
   a. Não veio através de suas obras (4.1-2, 4).
   b. Veio através de sua fé (4.3, 5).
3. *Quando Abraão recebeu* (4.9-15)
   a. Antes de ser circuncidado (4.9-12).
   b. Antes da outorga da lei (4.13-15).

   B. **Abraão e sua semente** (4.16-25): Paulo mostra os resultados da fé que Abraão tem, depois de sua salvação.
   1. *A semente física de Abraão* (4.18-22)
      a. A promessa (4.18): Deus disse a Abraão que ele teria um filho através de Sara.
      b. O problema (4.19): Abraão e sua esposa estéril eram muito idosos para gerar filhos.
      c. A perseverança (4.20-22): Abraão continuou crendo em Deus quanto ao impossível, e Isaque nasceu.
   2. *A semente espiritual de Abraão* (4.16-17, 23-25): Todos os judeus e gentios que exercitam o tipo de fé que Abraão teve são, em termos espirituais, aparentados a Abraão, que é chamado "pai de todos nós".

II. A Ilustração da Vida de Davi, o Pai Real de Israel (4.6-8)
   A. **As transgressões de Davi** (4.6): Ele foi culpado de adultério e assassinato (ver II Samuel 11.1-24).
   B. **O testemunho de Davi** (4.7-8): O rei arrependido foi perdoado, purificado e justificado pela fé.

ESBOÇO DA SEÇÃO CINCO (ROMANOS 5)
Paulo fala sobre a alegria que vem da fé. Ele compara o pecador Adão ao Cristo imaculado.

I. Um Resumo da Justificação (5.1-11): Paulo lista cinco resultados da justificação divina.
   A. **O crente tem paz com Deus** (5.1): Isso é concretizado através da obra feita por Jesus Cristo.
   B. **O crente tem acesso a Deus** (5.2): Este grande privilégio traz confiança e alegria com relação ao futuro.
   C. **O crente tem segurança em Deus** (5.3-4)
      1. *O fato da segurança* (5.3): Ela nos ajuda nos tempos de aflição.
      2. *O fruto da segurança* (5.4): O sofrimento produz perseverança, que gera caráter, que produz esperança.
   D. **O crente é habitado por Deus** (5.5): O Espírito Santo vive no coração dos crentes.

E. O crente é preservado por Deus (5.6-11): A salvação de um crente está segura, garantida.
   1. *Pela obra passada de Cristo na cruz do Calvário* (5.6-8)
      a. O que ele fez (5.6): Ele morreu na cruz por nós.
      b. Por que ele o fez (5.7-8a): Ele morreu porque nos ama.
      c. Quando ele o fez (5.8b): Ele fez isso quando éramos pecadores indefesos e hostis.
   2. *A obra presente de Cristo à destra de Deus* (5.9-11): Paulo diz que Cristo morreu para nos salvar, e agora vive para nos manter salvos.

II. UM RESUMO DA CONDENAÇÃO (5.12-21): Paulo contrasta a obra de Adão (o pai pecador de todos) com a obra de Cristo (o imaculado Salvador de todos).

   A. A obra de Adão (5.12-15, 16a, 17a, 18a, 19a, 20a, 21a)
      1. *A realidade de seu ato* (5.12a): "Por um só homem entrou o pecado no mundo".
      2. *A extensão de seu ato* (5.12b-13): "A morte passou a todos os homens, porquanto todos pecaram".
      3. *A natureza de seu ato* (5.19a): "Pela desobediência de um só homem, muitos foram constituídos pecadores".
      4. *Os resultados de seu ato* (5.14-15a, 16a, 17a, 18a, 21a)
         a. Juízo imputado à posteridade de Adão (5.14): "No entanto a morte reinou desde Adão até Moisés, mesmo sobre aqueles que não pecaram à semelhança da transgressão de Adão".
         b. Juízo eterno a todos os não salvos (5.15a, 16a, 17a, 18a, 21a): O pecado de Adão trouxe morte e condenação a todas as pessoas.
      5. *A relação da lei com o seu ato* (5.20a): "Sobreveio, porém, a lei para que a ofensa abundasse".

   B. A obra de Cristo (5.15b, 16b, 17b, 18b, 19b, 20b, 21b): Graças à morte de Cristo, as pessoas podem ser salvas, apesar de seu pecado.
      1. *A extensão de seu ato* (5.15b, 18b)
         a. "Pela graça de um só homem, Jesus Cristo, abundou para com muitos" (5.15b).
         b. "Por um só ato de justiça veio a graça sobre todos os homens para justificação e vida" (5.18b).
      2. *A natureza de seu ato* (5.19b): "Pela obediência de um muitos serão constituídos justos".
      3. *Os resultados de seu ato* (5.16b, 17b, 21b)
         a. Justificação (5.16b): Todos agora podem ser aceitos por Deus.
         b. Santificação (5.17b): Todos podem tornar-se justos aos olhos de Deus.
         c. Glorificação (5.21b): Todos podem ter vida eterna.
      4. *A relação do pecado com o seu ato* (5.20b): "Mas, onde o pecado abundou, superabundou a graça".

ESBOÇO DA SEÇÃO SEIS (ROMANOS 6)
Paulo apresenta o método triplo de Deus que conduz à santificação.

I. Primeiro Passo: Saber (6.1-10): Os crentes devem estar cientes destes três fatos.
   A. **Eles foram crucificados com Cristo** (6.1-3).
   B. **Eles ressuscitaram com Cristo** (6.4-5).
   C. **Eles agora estão mortos e vivos** (6.6-10)
      1. *Mortos para seu pecado* (6.6-7): Não devemos mais ser escravos do pecado, pois fomos crucificados com Cristo.
      2. *Vivos no Salvador* (6.8-10): Devemos viver no poder da ressurreição daquele que ressuscitou da morte e está vivo para sempre.

II. Segundo Passo: Considerar (6.11): Devemos considerar nossa crucificação e nossa ressurreição como eventos consumados.

III. Terceiro Passo: Entregar (6.12-23): Paulo descreve dois tipos de entrega.
   A. **O tipo errado** (6.12-13a): Não devemos oferecer os membros de nosso corpo como ferramentas de impiedade.
   B. **O tipo certo** (6.13b-23)
      1. *A confusão* (6.15a): "Havemos de pecar porque não estamos debaixo da lei, mas debaixo da graça?"
      2. *A correção* (6.15b-18): "De modo nenhum. Não sabeis que daquele a quem vos apresentais como servos para lhe obedecer sois servos desse mesmo a quem obedeceis, seja do pecado para a morte, ou da obediência para a justiça?"
      3. *O desafio* (6.13b-14, 19-22): Devemos oferecer os membros do corpo como ferramentas de justiça.
      4. *A conclusão* (6.23)
         a. "O salário do pecado é a morte" (6.23a).
         b. "O dom gratuito de Deus é a vida eterna em Cristo Jesus nosso Senhor" (6.23b).

ESBOÇO DA SEÇÃO SETE (ROMANOS 7)
Paulo fala sobre como a lei de Deus se aplica e influi em três tipos de pessoas.

I. Pessoas Espirituais e a Lei (7.1-6)
   A. **Sua relação com a Lei** (7.1-3, 5)
      1. *Elas são como viúvas, livres de seus maridos* (7.1-3).
      2. *Elas são como homens mortos, livres de suas paixões pecaminosas* (7.5).
   B. **Sua relação com o Salvador** (7.4, 6)
      1. *Elas foram criadas por Cristo* (7.4a, 6): Estão isentas da lei.
      2. *Elas devem produzir frutos através de Cristo* (7.4b): Assim, as pessoas espirituais estão livres da lei.

II. Pessoas Naturais e a Lei (7.7-13): A lei é usada de forma dupla.
   A. O uso da ilustração (7.7, 10): Deus usou a lei para revelar a pecaminosidade da carne.
   B. O uso da condenação (7.8-9, 11-13): O pecado usou a lei para reacender a pecaminosidade da carne. Assim sendo, as pessoas naturais estão condenadas pela lei.

III. Pessoas Carnais e a Lei (7.14-26)
   A. Paulo aprendeu que qualquer tentativa de guardar a lei conduz à carnalidade (7.14-23).
      1. *A confusão* (7.14-16): A frustração de Paulo é dupla.
         a. Ele não faz as coisas que quer fazer (7.14-15a, 16a).
         b. Ele faz as coisas que não quer fazer (7.15b, 16b).
      2. *A corrupção* (7.17-20): Ele percebe a corrupção total de sua velha natureza pecaminosa.
      3. *A conclusão* (7.21-23): Ele compreende a batalha diária que se trava dentro dele.
         a. A velha natureza sempre pronta para fazer o errado (7.21a-23).
         b. A nova natureza sempre pronta para fazer o certo (7.21b-22).
   B. Paulo aprendeu que não tentar guardar a lei pode conduzir à espiritualidade (7.24-25).
      1. *A agonia do problema de Paulo* (7.24): "Miserável homem que eu sou! QUEM me livrará do corpo desta morte?"
      2. *A resposta ao problema de Paulo* (7.25): "Graças a Deus, por Jesus Cristo".

ESBOÇO DA SEÇÃO OITO (ROMANOS 8)
Paulo destaca sete novas certezas que acompanham a salvação.

I. O Crente Tem uma Nova Posição (8.1-8).
   A. Nossa posição com relação ao Filho de Deus (8.1-3): O crente está em Cristo.
      1. *O milagre* (8.1, 3a): Os crentes não recebem condenação e foram libertos do pecado e da morte.
      2. *Os meios* (8.2, 3b): Isto foi concretizado não através da lei de Moisés, mas pela morte de Cristo.
   B. Nossa posição com relação à lei de Deus (8.4-8): Agora somos capazes de cumprir os preceitos da lei *em* e *através de* Cristo.

II. O Crente Tem um Novo Convidado (8.9-14).
   A. Quem ele é (8.9): O bendito Espírito Santo.
   B. O que ele faz (8.10-14).
      1. *Ele certa vez fortaleceu a Cristo e o ressuscitou* (8.11).
      2. *Ele agora vive dentro de nós e nos controla* (8.9).
      3. *Ele agora nos fortalece e um dia nos ressuscitará* (8.10, 12-14).

III. O Crente é Possuidor de uma Nova Adoção (8.15-17): Agora somos membros da família de Deus.
   A. **O que nos confere intimidade com o Pai** (8.15-16).
   B. **O que nos confere uma herança da parte do Pai** (8.17).

IV. O Crente Possui uma Nova Esperança (8.18-25): A natureza dessa esperança é a redenção completa e final de todas as coisas, incluindo:
   A. **Os cristãos** (8.18, 23-25)
      1. *O sofrimento do presente* (8.18a, 23): Os crentes gemem, aguardando ser libertos da dor e do sofrimento.
      2. *A glória futura* (8.18b, 24-25)
         a. A comparação (8.18b): O sofrimento de hoje nada é quando comparado à glória de amanhã.
         b. A ordem (8.24-25): Até lá, entretanto, devemos esperar paciente e confiantemente.
   B. **A criação** (8.19-22)
      1. *A natureza, a vítima* (8.20, 21b-22): O mundo natural de plantas e animais geme de dor por causa da queda.
      2. *A natureza, a vencedora* (8.19, 21a): A natureza também será libertada da deterioração e da morte.

V. O Crente Possui um Novo Auxiliador na Oração (8.26-27).
   A. **A identidade do auxiliador** (8.26a): Ele é o Espírito Santo.
   B. **A indispensabilidade do auxiliador** (8.26b): Suas orações são fundamentais porque nós nem mesmo sabemos pelo que orar.
   C. **A intensidade do auxiliador** (8.26c-27)
      1. *Como ele ora* (8.26c): Ele ora por nós através de gemidos inexprimíveis.
      2. *Qual é o objeto da oração* (8.27): Ele suplica por nós em harmonia com a vontade de Deus.

VI. O Crente Possui uma Nova Confiança (8.28).
   A. **O que isso inclui** (8.28a): Deus faz com que tudo opere conjuntamente para o bem.
   B. **Quem isso inclui** (8.28b): Aqueles que amam a Deus e são chamados de acordo com o propósito do Senhor.

VII. O Crente Tem um Novo Destino (8.29-39).
   A. **O resumo** (8.29): O próprio Pai decretou que todos os crentes deveriam tornar-se como seu Filho amado.
   B. **Os passos** (8.30)
      1. *Fomos conhecidos de antemão pelo Pai* (8.30a).
      2. *Fomos predestinados pelo Pai* (8.30b).
      3. *Fomos chamados pelo Pai* (8.30c).
      4. *Fomos justificados pelo Pai* (8.30d).
      5. *Fomos glorificados pelo Pai* (8.30e).

C. A segurança (8.31-39)
  1. *Não existe acusação possível contra os crentes* (8.31-34).
     a. O Pai não o permitirá (8.31-33).
        (1) Ele certa vez deu-nos seu Filho (8.31-32a).
        (2) Ele agora nos dá tudo (8.32b-33).
     b. O Filho não o permitirá (8.34).
        (1) Ele morreu por nós (8.34a).
        (2) Ele ressuscitou por nós (8.34b).
        (3) Ele agora intercede por nós (8.34c).
  2. *Não existe separação possível do Salvador* (8.35-39): Isso inclui:
     a. Tanto vida quanto morte (8.35-38a).
     b. Tanto anjos quanto demônios (8.38b).
     c. Tanto presente quanto futuro (8.38c).
     d. Tanto altura quanto profundidade (8.39).

ESBOÇO DA SEÇÃO NOVE (ROMANOS 9)
Nos próximos três capítulos, Paulo traça um panorama triplo da forma como Deus lida com Israel. Aqui, ele recapitula o assunto da soberania de Deus e a escolha de Israel no passado.

I. As Nove Vantagens Espirituais Desta Escolha Soberana (9.1-5)
  A. **O lamento de Paulo quanto a Israel** (9.1-3): O apóstolo encontra-se tão pesaroso por causa da descrença de Israel que estaria disposto a sofrer condenação eterna, se isso os ajudasse a vir a Cristo.
  B. **As dádivas de Deus a Israel** (9.4-5)
     1. *São uma nação especial* (9.4a).
     2. *Foram adotados por Deus* (9.4b, 5).
     3. *Tiveram a glória de Deus revelada a eles* (9.4c).
     4. *Receberam as alianças* (9.4d).
     5. *Receberam a lei* (9.4e).
     6. *Têm o privilégio de adorá-lo* (9.4f).
     7. *Têm as promessas messiânicas* (9.4g).
     8. *Têm ancestrais piedosos* (9.5a).
     9. *São o povo do qual Cristo veio* (9.5b).

II. Os Cinco Exemplos Pessoais Desta Escolha Soberana (9.6-29)
  A. **O exemplo de Ismael e Isaque** (9.6-10): Deus escolheu Isaque (filho de Abraão com Sara) em detrimento de Ismael (filho de Abraão com Agar).
  B. **O exemplo de Esaú e Jacó** (9.11-13)
     1. *O que Deus fez* (9.12b-13): Ele escolheu Jacó (o segundo gêmeo de Isaque) em detrimento de Esaú (o gêmeo primogênito).
     2. *Quando Deus fez* (9.11a, 12a): Ele fez esta escolha bem antes de eles nascerem.
     3. *Por que Deus fez* (9.11b): Ele fez isso para mostrar que seus decretos soberanos não se baseiam no que seres humanos ainda não nascidos podem vir ou não a fazer.

C. **O exemplo de Faraó** (9.14-24)
   1. *Os fatos* (9.15-18)
      a. Deus resolveu perdoar o pecaminoso povo de Israel com graça imerecida (9.15-16).
      b. Deus resolveu punir Israel com juízo merecido (9.17-18).
   2. *A imparcialidade* (9.14, 19-24).
      a. À luz disso, Deus é justo? Sim! (9.14, 21-24).
         (1) Assim como um oleiro cria vasos, Deus cria nações (9.14, 21, 22).
         (2) Assim como um oleiro controla os vasos, Deus controla as nações (9.23-24).
      b. À luz disso, o homem é responsável? Sim! (9.19-20): Assim como um vaso não tem direito de criticar o oleiro, as nações não têm direito de criticar o Senhor.
D. **O exemplo de Oséias** (9.25-26): Este profeta do Antigo Testamento predisse que Deus não limitaria sua graça a Israel, mas salvaria os gentios arrependidos. Oséias chama esses gentios "filhos do Deus vivo" (Oséias 2.23; 1.10).
E. **O exemplo de Isaías** (9.27-29): Paulo cita Isaías para demonstrar a soberania de Deus com relação a Israel.
   1. *De milhões de israelitas, apenas um pequeno remanescente será salvo* (Isaías 10.22-23) (9.27-28).
   2. *Até mesmo o remanescente pereceria, não fosse a graça de Deus* (Isaías 1.9) (9.29).

III. AS DUAS GRANDES CONCLUSÕES SOBRE ESSA ESCOLHA SOBERANA (9.30-33)
   A. **Mediante a fé, os gentios encontraram justiça sem procurá-la** (9.30).
   B. **Mediante a lei, Israel não encontrou justiça, mesmo procurando** (9.31-33)
      1. *A busca* (9.31-32): Eles procuram ser salvos pelas obras.
      2. *O tropeço* (9.33): Eles tropeçam em Cristo, a rocha, conforme predito por Isaías (Isaías 8.14; 28.16).

ESBOÇO DA SEÇÃO DEZ (ROMANOS 10)
Paulo recapitula a justiça de Deus na rejeição atual de Israel.

I. A ORAÇÃO RELATIVA À JUSTIÇA DE DEUS (10.1-3)
   A. **A oração** (10.1): Paulo ora pela salvação de Israel.
   B. **O problema** (10.2-3): Israel possui:
      1. *Zelo sem conhecimento* (10.2-3a).
      2. *Obras sem fé* (10.3b).

II. A Fonte da Justiça de Deus (10.4-5)
   A. **É encontrada em Cristo** (10.4).
   B. **Foi predita por Moisés** (Levítico 18.5) (10.5).

III. A Disponibilidade da Justiça de Deus (10.6-8)
   A. **Negativa** (10.6-7): Não é preciso procurar nos céus ou descer até o profundo abismo para encontrá-la.
   B. **Positiva** (10.8): Ela está, através de Cristo, tão perto quanto a boca e o coração da própria pessoa. Moisés predisse isso em Deuteronômio 30.12-14.

IV. O Recebimento da Justiça de Deus (10.9-10): Tanto a boca quanto o coração estão envolvidos nisso.
   A. **Ela é concebida no coração** (10.9b-10a).
   B. **Ela é confirmada pela boca** (10.9a, 10b).

V. A Extensão da Justiça de Deus (10.11-13)
   A. **Ela é imparcial** (10.11-12): Não faz distinção entre judeus e gentios.
   B. **Ela é universal** (10.13): Qualquer um que clamar pelo nome do Senhor será salvo.

VI. A Apresentação da Justiça de Deus (10.14-15): Paulo apresenta uma lógica convincente para que haja um testemunho fiel.
   A. **Um pecador precisa clamar ao Senhor para ser salvo** (10.14a).
   B. **Um pecador precisa crer para poder clamar** (10.14b).
   C. **Um pecador precisa ouvir para crer** (10.14c-15): Isaías descreveu os resultados: "Quão formosos são os pés dos que anunciam coisas boas" (Isaías 52.7).

VII. A Rejeição da Justiça de Deus (10.16-21)
   A. **Israel ouviu as Boas-novas** (10.18): Paulo prova isso citando o Salmo 19.4.
   B. **Israel recusou-se a dar atenção às Boas-novas** (10.16-17, 19-21)
      1. *Isaías predisse isso* (10.16-17, 20-21): Ver Isaías 53.1, 65.1-2.
      2. *Moisés predisse isso* (10.19): Ver Deuteronômio 32.21.

ESBOÇO DA SEÇÃO ONZE (ROMANOS 11)
Paulo analisa a sabedoria de Deus e a restauração futura de Israel.

I. A Restauração Futura é Garantida Porque a Rejeição Atual de Israel Não é Total (11.1-10, 11b-24).
   A. **As facções de Israel** (11.1-10): Paulo divide Israel em dois grupos:
      1. *O grupo minoritário* (11.1-6)
         a. Conforme representado por Paulo no Novo Testamento (11.1): Sua própria conversão demonstra que Deus não rejeitou todos os israelitas.

b. Conforme representado por Elias no Antigo Testamento (11.2-6): Este poderoso profeta, junto com outros sete mil israelitas, não se prostrou a Baal (ver também I Reis 19.18).
2. O grupo majoritário (11.7-10): Três homens do Antigo Testamento predisseram que Deus endureceria o coração do Israel descrente.
   a. Moisés (Deuteronômio 29.4): (11.7-8a).
   b. Davi (Salmo 69.22-23): (11.9-10).
   c. Isaías (Isaías 29.10): (11.8b).

B. A plenitude dos gentios (11.11b-25): Esta frase refere-se a um período específico de tempo.
  1. *A definição do período* (11.25): É o intervalo que diz respeito à complementação do Corpo de Cristo, consistindo tanto em judeus e gentios, começando em Pentecostes e terminando no Arrebatamento.
  2. *Os detalhes com relação ao período* (11.11b-24)
     a. O propósito (11.11b-12): Um propósito é tornar Israel enciumada, desejosa por novamente desfrutar o favor de Deus.
     b. O pregador (11.13-15): Paulo foi designado pelo próprio Deus para ajudar a tornar isso uma realidade.
     c. A parábola (11.16-24): Paulo emprega a analogia de uma oliveira para ilustrar tudo isso.
        (1) As raízes da árvore constituem-se de Abraão e de outros homens piedosos do Antigo Testamento (11.16).
        (2) Alguns dos ramos originais foram quebrados, referindo-se a alguns judeus não-crentes (11.17a).
        (3) Agora alguns ramos de uma oliveira selvagem foram enxertados, referindo-se aos crentes gentios (11.17b-23).
        (4) Os ramos originais, uma vez removidos, serão enxertados um dia, referindo-se ao arrependimento futuro de Israel (11.24).

II. A Restauração Futura é Garantida Porque a Rejeição Atual de Israel Não é Definitiva (11.11a, 26-36)
  A. Israel de Deus (11.11a, 26-32)
    1. *A predição* (11.11a, 26-27)
       a. Israel restaurada através do Cristo prometido (11.26): Isaías predisse que o Libertador realizaria isso (Isaías 59.20).
       b. Israel restaurada através da aliança prometida (11.27): Isaías predisse que Deus manteria sua aliança com Israel (Isaías 59.21).
    2. *A fidelidade* (11.28-32): Tudo isso acontecerá, pois as dádivas e o chamado de Deus são irrevogáveis.
  B. O Deus de Israel (11.33-36): Paulo louva a Deus, proferindo uma das mais fantásticas doxologias das Escrituras.

ESBOÇO DA SEÇÃO DOZE (ROMANOS 12)
Paulo insta para que seus leitores façam de seus corpos sacrifícios vivos para a glória de Deus.

I. O Crente e o Eu (12.1-2)
   A. **O que devemos oferecer** (12.1): Dedicação física.
      1. *O motivo para isso* (12.1b): Porque experimentamos da misericórdia de Deus.
      2. *Os resultados disso* (12.1a): Deus agrada-se quando oferecemos um sacrifício vivo e santo.
   B. **O que devemos evitar** (12.2a): A contaminação do mundo.
   C. **O que devemos alcançar** (12.2b): A transformação de Deus.
II. O Crente e o Serviço (12.3-21)
   A. **A graça** (12.3): Ser honesto na auto-estima.
   B. **Os dons** (12.4-8)
      1. *A ilustração com relação a essas dádivas* (12.4-5): Paulo compara os dons espirituais aos membros do corpo humano.
      2. *A identificação desses dons* (12.6-8): Sete dons espirituais são listados
         a. Profecia (12.6)
         b. Ministério (serviço) (12.7a)
         c. Ensino (12.7b)
         d. Exortação (12.8a)
         e. Contribuição (12.8b)
         f. Liderança (12.8c)
         g. Misericórdia (12.8d)
   C. **As diretrizes** (12.9-21)
      1. *Como lidar com os amigos* (12.9-13, 15-16)
         a. Amá-los e honrá-los (12.9-10).
         b. Demonstrar-lhes zelo e alegria (12.11-12).
         c. Partilhar com eles (12.13).
         d. Sorrir e chorar com eles (12.15).
         e. Viver em harmonia com eles (12.16).
      2. *Como lidar com os inimigos* (12.14, 17-21)
         a. Abençoá-los quando eles nos perseguirem (12.14).
         b. Deixar que Deus retribua o mal feito a você (12.17-19).
         c. Alimentá-los quando tiverem fome e saciá-los quando tiverem sede (12.20-21).

ESBOÇO DA SEÇÃO TREZE (ROMANOS 13)
Paulo trata das responsabilidades dos crentes perante a sociedade.

I. Tarefas Perante os Governadores de Estado (13.1-7)
   A. **O que devemos fazer** (13.1, 6-7).

1. *Devemos submeter-nos às autoridades governamentais* (13.1).
2. *Devemos pagar nossos impostos* (13.6).
3. *Devemos honrar e respeitar todos aqueles a quem isso é devido* (13.7).

B. **Por que devemos fazer isso** (13.2-5).
   1. *Por causa do poder existente por trás da autoridade* (13.2): Deus estabeleceu os governos humanos; então, desobedecer às leis humanas é desobedecer a Deus.
   2. *Por causa da punição existente por trás da autoridade* (13.3-5): Deus também decretou que os infratores das leis deveriam ser punidos por aqueles que representam o governo humano.

II. Deveres Perante o Restante do Estado (13.8-14).
   A. **Continuar a amar** (13.8-10): O amor de Deus se empenha e satisfaz.
      1. *O amor procura o melhor para o próximo* (13.9-10).
      2. *O amor satisfaz a lei de Deus* (13.8).
   B. **Continuar a olhar** (13.11-14).
      1. *A percepção* (13.11-12a): Precisamos saber que a vinda do Senhor está próxima.
         a. O tempo está esgotando-se (13.11a, 12a).
         b. A época da salvação está próxima (13.11b).
      2. *A reação* (13.12b-14)
         a. Do que devemos despojar-nos (13.12b, 13b): Das obras das trevas.
         b. Do que devemos revestir-nos (13.13a, 14): Das obras da luz.

ESBOÇO DA SEÇÃO QUATORZE (ROMANOS 14)
Paulo fala das responsabilidades dos crentes perante os cristãos que são fracos na fé.

I. Nenhum Crente Deve Ser Julgado por Outro Crente na Terra (14.1-8, 13-23)
   A. **Não devemos criticar o legalismo do próximo** (14.1-8).
      1. *As regras* (14.1-6)
         a. Não julgue com relação à comida (14.1-4, 6b): Alguns acham errado comer carne ou qualquer alimento que tenha sido sacrificado a um ídolo.
         b. Não julgue com relação aos dias (14.5-6a): Alguns acham certos dias mais sagrados do que outros.
      2. *O motivo* (14.7-8): Tanto o crente mais fraco quanto o mais forte pertencem ao Senhor e devem amar-se.
   B. **Não devemos corromper nossa liberdade** (14.13-23)
      1. *O cristão maduro não deve tornar-se pedra de tropeço* (14.13-18).
         a. Ele não pode permitir que coisas lícitas e boas sejam vistas como ilícitas e perversas (14.13-16).
         b. Ele não deve esquecer que o amor é mais importante do que as liberdades pessoais (14.17-18).
      2. *O cristão maduro deve tornar-se pedra de apoio* (14.19-23).

II. Todo o Crente Será Julgado por Deus (14.9-12).
  A. **O alicerce do juízo** (14.9): Baseia-se na morte, ressurreição e ascensão de Cristo.
  B. **A tolerância à luz do juízo** (14.10): Não complique seus problemas lá no alto, ao julgar seu irmão aqui embaixo.
  C. **As características do juízo** (14.11-12)
    1. *Todo joelho se dobrará* (14.11a).
    2. *Toda língua confessará* (14.11b).
    3. *Todos prestarão contas ao Senhor* (14.12).

ESBOÇO DA SEÇÃO QUINZE (ROMANOS 15)
Paulo fala de como os cristãos devem viver em relação aos outros. Escreve sobre seus planos de viagem e suas orações pelos romanos.

I. A Sugestão de Paulo (15.1-4, 8-12)
  A. **A exortação** (15.1-2): Paulo insta com os crentes maduros a não procurar agradar a si mesmos, mas a edificar a fé do cristão mais fraco.
  B. **O exemplo** (15.3-4, 8-12)
    1. *Ele aponta para as Escrituras* (15.4): Suas páginas estão cheias de exemplos de muitos que perseveraram e incentivaram a outros.
    2. *Ele aponta para o Salvador* (15.3, 8-12).
      a. Jesus não veio para agradar a si mesmo, mas para se entregar (15.3).
      b. Jesus veio para garantir a salvação de Deus aos judeus e aos gentios (15.8-12).
        (1) Aos judeus (15.8): Ele veio para mostrar que Deus mantém suas promessas aos judeus.
        (2) Aos gentios (15.9-12): Ver também Deuteronômio 32.43; Salmos 18-49; e Isaías 11.10.

II. A Oração de Paulo (15.5-7, 13)
  A. **Ele ora para que Deus favoreça a igreja romana com persistência, coragem e unidade** (15.5-7).
  B. **Ele ora para que Deus encha a igreja romana de alegria, paz e esperança** (15.13).

III. Os Planos de Paulo (15.14-29)
  A. **O apóstolo recapitula suas atividades passadas** (15.14-22).
    1. *Ele escreve sobre seu principal ministério* (15.14-18): Paulo relembra aos leitores seu chamado especial aos gentios.
    2. *Ele escreve sobre seus milagres* (15.19a): Deus concedeu-lhe poder para operar sinais e prodígios.
    3. *Ele escreve sobre seu campo missionário* (15.19b): Paulo pregou a Cristo desde Jerusalém até ao Ilírico.
    4. *Ele escreve sobre sua metodologia* (15.20-22).

a. Como praticada por Paulo (15.20): Ele pregou o Evangelho onde Cristo não era conhecido para evitar edificar sobre o alicerce de outros.
   b. Como predito por Isaías (15.21-22): Este profeta do Antigo Testamento escreveu sobre isso sete séculos antes que ocorresse (Isaías 52.15).
  B. **O apóstolo prevê suas atividades futuras** (15.23-29).
   1. *Planos futuros eventuais* (15.23-24)
    a. Visitar a Espanha (15.23-24a)
    b. Visitar Roma (15.24b).
   2. *Planos futuros imediatos* (15.25-29)
    a. O lugar (15.25a): Jerusalém.
    b. O propósito (15.25b-29): Levar uma oferta em dinheiro para os crentes necessitados de lá, que Paulo vem recolhendo durante suas viagens missionárias.
IV. A Súplica de Paulo (15.30-33): O apóstolo pede orações da igreja com relação a duas coisas.
  A. **Que ele seja protegido dos não-crentes de Jerusalém** (15.30-31a).
  B. **Que ele seja aceito pelos crentes de Jerusalém** (15.31b-33).

ESBOÇO DA SEÇÃO DEZESSEIS (ROMANOS 16)
Paulo termina saudando alguns amigos e dando instruções.

I. Paulo e o Povo do Evangelho (16.1-16, 21-24)
  A. **Ele envia uma mulher especial à igreja em Roma** (16.1-2).
   1. *Quem é ela* (16.1a): Febe, uma serva piedosa de Cristo.
   2. *De onde ela vem* (16.1b): Ela vem da igreja em Cencréia.
   3. *Por que ela vai* a Roma (16.2): Ela ministrará à igreja romana, assim como fez em várias outras.
  B. **Ele envia uma saudação especial à igreja em Roma** (16.3-16, 21-24).
   1. *Paulo envia saudações a 26 pessoas* (16.3-16).
    a. Seus amigos Áquila e Priscila (16.3-5a).
    b. Seu amigo Epêneto, que foi o primeiro cristão na Ásia (16.5b).
    c. Maria, que trabalhou muito pela igreja romana (16.6).
    d. Seus parentes Andrônico, Júnias e Herodião (16.7, 11a).
    e. Outros amigos e companheiros de trabalho: Amplíato, Urbano, Estáquis, Apeles, a família de Aristóbulo, os cristãos na família de Narciso, Trifena, Trifosa, Pérside, Rufo, sua mãe, Asíncrito, Flegonte, Pátrobas, Hermas, Filólogo, Júlia, Nereu e suas irmãs e Olimpas (16.8-10, 11b-16).
   2. *Paulo envia saudações de oito indivíduos* (16.21-24).
    a. Timóteo (16.21a)
    b. Os parentes de Paulo: Lúcio, Jasom e Sosípatro (16.21b).

c. Tércio, o escrivão da carta aos romanos ditada por Paulo (16.22)
d. Gaio e Quarto (16.23-24)

II. PAULO E A PERVERSÃO DO EVANGELHO (16.17-19): Paulo alerta alguns causadores de problemas na igreja romana.
   A. **O que eles estão fazendo** (16.17)
      1. *Causando divisões* (16.17a)
      2. *Ensinando doutrina falsa* (16.17b)
      3. *Atrapalhando a fé das pessoas* (16.17c)
   B. **Por que eles estão fazendo** (16.18-19): Para obter dinheiro e poder para si.

III. PAULO E A PROMESSA DO EVANGELHO (16.20): Um dia, Deus destruirá Satanás sob seus pés.

IV. PAULO E O PODER DO EVANGELHO (16.25-27)
   A. **Ele tem poder para fortalecer os crentes** (16.25a).
   B. **Ele tem poder para salvar pecadores** (16.25b-27).

I Coríntios

ESBOÇO DA SEÇÃO UM (I CORÍNTIOS 1)
Paulo começa sua primeira carta aos coríntios dando graças a Deus pelos vários dons que esta igreja recebeu do Senhor. Ele trata de dois problemas que a igreja de Corinto está enfrentando.

I. AS SAUDAÇÕES PESSOAIS DE PAULO (1.1-3)
   A. **Os destinatários** (1.1-2)
      1. *Paulo escreve aos crentes em Corinto* (1.1-2a).
      2. *Paulo escreve a todos os crentes* (1.2b).
   B. **A bênção** (1.3): Paulo deseja a eles graça e paz.
II. A ORAÇÃO DE PAULO (1.4-9)
   A. **Paulo agradece a Deus pelos vários dons que concedeu aos crentes de Corinto** (1.4-7): Eles receberam todos os dons espirituais.
   B. **Paulo agradece a Deus pela garantia que Deus deu aos crentes de Corinto** (1.8-9): Esta garantia diz respeito à segurança eterna deles.
III. OS PROBLEMAS ABORDADOS POR PAULO (1.10-31): Paulo trata de dois dos vários problemas enfrentados pela igreja de Corinto.
   A. **Eles estão exaltando líderes humanos** (1.10-17).
      1. *O culto personalista* (1.10-12): Alguns são fãs de Paulo; outros, de Apolo; outros, de Simão Pedro.
      2. *O assunto* (1.14-16): Aparentemente, a discussão gira em torno de quem os batizou.
      3. *A insanidade* (1.13, 17): Paulo os repreende, atingindo seu próprio "fã-clube" com maior firmeza.
         a. "Foi Paulo crucificado em favor de vós?" (1.13a)
         b. "Fostes vós batizados em nome de Paulo?" (1.13b)
         c. "Cristo não me enviou para batizar, mas para pregar o evangelho" (1.17).
   B. **Eles estão exaltando a sabedoria humana** (1.18-31): Paulo compara e contrasta a egocêntrica sabedoria humana com a sabedoria eterna de Deus.
      1. *A resposta à sabedoria de Deus* (1.18, 22-23)
         a. Dos descrentes judeus e gentios (1.18, 22-23)
            (1) Para os judeus que exigem sinais sobrenaturais, torna-se uma pedra de tropeço (1.18a, 22a, 23a).

(2) Para os gentios que dependem de vã filosofia, torna-se tolice (1.18b, 22b, 23b).
   b. Dos crentes judeus e gentios (1.18c, 24-25): Representa tanto o poder quanto a sabedoria de Deus.
2. *Os resultados da sabedoria de Deus* (1.19-21)
   a. Ela é utilizada para destruir a sabedoria mundana (1.19-20).
   b. Ela é utilizada para libertar o pecador arrependido (1.21).
3. *A razão de ser da sabedoria de Deus* (1.26-31): Por que Deus escolheu a cruz para salvar as pessoas?
   a. O panorama de Paulo (1.27-31): Deus deleita-se em usar coisas, tolas, fracas, humildes e desprezadas para invalidar as coisas sábias, fortes, exaltadas e respeitadas.
   b. A observação de Paulo (1.26): Ele relembra aos arrogantes coríntios, com muito tato, que eles mesmos não possuem elevada sabedoria acadêmica.

ESBOÇO DA SEÇÃO DOIS (I CORÍNTIOS 2)
Paulo faz reflexões sobre a fundação da igreja de Corinto e relembra os crentes de Corinto de vários fatos concernentes à cruz.

I. A Mensagem da Cruz Não é Deste Mundo (2.1-6).
   A. A resolução do apóstolo (2.1-4)
      1. *O que ele resolve não fazer* (2.1): Ele não depende de eloqüência ou instrução em sua pregação.
      2. *O que ele resolve fazer* (2.2-4): Ele depende completamente do poder do Espírito Santo.
   B. A motivação do apóstolo (2.5-6): Ele fará isso para que sua fé se baseie na Palavra de Deus, e não na sabedoria dele.
II. A Mensagem da Cruz Foi Ordenada Antes Deste Mundo (2.7-8).
   A. Cuidadosamente dada aos salvos (2.7): Isso envolve o sábio plano de Deus para trazer os crentes à glória dos céus.
   B. Ocultada dos não-salvos (2.8): Tivessem eles conhecido a verdade, não teriam crucificado o Senhor da glória.
III. A Mensagem da Cruz Foi Reservada para os Herdeiros Deste Mundo (2.9-16).
   A. Ocultada do espírito humano (2.9): Nenhum mortal pode ver, ouvir ou mesmo imaginar as maravilhosas coisas que Deus preparou para aqueles que o amam.
   B. Revelada pelo Espírito Santo (2.10-16)
      1. *O que ele faz* (2.10-12): Ele nos revela os segredos mais profundos de Deus.
      2. *Como ele faz* (2.13-16): Através das Escrituras.

ESBOÇO DA SEÇÃO TRÊS (I CORÍNTIOS 3)
Paulo lembra novamente os coríntios a não exaltar os mestres da Palavra de Deus acima da própria Palavra.

I. Os "Bebês" Cristãos na Igreja de Corinto (3.1-10): Paulo fala a alguns crentes desta congregação entregues às dissensões.
   A. **A crítica de Paulo** (3.1-2)
      1. *O que ele deseja fazer* (3.1): O apóstolo quer dar a eles o alimento sólido da Palavra.
      2. *O que ele deve fazer* (3.2): Por causa da carnalidade e da imaturidade deles, Paulo só pode alimentá-los com leite.
   B. **A correção de Paulo** (3.3-10)
      1. *A visão pecaminosa que eles têm dos líderes cristãos* (3.3-4): Eles olham para homens (como Paulo e Apolo), em vez de olhar para Cristo.
      2. *A visão escriturística dos líderes cristãos* (3.5-10)
         a. O que os líderes fazem (3.5a, 6a, 7a, 8-10): Eles podem apenas plantar e regar a semente espiritual.
         b. O que o Senhor faz (3.5b, 6b, 7b): Só Deus pode fazer com que a safra aumente.
II. O Tribunal de Cristo e a Igreja de Corinto (3.11-23)
   A. **As obras** (3.11-15): Paulo diz que todos os crentes um dia comparecerão diante de um trono elevado (chamado "bema", no grego) para serem inquiridos sobre o serviço prestado a Cristo.
      1. *Os objetos do teste* (3.11-13): Nossas obras aqui são classificadas como ouro, prata, pedras preciosas, madeira, feno e palha.
      2. *Os resultados do teste* (3.14-15)
         a. Os donos de obras de ouro, prata e pedras preciosas receberão uma recompensa (3.14).
         b. Os donos de obras de madeira, feno e palha não receberão recompensa (3.15).
   B. **O alerta** (3.16-23)
      1. *Não profanem seu templo* (3.16-17): Deus considera nosso corpo como templo.
      2. *Não se enganem* (3.18-21): Paulo nos alerta a não depender da sabedoria humana ou de líderes humanos, mas apenas do próprio Deus.
      3. *Vocês pertencem a Cristo, assim como Cristo pertence a Deus* (3.22-23).

ESBOÇO DA SEÇÃO QUATRO (I CORÍNTIOS 4)
Paulo escreve sobre o ofício e os deveres de um despenseiro, um servo de confiança a quem o mestre incumbe de cuidar de seus negócios durante sua ausência.

I. Os contrastes entre o despenseiro fiel e o infiel (4.1-13)
   A. **O despenseiro infiel** (4.6-8, 10b, 10d-10e)
      1. *É cheio de orgulho* (4.6-7).
      2. *É presunçoso* (4.8).
      3. *É sábio aos seus próprios olhos* (4.10b).
      4. *É fisicamente forte* (4.10d).
      5. *É bem visto pelo mundo* (4.10e).
   B. **O despenseiro fiel** (4.1-5, 9-10a, 10c, 10f-13)
      1. *Possui consciência limpa* (4.1-4).
      2. *Não julga os outros* (4.5).
      3. *Torna-se um espetáculo* (4.9).
      4. *É visto como louco* (4.10a).
      5. *Pode ser fisicamente fraco* (4.10c).
      6. *É escarnecido pelo mundo* (4.10f).
      7. *Está quase sempre com fome, com sede, sem roupas que o aqueçam* (4.11a).
      8. *É tratado com brutalidade e não tem lar* (4.11b).
      9. *Afadiga-se com trabalhos desgastantes* (4.12a).
      10. *Abençoa seus inimigos* (4.12b, 13a).
      11. *É visto como lixo do mundo* (4.13b).
II. O Conselho ao Despenseiro Fiel e ao Infiel (4.14-21)
   A. **O apelo de Paulo** (4.14-16)
      1. *Seu lembrete* (4.14-15): O apóstolo relembra aos crentes em Corinto que ele os levou a Cristo.
      2. *Seu pedido* (4.16): "Sejais meus imitadores".
   B. **O embaixador de Paulo** (4.17): Ele logo enviará Timóteo para ajudá-los.
   C. **A aparição de Paulo** (4.18-21): O apóstolo planeja visitá-los pessoalmente num futuro próximo.

ESBOÇO DA SEÇÃO CINCO (I CORÍNTIOS 5)
Paulo escreve sobre disciplina na igreja.

I. A Necessidade de Disciplina (5.1): Um terrível pecado prevalece na igreja de Corinto.
   A. **A evidência do pecado** (5.1a): É algo tão perverso que até mesmo os gentios não o permitiriam.
   B. **A natureza do pecado** (5.1b): Um membro da igreja vive em imoralidade com a própria mãe (ou, provavelmente, madrasta).
II. A Recusa em Disciplinar (5.2): Devido ao orgulho e à indiferença, a igreja não excluiu esse membro.
III. A Ordem para Disciplinar (5.3-5): Paulo ordena que a igreja convoque uma reunião especial para resolver o assunto.
   A. **A autoridade** (5.3-4): Paulo relembra aos coríntios que o Salvador conferiu autoridade à igreja local.

B. A ação (5.5)
1. *O que a igreja deve fazer* (5.5a): Deve entregar esse homem culpado a Satanás.
2. *Por que a igreja deve fazer isso* (5.5b): Há duas interpretações possíveis: espera-se que o sofrimento carnal o leve ao arrependimento, para que ele possa ser salvo; ou que, já sendo salvo, sua prática redunde somente na destruição carnal.

IV. OS MOTIVOS PARA A DISCIPLINA (5.5-8)
  A. Trazer o ofensor de volta a Deus (5.5).
  B. Impedir que a ofensa se espalhe pela igreja (5.6-7): Assim sendo, a igreja deve:
  1. *Extirpar o câncer* (5.6-7a).
  2. *Permanecer no Salvador* (5.7b).
  C. Manter pura e verdadeira a celebração de Cristo, o Cordeiro Pascal (5.8).

V. A EXTENSÃO DA DISCIPLINA (5.9-13)
  A. Esta disciplina envolve apenas membros da igreja (5.9-11)
  1. *A igreja não tem direito de julgar ímpios estranhos* (5.9-10).
  2. *A igreja tem a responsabilidade de evitar ímpios estranhos* (5.11).
  B. A disciplina envolve todos os membros da igreja (5.12-13).

ESBOÇO DA SEÇÃO SEIS (I CORÍNTIOS 6)
Paulo analisa dois pecados que contaminam a igreja de Corinto.

I. PROCESSOS (6.1-11)
  A. Os fatos (6.1, 6): Alguns cristãos em Corinto estão processando outros cristãos perante juízes pagãos para resolver assuntos triviais.
  B. A insensatez (6.2-5, 7-11): Paulo condena esta ação com base em três coisas.
  1. *É ilógica* (6.2-5): Visto que os crentes um dia julgarão anjos, não é de se esperar que eles resolvam suas diferenças aqui na terra com a ajuda de outros crentes?
  2. *É ilegal* (6.7-8): Eles estão aparentemente valendo-se da justiça para defraudar uns aos outros.
  3. *É indesculpável* (6.9-11)
    a. Deus os perdoou de muitos pecados terríveis (6.11).
    b. Será que não conseguiriam perdoar uns aos outros por pecados menos graves? (6.9-10)

II. LASCÍVIA (6.12-20): Paulo os adverte para controlar seus corpos em todas as áreas.
  A. Os domínios (6.12-18)
  1. *Com relação à comida* (6.12-13a): Em suma, não deixe a comida controlá-lo.
  2. *Com relação a questões de ordem sexual* (6.13b-18): Devemos fugir da imoralidade sexual.

B. **O fundamento lógico** (6.19-20): Nosso corpo é templo de Deus, comprado pelo sangue de Jesus.

ESBOÇO DA SEÇÃO SETE (I CORÍNTIOS 7)
Paulo fala sobre o casamento.

I. Casamento — Algumas Instruções Gerais (7.1-2, 7-9, 17-24, 29-35)
  A. **A argumentação** (7.1-2, 7-9, 32-35): É melhor casar ou não casar?
   1. *As vantagens do casamento* (7.2, 7, 9)
      a. Ele ajuda a evitar ações e atitudes imorais (7.2, 9).
      b. É vontade de Deus que muitos se casem (7.7).
   2. *As vantagens de permanecer solteiro* (7.1, 8, 32-35): Via de regra, uma pessoa solteira é livre para dirigir sua atenção à obra do Senhor, não tendo necessidade de dividir seu tempo com cônjuge ou filhos.
  B. **A resposta** (7.17-24, 29-31): Qual o melhor caminho? É depender totalmente do plano perfeito de Deus para cada crente.
   1. *A vontade de Deus deve dirigir quaisquer decisões acerca do casamento* (7.17).
   2. *Agradar a Deus é o objetivo principal* (7.18-19).
   3. *Não somos de nós mesmos, pois fomos comprados, e o preço foi pago por Cristo* (7.20-24).
   4. *Mesmo casados, Cristo deve ocupar o primeiro lugar em nossa vida* (7.29-31).
II. Casamento — Casos Específicos (7.3-6, 10-16, 25-28, 36-40): Paulo dirige-se a quatro grupos.
  A. **Casais salvos** (7.3-6, 10-11)
   1. *Ambos devem submeter seus corpos um ao outro* (7.3-4).
   2. *Ambos devem concordar caso a intimidade física seja colocada de lado por um tempo, para facilitar a oração e o jejum* (7.5-6).
   3. *Ambos devem esforçar-se para permanecer juntos e evitar o divórcio* (7.10-11).
  B. **Casais espiritualmente mistos** (7.12-16)
   1. *O cônjuge salvo deve continuar a viver com o não-salvo, se possível* (7.12-13).
   2. *Esta ação pode resultar na salvação do cônjuge não-salvo* (7.14).
   3. *O cônjuge salvo deve permitir que o não-salvo se separe, se este insistir nisso* (7.15-16).
  C. **Virgens** (7.25-28, 36-38): Paulo aconselha os solteiros a não se apressar rumo ao casamento.
  D. **Viúvas** (7.39-40): Elas estão livres para casar com outros crentes.

ESBOÇO DA SEÇÃO OITO (I CORÍNTIOS 8)
Nos próximos três capítulos, Paulo trata da liberdade cristã, e responde a uma pergunta feita a ele pela igreja de Corinto com relação à alimentação.

I. A Confusão (8.4a): É correto um cristão comer carne sacrificada a ídolos?
II. O Esclarecimento (8.4b-6, 8)
   A. **Há vários ídolos, todos representando deuses que não existem** (8.4b-5).
   B. **Existe apenas um Deus verdadeiro, o Criador de todas as coisas e autor da vida** (8.6).
   C. **À luz do acima exposto, não há vínculo entre a comida e a espiritualidade** (8.8).
III. A Preocupação (8.7): Paulo adverte, entretanto, que nem todos os crentes compreendem isso completamente, e alguns se entristecem quando outros crentes comem carne sacrificada a ídolos.
IV. O Desafio (8.1-3, 9-12)
   A. **Não se tornar pedra de tropeço para outros cristãos** (8.9-12)
      1. *Fazer isso é pecar contra um irmão mais fraco* (8.9-11).
      2. *Fazer isso é pecar contra o Salvador* (8.12).
   B. **Tornar-se uma pedra de apoio** (8.1-3): O conhecimento envaidece, mas o amor edifica.
V. A Conclusão (8.13): Paulo diz: "Se a comida fizer tropeçar a meu irmão, nunca mais comerei carne, para não servir de tropeço a meu irmão".

ESBOÇO DA SEÇÃO NOVE (I CORÍNTIOS 9)
Paulo apresenta-se como modelo adequado.

I. Liberdade Cristã — A Abordagem de Paulo (9.1-23): Como o apóstolo enxerga sua liberdade em Cristo e seus direitos como crente.
   A. **A base de seus direitos** (9.1-3)
      1. *Ele é um apóstolo de Cristo* (9.1a).
      2. *Ele viu a Cristo* (9.1b).
      3. *Ele levou muitos a Cristo* (9.1c-3).
   B. **A extensão de seus direitos** (9.4-12a, 13-14): Os direitos de Paulo.
      1. *O direito da hospitalidade* (9.4): Paulo fez por merecer o direito de ser recebido por outros crentes.
      2. *O direito de viajar com a família* (9.5-6).
      3. *O direito de desfrutar ajuda financeira* (9.7-12a, 13-14)
         a. O soldado é pago por seus serviços (9.7a).
         b. O dono da vinha come as uvas que planta (9.7b).
         c. O pastor bebe do leite de seu rebanho (9.7c).
         d. O agricultor participa dos frutos de sua colheita (9.8-12a).
         e. O sacerdote alimenta-se do sacrifício animal que ele oferece (9.13-14).
   C. **O uso de seus direitos** (9.12b, 15-18, 20-22): Como Paulo emprega seus direitos.
      1. *O que ele não faz* (9.12b, 15-18): Paulo escolhe não lançar mão de seus direitos, suprindo suas próprias necessidades.
      2. *O que ele faz* (9.19-22a): Ele se torna servo de todos.

    a. Para os judeus, ele se torna como um judeu (9.19-20).
    b. Para os gentios, ele se torna como um gentio (9.21).
    c. Para o fraco, ele se torna fraco (9.22a).
  3. *Por que ele faz isso* (9.22b-23): Ele se torna tudo para todos para que possa salvar alguns.
II. A LIBERDADE CRISTÃ (9.24-27): Paulo faz um apelo.
  A. **O desafio do apóstolo** (9.24-26)
    1. *Correr para vencer a corrida* (9.24-25).
    2. *Lutar para vencer a batalha* (9.26).
  B. **A preocupação do apóstolo** (9.27)
    1. *O que ele faz* (9.27a): Ele escraviza seu corpo e o submete, tal como faz um atleta.
    2. *Por que ele faz* (9.27b): Ele não quer que o pecado surja sorrateiramente e o desqualifique na batalha.

ESBOÇO DA SEÇÃO DEZ (I CORÍNTIOS 10)
Paulo escreve sobre o trágico fracasso passado de Israel e fornece exemplos e exortações.

I. EXEMPLOS (10.1-10): Os fatores que levaram Israel à destruição.
  A. **As vantagens desfrutadas por Israel** (10.1-4)
    1. *Eles foram conduzidos pela nuvem da glória de Deus* (10.1).
    2. *As águas do mar Vermelho abriram-se para eles* (10.2).
    3. *Eles foram sustentados com comida e água de forma sobrenatural* (10.3-4a).
    4. *O próprio Cristo os acompanhou* (10.4b).
  B. **A apostasia cometida por Israel** (10.5-10)
    1. *Eles desagradaram a Deus e muitos foram mortos* (10.5-6).
    2. *Eles se tornaram culpados de idolatria* (10.7): Participaram da rebeldia pagã.
    3. *Eles se tornaram culpados de imoralidade* (10.8): Vinte e três mil morreram num só dia.
    4. *Eles se tornaram culpados de impunidade* (10.9): Morreram de picadas de serpentes.
    5. *Eles se tornaram culpados de ingratidão* (10.10): Murmuraram, e Deus enviou o anjo da morte.
II. EXORTAÇÕES (10.11-33): Os fatos que conduziram ao nosso livramento.
  A. **A fidelidade de Deus** (10.11-13): Paulo fala da fidelidade de Deus na hora da tentação.
    1. *Deus não promete proteger-nos da tentação* (10.11-12).
    2. *Deus promete dar-nos vitória em meio à tentação* (10.13).
  B. **A comunhão com Deus** (10.14-22): Entre todos os pecados de Israel, a idolatria foi, aparentemente, o mais sério. Paulo explica e contrasta a comunhão divina com a diabólica.
    1. *Comunhão divina* (10.14-18): Esta comunhão é vista especialmente através da Ceia do Senhor, que expressa a unidade dos membros e sua participação no sangue e no corpo de Cristo.

2. *Comunhão diabólica* (10.19-22): O mesmo se aplica à adoração pagã, na qual, na verdade, os sacrifícios são oferecidos a demônios.
C. **Liberdade em Deus** (10.23-33): Paulo fala de dois assuntos.
 1. *O que os crentes podem fazer* (10.23): Eles podem participar de praticamente tudo, mas nem tudo serve para eles.
 2. *O que os crentes devem fazer* (10.24-33): Uma vez que alguns cristãos mais fracos podem escandalizar-se com certas práticas, os crentes maduros devem:
   a. Fazer o que fazem para o bem de todos (10.24-30, 32-33).
   b. Fazer o que fazem para a glória de Deus (10.31).

ESBOÇO DA SEÇÃO ONZE (I CORÍNTIOS 11)
Paulo diz como os filhos de Deus devem portar-se na Casa do Senhor.

I. DIRETRIZES SOBRE OS TRAJES (11.1-16): A aparência pessoal almejada.
 A. **O padrão** (11.1-3)
  1. *O modelo* (11.1-2): Paulo instrui os crentes a seguir seu exemplo, assim como ele segue o de Cristo.
  2. *Os relacionamentos* (11.3)
    a. A cabeça da mulher é o homem (11.3b).
    b. A cabeça do homem é o Salvador (11.3a).
    c. A cabeça do Salvador é o Pai (11.3c).
 B. **As diferenças** (11.4-16)
  1. *Regras com relação ao homem* (11.4, 7-9, 14)
    a. Sua cabeça deve estar descoberta (11.4, 7-9)
      (1) Demonstrando sua relação com o Senhor (11.4, 7).
      (2) Demonstrando sua relação para com sua esposa (11.8-9).
    b. Seu cabelo deve estar cortado (11.14).
  2. *Regras com relação à mulher* (11.5-6, 10, 13, 15-16)
    a. Sua cabeça deve estar coberta (11.5, 10, 13)
      (1) Demonstrando sua submissão ao seu Salvador (11.13).
      (2) Demonstrando sua submissão ao seu marido (11.5).
      (3) Demonstrando sua submissão aos anjos (11.10).
    b. Seu cabelo não deve estar cortado (11.6, 15-16): Não deve ser tosado ou raspado.
  3. Regras com relação a ambos (11.11-12)
    a. A mulher não deve ser independente do homem (11.11).
    b. O homem não deve ser independente da mulher (11.12).
II. DIRETRIZES SOBRE A CEIA DO SENHOR (11.17-34): Os crentes de Corinto não estão observando a Ceia do Senhor como deveriam.
 A. **A perversão** (11.17-22)
  1. *Eles se juntam em grupos excludentes* (11.17-20).
  2. *Eles não partilham com mais ninguém* (11.21-22).
 B. **O modelo** (11.23-25): Paulo descreve a primeira Ceia do Senhor, dirigida por Jesus no cenáculo.

1. *O que o Salvador fez* (11.23, 25a)
   a. Ele tomou o pão (11.23).
   b. Ele tomou o cálice (11.25a).
2. *O que o Salvador disse* (11.24, 25b)
   a. Com relação ao pão (11.24): "Isto é o meu corpo, que é dado por vós".
   b. Com relação ao cálice (11.25b): "Este cálice é o novo pacto no meu sangue".
C. **O propósito** (11.26, 28): Qualquer Ceia do Senhor envolve a observação de três coisas:
   1. *Serve como um olhar para trás: a cruz* (11.26a).
   2. *Serve como um olhar interior: a consciência* (11.28).
   3. *Serve como um olhar para a frente: a coroa* (11.26b).
D. **A penalidade** (11.27, 29-30): Qualquer crente que participa de forma indigna é culpado e corre o risco de receber punição.
   1. *Comer e beber o juízo de Deus* (11.27-29).
   2. *Receber justiça divina na forma de doença física* (11.30a).
   3. *Receber justiça divina na forma de morte física* (11.30b).
E. **O proveito** (11.31-34)
   1. *Pode ser útil no julgamento pessoal* (11.31-32).
   2. *Pode ser útil na comunhão* (11.33-34).

ESBOÇO DA SEÇÃO DOZE (I CORÍNTIOS 12)
Paulo trata dos dons espirituais.

I. A ORDEM DE CONHECER OS DONS (12.1-3): Este conhecimento ajudará a afastar qualquer ignorância sobre a concessão de dons.
II. A FONTE DOS DONS (12.4-6, 11): São concedidos pelo Espírito Santo.
III. A EXTENSÃO DOS DONS (12.7, 29-30)
   A. **Cada crente recebe pelos menos um dom** (12.7).
   B. **Nenhum crente recebe todos os dons** (12.29-30).
IV. A DIVERSIDADE DOS DONS (12.8-10, 28)
   A. **Sabedoria** (12.8a)
   B. **Conhecimento** (12.8b)
   C. **Fé** (12.9a)
   D. **Cura** (12.9b, 28e)
   E. **Milagres** (12.10a, 28d)
   F. **Profecia** (12, 10b, 28b)
   G. **Discernimento** (12.10c)
   H. **Línguas** (12.10d, 28h)
   I. **Interpretação de línguas** (12.10e)
   J. **Apostolado** (12.28a)
   K. **Ensino** (12.28c)
   L. **Socorro** (12.28f)
   M. **Administração** (12.28g)

V. A Analogia dos Dons (12.12-27): Paulo compara o corpo de Cristo e seus vários membros espiritualmente capacitados com o corpo humano e seus vários membros físicos.
   A. **Cada membro, em ambos os corpos, desempenha um papel decisivo** (12.12-13, 18).
   B. **Nenhum membro, em ambos os corpos, é independente de outros membros** (12.14-17, 19-24).
      1. *O pé e o ouvido não devem demonstrar inveja da mão e do olho* (12.14-17).
      2. *O olho e a cabeça não devem demonstrar orgulho diante das mãos e dos pés* (12.21).
   C. **Cada membro, em ambos os corpos, deve se regozijar e sofrer com os demais membros** (12.19-20, 22-27).
VI. O Maior dos Dons (12.31): Paulo termina este capítulo prometendo demonstrar "um caminho sobremodo excelente", que ele passa a fazer no capítulo 13.

ESBOÇO DA SEÇÃO TREZE (I CORÍNTIOS 13)
Este é o famoso capítulo do amor.

I. A Importância do Amor (13.1-3)
   A. **O dom de línguas é inútil sem ele** (13.1).
   B. **O dom de profecia é inútil sem ele** (13.2a).
   C. **O dom de conhecimento é inútil sem ele** (13.2b).
   D. **O dom da fé é inútil sem ele** (13.2c).
   E. **O dom da contribuição é inútil sem ele** (13.3).
II. A Impecabilidade do Amor (13.4-7)
   A. **Com relação aos santos** (13.4a): Ele é paciente e bondoso, não invejoso.
   B. **Com relação à carne** (13.4b-5): Ele não é orgulhoso ou rude, e nunca busca seus próprios interesses.
   C. **Com relação ao pecado** (13.5b-6): Ele não é irritável, não se ressente do mal; ele nunca se alegra com a injustiça, mas regozija-se com a verdade.
   D. **Com relação às situações** (13.7): Ele jamais desiste, nunca perde a esperança, é sempre marcado pela esperança e permanece firme, apesar das circunstâncias.
III. A Indestrutibilidade do Amor (13.8-12)
   A. **Diferente dos demais dons, o amor é permanente** (13.8)
      1. *O dom de profecia terminará* (13.8a).
      2. *O dom de línguas cessará* (13.8b).
      3. *O dom do conhecimento desaparecerá* (13.8c).
   B. **Diferentemente dos outros dons, o amor é completo** (13.9-12): Paulo fornece duas ilustrações.
      1. *A ilustração criança/adulto* (13.9-11)

a. Os dons, se usados sem amor, podem ser comparados às atitudes e ações de uma criança imatura (13.9-11a).
b. O amor pode ser comparado às atitudes e ações de um adulto maduro (13.11b).
2. *A ilustração do espelho/face a face* (13.12)
   a. No presente, através dos dons, vemos uma espécie de reflexo de Deus (13.12a).
   b. No futuro, através do amor, veremos Deus face a face (13.12b).
IV. A INVENCIBILIDADE DO AMOR (13.13)
   A. **Fé e esperança estão entre os maiores dons** (13.13a).
   B. **O amor é o maior dos dons** (13.13b).

ESBOÇO DA SEÇÃO QUATORZE (I CORÍNTIOS 14)
Paulo contrasta e compara os dons de línguas e profecia.

I. O DOM DE PROFECIA (14.1, 3, 4b-12, 18-19, 29-33)
   A. **A admoestação para buscar este dom** (14.1): O amor deve ser o maior dos alvos, mas a profecia também deve ser procurada.
   B. **As vantagens deste dom** (14.3, 4b-6, 18-19)
      1. *Ele fortalece, encoraja e consola os crentes* (14.3).
      2. *Ele edifica a igreja inteira* (14.4b).
      3. *É a escolha pessoal de Paulo para a igreja de Corinto* (14.5).
      4. *É a maneira mais eficiente de ajudar as outras igrejas* (14.6).
      5. *Na realidade, Paulo acha que este dom é duas mil vezes mais eficaz que o dom de línguas* (14.18-19).
   C. **As analogias deste dom** (14.7-12): Paulo propõe três analogias que provam a superioridade da profecia sobre as línguas.
      1. *Na esfera musical* (14.7): Ninguém reconhece a melodia, a menos que cada nota soe claramente.
      2. *Na esfera militar* (14.8): Uma convocação incerta para a batalha é inútil.
      3. *No dia-a-dia* (14.9-12): Linguagem obscura é uma linguagem inútil.
   D. **As admoestações sobre este dom** (14.29-33)
      1. *Somente duas ou três pessoas devem profetizar num culto, e os outros devem avaliar o que está sendo dito* (14.29).
      2. *Se uma pessoa está profetizando e outra recebe uma revelação divina, a primeira pessoa deve permitir que a segunda fale* (14.30-31).
      3. *Os que profetizam devem permanecer no controle de seu espírito para aguardar sua vez de falar* (14.32-33).
II. O DOM DE LÍNGUAS (14.2, 4a, 13-17, 21-25, 27-35)
   A. **Os motivos para este dom** (14.2, 4a, 21-25)
      1. *Com relação aos crentes* (14.2, 4a)
         a. O orador profere mistérios a Deus que são desconhecidos ao homem (14.2).
         b. O orador edifica a si mesmo (14.4a).

2. *Com relação aos não-crentes* (14.21-25)
   a. A predição (14.21): Paulo cita Isaías, em que o profeta alerta que Deus permitiria que nações de fala estrangeira (Assíria, Babilônia etc.) punissem seu povo pecador (Isaías 28.11-12).
   b. O propósito (14.22): O dom de línguas é, então, um sinal de juízo para o Israel incrédulo.
   c. O problema (14.23): Paulo alerta contra o exercício do dom de línguas pela igreja inteira, para que um não-salvo, ao entrar na igreja, não conclua que todos estão loucos.
   d. A persuasão (14.24-25): Entretanto, se o dom de profecia (pregar) está sendo exercido, o não-salvo poderá ser convencido a aceitar a Cristo.
B. **As regras para este dom** (14.13-17, 27-32, 34-35)
   1. *Os que falam em línguas devem orar para que o que está sendo dito possa ser corretamente interpretado* (14.13-14).
   2. *O que ora e canta em seu espírito deve fazer o mesmo com sua mente* (14.15-17).
   3. *Não mais que duas ou três pessoas devem falar em línguas num mesmo culto* (14.27a).
   4. *Elas devem falar uma de cada vez* (14.27b).
   5. *Alguém deve estar presente para interpretar; caso contrário, essas pessoas devem permanecer caladas* (14.27c-28).
   6. *As mulheres não devem falar em línguas ou profetizar nas reuniões das igrejas* (14.34-35).
III. As Diretrizes para Ambos os Dons (14.20, 26, 33, 36-40): Paulo tira cinco conclusões, englobando os dois dons.
   A. **Sejam tão inocentes quanto crianças e tão inteligentes quanto adultos no exercício de seus dons** (14.20).
   B. **Usem esses dons e todos os demais solenemente, para a edificação dos outros** (14.26).
   C. **Estejam desejosos por profetizar, e não proíbam as línguas** (14.39).
   D. **Façam tudo de forma correta e adequada** (14.33, 40).
   E. **Obedeçam ao que Paulo escreveu, pois essas são as ordens de Deus** (14.36-38).

ESBOÇO DA SEÇÃO QUINZE (I CORÍNTIOS 15)
Paulo escreve sobre a ressurreição de Cristo e dos crentes.

I. A Proeminência da Ressurreição (15.1-4)
   A. **A ressurreição de Cristo é o foco da salvação** (15.1-2).
   B. **A ressurreição de Cristo é o foco das Escrituras** (15.3-4).
II. As Provas da Ressurreição (15.5-11): As várias aparições do Cristo ressurreto são oferecidas como prova.
   A. **Sua aparição a Pedro** (15.5a)

B. **Sua aparição aos apóstolos na ausência de Tomé** (15.5b)
   C. **Sua aparição a 500 discípulos** (15.6)
   D. **Sua aparição a Tiago, o meio-irmão de Cristo** (15.7a)
   E. **Sua aparição aos apóstolos com Tomé presente** (15.7b)
   F. **Sua aparição a Paulo** (15.8-11)
      1. *A indignidade de Paulo* (15.8-9): Paulo perseguiu a Igreja.
      2. *O favor imerecido de Deus* (15.10-11): A graça fez de Paulo o que ele é.
III. O Protesto contra a Ressurreição (15.12-19, 29-34): A doutrina da ressurreição está sob fogo cruzado.
   A. **A acusação** (15.12): Os inimigos do Evangelho a negam.
   B. **A conclusão** (15.13-19, 29-32): Se não houvesse ressurreição, seríamos forçados a aceitar as seguintes e terríveis conclusões:
      1. *Sobre Cristo* (15.13, 16): A história da Páscoa é uma mentira.
      2. *Sobre a pregação do Evangelho* (15.14a): Ela é inútil.
      3. *Sobre os pregadores do Evangelho* (15.15): São todos mentirosos.
      4. *Sobre os crentes vivos* (15.14b, 17, 19, 29-31)
         a. Nossa confiança em Deus é vazia, sem valor e sem esperança (15.14b).
         b. Permanecemos em nosso pecado (15.17).
         c. Somos as mais miseráveis das criaturas (15.19).
         d. Aqueles que vivem, sofrem e morrem por Cristo são tolos (15.29-31).
      5. *Sobre os crentes mortos* (15:18): Estão mortos para sempre, jamais ressuscitarão.
      6. *Sobre a presente vida* (15:32): Devemos vivê-la plenamente, pois amanhã morreremos.
   C. **A repreensão** (15.33-34): Paulo repreende firmemente os cristãos que estão dando ouvidos às mentiras dos não-crentes acerca da ressurreição.
IV. O Plano da Ressurreição (15.20-28)
   A. **Os dois representantes** (15.21-22)
      1. *O primeiro Adão trouxe ruína e morte* (15.21a, 22a).
      2. *O segundo Adão (Cristo) traz ressurreição e livramento* (15.21b, 22b).
   B. **As três ressurreições** (15.20, 23-24a)
      1. *A ressurreição de Cristo* (15.20, 23a): Cristo foi o primeiro a ressuscitar.
      2. *A ressurreição do Arrebatamento* (15.23b): Quando Cristo voltar, todo o seu povo será ressuscitado.
      3. *A ressurreição dos santos do Antigo Testamento e da Tribulação* (15.24a).
   C. **O reinado de mil anos** (15.24b-28)
      1. *O inimigo final será destruído* (15.24b, 26): Este terrível inimigo é a morte física.
      2. *O Reino futuro será estabelecido* (15.25-27).

V. O Modelo da Ressurreição (15.35-41): Paulo ilustra as diferenças entre o corpo terreno e o celestial através de analogias.
   A. **A diferença entre a semente plantada e a semente colhida** (15.35-38): Uma semente plantada está morta, mas uma semente colhida está viva.
   B. **A diferença entre a carne animal e a carne humana** (15.39).
   C. **A diferença entre a lua e o sol** (15.40-41): Eles diferem entre si em beleza e brilho.
VI. A Perfeição da Ressurreição (15.42-49): Paulo descreve o novo corpo como superior ao antigo.
   A. **O antigo corpo** (15.42, 43a, 44a, 45a, 46a, 47a, 48a, 49a)
      1. *É semeado corpo perecível* (15.42a, 45a, 47a).
      2. *É semeado em desonra* (15.42).
      3. *É semeado em fraqueza* (15.43a).
      4. *É semeado corpo natural* (15.44a, 46a, 48a).
      5. *É semeado contendo a semelhança do primeiro Adão* (15.49a).
   B. **O novo corpo** (15.42b, 43b, 43d, 44b, 45b, 46b, 47b, 48b, 49b)
      1. *Será ressuscitado imperecível* (15.42b).
      2. *Será ressuscitado em glória* (15.43b).
      3. *Será ressuscitado em poder* (15.43d).
      4. *Será ressuscitado espiritual* (15.44b, 46b, 48b).
      5. *Será ressuscitado dando vida* (15.45b).
      6. *Virá dos céus* (15.47b).
      7. *Será ressuscitado contendo a semelhança de Cristo* (15.49b).
VII. A Promessa da Ressurreição (15.50-58)
   A. **A situação que exige uma promessa** (15.50): Carne e sangue não podem herdar o Reino de Deus.
   B. **O segredo associado à promessa** (15.51): Todos os crentes vivos na ocasião da vinda de Cristo irão para os céus sem morrer.
   C. **A rapidez da promessa** (15.52a): Isso acontecerá no tempo correspondente a um piscar de olhos.
   D. **O sinal que apresentará essa promessa** (15.52b): A última trombeta significará o cumprimento da promessa.
   E. **O plano da promessa** (15.52c, 53)
      1. *Os crentes que já partiram trocarão seu corpo corrupto por um corpo incorruptível* (15.52c).
      2. *Os crentes vivos trocarão seu corpo mortal por um corpo imortal* (15.53).
   F. **As Escrituras que predizem a promessa** (15.54-57): Os profetas Isaías e Oséias, do Antigo Testamento, escreveram a respeito (Isaías 25.8; Oséias 13.14).
   G. **A força proveniente da promessa** (15.58): Por causa da ressurreição, nenhum trabalho feito para o Senhor é em vão.

ESBOÇO DA SEÇÃO DEZESSEIS (I CORÍNTIOS 16)
Paulo conclui com instruções sobre ofertas para os cristãos em Jerusalém e sua futura visita a eles. Ele entrega as saudações de várias pessoas e termina com uma maldição sobre não cristãos e uma súplica pela volta de Cristo.

I. A Coleta de Paulo (16.1-4): O apóstolo dá as diretrizes de uma oferta que a igreja de Corinto está levantando.
   A. **Por que ela está sendo levantada** (16.1): Por causa da necessidade dos crentes em Jerusalém.
   B. **Quando ela deve ser levantada** (16.2a): No primeiro dia de cada semana.
   C. **Que quantia é esperada de cada pessoa** (16.2b): A quantia depende do salário de cada um.
   D. **Quem levará o dinheiro a Jerusalém** (16.3-4): A igreja de Corinto escolherá essas pessoas.
II. O Compromisso de Paulo (16.5-9)
   A. **Ele promete visitá-los muito brevemente** (16.5-7).
   B. **Ele planeja ficar em Éfeso, por enquanto** (16.8-9).
      1. *Quando ele partirá* (16.8): Ele planeja ficar até Pentecostes.
      2. *Por que ele ficará* (16.9): Deus abriu uma grande oportunidade de pregação a ele.
III. Os Cooperadores de Paulo (16.10-12, 15-20): Ele menciona sete de seus companheiros.
   A. **Timóteo** (16.10-11): Paulo pede duas coisas com relação a Timóteo.
      1. *"Vede que esteja sem temor entre vós"* (16.10): Quando ele for, deve ser bem recebido.
      2. *"Encaminhai-o em paz, para que venha ter comigo, pois o espero com os irmãos"* (16.11).
   B. **Apolo** (16.12): Paulo queria que Apolo visitasse os coríntios, mas percebeu que a ocasião não era adequada.
   C. **Estéfanas** (16.15-16): Esse homem bondoso e sua família, os primeiros convertidos de Paulo na Grécia, logo visitarão os coríntios.
   D. **Fortunato e Acaico** (16.17-18): Esses colegas crentes acabaram de chegar para incentivar e ajudar Paulo.
   E. **Áqüila e Priscila** (16.19-20): Eles e a igreja que se reúne em sua casa enviam saudações.
IV. Os Desafios de Paulo (16.13-14)
   A. **"Estai firmes na fé"** (16.13).
   B. **"Todas as vossas obras sejam feitas em amor"** (16.14).
V. As Últimas Palavras de Paulo (16.21-24)
   A. **Anátema** (16.22a): "Se alguém não ama ao Senhor, seja anátema!"
   B. **Maranata** (16.22b-24): "A graça do Senhor Jesus seja convosco. O meu amor seja com todos vós em Cristo Jesus".

II Coríntios

ESBOÇO DA SEÇÃO UM (II CORÍNTIOS 1)
Paulo inicia a segunda carta à igreja de Corinto com consolação diante do sofrimento e uma explicação de suas experiências recentes.

I. CONSOLAÇÃO (1.1-7)
  A. **A pessoa da consolação e do conforto** (1.1-3): Paulo descreve o Pai de nosso Senhor Jesus Cristo como "Pai das misericórdias e Deus de toda a consolação".
  B. **O propósito da consolação e do conforto** (1.4-5)
    1. *A raiz* (1.5): Quanto mais sofremos, mais Deus nos conforta.
    2. *O fruto* (1.4): Quanto mais ele nos conforta, mais podemos confortar os outros.
  C. **O modelo da consolação e do conforto** (1.6-7): Paulo cita as próprias experiências como exemplo desse tremendo princípio.
II. EXPLICAÇÃO (1.8-24)
  A. **Paulo escreve sobre sua recente viagem à Ásia** (1.8-14).
    1. *As provações do apóstolo* (1.8): Ele passou por muitas aflições.
    2. *O testemunho do apóstolo na hora da morte* (1.9-11).
      a. Ele depende do Deus da vida (1.9).
      b. Ele conheceu o livramento do Deus da vida (1.10-11).
  B. **Paulo fala de sua viagem planejada até a Macedônia** (1.12-24): Os coríntios aparentemente acusaram Paulo de mentira por ele não os ter visitado conforme prometido. Paulo declara tanto a sua sinceridade quanto a do Salvador.
    1. *A sinceridade de Paulo* (1.12-18): Paulo é sempre honesto com eles.
    2. *A sinceridade de Jesus* (1.19-24): Jesus é sempre honesto, franco.

ESBOÇO DA SEÇÃO DOIS (II CORÍNTIOS 2)
Paulo escreve sobre o perdão e o efeito que o Evangelho está tendo sobre aqueles a quem ele testemunha.

I. AS LÁGRIMAS (2.1-4): Paulo refere-se às suas cartas anteriores aos crentes em Corinto, especialmente I Coríntios.

A. **O propósito desta carta** (2.1-3): Ele escreveu esperando que a igreja resolvesse alguns assuntos antes de sua visita.
B. **A dor relativa à carta** (2.4): Ele a escreveu com grande tristeza e angústia.

II. O Transgressor (2.5-11)
  A. **A pessoa** (2.5-6): A igreja havia excluído anteriormente um crente imoral e impenitente (ver I Coríntios 5).
  B. **As instruções** (2.7-11): O homem arrependeu-se, e Paulo ordena que a igreja o restaure para que Satanás não se aproveite da falta de perdão deles.

III. O Triunfo (2.12-17)
  A. **A preocupação de Paulo** (2.12-13): Ele experimenta uma inquietação inicial quando não encontra Tito em Trôade.
  B. **A confiança de Paulo** (2.14-17): Qualquer que seja seu destino, Paulo tem a segurança da vitória final.
    1. *A fragrância da mensagem do Evangelho* (2.14-16)
      a. Para o salvo, ela cheira como vida (2.14-15, 16b).
      b. Para o perdido, ela tem cheiro de morte (2.16a).
    2. *A fidelidade do mensageiro do Evangelho* (2.17): Paulo não prega o Evangelho visando lucro, mas no poder de Deus.

ESBOÇO DA SEÇÃO TRÊS (II CORÍNTIOS 3)
Paulo escreve sobre a graça de Deus e a glória da Nova Aliança.

I. A Graça de Deus Não Escrita (3.1-6)
  A. **As cartas de recomendação dos fariseus** (3.1): Líderes judeus orgulhosos carregam consigo extensas cartas de recomendação.
  B. **As cartas vivas de recomendação do apóstolo** (3.2-6): Paulo não tem necessidade de cartas mortas e formais, uma vez que as vidas transformadas de seus convertidos exclamam a eficácia da graça de Deus.

II. A Glória Desvendada de Deus (3.7-18): Paulo contrasta a lei de Moisés com o Evangelho da graça, mostrando a superioridade deste sobre aquela.
  A. **A lei de Moisés** (3.7, 9a, 10a, 11a, 13-15)
    1. *Estava acompanhada de uma glória passageira* (3.7, 10a).
    2. *Era temporária* (3.11a).
    3. *Conduziu à morte* (3.9a).
    4. *Funcionou como um véu, restringindo a glória de Deus* (3.13-14a, 15).
    5. *Impediu a semelhança com Cristo na vida dos judeus e gentios não-salvos* (3.14b).
  B. **O Evangelho da graça** (3.8, 9b, 10b, 11b-12, 16-18)
    1. *Vem acompanhado de uma glória permanente* (3.10b).
    2. *É eterno* (3.11b).

3. *Conduz à vida* (3.8).
4. *Funciona como um espelho, refletindo a glória de Deus* (3.16-18).
5. *Produz semelhança com Cristo na vida dos judeus e gentios salvos* (3.9b).
6. *Produz confiança* (3.12).

ESBOÇO DA SEÇÃO QUATRO (II CORÍNTIOS 4)
Paulo escreve sobre as atitudes apropriadas em relação às Escrituras e diante do sofrimento.

I. COMO MANEJAR AS ESCRITURAS (4.1-7)
   A. **Conforme praticado por Paulo, o apóstolo** (4.1-2, 5-7)
      1. *Sua abordagem com relação à mensagem divina* (4.1-2, 5)
         a. Ele não usa métodos secretos e indecentes (4.1-2a).
         b. Ele não distorce a Palavra de Deus (4.2b).
         c. Ele prega a Jesus e não a si mesmo (4.5).
      2. *Sua atitude com relação ao mensageiro humano* (4.6-7)
         a. A ilustração (4.6-7a): Paulo retrata nosso corpo como um vaso de barro, no qual Deus colocou o tesouro do Evangelho.
         b. A implicação (4.7b): Isto é feito "para que a excelência do poder seja de Deus, e não da nossa parte".
   B. **Conforme praticado por Satanás, o adversário** (4.3-4): Ele cega a mente dos não-cristãos, evitando que vejam a luz do Evangelho.
II. COMO LIDAR COM O SOFRIMENTO (4.8-18): Paulo discute a realidade do sofrimento e a reação desejável na vida dos crentes.
   A. **A realidade do sofrimento** (4.8-9): Paulo diz que:
      1. *Está pressionado de todos os lados* (4.8a).
      2. *Está perplexo, mas não desanimado* (4.8b).
      3. *É perseguido, mas não desamparado* (4.9a).
      4. *É abatido, mas não destruído* (4.9b).
   B. **A reação (desejável) em relação ao sofrimento** (4.10-13)
      1. *Paulo partilha da morte de Jesus para que a vida de Jesus possa ser manifestada* (4.10).
      2. *Ele vive sob constante perigo para que Jesus seja evidente a eles* (4.11-12).
      3. *Ele continua a pregar* (4.13).
   C. **As recompensas do sofrimento** (4.14-18)
      1. *No futuro* (4.14): Um corpo ressurreto.
      2. *No presente* (4.16-18): Um corpo renovado.

ESBOÇO DA SEÇÃO CINCO (II CORÍNTIOS 5)
Paulo escreve sobre o novo corpo que os crentes um dia receberão e sobre o dever dos crentes como embaixadores de Cristo.

I. O CONSOLO (5.1-8): Paulo fala do novo corpo.

A. **O velho corpo** (5.1a, 2a, 3-4a, 6-8)
      1. *Classificado como uma habitação terrena* (5.1a)
      2. *Cheio de gemidos e suspiros* (5.2a)
      3. *Mortal* (5.3-4a)
      4. *Incapaz de ver Jesus face a face* (5.6-8)
   B. **O novo corpo** (5.1b, 2b, 4b-5)
      1. *Classificado como um lar celestial* (5.1b)
      2. *Sem gemidos e suspiros* (5.4b)
      3. *Eterno* (5.2b)
      4. *Capaz de ver Jesus face a face* (5.5)
II. A Decisão (5.9): Paulo resolve agradar a Deus em ambos os corpos.
III. O Pensamento (5.10): O apóstolo relembra seus leitores de uma verdade soberana.
   A. **O lugar** (5.10a): O tribunal de Cristo.
   B. **O propósito** (5.10b): A obra de nossa vida será posta à prova.
IV. O Reconciliar (5.11-21)
   A. **O ministério especial de Deus** (5.14-15, 18-19, 21a)
      1. *Ele reconciliou todos os pecadores* (5.14-15): Isto ele realizou pela morte de Cristo na cruz.
      2. *Ele regenerou todos os pecadores arrependidos* (5.18-19, 21a): Cada novo crente recebe uma nova natureza.
   B. **Nosso ministério especial** (5.11-13, 16-17, 20, 21b)
      1. *A tarefa* (5.11-13, 21b): Recebemos o ministério da reconciliação.
      2. *O título* (5.16-17, 20): Deus nos considera seus embaixadores terrenos.

ESBOÇO DA SEÇÃO SEIS (II CORÍNTIOS 6)
Paulo escreve sobre os maus-tratos que sofreu e adverte os coríntios a não se casar ou se associar com não-crentes.

I. A súplica (6.1-2): Tanto Paulo quanto Isaías imploram que não recebamos a graça de Deus em vão.
   A. **A súplica de Paulo** (6.1): Não devemos rejeitar a bondade de Deus.
   B. **A súplica de Isaías** (6.2): Ver Isaías 49.8.
II. A Prioridade (6.3): Paulo sente que é importante não colocar uma pedra de tropeço no caminho de quem quer que seja.
III. A Dor (6.4-5): Paulo recapitula seus sofrimentos.
   A. **Ele foi espancado e aprisionado** (6.4-5a).
   B. **Ele enfrentou turbas iradas** (6.5b).
   C. **Ele trabalhou até a exaustão** (6.5c).
   D. **Ele suportou noites sem dormir e fome** (6.5d).
IV. A Paciência (6.6-7): Paulo suportou tudo isso através do amor e do poder de Deus.
V. O Paradoxo (6.8-10): Um paradoxo é uma contradição aparente, mas não real.

A. **Paulo é honesto, mas foi chamado de mentiroso** (6.8).
   B. **Paulo é conhecido, ainda que desconhecido** (6.9a).
   C. **Ele está morrendo, ainda que vivendo** (6.9b).
   D. **Paulo está triste, mas sempre se regozija** (6.10a).
   E. **Ele é pobre, ainda que torne outros ricos** (6.10b).
   F. **Ele não tem nada, embora possua tudo** (6.10c).
VI. O Pai (6.11-13): Paulo fala aos coríntios como um pai amoroso falaria aos seus filhos.
VII. A Proibição (6.14-18)
   A. **A restrição** (6.14a): Não se pôr em jugo desigual com não-crentes.
   B. **Os motivos** (6.14b-16a): Paulo pergunta se é possível haver comunhão entre:
      1. *Luz e trevas* (6.14b).
      2. *Cristo e Satanás* (6.15).
      3. *O verdadeiro Deus e um falso ídolo* (6.16a).
   C. **As recompensas** (6.16b-18): Três recompensas são prometidas a todos os que obedecem e se separam dos impuros.
      1. *Deus viverá neles* (6.16b).
      2. *Deus andará entre eles* (6.16c-17).
      3. *Deus será um Pai para eles* (6.18).

ESBOÇO DA SEÇÃO SETE (II CORÍNTIOS 7)
Paulo expressa sua alegria pelo arrependimento da igreja de Corinto.

 I. A Solução (7.1): Paulo insta para que os coríntios se voltem da impureza e busquem a santidade de Deus.
 II. O Pedido (7.2-4)
   A. **O que o apóstolo pede** (7.2a): Para que ele tenha lugar em seus corações.
   B. **Por que o apóstolo pede** (7.2b-4)
      1. *Ele jamais fez algo de errado a eles* (7.2b).
      2. *Ele os tem em seu coração* (7.3-4).
 III. O Alívio (7.5-7): Paulo expressa um duplo alívio.
   A. **Ao ver Tito, o homem** (7.5-6): Além de se preocupar com a própria segurança, Paulo preocupa-se com a segurança de Tito.
   B. **Ao ouvir Tito, o mensageiro** (7.7): Paulo está muito alegre por ouvir de Tito que os coríntios receberam calorosamente tanto a ele quanto à repreensão de Paulo, que resultou em arrependimento.
 IV. O Arrependimento (7.8-11): Paulo contrasta o arrependimento reto com o arrependimento do mundo.
   A. **O primeiro traz uma dor genuína quanto ao pecado da pessoa e conduz à salvação** (7.8-10a, 11).
   B. **O segundo é falso e conduz à morte** (7.10b).

V. A Reafirmação (7.12-16): A fé que Paulo tem na igreja de Corinto é reafirmada por dois fatores.
   A. **Eles receberam Tito** (7.13b-16).
   B. **Eles se arrependeram de seu pecado** (7.12-13a).

ESBOÇO DA SEÇÃO OITO (II CORÍNTIOS 8)
Paulo escreve sobre a oferta financeira que a igreja de Corinto está levantando para os crentes necessitados em Jerusalém.

I. A Vida Piedosa — Ilustrações (8.1-5, 9): Paulo fornece dois exemplos de uma vida sacrificial.
   A. **Os crentes da Macedônia** (8.1-5)
      1. *Primeiro, entregaram-se à vontade do Salvador* (8.5).
      2. *Depois, compartilharam sacrificialmente sua prosperidade com os santos* (8.1-4).
   B. **O Senhor Jesus Cristo** (8.9)
      1. *O que ele era* (8.9a): Muito rico.
      2. *O que ele se tornou* (8.9b): Muito pobre.
      3. *Por que ele fez isso* (8.9c): Para tornar espiritualmente ricas as pessoas espiritualmente pobres.
II. A Vida Piedosa — Instruções (8.6-8, 10-15)
   A. **Contribuir com sinceridade** (8.6-8): Paulo diz que a contribuição financeira está relacionada a outros dons espirituais.
   B. **Contribuir livremente** (8.10-11).
   C. **Contribuir realisticamente** (8.12).
   D. **Contribuir confiantemente** (8.13-15).
III. A Vida Piedosa — Pessoas (8.16-24): Paulo promete enviar mais três homens que receberão uma oferta de Corinto.
   A. **Os nomes dos três homens** (8.16-19): Um é Tito; os outros dois não têm os nomes mencionados.
   B. **A necessidade de enviar estes três homens** (8.20-24): Será uma salvaguarda contra qualquer suspeita.

ESBOÇO DA SEÇÃO NOVE (II CORÍNTIOS 9)
Paulo completa o assunto que iniciou no capítulo anterior: a graça de contribuir.

I. A Dádiva Financeira dos Coríntios (9.1-14)
   A. **A recapitulação** (9.1-5)
      1. *A confiança de Paulo na igreja de Corinto* (9.1-2): Ele se orgulha do antigo entusiasmo deles em levantar ofertas para os santos em Jerusalém.
      2. *A incumbência de Paulo à igreja de Corinto* (9.3-5): Ele insta para que eles completem a tarefa, pois ele enviará alguns homens para recebê-la.

B. **O lembrete** (9.6-9)
    1. *O princípio* (9.6, 8-9)
      a. Plantar pouco implica colher pouco (9.6a).
      b. Plantar muito implica colher muito (9.6b, 8-9).
    2. *O participante* (9.7): Cada pessoa deve determinar o valor de sua contribuição livremente, não por pressão.
  C. **As recompensas** (9.10-14)
    1. *Quem contribui será abençoado pelo Senhor* (9.10, 13).
    2. *Quem contribui será abençoado por quem recebe* (9.11-12, 14).
II. O DOM SUPREMO DO PAI (9.15): Ele nos deu seu próprio Filho, Jesus Cristo.

ESBOÇO DA SEÇÃO DEZ (II CORÍNTIOS 10)
Paulo defende seu apostolado contra as mentiras de ímpios judaizantes.

I. A DEFESA DO APÓSTOLO (10.1-13)
  A. **Sua brandura** (10.1): Ele apela com a brandura e a gentileza de Cristo aos crentes em Corinto.
  B. **Sua metodologia** (10.2-6)
    1. *O que Paulo não faz* (10.2-3): Ele não depende das táticas deste mundo.
    2. *O que Paulo faz* (10.4-6): Ele usa as poderosas armas de Deus para derrotar as fortalezas de Satanás.
  C. **Sua militância** (10.7-11)
    1. *O ridículo* (10.7a, 10): O que os inimigos de Paulo dizem dele.
      a. Ele não possui poder nem autoridade (10.7a).
      b. Ele escreve como se fosse forte, mas é pessoalmente fraco (10.10).
    2. *A reação* (10.7b-9, 11): O que Paulo diz de si.
      a. Ele possui o poder e a autoridade do próprio Cristo (10.7b).
      b. Eles logo descobrirão que ele é forte, tanto escrevendo quanto pessoalmente (10.9, 11).
  D. **Sua referência** (10.12-13)
    1. *Ele não se compara com outros homens* (10.12).
    2. *Ele se ajusta a Jesus Cristo* (10.13).
II. OS DESEJOS DO APÓSTOLO (10.14-18)
  A. **Em relação a eles** (10.14-15): Paulo ora para que a fé deles cresça.
  B. **Em relação a si próprio** (10.16-18)
    1. *Que ele tenha permissão para pregar às regiões ainda não alcançadas* (10.16-17).
    2. *Que ele seja aprovado pelo próprio Deus* (10.18).

ESBOÇO DA SEÇÃO ONZE (II CORÍNTIOS 11)
Paulo alerta contra os falsos profetas e fala mais sobre as várias provações que suportou por causa do Evangelho.

I. O Ciúme de Paulo pela Igreja (11.1-2)
   A. **É um ciúme santo** (11.1-2a).
   B. **É um ciúme com objetivo** (11.2b): Ele deseja apresentar a Igreja como uma noiva virgem e pura a Cristo.
II. A Preocupação de Paulo com Relação à Igreja (11.3-4)
   A. **O que ele teme** (11.3): Ele está preocupado que Satanás engane a igreja de Corinto como fez com Eva.
   B. **Por que ele teme** (11.4): Eles são muito ingênuos, prontos para crer em qualquer coisa que ouvirem sobre Jesus e o Evangelho.
III. O Trabalho de Paulo pela Igreja de Corinto (11.5-12)
   A. **Ele não é um super-homem, mas sabe do que está falando** (11.5-6).
   B. **Ele recebeu dinheiro de outras igrejas para ministrar a Corinto** (11.7-8).
   C. **Ele supriu seu próprio sustento, nada recebendo dos coríntios enquanto ali ministrou** (11.9-12).
IV. O Alerta de Paulo à Igreja (11.13-15): Paulo descreve seus inimigos: os legalistas judaizantes.
   A. **O que eles fazem** (11.13): Eles enganam a igreja quanto a recebê-los como verdadeiros apóstolos de Cristo.
   B. **Como eles fazem** (11.14-15)
      1. *A raiz dessa habilidade* (11.14): O próprio Satanás mascara-se de anjo de luz.
      2. *O fruto dessa habilidade* (11.15): Satanás faz o mesmo com seus seguidores.
V. As Credenciais de Paulo e a Igreja (11.16-22)
   A. **Os judaizantes e suas falsas credenciais** (11.16-21a): Estes inimigos da igreja usam suas credenciais para ferir os crentes.
   B. **O apóstolo e suas credenciais legítimas** (11.21b-22): Este amigo da igreja usa suas credenciais para ajudar os crentes.
VI. Os Sofrimentos de Paulo pela Igreja (11.23-33): A dor e a perseguição que Paulo sofreu são quase inconcebíveis.
   A. **Ele esteve aprisionado várias vezes** (11.23a).
   B. **Ele esteve triste inúmeras vezes** (11.23b).
      1. *Ele recebeu 39 chicotadas dos judeus em cinco ocasiões* (11.24).
      2. *Ele foi espancado com varas por três vezes* (11.25a).
   C. **Ele chegou perto da morte várias vezes** (11.23c)
      1. *Ele enfrentou o perigo de rios inundados* (11.26b).
      2. *Ele enfrentou o perigo de ladrões* (11.26c).
      3. *Ele enfrentou o perigo tanto de turbas de judeus como de gentios* (11.26d).
   D. **Ele foi apedrejado certa vez** (11.25b).
   E. **Ele naufragou três vezes** (11.25c).
   F. **Ele passou uma noite e um dia no mar aberto** (11.25d).
   G. **Ele viajou exaustivamente por muitos quilômetros** (11.26a).

H. Ele passou várias noites em claro (11.27a).
   I. Ele conheceu fome e sede constante (11.27b).
   J. Ele esteve freqüentemente com frio e com roupas gastas (11.27c).
   K. Ele participou de fugas terríveis (11.32-33).
   L. Ele carregou diariamente o fardo das várias igrejas que iniciou (11.28-31).

ESBOÇO DA SEÇÃO DOZE (II CORÍNTIOS 12)
Paulo descreve sua experiência de ser "arrebatado até o terceiro céu" e fala de seu espinho na carne que Deus permitiu, para mantê-lo humilde. Ele escreve sobre algumas de suas preocupações com respeito aos coríntios.

I. PAULO E O TERCEIRO CÉU (12.1-10)
   A. A visão do apóstolo (12.1-6)
      1. *Onde ele esteve* (12.1-3): Ele foi subitamente arrebatado até o terceiro céu.
      2. *O que ele ouviu* (12.4-6): Ele ouviu coisas tão maravilhosas que não consegue descrevê-las em linguagem terrena.
   B. A irritação do apóstolo (12.7)
      1. *O que ele recebeu* (12.7a): Satanás infligiu a ele um espinho na carne para atormentá-lo.
      2. *Por que ele recebeu* (12.7b): Deus permitiu que o diabo fizesse isso para impedir Paulo de se orgulhar.
   C. A vitória do apóstolo (12.8-10)
      1. *O pedido de Paulo* (12.8): Por três vezes, ele implorou que Deus tirasse o espinho de sua carne.
      2. *A recusa de Deus* (12.9): Deus respondeu: "A minha graça te basta".
      3. *A percepção de Paulo* (12.10): "Quando estou fraco, então é que sou forte".
II. PAULO E A TERCEIRA VIAGEM (12.11-21): Paulo fala de seu plano de visitar a igreja de Corinto.
   A. Seu lembrete (12.11-13): Contrariamente ao que seus inimigos dizem, Paulo relembra aos coríntios que os milagres antes operados por ele demonstram que ele é um verdadeiro apóstolo.
   B. Seu relacionamento (12.14-19): Paulo compara-se a um pai amoroso e os coríntios, a filhos não-amorosos.
   C. Seu sentimento (12.20-21): Paulo está apreensivo, achando que encontrará a igreja ainda cheia de orgulho, fofoca, divisão e desordem.

ESBOÇO DA SEÇÃO TREZE (II CORÍNTIOS 13)
Paulo fala que logo visitará Corinto e profere algumas palavras finais.

I. A VISITA DE PAULO (13.1-10)
   A. O número (13.1a): Esta será sua terceira visita.

B. A necessidade (13.1b-10): O apóstolo sente que esta viagem é necessária por vários motivos.
1. *O testemunho de Paulo contra eles* (13.1b-4): Ele relembra à igreja Deuteronômio 19.15, que diz que toda verdade deve ser estabelecida pelo testemunho de duas ou três testemunhas; por isso, a terceira viagem de Paulo.
2. *O aviso de Paulo a eles* (13.5-6): Ele insta para que os coríntios façam um auto-exame a fim de determinar se estão realmente salvos.
3. *O desejo de Paulo em relação a eles* (13.7-10): Ele espera encontrá-los maduros, não tendo necessidade de punição futura.

II. As Palavras Finais de Paulo (13.11-13)
  A. **Sua admoestação quádrupla** (13.11)
   1. *Regozijem-se* (13.11a).
   2. *Aperfeiçoem-se* (13.11b).
   3. *Incentivem uns aos outros* (13.11c).
   4. *Vivam em harmonia e paz* (13.11d).
  B. **Sua bênção tríplice** (13.12-13)
   1. *"O amor de Deus... seja com todos vós"* (13.13b, 13d).
   2. *"A graça do Senhor Jesus Cristo... seja com todos vós"* (13.13a, 13d).
   3. *"A comunhão do Espírito Santo... seja com todos vós"* (13.13c-13d).

Gálatas

ESBOÇO DA SEÇÃO UM (GÁLATAS 1)
Paulo inicia sua carta à igreja da Galácia com uma afirmação de sua identidade como apóstolo de Cristo. Ele expressa tristeza porque os gálatas abandonaram o Evangelho e fala sucintamente de sua própria experiência de conversão.

I. As Saudações de Paulo (1.2-5)
  A. **Aos Santos da Galácia** (1.2): Paulo envia saudações pessoais e dos cristãos que estão com ele.
  B. **Do Salvador na glória** (1.3-5)
    1. *Que morreu para nos salvar* (1.3-4a).
    2. *Que vive para nos santificar* (1.4b-5).
II. A Tristeza de Paulo (1.6-10)
  A. **A preocupação do apóstolo** (1.6-7): Ele se entristece pelo fato de os gálatas terem dado as costas ao Evangelho da graça rumo à escravidão da lei.
  B. **A maldição do apóstolo** (1.8-10): Ele profere juízo severo de Deus sobre aqueles que ousam perverter a mensagem do Evangelho.
III. O Chamado do Evangelho de Paulo (1.1, 11-24)
  A. **A revelação** (1.1, 11-12)
    1. *Ela não procede de homens* (1.1, 11): O Evangelho não foi compilado por nenhuma autoridade, lógica ou raciocínio humano.
    2. *Ela não pertence a homens* (1.12): O Evangelho foi comunicado a Paulo diretamente pelo próprio Jesus Cristo.
  B. **A recapitulação** (1.13-24)
    1. *Paulo fala de suas atividades antes da conversão* (1.13-14)
      a. Sua crueldade para com o Cristianismo (1.13): Ele perseguia os cristãos.
      b. Seu compromisso ao judaísmo (1.14): Como judeu muito religioso, seguiu à risca todas as leis e costumes.
    2. *Paulo fala de suas atividades após a conversão* (1.15-24)
      a. Sua escolha por parte de Deus (1.15-16): Ele foi escolhido antes de nascer, e o Filho lhe foi revelado.
      b. Sua viagem da Arábia para Damasco (1.17).

c. Sua viagem de Damasco a Jerusalém (1.18-20): Três anos após sua conversão, ele foi a Jerusalém e encontrou-se com Pedro e Tiago, o irmão do Senhor, durante 15 dias.
d. Sua viagem de Jerusalém para Síria e Cilícia (1.21-24).

ESBOÇO DA SEÇÃO DOIS (GÁLATAS 2)
Paulo escreve sobre sua segunda viagem a Jerusalém e a repreensão a Pedro.

I. A Recepção de Paulo em Jerusalém (2.1-10): Paulo, acompanhado de Barnabé e Tito, visita Jerusalém pela segunda vez, 14 anos após sua primeira visita.
  A. **O motivo** (2.1-2): Ele se encontra com líderes cristãos para tratar de seu ministério aos gentios.
  B. **Os resultados** (2.3-10)
    1. *Paulo e os líderes* (2.3, 6-10)
      a. Os líderes concordam com Paulo em que Tito não deve ser circuncidado (2.3).
      b. Os líderes recebem Paulo como co-obreiro (2.6-10).
    2. *Paulo e os legalistas* (2.4-5): Eles fazem uma tentativa mal-sucedida de impor seu legalismo a Paulo.
II. A Repreensão de Pedro por Paulo na Antioquia (2.11-21)
  A. **A necessidade da repreensão** (2.11-13): Pedro recusa-se a ter comunhão com salvos não-circuncidados a partir da chegada de salvos legalistas judaizantes.
  B. **A natureza da repreensão** (2.14-21)
    1. *O conteúdo* (2.14-18): Paulo lembra Pedro de que é a fé, e não a circuncisão, que salva tanto judeus quanto gentios.
    2. *A conclusão* (2.19-21)
      a. Todos os crentes estão crucificados com Cristo (2.19-20a).
      b. Todos os crentes devem viver pela fé no Cristo que em nós habita (2.20b-21).

ESBOÇO DA SEÇÃO TRÊS (GÁLATAS 3)
Paulo fornece cinco argumentos, todos demonstrando a suficiência da justificação somente pela fé.

I. O Argumento dos Próprios Gálatas (3.1-5)
  A. **Eles se tornaram crentes ao voltar-se para o Evangelho** (3.1-2).
  B. **Eles se tornaram insensatos ao se voltar contra o Evangelho** (3.3-5).
II. O Argumento de Abraão (3.6-9, 15-18)
  A. **Como Abraão foi salvo** (3.6-9)
    1. *Sua salvação* (3.6): Ele foi justificado pela fé.
    2. *Nossa salvação* (3.7-9): Tanto judeus quanto gentios são justificados pela fé.

B. **Quem salvou Abraão** (3.15-16): Foi Cristo, que veio da linhagem de Abraão.
   C. **Quando Abraão foi salvo** (3.17-18): A promessa foi dada a ele quatrocentos e trinta anos antes de a lei ser apresentada.
III. O Argumento da Lei (3.10-12, 19-25)
   A. **O problema da lei** (3.10-12): Os que estão debaixo da lei e não lhe obedecem completamente permanecem sob maldição.
   B. **O propósito da lei** (3.19-25)
      1. *Ela ajuda a mostrar nosso pecado* (3.19-20).
      2. *Ela ajuda a preparar o caminho para nosso Salvador* (3.21-25): A lei serve como tutor e guia para nos conduzir a Cristo.
IV. O Argumento da Obra do Filho de Deus (3.13-14)
   A. **O que ele fez** (3.13a): Ele nos redimiu da maldição da lei.
   B. **Como ele fez** (3.13b): Ele se tornou maldição por nós na cruz.
   C. **Por que ele fez** (3.14): Para cumprir a promessa dada por Deus a Abraão.
V. O Argumento da Obra do Espírito de Deus (3.26-29)
   A. **O que ele faz** (3.26-27): Ele batiza judeus e gentios arrependidos no corpo de Cristo.
   B. **Por que ele faz isso** (3.28-29): Isso assegura a todos a possibilidade de partilhar da promessa dada a Abraão.

ESBOÇO DA SEÇÃO QUATRO (GÁLATAS 4)
Numa tentativa de libertar os gálatas da terrível opressão do legalismo, Paulo apela para a mente e o coração deles.

I. As Palavras de Paulo Dirigidas à Mente (4.1-7, 21-31): Ele propõe duas ilustrações.
   A. **A ilustração legal** (4.1-7)
      1. *O pai romano e seu filho* (4.1-2)
         a. A frustração (4.1): Enquanto o filho não tem idade, ele pouco desfruta bens de seu pai.
         b. A liberdade (4.2): Ao se tornar mais velho, o filho pode desfrutar todo o patrimônio de seu pai.
      2. *O Pai do Redentor e os filhos desse Pai* (4.3-7)
         a. A frustração (4.3): Enquanto debaixo da lei, eles pouco podem desfrutar a herança do Pai.
         b. A liberdade (4.4-7): Ao amadurecer (por causa da morte de Cristo), eles podem desfrutar toda a herança do Pai.
   B. **Uma ilustração do Antigo Testamento** (4.21-31): Paulo usa o exemplo de Hagar e Sara, duas mulheres do Antigo Testamento, para ilustrar a lei de Moisés e a graça de Deus.
      1. *Hagar* (uma tipologia da lei) (4.21-22a, 23a, 24-25, 29a, 30-31a)
         a. Ela era uma escrava (4.21-22a).
         b. Seu casamento com Abraão foi induzido pela carne (4.23a).

c. Seu filho, Ismael, nasceu naturalmente (4.24).
d. Seu filho perseguiu o segundo filho de Abraão, Isaque (4.29a).
e. Seu filho não foi considerado herdeiro legal de Abraão (4.30-31a).
f. Ela corresponde à atual Jerusalém.
 2. *Sara* (uma tipologia da graça) (4.22b, 23b, 26-28, 29b, 31b)
a. Ela era uma mulher livre (4.22b).
b. Seu casamento com Abraão foi espiritualmente induzido (4.23b).
c. Seu filho, Isaque, nasceu sobrenaturalmente (4.27).
d. Seu filho foi perseguido por Ismael (4.29b).
e. Seu filho foi considerado herdeiro legal de Abraão (4.28).
f. Sara representa a nova aliança (4.27).
g. Ela corresponde a Jerusalém terrena (4.26).
II. AS PALAVRAS DE PAULO DIRIGIDAS AO CORAÇÃO (4.8-20)
A. A repreensão (4.8-11): Novamente ele os condena por voltar ao legalismo.
B. A recapitulação (4.12-18)
 1. *Paulo relembra o fato de que, certa vez, eles foram amigos* (4.12-15).
 2. *Paulo deseja saber se eles agora são seus inimigos* (4.16-18).
C. O renascimento (4.19-20): Paulo sofrerá novamente as dores de parto até que Cristo esteja completamente formado neles.

ESBOÇO DA SEÇÃO CINCO (GÁLATAS 5)
Paulo mostra como o milagre da justificação pela fé traz liberdade e fruto.

I. A LIBERDADE NO FILHO (5.1-15)
A. Proteção contra o legalismo (5.1-12)
 1. *A obra de Cristo nos libertou da escravidão da lei* (5.1-4, 6-12).
 2. *A obra de Cristo nos libertará (um dia) da escravidão de nosso corpo* (5.5).
B. Proteção contra a libertinagem (5.13-15): Paulo alerta contra o uso da liberdade para ceder à natureza pecaminosa.
II. O FRUTO DO ESPÍRITO (5.16-26)
A. O conflito (5.16-18): Paulo descreve a feroz batalha travada no interior do crente.
 1. *Os contendores* (5.17-18)
a. A natureza maligna (5.17a)
b. O Espírito Santo (5.17b-18)
 2. *O conselho* (5.16)
a. "Andai pelo Espírito" (5.16a).
b. "E não haveis de cumprir a cobiça da carne" (5.16b).
B. Os filhos (5.19-26)
 1. *O fruto da carne* (5.19-21): Prostituição, impureza, lascívia, idolatria, feitiçaria, inimizades, contendas, ciúmes, iras, facções, dissensões, partidos, invejas, bebedices, orgias etc.

2. *O fruto do Espírito* (5.22-26): Amor, alegria, paz, longanimidade, bondade, benignidade, fidelidade, mansidão e domínio próprio.

ESBOÇO DA SEÇÃO SEIS (GÁLATAS 6)
Paulo termina sua carta com algumas instruções.

I. Paulo e os Santos (6.1-10): Paulo escreve suas instruções finais aos crentes da Galácia, relembrando-os de três leis.
   A. **A lei de partilhar e apoiar** (6.1-5)
      1. *O nome desta lei* (6.1-2): Paulo a chama "lei de Cristo".
      2. *A natureza desta lei* (6.3-5): Crentes espirituais devem, com todo o carinho, restaurar os crentes caídos de volta à comunhão.
   B. **A lei de receber e contribuir** (6.6): Os que são ensinados na Palavra de Deus devem ajudar seus mestres, sustentando-os.
   C. **A lei de semear e colher** (6.7-10)
      1. *Aqueles que semeiam somente os desejos pecaminosos colherão a morte eterna* (6.7-8a).
      2. *Aqueles que semeiam o que é bom colherão a vida eterna* (6.8b-10).

II. Paulo e o Salvador (6.11-18)
   A. **Paulo dá testemunho de sua submissão a Cristo** (6.11-16)
      1. *Os legalistas orgulham-se da cerimônia da circuncisão* (6.11-13).
      2. *O apóstolo orgulha-se na cruz de Cristo* (6.14-16).
   B. **Paulo dá testemunho de seu sofrimento por Cristo** (6.17-18): Ele carrega no corpo as marcas do sofrimento por Jesus.

Efésios

ESBOÇO DA SEÇÃO UM (EFÉSIOS 1)
Paulo inicia sua carta à igreja em Éfeso comparando a igreja a um corpo.

I. A CRIAÇÃO DESTE CORPO (1.1-14): Toda a Trindade está envolvida.
   A. Ele foi planejado pelo Pai (1.1-6).
      1. *Ele nos abençoou* (1.1-3).
      2. *Ele nos escolheu* (1.4)
         a. Quando isto aconteceu (1.4a): "Antes da fundação do mundo".
         b. Por que aconteceu (1.4b): Para que pudéssemos ser "santos e irrepreensíveis diante dele".
      3. *Ele nos adotou* (1.5-6).
   B. Ele foi comprado pelo Filho (1.7-12).
      1. *O que Jesus fez* (1.7-10)
         a. Ele nos redimiu por seu sangue (1.7-8).
         b. Um dia, ele nos reunirá em seu nome (1.9-10).
      2. *Por que Jesus fez* (1.11-12): Para que pudéssemos louvar a Deus.
   C. Ele é preservado pelo Espírito (1.13-14).
      1. *O que o Espírito Santo faz* (1.13): Sua presença serve como um selo especial em nosso coração.
      2. *Por que o Espírito Santo faz isso* (1.14): Sua presença garante nossa segurança eterna.
II. A CONSAGRAÇÃO DESTE CORPO (1.15-23): Paulo ora para que Deus permita que sua igreja compreenda quatro coisas a seu respeito.
   A. Sobre sua pessoa (1.15-17): "Para que Deus... vos dê o espírito de sabedoria e de revelação no pleno conhecimento dele".
   B. Sobre sua promessa (1.18): "Para que saibais qual seja a esperança da sua vocação, e quais as riquezas da glória da sua herança".
   C. Sobre seu poder (1.19-20a): "E qual a suprema grandeza do seu poder... que operou em Cristo, ressuscitando-o dentre os mortos".
   D. Sobre sua posição (1.20b-23)
      1. *A posição de Cristo nos céus* (1.20b-21): Ele ocupa o lugar exaltado à destra do próprio Pai.
      2. *A posição de Cristo na terra* (1.22-23): Ele foi designado cabeça da igreja.

ESBOÇO DA SEÇÃO DOIS (EFÉSIOS 2)
Paulo compara a Igreja a um templo. Ele pesquisa o que, por que e como relacionar este templo espiritual de salvação.

I. O QUE ÉRAMOS (2.1-3, 11-12)
   A. **Estávamos mortos no pecado** (2.1).
   B. **Éramos influenciados por Satanás** (2.2).
   C. **Éramos controlados pela concupiscência** (2.3a).
   D. **Estávamos debaixo da ira de Deus** (2.3b).
   E. **Éramos pagãos sem Deus** (2.11).
   F. **Estávamos separados de Cristo** (2.12a).
   G. **Estávamos sem esperança no mundo atual** (2.12b).
II. O QUE DEUS FEZ (2.4-6)
   A. **Ele nos amou** (2.4).
   B. **Ele nos libertou** (2.5).
   C. **Ele nos elevou** (2.6).
III. POR QUE DEUS FEZ (2.7): Ele fez isso para que pudesse apresentar-nos como troféus de graça.
IV. COMO DEUS FEZ (2.8-9, 13)
   A. **Através de seu favor especial** (2.8a).
   B. **Através da fé** (2.8b-9).
   C. **Através do sangue** (2.13).
V. O QUE SOMOS (2.10, 14-22)
   A. **Somos produtos de sua graça** (2.10)
      1. *A tarefa* (2.10a): Somos criados em Cristo para as boas obras.
      2. *A época* (2.10b): Isso foi planejado antes da fundação do mundo.
   B. **Somos parceiros de Israel** (2.14-18)
      1. *O reconciliador* (2.14): Cristo destruiu a barreira que separava judeus e gentios.
      2. *Os resultados* (2.15-18): Ele juntou, em um só corpo, uma nova pessoa, quer judeus, quer gentios.
   C. **Somos o povo de Deus** (2.19).
   D. **Somos os pilares do Templo** (2.20-22)
      1. *A fundação* (2.20a): Os apóstolos e os profetas.
      2. *A pedra angular* (2.20b-22): O próprio Jesus Cristo.

ESBOÇO DA SEÇÃO TRÊS (EFÉSIOS 3)
Paulo compara a Igreja a um mistério.

I. A EXPLICAÇÃO DE PAULO AOS EFÉSIOS (3.1-13): Paulo fala de um mistério especial.
   A. **Quem recebeu o mistério** (3.1-4, 7-9, 13): Paulo recebeu os detalhes desse mistério.
      1. *A injustiça* (3.1a, 13): Mesmo inocente quanto a qualquer crime, Paulo está preso.

2. *A missão do apóstolo* (3.1b-4, 9)
   a. Com relação às Escrituras (3.1b-4): Ele deve pregar a Palavra de Deus aos gentios.
   b. Com relação ao mistério divino (3.9): Ele deve explicá-lo a todos.
 3. *A humildade do apóstolo* (3.7-8): Ele olha para si como "o mínimo de todos os santos".
  B. **A época do mistério** (3.5)
   1. *Este mistério foi dado no Antigo Testamento* (3.5a).
   2. *Este mistério é agora revelado no Novo Testamento* (3.5b).
  C. **A natureza do mistério** (3.6): O segredo é que tanto judeus quanto gentios foram reunidos no corpo de Cristo.
  D. **Os motivos para o mistério** (3.10-12)
   1. *A sabedoria de Deus ser experimentada pela Igreja* (3.10b-12).
   2. *A sabedoria de Deus ser exibida aos anjos* (3.10a).
II. A Súplica de Paulo pelos Efésios (3.14-21): O apóstolo faz uma oração tríplice por aqueles crentes.
  A. **Com relação ao Espírito de Deus** (3.14-16): Ele ora para que o Espírito fortaleça o interior deles.
  B. **Com relação ao Filho de Deus** (3.17): Ele ora para que Cristo habite cada vez mais no coração deles.
  C. **Com relação ao amor de Deus** (3.18-21): Ele ora para que eles sejam capazes de captar as dimensões completas do amor de Deus.

ESBOÇO DA SEÇÃO QUATRO (EFÉSIOS 4)
Paulo compara a Igreja a uma nova criação.

I. A Posição Desta Nova Criação (4.1-16)
  A. **A unidade** (4.1-6): Paulo apela para a unidade cristã com base em sete fatos espirituais maravilhosos.
   1. *Há um corpo* (4.1-4a): o corpo de Cristo.
   2. *Há um Espírito* (4.4b): o Espírito Santo.
   3. *Há uma esperança* (4.4c): a vida eterna.
   4. *Há um Senhor* (4.5a): o Deus trino.
   5. *Há uma fé* (4.5b): a fé cristã.
   6. *Há um batismo* (4.5c): o batismo do Espírito no corpo de Cristo.
   7. *Há um Deus e Pai* (4.6): o Pai celestial.
  B. **O Unificador** (4.7-16): A obra de Cristo junta todas as seguintes coisas:
   1. *Seus dons aos crentes* (4.7-11)
    a. Quando estes dons foram dados (4.7-10): Após a ascensão de Cristo.
    b. Quais foram estes dons (4.11)
     (1) Apostolado (4.11a)
     (2) Profecia (4.11b)
     (3) Evangelismo (4.11c)
     (4) Pastoreio e mestrado (4.11d)

2. *Suas metas para os crentes* (4.12-16)
   a. Que eles sejam equipados (4.12)
   b. Que eles sejam maduros (4.13)
   c. Que eles sejam firmes (4.14-16)
II. A Disposição Desta Nova Criação (4.17-32): Uma vida nova exige um estilo de vida novo.
   A. **Os crentes devem evitar um estilo de vida imoral** (4.17-19): Paulo descreve os não-salvos como tendo:
      1. *Pensamentos confusos* (4.17).
      2. *Mente obscurecida* (4.18a).
      3. *Coração endurecido* (4.18b).
      4. *Impureza e pensamentos avarentos* (4.19).
   B. **Os crentes devem adotar um estilo de vida espiritual** (4.20-32).
      1. *Devem ter renovação de atitudes e pensamentos espirituais* (4.20-23).
      2. *Devem despojar-se do velho homem, incluindo* (4.24, 26-28a, 29a, 30-32):
         a. Mentira (4.24)
         b. Ira descontrolada (4.26-27)
         c. Roubo (4.28a)
         d. Desejos corruptos (4.29a, 31)
         e. Atos que entristecem o Espírito Santo (4.30)
      3. *Devem revestir-se do novo homem, incluindo* (4.25, 28b-29, 32):
         a. Verdade (4.25)
         b. Honestidade (4.28b)
         c. Ajuda aos necessitados (4.28c)
         d. Edificação do próximo (4.29b)
         e. Bondade e compaixão (4.32a)
         f. Perdão (4.32b)

ESBOÇO DA SEÇÃO CINCO (EFÉSIOS 5)
Paulo compara a Igreja a filhos, maridos e esposas obedientes.

I. Filhos Obedientes (5.1-21): Doze regras para o lar do Pai:
   A. **Seguir Cristo em amor** (5.1-2).
   B. **Evitar toda a imoralidade** (5.3).
   C. **Abster-se de linguagem obscena** (5.4-5).
   D. **Não permitir que outros nos enganem** (5.6-7).
   E. **Andar na luz** (5.8-9, 11-14).
   F. **Buscar e fazer a vontade de Deus** (5.10, 17).
   G. **Usar todas as oportunidades para fazer o bem** (5.15-16).
   H. **Não se embebedar com vinho** (5.18a).
   I. **Estar cheios do Espírito** (5.18b).
   J. **Usar a música para incentivar outros e para adorar a Deus** (5.19).
   K. **Ser gratos por tudo** (5.20).

L. **Submeter-se uns aos outros** (5.21).
II. MARIDOS E ESPOSAS OBEDIENTES (5.22-33)
   A. **A esposa deve submeter-se ao seu marido como a Igreja se submete a Cristo** (5.22-24).
   B. **O marido deve amar sua esposa como Cristo ama a Igreja** (5.25-33).
      1. *Cristo morreu pela Igreja* (5.25).
      2. *Cristo vive para tornar a Igreja santa e pura* (5.26).
      3. *Cristo um dia apresentará a Igreja gloriosa, sem mácula ou ruga, para si* (5.27).
   C. **O marido deve amar sua esposa como ele ama seu próprio corpo** (5.28-33).

ESBOÇO DA SEÇÃO SEIS (EFÉSIOS 6)
Paulo compara a Igreja a um soldado.

I. TREINAMENTO MILITAR (6.1-9)
   A. **O exemplo de filhos e pais** (6.1-4)
      1. *Como soldados, os filhos devem honrar e obedecer a seus pais* (6.1-3).
      2. *Como comandantes, os pais devem discipular e instruir seus filhos* (6.4).
   B. **O exemplo do servo e do patrão** (6.5-9)
      1. *Os servos devem servir a seus patrões como serviriam a Cristo* (6.5-8).
      2. *Os patrões devem tratar seus empregados como tratariam a Cristo* (6.9).
II. FRENTE DE BATALHA (6.10-24)
   A. **A exortação** (6.10-11a, 13, 18-20): Paulo profere uma exortação quádrupla.
      1. *Ser forte* (6.10): Encontrar força no gigantesco poder de Deus.
      2. *Preparar-se* (6.11a): Vestir-se com a armadura completa de Deus.
      3. *Permanecer firme* (6.13).
      4. *Orar sempre* (6.18-20)
         a. Por si (6.18a).
         b. Pelos outros (6.18b).
         c. Pelo próprio Paulo (6.19-20).
   B. **O inimigo** (6.11b-12): Satanás.
      1. *Sua astúcia* (6.11b).
      2. *Seus soldados* (6.12): Os ímpios demônios do reino de Satanás.
   C. **O equipamento** (6.14-17)
      1. *O cinto da verdade* (6.14a)
      2. *A couraça da justiça de Deus* (6.14b)
      3. *As sandálias das Boas-novas* (6.15)
      4. *O escudo da fé* (6.16)
      5. *O capacete da salvação* (6.17a)
      6. *A espada do Espírito* (6.17b): a Palavra de Deus
   D. **O emissário** (6.21-22): Paulo envia Tíquico, fiel colaborador na obra de Deus, para encorajar e informar os efésios sobre a batalha de Paulo.

E. A bênção (6.23-24): "Paz seja com os irmãos, e amor com fé, da parte de Deus Pai e do Senhor Jesus Cristo. A graça seja com todos os que amam a nosso Senhor Jesus Cristo com amor incorruptível".

Filipenses

ESBOÇO DA SEÇÃO UM (FILIPENSES 1)
Paulo inicia sua carta à igreja em Filipos com uma apresentação de Cristo como o propósito da vida do crente.

I. A SÚPLICA DE PAULO PELOS CRENTES EM FILIPOS (1.1-11)
   A. **Por quem ele ora** (1.1-2): Pastores, diáconos e todos os cristãos em Filipos.
   B. **Qual é a sua oração** (1.3): "Dou graças ao meu Deus todas as vezes que me lembro de vós".
   C. **Como ele ora** (1.4): Ele ora com o coração repleto de alegria.
   D. **Por que ele ora** (1.5, 7-8): Os crentes de Filipos concederam grande ajuda a Paulo, tanto na prisão quanto fora dela.
   E. **A respeito do que ele ora** (1.6, 9-11)
      1. *Que a Palavra de Deus seja cumprida em todos os crentes até a volta de Cristo* (1.6).
      2. *Que eles sejam plenos de amor* (1.9).
      3. *Que eles tenham um espírito de discernimento* (1.10).
      4. *Que eles sejam cheios do fruto de justiça (ou de salvação)* (1.11).
II. A EXPLICAÇÃO DE PAULO AOS CRENTES EM FILIPOS (1.12-30)
   A. **O relato** (1.12-13): A prisão de Paulo serviu para o avanço do Evangelho, começando com a guarda do palácio e espalhando-se a partir dali.
   B. **A reação** (1.14-17)
      1. *De seus amigos* (1.14, 16): As correntes de Paulo os incentivaram a intensificar seus esforços na proclamação do Evangelho.
      2. *De seus inimigos* (1.15, 17): Eles também estão espalhando o Evangelho, esperando deixá-lo com ciúmes.
   C. **O regozijo** (1.18): Não importa o motivo, Paulo alegra-se, pois o Evangelho está sendo pregado.
   D. **A decisão** (1.19-26)
      1. *O dilema de Paulo* (1.19-23)
         a. Permanecer nesta vida resultará em fruto adicional (1.19-21a, 22).
         b. Partir desta vida significa estar com Cristo (1.21b, 23).
      2. *A decisão de Paulo* (1.24-26): Ele permanecerá.
   E. **O pedido** (1.27-28): O que quer que aconteça a ele, os filipenses de-

vem continuar conduzindo-se de maneira digna do Evangelho.
F. O lembrete (1.29-30): A eles foram concedidos dois maravilhosos privilégios:
1. *Confiar em Cristo* (1.29a)
2. *Sofrer por Cristo* (1.29b-30)

ESBOÇO DA SEÇÃO DOIS (FILIPENSES 2)
Paulo apresenta Cristo como o modelo da vida do crente.

I. O Desafio de Paulo (2.1-18): Ele deseja que a igreja se esforce rumo à humildade.
   A. O essencial na humildade (2.1-4)
      1. *Unidade em amor* (2.1-2a)
      2. *Unidade em espírito e propósito* (2.2b-4)
   B. O exemplo de humildade (2.5-11): Paulo destaca o ministério terreno de Cristo.
      1. *A dor* (2.5-8b)
         a. Mesmo sendo Deus, Jesus não reivindicou seus direitos como Deus (2.5-6).
         b. Ele colocou de lado sua glória (2.7a).
         c. Ele assumiu a natureza de servo humano (2.7b).
         d. Ele se humilhou (2.8a).
         e. Ele se tornou obediente e morreu na cruz (2.8b).
      2. *O ganho* (2.9-11)
         a. Deus o exaltou ao lugar mais elevado (2.9a).
         b. A ele foi dado um nome acima de todo o nome (2.9b).
         c. Um dia todas as pessoas reconhecerão que ele é Senhor (2.10-11).
   C. Exortação à humildade (2.12-18)
      1. *Deixem Deus aperfeiçoar em vocês a salvação* (2.12-13).
      2. *Não reclamem* (2.14).
      3. *Brilhem como luminares neste mundo em trevas* (2.15).
      4. *Preservem a Palavra da vida* (2.16).
      5. *Regozijem-se com Paulo em seu sacrifício* (2.17-18).
II. Os Cooperadores de Paulo (2.19-30): Paulo promete enviar dois mensageiros especiais à igreja em Filipos.
   A. Timóteo (2.19-24)
      1. *Timóteo, o mensageiro de Deus* (2.19): Paulo diz que Timóteo ministrará a eles.
      2. *Timóteo, o homem de Deus* (2.20-23): Paulo descreve Timóteo como um gigante espiritual.
      3. *Paulo também espera visitá-los em breve* (2.24).
   B. Epafrodito (2.25-30)
      1. *O soldado* (2.25): Os filipenses enviam este fiel guerreiro espiritual para ajudar Paulo.
      2. *O atingido* (2.26-30)

a. Epafrodito estava muito doente (2.26b-27a, 30).
b. Deus o curou (2.27b).
c. Paulo envia Epafrodito de volta para os seus (2.26a, 28-29).

ESBOÇO DA SEÇÃO TRÊS (FILIPENSES 3)
Paulo apresenta Cristo como o presente da vida do crente.

I. A Corrupção (3.1-3, 18-19): A igreja em Filipos enfrenta inimigos mortais.
   A. Quem são esses inimigos (3.1-3): São os judaizantes, a quem Paulo chama de "cães" por dizerem que a circuncisão é necessária para a salvação.
   1. *A verdadeira circuncisão* (3.3a): "Porque a circuncisão somos nós, que servimos a Deus em espírito".
   2. *A falsa circuncisão* (3.3b): "Não confiamos na carne".
   B. O que são esses inimigos (3.18, 19b)
   1. *Eles são inimigos da cruz* (3.18).
   2. *Eles são orgulhosos e materialistas sensuais* (3.19b).
   C. Para onde irão esses inimigos (3.19a): O destino deles "é a perdição".
II. O Preço (3.4-8): Paulo abriu mão de duas coisas para se tornar filho de Deus.
   A. Seu prestígio entre os judeus (3.4-5)
   B. Sua perseguição à Igreja (3.6)
III. O Ganho (3.7-8): Paulo abriu mão daquilo que achava ser importante e ganhou o conhecimento inestimável de Cristo.
IV. A Coroa (3.9-14, 20-21): Paulo ganhou quatro coisas ao se tornar filho de Deus.
   A. Uma nova justiça (3.9-12)
   B. Um novo alvo (3.13-14)
   C. Um novo lar (3.20)
   D. Um novo corpo (3.21)
V. A Ordem (3.15-17): Paulo diz: "Sede meus imitadores".

ESBOÇO DA SEÇÃO QUATRO (FILIPENSES 4)
Paulo conclui sua carta com uma apresentação de Cristo como o poder da vida do crente.

I. Poder Unificador (4.1-3)
   A. As contendoras (4.1-2): Duas mulheres na igreja, Evódia e Síntique, estão discutindo uma com a outra.
   B. O conselheiro (4.3): Paulo pede que um homem piedoso na igreja ajude a reconciliar essas mulheres.
II. Poder Revigorante (4.4-7)
   A. A oração (4.4-6): Duas regras devem ser observadas para que esse poder funcione.

1. *Não devemos andar ansiosos por coisa alguma* (4.4-6a).
2. *Devemos estar sempre gratos por tudo* (4.6b).

B. A paz (4.7): Se obedecemos a essas regras, a paz de Deus revigora e protege nosso coração.

III. PODER PURIFICADOR (4.8): Devemos centrar nossos pensamentos no que é verdadeiro, bom e reto.

IV. PODER EXEMPLIFICADOR (4.9): Paulo apresenta-se como modelo espiritual.

V. PODER QUE SATISFAZ (4.10-13)

A. A satisfação (4.10-12)
1. *Paulo se alegra, mesmo quando passa fome ou necessita de várias coisas* (4.10, 11b-12a, 12d, 12f).
2. *Paulo está contente quando, em meio à fartura, não tem necessidade de nada* (4.11a, 12b-12c, 12e).

B. Aquele que satisfaz (4.13): O próprio Jesus é a fonte da força de Paulo.

VI. PODER SANTIFICADOR (4.14-18, 21-23): Paulo agradece aos filipenses por suas dádivas a ele, que são "como cheiro suave, como sacrifício aceitável e aprazível a Deus". Ele envia saudações a todos os filipenses.

VII. PODER MULTIPLICADOR (4.19): Deus suprirá as necessidades dos filipenses, assim como fez com as necessidades de Paulo.

VIII. PODER GLORIFICADOR (4.20): Deus usa seu poder para glorificar a si mesmo.

Colossenses

ESBOÇO DA SEÇÃO UM (COLOSSENSES 1)
Paulo inicia sua carta à igreja de Colossos com ações de graças e oração, e com uma apologia de Cristo.

I. PAULO E A IGREJA EM COLOSSOS (1.1-14, 24-29)
   A. **O louvor de Paulo a essa igreja** (1.1-8)
      1. *Como eles receberam o Evangelho* (1.1-6): Paulo os elogia com relação a três coisas.
         a. A fé para com o Senhor (1.1-4a).
         b. O amor expresso uns para com os outros (1.4b).
         c. A esperança quanto ao futuro (1.5-6): Eles anelam pelas alegrias celestiais.
      2. *De quem eles receberam o Evangelho* (1.7-8): Epafras partilhou a mensagem de Cristo com eles e agora ministra com Paulo.
   B. **A oração do apóstolo por essa igreja** (1.9-14)
      1. *Que eles cresçam no conhecimento de Deus* (1.9).
      2. *Que eles agradem a Deus* (1.10a).
      3. *Que eles dêem fruto para Deus* (1.10b).
      4. *Que eles sejam fortalecidos por Deus* (1.11).
      5. *Que eles sejam gratos a Deus* (1.12-14)
         a. Pelo que o Pai fez (1.12-13)
         b. Pelo que o Filho fez (1.14)
   C. **A proclamação do apóstolo à igreja** (1.24-29): Ele foi escolhido para revelar o plano secreto de Deus a eles.
      1. *Os pormenores* (1.24-27): O segredo é este: "Cristo em vós, a esperança da glória".
      2. *O propósito* (1.28-29): "Para que apresentemos todo homem perfeito em Cristo".
II. CRISTO E A IGREJA EM COLOSSOS (1.15-23)
   A. **Quem Cristo é** (1.15): Ele é a imagem visível do Deus invisível.
   B. **O que Cristo fez** (1.16-23)
      1. *Com relação à Criação* (1.16-17, 20)
         a. Ele criou todas as coisas (1.16).
         b. Ele sustenta todas as coisas (1.17).

c. Ele reconciliará todas as coisas (1.20).
2. *Com relação à Igreja* (1.18-19, 21-23): Ele foi designado cabeça da Igreja.

ESBOÇO DA SEÇÃO DOIS (COLOSSENSES 2)
Paulo refere-se a duas igrejas, uma em Colossos e outra em Laodicéia.

I. O QUE PAULO DESEJA PARA ESSAS DUAS IGREJAS (2.1-7)
   A. **Que ambas sejam encorajadas e se unam pelos fortes laços do amor** (2.1-2a).
   B. **Que ambas compreendam o plano secreto de Deus** (2.2b-3).
   C. **Que ambas se guardem do engano teológico** (2.4-5).
   D. **Que ambas continuem a crescer em Cristo** (2.6-7a).
   E. **Que ambas se regozijem e sejam gratas** (2.7b).
II. OS ALERTAS DE PAULO A ESSAS DUAS IGREJAS (2.8-23): O apóstolo alerta sobre quatro filosofias perigosas e destrutivas.
   A. **Gnosticismo** (2.8-10)
      1. *A ficção* (2.8): O gnosticismo reduziu Cristo a um anjo.
      2. *Os fatos* (2.9-10): Paulo diz que Cristo foi Deus encarnado em forma corpórea.
   B. **Legalismo** (2.11-17).
      1. *Paulo descreve o amor de Cristo* (2.11-15).
         a. Fomos crucificados e ressuscitamos para uma nova vida com ele (2.11-12).
         b. Ele perdoou nossos pecados (2.13).
         c. Ele cancelou as acusações que pesavam contra nós (2.14-15).
      2. *Paulo descreve a liberdade em Cristo* (2.16-17): Por causa disso, os crentes não devem criticar uns aos outros.
         a. Com relação à alimentação (2.16a): Ninguém deve condenar o outro pelo que come ou bebe.
         b. Com relação aos dias (2.16b-17): Ninguém deve condenar outro crente por não celebrar certos dias santos, pois essas regras antigas eram meras sombras.
   C. **Misticismo** (2.18-19)
      1. *A ficção* (2.18): O misticismo ensina que Deus pode ser conhecido através de dois métodos.
         a. Através da adoração aos anjos (2.18a).
         b. Através de visões (2.18b).
      2. *Os fatos* (2.19): Uma pessoa pode conhecer Deus apenas através de Cristo, que é cabeça do corpo, a Igreja.
   D. **Ascetismo** (2.20-23)
      1. *A ficção* (2.21-22): O ascetismo ensina que uma pessoa pode purificar o espírito através da punição do corpo.
      2. *Os fatos* (2.20, 23)
         a. O espírito não pode ser purificado por meio da punição física (2.23).
         b. O corpo e o espírito do crente foram crucificados com Cristo (2.20).

ESBOÇO DA SEÇÃO TRÊS (COLOSSENSES 3—4.1)
Paulo escreve sobre o princípio da vida santa e trata de seis tipos de pessoas com relação a este assunto.

I. VIDA SANTA: OS PRINCÍPIOS (3.1-17)
  A. **Com relação à afeição dos crentes** (3.1-4)
   1. *O lugar de nosso afeto* (3.1-3): Devemos transferir nosso afeto da terra para os céus.
   2. *A pessoa de nosso afeto* (3.1-4): Devemos direcionar nosso afeto para Jesus.
  B. **Com relação ao traje espiritual dos crentes** (3.5-17)
   1. *Do que devemos despir-nos* (3.5-9): A ira de Deus vem sobre aqueles que praticam:
     a. Imoralidade e idolatria (3.5)
     b. Ira, malícia, difamação e linguagem obscena (3.8)
     c. Mentira (3.9)
   2. *Do que devemos vestir-nos* (3.10-17)
     a. Uma nova natureza (3.10-11)
     b. Compaixão, bondade, humildade, gentileza e paciência (3.12)
     c. Perdão e amor (3.13-14)
     d. Paz e gratidão a Deus (3.15)
     e. As palavras de Cristo (3.16-17)
II. VIDA SANTA: AS PESSOAS (3.18-25; 4.1): Paulo fala de seis tipos de pessoas.
  A. **Esposas** (3.18): Sejam submissas aos maridos.
  B. **Maridos** (3.19): Amem suas esposas e jamais as maltratem.
  C. **Filhos** (3.20): Obedeçam a seus pais.
  D. **Pais** (3.21): Não irritem os filhos.
  E. **Servos** (3.22-25): Sirvam aos patrões da mesma forma que servem ao Senhor.
  F. **Senhores** (4.1): Tratem os empregados como eles próprios seriam tratados pelo Senhor celestial.

ESBOÇO DA SEÇÃO QUATRO (COLOSSENSES 4.2-18)
Paulo termina sua carta com um desafio aos colossenses, saudações enviadas por outros oitos colegas crentes e a saudação e o incentivo especial do próprio Paulo.

I. O DESAFIO DE PAULO (4.2-6)
  A. **Os colossenses devem orar constantemente** (4.2a, 3-4, 18)
   1. *Por eles mesmos* (4.2a).
   2. *Pelo apóstolo* (4.3-4, 18).
  B. **Os colossenses devem vigiar** (4.2b).
  C. **Os colossenses devem ser gratos** (4.2c).
  D. **Os colossenses devem ser frutíferos** (4.5-6).

II. Os Colegas de Paulo (4.7-14): Oito colegas enviam suas saudações aos colossenses.
   A. Tíquico (4.7-8)
   B. Onésimo (4.9)
   C. Aristarco e Marcos (4.10)
   D. Justo (4.11)
   E. Epafras (4.12-13)
   F. Lucas e Demas (4.14)
III. As Saudações de Paulo (4.15): Paulo envia saudações aos irmãos em Cristo.
IV. As Ordens de Paulo (4.16-17)
   A. À igreja em Colossos (4.16)
      1. *Eles devem ler a carta dele* (4.16a).
      2. *Eles devem dar a carta dele para que a igreja de Laodicéia a leia* (4.16b).
      3. *Eles devem ler a carta escrita por Paulo à igreja de Laodicéia.* (4.16c).
   B. A Arquipo, membro da igreja em Colossos (4.17): "Cuida do ministério que recebeste no Senhor".
V. A Bênção de Paulo (4.18): Paulo insta com os colossenses, "Lembrai-vos das minhas cadeias", e completa "A graça seja convosco".

I Tessalonicenses

ESBOÇO DA SEÇÃO UM (I TESSALONICENSES 1)
Paulo inicia sua carta aos tessalonicenses listando cinco características da igreja em Tessalônica.

I. É UMA IGREJA ATIVA (1.1-3): Paulo agradece a Deus.
   A. **Pela fé firme deles** (1.1-3a).
   B. **Pela abnegação do amor deles** (1.3b).
II. É UMA IGREJA ELEITA (1.4): Eles foram escolhidos pelo próprio Deus.
III. É UMA IGREJA EXEMPLAR (1.5-7)
   A. **O exemplo de Paulo à igreja** (1.5-6)
      1. *Sua pregação é ungida pelo Espírito Santo* (1.5).
      2. *Seu estilo de vida pessoal é ungido pelo Espírito Santo* (1.6).
   B. **O exemplo deles ao mundo** (1.7): Eles são modelo para todos os crentes na Grécia.
IV. É UMA IGREJA EVANGELISTA (1.8): A fé que eles têm em Deus tornou-se conhecida por toda a parte.
V. É UMA IGREJA EM EXPECTATIVA (1.9-10): Eles anelam pela volta de Jesus dos céus.

ESBOÇO DA SEÇÃO DOIS (I TESSALONICENSES 2)
Paulo fala da viagem anterior a Tessalônica e de seu desejo de voltar.

I. A VIAGEM ANTERIOR DE PAULO A TESSALÔNICA (2.1-16): O apóstolo recapitula dois fatos relativos à sua visita a Tessalônica.
   A. **Como o Evangelho foi passado aos crentes de lá** (2.1-12): O pregador no púlpito.
      1. *Paulo, o perseguido* (2.1-2): Ele fala de seu sofrimento em Filipos pouco antes de sua vinda a Tessalônica.
      2. *Paulo, o modelo* (2.3-6, 9-10): O apóstolo serviu de modelo positivo para a igreja.
         a. Com suas palavras (2.3-6, 10): A pregação de Paulo era ousada, verdadeira, direta e sincera.
         b. Com suas obras (2.9): Paulo trabalhou longas e exaustivas horas a fim de não onerar para a igreja.

3. *Paulo, o pai* (2.7-8, 11-12)
   a. Ele os alimentou e preocupou-se com eles como faria uma mãe amorosa (2.7-8).
   b. Ele os encorajou e os consolou como faria um pai amoroso (2.11-12).
B. **Como o Evangelho foi recebido pelos crentes de lá** (2.13-16): As pessoas nos bancos da igreja.
   1. *O entusiasmo* (2.13): Elas aceitaram as palavras de Paulo como sendo de Deus.
   2. *Os inimigos* (2.14-16): Elas perseveraram, apesar do sofrimento e da perseguição.
II. A Viagem Planejada de Paulo a Tessalônica (2.17-20)
   A. **Por que o apóstolo está ansioso para visitá-los** (2.17, 19-20)
      1. *Eles são sua recompensa e sua coroa* (2.17, 19b).
      2. *Eles são seu orgulho e sua alegria* (2.19a, 20).
   B. **Por que o apóstolo estava impossibilitado de visitá-los** (2.18): Seu caminho foi barrado por Satanás.

ESBOÇO DA SEÇÃO TRÊS (I TESSALONICENSES 3)
Paulo fala mais sobre sua visita e regozija-se pelas boas-novas que Timóteo trouxe a respeito deles.

I. A Recapitulação (3.1-5): Paulo relembra os eventos durante e após sua visita a Tessalônica.
   A. **A ação durante sua visita** (3.4): Paulo alertou a igreja de que poderia esperar uma perseguição futura por causa da fé em Cristo, e isso logo aconteceria.
   B. **A ação após sua visita** (3.1-3, 5)
      1. *Onde ele estava* (3.1): Estava em Atenas, preocupado com a batalha espiritual da igreja em Tessalônica.
      2. *O que ele fez* (3.2-3, 5): Enviou Timóteo para ministrar a eles.
II. O Relato de Paulo (3.6-9)
   A. **O retorno de Timóteo** (3.6): Paulo informa que Timóteo retornou com notícias festivas de que eles cresciam na fé e em amor.
   B. **O regozijo de Paulo** (3.7-9): O apóstolo é grandemente confortado com tais notícias.
III. O Pedido de Paulo (3.10-13): Paulo faz um duplo pedido de oração.
   A. **Por ele mesmo** (3.10-11): Paulo pede que Deus permita que ele visite a igreja novamente.
   B. **Pela igreja** (3.12-13)
      1. *Que o amor deles aumente e transborde* (3.12).
      2. *Que o coração deles seja fortalecido quanto à santidade* (3.13).

ESBOÇO DA SEÇÃO QUATRO (I TESSALONICENSES 4)
Paulo trata do glorioso Arrebatamento da Igreja.

I. Os Desafios Diante da Iminência do Arrebatamento (4.1-12)
   A. **O que eles devem fazer** (4.1-2): Os crentes devem viver de forma que agrade a Deus.
   B. **Como eles devem fazer** (4.3-12)
      1. *Sendo santos e puros* (4.3-5, 7-8).
      2. *Não defraudando outros crentes* (4.6).
      3. *Amando todos os crentes* (4.9-10).
      4. *Cuidando de seus próprios problemas* (4.11).
      5. *Trabalhando para sustentar-se* (4.12).
II. A Cronologia do Arrebatamento (4.13, 18)
   A. **O propósito** (4.13, 18): Paulo explica o Arrebatamento por dois motivos:
      1. *Esclarecimento* (4.13): Ele não deseja que os tessalonicenses sejam ignorantes quanto ao plano profético de Deus.
      2. *Consolo* (4.18): Esse evento glorioso pode ser usado para encorajar os outros.
   B. **Os pormenores** (4.14-17)
      1. *O retorno do Senhor* (4.14, 16a-c)
         a. Os santos (4.14): Todos os crentes que estão no céu o acompanharão.
         b. O som (4.16a-c)
            (1) Uma ordem em voz alta (4.16a).
            (2) A voz do arcanjo (4.16b).
            (3) A trombeta de Deus (4.16c).
      2. *A ressurreição dos mortos* (4.16d): Os corpos dos crentes mortos ressuscitarão.
      3. *O arrebatamento dos vivos* (4.15, 17): Os crentes na terra serão arrebatados para encontrar com o Senhor nos ares.

ESBOÇO DA SEÇÃO CINCO (I TESSALONICENSES 5)
Paulo estabelece várias regras para a igreja diante da iminência do Arrebatamento e termina sua carta com três pedidos.

I. As Regras (5.1-22)
   A. **Estar vigilantes** (5.1-10)
      1. *A ação* (5.1-2): O evento que Paulo descreve aqui é o Dia do Senhor.
      2. *A reação* (5.3-10): Houve, há e haverá dupla reação a essa terrível época de juízo.
         a. A reação dos filhos das trevas (5.3, 7): Em sua incredulidade e sua bebedeira, os não-salvos crerão que tudo está calmo e em paz, até que a destruição recaia sobre eles.
         b. A reação dos filhos da luz (5.4-6, 8-10): Devemos colocar a armadura completa de Deus, pois o Senhor nos salvou.
   B. **Ser úteis** (5.11, 14)
      1. *Edificação mútua* (5.11).
      2. *Alerta, incentivo, compaixão e paciência mútuos* (5.14).

C. **Ser respeitáveis** (5.12-13): Honrar e amar os líderes espirituais.
   D. **Ser misericordiosos** (5.15): Não retornar mal por mal.
   E. **Ser alegres** (5.16): Sempre.
   F. **Orar sempre** (5.17): Quanto a tudo.
   G. **Ser gratos** (5.18): Em qualquer circunstância.
   H. **Ser cuidadosos** (5.19-22)
      1. *O que não fazer* (5.19-20)
         a. Não apagar o Espírito (5.19).
         b. Não desprezar as profecias (5.20).
      2. *O que fazer* (5.21-22)
         a. Julgar todas as coisas (5.21).
         b. Abster-se de toda forma de mal (5.22).
II. As Confirmações (5.23-24)
   A. **O que Deus fará** (5.23)
      1. *No presente* (5.23a): Ele nos santifica completamente.
      2. *No futuro* (5.23b): Ele nos apresentará inculpáveis na vinda de Cristo.
   B. **Por que Deus fará isso** (5.24): Porque ele é fiel.
III. Os Pedidos (5.25-28)
   A. **Orem por mim** (5.25).
   B. **Saúdem a todos por mim** (5.26).
   C. **Leiam esta carta para todos os cristãos** (5.27-28).

II Tessalonicenses

ESBOÇO DA SEÇÃO UM (II TESSALONICENSES 1)
Paulo inicia sua segunda carta aos tessalonicenses louvando-os pela fé em Cristo e pelo amor aos outros. Ele os incentiva, dizendo que as perseguições que eles estão sofrendo os prepararão para o Reino.

I. O Louvor de Paulo à Igreja de Tessalônica (1.1-4)
  A. O testemunho da igreja (1.1-3)
   1. *A fé deles no Salvador tem crescido mais e mais* (1.1-3a).
   2. *O amor deles pelos santos tem crescido mais e mais* (1.3b).
  B. As provações da igreja (1.4): Eles cresceram espiritualmente, apesar dos problemas e das provações.
II. A Promessa de Paulo à Igreja de Tessalônica (1.5-10): O apóstolo diz que as provações deles possuem um propósito duplo.
  A. Qual (1.5-6)
   1. *Sobre a perseguição* (1.5): As dificuldades serão úteis para prepará-los para o Reino de Deus.
   2. *Sobre os perseguidores* (1.6): Deus já está preparando o juízo e a punição para aqueles que maltratam os crentes.
  B. Quando (1.7-10): Os dois propósito serão concretizados na segunda vinda de Cristo.
III. A Oração de Paulo pela Igreja de Tessalônica (1.11-12)
  A. Em relação ao poder de Deus (1.11a): Que os fortaleça.
  B. Em relação ao propósito de Deus (1.11b): Que ele seja completado neles.
  C. Em reação à pessoa de Deus (1.12): Que ele possa ser glorificado por eles.

ESBOÇO DA SEÇÃO DOIS (II TESSALONICENSES 2)
Paulo escreve sobre a Grande Tribulação e dá graças a Deus pelos crentes fiéis de Tessalônica.

I. O Dia do Senhor (2.1-12): Essa é uma referência à futura Grande Tribulação.

A. **O Dia do Senhor e a igreja** (2.1-3)
   1. *A confusão* (2.1-2): À igreja em Tessalônica foi ensinada a falsa concepção de que estava atravessando a Grande Tribulação.
   2. *O esclarecimento* (2.3b, 3c): Paulo tranqüiliza-os de que isso não é verdade, pois dois eventos devem acontecer antes daquele terrível período:
      a. Uma apostasia religiosa mundial (2.3b).
      b. A aparição de um super-homem satânico (2.3c).
B. **O Dia do Senhor e o anticristo** (2.3a-4, 8-9)
   1. *Seus títulos* (2.3a, 8a, 9a)
      a. "O homem do pecado" (2.3a, 8a).
      b. "Iníquo" (2.9a).
   2. *Sua camuflagem* (2.4): Ele sentará no Templo de Deus e alegará ser Deus.
   3. *Sua artimanha* (2.9b): Ele enganará o mundo com milagres, sinais e maravilhas.
   4. *Sua destruição* (2.8b): Ele será completamente destruído e consumido por Jesus na segunda vinda.
C. **O Dia do Senhor e o que o detém** (2.5-7): O Espírito Santo reterá o anticristo até a hora certa.
D. **O Dia do Senhor e os não-salvos** (2.10-12): Deus permitirá que o não-salvo seja totalmente enganado pelo anticristo por causa de seu pecado de rejeitar a verdade.

II. Os Discípulos do Senhor (2.13-17): Paulo dá graças pelos crentes de Tessalônica.
   A. **Sua eleição** (2.13-14): Deus os escolheu desde o princípio.
   B. **Sua exortação** (2.15-17): Paulo exorta-os a permanecer firmes e apegar-se firmemente à verdade.

ESBOÇO DA SEÇÃO TRÊS (II TESSALONICENSES 3)
Paulo termina sua carta pedindo orações e exortando quanto a uma vida piedosa.

I. O Pedido de Paulo (3.1-2): Ele pede orações por duas coisas aos crentes de Tessalônica:
   A. **Que orem pelos mensageiros de Deus** (3.2): Ele pede orações para que seja protegido contra homens ímpios e perversos.
   B. **Que orem pela mensagem de Deus** (3.1): Paulo deseja que a mensagem do Evangelho se espalhe rapidamente por toda parte.

II. O Consolo (3.3-5)
   A. **Ele os consola quanto à fidelidade de Deus** (3.3-4).
   B. **Ele os consola quanto ao amor e à paciência de Deus** (3.5).

III. A Repreensão (3.6-18)
   A. **Os destinatários** (3.6-11, 13, 14b): Paulo lista três tipos de pessoas que precisam ser repreendidas:

1. *Os preguiçosos* (3.6-10): Devem trabalhar duro.
2. *Os fofoqueiros* (3.11, 13): Devem cuidar de si e fazer o bem.
3. *Os desobedientes* (3.14b): Deve-se ficar longe deles.

B. As regras (3.12, 14a, 15): Paulo explica como lidar com essas pessoas.
1. *Passo 1: Identificá-las* (3.14a).
2. *Passo 2: Admoestá-las* (3.12, 15a).
3. *Passo 3: Amá-las* (3.15b): Olhar para essas pessoas não como inimigos, mas como irmãos que estão no erro.

IV. As Observações Finais (3.16-18)
   A. O coração do apóstolo (3.16, 18)
   1. *Ele ora para que eles experimentem a paz de Deus* (3.16).
   2. *Ele ora para que eles experimentem a graça de Deus* (3.18).
   B. A mão do apóstolo (3.17): Ele escreve essas palavras de próprio punho.

I Timóteo

ESBOÇO DA SEÇÃO UM (I TIMÓTEO 1)
Paulo inicia sua carta a Timóteo com um alerta contra os falsos ensinamentos e dá instruções.

I. O AMADO DE PAULO (1.1-2): Timóteo é o amado filho espiritual de Paulo.
II. O ALERTA DE PAULO (1.3-11): O apóstolo instrui Timóteo a permanecer em Éfeso para que possa agir contra alguns falsos ensinos com relação à lei de Moisés.
   A. A perversão da lei de Moisés (1.1-7)
   1. *Os pervertidos* (1.3a): Eles se intitulam "peritos" da lei, espalhando seu veneno.
   2. *A perversão* (1.3b-7): Tais homens adicionaram uma mistura repugnante de mitos, fábulas e genealogias intermináveis à lei.
   B. O propósito da lei de Moisés (1.8-11)
   1. *Ela não foi feita para controlar as pessoas salvas* (1.8a).
   2. *Ela foi feita para controlar as pessoas não-salvas* (1.8b-11).
III. O TESTEMUNHO DE PAULO (1.12-17): O apóstolo expressa seu profundo agradecimento pela fidelidade de Deus.
   A. O que Deus fez (1.12, 14-15)
   1. *Ele salvou Paulo* (1.14-15).
   2. *Ele escolheu Paulo* (1.12).
   B. Quando Deus fez (1.13): Na época, o apóstolo era um blasfemo e violento perseguidor dos cristãos.
   C. Por que Deus fez isso (1.16-17): A fim de demonstrar sua maravilhosa graça até para com o pior dos pecadores.
IV. A SABEDORIA DE PAULO (1.18-20)
   A. O que Timóteo deve fazer (1.18-19b)
   1. *Combater o bom combate* (1.18).
   2. *Guardar a fé* (1.19a).
   3. *Manter a consciência limpa* (1.19b).
   B. O que Himeneu e Alexandre fizeram (1.19c-20)
   1. *A perversão* (1.19c): Eles naufragaram na fé, envergonhando o nome de Cristo.
   2. *A punição* (1.20): Paulo os entregou a Satanás.

ESBOÇO DA SEÇÃO DOIS (I TIMÓTEO 2)
Paulo escreve sobre a correta adoração a Deus.

I. A Adoração a Deus (2.1-2, 8): Paulo trata do tema da oração.
   A. **Por quem devemos orar** (2.1-2a)
      1. *Pelas autoridades* (2.2a)
      2. *Por todos* (2.1)
   B. **Por que devemos orar** (2.2b): "Para que tenhamos uma vida tranqüila e sossegada".
   C. **Como devemos orar** (2.8): "Levantando mãos santas, sem ira e sem contenda".

II. A Vontade de Deus (2.3-7)
   A. **A missão** (2.3-4): "[Deus] deseja que todos os homens sejam salvos".
   B. **O mediador** (2.5): Jesus Cristo está entre Deus e os homens.
   C. **O método** (2.6): A salvação foi levada a efeito com a morte de Cristo.
   D. **O mensageiro** (2.7): Paulo foi escolhido por Deus para servir como missionário aos gentios.

III. A Mulher Piedosa (2.9-15)
   A. **Suas responsabilidades** (2.9-11)
      1. *Na forma de vestir* (2.9-10): Ela deve vestir-se modestamente, como quem professa a fé em Deus.
      2. *Na forma de agir* (2.11): Ela deve ouvir e aprender em silêncio e humildemente.
   B. **Suas restrições** (2.12-14)
      1. *A regra* (2.12): A mulher não tem permissão para ensinar ou exercer autoridade sobre os homens.
      2. *O motivo* (2.13-14): São dois:
         a. A criação (2.13): Adão foi criado antes de Eva.
         b. A corrupção original (2.14): Adão não foi enganado pela serpente, como foi a mulher.
   C. **Sua redenção** (2.15): Através de sua missão de mãe, vivendo em fé, amor, santidade e modéstia.

ESBOÇO DA SEÇÃO TRÊS (I TIMÓTEO 3)
Paulo indica as qualificações para pastores e diáconos e faz um resumo do ministério terreno de Jesus.

I. Os Pastores para a Igreja (3.1-13)
   A. **As qualificações de um pastor** (3.1-7)
      1. *O que ele deve ser e fazer* (3.1-2, 3c-5, 7)
         a. Ser irrepreensível (3.1-2a).
         b. Ter apenas uma esposa e ser fiel a ela (3.2b).
         c. Ser equilibrado, sóbrio, modesto, hospitaleiro e apto para ensinar (3.2c)

    d. Ser cordato e ter uma família comportada (3.3c-5).
    e. Ter o respeito daqueles que não pertencem à igreja (3.7).
  2. *O que ele não deve ser e fazer* (3.3a-3b, 3d, 6)
    a. Ser dado ao vinho (3.3a).
    b. Ser violento (3.3b).
    c. Ser orgulhoso (3.6b).
    d. Ser avarento (3.3d).
    e. Ser um cristão novato (3.6a).
  B. Qualificações para um diácono (3.8-13)
    1. *O que ele deve ser e fazer* (3.8a, 9-13)
      a. Ser sincero e digno de respeito (3.8a).
      b. Ser um homem com consistência espiritual (3.9).
      c. Ser um homem irrepreensível e habilidoso (3.10).
      d. Ser fiel à esposa, e sua esposa deve ser uma mulher de caráter (3.11-13).
    2. *O que ele não deve ser e fazer* (3.8b-8c)
      a. Ser propenso às bebidas fortes (3.8b).
      b. Ser avarento (3.8c).
II. As Ovelhas na Igreja (3.14-15): Paulo manda Timóteo instruir a congregação sobre como ela deve comportar-se na casa de Deus.
III. O Salvador e a Igreja (3.16): Neste versículo único e supremo, Paulo faz um resumo do ministério terreno de Jesus.
  A. Ele foi manifestado em carne (3.16a).
  B. Ele foi justificado em Espírito (3.16b).
  C. Ele foi visto por anjos (3.16c).
  D. Ele foi anunciado às nações (3.16d).
  E. Ele foi crido no mundo (3.16e).
  F. Ele foi levado aos céus (3.16f).

ESBOÇO DA SEÇÃO QUATRO (I TIMÓTEO 4)
Paulo compara dois tipos de pastores.

I. Pastores Perversos (4.1-5): Paulo alerta Timóteo sobre os falsos mestres.
  A. Quem são (4.2): Líderes religiosos hipócritas e mentirosos.
  B. O que farão (4.1b-1c, 3)
    1. *Abandonarão a fé* (4.1b).
    2. *Seguirão ensinamentos que vêm de espíritos e demônios mentirosos* (4.1c).
    3. *Proibirão o casamento e a ingestão de alguns alimentos* (4.3).
  C. Quando farão (4.1a): Nos últimos tempos, antes da vinda de Jesus.
  D. Por que estão errados (4.4-5)
    1. *Tudo o que Deus criou é bom e, conseqüentemente, não deve ser rejeitado* (4.4).
    2. *Tudo o que Deus criou torna-se santo pela Palavra de Deus e pela oração* (4.5).

II. Pastores Piedosos (4.6-16): Paulo lista algumas coisas proibidas e permitidas a um ministro cristão.
   A. **Proibidas** (4.7a, 12a, 14)
      1. *Não perder tempo discutindo assuntos tolos ou fábulas profanas* (4.7a).
      2. *Não se intimidar por ser jovem* (4.12a).
      3. *Não negligenciar o dom espiritual* (4.14).
   B. **Permitidas** (4.6, 7b-11, 12b-13, 15-16)
      1. *Alertar os membros da igreja sobre a apostasia* (4.6).
      2. *Manter-se espiritualmente em forma* (4.7b-11).
      3. *Ser um bom exemplo em tudo o que fizer* (4.12b).
      4. *Continuar a ler, ensinar e pregar a Palavra de Deus publicamente* (4.13).
      5. *Entregar-se completamente ao ministério* (4.15).
      6. *Observar atentamente a própria caminhada* (4.16).

ESBOÇO DA SEÇÃO CINCO (I TIMÓTEO 5)
Paulo dá conselhos sobre anciãos, jovens e viúvas e presbíteros da igreja.

I. As Pessoas (5.1-16): Paulo dá conselhos sobre os membros da igreja.
   A. **Os anciãos** (5.1a): Devem ser tratados como pais respeitáveis.
   B. **Os jovens** (5.1b): Devem ser tratados como irmãos.
   C. **As anciãs** (5.2a): Devem ser tratadas como mães.
   D. **As jovens** (5.2b): Devem ser tratadas como irmãs.
   E. **As viúvas** (5.3-16)
      1. *Viúvas mais velhas* (5.3-10, 16)
         a. Viúvas acima de sessenta anos, piedosas e sem filhos (5.3, 5, 9-10, 16): Devem ser honradas e sustentadas.
         b. Viúvas com filhos e netos (5.4, 8, 16): Devem receber o cuidado de suas famílias.
         c. Viúvas que são carnais e vivem apenas para o prazer (5.6-7): Não devem ser ajudadas.
      2. *Viúvas mais jovens* (5.11-15)
         a. A regra (5.11-12, 14): Que se casem novamente e eduquem seus filhos.
         b. O motivo (5.13, 15): Isso as ajudará contra a imoralidade e a tagarelice típica das ociosas.
II. Os Pregadores (5.17-25): O conselho de Paulo com relação aos anciãos/presbíteros.
   A. **Anciãos/presbíteros em geral** (5.17-22, 24-25)
      1. *São duplamente dignos de honra* (5.17-18).
      2. *Jamais devem ser acusados injustamente* (5.19-20, 24-25).
      3. *Devem ser imparciais* (5.21).
      4. *Devem ser postos à prova antes de serem ordenados* (5.22a).
      5. *Devem manter-se puros* (5.22b).

B. Timóteo, em particular (5.23): "Usa um pouco de vinho, por causa do teu estômago e das tuas freqüentes enfermidades".

> **ESBOÇO DA SEÇÃO SEIS (I TIMÓTEO 6)**
> Paulo fala aos trabalhadores, aos ímpios, aos sábios e aos ricos. Termina sua carta com algumas instruções a Timóteo.

I. AS PALAVRAS DE PAULO AO POVO (6.1-10): Paulo fala a quatro tipos de pessoas.
   A. **Os trabalhadores** (6.1-2): Paulo instrui os servos cristãos a trabalhar fielmente para seus patrões, a fim de que o nome de Deus não seja difamado.
   B. **Os ímpios** (6.3-5)
      1. *Negam a fé* (6.3-4a).
      2. *São orgulhosos e contenciosos* (6.4b).
      3. *Causam confusão, inveja e rixas* (6.4c).
      4. *Utilizam-se de coisas espirituais para ganho financeiro* (6.5).
   C. **Os sábios** (6.6-8): Percebem que a piedade com o contentamento já é um grande lucro.
   D. **Os ricos** (6.9-10)
      1. *O desejo* (6.10): "O amor ao dinheiro é raiz de todos os males".
      2. *A destruição* (6.9): Esse tipo de avareza, se não tratada, resulta em ruína e destruição.
II. AS PALAVRAS DE PAULO AO PASTOR (6.11-21)
   A. **O que Timóteo deve fazer** (6.11-14, 17-21)
      1. *Fugir do mal e seguir o bem* (6.11).
      2. *Combater o bom combate da fé* (6.12).
      3. *Cumprir fielmente seu ministério* (6.13-14, 20a).
      4. *Alertar os ricos* (6.17-19)
         a. O que eles devem fazer (6.17-18)
            (1) Não confiar em seu dinheiro (6.17).
            (2) Usá-lo para ajudar os outros (6.18).
         b. Por que eles devem fazer isso (6.19): Deus os recompensará tanto na terra quanto nos céus.
      5. *Rejeitar as filosofias vãs* (6.20b-21).
   B. **Para quem Timóteo deve fazer isso** (6.15-16): Para Deus.
      1. *O abençoado e único Deus Todo-Poderoso* (6.15a).
      2. *O Rei dos reis* (6.15b).
      3. *O Senhor dos senhores* (6.15c).
      4. *O Deus invisível e imortal* (6.16a).
      5. *O que habita em luz inacessível* (6.16b).

II Timóteo

ESBOÇO DA SEÇÃO UM (II TIMÓTEO 1)
Paulo inicia sua segunda carta a Timóteo com incentivo e algumas notícias.

I. PAULO FALA DE SEU FILHO (1.1-8, 13-14): O apóstolo considera Timóteo seu filho espiritual.
   A. **O consolo** (1.1-3): Paulo diz a Timóteo que intercede por ele dia e noite.
   B. **O lembrete** (1.4-5)
      1. *Ele está ciente das lágrimas de Timóteo* (1.4).
      2. *Ele está ciente do testemunho de Timóteo* (1.5)
         a. A fé que Timóteo tem (1.5a)
         b. A fé da família de Timóteo (1.5b)
   C. **Os pedidos de Paulo** (1.6-8, 13-14): O apóstolo insta para que Timóteo:
      1. *Reavive o seu dom* (1.6).
      2. *Não tenha medo, seja forte e amoroso* (1.7).
      3. *Não tenha vergonha de Jesus ou de Paulo* (1.8a).
      4. *Esteja pronto para sofrer por Jesus* (1.8b).
      5. *Guarde o bom depósito da verdade escriturística que lhe foi confiado* (1.13-14).
II. PAULO FALA DE SEU SALVADOR (1.9-10)
   A. **Ele nos redimiu e nos chamou para uma vida santa** (1.9a).
   B. **Ele fez isso por sua graça, antes de o mundo existir** (1.9b).
   C. **Ele destruiu a morte e apresentou a vida eterna** (1.10).
III. PAULO FALA DE SI MESMO (1.11-12, 15-18)
   A. **O chamado do apóstolo** (1.11): Seu chamado vindo de Deus é duplo:
      1. *Ser um apóstolo e um pregador* (1.11a).
      2. *Ser um mestre para os gentios* (1.11b).
   B. **A prisão do apóstolo** (1.12a): Por causa de seu chamado, ele está sofrendo como prisioneiro.
   C. **A confiança do apóstolo** (1.12b): Apesar de tudo, Paulo não está envergonhado, pois sabe em quem confia.
   D. **Os colegas do apóstolo** (1.15-18)
      1. *Seus amigos desertores* (1.15): A maioria dos colegas de Paulo na Ásia o abandonou.

2. *Seu amigo devoto* (1.16-18): Onesíforo permaneceu amigo fiel e colaborador.

ESBOÇO DA SEÇÃO DOIS (II TIMÓTEO 2)
Paulo descreve os deveres de um pastor.

I. O MODELO (2.1-7): Paulo compara o ministério a quatro ocupações seculares.
  A. **Um mestre** (2.1-2)
    1. *Como estudante, Timóteo aprendeu várias coisas de Paulo* (2.1-2a).
    2. *Como pastor, Timóteo deve agora ensinar essas mesmas coisas às pessoas piedosas* (2.2b).
  B. **Um soldado** (2.3-4)
    1. *Dê tudo de si na batalha* (2.3).
    2. *Não gaste sua energia com negócios deste mundo* (2.4).
  C. **Um atleta** (2.5): Esforce-se pela coroa da vitória.
  D. **Um agricultor** (2.6-7): Trabalhe arduamente para colher uma grande safra.
II. OS LEMBRETES (2.8-10): Como prisioneiro em Roma, Paulo pede a Timóteo que reflita sobre duas coisas.
  A. **O mensageiro de Deus está acorrentado** (2.8-9a).
  B. **A mensagem de Deus não pode ser acorrentada** (2.9b-10).
III. OS RESULTADOS (2.11-13)
  A. **Se morremos por Cristo, viveremos com Cristo** (2.11).
  B. **Se suportamos sofrimento por Cristo, reinaremos com Cristo** (2.12a).
  C. **Se negamos a Cristo, ele nos negará** (2.12b).
  D. **Se somos infiéis, Cristo permanece fiel** (2.13).
IV. AS RESPONSABILIDADES (2.14-26): Paulo lista alguns deveres de Timóteo como pastor.
  A. **Lembrar ao povo as verdades das Escrituras** (2.14a).
  B. **Alertar as pessoas contra contendas sem proveito** (2.14b).
  C. **Lutar para se tornar um obreiro aprovado por Deus** (2.15).
  D. **Evitar controvérsias ímpias** (2.16-19, 23-26)
    1. *Os exemplos* (2.16-17): Paulo destaca dois homens, Himeneu e Fileto, que se envolveram nessas controvérsias.
    2. *O erro* (2.18-19): Eles alegavam que a ressurreição dentre os mortos já teria acontecido.
    3. *O empenho* (2.23-26): Timóteo deve instruir gentilmente aos que se opõem a ele, para levá-los ao arrependimento.
  E. **Apresentar seu corpo a Deus como um vaso limpo** (2.20-21).
  F. **Evitar o mal, seguir o bem** (2.22).

ESBOÇO DA SEÇÃO TRÊS (II TIMÓTEO 3)
Paulo alerta sobre a grande apostasia vindoura.

I. AS PERVERSÕES (3.1-9)

A. **O mal** (3.1-5)
   1. *As pessoas só amarão a si próprias e ao dinheiro* (3.1-2a).
   2. *Serão orgulhosas, abusivas, desobedientes aos seus pais, ingratas e ímpias* (3.2b).
   3. *Não terão amor, serão cruéis, difamadoras, não terão domínio próprio e serão desumanas* (3.3).
   4. *Serão traiçoeiras, amigas do prazer em vez de amigas de Deus* (3.4).
   5. *Terão forma de piedade, mas negarão seu poder* (3.5).
B. **Os exemplos** (3.6-8): Paulo lista dois tipos de pessoas envolvidas em apostasia.
   1. *Mulheres conduzidas por paixões e carregadas de pecado* (3.6-7).
   2. *Homens depravados que se oporão a Deus, tal qual Janes e Jambres certa feita se opuseram a Moisés* (3.8-9).
II. A Prescrição (3.10-17): Tendo diagnosticado a doença, Paulo agora propõe dupla prevenção.
   A. **Timóteo deve continuar na obra de Deus** (3.10-13): Paulo oferece seu próprio ministério como modelo.
   B. **Timóteo deve permanecer na Palavra de Deus** (3.14-17)
      1. *O que as Escrituras fizeram pelo jovem Timóteo* (3.14-15): A Palavra de Deus deu a ele a sabedoria para aceitar a salvação de Deus.
      2. *O que as Escrituras farão pelo líder Timóteo* (3.16-17)
         a. As diretrizes (3.16): Timóteo descobrirá que o livro divinamente inspirado é útil.
            (1) Para o ensino e a repreensão (3.16a).
            (2) Para a correção e a instrução na justiça (3.16b).
         b. A meta (3.17): Aparelhar Timóteo para toda boa obra.

ESBOÇO DA SEÇÃO QUATRO (II TIMÓTEO 4)
Paulo termina a carta (que muito provavelmente foi sua última epístola antes de ser executado).

I. A Cobrança Final de Paulo (4.1-2, 5)
   A. **Timóteo deve pregar a Palavra de Deus** (4.1-2)
      1. *Como ele deve pregar* (4.1, 2b): Ele deve usá-la para correção, repreensão e encorajamento.
      2. *Quando ele deve pregá-la* (4.2a): Urgentemente, sempre.
   B. **Timóteo deve alcançar seu mundo para Deus** (4.5).
II. O Alerta Final de Paulo (4.3-4, 14-15): O apóstolo faz um alerta duplo.
   A. **Com relação à apostasia** (4.3-4)
      1. *Os homens se voltarão um dia contra a sã doutrina* (4.3).
      2. *Os homens se voltarão um dia a favor da doutrina satânica* (4.4).
   B. **Com relação a Alexandre** (4.14-15): Paulo avisa Timóteo para tomar cuidado com esse latoeiro que tem causado muitos problemas.
III. O Testemunho Final de Paulo (4.6-8)
   A. **O que fez** (4.6-7)

1. *Combateu o bom combate* (4.6-7a).
2. *Completou sua carreira* (4.7b).
3. *Guardou a fé* (4.7c).

B. O que Deus fará (4.8): Ele recompensará o apóstolo com uma coroa de justiça.

IV. O Pedido Final de Paulo (4.9, 11-13)

   A. As pessoas (4.9, 11-12)
   1. *Ele pede que Timóteo o encontre o mais cedo possível* (4.9).
   2. *Ele pede que Timóteo leve Marcos consigo* (4.11).
   3. *Ele enviou Tíquico a Éfeso* (4.12).

   B. Os itens (4.13): Paulo pede três coisas:
   1. *Sua capa* (4.13a).
   2. *Seus livros de estudo* (4.13b).
   3. *Seus rolos do Antigo Testamento* (4.13c).

V. A Dor Final de Paulo (4.10, 16)

   A. Demas o abandonou (4.10).
   B. Seus amigos romanos o abandonaram (4.16).

VI. O Cântico de Louvor Final de Paulo (4.17-18)

   A. Deus o livrou da boca do leão (4.17-18a).
   B. Deus o conduzirá ao Reino dos Céus (4.18b).

VII. Paulo Envia Suas Saudações Finais (4.19-22).

Tito

ESBOÇO DA SEÇÃO UM (TITO 1)
Paulo saúda Tito e fala do papel dos anciãos/presbíteros na igreja. Ele alerta Tito sobre os legalistas.

I. A Apresentação de Paulo (1.1-4)
   A. **A tarefa do apóstolo, determinada por Deus** (1.1-3): Ele foi enviado para alcançar e pregar aos eleitos do Senhor.
   B. **O carinho do apóstolo por Tito** (1.4): Tito é um autêntico filho na fé.
II. As Instruções de Paulo (1.5-16): Tito é instruído a como lidar com duas categorias de pessoas.
   A. **Os líderes em sua igreja** (1.5-9)
      1. *A escolha deles* (1.5): Tito deve escolher um grupo de homens que trabalharão como anciãos/presbíteros.
      2. *Seus deveres* (1.6-9)
         a. Um ancião deve ser imaculado e irrepreensível (1.6a, 7a).
         b. Um ancião deve ter apenas uma esposa e ser fiel a ela; deve ser o cabeça de uma família piedosa (1.6b).
         c. Um ancião não deve ser irascível nem arrogante (1.7b).
         d. Um ancião não deve ser dado ao vinho, nem violento, nem cobiçoso (1.7c).
         e. Um ancião deve ser hospitaleiro e amigo do bem (1.8a).
         f. Um ancião deve ter domínio próprio, ser justo e santo (1.8b).
         g. Um ancião deve ser apto a usar a doutrina para incentivar o sincero e rejeitar o dissimulado (1.9).
   B. **Os legalistas na igreja** (1.10-16)
      1. *A apostasia desses homens* (1.10, 11b-12, 15-16)
         a. São rebeldes e enganadores (1.10).
         b. Pervertem casas inteiras (1.11b).
         c. São gananciosos (1.11c).
         d. São mentirosos e preguiçosos (1.12).
         e. Seu modo de agir contradiz completamente seu discurso (1.16).
         f. Enxergam tudo com malícia (1.15).
      2. *As ações contra esses homens* (1.11a, 13-14)
         a. Devem ser completamente silenciados (1.11a).

b. Devem ser repreendidos publicamente (1.13-14).

ESBOÇO DA SEÇÃO DOIS (TITO 2)
Paulo fala ao pastor e ao povo.

I. As Pessoas nos Bancos da Igreja (2.2-6, 9-14)
   A. **O apóstolo dá instruções sobre os grupos de pessoas existentes na igreja** (2.2-6, 9-10)
      1. *Anciãos/presbíteros* (2.2): Devem ser criteriosos, dignos de respeito, ter autocontrole e ser sãos na fé.
      2. *Mulheres idosas* (2.3-5)
         a. O que elas devem ser (2.3): Respeitáveis, sérias em seu proceder com os outros e não inclinadas à bebida.
         b. O que elas devem fazer (2.4-5): Ensinar piedade às mulheres mais jovens.
      3. *Jovens* (2.6): Devem ter autocontrole.
      4. *Servos* (2.9-10): Devem servir a seus patrões fielmente.
   B. **O apóstolo dá instruções sobre todos na igreja** (2.11-14)
      1. *O que Deus fez por eles* (2.11, 14): Ele os redimiu por sua graça.
      2. *O que eles devem fazer por Deus* (2.12-13)
         a. Viver para Deus (2.12).
         b. Esperar em Deus (2.13).
II. O Pastor no Púlpito (2.1, 7-8, 15)
   A. **Tito deve ensinar a sã doutrina** (2.1).
   B. **Tito deve ser um modelo positivo** (2.7-8).
   C. **Tito deve encorajar e repreender com autoridade** (2.15).

ESBOÇO DA SEÇÃO TRÊS (TITO 3)
Paulo termina sua carta a Tito falando da vontade e da obra de Deus. Transmite um aviso de Deus e fala sobre os trabalhadores de Deus.

I. A Vontade de Deus (3.1-2): Paulo resume a vontade divina para os crentes.
   A. **Os governadores** (3.1): Devemos obedecer-lhes.
   B. **Os demais** (3.2): Devemos ser gentis e amáveis.
II. A Obra de Deus (3.3-7)
   A. **Nossa perversidade** (3.1): No passado, fomos pecadores equivocados, desobedientes e depravados.
   B. **A bondade de Deus** (3.4-7)
      1. *Cristo veio à terra* (3.4).
      2. *Ele nos lavou de nossos pecados* (3.5a).
      3. *Ele nos dá o Espírito Santo* (3.5b-6).
      4. *Ele nos justifica completamente* (3.7a).
      5. *Ele nos assegura a vida eterna* (3.7b).
III. O Alerta de Deus (3.8-11)

A. Sobre assuntos controvertidos (3.8-9): Tito não deve envolver-se em discussões tolas ou inúteis.
B. Sobre pessoas controvertidas (3.10-11)
   1. *Elas devem ser alertadas duas vezes* (3.10a).
   2. *Caso não se arrependam, devem ser excluídas da comunhão* (3.10b-11).
IV. Os Obreiros de Deus (3.12-15): Paulo encerra referindo-se a quatro de seus colaboradores, e envia suas saudações.
   A. Ele logo enviará Ártemas ou Tíquico a Creta (3.12).
   B. Tito deve ajudar Zenas e Apolo em sua viagem (3.13-14).
   C. Paulo envia saudações a todos os crentes (3.15).

Filemom

ESBOÇO DA SEÇÃO UM (FILEMOM 1)
A menor carta de Paulo consiste basicamente em um pedido para que Filemom, um homem piedoso, receba com carinho o escravo fugitivo Onésimo, que se tornou cristão e a quem Paulo está enviando de volta a seu senhor.

I. O APREÇO E O LOUVOR POR FILEMOM (1.1-7)
   A. **Filemom é um homem de família** (1.1-3): Sua esposa chama-se Áfia, e o nome de seu filho é Arquipo.
   B. **Filemom é um homem fiel** (1.4-5): Paulo dá graças pela fé que Filemom tem.
   C. **Filemom é um homem produtivo** (1.6-7): Ele ajudou e encorajou Paulo e vários outros crentes.
II. O APELO E A SÚPLICA POR ONÉSIMO (1.8-17)
   A. **Perdoe-o por amor a você** (1.8-15)
      1. *"Demonstre bondade a Onésimo"* (1.8-10).
      2. *"Outrora te foi inútil, mas agora a ti e a mim é muito útil"* (1.11).
      3. *"Eu bem quisera retê-lo comigo, para que em teu lugar me servisse nas prisões do evangelho; mas sem o teu consentimento nada quis fazer"* (1.12-14).
      4. *"Bem pode ser que ele se tenha separado de ti por algum tempo, para que o recobrasses para sempre"* (1.15).
   B. **Perdoe-o por amor a ele** (1.16): Ele agora é seu irmão em Cristo.
   C. **Perdoe-o por amor a mim** (1.17): Paulo pede a Filemom que receba Onésimo como ele receberia o próprio apóstolo.
III. A GARANTIA E A PROMESSA DE PAULO (1.18-25)
   A. **A garantia** (1.18-19a): Paulo promete pagar a Filemom qualquer débito de Onésimo para com ele.
   B. **O lembrete gentil** (1.19b): Paulo relembra Filemom do grande débito espiritual que o próprio Filemom tem para com o apóstolo.
   C. **O quarto de hóspedes** (1.22): Paulo pede a Filemom que mantenha um cômodo disponível para quando ele estiver apto a visitá-lo.
   D. **As saudações** (1.23-25): Epafras, Marcos, Aristarco, Demas e Lucas, colaboradores de Paulo, enviam suas saudações de Roma a Filemom.

Filemon

Hebreus

ESBOÇO DA SEÇÃO UM (HEBREUS 1)
Hebreus começa com uma dissertação sobre Cristo como o Escolhido e aquele que é superior.

I. CRISTO, O ESCOLHIDO (1.1-3): O Pai escolheu seu Filho para ministrar em quatro áreas de total importância.
   A. **Revelação** (1.1-2a)
      1. *No Antigo Testamento, Deus revelou-se através de seus mensageiros* (1.1).
      2. *No Novo Testamento, Deus revela-se através de seu Messias* (1.2a).
   B. **Criação** (1.2b-3)
      1. *O Filho fez o universo* (1.2b).
      2. *O Filho sustenta o universo* (1.3b).
   C. **Representação** (1.3a): Jesus é o brilho da glória de Deus e a exata expressão de Deus.
   D. **Purificação** (1.3c): Jesus morreu para purificar-nos de nossos pecados.
II. CRISTO, AQUELE QUE É SUPERIOR (1.4-14): Cristo é superior aos anjos em três importantes aspectos.
   A. **Com relação a seu relacionamento com Deus** (1.4-7): O Pai declarou que Jesus é seu Filho singular.
   B. **Com relação a seu reinado** (1.8-12)
      1. *Será um reinado justo* (1.8-9).
      2. *Será um reinado eterno* (1.10-12).
   C. **Com relação à sua recompensa** (1.13-14): O Pai prometeu colocar seus inimigos sob seus pés.

ESBOÇO DA SEÇÃO DOIS (HEBREUS 2)
Este capítulo contém um alerta de Jesus contra o desvio da fé e uma dissertação sobre a obra de Cristo.

I. O ALERTA DE CRISTO (2.1-4): Este alerta tem que ver com a salvação de Deus.
   A. **A ordem** (2.1-2)
      1. *Não se desviar da mensagem da verdade de Deus* (2.1).
      2. *Não desobedecer à mensagem da verdade de Deus* (2.2).

B. **Os comunicadores** (2.3): Esta salvação foi pregada tanto por Jesus quanto por seus apóstolos.
   C. **A confirmação** (2.4): A mensagem do Evangelho foi confirmada por sinais e maravilhas.
II. A OBRA DE CRISTO (2.5-18)
   A. **Seu ministério soberano** (2.5-8a)
      1. *Cristo criou todas as pessoas* (2.5-6a).
      2. *Cristo cuida de todos* (2.6b-7).
      3. *Cristo comissionou a todos* (2.8a): Adão foi encarregado de cuidar da criação de Deus.
   B. **Seu ministério submisso** (2.9a): Cristo concordou em vir à terra e tornar-se "um pouco menor que os anjos".
   C. **Seu ministério salvador** (2.8b-10)
      1. *A rebelião* (2.8b): O pecado fez com que as pessoas fossem privadas do controle da natureza.
      2. *A redenção* (2.9b-10): Cristo morreu na cruz por todos.
   D. **Seu ministério santificador** (2.11-13): Cristo agora vive para nos fazer santos.
   E. **Seu ministério vitorioso** (2.14-15): Por meio de seu sacrifício, Jesus quebrou o poder de Satanás, que detinha o poder da morte.
   F. **Seu ministério abrangente** (2.16-18): Tendo sofrido, Jesus é capaz e está disposto a ajudar aqueles que estão sofrendo.

ESBOÇO DA SEÇÃO TRÊS (HEBREUS 3)
Jesus é comparado a Moisés e declarado ainda maior. Um alerta é dado pelo Espírito Santo contra o pecado da incredulidade.

I. O VALOR DO SALVADOR (3.1-6): Jesus é comparado e contrastado com Moisés.
   A. **A comparação** (3.2)
      1. *Jesus foi fiel a Deus* (3.2a).
      2. *Moisés foi fiel a Deus* (3.2b).
   B. **O contraste** (3.3-6)
      1. *Moisés foi um servo fiel na casa de Deus* (3.5).
      2. *Jesus é o filho fiel sobre a casa de Deus* (3.3-4, 6).
   C. **A conclusão** (3.1): Jesus é maior, então fixe seus olhos nele.
II. O ALERTA DO ESPÍRITO (3.7-19): Este alerta tem que ver com o terrível pecado da incredulidade.
   A. **O exemplo de infidelidade** (3.9-11, 16-19)
      1. *O pecado de Israel no deserto* (3.9-10): O povo deixou que a incredulidade fizesse seu coração voltar-se contra Deus.
      2. *A sentença de Israel no deserto* (3.11, 16-19): Uma geração inteira morreu no deserto, não tendo entrado na Terra Prometida.
   B. **A exortação à fidelidade** (3.7-8, 12-15)
      1. *Ao ouvir a Palavra de Deus, atentem para ela* (3.7-8, 15).
      2. *Encorajem-se uns aos outros diariamente* (3.12-14).

ESBOÇO DA SEÇÃO QUATRO (HEBREUS 4)
Deus promete descanso para seu povo.

I. A Promessa de Deus (4.1-11): Essa promessa diz respeito ao descanso que Deus prometeu para seu povo.
   A. **O paradeiro** (4.3b, 5-6, 8-10)
      1. *O descanso de Deus no Antigo Testamento* (4.3b, 5-6): Era a Terra Prometida, na qual Israel não entrou por sua incredulidade.
      2. *O descanso de Deus no Novo Testamento* (4.8-10): É o lugar de sua perfeita vontade, disponível a todos os crentes.
   B. **O caminho** (4.2-3a): "Nós, os que temos crido, é que entramos no descanso".
   C. **As testemunhas** (4.4, 7)
      1. *Moisés falou desse descanso* (Gênesis 2.2) (4.4).
      2. *Davi falou desse descanso* (Salmo 95.11) (4.7).
   D. **A sabedoria** (4.1, 11): Norteados por piedoso temor, devemos dar o melhor de nós para entrar nesse descanso.
II. O Poder de Deus (4.12-13)
   A. **O que é** (4.12a-b)
      1. *Sua definição* (4.12a): Ele é a Palavra de Deus escrita e falada.
      2. *Sua descrição* (4.12b): Esta Palavra é viva, ativa e mais afiada que uma espada de dois gumes.
   B. **O que faz** (4.12c-13)
      1. *Expõe todos os pensamentos e desejos* (4.12c).
      2. *Expõe toda a humanidade* (4.13).
III. O Sacerdote de Deus (4.14-16)
   A. **Quem é** (4.14a): É Jesus, o Filho de Deus.
   B. **O que é** (4.14b-15): É nosso grande sumo sacerdote.
      1. *Ele foi tentado em todas as áreas* (4.15).
      2. *Ele pode ajudar-nos em qualquer área* (4.14b).
   C. **Onde se encontra** (4.16): No próprio trono de graça.

ESBOÇO DA SEÇÃO CINCO (HEBREUS 5)
Cristo, o grande sumo sacerdote, é comparado a Arão, o primeiro sumo sacerdote.

I. Os Requisitos com Relação aos Sacerdotes (5.1-10): O autor de Hebreus compara e contrasta os ministérios sacerdotais de Arão e de Cristo.
   A. **Comparações** (5.1-4)
      1. *Ambos foram escolhidos por Deus entre os homens* (5.1a, 4).
      2. *Ambos foram designados para representar o povo diante de Deus* (5.1b).
      3. *Ambos tiveram de orar e oferecer sacrifícios* (5.1c).
      4. *Ambos tiveram de demonstrar compaixão* (5.2a).
      5. *Ambos experimentaram a fraqueza da carne* (5.2b-3).

B. **Contrastes** (5.5-10)
    1. *Somente Cristo é chamado de Filho de Deus* (5.5).
    2. *Somente Cristo recebeu o sacerdócio eterno* (5.6a).
    3. *Somente Cristo foi feito sacerdote segundo a ordem de Melquisedeque* (5.6b, 9-10).
    4. *Somente Cristo ofereceu a Deus no Getsêmani "orações e súplicas ao que o podia livrar da morte"* (5.7-8).
II. A Repreensão com Relação ao Povo (5.11-14)
  A. **A frustração** (5.11-12a)
    1. *O autor tem muito para dizer, mas seus leitores são lentos para entender* (5.11).
    2. *Eles deveriam ser mestres, mas têm necessidade de ser ensinados* (5.12a).
  B. **O alimento** (5.12b-14)
    1. *Crentes infantis só podem ser alimentados com leite* (5.12b-13).
    2. *Crentes maduros podem digerir bem os alimentos sólidos* (5.14).

ESBOÇO DA SEÇÃO SEIS (HEBREUS 6)
O autor de Hebreus desafia seus leitores a lutar por maturidade espiritual e escreve sobre como essa maturidade pode ser obtida.

I. O apelo em Favor da Maturidade Espiritual (6.1-12)
  A. **O desafio** (6.1-3): O escritor de Hebreus faz um duplo desafio a seus leitores.
    1. *Não regridam* (6.1-2): Ele insta para que eles parem de passar repetidamente pelas mesmas coisas antigas.
      a. Na importância de se desviar do pecado e se voltar para Deus (6.1).
      b. Na importância do batismo, da imposição de mãos, da ressurreição e do julgamento (6.2).
    2. *Sigam em frente* (6.3): Esforcem-se rumo à maturidade em Cristo.
  B. **A preocupação do autor** (6.4-8): Ele alerta sobre uma terrível situação.
    1. *A impossibilidade dessa situação* (6.4-6)
      a. Quem (6.4b-5): Aqueles que provaram o dom celestial, que partilharam do Espírito Santo e provaram da Palavra de Deus.
      b. O quê (6.6a): Após experimentar isso, eles voltaram as costas para Deus.
      c. Por quê (6.4a, 6b): Essas pessoas não podem ser conduzidas de volta ao arrependimento, pois crucificam o Filho de Deus novamente.
    2. *A ilustração para essa situação* (6.7-8): O autor refere-se a um pedaço de terra para ilustrar sua idéia.
      a. Quando a terra é frutífera, é abençoada (6.7).
      b. Quando a terra é infrutífera, é amaldiçoada (6.8).
  C. **A confiança do autor** (6.9-12): Ele está confiante de que seu alerta não se aplica a seus leitores.

II. A Âncora da Maturidade Espiritual (6.13-20): Esta maturidade desejada está assegurada.
   A. **Por causa da promessa do Pai** (6.13-18)
      1. *Deus prometeu abençoar Abraão, e o fez* (6.13-15).
      2. *Deus prometeu nos abençoar, e o fará* (6.16-18).
   B. **Por causa do sacerdócio do Salvador** (6.19-20).

ESBOÇO DA SEÇÃO SETE (HEBREUS 7)
O autor identifica e equipara o sacerdócio de Jesus com o de Melquisedeque.

I. A Perspectiva Histórica (7.1-3)
   A. **A pessoa de Melquisedeque** (7.1a, 2b-3)
      1. *Quem ele foi* (7.2b): Seu nome significa "rei de justiça" ou "rei de paz".
      2. *O que ele fez* (7.1a): Ele foi tanto sacerdote quanto rei da cidade de Salém.
      3. *De onde ele veio* (7.3): Não há registro de seu nascimento ou de sua morte.
   B. **A preeminência de Melquisedeque** (7.1b-2a)
      1. *A batalha* (7.2a): Após a derrota de seus inimigos, Abraão encontrou Melquisedeque e entregou o dízimo a ele.
      2. *A bênção* (7.1b): Melquisedeque abençoou Abraão.
II. A Perspectiva Teológica (7.4-28): O autor lista várias características de Jesus, que, conforme o decreto do Pai, deve ser um sacerdote segundo a ordem de Melquisedeque (ver Salmo 110.4). Assim sendo, seu sacerdócio seria:
   A. **Real (como foi o de Melquisedeque)** (ver 7.1).
   B. **Superior** (7.4-10)
      1. *Ao de quem?* (7.5-7): Ao de Levi, fundador do sacerdócio levítico.
      2. *Por quê?* (7.4, 8-10)
         a. Abraão foi o ancestral de Levi (7.9).
         b. Levi, dessa forma, deu o dízimo a Melquisedeque antes de nascer, quando era ainda semente de Abraão (7.4, 8, 10).
   C. **Independente** (7.11-15)
      1. *Independente da lei* (7.11-12).
      2. *Independente da tribo de Levi* (7.13-15): Cristo veio da tribo de Judá.
   D. **Eterno** (7.16-17).
   E. **Garantido** (7.20-22): O próprio Pai jurou isto.
   F. **Contínuo** (7.23).
   G. **Permanente** (7.24).
   H. **Santo** (7.26).
   I. **Definitivo** (7.18-19, 25, 27).
   J. **Imaculado** (7.28).

ESBOÇO DA SEÇÃO OITO (HEBREUS 8)
O autor discorre sobre a segurança tripla da Nova Aliança em relação à Antiga Aliança.

I. Seu Santuário é Superior (8.1-2)
   A. **O local é melhor** (8.1): Ela está localizada no santuário celestial.
   B. **O sacerdote é melhor** (8.2): O próprio Jesus ministra nesse santuário.
II. Seu Sacrifício é Superior (8.3-4)
   A. **Os sacerdotes levíticos ofereceram animais no santuário terreno** (8.4).
   B. **O Cordeiro de Deus oferece-se no santuário celestial** (8.3).
III. Sua Segurança é Superior (8.5-13)
   A. **O antigo acordo foi mediado por Moisés** (8.5, 7-8a)
      1. *Ele foi arruinado pelo pecado de Israel* (8.7-8a).
      2. *Ele foi escrito em pedras mortas* (ver Êxodo 32.15).
   B. **O novo acordo é mediado por Cristo** (8.6, 8b-13)
      1. *Ele é restaurado pelo sacrifício de Jesus* (8.6, 8b-9).
      2. *Ele está escrito em corações vivos* (8.10-13).

ESBOÇO DA SEÇÃO NOVE (HEBREUS 9)
As características relacionadas aos santuários terreno e celestial são tratadas neste capítulo.

I. A Análise de Cada Santuário (9.1-15)
   A. **O santuário terreno** (9.1-10)
      1. *A informação* (9.1-7)
         a. Os objetos do Tabernáculo (9.1-5): O autor descreve a localização dos candelabros de ouro, do altar de incenso etc.
         b. Os superintendentes do Tabernáculo (9.6-7): Os deveres tanto dos sacerdotes quanto do sumo sacerdote são listados.
      2. *A ilustração* (9.8-10): O Espírito Santo usou as várias regras que dizem respeito ao uso do Tabernáculo para ilustrar a fraqueza mortal do Tabernáculo terreno — seus sacrifícios não podiam purificar o coração do povo.
   B. **O santuário celestial** (9.11-15): Este santuário é superior ao terreno em quatro aspectos.
      1. *A pessoa que oferece o sacrifício* (9.11): É o próprio Jesus Cristo.
      2. *A preciosidade do sacrifício* (9.12b): Ele ofereceu seu próprio sangue.
      3. *A permanência do sacrifício* (9.12a): Ele foi feito uma só vez e durará para sempre.
      4. *O poder do sacrifício* (9.12c-15): Ele traz redenção eterna.
II. A Ratificação de Cada Santuário (9.16-28): Os dois santuários tinham de ser purificados e ratificados pelo sangue de um sacrifício.
   A. **O santuário terreno** (9.16-22)

1. *O aspergidor desse sangue* (9.16-19a): Moisés.
2. *A origem desse sangue* (9.19b): Um animal.
3. *O efeito desse sangue* (9.20-22): Ele não poderia retirar os pecados.
    B. **O santuário celestial** (9.23-28)
        1. *O aspergidor desse sangue* (9.23): Cristo.
        2. *A origem desse sangue* (9.25-26a): Ele mesmo.
        3. *O efeito desse sangue* (9.24, 26b-28): O autor faz um resumo triplo da obra do Salvador.
            a. Ele se manifestou uma vez e morreu por nós (9.26b-28a).
            b. Ele se manifesta agora para orar por nós (9.24).
            c. Ele se manifestará para nos governar (9.28b).

ESBOÇO DA SEÇÃO DEZ (HEBREUS 10)
Este capítulo inicia com uma comparação e termina com um desafio.

I. A COMPARAÇÃO (10.1-18): O sangue de cordeiros terrenos é comparado ao sangue do Cordeiro celestial.
   A. **A inferioridade dos cordeiros terrenos** (10.1-4, 11)
      1. *A freqüência desses sacrifícios* (10.1-3, 11a): O sacerdote tinha de oferecer animais continuamente.
      2. *A ineficácia desses sacrifícios* (10.4, 11b): Eles jamais conseguiriam remover o pecado.
   B. **A superioridade do Cordeiro celestial** (10.5-10, 12-18)
      1. *O propósito* (10.5-10): Jesus veio com um propósito: oferecer a si mesmo.
      2. *A permanência* (10.12, 14): Sua oferta foi de uma vez por todas, nunca se repetirá.
      3. *A paciência* (10.13): "Esperando, até que os seus inimigos sejam postos por escabelo dos seus pés".
      4. *A purificação* (10.15-18): Um dia, ele purificará os corações do Israel descrente.
II. O DESAFIO (10.19-39): Este desafio encontra-se na forma de uma exortação quádrupla.
   A. **Aproximem-se do trono de Deus** (10.19-22): O sacrifício de Cristo permite que nos aproximemos do trono de Deus com intrepidez.
   B. **Estimulem o povo de Deus** (10.23-25): Os crentes devem ser bondosos e cooperadores uns com os outros.
   C. **Evitem o juízo de Deus** (10.26-31)
      1. *O contraste* (10.26-29)
         a. Um lembrete de como Deus certa vez puniu aqueles que rejeitaram a lei de Moisés (10.26-28).
         b. Um lembrete de como Deus punirá aqueles que rejeitam o Cordeiro de Deus (10.29).

2. *A certeza* (10.30-31): Somos assegurados de que Deus julgará seu povo.
D. **Reconheça a fidelidade de Deus** (10.32-39)
  1. *Sua fidelidade no passado* (10.32-34): O autor insta para que os crentes não esqueçam o cuidado de Deus para com eles durante um período anterior de sofrimento.
  2. *Sua fidelidade permanente* (10.35-39): O que quer que o presente e o futuro reservem, dependemos de seu cuidado contínuo.

ESBOÇO DA SEÇÃO ONZE (HEBREUS 11)
Este é o famoso capítulo da fé.

I. A EXPLICAÇÃO DA FÉ (11.1-3, 6)
  A. **Sua natureza** (11.1-2)
    1. *"É o firme fundamento das coisas que se esperam"* (11.1a).
    2. *"A prova das coisas que não se vêem"* (11.1b).
  B. **Sua imprescindibilidade** (11.3, 6)
    1. *Com ela, as pessoas do Antigo Testamento foram aprovadas por Deus* (11.2).
    2. *Com ela, somos capazes de crer no poder de Deus* (11.3): Isto, especialmente, com relação ao seu poder criativo.
    3. *Sem ela, somos incapazes de agradar a Deus* (11.6).
II. OS EXEMPLOS DE FÉ (11.4-5, 7-40)
  A. **Quem foram** (11.4a, 5a, 7a, 8a-11a, 12, 17-18, 20a, 21a, 22a, 23a, 24, 27a, 28a, 31a, 32): Dezesseis pessoas de fé são mencionadas nominalmente, e muitas outras também são citadas.
    1. *Abel* (11.4a)
    2. *Enoque* (11.5a)
    3. *Noé* (11.7a)
    4. *Abraão* (11.8a, 9, 12, 17-18)
    5. *Sara* (11.11a)
    6. *Isaque* (11.20a)
    7. *Jacó* (11.21a)
    8. *José* (11.22a)
    9. *Os pais de Moisés* (11.23a)
    10. *Moisés* (11.24, 27a, 28a)
    11. *O povo de Israel* (11.29a, 30a)
    12. *Raabe* (11.31a)
    13. *Gideão* (11.32a)
    14. *Baraque* (11.32b)
    15. *Sansão* (11.32c)
    16. *Jefté* (11.32d)
    17. *Davi* (11.32e)
    18. *Samuel* (11.32f)
    19. *Todos os profetas* (11.32g)

B. **O que fizeram** (11.4b, 5b, 7b, 8b, 11b, 19, 20b, 21b, 22b, 23b, 25, 27b, 28b-30, 31b, 33-35a)
   1. *Abel deu a Deus uma oferta aceitável* (11.4b).
   2. *Enoque partiu da terra sem morrer* (11.5b).
   3. *Noé sobreviveu ao Dilúvio* (11.7b).
   4. *Abraão herdou uma terra* (11.8b).
   5. *Sara deu à luz através de um ventre estéril e deu início a uma nação* (11.11b).
   6. *Abraão acreditou que Deus podia ressuscitar os mortos* (11.19).
   7. *Isaque e Jacó predisseram o futuro* (11.20b, 21b).
   8. *José antecipou o Êxodo muito antes de ocorrer* (11.22b).
   9. *Os pais de Moisés desafiaram o rei do Egito* (11.23b).
   10. *Moisés abandonou os prazeres do pecado* (11.25).
   11. *Moisés deixou a terra do Egito e não teve medo do rei* (11.27b).
   12. *O povo de Israel observou a Páscoa* (11.28b).
   13. *O povo de Israel atravessou o mar Vermelho* (11.29).
   14. *O povo de Israel derrubou com gritos uma cidade* (11.30).
   15. *Raabe protegeu alguns espias hebreus* (11.31b).
   16. *Os profetas e juízes subjugaram reinos, fecharam a boca de leões, extinguiram o fogo, escaparam da espada, trocaram a fraqueza pela força, derrotaram exércitos inimigos e alguns até ressuscitaram mortos* (11.33-35a).
C. **O que sofreram** (11.35b-38)
   1. *Tortura terrível* (11.35b)
   2. *Escárnio* (11.36a)
   3. *Açoites cruéis* (11.36b)
   4. *Aprisionamento* (11.36c)
   5. *Apedrejamento* (11.37a)
   6. *Foram cortados em dois* (11.37b)
   7. *Morte pela espada* (11.37c)
   8. *Extrema pobreza* (11.37d-38)
D. **Por que resistiram** (11.10, 13-15, 16b, 26, 35c)
   1. *Eles contemplaram a invisível cidade de Deus* (11.10, 13-15, 16b).
   2. *Eles creram que o sofrimento pela causa de Cristo era melhor do que possuir todas as riquezas deste mundo* (11.26).
   3. *Eles anteviram a própria ressurreição* (11.35c).
E. **O que receberam** (11.16a, 39-40)
   1. *No passado* (11.16a, 39): Aprovação terrena e temporária de Deus.
   2. *No futuro* (11.40): Aprovação celestial e eterna de Deus.

ESBOÇO DA SEÇÃO DOZE (HEBREUS 12)
O autor compara uma vida piedosa a uma grande corrida, e explica a seus leitores os motivos da disciplina de Deus. Ele alerta novamente contra o pecado da incredulidade.

I. A Competição (12.1-4)
  A. **A corrida** (12.1): Devemos correr a corrida espiritual que Deus propôs a cada um de nós de forma fiel.
  B. **O modelo** (12.2-3)
    1. *Quem* (12.2a): Devemos focalizar nossos olhos em Jesus, o princípio e o fim de nossa fé.
    2. *O quê* (12.2b-3): Ele suportou a oposição dos pecadores e morreu na cruz.
    3. *Por quê* (12.2c): Por causa da alegria que ele anteviu.
    4. *Onde* (12.2d) Ele está à destra de Deus.
  C. **O consolo** (12.4): Os leitores são informados de que não sofreram como Cristo sofreu.
II. O Castigo (12.5-13): A disciplina divina é o tema desta passagem.
  A. **O relacionamento** (12.7b-10)
    1. *O disciplinador* (12.9-10): O próprio Pai celestial.
    2. *Os disciplinados* (12.7b-8): Todos os crentes. Assim como pais terrenos disciplinam seus filhos, o Pai celestial o faz conosco.
  B. **O lembrete** (12.5a): Os leitores esqueceram as palavras de Salomão acerca disso em Provérbios 3.11-12.
  C. **A reação** (12.5b-5c, 7a): Os crentes são incentivados a responder positivamente a disciplina.
    1. *Reações negativas* (12.5b-5c)
       a. "Não desprezes a correção do Senhor" (12.5b).
       b. "Nem te desanimes quando por ele és repreendido" (12.5c).
    2. *Reação positiva* (12.7a): "Deus vos trata como a filhos".
  D. **Os motivos** (12.6)
    1. *Para provar que somos seus filhos* (12.6b).
    2. *Para provar seu amor* (12.6a).
  E. **As recompensas** (12.11)
    1. *Disciplina gera justiça* (12.11b).
    2. *Disciplina gera paz* (12.11a).
  F. **A renovação** (12.12-13)
    1. *"Levantai as mãos cansadas, e os joelhos vacilantes"* (12.12).
    2. *"Fazei veredas direitas para os vossos pés"* (12.13).
III. Os Desafios (12.14-17)
  A. **A exortação** (12.14-15)
    1. *"Segui a paz com todos"* (12.14a).
    2. *"E a santificação, sem a qual ninguém verá o Senhor"* (12.14b).
    3. *"Tendo cuidado de que... nenhuma raiz de amargura, brotando, vos perturbe"* (12.15).
  B. **O exemplo** (12.16-17): Esaú é usado como exemplo trágico do que não se deve fazer
    1. *Ele foi imoral* (12.16a).
    2. *Ele foi ímpio* (12.16b).
    3. *Ele desprezou seu direito de primogenitura* (12.16c-17).

IV. Os Contrastes (12.18-24): Dois montes são comparados.
   A. **Monte Sinai** (12.18-21)
      1. *A pessoa* (12.21): Moisés.
      2. *O princípio* (12.18-20): A lei de Deus.
   B. **Monte Sião** (12.22-24)
      1. *A pessoa* (12.24a): Cristo.
      2. *O princípio* (12.22-23, 24b): A graça de Deus.
V. O Cuidado (12.25-27): O autor alerta solenemente seus leitores sobre os terríveis resultados da incredulidade.
VI. O Fogo Consumidor (12.28-29)
   A. **Nosso Deus é um Rei que vem** (12.28).
   B. **Nosso Deus é um fogo consumidor** (12.29).

ESBOÇO DA SEÇÃO TREZE (HEBREUS 13)
O escritor de Hebreus conclui com palavras sobre amor, liderança, legalismo e senhorio.

I. Uma Palavra sobre o Amor (13.1-6)
   A. **Positiva** (13.1-4): A quem devemos amar.
      1. *Uns aos outros* (13.1).
      2. *Estranhos* (13.2).
      3. *Prisioneiros* (13.3).
      4. *Nosso cônjuge* (13.4).
   B. **Negativa** (13.5-6)
      1. *O que não devemos amar* (13.5a): Dinheiro.
      2. *Por que não devemos amá-lo* (13.5b-6): Devemos estar satisfeitos com o que temos.
         a. Deus prometeu nunca nos abandonar (13.5b).
         b. Deus prometeu ser nosso auxiliador (13.6).
II. Uma Palavra sobre Liderança (13.7, 17-19, 22-25)
   A. **O autor instrui seus leitores a honrar e obedecer aos líderes espirituais de suas igrejas** (13.7, 17)
      1. *Olhem para eles como modelos* (13.7).
      2. *Submetam-se à autoridade deles* (13.17).
   B. **O autor instrui seus leitores a orar por outros líderes espirituais, além dos líderes de suas igrejas** (13.18-19, 22-25)
      1. *Ele se refere a si mesmo* (13.18-19, 22).
      2. *Ele se refere a Timóteo* (13.23-25).
III. Uma Palavra sobre o Legalismo (13.9-11): A qual altar e sacrifício o crente deve estar ligado?
   A. **Negativo** (13.11): Não ao altar no Tabernáculo.
   B. **Positivo** (13.9-10): Ao altar do Calvário.
IV. Uma Palavra sobre Senhorio (13.8, 12-16, 20-21)
   A. **O Pastor do aprisco** (13.8, 12, 20-21)

1. *Quem ele é* (13.8): Jesus Cristo, o mesmo ontem, hoje e para sempre.
2. *O que ele faz* (13.12, 20-21)
   a. Ele nos redimiu (13.12, 20).
   b. Ele nos aperfeiçoa (13.21).
B. **As ovelhas do aprisco** (13.13-16)
   1. *Devemos viver para ele aqui no mundo* (13.13, 15-16)
      a. Devemos sofrer por ele (13.13).
      b. Devemos sacrificar-nos por ele (13.15-16)
         (1) O sacrifício de nossas palavras (13.15).
         (2) O sacrifício de nossas obras (13.16).
   2. *Devemos ansiar por viver com ele lá no céu* (13.14): Este mundo não é nosso lar.

Tiago

ESBOÇO DA SEÇÃO UM (TIAGO 1)
Tiago inicia com uma saudação e uma pequena dissertação sobre provações e tentações, confiança, transição, tesouros e religião verdadeira.

I. A SAUDAÇÃO DE TIAGO (1.1): Ele dedica seu livro às 12 tribos de Israel dispersas entre as nações.
II. TIAGO FALA DE PROVAÇÕES E TENTAÇÕES (1.2-4, 12-16): Ele apresenta essas experiências por uma perspectiva dupla.
   A. Positiva (1.2-4, 12): Pela perspectiva de Deus.
      1. *O propósito* (1.2-3): Fortalecer-nos e purificar-nos.
      2. *Os resultados* (1.4)
         a. Perseverança (1.4a)
         b. Maturidade (1.4b)
      3. *A promessa* (1.12): Um dia, Deus dará a coroa àqueles que perseverarem com sucesso.
   B. Negativa (1.13-16): Pela perspectiva de Satanás.
      1. *O propósito* (1.13-14): Perverter-nos e enfraquecer-nos.
      2. *Os resultados* (1.15-16)
         a. Ações malignas (1.15a).
         b. Morte (1.15b-16).
III. TIAGO FALA DA CONFIANÇA (1.5-8)
   A. Quando confiar em Deus (1.5): Quando precisarmos de sabedoria.
   B. Como confiar em Deus (1.6b-8)
      1. *O lado positivo* (1.6a): Precisamos pedir a ele com fé.
      2. *O lado negativo* (1.6b-8): A sabedoria não será concedida a uma pessoa sem fé.
IV. TIAGO FALA DE TRANSIÇÃO (1.9-11): Tiago fala da brevidade da vida.
   A. O exemplo (1.9a, 10a, 11): A glória humana é como uma flor que floresce e logo murcha.
   B. A exortação (1.9b, 10b): Somente a glória de Deus é eterna.
V. TIAGO FALA DE TESOUROS (1.17-25): O tesouro é a própria Bíblia
   A. A fonte deste tesouro (1.17): Ela veio como uma dádiva perfeita do Deus imutável, do Pai das luzes.

B. **A salvação nesse tesouro** (1.18): Tornamo-nos seus filhos através de uma dádiva inestimável.
C. **O simbolismo para esse tesouro** (1.19-25): Tiago compara a Bíblia a um espelho.

VI. Tiago Fala da Verdadeira Religião (1.26-27)
A. **A ficção** (1.26): Alguns crêem que podem apropriar-se do nome de Jesus e continuar a difamar outros cristãos.
B. **Os fatos** (1.27): Tiago cita dois (de vários) sinais que indicam a verdadeira religião.
1. *Ter compaixão de órfãos e viúvas* (1.27a).
2. *Afastar-se da contaminação do mundo* (1.27b).

ESBOÇO DA SEÇÃO DOIS (TIAGO 2)
Tiago discorre sobre os temas acepção de pessoas e fé.

I. A Perversa Acepção de Pessoas (2.1-13)
A. **A ordem contra a acepção** (2.1-8)
1. *Os exemplos* (2.1-4): Seus leitores são culpados de fazer distinção.
a. Tratar visitantes ricos com respeito (2.1-2a, 3a).
b. Tratar visitantes pobres sem nenhum respeito (2.2b, 3b-4).
2. *A contradição* (2.5-7): Tiago não compreende isso, pois quase sempre foram os ricos que perseguiram e escarneceram do Salvador.
3. *A exortação* (2.8): Tiago manda cumprir a "lei real" segundo a Escritura: amar o próximo.
B. **As conseqüências da acepção** (2.9-13)
1. *Transgredir essa lei equivale a transgredir todas as leis* (2.9-12).
2. *Quem não demonstra misericórdia não recebe misericórdia* (2.13).

II. Fé com Temor (2.14-26): Tiago contrasta a fé apenas intelectual com uma fé que compreende mente, coração e prática.
A. **Exemplos de fé somente intelectual** (2.14-20)
1. *Quanto ao necessitado* (2.14-18): Fé intelectual é vazia e tenta alcançar o pobre com palavras piedosas, desprovidas de obras.
2. *Quanto aos demônios* (2.19-20)
a. A teoria (2.19a): "Crês, tu, que Deus é um só?"
b. A prática (2.19b-20): "Fazes bem; os demônios também o crêem, e estremecem".
B. **Exemplos de fé que compreende mente, coração e prática** (2.21-26)
1. *Abraão* (2.21-24): Ele provou sua fé através da disposição de sacrificar seu filho Isaque.
2. *Raabe* (2.25-26): Ela provou sua fé protegendo os dois espias israelitas.

ESBOÇO DA SEÇÃO TRÊS (TIAGO 3)
Tiago fala sobre a língua.

I. A Importância da Língua (3.1-2): Qualquer um que consegue controlar

sua língua é uma pessoa madura, capaz de controlar o corpo todo.
II. Ilustrações da Língua (3.3-5)
   A. **Como ela pode controlar** (3.3-4)
      1. *Ela é como um freio para um cavalo* (3.3).
      2. *Ela é como um leme para um navio* (3.4).
   B. **Como ela pode consumir** (3.5): Ela é como uma faísca que, embora pequena, é capaz de destruir uma grande floresta.
III. A Iniquidade da Língua (3.6): Ela pode ser posta em chamas pelo próprio inferno, corrompendo e destruindo completamente seu dono.
IV. A Incorrigibilidade da Língua (3.7-8)
   A. **As pessoas são capazes de domar feras** (3.7).
   B. **Nenhuma pessoa é capaz de domar a língua** (3.8).
V. A Inconsistência da Língua (3.9-12)
   A. **A contradição** (3.9-10): Ela procura fazer duas coisas simultaneamente.
      1. *Ela tenta louvar a Deus* (3.9a, 10a).
      2. *Ela tenta amaldiçoar as pessoas* (3.9b, 10b).
   B. **A conclusão** (3.11-12): Ela não consegue fazer essas duas coisas simultaneamente.
      1. *Água potável e água salgada não podem jorrar da mesma fonte* (3.11, 12c).
      2. *Uma figueira não pode dar azeitonas* (3.12a).
      3. *Uma vinha não pode produzir figos* (3.12b).
VI. Instruções para a Língua (3.13-18)
   A. **O caminho a ser seguido** (3.13, 17-18): Para controlar a língua, o dono deve sempre dar espaço à sabedoria de Deus.
   B. **O caminho a ser evitado** (3.14-16): O dono jamais deve permitir que sua língua seja influenciada por Satanás.

ESBOÇO DA SEÇÃO QUATRO (TIAGO 4)
Tiago aborda a corrupção do coração humano e a solução para esse problema.

I. A Corrupção no Coração Humano (4.1-5, 11-13, 16-17)
   A. **A raiz do problema** (4.1a): Desejos perversos e ímpios.
   B. **Os resultados do problema** (4.1b-5, 11-13, 16-17)
      1. *Guerras e contendas constantes* (4.1).
      2. *Assassinatos* (4.2a).
      3. *Um colapso na oração* (4.2b-3)
         a. Não pedir coisas espirituais a Deus (4.2b).
         b. Pedir coisas pecaminosas a Deus (4.3).
      4. *Mundanismo* (4.4).
      5. *Entristecimento do Espírito Santo* (4.5).
      6. *Difamação* (4.11-12).
      7. *Vanglória* (4.13, 16-17).

II. A Solução para o Coração Humano (4.6-10, 14-15)
   A. **Humilhar-se** (4.6, 10): Esta ação resulta numa bênção dupla
      1. *Deus dará graça* (4.6).
      2. *Deus exaltará* (4.10).
   B. **Submeter-se a Deus** (4.7a).
   C. **Resistir ao diabo** (4.7b).
   D. **Arrepender-se** (4.8-9).
   E. **Depender de Deus quanto ao futuro** (4.14-15)
      1. *A ação incorreta* (4.14): Tiago relembra seus leitores de que ninguém sabe o que o amanhã nos reserva.
      2. *A ação correta* (4.15): Tiago insta para que seus leitores comecem seus planos somente com as seguintes palavras: "Se o Senhor quiser".

ESBOÇO DA SEÇÃO CINCO (TIAGO 5)
Tiago fala do rico egoísta, do sofrimento, do juramento, da súplica e de ganhar almas.

I. O Rico Egoísta (5.1-6)
   A. **A consternação do rico egoísta** (5.1-3a): Tiago alerta o rico da futura calamidade que o aguarda.
      1. *Suas roupas apodrecerão* (5.1-2).
      2. *Seu ouro e sua prata se corroerão* (5.3a).
   B. **A crueldade do rico egoísta** (5.4-6)
      1. *Ele frauda seus trabalhadores* (5.4).
      2. *Ele vive na auto-indulgência e no luxo pecaminoso* (5.5).
      3. *Ele condena e mata pessoas inocentes* (5.6).
   C. **A condenação do rico egoísta** (5.3b): Sua ganância acumula para ele o fogo do inferno.
II. O Sofrimento (5.7-11): Tiago dá três exemplos de firmeza em meio ao sofrimento.
   A. **Do solo** (5.7): "Portanto, irmãos, sede pacientes até a vinda do Senhor. Eis que o lavrador espera o preciso fruto da terra, aguardando-o com paciência, até que receba as primeiras e as últimas chuvas".
   B. **Das Escrituras** (5.10-11): "Ouvistes da paciência de Jó".
   C. **Da segunda vinda** (5.8-9): "Sede vós também pacientes; fortalecei os vossos corações, porque a vinda do Senhor está próxima".
III. O Juramento (5.12)
   A. **Enfoque negativo** (5.12a): Não jurar pelos céus, pela terra ou por qualquer coisa.
   B. **Enfoque positivo** (5.12b): Que sua resposta seja simplesmente "sim" ou "não".
IV. A Súplica (5.13-18)
   A. **A exortação à oração** (5.13-16a)
      1. *Temporadas de oração* (5.13): Quando devemos orar?
         a. Em momentos de dificuldades (5.13a)
         b. Em momentos de triunfo (5.13b)

2. *Motivos para oração* (5.14-16a)
      a. A oração levantará o doente (5.14-15a).
      b. A oração restaurará o pecador (5.15b-16a).
   B. O exemplo de oração (5.16b-18)
      1. *O poder* (5.16b): A oração de uma pessoa justa é poderosa e eficaz.
      2. *A pessoa* (5.17-18): Tiago escolhe Elias como seu modelo neste assunto.
         a. "Elias era homem sujeito às mesmas paixões que nós, e orou com fervor para que não chovesse, e por três anos e seis meses não choveu sobre a terra" (5.17).
         b. "E orou outra vez e o céu deu chuva" (5.18).
V. Ganhar Almas (5.19-20)
   A. A fidelidade do ganhador de almas (5.19).
   B. O fruto de um ganhador de almas (5.20): A pessoa que conduz outra para longe do pecado a salva da morte.

I Pedro

ESBOÇO DA SEÇÃO UM (I PEDRO 1)
Pedro inicia sua carta com um panorama de alguns fatos gloriosos acerca da salvação.

I. A FONTE DE NOSSA SALVAÇÃO (1.1-2)
   A. **Fomos escolhidos pelo Pai** (1.1-2a).
   B. **Fomos feitos santos pelo Espírito** (1.2b).
   C. **Somos purificados pelo sangue do Filho** (1.2c).
II. A GARANTIA DA NOSSA SALVAÇÃO (1.3-5)
   A. **A prova** (1.3): Ela é garantida pela ressurreição de Cristo.
   B. **A permanência** (1.4): Ela é mantida nos céus para nós.
   C. **O poder** (1.5): O imenso poder de Deus assegura-nos que chegaremos seguros ao céu.
III. A ALEGRIA DA NOSSA SALVAÇÃO (1.6-9)
   A. **A promessa** (1.6): Esta alegria pode ser nossa, mesmo em meio às provações.
   B. **O resultado** (1.7-9): Nossas provações produzem dois frutos.
      1. *Elas aumentam nossa fé em Deus* (1.7).
      2. *Elas aumentam nosso amor por Deus* (1.8-9).
IV. OS PROFETAS DO ANTIGO TESTAMENTO E A NOSSA SALVAÇÃO (1.10-12a)
   A. **O que eles não entenderam** (1.10-11): Eles não conseguiam compreender completamente todas as suas profecias sobre a obra futura do Messias.
      1. *Sobre sua dor* (1.10-11a)
      2. *Sobre sua glória* (1.11b)
   B. **O que eles entenderam** (1.12a): Eles sabiam que suas profecias não seriam cumpridas antes de sua própria morte.
V. OS ANJOS E A NOSSA SALVAÇÃO (1.12b): Eles anelam por conhecer mais sobre esse assunto maravilhoso.
VI. A REAÇÃO À NOSSA SALVAÇÃO (1.13-17)
   A. **Em relação a nós** (1.13): Devemos ter domínio próprio.
   B. **Em relação ao nosso Salvador** (1.14-17)
      1. *Devemos ser santos perante Deus* (1.14-16).
      2. *Devemos temer a Deus* (1.17).

VII. O Preço de Nossa Salvação (1.18-21)
   A. **O pagamento** (1.18-19)
      1. *O que não aconteceu* (1.18): Ela não foi comprada com prata ou ouro.
      2. *O que aconteceu* (1.19): Ela foi comprada pelo precioso sangue de Jesus.
   B. **O plano** (1.20-21): Cristo foi escolhido antes da fundação do mundo para fazer isso.
VIII. O Veículo de Nossa Salvação (1.22-25)
   A. **O novo nascimento** (1.22-23a): Uma pessoa precisa experimentar regeneração para ser salva.
   B. **O Livro** (1.23b-25): É a Palavra de Deus que faz isso acontecer.

ESBOÇO DA SEÇÃO DOIS (I PEDRO 2)
Pedro fala de renúncia, relacionamentos, respeito e o papel de modelo.

I. As Renúncias (2.1-3, 11)
   A. **Ao que devemos renunciar** (2.1, 11b): Devemos desviar-nos do engano, da hipocrisia, da inveja, da difamação e do mundo.
   B. **O que devemos desejar** (2.2-3): Devemos almejar o puro leite espiritual.
II. Os Relacionamentos (2.4-12)
   A. **O que os cristãos são** (2.5, 9a, 10-11a)
      1. *Pedras vivas* (2.5a).
      2. *Sacerdócio real* (2.5b).
      3. *Povo escolhido por Deus* (2.9a, 10).
      4. *Peregrinos na terra* (2.11a).
   B. **O que Cristo é** (2.4, 6-8, 9b, 12)
      1. *Alicerce Vivo* (2.4a)
         a. Ele é a fundação preciosa dos crentes (2.4b, 7a).
         b. Ele é a pedra de tropeço para os não-cristãos (2.8).
      2. *Pedra Angular* (2.6, 7b).
      3. *Escolhido* (2.4c).
      4. *Juiz* (2.12).
      5. *Luz* (2.9b).
III. O Respeito (2.13-20): Por causa do Senhor, devemos demonstrar respeito (e submissão) aos seguintes grupos de pessoas:
   A. **Autoridades civis** (2.13-16)
   B. **Empregados** (2.18-20)
   C. **Todos** (2.17)
IV. O Modelo (2.21-25)
   A. **Quem ele é** (2.21-22): Ele é o imaculado Salvador, Jesus Cristo.
   B. **O que ele fez** (2.23-24a): Morreu na cruz do calvário.
   C. **Por que ele fez** (2.24b-25)
      1. *Para que suas feridas curassem as nossas* (2.24b).
      2. *Para que nos voltássemos para o Pastor* (2.25).

ESBOÇO DA SEÇÃO TRÊS (I PEDRO 3)
Pedro fala da conduta apropriada para os crentes, considerando o que Cristo fez por nós.

I. A CONDUTA DOS CRENTES (3.1-17)
   A. **As responsabilidades das esposas** (3.1-6)
      1. *A exortação de Pedro* (3.1-5)
         a. Sobre sua conduta (3.1-2): A esposa deve depender mais de sua vida do que de seus lábios para testemunhar ao marido não-salvo.
         b. Sobre sua beleza (3.3-5): A beleza interior é muito mais importante do que a exterior.
      2. *O exemplo de Pedro* (3.6): Ele usa Sara, do Antigo Testamento, como modelo.
   B. **As responsabilidades dos maridos** (3.7)
      1. *O que o marido deve fazer* (3.7a): Ele deve considerar e respeitar sua esposa.
      2. *Por que ele deve fazer isso* (3.7b): Se ele falhar nisso, suas orações não serão respondidas.
   C. **As responsabilidades de todos** (3.8-17)
      1. *Viver em harmonia* (3.8).
      2. *Retribuir com o bem tanto o mal quanto o bem* (3.9-14).
      3. *Adorar Cristo como Senhor e estar sempre pronto a explicar coerentemente sua fé* (3.15).
      4. *Estar pronto para defender sua fé* (3.16-17).
II. O CRISTO DOS CRENTES (3.18-22): Pedro descreve um ministério quádruplo consumado pelo Salvador.
   A. **Sua morte** (3.18)
      1. *A permanência* (3.18a): Ele morreu por nossos pecados de uma vez por todas.
      2. *O propósito* (3.18b): Ele morreu para reconciliar os pecadores com Deus.
   B. **Sua jornada ao mundo dos espíritos** (3.19-20)
      1. *A transgressão* (3.19): Jesus pregou contra os pecados desses espíritos malignos.
      2. *A época* (3.20): Eles cometeram suas perversidades nos dias de Noé.
   C. **Sua ressurreição** (3.21)
      1. *A salvação* (3.21a): A ressurreição de Jesus garante nossa redenção.
      2. *O símbolo* (3.21b): Batismo nas águas.
   D. **Sua ascensão e sua exaltação** (3.22)

ESBOÇO DA SEÇÃO QUATRO (I PEDRO 4)
Pedro escreve sobre o sofrimento.

I. O PROPÓSITO DO SOFRIMENTO (4.1-11, 15, 17-18)
   A. **Limpar e purificar o crente espiritual** (4.1-11)
      1. *O triunfo* (4.1-3): O sofrimento faz com que o pecado perca seu poder.

2. *O testemunho* (4.4-6): Os amigos não-salvos de um novo cristão se maravilham por ele não desejar mais partilhar de seu estilo de vida ímpio, como antes fazia.
3. *A ternura* (4.7-9): O sofrimento deve desenvolver nosso amor por outros cristãos.
4. *Os talentos* (4.10-11): Devemos exercer fielmente todos os dons espirituais dados a nós por Deus.
B. **Castigar e punir o crente carnal** (4.15, 17-18): Deus julgará seu povo.

II. O Privilégio do Sofrimento (4.12-14, 16)
A. **Ele deve ser esperado** (4.12): Todos os crentes sofrerão.
B. **Ele deve ser valorizado** (4.13-14, 16)
1. *Sofrer por Cristo significa partilhar de suas aflições passadas* (4.13a, 14a, 16a).
2. *Sofrer por Cristo significa partilhar de sua glória futura* (4.13b, 14b, 16b).

III. A Paciência em Meio ao Sofrimento (4.19): Devemos fazer duas coisas na hora da dor.
A. **Devemos entregar-nos a Deus** (4.19b).
B. **Devemos continuar praticando o bem** (4.19a).

ESBOÇO DA SEÇÃO CINCO (I PEDRO 5)
Pedro dá conselhos aos anciãos/presbíteros e a outros membros da igreja, e envia saudações finais.

I. O Apelo de Pedro (5.1-11)
A. **Ele escreve aos anciãos/presbíteros da igreja** (5.1-4)
1. *O modelo* (5.1): O próprio Pedro é um ancião/presbítero na igreja.
2. *As responsabilidades* (5.2-3)
a. Alimentar o rebanho de Deus (5.2).
b. Guiar o rebanho de Deus (5.3).
3. *A recompensa* (5.4): Receber a coroa da glória do próprio Sumo Pastor.
B. **Ele escreve aos outros membros da igreja** (5.5-11)
1. *Viver como servos* (5.5-7)
a. Estar sujeitos aos seus superiores (5.5).
b. Estar sujeitos ao Salvador (5.6-7).
2. *Viver como soldados* (5.8-9)
a. Reconhecer o inimigo (5.8).
b. Resistir ao inimigo (5.9).
3. *Viver como sofredores* (5.10-11)
a. A duração (5.10a): Isso dura apenas por um breve momento.
b. A dinâmica (5.10b-11): O sofrimento torna a pessoa mais forte, firme e constante.

II. A Assistência a Pedro (5.12-14): Silvano, que Pedro considera um irmão fiel, o ajudou a escrever esta carta.

II Pedro

ESBOÇO DA SEÇÃO UM (II PEDRO 1)
Pedro inicia a carta exortando seus leitores a crescer no conhecimento de Deus e das Escrituras.

I. A Proclamação da Justiça de Deus (1.1-4): Pedro escreve sobre nossa fé cristã.
  A. **A preciosidade** (1.1-2): Grande valor é atribuído à nossa fé.
  B. **O poder** (1.3): Deus nos dá tudo aquilo de que precisamos para viver uma vida santa.
  C. **As promessas** (1.4)
    1. *Proteção* (1.4a): Ser libertados da corrupção deste mundo.
    2. *Participação* (1.4b): Compartilhar da natureza divina do Senhor.
II. A Multiplicação das Virtudes de Deus (1.5-11): Devemos acrescentar essas virtudes à nossa fé.
  A. **A ordem** (1.5-9)
    1. *Positiva* (1.5-8): Essas virtudes são: bondade, conhecimento, domínio próprio, perseverança, piedade, fraternidade e amor.
    2. *Negativa* (1.9): Sem elas, tornamo-nos espiritualmente cegos.
  B. **A certeza** (1.10-11): Acrescentando-as, legitimamos nossa salvação.
III. A Revelação ao Apóstolo de Deus (1.12-15)
  A. **O que Deus revelou a Pedro** (1.12-14): O apóstolo sabe que morrerá martirizado por amor a Cristo.
  B. **O que Pedro requer de nós** (1.15): Ele quer que lembremos as grandes verdades espirituais contidas em suas epístolas.
IV. A Transfiguração do Filho de Deus (1.16-18): Pedro descortina aquele maravilhoso evento.
  A. **A visão gloriosa** (1.16): Ele foi testemunha ocular do esplendor de Cristo.
  B. **O som glorioso** (1.17-18): Ele ouviu o Pai dando aprovação completa a seu amado Filho.
V. A Inspiração da Palavra de Deus (1.19-21)
  A. **O que ela realiza** (1.19): Ela brilha como uma luz nas trevas.
  B. **Quem é seu autor** (1.20-21)
    1. *Ela não foi idealizada pelos escritores bíblicos* (1.20-21a).

2. *Ela foi dada aos escritores bíblicos pelo poder do Espírito Santo* (1.21b).

ESBOÇO DA SEÇÃO DOIS (II PEDRO 2)
Pedro escreve sobre falsos mestres religiosos.

I. A Corrupção Desses Falsos Mestres (2.1, 3a, 4-10, 12, 13b-17b, 22)
   A. **A identidade deles** (2.1a, 2, 4-9, 15-16)
      1. *Profetas e mestres* (2.1a, 2)
      2. *Anjos caídos* (2.4)
      3. *O mundo pré-diluviano* (2.5)
      4. *Sodoma e Gomorra* (2.6-9)
      5. *Balaão* (2.15-16)
   B. **A iniqüidade deles** (2.1b-1c, 3a, 10, 12, 13b-14, 17a-17b, 22)
      1. *Os simbolismos para esses homens* (2.12b, 13b, 17a-17b, 22)
         a. Brutos irracionais (2.12b)
         b. Mácula sobre o Cristianismo (2.13b)
         c. Fonte sem água (2.17a)
         d. Névoas impelidas por temporal (2.17b)
         e. Cães que voltaram ao seu próprio vômito (2.22a)
         f. Porca lavada que voltou ao lamaçal (2.22b)
      2. *Os pecados desses homens* (2.1b-1c, 3a, 10, 12a, 14, 18)
         a. Propagação de heresias destruidoras (2.1b)
         b. Negação de Cristo (2.1c)
         c. Materialismo (2.3a, 14c)
         d. Paixão e adultério (2.10a, 14a)
         e. Orgulho e arrogância (2.10b)
         f. Difamação de autoridades (2.10c)
         g. Blasfêmia (2.12a)
         h. Sedução dos fracos (2.14b, 18b)
         i. Vanglória (2.18a)
         j. Mentiras hipócritas (2.19-21)
II. A Condenação Desses Falsos Mestres (2.1b, 1d, 3b, 11, 12c, 13a, 17c)
   A. **Eles não serão julgados pelos anjos** (2.11).
   B. **Eles experimentarão um fim rápido e terrível** (2.1d).
   C. **Serão pegos e mortos como feras selvagens** (2.12c).
   D. **Serão destruídos** (2.3b).
   E. **Colherão tudo o que plantaram** (2.13a).
   F. **Para eles, está reservada a escuridão das trevas** (2.17c).

ESBOÇO DA SEÇÃO TRÊS (II PEDRO 3)
Pedro descreve três "mundos".

I. O Mundo Antigo (3.5b-6): Esse mundo foi destruído pelo grande Dilúvio dos dias de Noé.

II. O Mundo Atual (3.1-5a, 7-12, 14-18)
  A. **Os documentos** (3.1-2): Pedro escreveu suas duas epístolas admoestando os leitores a lembrar grandes verdades.
    1. *As verdades proclamadas pelos profetas do Antigo Testamento* (3.1-2a).
    2. *As verdades proclamadas pelos apóstolos do Novo Testamento* (3.2c).
    3. *As verdades proclamadas pelo próprio Salvador* (3.2b).
  B. **O escárnio** (3.3-5a): Pedro alerta que surgirão escarnecedores nos últimos dias.
    1. *Eles falsificarão os fatos relacionados ao futuro juízo de fogo* (3.3-4): Dirão: "Onde está a promessa da sua vinda?"
    2. *Eles deliberadamente esquecerão os fatos relacionados ao antigo juízo do Dilúvio* (3.5a).
  C. **A destruição** (3.7, 10, 12b)
    1. *A realidade desta destruição* (3.7): O mesmo Deus que um dia enviou o Dilúvio um dia enviará fogo.
    2. *A fúria desta destruição* (3.10, 12b): Ela consumirá completamente tanto os elementos terrenos quanto os celestiais.
  D. **O retardamento** (3.8-9)
    1. *O tempo de Deus* (3.8): Um dia para ele é como mil anos, e mil anos, como um dia.
    2. *A bondade de Deus* (3.9): Ele é paciente, não querendo que ninguém pereça.
  E. **A dedicação** (3.11-12a, 14-18): Diante de tudo isso, dois escritores bíblicos admoestam os crentes a viver vida piedosa e santa.
    1. *A exortação de Pedro* (3.11-12a, 14, 17-18): Crescer na graça do Senhor.
    2. *A exortação de Paulo* (3.15-16): O Senhor está esperando para voltar, a fim de que mais pessoas tenham tempo de ser salvas.
III. O Mundo Novo (3.13): Esta terra futura se tornará o lar da justiça universal.

I João

ESBOÇO DA SEÇÃO UM (I JOÃO 1)
João inicia sua primeira carta com a apresentação de Cristo como a vida e a luz dos crentes.

I. JESUS CRISTO, A VIDA DOS CRENTES (1.1-4)
   A. **A proclamação de João** (1.1-2): O apóstolo faz uma descrição dupla daquele que, vindo dos céus, concede a vida.
      1. *O Cristo eterno* (1.1a): Ele existia antes do início do mundo.
      2. *O Cristo terreno* (1.1b-2): João viu, ouviu e tocou o corpo físico do Salvador.
   B. **O propósito de João** (1.3-4): Ele escreve para que conheçamos os dois motivos para a encarnação de Jesus.
      1. *O motivo vertical* (1.3): Para que experimentássemos comunhão com o Filho e com o Pai.
      2. *O motivo horizontal* (1.4): Para que compartilhássemos nossa alegria uns com os outros.
II. JESUS CRISTO, A LUZ DOS CRENTES (1.5-10)
   A. **O fato** (1.5): "Deus é luz, e nele não há trevas nenhumas".
   B. **Os frutos** (1.6-10)
      1. *Negativos* (1.6, 8, 10): Se andamos nas trevas, com pecados não confessados, permaneceremos infrutíferos.
      2. *Positivos* (1.7-9): Se andamos na luz e confessamos nossos pecados, seremos purificados e frutíferos.

ESBOÇO DA SEÇÃO DOIS (I JOÃO 2)
João escreve sobre o Salvador, a certeza, a sociedade pecaminosa, o ser satânico e o Espírito Santo.

I. JOÃO ESCREVE SOBRE O SALVADOR (2.1-2, 24-25)
   A. **Ele é o perdoador de todo o pecado** (2.1-2)
      1. *Ele morreu pelos pecados dos salvos* (2.1-2a).
      2. *Ele morreu pelos pecados dos não-salvos* (2.2b).
   B. **Ele é o outorgador da vida eterna** (2.24-25).

A BÍBLIA EM ESBOÇOS 740

II. João Escreve sobre a Certeza (2.3-14, 28-29): Como podemos ter certeza de que Jesus é realmente o Salvador?
   A. **As diretrizes** (2.3-11, 28-29)
      1. *Devemos obedecer a Deus* (2.3-6).
      2. *Devemos amar a Deus e ao povo de Deus* (2.7-11).
      3. *Devemos viver vida santa para Deus* (2.28-29).
   B. **Os grupos** (2.12-14)
      1. *João escreve às criancinhas* (2.12, 14a).
      2. *João escreve aos pais* (2.13a, 14).
      3. *João escreve aos jovens* (2.13b, 14c).
III. João Escreve sobre a Sociedade Pecaminosa (2.15-17): O apóstolo tem em mente os sistemas deste mundo.
   A. **O alerta contra os sistemas mundanos** (2.15).
   B. **A perversidade advinda dos sistemas mundanos** (2.16): Esta perversidade é tríplice.
      1. *A concupiscência da carne* (2.16a).
      2. *A concupiscência dos olhos* (2.16b).
      3. *A soberba da vida* (2.16c).
   C. **A inutilidade dos sistemas mundanos** (2.17): Eles logo passarão.
IV. João Escreve sobre o Ser Satânico (2.18-19, 22-23, 26)
   A. **A chegada do anticristo** (2.18)
      1. *Muitos anticristos já vieram* (2.18b).
      2. *O verdadeiro anticristo virá* (2.18a).
   B. **Os apóstolos do anticristo** (2.19): Eles demonstram sua lealdade a ele ao abandonar a fé cristã.
   C. **A apostasia do anticristo** (2.22-23, 26)
      1. *Ele negará o verdadeiro Cristo* (2.22-23).
      2. *Ele tentará enganar os verdadeiros crentes* (2.26).
V. João Escreve sobre o Espírito (2.20-21, 27)
   A. **Ele ensina e unge os crentes** (2.27).
   B. **Ele habita nos crentes** (2.20-21).

ESBOÇO DA SEÇÃO TRÊS (I JOÃO 3)
João escreve sobre a salvação.

I. O Papel da Trindade no Processo de Salvação (3.1-5, 8, 24b)
   A. **O papel do Pai** (3.1-3)
      1. *Ele nos concede seu amor* (3.1a).
      2. *Ele nos chama de seus filhos* (3.1b-2a).
      3. *Ele nos tornará semelhantes a Jesus* (3.2b-3).
   B. **O papel do Filho** (3.4-5, 8)
      1. *Ele morreu por nossos pecados* (3.4-5).
      2. *Ele destruiu as obras do diabo* (3.8).
   C. **O papel do Espírito** (3.24b): Ele habita em nós.

II. O Papel do Crente no Processo de Salvação (3.6-7, 9-24a)
    A. **A confirmação** (3.6-7, 9-10)
        1. *Pergunta* (3.6a, 7, 9): Como podemos ter certeza de que somos verdadeiramente salvos?
        2. *Resposta* (3.6b, 8, 10): Aquele que vive em pecado contínuo não é de Deus.
    B. **A compaixão** (3.11-18)
        1. *A exortação ao amor* (3.11-15): Ao contrário de Caim, que matou seu irmão, devemos amar nossos irmãos espirituais.
        2. *A extensão de nosso amor* (3.16-18): Se necessário for, devemos estar dispostos a dar nossa vida pelos outros.
    C. **A confiança** (3.19-24a): Esta obediência nos conferirá grande segurança, à medida que nos aproximamos de Deus.

ESBOÇO DA SEÇÃO QUATRO (I JOÃO 4)
João escreve sobre o discernimento dos falsos profetas e o amor mútuo.

I. Identificar os Espíritos (4.1-6): Devemos pôr à prova aqueles que alegam falar pelo Espírito, perguntando se a mensagem deles vem de um falso profeta, um demônio ou de Deus.
    A. **A afirmação espiritual** (4.1-2, 4, 6): Todas as mensagens que reconhecem que Jesus Cristo veio em carne são de Deus.
    B. **A afirmação satânica** (4.3, 5): Todas as mensagens que não reconhecem este fato não provêem de Deus.
II. Amar os Santos (4.7-21)
    A. **O que o amor prova** (4.7-11, 14, 19-21)
        1. *Nosso amor por Deus comprova-se em nosso amor pelos outros* (4.7-8, 11, 19-21).
        2. *O amor de Deus por nós foi comprovado pela morte sacrificial de Cristo* (4.9-10, 14).
    B. **O que o amor produz** (4.12-13, 15-18)
        1. *Deus permanece em nós* (4.12, 15-16).
        2. *Nós permanecemos nele* (4.13).
        3. *Recebemos confiança* (4.17).
        4. *Somos protegidos do medo* (4.18).

ESBOÇO DA SEÇÃO CINCO (I JOÃO 5)
João fala de um teste, de testemunho e de transgressões.

I. O Teste (5.1-5, 13-15, 18-21)
    A. **A pergunta** (5.13): Como sei que sou nascido de Deus?
    B. **As respostas** (5.1-5, 14-15, 18-21)
        1. *O salvo crê que Jesus é o Cristo* (5.1, 5).
        2. *O salvo ama e obedece a Deus* (5.2-4).
        3. *O salvo tem suas orações respondidas* (5.14-15).

4. *O salvo não vive em pecado contínuo* (5.18-21).
II. Os Testemunhos (5.6-12)
   A. **Segundo o Pai e o Espírito** (5.6-9, 11-12)
      1. *Sobre o Filho de Deus* (5.6-9): Jesus é a segunda pessoa na Trindade.
      2. *Sobre os santos de Deus* (5.11-12): Temos vida eterna em Jesus.
   B. **Segundo todos os crentes** (5.10): Devemos crer que Jesus é o Filho de Deus.
III. As Duas Transgressões (5.16-17): João fornece diretrizes de como um crente deve orar por outro crente que cometeu uma dessas transgressões.
   A. **Uma transgressão que não conduz à morte** (5.16a): Neste caso é preciso orar.
   B. **A transgressão que conduz à morte** (5.16b-17): Nesse caso, não é necessário orar.

II João

ESBOÇO DA SEÇÃO UM (II JOÃO 1)
João escreve esta epístola "à senhora eleita, e a seus filhos".

I. ELE ELOGIA A SENHORA ELEITA (1.1-4)
   A. **A saudação** (1.1-3): Graça, misericórdia e paz do Pai e do Filho.
   B. **O elogio** (1.4): João a elogia pela forma que ela educou seus filhos na verdade.
II. ELE LANÇA UM DESAFIO À SENHORA ELEITA (1.5-6)
   A. **Que ela continue a amar a Deus** (1.5).
   B. **Que ela continue a obedecer a Deus** (1.6).
III. ELE PREVINE A SENHORA ELEITA (1.7-11)
   A. **Cuidado com Satanás** (1.7, 10-11)
      1. *O engano de seus ministros* (1.7): Eles negam a encarnação de Cristo.
      2. *A rejeição a seus ministros* (1.10-11)
         a. O que ela deve fazer (1.10): Ela não deve recebê-los, de modo algum.
         b. Por que ela deve fazer isso (1.11): Porque recebê-los implica concordar com seus caminhos perversos.
   B. **Cuidado com o "eu"** (1.8-9)
      1. *Não perca suas recompensas* (1.8).
      2. *Não abandone seu Redentor* (1.9).
IV. ELE CONFORTA A SENHORA ELEITA (1.12-13)
   A. **O que João planeja fazer** (1.12a): Ele deseja visitá-la pessoalmente.
   B. **Por que João planeja fazer** (1.12b-13): "Para que o nosso gozo seja completo".

III João

ESBOÇO DA SEÇÃO UM (III JOÃO 1)
João endereça esta epístola a um exortador, falando de um egoísta e de um exemplo.

I. A PERSEVERANÇA DE GAIO, O EXORTADOR (1.1-8, 13-14)
   A. **A oração de João por Gaio** (1.1-2): Que seu corpo físico seja tão sadio quanto João sabe que é a alma dele.
   B. **O louvor de João a Gaio** (1.3-8)
      1. *Ele tem sido fiel à mensagem de Deus* (1.3-4).
      2. *Ele tem sido fiel aos mensageiros de Deus* (1.5-8): Gaio prestou muita ajuda amorosa a mestres e missionários viajantes.
   C. **Os planos de João com relação a Gaio** (1.13-14): Ele o visitará num futuro próximo.
II. O ORGULHO DE DIÓTREFES, O EGOÍSTA (1.9-11)
   A. **O perverso** (1.9-10): João acusa esse membro da igreja de seis coisas diferentes.
      1. *Sua exigência em ocupar um lugar de liderança* (1.9a).
      2. *Sua recusa em receber o próprio João* (1.9b).
      3. *Sua difamação proferida em relação aos outros apóstolos* (1.10a).
      4. *Sua indisposição para com alguns missionários* (1.10b).
      5. *Suas tentativas de excluir outros crentes da comunhão* (1.10c).
      6. *Seu caráter completamente perverso* (1.10d).
   B. **A exortação** (1.11): "Não imites o mal".
III. O TESTEMUNHO PESSOAL DE DEMÉTRIO, O EXEMPLO (1.12)
   A. **Todos a ele ligados o têm em alta estima** (1.12a).
   B. **O apóstolo o tem em alta estima** (1.12b).
IV. A BÊNÇÃO DE JOÃO (1.15): "Paz seja contigo".

Judas

ESBOÇO DA SEÇÃO UM (JUDAS 1)
Judas escreve sobre a apostasia.

I. O DEVER DE FAZER UM ALERTA CONTRA A APOSTASIA (1.1-3)
   A. **A oração de Judas** (1.1-2): Ele pede que Deus conceda misericórdia a seus leitores.
   B. **O plano de Judas** (1.3a): Ele, a princípio, planejou escrever sobre a maravilhosa salvação de Deus.
   C. **A percepção de Judas** (1.3b): Então percebeu que o Espírito queria que ele fizesse um alerta sobre a apostasia.
II. A NECESSIDADE DE FAZER UM ALERTA CONTRA A APOSTASIA (1.4a): Apóstatas perversos infiltraram-se sorrateiramente entre os crentes.
III. OS EXEMPLOS HISTÓRICOS DE APOSTASIA (1.5-6, 7b, 11): Judas lista seis exemplos.
   A. **A nação de Israel** (1.5): Apostasia causada por incredulidade.
   B. **Anjos caídos** (1.6): Apostasia causada por rebelião.
   C. **Sodoma e Gomorra** (1.7b): Apostasia causada por imoralidade sexual.
   D. **Caim** (1.11a): Apostasia causada por perversão religiosa.
   E. **Balaão** (1.11b): Apostasia causada por ganância financeira.
   F. **Coré** (1.11c): Apostasia causada por rejeição da autoridade divina.
IV. AS CARACTERÍSTICAS DA APOSTASIA (1.4b-4c, 8-10, 16-19)
   A. **Transforma a graça de Deus numa licença para a imoralidade** (1.4b).
   B. **Nega a divindade de Jesus Cristo** (1.4c).
   C. **Degrada o corpo humano** (1.8a).
   D. **Rejeita a autoridade** (1.8b).
   E. **Difama seres celestiais** (1.8c-9): Judas dá um exemplo clássico, enfatizando a seriedade desse pecado específico.
      1. *O pano de fundo* (1.8c-9a): O arcanjo Miguel disputa o corpo de Moisés com Satanás.
      2. *A esquiva* (1.9b): Miguel recusa-se a proferir maldição contra o diabo, deixando isso por conta do próprio Deus.
   F. **Degenera seus praticantes em brutos sem razão** (1.10).

G. Torna seus praticantes descobridores de defeitos (1.16a).
H. Adula os outros visando proveito próprio (1.16b).
I. Escarnece e promove divisões; seus praticantes seguem os próprios instintos perversos, que são totalmente destituídos de Deus (1.17-19).

V. As Metáforas para a Apostasia (1.12-13)
  A. Perigosos recifes que podem provocar naufrágios (1.12a)
  B. Pastores egoístas (1.12b)
  C. Nuvens secas (1.12c)
  D. Árvores de outono mortas (1.12d)
  E. Ondas selvagens do mar (1.13a)
  F. Estrelas errantes (1.13b)

VI. O Juízo Divino sobre a Apostasia (1.7b, 14-15)
  A. Juízo passado (1.7a): Judas relembra a seus leitores o juízo abrasador que caiu sobre as perversas cidades de Sodoma e Gomorra.
  B. Juízo futuro (1.7b, 14-15): Judas prediz o juízo de fogo de Deus sobre a apostasia e relembra aos leitores a profecia de Enoque sobre a segunda vinda de Cristo.

VII. As Salvaguardas contra a Apostasia (1.20-25)
  A. Os crentes e a carne (1.20-21)
    1. *Os crentes devem edificar-se na Palavra de Deus (1.20a).*
    2. *Os crentes devem orar no poder de Deus (1.20b).*
    3. *Os crentes devem permanecer no amor de Deus (1.21).*
  B. O crente e os pecadores (1.22-23): Judas dá instruções de como lidar com três tipos de pecadores.
    1. *Aqueles que estão em meio a grande dúvida (1.22)*
    2. *Aqueles que correm grande perigo (1.23a)*
    3. *Aqueles que vivem em depravação profunda (1.23b)*
  C. O crente e o Salvador (1.24-25)
    1. *O ministério de Jesus (1.24)*
      a. Seu ministério atual (1.24a): Evitar que tropecemos enquanto vivemos neste mundo.
      b. Seu ministério vindouro (1.24b): Apresentar-nos puros no céu.
    2. *A magnificência de Jesus (1.25):* "Ao único Deus... glória, majestade, domínio e poder, antes de todos os séculos, e agora, e para todo o sempre. Amém".

Parte VIII
Apocalipse

Apocalipse

ESBOÇO DA SEÇÃO UM (APOCALIPSE 1)
O Cristo ressurreto aparece ao apóstolo João e diz: "O que vês, escreve-o num livro, e envia-o às sete igrejas". João apresenta seu esboço do livro: "Escreve, pois, as coisas que tens visto, e as que são, e as que depois destas hão de suceder".

I. O Servo de Deus (1.1-10): O apóstolo João recebe uma extensa mensagem celestial.
   A. **A fonte de sua mensagem** (1.1-2)
      1. *Do Pai para o Filho* (1.1a).
      2. *Do Filho para um anjo* (1.1b).
      3. *De um anjo para João, o apóstolo* (1.1c-2).
   B. **A promessa contida na mensagem** (1.3): Uma bênção especial é prometida.
      1. *Àqueles que lêem e obedecem a seu conteúdo* (1.3a).
      2. *Àqueles que ouvem e obedecem a seu conteúdo* (1.3b).
   C. **Os destinatários desta mensagem** (1.4a): Ela é escrita para sete igrejas na Ásia.
   D. **As saudações nesta mensagem** (1.4b-5a)
      1. *Do Pai* (1.4b).
      2. *Dos sete espíritos* (1.4c).
      3. *Do Filho* (1.5a).
   E. **O tema desta mensagem** (1.5b-8): Jesus Cristo é seu grandioso e glorioso tema.
      1. *Quem ele é* (1.5b-5e, 8)
         a. A Testemunha Fiel de Deus (1.5b).
         b. O Primogênito dos mortos (1.5c).
         c. Governador dos reis desta terra (1.5d).
         d. O Alfa e o Ômega (1.8a).
         e. O Eterno (1.8b).
      2. *O que ele fez* (1.5e-6)
         a. Derramou seu sangue para nos redimir (1.5e).
         b. Fez-nos um reino de sacerdotes (1.6).
      3. *O que ele fará* (1.7): Ele voltará nas nuvens.

            a. Ele se revelará aos judeus (1.7a).
            b. Ele se revelará aos gentios (1.7b).
        F. **O lugar dessa mensagem** (1.9): João estava na Ilha de Patmos.
        G. **A época dessa mensagem** (1.10a): Foi no Dia do Senhor.
        H. **O som dessa mensagem** (1.10b): "Grande voz, como de trombeta".
    II. O FILHO DE DEUS (1.11-20)
        A. **A aparência de Jesus** (1.11-16)
            1. *Sua ordem* (1.11): João é novamente instruído a enviar a mensagem às sete igrejas da Ásia.
            2. *Seu semblante* (1.12-16)
                a. Ele aparece entre sete candelabros de ouro (1.12-13a).
                b. Ele usa vestes talares e está cingido, à altura do peito (1.13b).
                c. Seu cabelo é branco como a neve (1.14a).
                d. Seus olhos são como chamas de fogo (1.14b).
                e. Seus pés são como bronze polido (1.15a).
                f. Sua voz troveja como poderosas ondas do mar (1.15b).
                g. Sua mão direita segura sete estrelas (1.16a).
                h. De sua boca sai uma espada de dois gumes (1.16b).
                i. Sua face brilha como o sol do meio-dia (1.16c).
        B. **A confirmação de Jesus** (1.17-20)
            1. *Conforto* (1.17-18): Ele consola um João apavorado.
                a. "Eis aqui estou vivo pelos séculos dos séculos" (1.17-18a).
                b. "Tenho as chaves da morte e do hades" (1.18b).
            2. *Esclarecimento* (1.19-20): Ele explica o que os candelabros e as estrelas representam.
                a. Os sete candelabros são as sete igrejas (1.20b).
                b. As sete estrelas são os anjos das sete igrejas (1.19-20a).

ESBOÇO DA SEÇÃO DOIS (APOCALIPSE 2)
João escreve as palavras de Cristo às primeiras quatro igrejas.

I. A IGREJA DE ÉFESO (2.1-7)
    A. **O Conselheiro** (2.1): Jesus segura as sete estrelas e anda entre os sete candelabros.
    B. **O elogio** (2.2-3, 6)
        1. *Através de trabalho árduo e da paciência, a igreja operou vários feitos justos* (2.2a).
        2. *Eles não toleram pecado na igreja* (2.2b).
        3. *Eles só permitem que a sã doutrina seja ensinada* (2.2c).
        4. *Eles sofreram por Jesus* (2.3).
        5. *Eles odeiam as práticas dos nicolaítas* (2.6).
    C. **A repreensão** (2.4): Entretanto, deixaram seu primeiro amor.
    D. **O conselho** (2.5)
        1. *O procedimento* (2.5a-5c)
            a. Eles devem lembrar seu primeiro amor (2.5a).

b. Eles devem arrepender-se (2.5b).
   c. Eles devem voltar ao seu primeiro amor (2.5c).
  2. *A penalidade* (2.5d): Se isso não acontecer, seu candelabro será removido.
 E. O desafio (2.7): Jesus promete que todos os vencedores receberão o fruto da árvore da vida no paraíso.

II. A Igreja de Esmirna (2.8-11)
 A. O Conselheiro (2.8): Jesus diz que ele é o Primeiro e o Último, que esteve morto, mas está vivo para sempre.
 B. O elogio (2.9)
  1. *Eles são perseguidos e pobres, e, ainda assim, são ricos* (2.9a).
  2. *Eles foram difamados pelos que pertencem ao próprio Satanás* (2.9b).
 C. A repreensão: Nenhuma.
 D. O conselho (2.10): Eles devem permanecer fiéis até a morte e receberão a coroa da vida.
 E. O desafio (2.11): Eles não serão atingidos pela segunda morte.

III. A Igreja de Pérgamo (2.12-17)
 A. O Conselheiro (2.12): Jesus ainda carrega sua espada de dois gumes.
 B. O elogio (2.13)
  1. *Eles permanecem fiéis, embora vivam onde está o trono de Satanás* (2.13a).
  2. *Um de seus membros, Antipas, tornou-se um mártir* (2.13b).
 C. A repreensão (2.14-15)
  1. *Eles são tolerantes com os mestres de Balaão* (2.14).
  2. *Eles são tolerantes com os mestres dos nicolaítas* (2.15).
 D. O conselho (2.16): Arrependam-se ou serão punidos.
 E. O desafio (2.17)
  1. *Participar do maná escondido* (2.17a).
  2. *Receber uma pedrinha branca com um novo nome* (2.17b).

IV. A Igreja de Tiatira (2.18-29)
 A. O Conselheiro (2.18): Os olhos de Jesus são como chamas de fogo, e seus pés, como bronze polido.
 B. O elogio (2.19): Suas obras, seu amor, sua fé e sua paciência aumentaram consideravelmente.
 C. A repreensão (2.20-23)
  1. *A perversidade* (2.20): Eles estão permitindo que uma falsa profetisa chamada Jezabel ensine imoralidade e idolatria.
  2. *O alerta* (2.21-23): A menos que se arrependam, ela e seus seguidores sofrerão de enfermidades e morte.
 D. O conselho (2.24.25): Jesus diz aos fiéis que conservem o que têm.
 E. O desafio (2.26-29)
  1. *Eles ajudarão a governar as nações* (2.26-28a).
  2. *Eles receberão a estrela da manhã* (2.28b-29).

ESBOÇO DA SEÇÃO TRÊS (APOCALIPSE 3)
Cristo fala às três últimas igrejas.

I. A Igreja de Sardes (3.1-6)
   A. **O Conselheiro** (3.1a): Jesus segura os sete Espíritos de Deus e as sete estrelas.
   B. **O elogio** (3.4): Algumas pessoas na igreja não contaminaram suas vestes com o pecado.
   C. **A repreensão** (3.1b-2)
      1. *Dizem que estão vivos, mas estão mortos* (3.1b).
      2. *Seus feitos estão longe de ser retos aos olhos de Deus* (3.2).
   D. **O conselho** (3.3): Eles devem lembrar-se e arrepender-se, vigiar e esperar, para que Jesus não venha sobre eles como ladrão de noite.
   E. **O desafio** (3.5-6)
      1. *Eles serão vestidos de branco* (3.5a).
      2. *Seus nomes serão anunciados diante do Pai e de seus anjos* (3.5b-6).

II. A Igreja de Filadélfia (3.7-13)
   A. **O Conselheiro** (3.7)
      1. *O santo e verdadeiro Jesus tem as chaves de Davi* (3.7a).
      2. *Ele abre portas fechadas e fecha portas abertas* (3.7b).
   B. **O elogio** (3.8)
      1. *Apesar de fracos, eles guardaram a Palavra dele* (3.8a).
      2. *Eles não negaram o nome dele* (3.8b).
   C. **A repreensão:** Nenhuma.
   D. **O conselho** (3.11): Conservar o que têm, e ninguém lhes tomará sua coroa.
   E. **O desafio** (3.9-10, 12-13)
      1. *Seus inimigos cairão diante deles* (3.9).
      2. *Eles serão guardados na hora da provação* (3.10).
      3. *Eles se tornarão pilares no Templo de Deus* (3.12a).
      4. *Eles receberão nomes novos* (3.12b-13).

III. A Igreja de Laodicéia (3.14-22)
   A. **O Conselheiro** (3.14): Jesus é a fiel e verdadeira testemunha, o governador de toda a criação de Deus.
   B. **O elogio:** Nenhum.
   C. **A repreensão** (3.15-17)
      1. *As ilusões* (3.17a): Esta igreja vangloria-se de suas riquezas e conclui que não necessita de nada.
      2. *Os fatos* (3.17b): Na realidade, Deus os enxerga como miseráveis, infelizes, pobres, cegos e nus.
      3. *A fúria* (3.15-16): Pelo fato de a igreja não ser fria nem quente, Deus ameaça vomitá-los, a menos que se arrependam.
   D. **O conselho** (3.18)
      1. *Eles devem buscar as vestes espirituais de Deus para cobrir sua nudez* (3.18a).
      2. *Eles devem buscar colírio espiritual de Deus para curar sua cegueira* (3.18b).

E. O desafio (3.19-22): Após severa repreensão, Deus consola os laodicenses.
1. *Ele os repreende porque os ama* (3.19).
2. *Ele promete entrar no coração deles, se assim o permitirem* (3.20).
3. *Ele preparará um lugar para eles em seu trono* (3.21-22).

ESBOÇO DA SEÇÃO QUATRO (APOCALIPSE 4)
João descreve sua visão da glória.

I. A Convocação do Céu (4.1)
   A. A visão (4.1a): João vê uma porta aberta no céu.
   B. A voz (4.1b): Uma voz diz: "Sobe aqui".
II. As Visões do Céu (4.2-8)
   A. João vê alguém assentado no trono (4.2-3a): Ele tem a aparência de uma pedra de jaspe e de sardônio.
   B. João vê um arco-íris de esmeralda acima do trono (4.3b).
   C. João vê várias criaturas rodeando o trono (4.4, 5b, 6b-8)
      1. *Vinte e quatro anciãos* (4.4): Eles estão vestidos de branco e usam coroas douradas.
      2. *Sete espíritos de Deus* (4.5b).
      3. *Quatro seres viventes* (4.6b-8)
         a. Sua descrição (4.6b-8a)
            (1) Eles são cobertos de olhos (4.6b).
            (2) O primeiro tem a aparência de um leão; o segundo, de um novilho; o terceiro, de um homem; e o quarto, de uma águia voando (4.7).
            (3) Cada um tem seis asas (4.8a)
         b. Suas tarefas (4.8b): Dia e noite, eles proclamam a santidade de Deus.
   D. João vê um mar de cristal de vidro em frente ao trono (4.6a).
   E. João vê uma tempestade saindo do trono (4.5a).
III. O Cântico do Céu (4.9-11)
   A. Os cantores (4.9-10): Todos os habitantes do céu.
   B. O cântico (4.11): Eles adoram a Deus por sua grande obra na criação de todas as coisas.

ESBOÇO DA SEÇÃO CINCO (APOCALIPSE 5)
João continua sua descrição da visão celestial. O Cordeiro é declarado digno de abrir o livro selado com sete selos.

I. Observação (5.1): João vê um livro selado com sete selos à mão direita daquele que se assenta no trono.
II. Proclamação (5.2): Um anjo forte pergunta se alguém é capaz de desatar os selos e abrir o livro.
III. Investigação (5.3): Segue-se uma busca tríplice e frustrada.
   A. No céu (5.3a)
   B. Na terra (5.3b)

C. **Debaixo da terra** (5.3c)
IV. Lamentação (5.4): João chora por causa disso.
V. Consolação (5.5c): Um dos anciãos diz a ele que, na verdade, existe alguém digno de fazer isso.
VI. Manifestação (5.5a-5b, 6-7): Esta pessoa aparece.
   A. **Quem é** (5.5a-5b, 6): Jesus Cristo.
      1. *Ele é chamado Leão de Judá* (5.5a-5b).
      2. *Ele é chamado Cordeiro* (5.6).
   B. **O que ele faz** (5.7): Ele pega o livro da mão direita do entronizado.
VII. Súplica (5.8): Os quatro seres viventes e os 24 anciãos prostram-se diante do Cordeiro, segurando taças de ouro cheias de louvores do povo de Deus.
VIII. Exaltação (5.9-14)
   A. **O cântico** (5.9-10, 12, 13d-14): As letras louvam Deus por sua maravilhosa obra de redenção.
   B. **Os cantores** (5.11-14)
      1. *Sua diversidade* (5.11)
         a. Todos os anjos eleitos do céu (5.11a).
         b. Todos os pecadores redimidos que estão no céu (5.11b).
      2. *Sua universalidade* (5.13-14)
         a. Toda a criatura no céu (5.13a).
         b. Toda a criatura na terra (5.13b).
         c. Toda a criatura debaixo da terra (5.13c).

ESBOÇO DA SEÇÃO SEIS (APOCALIPSE 6)
O Cordeiro abre os primeiros seis selos, enviando o juízo de Deus à terra.

I. O Primeiro Selo (6.1-2)
   A. **O proclamador** (6.1): O primeiro ser vivente anuncia esse juízo.
   B. **A ação** (6.2)
      1. *João vê um cavalo branco* (6.2a).
      2. *Aquele que o cavalga vai à conquista, tendo uma taça na mão e uma coroa na cabeça* (6.2b).
II. O Segundo Selo (6.3-4)
   A. **O proclamador** (6.3): O segundo ser vivente anuncia esse juízo.
   B. **A ação** (6.4)
      1. *João vê um cavalo vermelho* (6.4a).
      2. *Aquele que o cavalga recebe poder para tirar a paz da terra* (6.4b).
III. O Terceiro Selo (6.5-6)
   A. **O proclamador** (6.5a): O terceiro ser vivente anuncia esse juízo.
   B. **A ação** (6.5b-6)
      1. *João vê um cavalo preto* (6.5b).
      2. *Aquele que o cavalga segura uma balança na mão, indicando que grande fome se aproxima* (6.5c-6).

IV. O Quarto Selo (6.7-8)
   A. **O proclamador** (6.7): O quarto ser vivente anuncia esse juízo.
   B. **A ação** (6.8)
      1. *João vê um cavalo amarelo* (6.8a).
      2. *Aquele que o cavalga é a Morte, e o inferno o acompanha* (6.8b).
      3. *Milhões morrerão por espada, fome, pragas e animais selvagens* (6.8c).
V. O Quinto Selo (6.9-11)
   A. **O que João vê** (6.9): Ele vê a alma dos martirizados sobre o altar celestial.
   B. **O que João ouve** (6.10-11)
      1. *O pedido dos mártires* (6.10): "Até quando... não julgas e vingas o nosso sangue?"
      2. *A resposta do Messias* (6.11): Ele diz para que esperem um pouco mais até que também se complete "o número de seus conservos e seus irmãos, que haviam de ser mortos".
VI. O Sexto Selo (6.12-17)
   A. **O que João sente** (6.12a): Ocorre um grande terremoto.
   B. **O que João vê** (6.12b-14)
      1. *O sol torna-se negro e a lua, vermelha* (6.12b).
      2. *As estrelas caem* (6.13).
      3. *O céu enrola-se como um pergaminho* (6.14a).
      4. *Todas as montanhas e ilhas são removidas de seus lugares* (6.14b).
   C. **O que João ouve** (6.15-17)
      1. *O lugar* (6.15b): O som vem das cavernas e de entre as rochas das montanhas.
      2. *As pessoas* (6.15a): Elas incluem reis, guerreiros, ricos e pobres, escravos e homens livres.
      3. *A oração* (6.16-17): Todos clamam para ser escondidos da ira do Cordeiro.

ESBOÇO DA SEÇÃO SETE (APOCALIPSE 7)
João testemunha a selagem das 144 mil testemunhas de Deus, e ouve o cântico de louvor de uma multidão incontável daqueles que foram salvos durante a Grande Tribulação.

I. O Selo dos Servos de Deus na Terra (7.1-8)
   A. **Os que selam** (7.1-3)
      1. *O que João vê* (7.1-2a)
         a. Ele vê quatro anjos retendo os quatro ventos da terra (7.1).
         b. Ele vê outro anjo carregando o selo de Deus (7.2a).
      2. *O que João ouve* (7.2b-3): O quinto anjo instrui o quarto a não ferir a terra ou o mar até que os servos de Deus tenham sido selados.
   B. **Os selados** (7.4-8)
      1. *O total* (7.4): Cento e quarenta e quatro mil são selados.
      2. *As tribos* (7.5-8): Doze mil de cada tribo de Israel são selados.
II. O Cântico dos Servos de Deus no Céu (7.9-17)
   A. **Quem são eles** (7.11, 13-17)

1. *Uma multidão incontável* (7.13-17)
   a. Sua salvação (7.13-14): Essas pessoas são salvas durante a Grande Tribulação.
   b. Seu culto (7.15a): Elas servem continuamente a Deus em seu Templo.
   c. Seu Salvador (7.15b-17): O próprio Cordeiro as alimentará, guiará, protegerá e confortará.
2. *Anjos, anciãos e os quatro seres viventes* (7.11): Esses se juntam à grande multidão no cântico.

B. **O que eles cantam** (7.9-10, 12)
1. *Eles louvam a Deus por sua grande salvação* (7.9-10).
2. *Eles louvam a Deus por sua glória, sabedoria e poder* (7.12).

ESBOÇO DA SEÇÃO OITO (APOCALIPSE 8)
O sétimo selo consiste em sete trombetas, quatro das quais são tocadas neste capítulo.

I. Eventos Anteriores ao Som da Trombeta (8.1-5)
   A. **A pausa** (8.1): A esta altura, há um silêncio de trinta minutos no céu, na abertura do sétimo selo.
   B. **As orações** (8.2-4): Um anjo oferece muito incenso no altar de ouro para representar as orações dos santos.
   C. **A prévia** (8.5): Um exemplo da terrível punição vindoura é visto quando o anjo lança fogo do altar sobre a terra.
II. Eventos Durante o Som da Trombeta (8.6-13)
   A. **Primeira trombeta** (8.6-7): Um terço das árvores e dos vegetais é queimado por granizo e fogo, misturados com sangue.
   B. **Segunda trombeta** (8.8-9): Um terço da vida marinha e dos navios é destruído por uma grande montanha ardendo em chamas que cai nas águas.
   C. **Terceira trombeta** (8.10-11): Um terço da água potável é envenenada, matando várias pessoas pela queda de uma estrela conhecida como Absinto.
   D. **Quarta trombeta** (8.12-13)
      1. *A ação* (8.12): Um terço do sol, da lua e das estrelas escurece.
      2. *Os resultados* (8.13): Uma águia em pleno vôo alerta a terra dos últimos três juízos das trombetas.

ESBOÇO DA SEÇÃO NOVE (APOCALIPSE 9)
A quinta e a sexta trombetas são tocadas, trazendo duas invasões demoníacas sobre a terra.

I. A Quinta Trombeta, Resultando na Primeira Invasão Demoníaca (9.1-12)
   A. **O lar desses demônios** (9.1-2): Sua residência é o poço do abismo enfumaçado.
   B. **O horror desses demônios** (9.3-12)

1. *Sua aparência* (9.3, 7-10a)
   a. Eles se parecem com gafanhotos e cavalos armados para a batalha (9.3a).
   b. Eles usam coroas de ouro e têm rosto de homem, cabelo de mulher e dentes de leão (9.7-8).
   c. Eles estão protegidos por couraças de ferro (9.9).
   d. Eles têm ferrões como de escorpiões (9.3b, 10a).
2. *Seu administrador* (9.11-12): Seu rei se chama Abadom (no hebraico) e Apoliom (no grego), que significa "destruidor".
3. *Sua tarefa* (9.4-6, 10b)
   a. Negativa (9.4a): Eles não devem ferir a grama ou as árvores.
   b. Positiva (9.4b-6, 10b): Eles devem atormentar (mas não matar) os não-salvos durante cinco meses.

II. A Sexta Trombeta, Resultando na Segunda Invasão Demoníaca (9.13-21)
  A. **A ação** (9.13-19)
   1. *O lar desses demônios* (9.13-14)
      a. Sua localização (9.13, 14b): Eles agora estão confinados numa área próxima ao rio Eufrates.
      b. Seus líderes (9.14a): Eles são liderados por quatro demônios especiais.
   2. *A hostilidade desses demônios* (9.15)
      a. Sua preparação (9.15a): Eles foram mantidos em alerta, visando ano, mês, dia e hora específicos.
      b. Seu propósito (9.15b): Soltos, eles matam um terço de toda a humanidade.
  B. **O horror causado por esses demônios** (9.16-19)
   1. *Seu número* (9.16): Seu exército contém duzentos milhões de guerreiros.
   2. *Sua natureza* (9.17-19): Eles têm a aparência de cavalos e cavaleiros.
      a. Os cavalos têm cabeça de leão e cauda como serpentes venenosas, e de sua boca saíam fogo, fumaça e enxofre (9.17b-19).
      b. Os cavaleiros vestem couraças coloridas (9.17a).
  C. **A reação** (9.20-21): Como os sobreviventes dessa invasão reagem após testemunhar a morte de incontáveis milhões?
   1. *Eles recusam a arrepender-se* (9.20a).
   2. *Eles continuam a rebelar-se* (9.20b-21).

ESBOÇO DA SEÇÃO DEZ (APOCALIPSE 10)
João recebe um pequeno rolo e lhe é dada uma ordem para comê-lo. Ele come e, conforme predito, o rolo tem gosto doce em sua boca, mas seu estômago fica amargo.

I. As Mensagens Dadas pelo Anjo de Deus (10.1-7)
  A. **A aparência do anjo** (10.1)
   1. *Ele está vestido de nuvens com um arco-íris sobre a cabeça* (10.1a).
   2. *Seu rosto é como o sol, e suas pernas, como pilares abrasadores* (10.1b).

B. As ações do anjo (10.2-7)
   1. *O que ele segura* (10.2a): Ele segura um rolo aberto em sua mão.
   2. *O que ele faz* (10.2b): Ele se põe em pé sobre o mar e sobre a terra.
   3. *O que ele diz* (10.3-7)
      a. Primeira mensagem (10.3-4): João ouve o que é dito, mas é proibido de anotar.
      b. Segunda mensagem (10.5-7): O anjo diz que a mensagem de Deus será revelada ao som da sétima trombeta.
II. A Missão Dada ao Apóstolo de Deus (10.8-11)
   A. A participação (10.8-9a): Ele deve comer o rolo que está nas mãos do anjo.
   1. *Terá gosto de mel em sua boca* (10.9b, 10a).
   2. *Amargará em seu estômago* (10.9c, 10b).
   B. A profecia (10.11): Ele deve escrever sobre as nações, as tribos e os reis.

ESBOÇO DA SEÇÃO ONZE (APOCALIPSE 11)
João vê as duas testemunhas de Deus desempenhando seu ministério de 1260 dias antes de serem mortas pelo anticristo. A sétima trombeta é tocada.

I. O Templo de Deus (11.1-2)
   A. A ordem (11.1a): João deve medir o santuário da Tribulação.
   B. A conta (11.1b): Ele deve enumerar os adoradores.
   C. O pátio (11.2a): Ele deve excluir o átrio exterior, que foi dado aos gentios.
   D. O desprezo (11.2b): Os gentios pisarão a Cidade Santa por 42 meses.
II. As Duas Testemunhas de Deus (11.3-14)
   A. O ministério destas duas testemunhas (11.3-6)
   1. *A duração de seu ministério* (11.3): Elas profetizarão durante 1260 dias.
   2. *A dedicação de seu ministério* (11.4): Elas atuam como duas oliveiras e dois candeeiros de Deus.
   3. *A devastação causada por seu ministério* (11.5-6)
      a. Elas devoram seus inimigos com um fogo sobrenatural (11.5).
      b. Elas causam uma seca de três anos e meio (11.6a).
      c. Elas tornam a água em sangue (11.6b).
      d. Elas ferem a terra com pragas (11.6c).
   B. O martírio das duas testemunhas (11.7-10)
   1. *O ser corrupto causa a morte delas* (11.7-9)
      a. Quem ele é (11.7a): O próprio anticristo.
      b. De onde ele vem (11.7b): Do abismo.
      c. O que ele faz (11.9b): Ele se recusa a permitir que qualquer pessoa enterre os corpos das testemunhas.
      d. Onde ele faz isso (11.8): Seus cadáveres estão nas ruas de Jerusalém.

e. Por que ele faz isso (11.9a): Para mostrar completo menosprezo pelas duas testemunhas.
    2. *A celebração posterior* (11.10): O mundo inteiro se regozijará com a morte delas.
  C. **A metamorfose das duas testemunhas** (11.11-14)
    1. *Ressurreição* (11.11-12): Elas são arrebatadas ao céu.
    2. *Destruição* (11.13-14): Um terremoto destrói um décimo de Jerusalém, matando sete mil pessoas.
III. A Trombeta de Deus (11.15-19)
  A. **O testemunho do céu** (11.15-18): Todo o céu louva e adora a Deus ao som da sétima trombeta.
    1. *Por seu reino universal* (11.15-16).
    2. *Em gratidão por seu grande poder* (11.17).
    3. *Por seus retos juízos* (11.18)
        a. Ao recompensar os santos (11.18b)
        b. Ao punir os pecadores (11.18a, 18c)
  B. **O Templo no céu** (11.19): João vê o Templo e a Arca da Aliança.

ESBOÇO DA SEÇÃO DOZE (APOCALIPSE 12)
João vê uma mulher e um dragão, que simbolizam a nação de Israel e Satanás.

I. O Ódio Antigo de Satanás por Deus e Seu Povo (12.1-5)
  A. **Seu pecado inicial** (12.3-4): Parece ser uma referência à sua queda original.
  B. **Seu pecado em Belém** (12.1-2, 4-5)
    1. *A perseguição de Satanás à nação de Deus* (12.1-2).
    2. *A perseguição de Satanás ao Filho de Deus* (12.4b, 5b)
        a. O nascimento de Jesus (12.4a, 5a).
        b. A ascensão de Jesus (12.5c).
II. O Ódio Futuro de Satanás por Deus e Seu Povo (12.6-18)
  A. **A mulher no deserto** (12.6, 13-18): A mulher aqui é a nação de Israel.
    1. *Israel será perseguida por Satanás durante a Grande Tribulação* (12.13, 15, 17-18).
    2. *Israel será protegida por Deus durante a Grande Tribulação* (12.6, 14, 16).
  B. **A guerra nos céus** (12.7-12): Alguns crêem que isso ocorrerá no meio da Grande Tribulação.
    1. *Os resultados* (12.7-9)
        a. A derrota de Satanás (12.7-8): Miguel, o arcanjo, o derrotará.
        b. A destituição de Satanás (12.9): Ele será lançado na terra.
    2. *A reação* (12.10-12)
        a. Satanás se encherá de ira (12.10b, 12c).
        b. Os santos se encherão de alegria (12.10a, 11-12a).
        c. Os pecadores se encherão de medo (12.12b).

ESBOÇO DA SEÇÃO TREZE (APOCALIPSE 13)
João vê duas bestas, uma do mar e outra da terra, simbolizando o anticristo e seu falso profeta.

I. A Besta do Mar (13.1-10): É o anticristo.
   A. **Sua aparência** (13.1-2)
      1. *Ele tem dez chifres (cada um com uma coroa) e sete cabeças (cada uma com um nome blasfemo)* (13.1).
      2. *Ele se parece com um leopardo, com pés de urso e boca como a de um leão* (13.2a).
   B. **Sua autoridade** (13.2b): Ela vem do próprio Satanás.
   C. **Seu (possível) assassinato** (13.3a): Alguns crêem que ele será morto e ressuscitará.
   D. **Sua adulação** (13.3b-4, 8): O mundo todo está maravilhado e o adora.
   E. **Sua arrogância** (13.5-6): Por um período de 42 meses, ele blasfema contra Deus.
   F. **Suas ações** (13.7, 9-10)
      1. *Com relação ao povo de Deus* (13.7a, 9-10)
         a. A crueldade (13.7a, 9-10a): Ele persegue e derrota o povo de Deus.
         b. O desafio (13.10b): O povo é exortado a mostrar resistência e fidelidade.
      2. *Com relação a todas as pessoas* (13.7b): Ele as governa.
II. A Besta da Terra (13.11-18): Este é o falso profeta.
   A. **Sua missão** (13.11-12): Com aparência de cordeiro, mas a voz de dragão, ele força o mundo a adorar o anticristo.
   B. **Seus milagres** (13.13-15): Ele opera grandes milagres.
      1. *Ele faz descer fogo do céu* (13.13).
      2. *Ele dá vida a uma estátua* (13.14-15): Essa estátua carrega a imagem do anticristo.
   C. **Sua marca** (13.16-18)
      1. *O que ela é* (13.18): É o número 666.
      2. *Onde ela está aplicada* (13.16): Na mão direita ou na testa.
      3. *Por que ela está aplicada* (13.17): Ninguém é capaz de comprar ou vender sem ela.

ESBOÇO DA SEÇÃO QUATORZE (APOCALIPSE 14)
Os 144 mil cantam um cântico de louvor a Deus. João recebe uma prévia do Armagedom, quando Cristo retornará triunfalmente à terra e esmagará seus inimigos.

I. O Cântico dos Redimidos de Deus (14-1.5)
   A. **O que João vê** (14.1)
      1. *O Cordeiro em pé no monte Sião* (14.1a).
      2. *Os 144 mil em pé, ao lado dele* (14.1b).
   B. **O que João ouve** (14.2-5)
      1. *Harpas celestiais* (14.2)
      2. *Hosanas celestiais* (14.3-5): Os 144 mil agora entoam um cântico que mais ninguém consegue cantar.

II. A Mensagem dos Anjos de Deus (14.6-12)
   A. **A mensagem do primeiro anjo** (14.6-7): "Temei a Deus, e dai-lhe glória; porque é chegada a hora do seu juízo; e adorai" a ele.
   B. **A mensagem do segundo anjo** (14.8): "Caiu a grande Babilônia".
   C. **A mensagem do terceiro anjo** (14.9-12)
      1. *A súplica* (14.9): "Não receba a marca do anticristo".
      2. *A penalidade* (14.10-11): "Será atormentado com fogo e enxofre".
      3. *A perseverança* (14.12): O anjo insta para que o povo de Deus permaneça fiel.
III. A Segurança do Espírito de Deus (14.13): "Bem-aventurados os mortos que desde agora morrem no Senhor".
IV. A Colheita da Ceifa de Deus (14.14-20)
   A. **O Juiz** (14.14-15, 17-18a): O próprio Jesus é o ceifeiro, acompanhado por três anjos.
   B. **Os réus** (14.18b): Os não-salvos e os não-arrependidos da terra.
   C. **O juízo** (14.19-20)
      1. Os pecadores serão destruídos como uvas esmagadas no lagar (14.19).
      2. O sangue deles escorrerá num fluxo de mais de 300 km, numa altura até o freio dos cavalos (14.20).

ESBOÇO DA SEÇÃO QUINZE (APOCALIPSE 15)
Sete anjos preparam-se para derramar mais sete juízos na terra. João ouve um cântico de louvor a Deus dos que venceram o anticristo.

I. O que João Vê (15.1-2a, 6-7)
   A. **Ele vê sete anjos** (15.1-2a, 6-7)
      1. *Sua tarefa* (15.1, 7): Eles devem derramar o juízo final de Deus, que consiste em sete taças cheias de ira.
      2. *Sua aparência* (15.6): Eles estão vestidos de linho puro e resplandecente.
   B. **Ele vê um mar de fogo e vidro, onde estão aqueles que foram vitoriosos sobre o anticristo** (15.2a).
   C. **Ele vê um templo cheio de fumaça** (15.5, 8)
      1. *A entrada ao Santo dos Santos é aberta* (15.5).
      2. *O próprio Templo é fechado até que o juízo das taças seja completado* (15.8).
II. O que João Ouve (15.2b-4): Ele ouve cânticos.
   A. **Os cantores** (15.2b): Aqueles que foram vitoriosos sobre o anticristo.
   B. **Os cânticos** (15.3-4): São cânticos de Moisés e do Cordeiro, louvando a Deus por sua justiça, eternidade, santidade e retidão.

ESBOÇO DA SEÇÃO DEZESSEIS (APOCALIPSE 16)
Os sete anjos derramam seus sete flagelos.

I. O Primeiro Flagelo (16.1-2)
   A. **O local** (16.1-2a): Ele é derramado sobre a terra.

B. A punição (16.2b): Horríveis úlceras malignas atingem aqueles que receberam a marca da besta.

II. O Segundo Flagelo (16.3)
   A. O local (16.3a): Ele é derramado sobre os mares.
   B. A punição (16.3b): As águas transformam-se em sangue, matando toda a vida nelas existente.

III. O Terceiro Flagelo (16.4-7)
   A. O local (16.4a): Ele é derramado sobre os rios e fontes.
   B. A punição (16.4b): Estas fontes de água potável também se transformarão em sangue.
   C. A proclamação (16.5-7): O anjo agora anuncia o motivo para isso: a vingança do sangue dos mártires.

IV. O Quarto Flagelo (16.8-9)
   A. O local (16.8a): Ele é derramado sobre o sol.
   B. A punição (16.8b): O sol castiga as pessoas com um calor abrasador.
   C. A perversão (16.9): Todos reagem a essa praga amaldiçoando a Deus e recusando a arrepender-se.

V. O Quinto Flagelo (16.10-11)
   A. O local (16.10a): Ele é derramado sobre o trono da besta.
   B. A punição (16.10b): Todo o seu reino é imerso em trevas.
   C. A perversão (16.11): As pessoas novamente recusam a arrepender-se.

VI. O Sexto Flagelo (16.12-16)
   A. O local (16.12a): Ele é derramado sobre o grande rio Eufrates, e sua água seca.
   B. A punição (16.12b-14, 16): Demônios enganam os reis do Oriente a colocar seus exércitos em marcha rumo ao Ocidente, atravessando o rio, preparando-se para o Armagedom.
   C. A promessa (16.15): Uma bênção é prometida àqueles que preparam seu coração para a volta de Cristo.

VII. O Sétimo Flagelo (16.17-21)
   A. O local (16.17a): Ele é derramado no ar.
   B. A punição (16.17b): Uma voz vem do Templo diz: "Está feito".
   C. A punição (16.18-21a)
      1. *O maior terremoto da história acontece nesse instante* (16.18).
      2. *Ele divide a Babilônia em três partes* (16.19a).
      3. *As grandes cidades do mundo caem* (16.19b).
      4. *Ilhas fogem e montes são achatados* (16.20).
      5. *Pedras de mais de vinte quilos caem do céu* (16.21a).
   D. A perversão (16.21b): O povo, não arrependido, continua a amaldiçoar a Deus.

ESBOÇO DA SEÇÃO DEZESSETE (APOCALIPSE 17)
João descreve uma corrupta prostituta religiosa, em linguagem altamente metafórica.

I. A Informação sobre Esta Prostituta (17.1-6)

A. **Sua corrupção** (17.1-2, 4)
      1. *Ela comete adultério com potestades e com o povo da terra* (17.2).
      2. *Ela profere blasfêmias contra Deus* (17.4b).
      3. *Ela é completamente materialista* (17.4a).
   B. **Seu comprometimento** (17.3): Ela se alinhou com os sistemas políticos deste mundo.
   C. **Seu título** (17.5): Em sua testa está escrito: "A grande Babilônia, a mãe das prostituições e das abominações da terra".
   D. **Sua crueldade** (17.6): Ela está bêbada com o sangue dos mártires que assassinou.
II. A Interpretação sobre Esta Prostituta (17.7-18)
   A. **O que João vê** (17.7): Ele vê uma mulher montando uma besta com sete cabeças e dez chifres.
   B. **O que João ouve** (17.8-18)
      1. *A mulher representa um sistema religioso corrupto, simbolizado pela cidade da Babilônia* (17.8).
      2. *A besta representa vários reis* (17.9)
         a. Alguns já governaram (17.10-11).
         b. Um rei será o mais poderoso (17.13).
         c. Dez reis ainda reinarão (17.12).
         d. Esses reis destruirão a mulher, mas serão destruídos pelo Cordeiro (17.14-18).

ESBOÇO DA SEÇÃO DEZOITO (APOCALIPSE 18)
João testemunha a destruição da Babilônia.

I. A Revelação (18.1): Um anjo com grande autoridade e esplendor anuncia a destruição da Babilônia.
II. Os Motivos (18.2-3, 5, 7, 13b, 23c-24): A cidade é destruída por seus vários pecados.
   A. **Ela se tornou morada de demônios** (18.2).
   B. **Ela está cheia de imoralidade** (18.3a).
   C. **Ela é materialista até o âmago** (18.3b).
   D. **Seus pecados são mais altos que os céus** (18.5).
   E. **Ela é totalmente arrogante e orgulhosa** (18.7).
   F. **Ela enganou as nações e matou os santos** (18.23c-24).
   G. **Ela vende e compra escravos humanos** (18.13b).
III. A Evacuação (18.4): Deus ordena que seu povo deixe a cidade corrupta.
IV. A Retribuição (18.6, 8, 10b, 17a, 19b): A cidade é destruída pelo próprio Deus.
   A. **A severidade da destruição** (18.6): Ela recebe dupla punição por todo o mal que cometeu.
   B. **A rapidez da destruição** (18.8, 10b, 17a, 19b): Fogo do céu consome a cidade de uma só vez.

V. A Reação (18.9, 10a, 11-16, 17b-19a, 20)
   A. **Grande remorso dos não-salvos** (18.9-10a, 11-19a)
      1. *O que os mercadores do mundo lamentam* (18.10a, 16, 19a): "Ai! ai da grande cidade, Babilônia, a cidade forte!"
      2. *Por que eles lamentam* (18.9, 11-15, 17b-18): Porque não há mais ninguém para comprar seus metais preciosos, suas roupas, sua madeira, seu marfim, seu bronze, seu ferro, seu mármore, seu perfume, sua comida, seu gado e até seus escravos humanos.
   B. **Grande regozijo entre os salvos** (18.20).
VI. Os Resultados (18.21-23b): A cidade desaparece da face da terra, resultando em:
   A. **Ausência de som de música na Babilônia** (18.21-22a).
   B. **Ausência de produção na Babilônia** (18.22b).
   C. **Ausência de luz na Babilônia** (18.23a).
   D. **Ausência de casamentos festivos na Babilônia** (18.23b).

ESBOÇO DA SEÇÃO DEZENOVE (APOCALIPSE 19)
A segunda vinda: Cristo volta à terra e destrói seus inimigos. Grande multidão no céu louva o Cordeiro.

I. A Celebração no Céu (19.1-10)
   A. **Louvor ao Cordeiro por sua ira sobre a prostituta corrupta** (19.1-5)
      1. *Os motivos do juízo* (19.2): Esse falso sistema religioso é condenado por dois motivos.
         a. Ele corrompe a terra com imoralidade (19.2a).
         b. Ele mata os santos de Deus (19.2b).
      2. *O regozijo quanto ao juízo* (19.1, 3-5)
         a. O cântico (19.1b, 3, 4b-5): Ele consiste em uma grande majestosa e gloriosa palavra: "Aleluia!"
         b. Os cantores (19.1a, 4a)
            (1) Grande multidão (19.1a).
            (2) Os vinte e quatro anciãos (19.4a).
   B. **Louvor ao Cordeiro por seu casamento com uma noiva pura** (19.6-10)
      1. *A veste da noiva* (19.6-9): Ela veste o mais limpo, o mais puro e o mais fino dos linhos.
      2. *O castigo do apóstolo* (19.10): João é repreendido por tentar adorar o anjo que está revelando essas coisas a ele.
II. O Confronto na Terra (19.11-21)
   A. **A aparição do Rei celestial** (19.11): João vê Jesus, que é chamado de Fiel e Verdadeiro, sentado num cavalo branco, vindo do céu.
   B. **A roupa do Rei celestial** (19.12-13, 15-16)
      1. *Seus olhos são como chamas de fogo* (19.12a).
      2. *Ele veste várias coroas* (19.12b).
      3. *Seu manto é tinto de sangue* (19.13a).
      4. *Seus títulos* (19.13b, 16)

a. O Verbo de Deus (19.13b)
b. Rei dos reis e Senhor dos senhores (19.16)
5. *Uma espada sai de sua boca* (19.15).
C. **Os exércitos que acompanham o Rei celestial** (19.14): Eles estão vestidos de linho fino e o seguem em cavalos brancos.
D. **A vingança do Rei celestial** (19.17-21)
1. *Jesus derrota o anticristo e o falso profeta* (19.17-19, 21): Os exércitos deles são completamente destruídos.
2. *Jesus destrói o anticristo e o falso profeta* (19.20): Ambos são lançados no lago de fogo.

ESBOÇO DA SEÇÃO VINTE (APOCALIPSE 20)
Cristo governa a terra por mil anos. Após o Milênio, Satanás é finalmente derrotado de uma vez por todas e lançado no inferno. Acontece o juízo do Grande Trono Branco.

I. A GRANDE CORRENTE (20.1-3)
   A. **O prisioneiro** (20.1-2): Um anjo captura e acorrenta Satanás.
   B. **A prisão** (20.3): O diabo é confinado no abismo durante mil anos.
II. O GRANDE REINO (20.4-6)
   A. **A ressurreição dos justos** (20.4a): Todos aqueles que foram martirizados durante a Grande Tribulação ressurgem dentre os mortos.
   B. **O governo dos justos** (20.4b-6): Eles reinam com Cristo durante mil anos.
III. A GRANDE REVOLTA (20.7-10)
   A. **O adversário** (20.7): Após mil anos, Satanás é libertado de sua prisão.
   B. **A apostasia** (20.8): Ele engana as nações.
   C. **O ataque** (20.9a): Ele e seus exércitos atacam Jerusalém.
   D. **A aniquilação** (20.9b-10)
      1. *Os servos de Satanás são consumidos por fogo do céu* (20.9b).
      2. *O próprio Satanás é atormentado dia e noite pelo fogo do inferno* (20.10).
IV. O GRANDE TRONO (20.11-15)
   A. **O Juiz** (20.11): O Salvador está assentado em seu trono.
   B. **Os réus** (20.12-13): Todos os não-salvos de toda a história humana são agora julgados.
      1. *Os livros desse julgamento* (20.12a-12b)
         a. Vários livros (20.12a).
         b. O Livro da Vida (20.12b).
      2. *As bases desse julgamento* (20.12c-13): Suas obras enquanto vivos na terra.
   C. **O juízo** (20.14-15): Eles serão lançados no lago de fogo para sempre.

ESBOÇO DA SEÇÃO VINTE E UM (APOCALIPSE 21)
João descreve a nova Jerusalém.

I. A VISÃO DE JOÃO DA NOVA JERUSALÉM (21.1-8)

A. **O que ele vê** (21.1-2)
   1. *Um novo céu e uma nova terra* (21.1)
   2. *A Cidade Santa descendo do céu* (21.2)
B. **O que ele ouve** (21.3-8)
   1. *As palavras do anjo* (21.3-4)
      a. Ele diz que o próprio Deus habitará entre seu povo (21.3).
      b. Ele diz que o próprio Deus ministrará ao seu povo (21.4).
   2. *As palavras do Todo-Poderoso* (21.5-8)
      a. Ele será o Pai de todos os salvos (21.5-7).
      b. Ele será o inimigo dos não-salvos (21.8): Eles serão lançados no lago de fogo.
II. A VISITA DE JOÃO À NOVA JERUSALÉM (21.9-27): O apóstolo relata os seguintes fatos.
   A. **João descreve o que vê** (21.9-18, 19-21, 26)
      1. *A própria cidade* (21.9-11, 18b): Ela está cheia da glória de Deus e brilha como pedra preciosa e ouro puro.
      2. *Os portões e os muros* (21.12-14, 18a, 21a)
         a. Os portões (21.12b-13, 21a): São 12 portões, cada um feito de pérolas, guardado por 12 anjos. Os nomes das 12 tribos de Israel estão escritos nos portões.
         b. Os muros (21.12a, 14, 18a): Os muros são feitos de jaspe, sustentados por 12 fundações, nas quais estão escritos os nomes dos 12 apóstolos.
      3. *O tamanho e as dimensões* (21.15-17)
         a. A cidade mede mais de dois mil km de comprimento, de largura e de altura (21.15-16).
         b. Os muros têm 61 m de largura (21.17).
      4. *As fundações* (21.19-20): Cada uma das 12 fundações é incrustada com diferentes pedras preciosas.
      5. *As ruas* (21.21b): Elas são feitas de ouro puro, semelhante a vidro transparente.
      6. *A adoração* (21.26): Todas as nações trazem sua glória e honra a ela.
   B. **João descreve o que ele não vê** (21.22-25, 27)
      1. *Não há Templo* (21.22).
      2. *Não há necessidade de sol* (21.23-24).
      3. *Não há portões fechados* (21.25).
      4. *Não há impureza ou mal* (21.27).

ESBOÇO DA SEÇÃO VINTE E DOIS (APOCALIPSE 22)
João continua sua descrição da Cidade Santa, a Nova Jerusalém, neste capítulo final.

I. FATOS SOBRE A CIDADE (22.1-2, 3a-3b, 5a, 14, 17)
   A. **Seu rio da vida** (22.1-2a)
   B. **Sua árvore da vida** (22.2b, 14)

C. **Seu trono** (22.3b)
   D. **Sua pureza** (22.3a)
   E. **Sua luz divina** (22.5a)
   F. **Seu convite a entrar** (22.17)
II. Fatos sobre os Cidadãos (22.3c-4, 5b)
   A. **Verão Jesus** (22.4).
   B. **Servirão a Jesus** (22.3c).
   C. **Reinarão com Jesus** (22.5b).
III. Fatos sobre Cristo (22.6-7, 12-13, 16, 20)
   A. **Sua autodescrição** (22.13, 16): Jesus refere-se a si mesmo como:
      1. *O Alfa e o Ômega* (22.13a)
      2. *O Primeiro e o Último* (22.13b)
      3. *O Princípio e o Fim* (22.13c)
      4. *A Raiz e a Geração de Davi* (22.16a)
      5. *A brilhante Estrela da Manhã* (22.16b)
   B. **Sua provisão para os santos** (22.6-7, 12, 20)
      1. *Ele virá para nós* (22.6-7, 12a, 20).
      2. *Ele nos recompensará* (22.12b).
IV. Fatos sobre o Correspondente (22.8-11, 18-19): O que João diz a respeito de si mesmo.
   A. **Sobre sua adoração** (22.8-9)
      1. *Ele tenta adorar a criatura* (22.8): João prostra-se e tenta adorar o anjo que está mostrando a Nova Jerusalém.
      2. *Ele recebe ordem para adorar o Criador* (22.9): Os anjos o instruem a adorar somente a Deus.
   B. **Sobre seus escritos** (22.10-11, 18-19)
      1. *Ele não deve selar seus escritos* (22.10).
      2. *Todas as coisas continuarão como estavam* (22.11).
      3. *Somos alertados a não acrescentar nada a eles* (22.18).
      4. *Somos alertados a não tirar deles* (22.19).

Sua opinião é importante para nós.
Por gentileza, envie-nos seus comentários pelo e-mail:

editorial@hagnos.com.br

Visite nosso site:

www.hagnos.com.br